SOLZHENITSYN

200 anni insieme

Volume 2

Gli ebrei in Unione Sovietica

Aleksandr Solženicyn
(1918-2008)

Aleksandr Isaevič Solženicyn è stato un romanziere russo, storico e critico esplicito del totalitarismo sovietico. È ricordato come uno dei più importanti scrittori e dissidenti del 20 secolo. Le sue opere hanno fornito un resoconto potente e schiacciante del sistema repressivo dell'Unione Sovietica e hanno avuto un impatto duraturo sia sulla letteratura che sul pensiero politico. È stato insignito del Premio Nobel per la letteratura nel 1970 per la forza etica con cui ha portato avanti le indispensabili tradizioni della letteratura russa.

Duecento anni insieme
Volume 2 - Gli ebrei in Unione Sovietica
Двести лет вместе, *Dvesti let vmeste - 2001-2002*

Tradotto e pubblicato da
Omnia Veritas Limited

www.omnia-veritas.com

© Omnia Veritas Ltd - 2024

Tutti i diritti riservati. Nessuna parte di questa pubblicazione può essere riprodotta, distribuita o trasmessa in qualsiasi forma o con qualsiasi mezzo, comprese fotocopie, registrazioni o altri metodi elettronici o meccanici, senza il previo consenso scritto dell'editore, tranne nel caso di brevi citazioni contenute in recensioni critiche e di alcuni altri usi non commerciali consentiti dalla legge sul copyright.

CAPITOLO 13 .... **11**
    LA RIVOLUZIONE DI FEBBRAIO 11

CAPITOLO 14 .... **27**
    DURANTE IL 1917 27

CAPITOLO 15 .... **56**
    AL FIANCO DEI BOLSCEVICHI 56

CAPITOLO 16 .... **98**
    DURANTE LA GUERRA CIVILE 98

CAPITOLO 17 .... **135**
    L'EMIGRAZIONE TRA LE DUE GUERRE MONDIALI 135

CAPITOLO 18 .... **168**
    NEGLI ANNI '20 168

CAPITOLO 19 .... **233**
    NEGLI ANNI '30 233

CAPITOLO 20 .... **281**
    NEI CAMPI DI GULAG 281

CAPITOLO 21 .... **294**
    DURANTE LA GUERRA SOVIETICO-TEDESCA 294

CAPITOLO 22 .... **337**
    DALLA FINE DELLA GUERRA ALLA MORTE DI STALIN 337

CAPITOLO 23 .... **355**
    PRIMA DELLA GUERRA DEI SEI GIORNI 355

CAPITOLO 24 .... **377**
    STACCARSI DAL BOLSCEVISMO 377

CAPITOLO 25 .... **394**
    ACCUSARE LA RUSSIA 394

CAPITOLO 26 .... **414**
    L'INIZIO DELL'ESODO 414

CAPITOLO 27 .... **435**
    SULL'ASSIMILAZIONE 435

Postfazione dell'autore 456
ALTRI TITOLI **459**

Capitolo 13

La rivoluzione di febbraio

La storia di 123 anni di disuguaglianza di cittadinanza del popolo ebraico in Russia, a partire dalla legge di Caterina la Grande del 1791, si è conclusa con la Rivoluzione di febbraio.

È opportuno esaminare l'atmosfera di quei giorni di febbraio: qual era lo stato della società al momento dell'emancipazione?

Non c'erano giornali durante la prima settimana di eventi rivoluzionari a Pietrogrado. E poi cominciarono a strombazzare, non cercando i modi per ricostruire lo Stato, ma facendo a gara nel denunciare tutte le cose del passato. Con un gesto senza precedenti, il giornale dei democratici costituzionali (Kadets), *Rech*, annunciò che d'ora in poi "tutta la vita russa deve essere ricostruita dalle radici".[1646] (Una vita millenaria! - perché, all'improvviso, dalle "radici"?) E il giornale della *Borsa* annunciò un programma d'azione:

"Tirate via, tirate via tutte queste radici di erbacce! Non c'è bisogno di preoccuparsi che tra loro ci sia qualche pianta utile - è meglio estirparle tutte, anche a prezzo di inevitabili vittime innocenti".[1647] (Era davvero il marzo 1917 o il marzo 1937?) Il nuovo ministro degli Esteri Milyukov si inchinò e fece un inchino: "Finora abbiamo arrossito di fronte ai nostri alleati a causa del nostro governo.... La Russia era un peso morto per i nostri alleati".[1648]

Raramente in quei giorni iniziali fu possibile ascoltare suggerimenti ragionevoli sulla ricostruzione della Russia. Le strade di Pietrogrado erano nel caos, la polizia non funzionava e in tutta la città c'erano continui spari disordinati. Ma tutto si riversava in un'esultanza generale, anche se per ogni questione concreta c'era una confusione di pensieri e opinioni, una cacofonia di penne che discutevano. Tutta la stampa e la società erano d'accordo su una cosa: l'immediata promulgazione legislativa

---

[1646] *Rech*, 1917, 17 marzo.
[1647] Birzhevye Vedomosti, 1917, 8 marzo (qui e più avanti, l'edizione del mattino).
[1648] ibidem, 10 marzo, pagina 6.

dell'uguaglianza degli ebrei. Fyodor Sologub scrisse eloquentemente nel *Birzheviye Vedomosti*: "L'inizio più essenziale della libertà civile, senza la quale la nostra terra non può essere benedetta, il popolo non può essere giusto, le conquiste nazionali non sarebbero santificate... - è l'abrogazione di tutte le restrizioni religiose e razziali".

L'uguaglianza degli ebrei avanzò molto rapidamente. Il 1 marzo [vecchio calendario], un giorno prima dell'abdicazione, poche ore prima del famigerato "Ordine n. 1", che spinse l'esercito al collasso, V. Makhlakov e M. Adzhemov, due commissari del Comitato della Duma delegati al Ministero della Giustizia, avevano emanato una direttiva interna del Ministero della Giustizia, ordinando di arruolare tutti gli assistenti ebrei agli avvocati nella Corporazione degli avvocati giudiziari. "Già il 3 marzo... il presidente della Duma di Stato, M. Rodzianko, e il primo ministro del governo provvisorio, il principe G. Lvov, avevano firmato una dichiarazione in cui si affermava che uno dei principali obiettivi del nuovo governo è l'abrogazione di tutte le restrizioni basate sulla religione, la nazionalità e la classe sociale".[1649]

Poi, il 4 marzo, il Ministro della Difesa Guchkov propose di aprire agli ebrei la strada per diventare ufficiali militari e il Ministro dell'Istruzione Manuelov propose di abrogare le quote percentuali sugli ebrei. Entrambe le proposte furono accettate senza ostacoli. Il 6 marzo il ministro del Commercio e delle Attività produttive, Konovalov, avviò l'eliminazione delle "restrizioni nazionali nella legislazione corporativa", cioè l'abrogazione della legge che vietava l'acquisto di terreni da parte di aziende con dirigenti ebrei.

Queste misure furono rapidamente messe in pratica. Entro l'8 marzo a Mosca, 110 "assistenti" ebrei furono elevati al rango di avvocati; entro il 9 marzo a Pietrogrado - 124 ebrei di questo tipo[1650]; entro l'8 marzo a Odessa - 60.[1651] Il 9 marzo la Duma cittadina di Kiev, non aspettando le imminenti elezioni, incluse nel suo corpo cinque ebrei con potere di voto.[1652]

E qui - il 20 marzo il Governo Provvisorio fece una risoluzione, preparata dal Ministro della Giustizia, A. Kerensky, con la partecipazione dei membri dell'ufficio politico dei deputati ebrei della 4 Duma di Stato... legiferò un atto, pubblicato il 22 marzo, che abrogava "tutte le restrizioni ai diritti dei cittadini russi, indipendentemente dal credo religioso, dal dogma o dalla nazionalità".

[1649] Abridged Jewish Encyclopedia, (in precedenza AJE) Gerusalemme: Society for the Research of Jewish Community, 1994, volume 7, pagina 377.
[1650] Rech', 9 marzo 1917 Pagina 4: 10 marzo, Pagina 5, ecc.
[1651] Birzheviye Vedomosti, 9 marzo 1917, pagina 2.
[1652] Ibidem, 10 marzo, pagina 2.

Si trattava, in sostanza, del primo ampio atto legislativo del Governo Provvisorio. "Su richiesta degli uffici politici (dei deputati ebrei), gli ebrei non furono specificamente menzionati nella risoluzione".[1653]

Ma per "abrogare tutte le restrizioni imposte agli ebrei in tutte le nostre leggi, per sradicare... completamente la disuguaglianza degli ebrei", ricorda G.B. Sliozberg, "era necessario fare un elenco completo di tutte le restrizioni... e la compilazione dell'elenco delle leggi da abrogare richiedeva grande accuratezza ed esperienza".

(Questo compito è stato svolto da Sliozberg e L.M. Bramson).[1654] L'*Enciclopedia Ebraica* dice: "L'Atto elencava gli statuti della legge russa che venivano aboliti dall'Atto - quasi tutti questi statuti (erano quasi 150) contenevano alcune o altre restrizioni antiebraiche. Oggetto di abrogazione erano, in parte, tutte le proibizioni legate alla Pale of Settlement; in questo modo la sua effettiva liquidazione nel 1915 fu legalmente convalidata.[1655] Le restrizioni furono rimosse strato per strato: viaggi, residenza, istituzioni educative, partecipazione all'autogoverno locale, diritto di acquistare proprietà ovunque in Russia, partecipazione a contratti governativi, a borse valori, assunzione di servitori, lavoratori e amministratori di religione diversa, diritto di occupare posizioni elevate nel governo e nel servizio militare, tutela e amministrazione fiduciaria. Ricordando l'annullamento di un accordo con gli Stati Uniti, hanno abrogato restrizioni simili sugli "stranieri che non sono in guerra con il governo russo", soprattutto in riferimento agli ebrei provenienti dagli Stati Uniti.

La promulgazione della legge ha ispirato molti discorsi emotivi. Il deputato Freedman della Duma di Stato affermò: "Negli ultimi trentacinque anni gli ebrei sono stati sottoposti a un'oppressione e a un'umiliazione inaudita e senza precedenti anche nella storia del nostro popolo che ha sofferto a lungo.... Tutto questo... è stato il risultato dell'antisemitismo sponsorizzato dallo Stato".[1656] L'avvocato O.O. Gruzenberg ha dichiarato: "Se il governo russo prima della rivoluzione era una vasta e mostruosa prigione... allora la sua cella più puzzolente e terribile, la sua camera di tortura fu portata via per noi, i sei milioni di ebrei. E per la prima volta il bambino ebreo venne a conoscenza... di questo termine usurario ìnteresseín la scuola statale.... Come i prigionieri dei campi di lavoro duro che si recano al campo, tutti gli ebrei furono incatenati insieme come alieni disprezzati.... Le gocce di sangue dei nostri padri e delle nostre madri, le gocce di sangue delle nostre

---

[1653] AJE, volume 7, pagina 377.
[1654] G.B. Sliozberg, Dela Minuvshikh Dney: Zapiski Russkovo Yevreya: Parigi, 1933-1934, volume 3, pagina 360.
[1655] AJE, volume 7, pagina 377.
[1656] Rech', 25 marzo 1917, pagina 6.

sorelle e dei nostri fratelli caddero sulle nostre anime, accendendo e ravvivando l'inestinguibile fuoco rivoluzionario".[1657]

Rosa Georgievna, la moglie di Vinaver, ricorda: "Gli eventi (della rivoluzione del marzo 1917) coincisero con la Pasqua ebraica. Sembrava che fosse una seconda fuga dall'Egitto. Era passato un così lungo cammino di sofferenza e di lotta, e come tutto era accaduto in fretta. Fu indetta una grande riunione ebraica", alla quale intervenne Milyukov: "Finalmente una macchia vergognosa è stata lavata via dalla Russia, che ora può coraggiosamente entrare nei ranghi delle nazioni civilizzate". Vinaver "ha proposto all'assemblea di costruire una grande casa pubblica ebraica a Pietrogrado in memoria dell'incontro, che si chiamerà "Casa della Libertà"".[1658]

Tre membri della Duma di Stato, M. Bomash, E. Gurevich e N. Freedman, pubblicarono una "lettera aperta al popolo ebraico": ora "le nostre disgrazie militari potrebbero arrecare un grave danno alla Russia libera, ancora inferma".

I liberi guerrieri ebrei... attingeranno nuove forze per la lotta in corso, con l'energia decuplicata che estende la grande impresa delle armi". Ed ecco il piano naturale: "Il popolo ebraico deve riorganizzare rapidamente la propria società. Le forme da tempo obsolete della nostra vita comunitaria devono essere rinnovate sulla base di principi liberi e democratici".[1659]

Lo scrittore-giornalista David Eisman ha risposto all'atto con un grido di protesta: "La nostra Madrepatria! La nostra Patria! Sono nei guai! Con tutti i nostri cuori... difenderemo la nostra terra.... Dalla difesa del Tempio non c'è stata un'impresa d'armi così sacra".

E dalle memorie di Sliozberg: "La grande fortuna di aver vissuto per vedere il giorno della dichiarazione di emancipazione degli ebrei in Russia e l'eliminazione della nostra mancanza di diritti - tutto ciò per cui ho combattuto con tutte le mie forze nel corso di tre decenni - non mi ha riempito di gioia come avrebbe dovuto", perché il crollo era iniziato subito.[1660]

[1657] Ibid.
[1658] R.G. Vinaver, Memoirs (New York, 1944) // Hraneniye Guverskovo Instituta Voyni, Revolutsiyi I Mira - Stanford, California, Mashinopis', Pagina 92.
[1659] Russkaya Volya, 29 marzo, pagina 5.
[1660] G.B. Slyozberg, Dela Minuvshikh Dney, Volume 3, Pagina 360.

E settant'anni dopo anche un autore ebreo espresse dei dubbi: "Quell'atto legislativo formale cambiò davvero la situazione nel paese, dove tutte le norme giuridiche stavano precipitosamente perdendo il loro potere?".[1661]

Rispondiamo: con il senno di poi, a grande distanza, non si dovrebbe sminuire l'importanza di ciò che è stato realizzato. Allora, la Legge migliorò improvvisamente e drammaticamente la situazione degli ebrei. Per quanto riguarda il resto del Paese, cadere, con tutti i suoi popoli, in un abisso - questo era il modo imprevedibile della storia.

Il cambiamento più brusco e notevole si è verificato nel settore giudiziario. Se prima la commissione di Batyushin sulla corruzione aveva indagato sugli affari dell'evidente truffatore D. Rubinstein, ora la situazione si è ribaltata: il caso contro Rubinstein è stato archiviato, e Rubinstein ha fatto visita alla Commissione investigativa straordinaria del Palazzo d'Inverno e ha chiesto con successo di perseguire la stessa commissione di Batyushin. In effetti, nel marzo 1917 furono arrestati il generale Batyushin, il colonnello Rezanov e altri investigatori. L'indagine sulle attività di tale commissione iniziò in aprile e, come risultò, l'estorsione di tangenti ai banchieri e ai proprietari di zuccherifici da parte di questi ultimi fu apparentemente significativa. In seguito, le casseforti delle banche Volga-Kama, Siberiana e Junker, precedentemente sigillate da Batyushin, furono aperte e tutti i documenti furono restituiti alle banche. (Semanovich e Manus non furono così fortunati. Quando Simanovich fu arrestato come segretario di Rasputin, offrì 15.000 rubli alle guardie del convoglio della prigione, se gli avessero permesso di fare una telefonata, ma "la richiesta fu, ovviamente, respinta".[1662] Quanto a Manus, sospettato di essere coinvolto in loschi affari con l'agente tedesco Kolyshko, ha combattuto gli agenti del controspionaggio che sono venuti a cercarlo sparando alla porta del suo appartamento. Dopo l'arresto, fuggì dal Paese). La situazione nella Commissione Investigativa Straordinaria del Governo Provvisorio può essere chiaramente tracciata dai verbali degli interrogatori di fine marzo. A Protopopov fu chiesto come fosse arrivato a essere nominato al Ministero degli Affari Interni, e in risposta menzionò la direttiva da lui emanata: "i diritti di residenza degli ebrei sono stati notevolmente ampliati" a Mosca. Interrogato sulle priorità del suo Ministero, ha ricordato innanzitutto la vicenda dei prodotti alimentari e, successivamente, la questione progressiva - la questione ebraica....". Il direttore del Dipartimento di Polizia, A.T. Vasilyev, non perse l'occasione di informare gli interrogatori di aver contribuito a difendere i proprietari degli zuccherifici (ebrei):

[1661] B. Orlov, Rossiya byez Yevev (Russia senza ebrei) // "22": Obshestvenno-politicheskiy a literaturniy zhurnal yevreyskoy inteligentsi'I iz SSSR v Izrayelye. Tel-Aviv, 1988, n. 60, pag. 157.
[1662] Rech', 17 marzo 1917, pagina 5.

"Gruzenberg mi chiamò al mattino nel mio appartamento e mi ringraziò per la mia collaborazione"; "Rosenberg... mi fece visita per ringraziarmi dei miei sforzi a suo favore".[1663] In questo modo, gli accusati cercavano di ottenere un po' di clemenza per se stessi.

Un aspetto notevole delle settimane di marzo è stata l'energica ricerca di giudeofobici noti o sospetti. Il primo ad essere arrestato, il 27 febbraio, è stato il Ministro della Giustizia Scheglovitov. È stato accusato di aver dato personalmente l'ordine di perseguire ingiustamente il caso contro Beilis. Nei giorni successivi sono stati arrestati anche gli accusatori di Beilis, il procuratore Vipper e il senatore Chaplinsky.

(Tuttavia, non furono accusati di nulla di specifico e nel maggio 1917 Vipper fu semplicemente licenziato dal suo incarico di procuratore capo del Dipartimento Penale del Senato; il suo destino fu segnato più tardi, dai bolscevichi). All'investigatore giudiziario Mashkevich fu ordinato di dimettersi - poiché durante il processo Beilis aveva sancito non solo la testimonianza di un esperto contro la tesi dell'omicidio rituale, ma aveva anche permesso una seconda testimonianza di un esperto che sosteneva la tesi di tale omicidio. Il Ministro della Giustizia Kerensky richiese il trasferimento di tutto il materiale del caso Beilis dal Tribunale Regionale di Kiev,[1664] pianificando un clamoroso nuovo processo, ma nel corso del burrascoso 1917 ciò non avvenne. Il presidente dell'"Unione del Popolo Russo", Dmitrij Dubrovin, fu arrestato e il suo archivio fu sequestrato; furono arrestati anche gli editori dei giornali di estrema destra Glinka-Yanchevsky e Poluboyarinova; le librerie dell'Unione Monarchica furono semplicemente bruciate.

Per due settimane hanno dato la caccia ai fuggitivi N. Markov e Zamyslovsky, effettuando ricerche notturne per due settimane a San Pietroburgo, Kiev e Kursk.

Zamislovskij fu perseguito per la sua partecipazione al caso contro Beilis e Markov, ovviamente, per i suoi discorsi alla Duma di Stato. Allo stesso tempo, non toccarono Purishkevich, si presume a causa dei suoi discorsi rivoluzionari alla Duma e della sua partecipazione all'omicidio di Rasputin. Si sparse la voce che Stolypin avesse partecipato all'omicidio di Iollos e a Kremenchuk una strada che in precedenza era stata intitolata a Stolypin fu ribattezzata a Iollos.

[1663] Padeniye Tsarskovo Rezhima (Caduta del regime zarista): Stenographicheskiye otchyoti doprosov a pokazani'I, dannikh v. 1917 g. v Chryezvichaynoy Sledstvennoy Kommissi'I Vremenovo Pravityelstva. L.: GUZ, 1924, T.1. Pagine 119-121, 429.
[1664] Russkaya Volya (Volontà russa), 21 aprile 1917, pagina 4.

In tutta la Russia ci sono stati centinaia di arresti, a causa delle loro precedenti posizioni o anche per i loro precedenti atteggiamenti.

Va notato che l'annuncio dell'uguaglianza degli ebrei non provocò un solo pogrom. Vale la pena di notarlo non solo per il paragone con il 1905, ma anche perché, per tutto marzo e aprile, tutti i principali giornali riportavano costantemente la preparazione di pogrom, e che da qualche parte i pogrom erano già presumibilmente iniziati.

Il 5 marzo cominciarono a circolare voci sul fatto che da qualche parte, a Kiev o nella provincia di Poltava, si stessero preparando pogrom ebraici e qualcuno a Pietrogrado affisse un volantino antiebraico scritto a mano. Di conseguenza, il Comitato esecutivo dei deputati sovietici dei lavoratori e dei soldati formò una speciale "commissione di visita... guidata da Rafes, Aleksandrovich e Sukhanov". Il loro compito era quello di "delegare i commissari in varie città, con la priorità di recarsi nelle regioni in cui i Cento Neri, servi del vecchio regime, stanno cercando di seminare l'antagonismo etnico tra la popolazione".[1665] Nel giornale *Izvestia SRSD* [Soviet Workers and Soldiers' Deputies] c'era un articolo che *incitava al pogrom*: "Sarebbe un errore enorme, che equivale a un crimine, chiudere gli occhi di fronte a un nuovo tentativo della dinastia rovesciata..." - perché sono loro [nota del traduttore - i monarchici] che organizzano i guai.... "Nelle province di Kiev e Poltava, tra le classi arretrate e sottosviluppate della popolazione, in questo momento c'è un incitamento contro gli ebrei.... Gli ebrei sono incolpati delle sconfitte del nostro esercito, del movimento rivoluzionario in Russia e della caduta della monarchia....

È un vecchio trucco, ... ma ancora più pericoloso a causa del suo tempismo.... È necessario prendere rapidamente misure decisive contro gli istigatori del pogrom".[1666] Il comandante del distretto militare di Kiev, il generale Khodorovich, ha emesso un ordine: tutte le unità militari devono essere in stato di massima allerta e pronte a prevenire eventuali rivolte antiebraiche.

Molto tempo dopo, ma ancora in aprile, su vari giornali, ogni due o tre giorni venivano pubblicate voci sui preparativi per i pogrom ebraici,[1667] o, come minimo, sullo spostamento di pile di "letteratura pogrom" per ferrovia. Tuttavia, le voci più ostinate circolavano su un imminente pogrom a Kishinev - che sarebbe avvenuto alla fine di marzo, proprio tra la Pasqua ebraica e quella ortodossa (russa), come era accaduto nel 1903.

[1665] Izvestiya Petrogradskovo Sovieta Rabochikh I Soldatskikh Deputatov, (in precedenza "Izvestiya"), 6 marzo 1917, pag. 4.
[1666] Izvestiya, 6 marzo, pagina 2.
[1667] Ad esempio: Birzheviye Vedomosti, 8 e 12 aprile 1917; Russkaya Volya, 9 aprile 1917; Izvestiya, 15 e 28 aprile 1917; ecc.

E ci furono molte altre notizie allarmanti sulla stampa (una diceva addirittura che la polizia di Mogilev stava preparando un pogrom vicino alla sede dell'Alto Comando Supremo). Nessuna di queste si è rivelata vera.

Basta conoscere i fatti di quei mesi, immergersi nell'intera atmosfera di "febbraio" - della destra sconfitta e della sinistra trionfante, dello stupore e della confusione della gente comune - per scartare del tutto ogni realistica possibilità di pogrom antiebraici. Ma come potevano i comuni residenti ebrei di Kiev o Odessa dimenticare quei giorni orribili di dodici anni prima? La loro apprensione, la loro prudente cautela verso qualsiasi movimento in quella direzione era assolutamente comprensibile.

I giornali ben informati erano di tutt'altro avviso. Gli allarmi lanciati dai giornali, dai leader illuminati del campo liberale e dagli intellettuali socialisti di mezza tacca - non si possono definire altro che provocazioni politiche. Provocazione, però, che fortunatamente non ha funzionato.

Un episodio reale si è verificato nel bazar Bessarabian di Kiev, il 28 aprile: una ragazza ha rubato un pezzo di nastro in un negozio ebraico ed è scappata; il commesso l'ha raggiunta e ha iniziato a picchiarla. La folla si è precipitata a linciare il commesso e il proprietario del negozio, ma la polizia li ha difesi. In un altro incidente, nel quartiere Rogachevsky, la gente, irritata dai prezzi esorbitanti, ha distrutto i negozi, compresi quelli ebraici.

Dove e da chi l'emancipazione ebraica è stata accolta con ostilità?

Si trattava della nostra leggendaria Finlandia rivoluzionaria e della nostra "potente" alleata Romania. In Finlandia (come abbiamo appreso da Jabotinsky nel capitolo 10) agli ebrei era vietato risiedere in modo permanente e, dal 1858, solo i discendenti dei "soldati ebrei che avevano prestato servizio qui" (in Finlandia, durante la guerra di Crimea) potevano stabilirsi. "La legge sui passaporti del 1862... confermava che agli ebrei era vietato l'ingresso in Finlandia" e "l'abitazione temporanea [era] permessa a discrezione di un governatore locale"; gli ebrei non potevano diventare cittadini finlandesi; per sposarsi, un ebreo doveva andare in Russia; il diritto degli ebrei di testimoniare nei tribunali finlandesi era limitato. Diversi tentativi di mitigare la restrizione dei diritti civili degli ebrei in Finlandia non ebbero successo.[1668] E ora, con l'avvento dell'uguaglianza dei diritti degli ebrei in Russia, la Finlandia, non avendo ancora annunciato

---

[1668] Enciclopedia Yevreyskaya (Enciclopedia ebraica): Volume 16 SPB: Obshestvo dlya Nauchnikh Yevreskikh Izdanni'I I Izd-Vo Brokaw-Yefron, 1906-1913. Volume 15, pagine 281-284.

la sua completa indipendenza (dalla Russia), non legiferò l'uguaglianza degli ebrei.

Inoltre, gli ebrei che si erano trasferiti illegalmente in Finlandia venivano deportati, e non in un giorno, ma in un'ora, sul primo treno in partenza. (Ma la Finlandia fu sempre esaltata per aver aiutato i rivoluzionari e i liberali e i socialisti non la criticarono. Solo il Bund inviò un telegramma a socialisti finlandesi molto influenti, rimproverandoli per la mancata abrogazione di questa legge "medievale". Il Bund, "il partito del proletariato ebraico, esprime la forte certezza che toglierete questa vergognosa macchia dalla Finlandia libera". [1669] Tuttavia, in questa certezza, il Bund si sbagliava.

La stampa del dopo febbraio lanciò un grande allarme sulla persecuzione degli ebrei in Romania. Scrivevano che a Jassy era persino vietato parlare in yiddish durante le riunioni pubbliche. Il Congresso studentesco sionista russo "Gekhover" propose di "protestare appassionatamente contro questa disuguaglianza civile degli ebrei in Romania e Finlandia, che è umiliante per l'ebraismo mondiale e avvilente per la democrazia mondiale".[1670] In quel periodo la Romania era indebolita da importanti sconfitte militari. Così il Primo Ministro Bratianu adduceva scuse a Pietrogrado in aprile, affermando che "la maggior parte degli ebrei in Romania... vi è emigrata dalla Russia", e in particolare che "ha spinto il governo rumeno a limitare i diritti politici degli ebrei"; prometteva l'uguaglianza a breve.[1671] Tuttavia, nel maggio leggiamo: "In realtà, non sta accadendo nulla in questa direzione".[1672] (In maggio, il comunista rumeno Rakovsky riferiva che "la situazione degli ebrei in Romania è... insopportabile"; gli ebrei venivano incolpati della sconfitta militare del Paese; erano accusati di "fraternizzare" con i tedeschi nelle zone occupate del Paese. "Se il governo rumeno non avesse paura [di far arrabbiare gli alleati dell'Intesa], allora si dovrebbe temere per la vita stessa degli ebrei").[1673]

La risposta mondiale tra gli alleati della Rivoluzione di febbraio fu espressa con un tono di profonda soddisfazione, persino di estasi tra molti, ma in questa risposta c'era anche un calcolo miope: che ora la Russia diventerà invincibile in guerra. In Gran Bretagna e negli Stati Uniti si tennero grandi riunioni a sostegno della Rivoluzione e dei diritti degli ebrei. (Ho scritto di alcune di queste risposte nel *marzo 1917* nei capitoli 510 e 621). Dall'America si offrirono di inviare una copia della Statua della Libertà in Russia. (Tuttavia, poiché la situazione in Russia continuava a deteriorarsi,

---

[1669] Izvyestiya, 26 marzo 1917, pagina 2.
[1670] Russkaya Volya, 15 aprile 1917, pagina 4.
[1671] Birzheviye Vedomosti, 23 aprile 1917, pagina 3.
[1672] ibidem, 19 maggio, pagina 1.
[1673] Dyen' (giorno), 10 maggio 1917.

non si arrivò mai alla Statua). Il 9 marzo, alla Camera dei Comuni del Parlamento britannico, al Ministro degli Affari Esteri fu posta una domanda sulla situazione degli ebrei in Russia: ha intenzione di consultarsi con il governo russo per quanto riguarda le garanzie agli ebrei russi per il futuro e i risarcimenti per il passato? La risposta ha dimostrato la piena fiducia del governo britannico nei confronti del nuovo governo russo.[1674] Da Parigi, il presidente dell'Unione Ebraica Internazionale si congratulò con il principe Lvov, e Lvov rispose: "Da oggi in poi la Russia liberata sarà in grado di rispettare le fedi e i costumi di tutti i suoi popoli, per sempre legati dalla comune religione dell'amore per la patria". I giornali *Birzhevka*, *Rech* e molti altri hanno riportato le simpatie di Jacob Schiff, "un noto leader dei circoli nordamericani ostili alla Russia". Egli scrisse: "Sono sempre stato nemico dell'assolutismo russo, che ha perseguitato senza pietà i miei correligionari. Ora permettetemi di congratularmi... con il popolo russo per questo grande atto che ha compiuto in modo così perfetto".[1675] E ora "invita la nuova Russia a condurre ampie operazioni di credito in America".[1676] In effetti, "a suo tempo ha fornito un notevole credito al governo Kerensky".[1677] Più tardi, durante l'emigrazione, la stampa russa di destra in esilio pubblicò rapporti investigativi che cercavano di dimostrare che Schiff aveva finanziato attivamente la Rivoluzione stessa. Forse Schiff condivideva la miope speranza occidentale che la rivoluzione liberale in Russia avrebbe rafforzato la Russia in guerra. Tuttavia, gli atti noti e pubblici di Schiff, che era sempre stato ostile all'assolutismo russo, ebbero un effetto ancora maggiore di qualsiasi possibile assistenza segreta a tale rivoluzione.

La stessa Rivoluzione di febbraio ha spesso fatto consapevolmente appello al sostegno degli ebrei, un'intera nazione ridotta in schiavitù. Sono numerose le testimonianze oculari secondo cui gli ebrei russi erano molto estasiati dalla Rivoluzione di febbraio.

Ma ci sono anche controtestimonianze, come quella di Gregory Aronson, che formò e guidò il Soviet dei Deputati dei Lavoratori di Vitebsk (che in seguito ebbe come membro Y.V. Tarle, un futuro storico). Egli scrive che il primo giorno, quando la notizia della Rivoluzione giunse a Vitebsk, il Consiglio di Sicurezza appena costituito si riunì nella Duma cittadina e subito dopo Aronson fu invitato a una riunione di rappresentanti della comunità ebraica (chiaramente non di rango, ma di leader). "A quanto pare, c'era la necessità di consultarsi con me come rappresentante della nuova

---

[1674] Birzheviye Vedomosti, 11 marzo 1917, pagina 2.
[1675] Birzheviye Vedomosti, 10 marzo 1917, pagina 6.
[1676] Rech', 10 marzo 1917, pagina 3.
[1677] *Enciclopedia Judaica*, Gerusalemme, Casa editrice Keter, 1971, volume 14, pagina 961.

era che stava nascendo, su cosa fare ulteriormente.... Mi sentivo estraneo a queste persone, alla cerchia dei loro interessi e all'atmosfera tesa che si respirava in quell'incontro.... Avevo la sensazione che questa società appartenesse soprattutto al vecchio mondo, che si stava ritirando nel passato".[1678] "Non eravamo in grado di eliminare un certo gelo reciproco che proveniva da qualche parte. I volti delle persone con cui lavoravo non mostravano alcuna elevazione o fede. A volte sembrava che questi attivisti sociali altruisti si percepissero come elementi del vecchio ordine".[1679]

Questa è una testimonianza precisa. Tale smarrimento, cautela e tentennamento predominavano tra gli ebrei religiosamente conservatori, si presume, non solo a Vitebsk. Il vecchio ebraismo sensibile, che portava con sé il senso di molti secoli di esperienza di dure prove, era apparentemente scioccato dall'improvviso rovesciamento della monarchia e aveva seri dubbi.

Eppure, nello spirito del 20 secolo, le masse dinamiche di ogni nazione, compresi gli ebrei, erano già laiche, non incatenate alle tradizioni e molto desiderose di costruire "il nuovo mondo felice".

L'Enciclopedia Ebraica rileva "una forte intensificazione dell'attività politica dell'ebraismo, percepibile anche sullo sfondo del tempestoso sollevamento sociale che attanagliava la Russia dopo il febbraio 1917".[1680]

Io stesso, avendo lavorato per molti anni sulla stampa del "febbraio" e sulle memorie dei contemporanei del febbraio, non ho potuto fare a meno di notare questo "forte rafforzamento", questa folata. In quei materiali, provenienti dai più svariati testimoni e partecipanti a quegli eventi, ci sono tanti nomi di ebrei, e il tema ebraico è molto forte e persistente. Dai ricordi di Rodzyanko, del governatore della città Balk, del generale Globachyov e di molti altri, dai primi giorni della Rivoluzione nelle profondità del Palazzo Tavrichesky, il numero di ebrei mi è saltato agli occhi - tra i membri dell'ufficio dei comandanti, delle commissioni per gli interrogatori, dei commercianti di opuscoli e così via. V.D. Nabokov, che era ben disposto nei confronti degli ebrei, scrisse che il giorno della sua morte

Il 2 marzo, all'ingresso del mini-parco Tavrichesky, di fronte all'edificio della Duma, c'era "un'incredibile calca di persone e grida; all'ingresso dei cancelli alcuni giovani uomini dall'aspetto ebraico interrogavano i

---

[1678] G.Y. Aronson, Intervyu Radiostantsi'I "Svoboda" // Vospominaniya o revolutsi'I 1917 goda, Intervyu No. 66, Munchen, 1966, pagg. 13-14.
[1679] G. Aronson, Revolutsionnaya Yunost': Vospominaniya, 1903-1917 // Inter-University Project on the History of the Menshevik Movement, Paper No. 6, New York, agosto 1961, pag. 33.
[1680] AJE, T. 7, pag. 378.

passanti".[1681] Secondo Balk, la folla che si scatenò all'"Astoria" [un hotel d'élite di San Pietroburgo] la notte del 28 febbraio era composta da soldati, marinai ed ebrei armati....[1682] Qui indulgerei a un po' di irritazione degli emigrati che sono soliti dire "beh, sono tutti ebrei"; eppure lo stesso fu testimoniato da un altro osservatore neutrale, il pastore metodista Dr. Simons, un americano che era già stato a Pietrogrado per dieci anni e la conosceva bene. Fu interrogato da una commissione del Senato americano nel 1919:

"Poco dopo la Rivoluzione di marzo del 1917, ovunque a Pietrogrado si potevano vedere gruppi di ebrei, in piedi su panchine, scatole di sapone e simili, che facevano discorsi.... C'erano state restrizioni al diritto degli ebrei di vivere a Pietrogrado, ma dopo la Rivoluzione arrivarono in massa e la maggior parte degli agitatori erano ebrei... erano ebrei apostati.[1683]

Un certo "Studente Hanokh" giunse a Kronstadt pochi giorni prima di un massacro programmato di sessanta ufficiali, che erano stati indicati in una lista di bersagli; divenne il fondatore e presidente del "Comitato del Movimento Rivoluzionario" di Kronstadt.

(L'ordine del Comitato era di arrestare e processare tutti gli agenti.

"Qualcuno aveva accuratamente preparato e diffuso false informazioni", scatenando massacri prima a Kronstadt, poi a Sveaborg; ciò avvenne "a causa dell'incertezza della situazione, in cui ogni fandonia veniva presa per un fatto concreto".[1684]) Il testimone del sanguinoso affare di Kronstadt fu portato dallo psiconeurologo abbandonato "Dr. Roshal". (Più tardi, dopo il colpo di Stato di ottobre, S.G. Roshal fu nominato comandante della Gatchina e da novembre fu commissario dell'intero Fronte rumeno, dove fu ucciso al suo arrivo.)[1685]

Un certo Solomon e un Kaplun parlarono a nome della neonata milizia rivoluzionaria dell'Isola Vasilievsky (in futuro, quest'ultimo sarebbe diventato il sanguinario scagnozzo di Zinoviev).

[1681] V. Nabokov, Vremennoye Pravitelstvo // Arkhiv Russkoy Revolutsi'I, izdavaemiy I.V. Gessenom. Berlino: Slovo, 1922-1937, vol. 1, pag. 15.
[1682] A. Balk, Posledniye pyat' dney tsarskovo Petrograda (23-28 Fevralya 1917) Dnevnik poslednevo Petrogradskovo Gradonachal'nika // Khranenie Guverskovo Instituta, Mashinopis', Pagina 16.
[1683] Oktyabrskaya revolutsiya pered sudom amerikanskikh senatorov: Ofitsialniy otchyot "overmenskoy kommissi'I" Senata. M.;L.; GIZ, 1927 Pagina 5.
[1684] D.O. Zaslavskiy, Vl. A. Kantorovich. Khronika Fevralskoy revolutsi'I, Pg: Biloye, 1924. Volume 1, pagine 63 e 65.
[1685] Enciclopedia Rosskiskaya Yevreyskaya, 2-e izd., ispr. I dop. M., 1995, volume 2, pagina 502.

L'Ordine degli Avvocati di Pietrogrado creò una speciale "Commissione per l'esame della giustizia degli imprigionati arrestati durante la Rivoluzione" (migliaia di persone furono arrestate in quel periodo a Pietrogrado) - cioè per decidere virtualmente il loro destino senza un giusto processo (e quello di tutti gli ex gendarmi e poliziotti). Questa commissione era guidata dall'avvocato Goldstein. Tuttavia, la storia unica del sottufficiale Timofey Kirpichnikov, che scatenò la rivoluzione di strada, fu scritta nel marzo 1917 e conservata per noi dall'ebreo Jacob Markovich Fishman - una curiosa figura storica. (Con gratitudine mi sono basato su questa storia ne *La ruota rossa*).

L'Enciclopedia Ebraica conclude che: "Per la prima volta nella storia russa, gli ebrei avevano occupato posti nelle amministrazioni centrali e regionali".[1686]

Proprio sulle alture, nel Comitato Esecutivo del Soviet dei Deputati dei Lavoratori e dei Soldati, che in quei mesi governava invisibilmente il paese, si distinsero due leader: Nakhamkis-Steklov e Gummer-Sukhanov che, nella notte tra il 1° marzo e il 2 marzo[nd], dettarono al Governo Provvisorio, compiacentemente cieco, un programma che distrusse preventivamente il suo potere per tutto il periodo della sua esistenza.

Il riflessivo contemporaneo G.A. Landau spiega così la partecipazione attiva degli ebrei alla rivoluzione: "La sfortuna della Russia, e la sfortuna dell'ebraismo russo, è che i risultati della prima Rivoluzione [1905] non sono stati ancora elaborati, non sono stati trasformati in un nuovo tessuto sociale; non è nata una nuova generazione, quando è scoppiata una grande e spaccante guerra. E quando giunse l'ora della disintegrazione, essa si abbatté sulla generazione che fin dall'inizio era una sorta di residuo esaurito della rivoluzione precedente; trovò l'inerzia di una spiritualità esaurita, priva di un legame organico con la situazione e incatenata dalla stagnazione spirituale al periodo trascorso da dieci anni. Così il Rivoluzionismo organico dell'inizio del 20 secolo [della Prima Rivoluzione Russa del 1905] si era trasformato nella meccanica "Rivoluzione permanente" del periodo bellico".[1687]

In molti anni di studi approfonditi ho dedicato molto tempo a cercare di comprendere l'essenza della Rivoluzione di febbraio e il ruolo degli ebrei in essa. Sono giunto a questa conclusione e ora posso ripeterla: no, la Rivoluzione di febbraio non fu qualcosa che gli ebrei fecero ai russi, ma

---

[1686] AJE, volume 7, pagina 381.
[1687] G.A. Landau, Revolutsionniye idyee v Yevreyskoy obshestvennosti // Rossi'I I every: Sb. 1 / Otechestvennoye ob'yedinennie russkikh yevreyev za granitsyey. Parigi: YMCA - Press, 1978, pag. 116 [1-e izd. - Berlino: Osnova, 1924].

piuttosto fu fatta dai russi stessi, come credo di aver ampiamente dimostrato ne *La ruota rossa*.

La rovina l'abbiamo commessa noi: il nostro zar consacrato, i circoli di corte, gli sfortunati generali di alto rango, gli amministratori ottusi e i loro nemici - l'intellighenzia d'élite, il partito ottobrista, lo Zemstvo, i Kadet, i democratici rivoluzionari, i socialisti e i rivoluzionari e, insieme a loro, una componente banditesca di riservisti dell'esercito, angosciosamente confinati nelle caserme di Pietroburgo. Ed è proprio per *questo* che siamo morti. È vero che a quel tempo c'erano già molti ebrei nell'intellighenzia, ma questo non è assolutamente una base per definirla una rivoluzione ebraica.

Si possono classificare le rivoluzioni in base alle loro principali forze animatrici, e allora la Rivoluzione di febbraio deve essere vista come una Rivoluzione nazionale russa, o più precisamente, una Rivoluzione etnica russa. Ma se la si giudicasse con la metodologia dei sociologi materialisti - chiedendo chi ha beneficiato di più, o chi ha beneficiato più rapidamente, o più solidamente e a lungo termine della Rivoluzione - allora la si potrebbe chiamare in altro modo, per esempio ebrea. Ma allora perché non tedesco? Dopo tutto, il Kaiser Guglielmo ne ha inizialmente beneficiato. Ma la restante popolazione russa non ottenne altro che danni e distruzione; tuttavia, questo non rende la Rivoluzione "non russa". La società ebraica ha ottenuto dalla Rivoluzione tutto ciò per cui ha lottato e la Rivoluzione d'Ottobre è stata del tutto inutile per loro, tranne che per una piccola fetta di giovani ebrei tagliagole, che con i loro fratelli russi internazionalisti hanno accumulato una carica esplosiva di odio per la classe dirigente russa e sono esplosi per "approfondire" la Rivoluzione.

Come potevo quindi, dopo aver capito questo, muovermi attraverso il *marzo 1917* e poi l'*aprile 1917*? Descrivendo la Rivoluzione letteralmente ora per ora, ho trovato spesso nelle fonti molti episodi che avevano un tema ebraico. Ma sarebbe stato giusto riversare tutto questo sulle pagine del *marzo 1917*? Allora questa facile e pungente tentazione - dare tutta la colpa agli ebrei, alle loro idee e alle loro azioni, vederli come la ragione principale di questi eventi - avrebbe facilmente distorto il libro e sopraffatto i lettori, distogliendo la ricerca dalle cause veramente principali della Rivoluzione.

Così, per evitare l'autoinganno dei russi, ho persistentemente e volutamente minimizzato il tema ebraico ne *La ruota rossa*, rispetto alla sua reale copertura nella stampa e nelle strade di quei giorni.

La Rivoluzione di febbraio fu portata avanti da mani russe e dalla follia russa. Tuttavia, allo stesso tempo, la sua ideologia era permeata e dominata dall'ostilità intransigente nei confronti dello Stato storico russo che i russi comuni non avevano, ma gli ebrei sì. Anche l'intellighenzia russa aveva quindi adottato questa visione. (Se ne è parlato nel capitolo 11). Questa ostilità intransigente si accentuò soprattutto dopo il processo a Beilis e poi dopo l'espulsione di massa degli ebrei nel 1915. E così questa intransigenza superò la moderazione.

Tuttavia, il Comitato Esecutivo dei Deputati degli Operai e dei Soldati, che fu formato a poche *ore* dalla Rivoluzione, appare molto diverso. Questo Comitato Esecutivo fu in realtà un duro governo ombra che privò il liberale Governo Provvisorio di qualsiasi potere reale e, allo stesso tempo, rifiutò criminalmente di accettare apertamente la responsabilità del suo potere. Con il suo "Ordine n. 1", il Comitato Esecutivo strappò il potere ai militari e creò un sostegno per sé nella demoralizzata guarnigione di Pietrogrado. Fu proprio questo Comitato Esecutivo, e non la magistratura, né gli industriali del legno, né i banchieri, a portare rapidamente il Paese alla sua rovina. Nell'estate del 1917, Joseph Goldenberg, un membro del Comitato esecutivo, spiegò al diplomatico francese Claude Anet: "L'Ordine n. 1 non è stato un errore; è stata una necessità.... Il giorno in cui abbiamo eseguito la Rivoluzione, ci siamo resi conto che se non avessimo distrutto il vecchio esercito, esso avrebbe schiacciato la Rivoluzione. Dovevamo scegliere tra l'esercito e la Rivoluzione, e non abbiamo vacillato: abbiamo scelto la seconda... [e abbiamo inflitto,] oserei dire, un colpo brillante".[1688] Ecco, quindi, che il Comitato esecutivo ha distrutto di proposito la Rivoluzione. Il Comitato esecutivo distrusse di proposito l'esercito nel bel mezzo della guerra.

È legittimo chiedersi chi siano stati i leader del Comitato esecutivo che hanno avuto successo e che sono stati fatali per la Russia? Sì, è legittimo, quando le azioni di tali leader cambiano bruscamente il corso della storia. E va detto che la composizione del Comitato Esecutivo preoccupò molto l'opinione pubblica e i giornali nel 1917, periodo in cui molti membri del Comitato si nascosero dietro pseudonimi per non dare nell'occhio: chi governava la Russia? Nessuno lo sapeva.

Poi, come si scoprì, c'era una dozzina di soldati, che erano lì solo per fare scena e non erano molto brillanti, erano tenuti fuori da qualsiasi potere o decisione reale. Degli altri trenta, invece, tra quelli che esercitavano effettivamente il potere, più della metà erano socialisti ebrei. C'erano anche russi, caucasici, lettoni e polacchi. Meno di un quarto erano russi.

Il socialista moderato V.B. Stankevich ha osservato che: "Ciò che spiccava davvero nella composizione del Comitato era il grande elemento

---

[1688] Claude Anet, *La rivoluzione russa*: Giugno-Novembre 1917. Parigi: Payot et C-ie, 1918, pag. 61.

straniero... totalmente sproporzionato rispetto alla loro parte di popolazione a Pietrogrado o nel Paese in generale".

Stankevich si chiede: "Era questa la feccia malsana della società russa? O è stata la conseguenza dei peccati del vecchio regime, che con le sue azioni ha spinto violentemente l'elemento straniero nei partiti di sinistra? O era semplicemente il risultato della libera concorrenza?". E poi, "rimane una questione aperta: chi è più colpevole di tutto questo: i nati all'estero, che erano lì, o i russi che avrebbero potuto essere lì ma non lo sono stati?".[1689]

Per un socialista questo potrebbe essere un caso in cui cercare un *colpevole*. Ma non sarebbe meglio per tutti - per noi, per voi, per loro - evitare del tutto di affondare in quel folle e sporco torrente?

[1689] V.B. Stankevich, Vospominaniya, 1914-1919, Berlino: Izd-vo I.P. Ladizhnikova, 1920, pag. 86.

Capitolo 14

Durante il 1917

All'inizio dell'aprile 1917 il Governo Provvisorio scoprì con sorpresa che le finanze russe, già da tempo in pessime condizioni, erano sull'orlo del collasso totale. Nel tentativo di risanare la situazione e di suscitare un entusiastico patriottismo, il governo annunciò a gran voce l'emissione di obbligazioni nazionali Freedom Loan.

Le voci sul prestito cominciarono a circolare già a marzo e il Ministro delle Finanze Tereshchenko informò la stampa che c'erano già impegni multimilionari da parte dei banchieri per l'acquisto di obbligazioni, "soprattutto da parte dei banchieri ebrei, il che è senza dubbio legato all'abolizione delle restrizioni religiose e nazionali".[1690] In effetti, non appena il prestito fu annunciato ufficialmente, i nomi dei grandi sottoscrittori ebrei cominciarono ad apparire sui giornali, accompagnati da appelli in prima pagina: "Cittadini ebrei! Sottoscrivete il Prestito della Libertà!" e "Ogni ebreo deve avere le obbligazioni del Prestito della Libertà!".[1691] In un'unica raccolta di sottoscrizioni in una sinagoga di Mosca furono raccolti 22 milioni di rubli.

Nei primi due giorni, gli ebrei di Tiflis hanno sottoscritto 1,5 milioni di rubli di obbligazioni; gli ebrei di Minsk - mezzo milione nella prima settimana; la comunità di Saratov - 800 mila rubli di obbligazioni. A Kiev, gli eredi di Brodsky e Klara Ginzburg spesero un milione ciascuno. Anche gli ebrei all'estero si sono fatti avanti: Jacob Schiff, 1 milione; Rothschild a Londra, 1 milione; a Parigi, su iniziativa del barone Ginzburg, gli ebrei russi parteciparono attivamente e sottoscrissero obbligazioni per diversi milioni.[1692] Allo stesso tempo, è stato istituito il Comitato ebraico a sostegno del prestito per la libertà, che ha lanciato un appello all'opinione pubblica.[1693]

[1690] *Delo Naroda*, 25 marzo 1917, p. 3.
[1691] *Russkaya Volya*, 14 aprile 1917, p. 1; 20 aprile, p. 1. Si veda anche *Rech*, 16 aprile 1917, p. 1; 20 aprile, p. 1.
[1692] *Russkaya Volya*, 23 aprile 1917, p. 4.
[1693] *Birzhevye Vedomosti*, 24 maggio 1917, p. 2.

Tuttavia, il governo è rimasto molto deluso dal risultato complessivo del primo mese di sottoscrizione. Per incoraggiamento, gli elenchi dei maggiori sottoscrittori (che hanno acquistato obbligazioni per 25 mila rubli o più) sono stati pubblicati più volte: all'inizio di maggio, all'inizio di giugno e alla fine di luglio. "I ricchi che non hanno sottoscritto"[1694] sono stati svergognati. Ciò che colpisce di più non è il numero di nomi di ebrei presenti nelle liste (i russo-tedeschi assimilati, con la loro situazione precaria durante la guerra russo-tedesca erano al secondo posto tra i detentori di obbligazioni), ma la quasi assenza dell'alta borghesia russa, a parte una manciata di importanti imprenditori moscoviti.

In politica, "fiorirono i partiti di sinistra e di centro e molti ebrei divennero politicamente attivi".[1695] Fin dai primi giorni dopo la Rivoluzione di febbraio, i giornali centrali pubblicarono un enorme numero di annunci su incontri privati, assemblee e sessioni di vari partiti ebraici, inizialmente soprattutto il Bund, ma in seguito Poale Zion, Sionisti, Sionisti socialisti, Sionisti territorialisti e il Partito Operaio Socialista Ebraico (SJWP). Già il 7 marzo si leggeva di un'imminente assemblea del Congresso ebraico di tutta la Russia: finalmente l'idea pre-rivoluzionaria di Dubnov era diventata ampiamente accettata.

Tuttavia, "a causa delle forti divergenze tra sionisti e bundisti", il Congresso non si concretizzò nel 1917 (e nemmeno nel 1918 "a causa della guerra civile e dell'antagonismo delle autorità bolsceviche").[1696] "A Pietrogrado fu ricostituito il Gruppo del Popolo Ebraico con M. Vinaver alla guida".[1697]

Erano liberali, non socialisti; inizialmente speravano di stabilire un'alleanza con i socialisti ebrei. Vinaver dichiarò: "applaudiamo il Bund, l'avanguardia del movimento rivoluzionario".[1698] Tuttavia, i socialisti rifiutarono ostinatamente ogni gesto di avvicinamento.

Il raduno dei partiti ebraici a Pietrogrado aveva indirettamente indicato che al momento della rivoluzione la popolazione ebraica era già consistente ed

---

[1694] Si veda, ad esempio, *Russkaya Volya*, 10 maggio 1917, p. 5; *Birzhevye Vedomosti*, 9 maggio 1917, p. 5; *Birzhevye Vedomosti*, 1 giugno 1917, p. 6; *Rech*, 29 luglio 1917, p. 6.
[1695] *Kratkaya Evreiskaya Entsiklopediya* [Enciclopedia ebraica breve (d'ora in poi SJE)]. Gerusalemme, 1994. v. 7, p. 399.
[1696] Ibidem, pagg. 380-381.
[1697] Ibidem, p. 379.
[1698] G. Aronson. *Evreyskaya obshchestvennost v Rossii v 1917-1918* [Il pubblico ebraico in Russia nel 1917-1918] // *Kniga o russkom evreystve: 1917-1967* [The Book of Russian Jewry: 1917-1967 (d'ora in poi - BRJ-2)]. New York: Association of Russian Jews, 1968, p. 6.

energica. Sorprendentemente, nonostante il fatto che quasi nessun "proletariato ebraico"

esisteva a Pietrogrado, il Bund ebbe un grande successo. Fu straordinariamente attivo a Pietrogrado, organizzando una serie di riunioni dell'organizzazione locale (nel club degli avvocati e poi, il 1° aprile, nella scuola di Tenishev); ci fu un incontro con un concerto nel Teatro Mikhailovsky; poi, dal 14 al 19 aprile, "si tenne la Conferenza del Bund in tutta la Russia, durante la quale fu riproposta la richiesta di stabilire un'autonomia nazionale e culturale ebraica in Russia".[1699] ("Dopo la conclusione dei discorsi, tutti i partecipanti alla conferenza hanno cantato l'inno del Bund, il *Giuramento*, l'*Internazionale* e la *Marsigliese*".)[1700]

E, come in passato, il Bund dovette trovare un equilibrio tra la sua piattaforma nazionale e quella rivoluzionaria: nel 1903 lottò per l'indipendenza dal Partito operaio socialdemocratico russo, ma nel 1905 si gettò a capofitto nella rivoluzione tutta russa.

Allo stesso modo, ora, nel 1917, i rappresentanti del Bund occupavano posizioni di rilievo nel Comitato esecutivo del Soviet dei deputati degli operai e dei soldati [un Soviet è il termine russo usato per un consiglio eletto (almeno in teoria)] e successivamente tra i socialdemocratici di Kiev. "Alla fine del 1917 il Bund aveva quasi 400 sezioni in tutto il Paese, per un totale di circa 40.000 membri".[1701]

Gli sviluppi in Poale Zion non sono stati meno sorprendenti. All'inizio di aprile si tenne a Mosca la Conferenza di tutti i russi. Tra le sue risoluzioni si legge, da un lato, una mozione per organizzare il Congresso ebraico russo e discutere il problema dell'emigrazione in Palestina. D'altra parte, la Conferenza del Poale Zion di Odessa aveva contemporaneamente annunciato il programma intransigente di guerra di classe del partito: "Grazie agli sforzi della democrazia rivoluzionaria ebraica, il potere sui destini della nazione ebraica è stato... strappato dalla sporca presa degli ebrei 'ricchi e sistemati', nonostante tutte le resistenze della borghesia di destra e del Bund di sinistra". Non permettete ai partiti borghesi di portare la spazzatura del vecchio ordine.... Non lasciate che gli ipocriti parlino - non hanno combattuto, ma hanno sudato per i diritti del nostro popolo in ginocchio negli uffici dei ministri antisemiti; ... non hanno creduto nell'azione rivoluzionaria delle masse". Poi, nell'aprile del 1917, quando il partito si era spaccato, il "Radical Socialist" Poale Zion si avvicinò ai

---

[1699] SJE, v.7, p. 378.
[1700] *Izvestiya*, 9 aprile 1917, p. 4.
[1701] SJE, v.7, pagg. 378-379.

sionisti, staccandosi dal principale "Social Democratic" Poale Zion,[1702] che più tardi avrebbe aderito alla Terza Internazionale.[1703]

Come i due partiti sopra citati, anche l'SJWP tenne il suo congresso statale, durante il quale si fuse con i socialisti sionisti, formando il Partito Operaio Socialista Ebraico Unito (Fareynikte) e abbandonando l'idea "di una nazione ebraica extraterritoriale" con un proprio parlamento e un'autonomia nazionale. "Fareynikte si appellò al Governo Provvisorio chiedendogli di dichiarare l'uguaglianza delle lingue e di istituire un consiglio per gli affari delle nazionalità" che avrebbe specificamente "finanziato le scuole ebraiche e le agenzie pubbliche". Allo stesso tempo, Fareynikte collaborò strettamente con i rivoluzionari socialisti.[1704]

Tuttavia, fu il sionismo a diventare la forza politica più influente nell'ambiente ebraico. [1705] Già all'inizio di marzo, la risoluzione dell'Assemblea sionista di Pietrogrado conteneva la seguente formulazione: "L'ebraismo russo è chiamato a sostenere il governo provvisorio in ogni modo possibile, a lavorare con entusiasmo, a consolidare e organizzare la nazione per il bene della prosperità della vita nazionale ebraica in Russia e per la rinascita nazionale e politica della nazione ebraica in Palestina". E che momento storico stimolante era quello del marzo 1917, con le truppe britanniche che si avvicinavano a Gerusalemme proprio in quel periodo! Già il 19 marzo il proclama dei sionisti di Odessa affermava: "oggi è il momento in cui gli Stati si riorganizzano su basi nazionali. Guai a noi se perdiamo questa occasione storica". In aprile, il movimento sionista fu fortemente rafforzato dall'annuncio pubblico di Jacob Schiff, che aveva deciso di unirsi ai sionisti "per paura dell'assimilazione degli ebrei a seguito dell'uguaglianza civile degli ebrei in Russia". Egli ritiene che la Palestina possa diventare il centro per diffondere gli ideali della cultura ebraica in tutto il mondo".[1706] All'inizio di maggio, i sionisti tennero una grande riunione nell'edificio della Borsa di Pietrogrado, con inni sionisti eseguiti più volte. Alla fine di maggio si tenne la Conferenza sionista tutta russa nel Conservatorio di Pietrogrado. La conferenza delineò i principali obiettivi sionisti: la rinascita culturale della nazione ebraica, "la rivoluzione sociale nella struttura economica della società ebraica per trasformare la 'nazione dei mercanti e degli artigiani nella nazione dei contadini e degli operai', un aumento dell'emigrazione in Palestina e la 'mobilitazione del capitale ebraico per finanziare i coloni ebrei'". Sia il piano di Jabotinsky per la

---

[1702] SJE, v.7, p. 378.
[1703] *Izvestiya*, 15 settembre 1917, p. 2.
[1704] SJE, v.6, p. 85; v.7, p. 379.
[1705] SJE, v.7, p. 378.
[1706] *Birzhevye Vedomosti*, 12 aprile 1917, p. 4.

creazione di una legione ebraica nell'esercito britannico che quello di I. Trumpeldorf per la "formazione di un esercito ebraico in Russia che avrebbe attraversato il Caucaso e liberato *Eretz Yisrael* [la terra di Israele] dall'occupazione turca sono stati discussi e respinti sulla base della neutralità dei sionisti nella Prima Guerra Mondiale".[1707]

La Conferenza sionista decretò di votare, durante le imminenti elezioni locali, per i partiti "non più a destra dei socialisti popolari", e persino di rifiutarsi di sostenere i democratici costituzionali come D. Pasmanik, che in seguito si lamentò: "Era assolutamente privo di senso - sembrava che tutta l'ebraismo russo, con la sua piccola e grande borghesia, fosse socialista".[1708] Il suo sconcerto non era infondato.

Il congresso dell'organizzazione sionista studentesca Gekhover, con delegati provenienti da 25 città e da tutte le università russe, si era svolto all'inizio di aprile a Pietrogrado. La loro risoluzione affermava che gli ebrei non stavano soffrendo per l'uguaglianza in Russia, ma per la rinascita della nazione ebraica nella nativa Palestina. Decisero di formare legioni in Russia per conquistare la Palestina. Nel complesso, "durante l'estate e l'autunno del 1917 il sionismo in Russia continuò a guadagnare forza: a settembre i suoi membri erano 300.000".[1709]

È meno noto che nel 1917 i "movimenti ortodossi ebraici godevano di una popolarità sostanziale, seconda solo ai sionisti e superiore ai partiti socialisti" (come dimostra il loro successo "durante le elezioni della leadership delle comunità ebraiche riorganizzate").[1710]

Ci furono comizi ("Gli ebrei sono insieme alla Russia democratica sia nell'amore che nell'odio!"), conferenze pubbliche ("La questione ebraica e la Rivoluzione russa"), "assemblee cittadine di studenti ebrei delle scuole superiori" a Pietrogrado e in altre città (oltre alle riunioni studentesche generali). A Pietrogrado, fu istituito l'Organo centrale degli studenti ebrei, anche se non riconosciuto dal Bund e da altri partiti di sinistra. Mentre molti comitati provinciali per l'assistenza alle "vittime della guerra" (cioè ai rifugiati e ai deportati ebrei) cessarono di esistere perché in questo momento "le forze democratiche dovevano impegnarsi in attività sociali più ampie", in aprile fu costituito il Comitato centrale ebraico per fornire tali aiuti. A maggio fu istituita l'Unione del Popolo Ebraico per facilitare il

---

[1707] SJE, v.6, p. 463, 464.
[1708] D. Pasmanik. *Chego zhe my dobivaemsya?* [Per cosa stiamo lottando?] // Rossiya i evrei: Otechestvennoe objedinenie russkikh evreev za granitsei [Russia ed ebrei: Società di espatriati degli ebrei russi in esilio (d'ora in poi *RJ*)]. Parigi, YMCA-Press, 1978, p. 211 [Edizione 1 : Berlino, Osnova, 1924].
[1709] SJE, v.7, p. 378.
[1710] Ibidem, p. 379.

consolidamento di tutte le forze ebraiche, per preparare la convocazione dell'Unione Ebraica di tutta la Russia e per prepararsi alle imminenti elezioni dell'Assemblea Costituente. Alla fine di maggio ci fu un altro tentativo di unificazione: il comitato direttivo dell'Alleanza Democratica Ebraica convocò la conferenza di tutte le organizzazioni democratiche ebraiche in Russia. Nel frattempo, si svolgeva una vivace discussione pubblica sulla convocazione del Congresso ebraico russo: il Bund lo respingeva in quanto incoerente con i suoi piani; i sionisti chiedevano che il Congresso includesse nell'ordine del giorno la questione della Palestina - e venivano a loro volta respinti dal resto; a luglio si svolse a Pietrogrado la Conferenza russa sulla preparazione del Congresso ebraico.[1711]

Grazie all'entusiasmo sociale, Vinaver ha potuto dichiarare che l'idea di una nazione ebraica unita, dispersa in diversi Paesi, è matura e che d'ora in poi gli ebrei russi non potranno più essere indifferenti alla situazione degli ebrei in altri Paesi, come la Romania o la Polonia. La data del Congresso è stata fissata per dicembre.

Che impennata di energia nazionale ebraica! Anche in mezzo agli sconvolgimenti del 1917, le attività sociali e politiche ebraiche si distinsero per diversità, vigore e organizzazione.

Il "periodo tra febbraio e novembre 1917 fu il momento della fioritura" della cultura e dell'assistenza sanitaria ebraica. Oltre alla pubblicazione di Petrograd *The Jews of Russia*, l'editore di *The Jewish Week* si era trasferito a Petrograd; era iniziata la pubblicazione del *Petrograd-Torgblat* in yiddish; pubblicazioni simili erano state avviate in altre città. La Lega del Tarbut e della Cultura [una rete di scuole laiche in lingua ebraica] aveva istituito "decine di asili, scuole medie e superiori e collegi pedagogici" che insegnavano sia in yiddish che in ebraico. A Kiev fu fondato un ginnasio ebraico.

In aprile si tiene a Mosca il primo Congresso russo sulla cultura e l'educazione ebraica. Il congresso chiede finanziamenti statali per le scuole ebraiche. Si tiene la conferenza della Società degli ammiratori della lingua e della cultura ebraica. A Mosca viene inaugurato il Teatro Habima, "il primo teatro professionale in lingua ebraica al mondo",[1712]. In aprile si svolsero a Mosca un'esposizione di artisti ebrei e una conferenza della Società per l'assistenza sanitaria ebraica.

Queste attività ebraiche sono ancora più sorprendenti se si considera lo stato di generale confusione governativa, amministrativa e culturale della Russia del 1917. Un evento importante nella vita ebraica dell'epoca fu la

---

[1711] Ibidem, pagg. 380-381.
[1712] Ibidem, p. 379.

concessione del permesso ufficiale ai giovani ebrei di arruolarsi come ufficiali nell'esercito russo. Si trattò di una mossa su larga scala: in aprile, il quartier generale del distretto militare di Pietrogrado aveva emesso un ordine ai comandanti delle unità militari della Guardia di inviare immediatamente *tutti gli* studenti ebrei al battaglione di addestramento di Nizhny Novgorod con lo scopo di assegnarli ulteriormente alle accademie militari[1713] - cioè praticamente una promozione su larga scala di giovani ebrei nei ranghi degli ufficiali. "Già all'inizio di giugno del 1917, 131 ebrei si diplomarono come ufficiali ai corsi militari accelerati dell'Accademia militare Konstantinovsky di Kiev; nell'estate del 1917 a Odessa, 160 cadetti ebrei furono promossi ufficiali".[1714] A giugno 2600 ebrei furono promossi al grado di ufficiale in tutta la Russia.

Ci sono prove che in alcune accademie militari gli Junker [usati nella Russia zarista per i cadetti e i giovani ufficiali] incontrarono i nuovi arrivati ebrei in modo scortese, come avvenne nell'accademia militare Alexandrovsky dopo che più di 300 ebrei vi erano stati assegnati. Nell'accademia militare Mikhailovsky un gruppo di Junker propose una risoluzione secondo cui: "Sebbene non siamo contrari agli ebrei in generale, riteniamo inconcepibile farli entrare nei ranghi di comando dell'esercito russo". Gli ufficiali dell'accademia si dissociarono da questa dichiarazione e un gruppo di Junker socialisti (141 persone) aveva espresso la propria disapprovazione, "trovando le proteste antiebraiche vergognose per l'esercito rivoluzionario",[1715] e la risoluzione non passò. Quando gli ufficiali ebrei arrivarono nei loro reggimenti, spesso incontrarono diffidenza e inimicizia da parte dei soldati per i quali avere degli ebrei come ufficiali era estremamente insolito e strano. (Tuttavia, gli ufficiali appena nominati che adottavano il nuovo stile di comportamento rivoluzionario guadagnavano popolarità in modo fulmineo).

D'altra parte, il modo in cui si comportarono gli Junker ebrei dell'accademia militare di Odessa fu semplicemente impressionante. Alla fine di marzo, 240 ebrei erano stati ammessi all'accademia. Appena tre settimane dopo, il 18 aprile, si tenne una parata del Primo Maggio a Odessa e gli Junker ebrei marciarono ostentatamente cantando antiche canzoni ebraiche. Non capivano che i soldati russi difficilmente avrebbero seguito tali ufficiali? Che tipo di ufficiali sarebbero diventati? Sarebbe stato bene se fossero stati preparati per i battaglioni ebraici separati. Eppure, secondo il generale Denikin, nel 1917 si formarono con successo tutti i tipi di reggimenti nazionali - polacchi, ucraini, transcaucasici (le unità lettoni erano già presenti da tempo) - tranne quelli ebraici: era "l'unica nazionalità

[1713] *Rech*, 27 aprile 1917, p. 3.
[1714] SJE, v.7, p. 378.
[1715] *Russkaya Volya*, 25 aprile 1917, p. 5.

che non chiedeva l'autodeterminazione militare". E ogni volta che, in risposta alle lamentele per la cattiva accettazione degli ufficiali ebrei nell'esercito, veniva suggerita la formazione di reggimenti ebraici separati, tale proposta veniva accolta con una tempesta di indignazione da parte degli ebrei e della sinistra e con l'accusa di una provocazione dispettosa".[1716] (I giornali avevano riferito che anche i tedeschi avevano intenzione di formare reggimenti ebraici separati, ma il progetto fu accantonato). Sembra, tuttavia, che i nuovi ufficiali ebrei volessero ancora un'organizzazione nazionale nell'esercito.

Il 18 agosto, a Odessa, il congresso degli ufficiali ebrei decise di istituire una sezione responsabile dei collegamenti tra i diversi fronti "per riferire sulla situazione degli ufficiali ebrei sul campo". In agosto apparvero "unioni di guerrieri ebrei; entro ottobre tali unioni erano presenti su tutti i fronti e in molte guarnigioni". Durante la conferenza del 10-15 ottobre 1917 a Kiev, fu fondata l'Unione Russa dei Guerrieri Ebrei".[1717] (Sebbene si trattasse di un nuovo "esercito rivoluzionario", alcuni giornalisti nutrivano ancora ostilità verso il corpo degli ufficiali in generale e verso le spalline degli ufficiali in particolare; ad esempio, A. Alperovich suscitò emozioni contro gli ufficiali in generale su *Birzhevye Vedomosti* [*Notizie di Borsa*] già il 5 maggio).[1718]

Diverse fonti indicano che gli ebrei non erano desiderosi di essere arruolati come soldati comuni nemmeno nel 1917; a quanto pare, ci furono casi in cui per evitare la leva individui malati si spacciarono per veri coscritti presso le commissioni mediche d'esame e, di conseguenza, alcune commissioni distrettuali di leva iniziarono a richiedere un documento d'identità con foto ai coscritti ebrei (una pratica insolita in quei tempi semplici). Ciò ha immediatamente scatenato proteste furiose per il fatto che un tale requisito va contro la repulsione delle restrizioni nazionali, e il Ministero degli Affari Interni ha proibito di richiedere tali documenti.

All'inizio di aprile il Governo Provvisorio emise un ordine telegrafico per liberare senza indagini individuali tutti gli ebrei precedentemente esiliati perché sospettati di spionaggio. Alcuni di loro risiedevano nei territori ora occupati, mentre altri potevano tranquillamente tornare a casa, e comunque molti deportati chiesero il permesso di risiedere nelle città della parte europea della Russia. Ci fu un flusso di ebrei a Pietrogrado (50.000 abitanti

---

[1716] A. I. Denikin. Ocherki russkoi smuty. *V1: Krushenie vlasti I armii, fevral-sentyabr 1917* [Turbolenze russe. Memorie. V1: Crollo dell'autorità e dell'esercito]. Parigi, 1922, p. 129-130.
[1717] SJE, v.7, p. 379.
[1718] *Birzhevye Vedomosti*, 5 maggio 1917, p. 2.

nel 1917)¹⁷¹⁹ e un forte aumento della popolazione ebraica a Mosca (60.000).¹⁷²⁰

Gli ebrei russi ricevettero dall'estero un rinforzo meno numeroso, ma molto energico. Si pensi a quei due famosi treni che attraversarono senza ostacoli l'ostile Germania e portarono in Russia quasi 200 personalità di spicco, 30 nel treno di Lenin e 160 in quello di Natanson-Martov, con gli ebrei che costituivano la maggioranza assoluta (gli elenchi dei passeggeri dei "treni extraterritoriali" furono pubblicati per la prima volta da V. Burtsev).¹⁷²¹ Essi rappresentavano quasi tutti i partiti ebraici e quasi tutti avrebbero avuto un ruolo sostanziale negli eventi futuri della Russia.

Centinaia di ebrei tornarono dagli Stati Uniti: ex emigranti, rivoluzionari e renitenti alla leva - ora erano tutti "combattenti rivoluzionari" e "vittime dello zarismo". Per ordine di Kerensky, l'ambasciata russa negli Stati Uniti rilasciò passaporti russi a chiunque fosse in grado di fornire due soli testimoni (per attestare l'identità) letteralmente dalla strada. (La situazione del gruppo di Trotsky era particolare. Furono arrestati in Canada perché sospettati di avere legami con la Germania. L'inchiesta scoprì che Trotsky viaggiava non con inconsistenti documenti russi, ma con un solido passaporto americano, inspiegabilmente concessogli nonostante il suo breve soggiorno negli Stati Uniti, e con una consistente somma di denaro, la cui provenienza rimaneva un mistero.¹⁷²²) Il 26 giugno, in occasione dell'esaltante "raduno russo a New York" (diretto da P. Rutenberg, un tempo amico e poi assassino di Gapon), Abraham Kagan, direttore del giornale ebraico *Forwards*, si rivolse all'ambasciatore russo Bakhmetev "a nome di due milioni di ebrei russi residenti negli Stati Uniti d'America": "Abbiamo sempre amato la nostra madrepatria; abbiamo sempre percepito i legami di fratellanza con l'intera nazione russa.... I nostri cuori sono fedeli alla bandiera rossa della liberazione russa e al tricolore nazionale della Russia libera". Aveva anche affermato che l'abnegazione dei membri di Narodnaya Volya [letteralmente, Volontà del Popolo, un gruppo rivoluzionario terroristico di sinistra nella Russia zarista, noto soprattutto per l'assassinio dello zar Alessandro II, conosciuto come "lo zar liberatore" per aver posto fine alla servitù della gleba] "era direttamente collegata al fatto dell'aumento della persecuzione degli ebrei" e che "persone come Zundelevich, Deich, Gershuni, Liber e Abramovich erano tra i più coraggiosi".¹⁷²³

---

¹⁷¹⁹ SJE, v.4, p. 775.
¹⁷²⁰ SJE, v.5, p. 475.
¹⁷²¹ *Obshchee delo*, 14 e 16 ottobre 1917.
¹⁷²² A. Sutton. *Wall Street e la rivoluzione bolscevica*. Traduzione dall'inglese, Mosca, 1998, p. 14-36.
¹⁷²³ *Rech*, 27 giugno 1917, p. 3; 28 giugno, p. 2-3.

E così avevano cominciato a tornare, e non solo da New York, a giudicare dall'introduzione ufficiale di tariffe ferroviarie scontate per gli "emigranti politici" in viaggio da Vladivostok. Al raduno di fine luglio a Whitechapel, a Londra, "è emerso che nella sola Londra 10.000 ebrei hanno dichiarato la loro volontà di tornare in Russia"; la risoluzione finale aveva espresso il piacere che "gli ebrei tornassero a lottare per la nuova Russia sociale e democratica".[1724]

I destini di molti rimpatriati, che si affrettarono a partecipare alla rivoluzione e a gettarsi a capofitto nel vivo delle cose, furono eccezionali. Tra i rimpatriati c'erano i famosi V. Volodarsky, M. Uritsky e Yu. Larin, quest'ultimo autore del programma "Economia del comunismo di guerra". È meno noto che anche il fratello di Yakov Sverdlov, Veniamin, era tra i rimpatriati. Tuttavia, non riuscirà a salire più in alto del vice Narkom [Commissario del Popolo] delle Comunicazioni e di un membro del Consiglio del Soviet Supremo dell'Economia Nazionale. Moisei Kharitonov, collaboratore di Lenin nell'emigrazione e rientrato in Russia con il suo stesso treno, si guadagnò rapidamente la notorietà assistendo gli anarchici nella famosa rapina di aprile; in seguito fu segretario dei gubkom di Perm, Saratov e Sverdlov e segretario dell'Ufficio degli Urali del Comitato Centrale.

Semyon Dimanshtein, membro di un gruppo bolscevico a Parigi, sarebbe diventato il capo del Commissariato ebraico presso il Commissariato del Popolo delle Nazionalità, e in seguito il capo della YevSek [Sezione ebraica] presso il Comitato esecutivo centrale di tutta la Russia; di fatto avrebbe supervisionato l'intera vita ebraica.

Sorprendentemente, all'età di 18 anni riuscì a "superare l'esame di qualificazione per diventare rabbino" e divenne membro del Partito Operaio Socialdemocratico Russo - tutto questo nel corso di un anno.[1725] Allo stesso modo, anche i membri del gruppo di Trotsky se l'erano cavata bene: il gioielliere G. Melnichansky, il contabile Friman, il tipografo A. Minkin-Menson e il decoratore Gomberg-Zorin avevano diretto rispettivamente i sindacati sovietici, la *Pravda*, l'ufficio di spedizione delle banconote e dei titoli e il Tribunale rivoluzionario di Pietrogrado.

I nomi di altri rimpatriati dopo la Rivoluzione di febbraio sono oggi completamente dimenticati, anche se a torto, perché hanno svolto ruoli importanti negli eventi rivoluzionari. Ad esempio, il dottore in biologia Ivan Zalkind aveva partecipato attivamente al colpo di Stato di ottobre e

---

[1724] *Rech*, 2 agosto 1917, p. 3.
[1725] *Russkaya Evreiskaya Entsiklopediya* [*Enciclopedia ebraica russa* (d'ora in poi RJE)]. 2nd edizione, Mosca, 1994 - 1997. v. 1, p. 240, 427; v. 2, p. 124; v. 3, p. 29, 179, 280.

poi di fatto diresse il Commissariato del Popolo per gli Affari Interni di Trotsky. Semyon Kogan-Semkov divenne "commissario politico delle fabbriche di armi e acciaio di Izhevsk" nel novembre 1918; fu cioè responsabile delle azioni vendicative durante la repressione della grande rivolta degli operai di Izhevsk[1726], nota per il numero elevato, molte migliaia, di vittime; in un solo incidente sulla piazza Sobornaya di Izhevsk furono uccisi 400 operai.[1727] In seguito Tobinson-Krasnoshchekov guidò l'intero Estremo Oriente come segretario dell'Ufficio dell'Estremo Oriente e capo del governo locale. Girshfeld-Stashevsky, sotto lo pseudonimo di "Verkhovsky", era al comando di una squadra di prigionieri di guerra tedeschi e di voltagabbana, cioè gettava le basi per le squadre internazionali bolsceviche; nel 1920 era a capo dell'intelligence clandestina sul fronte occidentale; più tardi, in tempo di pace, "su ordine del Presidium della Cheka, aveva organizzato una rete di intelligence nell'Europa occidentale"; fu insignito del titolo di "cekista onorario".[1728]

Tra i rimpatriati ce n'erano molti che non condividevano le idee bolsceviche (almeno al momento dell'arrivo), ma furono comunque accolti nei ranghi del partito di Lenin e Trotsky. Ad esempio, sebbene Yakov Fishman, membro del Comitato rivoluzionario militare del colpo di Stato d'ottobre, si fosse allontanato dalla corrente bolscevica partecipando all'insurrezione della Sinistra Socialista Rivoluzionaria nel luglio 1918, fu in seguito accettato nel Partito Comunista Russo dei Bolscevichi (RCPB) e gli fu affidato un posto nell'Amministrazione dell'Intelligence Militare dell'Armata Rossa. Oppure Yefim Yarchuk, che era rientrato come sindacalista anarchico, ma era stato delegato dal Soviet di Pietrogrado a rinforzare il Soviet di Kronstadt; durante il colpo di Stato di ottobre aveva portato a Pietrogrado una squadra di marinai per assaltare il Palazzo d'Inverno. Il rientrante Vsevolod Volin-Eikhenbaum (fratello del letterato) era un coerente sostenitore dell'anarchismo e l'ideologo del movimento Makhno [un separatista-anarchico ucraino]; era a capo del Soviet militare rivoluzionario nell'esercito di Makhno. Sappiamo che Makno fu più un vantaggio che un danno per i bolscevichi e di conseguenza Volin fu in seguito semplicemente costretto a emigrare insieme a una dozzina di altri anarchici.[1729]

[1726] RJE, v. 1, p. 473; v. 3, p. 41.
[1727] *Narodnoe soprotivlenie kommunismu v Rossii: Ural e Prikamye. Noyabr 1917 - yanvar 1919* [Resistenza popolare al comunismo: Urali e Prikamye. Novembre 1917 - gennaio 1919. Redattore M. Bernshtam. Parigi: YMCA-Press, 1982, p. 356. Volume 3 della serie *Issledovaniya Noveishei Russkoi istorii* [Studi di storia russa moderna].
[1728] RJE, v. 2, p. 85; v. 3, p. 106.
[1729] RJE, v. 3, pag. 224, 505; v. 1, pag. 239.

Le aspettative dei rimpatriati non erano infondate: quelli furono i mesi segnati da una notevole ascesa alla ribalta per molti ebrei in Russia. "La questione ebraica non esiste più in Russia".[1730] (Eppure, nel saggio di D. Aizman, Sura Alperovich, moglie di un commerciante trasferitosi da Minsk a Pietrogrado, aveva espresso i suoi dubbi: "Quindi non c'è più schiavitù e basta?".

Che dire allora delle cose "che 'Nicola di ieri' ci ha fatto a Kishinev [a proposito del pogrom di Kishinev]?"[1731]) In un altro articolo David Aizman ha così elaborato il suo pensiero: "Gli ebrei devono assicurarsi i guadagni della rivoluzione con ogni mezzo... senza alcuna remora. Ogni sacrificio necessario deve essere fatto. Tutto è in gioco e tutto sarà perduto se esitiamo.... Anche le parti più arretrate della massa ebraica lo capiscono". "Nessuno si chiede cosa accadrebbe agli ebrei se la controrivoluzione prevalesse". Era assolutamente sicuro che se ciò fosse accaduto ci sarebbero state esecuzioni di massa di ebrei. Pertanto, "l'immonda feccia deve essere schiacciata ancor prima che abbia la possibilità di svilupparsi, in embrione. Il loro stesso seme deve essere distrutto.... Gli ebrei saranno in grado di difendere la loro libertà".[1732]

Schiacciati in embrione.... E persino il *loro stesso* seme.... Era già più o meno il programma bolscevico, anche se espresso con le parole dell'Antico Testamento.

Ma di chi deve essere distrutto il seme? Quello dei monarchici? Ma erano già senza fiato; tutti i loro attivisti si potevano contare sulle dita delle mani. Quindi potevano essere solo coloro che avevano preso posizione contro i soviet sfrenati e in fuga, contro tutti i tipi di comitati e le folle impazzite; coloro che volevano fermare la disgregazione della vita nel Paese - gente comune prudente, ex funzionari del governo, e prima di tutto gli ufficiali e molto presto il generale soldato Kornilov.

Tra i controrivoluzionari c'erano anche degli ebrei, ma nel complesso il movimento era quello nazionale russo.

E la stampa? Nel 1917, l'influenza della stampa crebbe; il numero di periodici e di giornalisti e personale associato aumentava. Prima della rivoluzione, solo un numero limitato di lavoratori dei media poteva beneficiare del rinvio della leva, e solo quelli associati ai giornali e alle tipografie fondati negli anni precedenti la guerra. (Erano classificati come "imprese di difesa", nonostante la loro disperata lotta contro la censura governativa e militare). Ma ora, a partire da aprile, su insistenza degli

---

[1730] *Rech*, 28 giugno 1917, p. 2.
[1731] *Russkaya Volya*, 13 aprile 1917, p. 3.
[1732] *Russkaya Volya*, 9 aprile 1917, p. 3.

editori, i privilegi della stampa furono ampliati rispetto al numero di lavoratori esentati dal servizio militare; anche i giornali politici di nuova fondazione furono d'ora in poi coperti dall'esenzione (a volte in modo fraudolento, poiché l'unica cosa necessaria per qualificarsi era mantenere una tiratura di 30.000 copie per almeno due settimane). Vennero introdotti privilegi di leva in base alla giovane età, per gli "emigrati politici" e per quelli "liberati dall'esilio" - tutto ciò che favorì l'impiego dei nuovi arrivati nei giornali di sinistra. Allo stesso tempo, i giornali di destra venivano chiusi: *Malenkaya Gazeta* [*Piccolo Giornale*] e *Narodnaya Gazeta* [*Giornale del Popolo*] furono chiusi per aver accusato i bolscevichi di avere legami con i tedeschi. Quando molti giornali pubblicarono i telegrammi attribuiti in modo fraudolento all'Imperatrice e il falso fu smascherato (si trattava di "uno scherzo innocente di una signora telegrafista", per il quale, ovviamente, non fu mai punita) e quindi dovettero ritrattare i loro pezzi, *Birzhevye Vedomosti*, per esempio, aveva prodotto testi di questo tipo: "Si è scoperto che né l'archivio speciale del Dipartimento principale delle Poste e Telegrafi, dove erano conservati i telegrammi reali, né la sede centrale del telegrafo contengono alcuna prova di questa corrispondenza".[1733]

Vedete, l'hanno presentata come se i telegrammi fossero reali ma ogni traccia della loro esistenza fosse stata abilmente cancellata. Che coraggiosa stampa libera!

Già all'inizio di marzo il prudente Vinaver aveva avvertito il pubblico ebraico: "Oltre all'amore per la libertà, è necessario l'autocontrollo.... È meglio per noi evitare posti molto visibili e di rilievo.... Non avere fretta di praticare i nostri diritti".[1734] Sappiamo che a Vinaver (e anche a Dan, Liber e Branson) "in tempi diversi sono stati offerti posti di ministro, ma tutti hanno rifiutato, ritenendo che gli ebrei non dovessero essere presenti nel governo russo". L'avvocato Vinaver non poté ovviamente rifiutare la sua sensazionale nomina al Senato, dove divenne uno dei quattro senatori ebrei (insieme a G. Blumenfeld, O. Gruzenberg e I. Gurevich).[1735] Non c'erano ebrei tra i ministri, ma quattro influenti ebrei occupavano posti di viceministri: V. Gurevich era vice di Avksentiev, Ministro degli Affari Interni; S. Lurie era al Ministero del Commercio e dell'Industria; S. Schwartz e A. Ginzburg-Naumov - al Ministero del Lavoro; e anche P. Rutenberg dovrebbe essere menzionato qui. Da luglio, A. Galpern divenne il capo dell'amministrazione del Governo Provvisorio (dopo V.

[1733] *Birzhevye vedomosti*, 7 maggio 1917, p. 3.
[1734] G. Aronson. *Evreyskaya obshchestvennost v Rossii v 1917-1918* [Il pubblico ebraico in Russia nel 1917-1918]. // *BRJ*- 2, p. 7.
[1735] *RJE*, v. 7, pag. 381.

Nabokov)[1736] ; il direttore del 1° Dipartimento del Ministero degli Affari Esteri era A. N. Mandelshtam. L'assistente del capo del distretto militare di Mosca era il sottotenente Sher (dal luglio 1917); da maggio, il capo del dipartimento delle forniture estere presso lo Stato Maggiore era A. Mikhelson; il commissario del Governo Provvisorio presso l'ufficio costruzioni sul campo era Naum Glazberg; diversi ebrei furono incorporati da Chernov nel Comitato Centrale per la Terra, responsabile di tutto ciò che riguardava l'assegnazione delle terre ai contadini. Naturalmente, la maggior parte di questi non erano posti chiave, avendo un'influenza trascurabile se paragonata al ruolo principale del Comitato Esecutivo , la cui composizione etnica sarebbe presto diventata una preoccupazione pubblica molto dibattuta.

Alla Conferenza governativa di agosto, dedicata alla preoccupante situazione del Paese, oltre ai rappresentanti dei soviet, dei partiti e delle corporazioni, fu concessa una rappresentanza separata ai gruppi etnici della Russia, con gli ebrei rappresentati da otto delegati, tra cui G. Sliozberg, M. Liber, N. Fridman, G. Landau e O. Gruzenberg.

Lo slogan preferito del 1917 era "Espandere la rivoluzione!". Tutti i partiti socialisti lavorarono per attuarlo. I. O. Levin scrive: "Non c'è dubbio che la rappresentanza ebraica nei partiti bolscevichi e negli altri partiti che facilitarono "l'espansione della rivoluzione" - menscevichi, socialisti rivoluzionari, ecc. - sia per quanto riguarda l'appartenenza generale agli ebrei sia per quanto riguarda la presenza di ebrei tra i leader, supera di gran lunga la quota di ebrei nella popolazione della Russia. Questo è un fatto indiscutibile; mentre le sue ragioni dovrebbero essere discusse, la sua veridicità fattuale è incontestabile e la sua negazione è inutile"; e "una spiegazione certamente convincente di questo fenomeno da parte della disuguaglianza ebraica prima della rivoluzione di marzo ... non è ancora sufficientemente esaustiva".[1737] I membri dei comitati centrali dei partiti socialisti sono noti. È interessante notare che la rappresentanza ebraica nella dirigenza dei menscevichi, dei socialisti rivoluzionari di destra e di sinistra e degli anarchici era molto maggiore rispetto a quella dei leader bolscevichi. Al Congresso socialista rivoluzionario, che si svolse tra la fine di maggio e l'inizio di giugno del 1917, 39 dei 318 delegati erano ebrei, e su 20 membri del Comitato centrale del partito eletti durante il Congresso, 7 erano ebrei. A. Gotz era uno dei leader della fazione di destra e M. Natanson era tra i leader dei rivoluzionari socialisti di sinistra".[1738] (Che ruolo spregevole attendeva Natanson, "il saggio Marco", uno dei fondatori del Narodnichestvo russo! Durante la guerra, vivendo all'estero, ricevette

---

[1736] Ibidem.
[1737] I. O. Levin. *Evrei v revolutsii* [Gli ebrei nella rivoluzione]. // RJ, p. 124.
[1738] RJE, v. 7, pag. 399.

aiuti finanziari dalla Germania. Nel maggio 1917 tornò in Russia con uno dei "treni extraterritoriali" che attraversavano la Germania; in Russia aveva subito appoggiato Lenin e sostenuto l'obiettivo di quest'ultimo di sciogliere l'Assemblea Costituente; in realtà, era stato lui a esprimere per primo questa idea, anche se Lenin, ovviamente, non aveva bisogno di tali spinte). Le elezioni amministrative si svolsero in estate. Nel complesso, i partiti socialisti vinsero e "gli ebrei parteciparono attivamente al lavoro locale e municipale in un certo numero di città e paesi al di fuori della [ex] Pale of Settlement". Ad esempio, il rivoluzionario socialista O. Minor divenne capo della Duma di Mosca; il membro del Comitato centrale del Bund, A. Vainshtein (Rakhmiel), della Duma di Minsk; il menscevico I. Polonsky, della Duma di Ekaterinoslav, il bundista D. Chertkov, della Duma di Saratov". G. Shreider era diventato sindaco di Pietrogrado e A. Ginzburg-Naumov era stato eletto vicesindaco a Kiev".[1739]

Ma la maggior parte di queste persone se ne andò con il colpo di Stato d'ottobre e non furono loro a plasmare gli sviluppi successivi in Russia. Il destino sarebbe toccato a coloro che ora occupavano posti molto più bassi, per lo più nei Soviet; erano numerosi e sparsi in tutto il Paese: si pensi, ad esempio, a Khinchuk, capo del Soviet dei deputati dei lavoratori di Mosca, o a Nasimovich e M. Trilisser del Soviet di Irkutsk (quest'ultimo avrebbe in seguito fatto parte del Comitato esecutivo centrale dei Soviet della Siberia e sarebbe diventato un famoso cekista).[1740]

In tutte le province "i partiti socialisti ebraici godevano di un'ampia rappresentanza nei Soviet dei deputati dei lavoratori e dei soldati".[1741] Essi si presentarono anche in modo prominente alla Conferenza Democratica di tutta la Russia nel settembre 1917, cosa che infastidì Lenin a tal punto che egli chiese persino di circondare il Teatro Alessandrino con le truppe e di arrestare l'intera assemblea. (Il sovrintendente del teatro, il compagno Nashatyr, avrebbe dovuto eseguire l'ordine, ma Trotsky aveva dissuaso Lenin). E anche dopo il colpo di Stato di ottobre, il Soviet dei deputati dei *soldati* di Mosca aveva tra i suoi membri, secondo Bukharin, "dentisti, farmacisti, eccetera, - rappresentanti di mestieri tanto vicini alla professione del soldato quanto a quella dell'imperatore cinese".[1742]

Ma al di sopra di tutto questo, al di sopra di tutta la Russia, dalla primavera all'autunno del 1917, stava il potere di un solo organismo - e non era il Governo Provvisorio. Era il potente e insulare Comitato esecutivo del

---

[1739] G. Aronson. *Evreyskaya obshchestvennost v Rossii v 1917-1918* [Il pubblico ebraico in Russia nel 1917-1918] // *BRJ-2*, p. 10. RJE, v. 7, p. 381.
[1740] RJE, v. 3, pag. 162, 293.
[1741] G. Aronson. *Evreyskaya obshchestvennost v Rossii v 1917-1918* [Il pubblico ebraico in Russia nel 1917-1918] // *BRJ-2*, p. 7.
[1742] *Izvestiya*, 8 novembre 1917, p. 5.

Soviet di Pietrogrado e più tardi, dopo giugno, il successore del suo potere, il Comitato esecutivo centrale (CEC) di tutta la Russia. Pur apparendo solidi e determinati dall'esterno, in realtà erano dilaniati dalle contraddizioni interne e dalla confusione ideologica interfattoriale. Inizialmente, il Comitato esecutivo del Soviet di Pietrogrado dei Deputati dei Lavoratori e dei Soldati approvò all'unanimità l'Ordine n. 1, ma in seguito ebbe dei dubbi sulla guerra: se continuare a distruggere l'esercito o rafforzarlo. (In modo del tutto inaspettato, dichiararono il loro sostegno al Prestito per la Libertà; in questo modo avevano incensato i bolscevichi ma erano d'accordo con l'opinione pubblica su questo tema, compresi gli atteggiamenti degli ebrei liberali). Il Presidium del primo CEC del Soviet dei Deputati dei Lavoratori e dei Soldati (il primo organo di governo del Soviet) era composto da nove uomini.

Tra loro c'erano i rivoluzionari sociali (SR) A. Gots e M. Gendelman, il menscevico F. Dan e il membro del Bund M. Liber. (In marzo, alla Conferenza dei Soviet di tutta la Russia, Gendelman e Steklov avevano chiesto di imporre condizioni più severe alla famiglia dello Zar, che si trovava agli arresti domiciliari, e avevano anche insistito sull'arresto di tutti i principi della corona: ecco quanto erano sicuri del loro potere). L'importante bolscevico L. Kamenev era tra i membri del Presidium. Ne facevano parte anche il georgiano Chkheidze, l'armeno Saakjan, un certo Krushinsky, probabilmente un polacco, e Nikolsky, probabilmente un russo: una composizione [etnica] piuttosto sfacciata per l'organo di governo della Russia in un momento così critico.

Oltre al CEC del Soviet dei deputati degli operai e dei soldati, c'era anche il Comitato esecutivo del Soviet dei deputati dei contadini, eletto alla fine di maggio. Dei suoi 30 membri, solo *tre erano* contadini veri e propri - una finzione già abituale del regime pre-bolscevico. Di questi trenta, D. Pasmanik identificò sette ebrei: "una cosa triste, soprattutto se si considerano gli interessi ebraici"; e "erano diventati un pugno nell'occhio per tutti".[1743] Poi questo organo *contadino presentò* una lista di candidati per la futura Assemblea Costituente. Oltre a Kerenskij, la lista conteneva diversi ebrei, come l'esuberante Ilya Rubanovich, appena arrivato da Parigi, il terrorista Abram Gots e il poco conosciuto Gurevich...[1744] (Nello stesso articolo, si parlava dell'arresto per diserzione dell'ufficiale M. Golman, capo della Guberniya di Mogilev, un Soviet *contadino*.)[1745]

[1743] D. S. Pasmanik. *Russkaya revolutsia i evreistvo: (Bolscevismo iudaizm)* [Rivoluzione russa ed ebraismo: bolscevismo ed ebraismo]. Parigi, 1923, p. 153-154.
[1744] *Rech*, 28 luglio 1917, pag. 3.
[1745] Ibidem; si veda anche G. Lelevich. *Oktyabr v stavke* [L'ottobre nella sede generale]. Gomel, 1922, p. 13, 66-67.

Naturalmente, le azioni dei comitati esecutivi non potevano essere spiegate esclusivamente dalla loro composizione etnica, tutt'altro! (Molti di questi personaggi si erano irreversibilmente allontanati dalle loro comunità di origine e avevano persino dimenticato la strada per i loro shtetl). Tutti loro credevano sinceramente che, grazie al loro talento e al loro spirito rivoluzionario, non avrebbero avuto problemi a sistemare le questioni dei lavoratori, dei soldati e dei contadini nel miglior modo possibile. L'avrebbero gestita meglio semplicemente perché erano più istruiti e più intelligenti di tutti questi goffi hoi polloi.

Tuttavia, per molti russi, dai comuni cittadini ai generali, questa improvvisa e sorprendente trasformazione nell'aspetto dei dirigenti e degli oratori nei comizi e nelle riunioni, nel comando e nel governo, fu travolgente.

V. Stankevich, l'unico ufficiale-socialista del Comitato esecutivo, ha fornito un esempio: "questo fatto [dell'abbondanza di ebrei nel Comitato] da solo ha avuto un'enorme influenza sull'opinione pubblica e sulle simpatie....

Da notare che quando Kornilov si incontrò per la prima volta con il Comitato, si era accidentalmente seduto in mezzo agli ebrei; di fronte a lui sedevano due insignificanti e semplici membri del Comitato, che ricordo solo per i loro tratti facciali grottescamente ebraici. Chissà come questo influenzò l'atteggiamento di Kornilov nei confronti della rivoluzione russa?".[1746]

Tuttavia, il trattamento riservato dal nuovo regime a tutto ciò che è russo è stato molto eloquente. Ecco un esempio dai "giorni di Kornilov", alla fine di agosto del 1918. La Russia stava visibilmente morendo, perdendo la guerra, con l'esercito corrotto e le retrovie di al collasso. Il generale Kornilov, astutamente ingannato da Kerenskij, si appellò al popolo in modo astuto, quasi ululando di dolore: "Popolo russo! La nostra grande Madrepatria sta morendo. L'ora della sua morte è vicina.... Tutti coloro il cui petto ospita un cuore russo pulsante, vadano nei templi e preghino Dio di concederci il più grande miracolo di salvezza per il nostro amato Paese!".[1747] In risposta a ciò l'ideologo della Rivoluzione di febbraio e uno dei principali membri del Comitato esecutivo, Gimmer-Sukhanov, ridacchiò divertito: "Che appello maldestro, sciocco, senza cognizione di causa, politicamente analfabeta... che imitazione di bassa lega della

---

[1746] V. B. Stankevich. *Vospominaniya, 1914-1919* [Memorie, 1914-1919]. Berlino, casa editrice di I. P. Ladyzhnikov, 1920, p. 86-87.

[1747] A. I. Denikin. *Ocherki russkoi smuty. V1: Krushenie vlasti I armii, fevral-sentyabr 1917* [Turbolenze russe. Memorie. V1: Crollo dell'autorità e dell'esercito]. Parigi, 1922, p. 216.

Suzdalshchina ["Suzdalshchina" si riferisce alla resistenza a Suzdal contro gli invasori mongoli]!".[1748]

Sì, suonava in modo pomposo e goffo, senza una chiara posizione politica. In effetti, Kornilov non era un politico, ma il suo cuore soffriva. E il cuore di Sukhanov, invece, non provava alcun dolore? Non aveva alcun senso della terra e della cultura vive, né aveva alcun impulso a preservarle - serviva solo la sua ideologia, l'Internazionale, vedendo nelle parole di Kornilov una totale mancanza di contenuto ideologico. Certo, la sua risposta fu caustica. Ma si noti che non solo aveva etichettato l'appello di Kornilov come "imitazione", ma aveva anche fatto riferimento in modo sprezzante alla "Suzdalshchina", alla storia russa, all'arte antica e alla santità. E con tale disprezzo per l'intero patrimonio storico russo, tutta quella schiera di internazionalisti - Sukhanov e i suoi scagnozzi del malvagio Comitato esecutivo, guidarono la Rivoluzione di febbraio.

Non si trattava dell'origine etnica di Sukhanov e degli altri, ma dei loro atteggiamenti antinazionali, antirussi e anticonservatori. Abbiamo visto atteggiamenti simili anche da parte del Governo Provvisorio, con il suo compito di governare l'intera Russia e la sua composizione etnica piuttosto russa. Tuttavia, mostrava una visione del mondo russa o rappresentava gli interessi russi, anche se solo in minima parte? Niente affatto! L'attività più coerente e "patriottica" del governo fu quella di guidare il Paese già in disfacimento (la "Repubblica di Kronstadt" non era l'unico luogo che a quel tempo si era "staccato dalla Russia") verso la vittoria in guerra! Alla vittoria ad ogni costo! Alla fedeltà agli alleati! (Certo, gli alleati, i loro governi, l'opinione pubblica e i finanziatori, fecero pressione sulla Russia. Ad esempio, a maggio i giornali russi citavano *il Morning Post* di Washington: "L'America ha chiarito al governo russo" che se [la Russia] farà una pace separata [con la Germania], gli Stati Uniti "annulleranno tutti gli accordi finanziari con la Russia".[1749] Il principe Lvov [il principe Georgi Lvov, a capo del governo provvisorio russo durante la fase iniziale della rivoluzione russa, dal marzo 1917 fino a quando cedette il controllo ad Alexander Kerensky nel luglio 1917] sostenne questo sentimento: "Il Paese deve inviare con decisione il suo esercito in battaglia".[1750]) Non si preoccupavano delle conseguenze della guerra in corso per la Russia. E questo disallineamento, questa perdita del senso di autoconservazione nazionale, si poteva osservare quasi in ogni riunione del gabinetto del Governo Provvisorio, quasi in ogni discussione.

[1748] Nik Sukhanov. *Zapiski o revolutsii* [Memorie della rivoluzione]. Berlino, Casa editrice di Z. I. Grzhebin, 1923, v.5, p. 287.
[1749] *Russkaya Volya*, 7 maggio 1917, p. 4.
[1750] Ibidem, pag. 6.

Ci sono stati incidenti semplicemente ridicoli. Gettando milioni di rubli a destra e a manca e sostenendo sempre con grande attenzione le "esigenze culturali delle minoranze etniche", il Governo Provvisorio, nella riunione del 6 aprile, aveva respinto la richiesta della "Grande Orchestra Russa di V. V. Andreev", da tempo costituita, di continuare a essere pagata come prima, "con i fondi dell'ex Cancelleria Personale di Sua Maestà" (i fondi erano stati confiscati dallo stesso Governo Provvisorio).

La petizione è stata respinta nonostante la somma richiesta, 30 mila rubli all'anno, equivalesse allo stipendio annuale di soli tre assistenti del ministro. "Rifiuto!" (Perché non sciogliete la vostra cosiddetta orchestra "Grande Russa"? - Che razza di nome è questo?) Preso alla sprovvista e credendo che si trattasse solo di un malinteso, Andreev ripresentò la petizione. Tuttavia, con una determinazione insolita per questo governo torpido, gli fu rifiutata anche una seconda volta, alla riunione del 27 aprile.[1751]

Milyukov, storico russo e ministro del governo provvisorio, non pronunciò un solo sentimento specificamente russo durante quell'anno. Allo stesso modo, "la figura chiave della rivoluzione", Alexander Kerensky, non poteva essere accusato in nessun momento di possedere una coscienza etnica russa. Allo stesso tempo, però, il governo dimostrò un costante e ansioso pregiudizio nei confronti di tutti i circoli conservatori, e soprattutto nei confronti dei conservatori russi. Anche durante il suo ultimo discorso al Consiglio della Repubblica Russa (Pre-Parlamento) il 24 ottobre, quando le truppe di Trotsky stavano già conquistando Pietrogrado edificio dopo edificio, Kerensky sostenne con enfasi che il giornale bolscevico *Rabochy Put* ("*Via dei Lavoratori*") e il giornale di destra *Novaya Rus* ("*Nuova Russia*") - entrambi appena chiusi da Kerensky - condividevano opinioni politiche simili....

Il "maledetto incognito" dei membri del Comitato esecutivo fu, ovviamente, notato dall'opinione pubblica. Inizialmente fu la società colta di Pietrogrado a essere ossessionata da questa questione, che più volte è emersa sui giornali. Per due mesi il Comitato cercò di mantenere il segreto, ma a maggio non aveva altra scelta che rivelarsi e aveva pubblicato i nomi reali della maggior parte dei titolari di pseudonimi (tranne Steklov-Nakhamkis e Boris Osipovich Bogdanov, l'energico presidente permanente del Consiglio; erano riusciti a mantenere la loro identità segreta per un po'; il nome di quest'ultimo confondeva il pubblico per la somiglianza con un'altra personalità, Bogdanov-Malinovsky). Questa

---

[1751] *Zhurnaly zasedanii Vremennogo Pravitelstva* [Verbali delle riunioni del governo provvisorio]. Pietrogrado, 1917. V1: Marzo-maggio; riunione del 6 aprile (libro 44, p. 5) e riunione del 27 aprile (libro 64, p. 4).

strana segretezza irritò l'opinione pubblica e anche i cittadini comuni cominciarono a fare domande. Già a maggio era tipico che se, durante una riunione plenaria del Soviet, qualcuno proponeva Zinoviev o Kamenev per qualcosa, il pubblico gridava dall'auditorium chiedendo i loro veri nomi.

Nascondere i veri nomi era incomprensibile per l'uomo comune di quel tempo: solo i ladri nascondono e cambiano i loro nomi. Perché Boris Katz si vergogna del suo nome e si fa chiamare "Kamkov"? Perché Lurie si nasconde sotto lo pseudonimo di "Larin"? Perché Mandelshtam usa lo pseudonimo di "Lyadov"?

Molti di loro avevano degli pseudonimi nati per necessità nella loro vita clandestina passata, ma cosa aveva spinto quelli come Shotman, il rivoluzionario socialista di Tomsk, (e non solo lui) a diventare "Danilov" nel 1917?

Certamente, l'obiettivo di un rivoluzionario, che si nasconde dietro uno pseudonimo, è quello di superare in astuzia qualcuno, e questo può includere non solo la polizia e il governo. In questo modo, anche la gente comune non è in grado di capire chi siano i suoi nuovi leader.

Inebriati dalla libertà dei primi mesi della Rivoluzione di febbraio, molti attivisti e oratori ebrei non si accorsero che il loro continuo agitarsi nei presidi e nei comizi produceva un certo sconcerto e sguardi ironici.

All'epoca della Rivoluzione di febbraio non esisteva un "antisemitismo popolare" nelle regioni interne della Russia, ma era limitato esclusivamente alle aree della Pale of Settlement. (Per esempio, Abraham Cogan aveva dichiarato nel 1917: "Amavamo la Russia nonostante tutte le oppressioni del regime precedente perché sapevamo che non c'era dietro il popolo russo" ma lo zarismo.[1752]) Ma dopo pochi mesi dalla Rivoluzione di febbraio, il risentimento contro gli ebrei era improvvisamente esploso tra le masse popolari e si era diffuso in tutta la Russia, rafforzandosi ogni mese che passava. E persino i giornali ufficiali riportarono, ad esempio, l'esasperazione delle file d'attesa nelle città.

"Tutto è stato cambiato in quel battito di ciglia che ha creato un abisso tra la vecchia e la nuova Russia. Ma sono le code ad essere cambiate di più. Stranamente, mentre tutto si è spostato a sinistra, le file per il cibo si sono spostate a destra. Se... volete ascoltare la propaganda dei Cento Neri... allora andate a passare un po' di tempo in fila". Tra le altre cose, scoprirete che "non ci sono praticamente ebrei nelle file, non ne hanno bisogno perché hanno abbastanza pane accumulato". Gli stessi "pettegolezzi sugli ebrei che si accaparrano il pane" provengono anche da un altro capo della fila; "le

---

[1752] *Rech*, 28 giugno 1917, p. 2.

file d'attesa sono la fonte più pericolosa di controrivoluzione".[1753] Lo scrittore Ivan Nazhivin ha osservato che in autunno a Mosca la propaganda antisemita è caduta a fagiolo nelle affamate code rivoluzionarie: "Che mascalzoni! ... Si sono insinuati in cima! ... Vedete, come cavalcano orgogliosi le loro auto.... Certo, non si trova un solo Yid nelle file qui.... Aspettate!"[1754]

Ogni rivoluzione libera una marea di oscenità, invidia e rabbia da parte del popolo. Lo stesso accadde tra il popolo russo, con la sua spiritualità cristiana indebolita. E così gli ebrei - molti dei quali erano saliti ai vertici, alla visibilità, e, per di più, non avevano nascosto la loro esultanza rivoluzionaria, né avevano aspettato nelle misere file - divennero sempre più un bersaglio del risentimento popolare.

Molti casi di risentimento sono stati documentati nei giornali del 1917. Di seguito ne riportiamo alcuni esempi. Quando, al mercato di Apraksin in piazza Sennaya, fu scoperta una scorta di merci in possesso di commercianti ebrei, "la gente cominciò a gridare... 'saccheggiate i negozi degli ebrei!', perché 'gli yid sono responsabili di tutti i problemi'... e questa parola 'yid' è sulla bocca di tutti".[1755] Una scorta di farina e pancetta è stata trovata nel negozio di un commerciante (probabilmente un ebreo) a Poltava.

La folla iniziò a saccheggiare il suo negozio e poi cominciò a invocare un pogrom ebraico. Più tardi, alcuni membri del Soviet dei deputati dei lavoratori, tra cui Drobnis, arrivarono e cercarono di placare la folla; di conseguenza, Drobnis fu picchiato.[1756] In ottobre, a Ekaterinoslav, i soldati misero a soqquadro i piccoli negozi, gridando "Distruggete i borghesi! Distruggete gli ebrei!". A Kiev, al mercato Vladimirsky, un ragazzo aveva colpito alla testa una donna che cercava di comprare della farina. Immediatamente, la folla aveva iniziato a gridare "Gli Yids stanno picchiando i russi!" e ne era seguita una rissa. (Da notare che il fatto era accaduto nella stessa Kiev dove già si vedevano gli striscioni "Viva l'Ucraina libera senza yiddish e polacchi!"). A quel punto "Spaccate gli yiddisti!" si poteva sentire in quasi tutte le risse di strada, anche a Pietrogrado, e spesso del tutto prive di fondamento. Ad esempio, in un tram di Pietrogrado due donne "chiedevano lo scioglimento del Soviet dei Deputati dei Lavoratori e dei Soldati, riempito, secondo loro,

---

[1753] *Rech*, 3 maggio 1917, p. 6.
[1754] Ivan Nazhivin. *Zapiski o revolutsii* [Note sulla rivoluzione]. Vienna, 1921, p. 28.
[1755] *Rech*, 17 giugno 1917, edizione serale, pag. 4.
[1756] *Rech*, 9 settembre 1917, pag. 3.

esclusivamente da 'tedeschi e yiddish'. Entrambe sono state arrestate e chiamate a rispondere".[1757]

Il giornale *Russkaya Volya* (*"Libertà russa"*) ha riferito: "Proprio davanti ai nostri occhi, l'antisemitismo, nella sua forma più primitiva... riemerge e si diffonde.... Basta ascoltare le conversazioni nei tram [a Pietrogrado] o nelle file d'attesa per i vari negozi, o negli innumerevoli e fugaci comizi a ogni angolo e incrocio... accusano gli ebrei di strangolamento politico, di essersi impadroniti dei partiti e dei soviet, e persino di aver rovinato l'esercito... di saccheggio e accaparramento di beni".[1758]

Molti socialisti ebrei, agitatori nelle unità del fronte, hanno goduto di un successo illimitato durante i mesi primaverili, quando gli appelli per una "pace democratica" erano tollerati e non era necessario combattere. Allora nessuno li rimproverava di essere ebrei. Ma a giugno, quando la politica del Comitato Esecutivo era cambiata verso il sostegno e persino la propaganda per l'offensiva, cominciarono a comparire appelli di "distruggete gli Yid!" e quei persuasori ebrei subirono più volte i colpi dei soldati indisciplinati.

Si diffondevano voci secondo cui il Comitato esecutivo di Pietrogrado era "sequestrato dagli ebrei". A giugno questa convinzione si era radicata nella guarnigione e nelle fabbriche di Pietrogrado; questo è esattamente ciò che i soldati gridarono al membro del Comitato Voitinsky che aveva visitato un reggimento di fanteria per dissuadere le truppe dall'incombente manifestazione ideata dai bolscevichi il 10 giugno.

V. D. Nabokov, difficilmente noto per il suo antisemitismo, scherzava sul fatto che la riunione dei capigruppo del Preparlamento nell'ottobre 1917 "poteva essere tranquillamente definita un Sinedrio": la maggioranza era ebraica; tra i russi c'erano solo Avksentiev, io, Peshekhonov e Chaikovsky....". La sua attenzione fu richiamata da Mark Vishnyak, anch'egli presente.[1759]

In autunno, l'attività degli ebrei al potere aveva creato un tale effetto che persino *Iskry* (*"Scintille"*), il supplemento illustrato dello straordinariamente gentile *Russkoe Slovo* (*"Parola russa"*), che fino a quel momento non avrebbe mai osato sfidare l'opinione pubblica in questo modo, aveva pubblicato un'abrasiva caricatura antiebraica nel numero del 29 ottobre, cioè già durante le lotte per il colpo di Stato di ottobre a Mosca.

[1757] *Rech*, 8 agosto 1917, p. 5.
[1758] *Russkaya Volya*, 17 giugno 1917, edizione serale, pag. 4.
[1759] V. Nabokov. *Vremennoye pravitelstvo* [Il governo provvisorio] // Archivio della rivoluzione russa, pubblicato da Gessen. Berlino: Slovo, 1922, v. 1, p. 80.

Il Comitato esecutivo del Soviet dei deputati dei lavoratori e dei soldati lottò attivamente contro l'antisemitismo. (Non posso escludere che il duro rifiuto di accettare il benemerito Plekhanov nel CEC nell'aprile 1917 fosse una sorta di vendetta per il suo riferimento anti-Bund alla "tribù di Gad", menzionato nelle pubblicazioni di Lenin.[1760] In effetti, non posso fornire altre spiegazioni). Il 21 luglio il 1 Congresso dei Soviet di tutta la Russia aveva emesso un proclama sulla lotta all'antisemitismo ("circa l'unica risoluzione approvata dal Congresso all'unanimità, senza obiezioni o argomenti"[1761]). Quando alla fine di giugno (28 e 29) si era riunito il rieletto Ufficio di presidenza del CEC, aveva ascoltato un rapporto sull'"aumento dell'agitazione antisemita... soprattutto nelle gubernie nord-occidentali e sud-occidentali"; si decise immediatamente di inviare sul posto una delegazione di 15 membri del CEC con poteri speciali[1762], subordinandoli alla direzione del "Dipartimento per la lotta contro la controrivoluzione".

D'altra parte, i bolscevichi, che avanzavano il loro programma con lo slogan "Abbasso i ministri-capitalisti!", non solo non fecero nulla per alleviare questo problema, ma anzi ne alimentarono le fiamme (insieme agli anarchici, nonostante questi ultimi fossero guidati da un certo Bleikhman). Sostenevano che il Comitato esecutivo era così eccezionalmente indulgente nei confronti del governo solo perché i capitalisti e gli ebrei controllano tutto (non ricorda forse Narodnaya Volya [l'organizzazione terroristica Volontà Popolare] del 1881?).

E quando scoppiò l'insurrezione bolscevica del 3-4 luglio (che in realtà non era rivolta contro il già impotente Governo Provvisorio, ma contro il vero concorrente dei bolscevichi - il Comitato Esecutivo), i bolscevichi sfruttarono furbescamente la rabbia dei soldati nei confronti degli ebrei indicando loro proprio quel corpo - vedete, eccoli!

Ma quando i bolscevichi avevano perso la loro rivolta, il CEC aveva condotto un'inchiesta ufficiale e molti membri della commissione d'inchiesta erano ebrei della presidenza del CEC. E a causa della loro "coscienza socialista" non osarono definire la rivolta bolscevica un crimine e affrontarla di conseguenza. La commissione non aveva quindi prodotto alcun risultato e fu presto liquidata.

Durante la riunione della guarnigione, organizzata dal CEC il 19 ottobre, poco prima della decisiva insurrezione bolscevica, "uno dei rappresentanti del 176 Reggimento di Fanteria, un ebreo", avvertì che "quelle persone giù

[1760] V. I. Lenin. *Sochineniya* [Opere]. In 45 volumi, 4 Edizione (d'ora in poi - Lenin, 4a edizione). Mosca, Gospolitizdat, 1941-1967, v. 4, p. 311.
[1761] *Izvestiya*, 28 giugno 1917, p. 5.
[1762] *Izvestiya*, 30 giugno 1917, p. 10.

nelle strade gridano che gli ebrei sono responsabili di tutti i torti".[1763] Durante la riunione del CEC nella notte del 25 ottobre, Gendelman ha riferito che nel pomeriggio, mentre teneva un discorso nella Fortezza di Pietro e Paolo, era stato schernito: "Tu sei Gendelman! Cioè sei uno yid e un uomo di destra!".[1764] Quando il 27 ottobre Gotz e la sua delegazione a Kerensky cercarono di partire per Gatchina dal terminal ferroviario Baltiysky, fu quasi ucciso da marinai che gridavano che "i soviet sono controllati dagli yid".[1765] E durante i "pogrom del vino" alla vigilia della "gloriosa vittoria bolscevica", si udirono anche gli appelli "Massacrate gli yidisti!".

Eppure non ci fu un solo pogrom *ebraico durante l'*intero anno 1917. I famigerati e oltraggiosi pogrom di Kalusha e Ternopol furono in realtà opera di soldati rivoluzionari ubriachi e frenetici che si ritiravano in disordine. Hanno distrutto tutto quello che trovavano sulla loro strada, tutti i negozi e le botteghe; e poiché la maggior parte di questi erano di proprietà di ebrei, si è diffusa la voce di "pogrom ebraici". Un pogrom simile ebbe luogo a Stanislavov, con una popolazione ebraica molto più piccola, e ragionevolmente non fu etichettato come pogrom "ebraico".

Già a metà estate del 1917 gli ebrei si sentivano minacciati dalla popolazione amareggiata (o dai soldati ubriachi), ma il crollo in corso dello Stato era gravido di pericoli incomparabilmente maggiori. Sorprendentemente, sembra che sia la comunità ebraica che la stampa, quest'ultima in gran parte identificata con la prima, non abbiano imparato nulla dalle formidabili esperienze del 1917 in generale, ma si siano limitate a guardare alle "manifestazioni isolate di pogrom". E così, di volta in volta, non hanno colto il vero pericolo. Il potere esecutivo si comportò in modo simile. Quando i tedeschi sfondarono il fronte a Ternopol nella notte del 10 luglio, la disperata riunione congiunta del CEC del Soviet dei Deputati degli Operai e dei Soldati e del Comitato Esecutivo del Soviet dei Contadini

I deputati avevano avuto luogo. Avevano riconosciuto che se la rivoluzione perisce, il Paese crolla (in quest'ordine esatto), e poi avevano chiamato il Governo Provvisorio "Governo per la salvezza della Rivoluzione", e avevano notato nel loro appello al popolo che "le forze oscure sono di nuovo pronte a tormentare la nostra Madrepatria che ha resistito a lungo. Stanno mettendo le masse arretrate contro gli ebrei".[1766]

[1763] *Rech*, 20 ottobre 1917, p. 3.
[1764] *Izvestiya*, 26 ottobre 1917, p. 2.
[1765] *Delo Naroda*, 29 ottobre 1917, pag. 1.
[1766] *Rech*, 11 luglio 1917, p. 3.

Il 18 luglio, nel corso di una seduta della Duma di Stato, in un circolo estremamente ristretto, il deputato Maslennikov ha parlato contro il Comitato esecutivo, indicando tra l'altro i veri nomi dei suoi membri. La sera stessa, alla riunione di fazione del CEC, hanno lanciato un allarme: "Questo è un caso di *controrivoluzione*, deve essere trattato secondo il decreto recentemente emanato dal Ministro degli Interni Tsereteli sulla repressione della controrivoluzione! (Il decreto fu emanato in risposta alla rivolta bolscevica, anche se non fu mai usato contro i bolscevichi). Nel giro di due giorni Maslennikov si giustificò in un articolo del giornale *Rech* [*Speech*]: in effetti, aveva fatto i nomi di Steklov, Kamenev e Trotsky, ma non aveva mai avuto l'intenzione di incitare alla rabbia contro l'intero popolo ebraico, e "comunque, attaccandoli, non volevo assolutamente rendere il popolo ebraico responsabile delle azioni di questi individui".[1767]

Poi, a metà settembre, quando tutte le conquiste della Rivoluzione di febbraio erano già irreversibilmente rovinate, alla vigilia dell'ormai imminente colpo di stato bolscevico, Ya. Kantorovich avvertiva in *Rech del* pericolo che: "Le forze oscure e i geni del male della Russia emergeranno presto dalle loro tane per eseguire con giubilo le Messe Nere....". In effetti, ciò accadrà presto. Ma che tipo di messe nere? - "...Di patriottismo bestiale e di identità nazionale "veramente russa" amante dei pogrom".[1768] In ottobre a Pietrogrado I. Trumpeldor aveva organizzato forze di autodifesa ebraiche per proteggersi dai pogrom, ma non furono mai necessarie.

In effetti, le menti russe erano confuse, e lo erano anche quelle ebraiche. Alcuni anni dopo la rivoluzione, G. Landau, guardandosi indietro con tristezza, scrisse: "La partecipazione degli ebrei all'agitazione russa aveva toni sorprendentemente suicidi; mi riferisco non solo al loro ruolo nel bolscevismo, ma al loro coinvolgimento nell'intera faccenda. E non mi riferisco solo all'enorme numero di persone politicamente attive, socialisti e rivoluzionari, che si sono uniti alla rivoluzione; parlo soprattutto dell'ampia simpatia delle masse con cui è stata accolta.... Sebbene molti nutrissero aspettative pessimistiche, in particolare un'anticipazione dei pogrom, erano comunque in grado di conciliare tale presagio con l'accettazione dei disordini che scatenarono innumerevoli miserie e pogrom. Assomigliava all'attrazione fatale delle farfalle per il fuoco, al fuoco che annienta.... È certo che c'erano delle motivazioni forti che spingevano gli ebrei in quella direzione, eppure erano chiaramente suicide.... Certo, gli ebrei non erano diversi in questo dal resto dell'intellighenzia russa e dalla società russa.... Eppure *dovevamo* essere diversi... noi, antico popolo di abitanti delle città, mercanti, artigiani,

---

[1767] *Rech*, 21 luglio 1917, p. 4.
[1768] *Rech*, 16 settembre 1917, p. 3.

intellettuali... dovevamo essere diversi dalla gente della terra e del potere, dai contadini, dai proprietari terrieri, dai funzionari".[1769]

E non dimentichiamo coloro che erano diversi. Dobbiamo sempre ricordare che l'ebraismo era ed è molto eterogeneo, che gli atteggiamenti e le azioni variano notevolmente tra gli ebrei. Così è stato per l'ebraismo russo nel 1917: nelle province e persino nella capitale c'erano circoli con opinioni ragionevoli e stavano crescendo man mano che l'ottobre si avvicinava.

La posizione degli ebrei nei confronti dell'unità russa durante i mesi in cui la Russia veniva smembrata non solo da altre nazioni, ma persino dai siberiani, era notevole. "Per tutto il corso della rivoluzione gli ebrei, insieme ai grandi russi, furono tra i più accaniti sostenitori dell'idea della Grande Russia".[1770] Ora, quando gli ebrei avevano ottenuto la parità di diritti, cosa potevano avere in comune con i diversi popoli della periferia dell'ex impero? Eppure, la disintegrazione di un Paese unito avrebbe spaccato l'ebraismo. A luglio, al 9 Congresso dei Democratici Costituzionali, Vinaver e Nolde si schierarono apertamente contro la divisione territoriale dei popoli e a favore dell'unità russa.[1771] Anche a settembre, nella sezione nazionale della Conferenza democratica, i socialisti ebrei si sono espressi *contro* qualsiasi federalizzazione della Russia (in quanto si erano uniti ai centristi). Oggi scrivono su una rivista israeliana che i distaccamenti ebraici di Trumpeldor "hanno appoggiato il governo provvisorio e hanno persino sventato l'ammutinamento di Kornilov".[1772] Forse. Tuttavia, studiando rigorosamente gli eventi del 1917, non ho trovato informazioni del genere. Ma sono a conoscenza di casi opposti: all'inizio del maggio 1917, nella fragorosa "Delegazione del Mar Nero", patriottica ed essenzialmente controrivoluzionaria, l'oratore di maggior successo che invocava la difesa della Russia era il marinaio ebreo Batkin.

D. Pasmanik aveva pubblicato le lettere del milionario proprietario di piroscafi Shulim Bespalov al Ministro del Commercio e dell'Industria Shakhovsky, datate già nel settembre 1915: "I profitti eccessivi realizzati da tutti gli industriali e commercianti portano la nostra Madrepatria all'imminente naufragio". Aveva donato mezzo milione di rubli allo Stato

---

[1769] G. A. Landau. *Revolutsionnye idei v evreiskoi obchshestvennosti* [Idee rivoluzionarie nella società ebraica] // *RJ*, p. 105, 106.
[1770] D. S. Pasmanik. *Russkaya revolutsia i evreistvo: (Bolscevismo iudaizm)* [Rivoluzione russa ed ebraismo: bolscevismo ed ebraismo]. Parigi, 1923, p. 245.
[1771] *Rech*, 26 luglio 1917, pag. 3.
[1772] I. Eldad. *Tak kto zhe naslredniki Zhabotinskogo?* [Chi sono dunque gli eredi di Jabotinsky?] // *"22"*: Obshchestvenno-politicheskiy i literaturniy zhurnal evreyskoy intelligentsii iz SSSR v Izraile [*Giornale* sociale, politico e letterario dell'intellighenzia ebraica dell'URSS in Israele (d'ora in poi - *"22"*)]. Tel-Aviv, 1980, (16), p. 120.

e proposto di istituire una legge che limitasse tutti i profitti del 15%. Sfortunatamente, queste misure di autolimitazione non furono introdotte, poiché *i progressisti* della "corsa alla libertà", come Konovalov e Ryabushinsky, non si preoccupavano di realizzare il 100% dei profitti di guerra. Quando lo stesso Konovalov divenne Ministro del Commercio e dell'Industria, Shulim Bespalov gli scrisse il 5 luglio 1917: "I profitti eccessivi degli industriali stanno rovinando il nostro Paese, ora dobbiamo prendere il 50% del valore dei loro capitali e delle loro proprietà", aggiungendo di essere pronto a rinunciare al 50% dei propri beni. Konovalov non gli diede retta.[1773]

In agosto, alla Conferenza di Stato di Mosca, O. O. Gruzenberg (futuro membro dell'Assemblea Costituente) dichiarò: "In questi giorni il popolo ebraico... è unito nella sua fedeltà alla nostra Madrepatria, nell'unanime aspirazione a difenderne l'integrità e le conquiste della democrazia" ed era pronto a dare per la sua difesa "tutti i suoi beni materiali e intellettuali, a separarsi da tutto ciò che è prezioso, dal fiore del suo popolo, da tutti i suoi giovani".[1774]

Queste parole riflettevano la consapevolezza che il regime di febbraio era il migliore per l'ebraismo russo, promettendo progresso economico e prosperità politica e culturale. E questa consapevolezza era adeguata.

Più ci si avvicinava al colpo di Stato d'ottobre e più la minaccia bolscevica era evidente, più questa consapevolezza si diffondeva tra gli ebrei, portandoli ad opporsi al bolscevismo. Questa consapevolezza si stava radicando anche tra i partiti socialisti e durante il colpo di Stato di ottobre molti socialisti ebrei si opposero attivamente. Tuttavia, erano debilitati dalle loro idee socialiste e la loro opposizione si limitava a negoziati e articoli di giornale - fino a quando i bolscevichi non chiusero quei giornali.

È necessario affermare esplicitamente che il colpo di Stato di ottobre non fu portato avanti dagli ebrei (anche se fu sotto il comando generale di Trotsky e con le azioni energiche del giovane Grigorij Chudnovskij durante l'arresto del governo provvisorio e il massacro dei difensori del Palazzo d'Inverno). In generale, il rimprovero comune, secondo cui 170 milioni di persone non potevano essere spinte al bolscevismo da una piccola minoranza ebraica, è giustificato. In effetti, noi stessi avevamo segnato il nostro destino nel 1917, con la nostra follia da febbraio a ottobre-dicembre.

Il colpo di Stato di ottobre si è rivelato una sorte devastante per la Russia. Tuttavia, lo stato delle cose anche *prima di* esso prometteva poco di buono

---

[1773] D. S. Pasmanik. *Russkaya revolutsia i evreistvo: (Bolscevismo iudaizm)* [Rivoluzione russa ed ebraismo: bolscevismo ed ebraismo]. Parigi, 1923, p. 179-181.
[1774] *Rech*, 16 agosto 1917, p. 3.

per il popolo. Avevamo già perso la capacità di governare in modo responsabile e gli eventi del 1917 lo avevano dimostrato in modo eccessivo. Il massimo che la Russia poteva aspettarsi era una pseudo-democrazia inetta, debole e disordinata, incapace di contare su un numero sufficiente di cittadini con una coscienza giuridica sviluppata e un'indipendenza economica.

Dopo gli scontri di ottobre a Mosca, i rappresentanti del Bund e di Poale-Zion avevano preso parte ai negoziati di pace - non in alleanza con gli Junker o i bolscevichi - ma come terza parte indipendente. C'erano molti ebrei tra gli Junker della Scuola degli Ingegneri che difesero il Palazzo d'Inverno il 25 ottobre: nelle memorie di Sinegub, un difensore del palazzo, compaiono regolarmente nomi di ebrei; ho conosciuto personalmente uno di questi ingegneri dalla mia esperienza in prigione. E durante le elezioni della Duma cittadina di Odessa il blocco ebraico si era opposto ai bolscevichi e aveva vinto, anche se solo marginalmente.

Durante le elezioni dell'Assemblea Costituente "più dell'80% della popolazione ebraica in Russia aveva votato" per i partiti sionisti.[1775] Lenin scrisse che 550 mila persone avevano votato per i nazionalisti ebrei.[1776] "La maggior parte dei partiti ebraici ha formato una lista nazionale unita di candidati; da questa lista sono stati eletti sette deputati - sei sionisti" e Gruzenberg. Il successo dei sionisti fu facilitato dalla dichiarazione, pubblicata di recente su , del ministro degli Esteri britannico Balfour sulla creazione di un "focolare nazionale ebraico" in Palestina, che fu "accolta con entusiasmo dalla maggior parte dell'ebraismo russo (manifestazioni celebrative, raduni e servizi di culto ebbero luogo a Mosca, Pietrogrado, Odessa, Kiev e in molte altre città)".[1777]

Prima del colpo di Stato di ottobre, il bolscevismo non era molto influente tra gli ebrei. Ma poco prima dell'insurrezione, Natanson, Kamkov e Shteinberg, a nome dei rivoluzionari socialisti di sinistra, avevano firmato un patto di lotta con i bolscevichi Trotsky e Kamenev.[1778] Alcuni ebrei si distinsero tra i bolscevichi nelle loro prime vittorie e alcuni divennero addirittura famosi. Il commissario dei famosi reggimenti lettoni della 12 Armata, che tanto hanno contribuito al successo del colpo di Stato bolscevico, era Semyon Nakhimson. "I soldati ebrei svolsero un ruolo notevole durante la preparazione e l'esecuzione dell'insurrezione armata dell'ottobre 1917 a Pietrogrado e in altre città, e anche durante la

---

[1775] V. Boguslavskij. V sachshitu Kunyaeva [In difesa di Kunyaev] // *"22"*, 1980, (16), p. 169.
[1776] Lenin, 4 edizione, v. 30, p. 231.
[1777] SJE, v.7, p. 381.
[1778] Kh. M. Astrakhan. *Bolsheviki ikh politicheskie protivniki v 1917 godu* [I bolscevichi e i loro avversari politici nel 1917]. Leningrado, 1973, p. 407.

soppressione degli ammutinamenti e delle risurrezioni armate contro il nuovo regime sovietico".[1779]

È noto che durante la sessione "storica" del Congresso dei Soviet del 27 ottobre furono approvati due atti, il "Decreto sulla terra" e il "Decreto sulla pace". Ma non ha lasciato un segno nella storia il fatto che dopo il "Decreto sulla pace" ma prima del "Decreto sulla terra" sia stata approvata un'altra risoluzione. Essa dichiarava "una questione d'onore per i soviet locali impedire i pogrom ebraici e qualsiasi altro pogrom da parte delle forze oscure".[1780] (I pogrom delle "forze rosse della luce" non erano previsti).

Così anche qui, al Congresso dei deputati degli operai e dei contadini, la questione ebraica è stata anteposta a quella contadina.

[1779] Aron Abramovich. *V reshayuchshey voine: Uchastie i rol evreev SSSR v voine protiv natsisma* [Nella guerra decisiva: partecipazione e ruolo degli ebrei in URSS nella guerra contro il nazismo] 2a edizione, Tel Aviv, 1982, v. 1, p. 45, 46.
[1780] L. Trotsky. *Istoriya russkoi revolutsii. T. 2: Oktyabrskaya revolutsia* [Storia della rivoluzione russa]. Berlino, Granit, 1933, v. 2: Rivoluzione d'ottobre, parte 2, p. 361.

Capitolo 15

Al fianco dei bolscevichi

Questo tema - gli ebrei a fianco dei bolscevichi - non è nuovo, tutt'altro. Quante pagine sono già state scritte sull'argomento! Chi vuole dimostrare che la rivoluzione fu "tutt'altro che russa", "straniera per natura", si appella a cognomi e pseudonimi ebraici, pretendendo così di scagionare i russi da ogni responsabilità nella rivoluzione del diciassette. Per quanto riguarda gli autori ebrei, sia coloro che hanno negato la partecipazione degli ebrei alla rivoluzione sia coloro che l'hanno sempre riconosciuta, tutti concordano sul fatto che questi ebrei non erano ebrei *per spirito*, ma *rinnegati*.

Anche su questo siamo d'accordo. Dobbiamo giudicare le persone per il loro *spirito*. Sì, erano rinnegati.

Ma anche i leader russi del Partito bolscevico non erano russi nello spirito; erano molto antirussi e certamente antiortodossi. Con loro, la grande cultura russa, ridotta a dottrina e a calcolo politico, fu distorta.

La domanda andrebbe posta in un altro modo, ovvero: quanti rinnegati sparsi dovrebbero essere riuniti per formare una corrente politica omogenea?

Quale percentuale di cittadini? Per quanto riguarda i rinnegati russi, la risposta è nota: al fianco dei bolscevichi erano in numero enorme, un numero imperdonabile. Ma per quanto riguarda i rinnegati ebrei, qual è stata, in termini di arruolamento e di energie impiegate, la loro parte nell'instaurazione del potere bolscevico?

Un'altra domanda riguarda l'atteggiamento della nazione nei confronti dei propri rinnegati. Quest'ultimo è stato comunque contrastato, spaziando dall'abominio all'ammirazione, dalla diffidenza all'adesione. Si è manifestato nelle reazioni stesse delle masse popolari, siano esse russe, ebree o lituane, nella vita stessa molto più che nei resoconti degli storici.

E infine: possono le nazioni negare i loro rinnegati? Ha senso questa negazione? Una nazione dovrebbe ricordarsi o non ricordarsi di loro? Può dimenticare il mostro che hanno generato? A questa domanda la risposta è senza dubbio: è necessario ricordare. Ogni popolo deve ricordare i propri rinnegati, ricordarli come *propri e a* questo non c'è scampo.

E poi, in fondo, c'è un esempio di rinnegato più eclatante di Lenin stesso? Tuttavia, Lenin era russo, è inutile negarlo.

Sì, detestava, detestava tutto ciò che aveva a che fare con l'antica Russia, tutta la storia russa e *a maggior ragione l*'Ortodossia. Della letteratura russa aveva conservato solo Chernyshevsky e Saltykov-Shchedrin; Turgenev, con il suo spirito liberale, lo divertiva, e anche Tolstoj l'accusatore. Non mostrò mai il minimo sentimento di affetto per nulla, nemmeno per il fiume Volga, sulle cui rive si svolse la sua infanzia (e non intentò forse una causa contro i suoi contadini per danni alle sue terre?). Inoltre, fu lui a consegnare senza pietà l'intera regione alla spaventosa carestia del 1921. Sì, tutto questo è vero. Ma siamo stati noi, i russi, a creare il clima in cui Lenin è cresciuto e a riempirlo di odio. È in *noi* che ha perso vigore la fede ortodossa, questa fede in cui avrebbe potuto crescere invece di dichiarare una guerra spietata. Come non vedere in lui un rinnegato? Eppure è russo e noi russi rispondiamo per lui. A volte si invocano le sue origini etniche. Lenin era un meticcio emesso da razze diverse: il nonno paterno, Nikolai Vasilyevich, era di sangue kalmyk e chuvash, la nonna, Anna Aleksievna Smirnova, era kalmyk, l'altro nonno, Israel (Alexander dal nome di battesimo) Davidovitch Blank, era ebreo, l'altra nonna, Anna Iohannovna (Ivanovna) Groschopf, era figlia di un tedesco e di una svedese, Anna Beata Estedt. Ma questo non cambia il caso. Nulla di tutto ciò permette di escluderlo dal popolo russo: dobbiamo riconoscere in lui, da un lato, un fenomeno *russo*, perché tutte le etnie che gli hanno dato i natali sono state coinvolte nella storia dell'Impero russo, e, dall'altro, un fenomeno *russo*, frutto del Paese che abbiamo costruito, noi russi, e del suo clima sociale - anche se egli ci appare, per il suo spirito sempre indifferente alla Russia, o addirittura del tutto antirusso, come un fenomeno a noi completamente estraneo. Non possiamo, nonostante tutto, disconoscerlo.

E i rinnegati ebrei? Come abbiamo visto, durante l'anno 1917, non c'era un'attrazione particolare per i bolscevichi che si manifestasse tra gli ebrei. Ma il loro attivismo ha fatto la sua parte negli sconvolgimenti rivoluzionari. All'ultimo Congresso del Partito Socialdemocratico del Lavoro Russo (RSDLP) (Londra, 1907), che era, è vero, in comune con i menscevichi, su 302-305 delegati, 160 erano ebrei, più della metà - era promettente. Poi, dopo la Conferenza dell'aprile 1917, subito dopo l'annuncio delle esplosive *Tesi di aprile* di Lenin, tra i nove membri del nuovo Comitato centrale c'erano G. Zinoviev, L. Kamenev, Ia. Sverdlov. Al VI Congresso estivo del RKP (b) (il Partito Comunista Russo dei Bolscevichi, nuovo nome dell'RSDLP), furono eletti al Comitato Centrale undici membri, tra cui Zinoviev, Sverdlov, Trotsky, Uritsky.[1781] Poi, alla "riunione storica" in via Karpovka, nell'appartamento di Himmer e Flaksermann, il 10 ottobre 1917, quando fu presa la decisione di lanciare il colpo di Stato bolscevico, tra i dodici partecipanti c'erano Trotsky, Zinoviev, Kamenev, Sverdlov, Uritsky, Sokolnikov. Fu lì che venne eletto il primo "Politburo" che avrebbe avuto un futuro così brillante, e tra i suoi sette membri, sempre gli stessi: Trotsky, Zinoviev, Kamenev, Sokolnikov. Il che è già molto. D. S. Pasmanik afferma chiaramente che: "Non c'è dubbio che i rinnegati ebrei superavano la percentuale normale...; occupavano un posto troppo grande tra i commissari bolscevichi".[1782]

Naturalmente, tutto questo accadeva nelle sfere di governo del bolscevismo e non prefigurava in alcun modo un movimento di massa degli ebrei. Inoltre, i membri ebrei del Politburo non agivano come un gruppo costituito. Per questo Kamenev e Zinoviev erano contrari a un colpo di stato affrettato. L'unico padrone dell'opera, il genio del *colpo di forza* dell'Ottobre, fu infatti Trotsky: egli non esagerò il suo ruolo nelle sue *Lezioni dell'Ottobre*. Questo vile Lenin, che si era nascosto, non diede alcun contributo sostanziale al putsch.

Fondamentalmente, a causa del suo internazionalismo e in seguito alla sua disputa con il Bund nel 1903, Lenin aderì all'opinione che non esisteva e non sarebbe mai esistita una "nazionalità ebraica"; si trattava di un'azione reazionaria che disuniva le forze rivoluzionarie. (In accordo con lui, Stalin considerava gli ebrei una "nazione di carta" e riteneva inevitabile la loro assimilazione). Lenin vedeva quindi l'antisemitismo come una manovra del capitalismo, un'arma facile nelle mani della controrivoluzione, qualcosa che non era naturale. Tuttavia, capì molto bene quale forza mobilitante rappresentasse la questione ebraica nella lotta ideologica in generale. E per sfruttare, per il bene della rivoluzione, il sentimento di amarezza particolarmente diffuso tra gli ebrei, Lenin fu sempre pronto a farlo.

Fin dai primi giorni della rivoluzione, tuttavia, questo appello si rivelò così necessario! Lenin vi si aggrappò. Egli, che non aveva previsto tutto sul piano dello Stato, non aveva ancora percepito quanto lo strato coltivato della nazione ebraica, e ancor più il suo strato semi-coltivato che, a causa della guerra, si trovava sparso in tutta la Russia, avrebbe salvato la situazione durante mesi e anni decisivi. Per cominciare, avrebbe preso il posto dei funzionari russi massicciamente decisi a boicottare il potere bolscevico. Questa popolazione era composta da residenti di frontiera che

---

[1781] SJE, t. 7, p. 399.
[1782] D. S. Pasmanik, Rousskaia revolioutsiia i evreistvo (Bolchevismo ioudaismo) [La rivoluzione russa e gli ebrei {Bolscevismo ed ebraismo}], Parigi, 1923, p. 155.

erano stati cacciati dai loro villaggi e che non vi avevano fatto ritorno dopo la fine della guerra. (Ad esempio, gli ebrei espulsi dalla Lituania durante la guerra non erano tornati tutti dopo la rivoluzione: solo i piccoli abitanti delle campagne erano tornati, mentre il "contingente urbano" degli ebrei lituani e "i giovani erano rimasti a vivere nelle grandi città della Russia".)[1783]

Ed è proprio "dopo l'abolizione del Pale of Settlement nel 1917 che si verificò il grande esodo degli ebrei dai suoi confini verso l'interno del Paese".[1784] Questo esodo non è più quello dei rifugiati o degli espulsi, ma di nuovi coloni. Un'informazione di fonte sovietica per l'anno 1920 testimonia che: "Nella città di Samara, negli ultimi anni, si sono stabiliti decine di migliaia di rifugiati ed espulsi ebrei"; a Irkutsk, "la popolazione ebraica è aumentata, raggiungendo le quindicimila persone; importanti insediamenti ebraici si sono formati nella Russia centrale e sulle rive del Volga e degli Urali".

Tuttavia, "la maggioranza continua a vivere con i sussidi dell'assistenza sociale e di altre organizzazioni filantropiche". Ed ecco le *Izvestia* che invitano "le organizzazioni del Partito, le sezioni ebraiche e i dipartimenti del Commissariato nazionale a organizzare una vasta campagna per il non ritorno alle 'tombe degli antenati' e per la partecipazione al lavoro di produzione nella Russia sovietica".[1785]

Ma mettetevi al posto dei bolscevichi: erano solo un piccolo manipolo che aveva preso il potere, un potere così fragile: in chi, grandi dei, si poteva avere fiducia? Chi poteva essere chiamato in soccorso? Simon (Shimon) Dimantstein, bolscevico fin dall'inizio e che, dal gennaio 1918, era a capo di un Comitato europeo appositamente creato all'interno del Commissariato delle Nazionalità, ci riporta il pensiero di Lenin a questo proposito: "il fatto che gran parte dell'intellighenzia ebraica media si sia stabilita nelle città russe ha reso un fiero servizio alla rivoluzione. Hanno sconfitto la vasta impresa di sabotaggio che abbiamo affrontato dopo la Rivoluzione d'Ottobre, che rappresentava un grande pericolo per noi. Erano numerosi - non tutti, naturalmente, tutt'altro - per sabotare questo sabotaggio e sono stati loro, in quell'ora fatidica, a salvare la rivoluzione". Lenin ritenne "inopportuno enfatizzare questo episodio sulla stampa...", ma osservò che "se riuscimmo a impadronirci e a ristrutturare l'apparato

---

[1783] S. *Gringaouz*, Evreiskaya natsionalnaia avtonomiia v Litve i drougikh stranakh Pribaltiki [Autogoverno nazionale ebraico in Lituania e negli altri Paesi baltici] - BJWR-2, p. 46.
[1784] SJE, t. 2, p. 312.
[1785] Izvestia, 12 ottobre 1920, p. 1.

statale, fu esclusivamente grazie a questo gruppo di nuovi funzionari, lucidi, istruiti e ragionevolmente competenti".[1786]

I bolscevichi fecero quindi *appello* agli ebrei fin dalle prime ore della loro presa di potere, offrendo ad alcuni posizioni dirigenziali, ad altri compiti di esecuzione all'interno dell'apparato statale sovietico. E molti, moltissimi, risposero all'appello ed entrarono immediatamente. Il nuovo potere aveva un disperato bisogno di esecutori fedeli in tutto e per tutto - e ce n'erano molti tra i giovani ebrei secolarizzati, che si mescolavano così ai loro colleghi, slavi e altri.

Non si trattava necessariamente di "rinnegati": tra loro c'erano persone senza affiliazioni a partiti politici, persone estranee alla rivoluzione, che fino a quel momento erano rimaste indifferenti alla politica. Per alcuni, questo approccio non era ideologico; poteva essere dettato solo dall'interesse personale. Era un fenomeno di massa. Da quel momento gli ebrei non cercarono più di stabilirsi nelle campagne proibite, ma si sforzarono di raggiungere le capitali: "Migliaia di ebrei si unirono in massa ai bolscevichi, considerandoli i più accaniti difensori della rivoluzione e i più affidabili internazionalisti... Gli ebrei abbondavano nei livelli inferiori dell'apparato del Partito".[1787]

"L'ebreo, che ovviamente non poteva provenire dalla nobiltà, dal clero o dal servizio civile, si trovò tra le fila delle personalità del futuro del nuovo clan".[1788] Per promuovere l'impegno degli ebrei nel bolscevismo, "alla fine del 1917, mentre i bolscevichi stavano ancora abbozzando le loro istituzioni, iniziò a funzionare un dipartimento ebraico all'interno del Commissariato delle Nazionalità".[1789] Questo dipartimento fu trasformato, dal 1918, in un Commissariato europeo separato. E nel marzo 1919, all'VIII Congresso del RKP (b), fu proclamata l'Unione Europea Comunista della Russia Sovietica come parte integrante ma autonoma del RKP (b). (L'intenzione era quella di integrare questa Unione nel Comintern e quindi di indebolire definitivamente il Bund). Venne inoltre creata una speciale sezione europea all'interno dell'Agenzia telegrafica russa (ROSTA).

D. Schub giustifica queste iniziative dicendo che "grandi contingenti di giovani ebrei si sono uniti al Partito Comunista" dopo i pogrom nei territori

---

[1786] V. Lenin, O evreiskom voprosis v Rossii [Sulla questione ebraica in Russia]. Prefazione di S. Dimanstein, M., Proletarii, 1924, pp. 17-18.

[1787] *Leonard Schapiro*, The Role of the Jews in the Russian Revolutionary Movement, in The Slavonic and East European Review, vol. 40, Londra, Athlone Press, 1961-62, p. 164.

[1788] *M. Kheifets*, Nashi obschiie ouroki [Le nostre lezioni] - "22", n. 14, p. 62.

[1789] *Jewish Tribune, settimanale,* numero dedicato agli interessi degli ebrei russi, Parigi, 1923, 7 settembre, p. 1.

occupati dai bianchi[1790] (cioè dal 1919 in poi). Ma questa spiegazione non regge. Infatti, l'ingresso massiccio degli ebrei nell'apparato sovietico avvenne verso la fine del 1917 e nel corso del 1918.

Non c'è dubbio che gli eventi del 1919 (vedi *infra*, capitolo 16) rafforzarono il legame tra le élite ebraiche e i bolscevichi, ma non lo provocarono in alcun modo. Un altro autore, comunista, spiega "il ruolo particolarmente importante del rivoluzionario ebreo nel nostro movimento operaio" con il fatto che si possono osservare negli operai ebrei, "altamente sviluppati, i tratti del carattere richiesti da qualsiasi ruolo di guida", tratti che sono ancora in forma di abbozzo tra gli operai russi: un'energia eccezionale, un senso di solidarietà, una mente sistematica.[1791]

Pochi autori negano il ruolo di organizzatori che fu degli ebrei nel bolscevismo. D. S. Pasmanik sottolinea che: "La comparsa del bolscevismo è legata alle peculiarità della storia russa... Ma la sua eccellente organizzazione, il bolscevismo, è dovuta in parte all'azione dei commissari ebrei".[1792] Il ruolo attivo degli ebrei nel bolscevismo non sfuggì agli osservatori, in particolare in America: "La rivoluzione russa passò rapidamente dalla fase distruttiva a quella costruttiva, e ciò è chiaramente attribuibile al genio edificante insito nell'insoddisfazione ebraica".[1793] In mezzo all'euforia dell'ottobre, quanti non erano, lo ammettono gli stessi ebrei, a testa alta, con la loro azione all'interno del bolscevismo!

Ricordiamo: così come, prima della rivoluzione, i rivoluzionari e i radicali liberali erano stati lesti a sfruttare a fini politici - e non di beneficenza - le restrizioni imposte agli ebrei, allo stesso modo, nei mesi e negli anni che seguirono l'Ottobre, i bolscevichi, con la massima compiacenza, utilizzarono gli ebrei anche all'interno dell'apparato statale e del partito, non per simpatia, ma perché trovavano il loro interesse nella competenza, nell'intelligenza e nel particolarismo degli ebrei nei confronti della popolazione russa. Sul posto utilizzarono lettoni, ungheresi, cinesi: non si trattava di sentimentali...

La popolazione ebraica, nella sua massa, mostrò un atteggiamento sospettoso, persino ostile, nei confronti dei bolscevichi. Ma quando, in seguito alla rivoluzione, acquisì una libertà totale che favorì una vera e propria espansione dell'attività ebraica in ambito politico, sociale e culturale, per di più ben organizzata, non fece nulla per impedire agli ebrei

---

[1790] D. *Schub*, Evrei vrusskoï revolioutsii [Gli ebrei nella Rivoluzione russa]-BJWR-2, p. 142.
[1791] *Iou. Larine*, Evrei i antisemitizn v SSSR [Gli ebrei e l'antisemitismo nell'URSS], M., L., *Giz*, 1929, pp. 260-262.
[1792] D. S. *Pasmanik*, Tchevo my dobyvaemsia? [Cosa stiamo cercando?]-RaJ, p. 212.
[1793] *American Hebrew*, 10 settembre 1920, p. 507.

bolscevichi di occupare i posti chiave, e questi fecero un uso estremamente crudele di questo nuovo potere caduto nelle loro mani.

A partire dagli anni'40 del Novecento, dopo che il dominio comunista ruppe con l'ebraismo internazionale, ebrei e comunisti si trovarono in imbarazzo e paura, e preferirono tacere e nascondere la forte partecipazione degli ebrei alla rivoluzione comunista, tuttavia le inclinazioni a ricordare e dare un nome al fenomeno furono descritte dagli stessi ebrei come intenzioni puramente antisemite.

Negli anni Settanta e Ottanta, sotto la pressione di nuove rivelazioni, la visione degli anni rivoluzionari è stata modificata. Un numero considerevole di voci si fece sentire pubblicamente. Così il poeta Nahum Korzhavin scrisse: "Se facciamo della partecipazione degli ebrei alla rivoluzione un argomento tabù, non possiamo più parlare della rivoluzione. C'è stato un tempo in cui l'orgoglio di questa partecipazione era addirittura apprezzato... Gli ebrei hanno partecipato alla rivoluzione, e in proporzioni anormalmente alte". [1794] M. Agursky ha scritto da parte sua: "La partecipazione degli ebrei alla rivoluzione e alla guerra civile non si è limitata a un impegno molto attivo nell'apparato statale; è stata infinitamente più ampia".[1795] Allo stesso modo, il socialista israeliano S. Tsyroulnikov afferma che: "All'inizio della rivoluzione, gli ebrei... sono stati la base del nuovo regime".[1796]

Ma ci sono anche molti scrittori ebrei che, fino ad oggi, negano il contributo degli ebrei al bolscevismo, o rifiutano l'idea in modo avventato, o - questo è il caso più frequente - la considerano solo con riluttanza.

Tuttavia il fatto è provato: I *rinnegati* ebrei sono stati a lungo *leader del* Partito bolscevico, a capo dell'Armata Rossa (Trotsky), del VTsIK (Sverdlov), delle due capitali (Zinoviev e Kamenev), del Comintern (Zinoviev), del Profintern (Dridzo-Lozovski) e del Komsomol (Oscar Ryvkin, e più tardi Lazar Shatskin, che diresse anche la Gioventù comunista internazionale).

"È vero che nel primo Sovnarkom c'era un solo ebreo, ma quello era Trotsky, il numero due, dietro Lenin, la cui autorità superava quella di tutti gli altri". [1797] E dal novembre 1917 all'estate 1918, il vero organo di governo non fu il Sovnarkom, ma quello che fu chiamato il "Piccolo Sovnarkom": Lenin, Trotsky, Stalin, Kareline, Prochian. Dopo l'ottobre, il

---

[1794] Literatournyi kourier [Il Corriere letterario], trimestrale, USA, 1985, n. 11, p. 67.
[1795] M. *Agursky*, Ideologuia natsional-bolchevisma [L'ideologia del nazional-bolscevismo], Parigi, YMCA Press, 1980, p. 264.
[1796] S. *Tsyroulnikov*, SSSR, evrei i Israil [L'URSS, gli ebrei e Israele]-TN, n. 96, pag. 155.
[1797] L. Schapiro, op. cit., pp. 164-165.

Presidium del VTsIK ebbe un'importanza pari a quella del Sovnarkom, e tra i suoi sei membri c'erano Sverdlov, Kamenev, Volodarski, Svetlov-Nakhamkis.

M. Agursky sottolinea giustamente: per un Paese in cui non era usuale vedere ebrei al potere, che contrasto! "Un ebreo alla presidenza del Paese... un ebreo al Ministero della Guerra... C'era qualcosa a cui la popolazione etnica della Russia difficilmente poteva abituarsi".[1798] Sì, che contrasto!

Soprattutto quando si sa di *quale* presidente, di *quale* ministro si trattava! La prima grande azione dei bolscevichi fu, con la firma della pace separata di Brest-Litovsk, quella di cedere alla Germania un'enorme porzione del territorio russo, per affermare il proprio potere sulla parte restante. Il capo della delegazione firmataria era Ioffe; il capo della politica estera, Trotsky. Il suo segretario e avvocato, I. Zalkin, aveva occupato il gabinetto del compagno Neratov al ministero e aveva epurato il vecchio apparato per creare una nuova organizzazione, il Commissariato per gli Affari Esteri.

Durante le audizioni tenute nel 1919 nel Senato americano e citate sopra, il medico A. Simons, che dal 1907 al 1918 era stato decano della Chiesa Episcopale Metodista di Pietrogrado, fece un'interessante osservazione: "Pur non lesinando parole di critica nei confronti degli Alleati, Lenin, Trotsky e i loro seguaci non hanno mai espresso - almeno io non ho mai sentito - il minimo biasimo nei confronti della Germania". Allo stesso tempo, parlando con i rappresentanti ufficiali del governo sovietico, ho scoperto che essi desideravano preservare il più possibile le relazioni amichevoli con l'America. Questo desiderio fu interpretato dalle cancellerie alleate come un tentativo di staccare l'America dai suoi partner.

Inoltre, se il regime sovietico fosse crollato, si aspettavano che il nostro Paese [gli Stati Uniti] fungesse da rifugio per i demoni bolscevichi che avrebbero così potuto salvarsi la pelle".[1799]

Il calcolo è plausibile. Non è addirittura... certo? Si può supporre che lo stesso Trotsky, forte della sua recente esperienza in America, abbia confortato i suoi compagni con questa speranza.

Ma dove il calcolo dei leader bolscevichi era più ambizioso e fondato, era quando si trattava di utilizzare i grandi finanzieri americani.

Trotsky stesso era un incontestabile internazionalista, e gli si può credere quando dichiara con enfasi di rifiutare per sé ogni appartenenza all'ebraismo. Ma a giudicare dalle scelte fatte nelle sue nomine, vediamo

---

[1798] *M. Agursky*, p. 264.

[1799] Oktiabrskaïa revolioutsiia pered soudom amcrikanskikh senatorov [La Rivoluzione d'Ottobre di fronte al tribunale dei senatori americani], Rapporto ufficiale della Commissione di vigilanza del Senato, M. L., *GIZ*, 1927, p. 7.

che gli ebrei rinnegati erano più vicini a lui dei russi rinnegati. (I suoi due assistenti più vicini erano Glazman e Sermuks, il capo della sua guardia personale, Dreitser.[1800]) Così, quando fu necessario trovare un sostituto autorevole e spietato per occupare questo posto al Commissariato di guerra - giudicate voi la mancanza! -, Trotsky nominò senza batter ciglio Ephraim Sklyansky, un medico che non aveva nulla di un soldato o di un commissario. E questo Sklyansky, come vicepresidente del Consiglio rivoluzionario di guerra, avrebbe aggiunto la sua firma sopra quella del comandante supremo, il generale S. S. Kamenev!

Trotsky non pensò nemmeno per un attimo all'impressione che la nomina di un medico o la promozione straordinaria di uno Sklyansky avrebbero fatto sui sottufficiali: non gliene poteva fregare di meno. Eppure, fu lui a dichiarare una volta: "La Russia non ha raggiunto la maturità necessaria per tollerare un ebreo alla sua testa"; questa famosa frase dimostra che la questione lo preoccupava lo stesso quando veniva formulata su di lui...

C'è anche questa scena ben nota: la sessione inaugurale dell'Assemblea Costituente viene aperta il 5 gennaio 1918 dal decano dei deputati, S. P. Chevtsov, ma Sverdlov, con assoluta imprudenza, gli strappa il campanello, lo caccia dalla tribuna e riprende la riunione. Questa Assemblea Costituente, così a lungo attesa, così ardentemente desiderata, quel sacro sole che stava per riversare la felicità sulla Russia: bastano poche ore a Sverdlov e al marinaio Jelezniakov per tirarle il collo!

La Commissione panrussa per l'elezione dell'Assemblea Costituente era stata precedentemente sciolta e la sua organizzazione era stata affidata a un privato, il giovane Brodskij. Per quanto riguarda l'Assemblea - così ardentemente desiderata - la sua gestione fu affidata a Uritsky, che fu assistito da Drabkin, il quale avrebbe dovuto istituire una nuova cancelleria. Fu così, con questo tipo di operazione, che venne abbozzato il nuovo tipo di governo ebraico. Altre azioni preliminari: eminenti membri dell'Assemblea Costituente, personalità note a tutta la Russia, come la contessa Panina, immensa benefattrice, furono arrestati da un oscuro personaggio, un certo Gordon. (Secondo il giornale *Den* [Il Giorno], Gordon era stato autore di alcuni scellerati articoli patriottici apparsi sul *Petrogradski Kourier* [Il Corriere di Pietrogrado], per poi dedicarsi al commercio di cavoli e fertilizzanti chimici, prima di diventare definitivamente bolscevico.)[1801]

[1800] *Roheri Conquest*, Bolshoi terror [Il grande terrore], trad. dall'inglese "The Great Terror", Londra, 1968, trad. francese, Parigi, 1968.
[1801] Den, 1917, 5 dicembre, p. 2.

Un'altra cosa da non dimenticare: i nuovi padroni del Paese non trascuravano i loro interessi personali. In altre parole: saccheggiavano le persone oneste.

"Il denaro rubato viene di solito convertito in diamanti... A Mosca si dice che Sklyansky sia 'il primo compratore di diamanti'"; fu catturato in Lituania, durante la verifica del bagaglio della moglie di Zinoviev, Zlata Bernstein-Lilina, "furono trovati gioielli per un valore di diverse decine di milioni di rubli".[1802] (E dire che credevamo alla *leggenda* che i primi leader rivoluzionari fossero idealisti disinteressati). In la Cheka, ci dice un testimone attendibile, che è passato nelle sue grinfie nel 1920, i capi delle prigioni erano di solito polacchi o lettoni, mentre "la sezione incaricata della lotta contro i trafficanti, la meno pericolosa e la più redditizia, era nelle mani degli ebrei".[1803]

Oltre alle posizioni di primo piano, nella struttura del potere di Lenin esistevano, come in ogni altra cospirazione, figure silenziose e invisibili destinate a non scrivere mai il loro nome in nessuna cronaca: da Ganetski, quell'avventuriero che piaceva a Lenin, fino a tutte le figure inquietanti che gravitavano nell'orbita di Parvus. (Questa Evgeniya Sumenson, ad esempio, emersa per un breve periodo durante l'estate del 1917, che fu addirittura arrestata per manipolazione finanziaria con la Germania e che rimase in collegamento con i dirigenti bolscevichi, pur non comparendo mai negli elenchi dei capi dell'apparato) Dopo le "giornate di luglio", la *Russkaja Volio* pubblicò documenti crudi sull'attività clandestina di Parvus e del suo più stretto collaboratore, Zurabov, che "occupa oggi, nei circoli socialdemocratici di Pietrogrado, una posizione ben piazzata"; "sono stati trovati a Pietrogrado anche i signori Binstock, Levin, Perazich e pochi altri".[1804]

O anche: Samuel Zaks, cognato di Zinoviev (marito di sua sorella), capo della filiale della farmacia Parvus a Pietrogrado e figlio di un ricco fabbricante della città, che aveva dato ai bolscevichi, nel 1917, un'intera tipografia. Oppure, appartenente alla stessa squadra Parvus, Samuel Pikker (Alexander Martynov[1805], che in passato aveva polemizzato con Lenin su

---

[1802] *S. S. Maslov*, Rossiia posle tchetyriokh let revolioutsii (La Russia dopo quattro anni di rivoluzione), Parigi, Rousskaya petchat, 1922, libro 2, p. 190

[1803] *S. E. Troubetskoi*, Minovchee [Il passato], Parigi, YMCA Press, 1989, pp. 195-196, coll. Biblioteca delle memorie russe (LRM); collana: Il nostro passato recente, fasc. 10.

[1804] Ruskaya Uolia [La volontà russa], 1917, 8 luglio, consegna serale, p. 4.

[1805] Bolscevichi: Dokoumenty po istorii bolchevizma s 1903 in 1916 god bych. Moskovskogo Okhrannogo Otdeleniia [I bolscevichi: Materiali per la storia del bolscevismo dal 1903 al 1916 dell'ex Okhrana di Mosca]. Presentato da M. A. Tsiavlovski, integrato da A. M. Serebriannikov, New York, Telex, 1990, p. 318.

questioni teoriche, ma ora era giunto il momento di servire il Partito e Martynov si era nascosto).

Citiamo altre figure eclatanti. La più illustre (per i massacri in Crimea) Rosalia Zalkind-Zemlyachka, una vera furia del terrore: fu nel 1917 1920, molto prima di Kaganovich, segretaria del Comitato dei bolscevichi di Mosca insieme a V. Zagorsky, I. Zelensky, I. Piatnitsky.[1806]

Quando si sa che gli ebrei costituivano più di un terzo della popolazione di Odessa, non sorprende apprendere che "nelle istituzioni rivoluzionarie di Odessa c'era un gran numero di ebrei". Il presidente del Consiglio di Guerra Rivoluzionario, e poi del Sovnarkom di Odessa, era V. Yudovsky; il presidente del Comitato Provinciale del Partito, il Gamarnik. [1807] Quest'ultimo sarebbe presto salito a Kiev per diventare presidente dei comitati provinciali - Comitato rivoluzionario, Comitato esecutivo del Partito, poi presidente dei Comitati regionali e infine segretario del Comitato centrale di Bielorussia, membro del Consiglio di guerra rivoluzionario della regione militare della Bielorussia. [1808] E che dire dell'astro nascente, Lazar Kaganovich, presidente del Comitato provinciale del Partito di Nižnij Novgorod nel 1918? In agosto-settembre, i rapporti sulle operazioni di terrore di massa nella provincia iniziano tutti con le parole: "In presenza di Kaganovich", "Kaganovitch presente"[1809] - e con quale vigilanza!... C'è una foto, pubblicata inavvertitamente, che porta questa didascalia: "Fotografia del Presidium di una delle riunioni del Comitato di Leningrado, cioè del Soviet di Pietrogrado dopo la Rivoluzione d'Ottobre. La maggioranza assoluta al tavolo della presidenza è costituita da ebrei".[1810]

Passare in rassegna tutti i nomi di coloro che hanno ricoperto posizioni importanti, e spesso anche posizioni chiave, è fuori dalla portata di chiunque. Ecco Arkady Rosengoltz, tra gli attori del colpo di Stato di ottobre a Mosca; in seguito fu membro dei Consigli di Guerra Rivoluzionari di diversi corpi d'armata, poi della Repubblica; fu il "più stretto assistente" di Trotsky; occupò poi una serie di posti importanti: il Commissariato delle Finanze, l'Ispettorato dei Lavoratori e dei Contadini (un organo di inquisizione), e infine il Commissariato per il Commercio Estero per sette anni.-Semyon Nakhimson, che alla vigilia dell'ottobre era commissario dei famigerati scaramantici lettoni, fu l'agguerrito commissario della regione militare di Yaroslav (fu ucciso durante

---

[1806] SJE, t. 5, p. 476.
[1807] SJE, t. 6, p. 124.
[1808] RJE (2nd edizione rivista e completata), t. 1, p. 267.
[1809] Nijegorodski Partarkhiv [Archivio del Partito di Nižnij Novgorod], f. 1, op. 1, fasc. 66, opuscoli 3, 12, ecc.
[1810] *Larine*, p. 258.

un'insurrezione in città); Samuel Zwilling, che dopo la vittoria sull'atamano di Orenburg, Dutov, assunse la guida del Comitato esecutivo del distretto di Orenburg (fu ucciso poco dopo).-Zorakh Grindberg, Commissario per l'Istruzione e le Belle Arti del Comune del Nord, che si schierò contro l'insegnamento dell'ebraico, il "braccio destro" di Lunacharsky.-Ecco Yevgeniya Kogan, moglie di Kuybyshev: già nel 1917 era segretaria del Comitato di Partito della regione di Samara; nel 1918-19 divenne membro del Tribunale rivoluzionario militare del Volga; nel 1920 si riunì al Comitato cittadino di Tashkent, poi nel 1921 a Mosca, dove divenne segretaria del Comitato cittadino e poi segretaria del Comitato nazionale negli anni Trenta.-Ecco il segretario di Kuybyshev, Semyon Zhukovsky: passa dalle sezioni politiche alle sezioni politiche degli eserciti; si trova a volte nel Dipartimento di Propaganda del Comitato Centrale del Turkestan, a volte alla guida politica della Flotta del Baltico (per i bolscevichi, tutto è a portata di mano...), e, infine, al Comitato Centrale -.

Oppure ci sono i fratelli Bielienki: Abram, a capo della guardia personale di Lenin negli ultimi cinque anni della sua vita; Grigori, che passa dal Comitato distrettuale di Krasnaya Presnia alla posizione di capo dell'agitprop del Comintern; infine, si trova al Consiglio superiore dell'economia nazionale , all'Ispettorato dei lavoratori e dei contadini (RKI), al Commissariato delle finanze.-Dimanstein, dopo essere passato per la Commissione europea e la Sezione europea, è al Comitato centrale di Lituania-Bielorussia, al Commissariato per l'istruzione del Turkestan, poi capo della propaganda politica dell'Ucraina.-Samuel Filler, apprendista speziale della provincia di Kherson, che si è issato alla presidenza della Cheka di Mosca e poi dell'RKI.-Anatolij (Isacco) Koltun ("disertò ed emigrò subito dopo", per poi tornare nel 1917): lo troviamo sia come alto funzionario della Commissione centrale di controllo del VKP (b) sia come responsabile del Partito del Kazakistan, poi a Yaroslavl, a Ivanovo, poi di nuovo alla Commissione di controllo, quindi al Tribunale di Mosca - e all'improvviso si trova alla Ricerca scientifica![1811] Il ruolo degli ebrei è particolarmente visibile negli organi della RSFSR responsabili di quello che costituisce il problema cruciale di quegli anni, gli anni del comunismo di guerra: gli *approvvigionamenti*. Moisei Frumkin: dal 1918 al 1922, membro del collegio del Commissariato per gli approvvigionamenti della RSFSR e dal 1921, in piena carestia, vice commissario: è anche presidente del Consiglio di amministrazione del Fondo alimentare (Glavprodukt) e ha come assistente I. Rafailov. Iakov Brandenbourgski-Goldzinski, tornato da Parigi nel 1917 e divenuto subito membro del Comitato di rifornimento di

---

[1811] Bolchevki [I bolscevichi], 1903-1916, p. 340; RJE, t. 1, pp. 100, 101, 376, 427, 465-466; t. 2, pp. 51, 61, 321, 482; t. 3, p. 306.

Pietrogrado e dal 1918 in poi membro del Commissariato; durante la guerra civile, con poteri straordinari nel VTsIK per le operazioni di requisizione in diverse province.isaak Zelensky: nel 1918-20 nella sezione rifornimenti del Soviet di Mosca, poi membro del collegio del Commissariato di rifornimento della RSFSR; in seguito nel Segretariato del Comitato centrale e Segretario per l'Asia centrale.- Semyon Voskov (arrivato dall'America nel 1917, protagonista del colpo di Stato di ottobre a Pietrogrado): nel 1918, commissario agli approvvigionamenti per l'immensa regione del Nord.-Miron Vladimirov-Cheinfinkel: dall'ottobre 1917 a capo del servizio approvvigionamenti per la città di Pietrogrado, poi membro del collegio della Commissione approvvigionamenti della RSFSR; nel 1921: commissario agli approvvigionamenti per l'Ucraina, poi per l'Agricoltura. -Moisei Kalmanovitch: alla fine del 1917, commissario per il rifornimento del fronte occidentale; nel 1919-1920, commissario per il rifornimento della RSS Bielorussa, poi della RSS Lituania-Bielorussia e presidente di una commissione speciale per il rifornimento del fronte occidentale (al culmine della sua carriera: presidente del Consiglio di amministrazione della Banca centrale dell'URSS).[1812]

Documenti pubblicati di recente ci informano sul modo in cui è scoppiata la grande rivolta contadina del 1921 nella Siberia occidentale, l'insurrezione di Ichim.

Dopo le feroci requisizioni del 1920, quando il 1° gennaio 1921 la regione aveva soddisfatto il piano di requisizioni richiesto del 102%, il commissario per i rifornimenti della provincia di Tyumen, Indenbaum, istituì una settimana aggiuntiva per "finalizzarlo", il 1 al 7 gennaio, cioè la settimana prima di Natale.[1813] Il commissario delle requisizioni di Ichim ricevette, come gli altri, la direzione ufficiale: "Le requisizioni devono essere eseguite senza tener conto delle conseguenze, confiscando, se necessario, *tutto il grano nei villaggi* (sottolineato da me-A. S.) e lasciando al produttore solo una razione di carestia". In un telegramma firmato di suo pugno, Indenbaum chiedeva "la più spietata repressione e la confisca sistematica del grano eventualmente ancora presente". Per formare le brigate di requisizione vennero reclutati, non con il consenso di Ingenbaum, delinquenti e sottoproletari che non si facevano scrupoli a picchiare i contadini. Il lettone Matvei Lauris, membro del Commissariato Provinciale di Approvvigionamento, usava il suo potere per il suo arricchimento personale e per il suo piacere: avendo preso alloggio in un villaggio, fece portare trentuno donne per sé e per la sua squadra. Al X Congresso del RKP (b), la delegazione di Tyumen riferì che "i contadini

---

[1812] RJE, t. 1, pp. 160, 250, 234, 483, 502, 533; t. 3, p. 260.
[1813] Secondo il calendario giuliano ancora in vigore nella Chiesa ortodossa. Il Natale si celebra il 7 gennaio .

che si rifiutavano di dare il loro grano venivano messi in fosse, annaffiati e morivano congelati".[1814]

L'esistenza di alcuni individui è stata appresa solo alcuni anni dopo grazie ai necrologi pubblicati sulle Izvestia. Così: "il compagno Isaac Samoylovich Kizelstein è morto di tubercolosi"; era stato un agente del Collegio della Cheka, poi membro del Consiglio di guerra rivoluzionario della 5a e della 14a armata , "sempre devoto al Partito e alla classe operaia".[1815] E quanti di questi "oscuri lavoratori" di tutte le nazionalità si trovavano tra gli strangolatori della Russia!

Gli ebrei bolscevichi avevano spesso, oltre al loro cognome di rivoluzionari clandestini, pseudonimi o cognomi modificati. Esempio: in un necrologio del 1928, la morte di un bolscevico della prima ora, Lev Mikhailovich Mikhailov, che era noto al Partito come Politikus, cioè con un soprannome; il suo vero nome, Elinson, lo portò nella tomba.[1816] Cosa spinse un Aron Rupelevich a prendere il cognome ucraino di Taratut? Aronovitch Tarchis si vergognava del suo nome o voleva aumentare il suo peso assumendo il nome di Piatnitsky?

E che dire dei Gontcharov, dei Vassilenko e di altri...? Erano considerati nelle loro stesse famiglie dei traditori o semplicemente dei codardi?

Sono rimaste le osservazioni fatte sul posto. I. F. Najivin riporta le impressioni ricevute all'inizio del potere sovietico: al Cremlino, nell'amministrazione del Sovnarkom, "regna il disordine e il caos. Vediamo solo lettoni e ancora più lettoni, ebrei e ancora più ebrei. Non sono mai stato un antisemita, ma ce n'erano così tanti che non potevano sfuggire alla tua attenzione, e ognuno era più giovane del precedente".[1817]

Lo stesso Korolenko, da liberale ed estremamente tollerante qual era, profondamente solidale con gli ebrei vittime dei pogrom, annotò nei suoi Quaderni nella primavera del 1919: "Tra i bolscevichi c'è un gran numero di ebrei, uomini e donne. La loro mancanza di tatto, la loro sicurezza sono sorprendenti e irritanti", "Il bolscevismo si è già esaurito in Ucraina, la 'Comune' incontra solo odio sul suo cammino. Si vedono costantemente emergere tra i bolscevichi - e soprattutto tra i cecoslovacchi - fisionomie

---

[1814] Zemlia sibirskaia, dalnievostotchnaia [Terra siberiana, Estremo Oriente], Omsk, 1993, nn. 5-6 (maggio-giugno), pp. 35-37.
[1815] Izvestia, 1931, 7 aprile, p. 2.
[1816] Izvestia, 1928, 6 marzo, p. 5; RJE, t. 2, pp. 295, 296.
[1817] Iv. Najivine, Zapiski o revolioutsii [Note sulla rivoluzione]. Vienna, 1921, p. 93.

ebraiche, e questo esaspera i tradizionali sentimenti, ancora molto virulenti, di giudeofobia".[1818]

Fin dai primi anni del dominio sovietico, gli ebrei non solo erano numericamente superiori nelle alte sfere del Partito, ma anche, cosa più notevole e più sensibile per la popolazione, nelle amministrazioni locali, nelle province e nei comuni, nelle sfere inferiori, dove la massa anonima degli *Streitbrecher* era venuta in soccorso del nuovo e ancora fragile potere che lo aveva consolidato, salvato. L'autore del *Libro degli ebrei di Russia* scrive: "Non si può non evocare l'azione dei molti bolscevichi ebrei che lavoravano nelle località come agenti subordinati della dittatura e che causarono innumerevoli mali alla popolazione del Paese" - e aggiunge: "compresa la popolazione ebraica".[1819]

L'onnipresenza degli ebrei a fianco dei bolscevichi ebbe, in quei giorni e mesi terribili, le conseguenze più atroci. Tra queste c'è l'assassinio della famiglia imperiale, di cui oggi tutti parlano, e dove i russi ora esagerano la parte degli ebrei, che trovano in questo pensiero straziante un divertimento malvagio. Come è giusto che sia, gli ebrei più dinamici (e sono molti) erano all'apice degli eventi e spesso ai posti di comando. Così, per l'assassinio della famiglia dello Zar: le guardie (gli assassini) erano lettoni, russi e magiari, ma due personaggi giocarono un ruolo decisivo: Filippo Goloshchekin e Yakov Yurovsky (che aveva ricevuto il battesimo).

La decisione finale spettava a Lenin. Se osò decidere a favore dell'assassinio (quando il suo potere era ancora fragile), fu perché aveva previsto sia la totale indifferenza degli Alleati (il re d'Inghilterra, cugino dello zar, non aveva forse già, nella primavera del 1918, rifiutato l'asilo a Nicola II?) e la fatale debolezza degli strati conservatori del popolo russo.

Goloshchekin, che nel 1912 era stato esiliato a Tobolsk per quattro anni e che nel 1917 si trovava negli Urali, era in perfetta sintonia con Sverdlov: le loro conversazioni telefoniche tra Ekaterinburg e Mosca rivelano che nel 1918 si davano del tu. Già nel 1912 (seguendo l'esempio di Sverdlov), Goloshchekin fu membro del Comitato centrale del Partito bolscevico. Dopo il colpo di Stato di ottobre, divenne segretario del Comitato provinciale di Perm ed Ekaterinburg, e successivamente del Comitato della Regione degli Urali, in altre parole era diventato il padrone assoluto della regione.[1820]

[1818] *P. I. Negretov, V. G. Korolenko*; Letopis jizni i tvortchestva [V. G. Korolenko: Cronaca della vita e del lavoro, 1917-1921] sotto la pubblicazione di A. V. Khrabrovitski, Moskva: Kniga, 1990, p. 97, 106.
[1819] *G. Aronson*, Evreiskaya obschestvennost v Rossii v 1917-1918 gg. [L'opinione pubblica ebraica in Russia nel 1917-1918], SJE-2, 1968, p. 16.
[1820] Bolscevico, 1903-1916, p. 13, pp. 283-284.

Il progetto di assassinare la famiglia imperiale stava maturando nelle menti di Lenin e dei suoi accoliti, mentre, da parte loro, i due patroni degli Urali, Goloshchekin e Bieloborodov (presidente del Soviet degli Urali), covavano le loro macchinazioni. È ormai noto che all'inizio di luglio del 1918 Goloshchekin si recò a Mosca per convincere Lenin che lasciar "fuggire" lo zar e la sua famiglia era una pessima soluzione, che dovevano essere giustiziati apertamente, per poi annunciare pubblicamente la cosa. Convincere Lenin che lo zar e la sua famiglia dovevano essere soppressi non era necessario, lui stesso non ne dubitava nemmeno per un momento. Ciò che temeva era la reazione del popolo russo e dell'Occidente.

Tuttavia, c'erano già indicazioni che la cosa sarebbe passata senza fare scalpore. (La decisione sarebbe dipesa, ovviamente, anche da Trotsky, Kamenev, Zinoviev, Bukharin, ma questi erano per il momento assenti da Mosca e la loro mentalità, con la possibile eccezione, forse, di quella di Kamenev, lasciava supporre che nessuno di loro avrebbe avuto nulla da ridire. Trotsky, come sappiamo, approvò tutto ciò senza provare alcuna emozione. Nel suo diario del 1935, racconta che al suo arrivo a Mosca ebbe una conversazione con Sverdlov. "Chiesi incidentalmente: "A proposito, dov'è lo zar?" - "È fatta, rispose. Giustiziato."-"E la famiglia?"-"Anche la famiglia, con lui."-"Tutti quanti?". Chiesi con una punta di stupore. "Tutti!" rispose Sverdlov... e allora?" Stava aspettando una mia reazione. Non risposi a nulla.

E chi l'ha deciso?". Chiesi: 'Tutti noi, qui'... Non feci altre domande, me ne dimenticai... In fondo, questa decisione era più che ragionevole, era necessaria - non solo per spaventare, per spaventare il nemico, per fargli perdere ogni speranza, ma per elettrizzare le nostre stesse file, per farci capire che non si poteva tornare indietro, che avevamo davanti a noi solo una vittoria indivisa o la morte certa".[1821]

M. Heifets ha cercato chi ha potuto partecipare a quest'ultimo consiglio presieduto da Lenin; senza dubbio: Sverdlov, Dzerzhinsky; probabilmente: Petrovsky e Vladimirski (della Cheka), Stutchka (del Commissariato di Giustizia); forse: V. Schmidt. Questo fu il tribunale che condannò lo zar. Quanto a Goloshchekin, era tornato a Ekaterinburg il 12 luglio, in attesa dell'ultimo segnale inviato da Mosca. Fu Sverdlov a trasmettere l'ultima istruzione di Lenin. E Yakov Yurovskij, orologiaio, figlio di un criminale deportato in Siberia - dove era nata la prole - era stato posto nel luglio 1918 a capo della casa Ipatiev. Questo Yurovskij manovrava l'operazione e rifletteva sui mezzi concreti per realizzarla (con l'aiuto di magiari e russi, tra cui Pavel Medvedev, Piotr Ermakov), nonché sul modo migliore per far

---

[1821] *Lev Trogski*, Dnevniki i pisma [Giornali e lettere], Ermitage, 1986, p. 101.

sparire i corpi. [1822](Ricordiamo qui l'assistenza fornita da P. L. Voïkov, commissario regionale per le forniture, che fornì barili di benzina e acido solforico per distruggere i cadaveri). Come si siano succeduti i colpi mortali nel seminterrato della casa di Ipatiev, quali di questi colpi siano stati mortali, chi siano stati i tiratori, nessuno ha potuto specificarlo in seguito, nemmeno gli esecutori. In seguito, "Yurovskij si vantò di essere il migliore: "È stato il proiettile della mia colt a uccidere Nicola"". Ma questo onore toccò anche a Ermakov e al suo "compagno Mauser".[1823]

Goloshchekin non cercava la gloria, ed è stato questo idiota di Bieloborodov a batterlo. Negli anni Venti tutti sapevano che era lui l'assassino numero uno dello zar.

Nel 1936, durante una tournée a Rostov-sul-Don, nel corso di una conferenza del Partito, se ne vantò ancora dal podio, appena un anno prima di essere giustiziato. Nel 1941 toccò a Goloshchekin essere giustiziato. Quanto a Yurovskij, dopo l'assassinio dello zar, raggiunse Mosca, vi "lavorò" per un anno a fianco di Dzerzhinsky (spargendo così sangue) e morì di morte naturale.[1824]

In effetti, la questione dell'origine etnica degli attori ha costantemente gettato un'ombra sulla rivoluzione nel suo complesso e su ciascuno dei suoi eventi. Tutte le partecipazioni e le complicità, a partire dall'assassinio di Stolypin, si sono necessariamente scontrate con i sentimenti dei russi. Sì, ma che dire dell'assassinio del fratello dello zar, il granduca Mikhail Alexandrovich? Chi furono i suoi assassini? Andrei Markov, Gavril Myasnikov, Nikolai Zhukov, Ivan Kolpaschikov: tutti russi.

Qui ognuno deve - oh quanto! - porsi la domanda: ho illuminato il mio popolo con un piccolo raggio di bene, o l'ho oscurato con tutte le tenebre del male?

Questo è quanto per quanto riguarda i carnefici della rivoluzione. E le vittime? Ostaggi e prigionieri per intere partite - fucilati, annegati su barconi affollati: gli ufficiali - russi; i nobili - per lo più russi; i sacerdoti - russi; i membri degli Zemstvos - russi; e i contadini in fuga dall'arruolamento nell'Armata Rossa, presi nelle foreste - tutti russi. E questa intellighenzia russa di alta moralità, antisemita - anche per essa si trattava di brutte morti e di scantinati insanguinati. Se oggi si potessero trovare i nomi e gli elenchi di tutti coloro che sono stati fucilati e annegati nei primi anni del potere sovietico, dal settembre 1918 in poi, se fossero disponibili le statistiche, sarebbe sorprendente scoprire che la rivoluzione

---

[1822] *Mikhail Heifets*, Tsareoubiistvo v 1918 godou [L'assassinio dello zar nel 1918], Mosca-Gerusalemme, 1991, pp. 246-247, 258, 268-271.
[1823] *Ibidem*, p. 355.
[1824] *Ibidem*, pp. 246, 378-380.

non ha manifestato in alcun modo il suo carattere internazionale, ma anzi il suo carattere antislavo (in accordo, peraltro, con i sogni di Marx ed Engels).

Ed è questo che ha impresso questo segno profondo e crudele sul volto della rivoluzione, che la definisce al meglio: *chi* ha sterminato, portando via i suoi morti per sempre, senza ritorno, lontano da questa sordida rivoluzione e da questo sfortunato paese, il corpo di questo povero popolo fuorviato?

Durante tutti quei mesi, Lenin fu molto occupato dal clima di tensione che si era creato intorno alla questione ebraica. Già nell'aprile 1918, il Consiglio dei commissari del popolo di Mosca e della regione di Mosca pubblicò sull'*Izvestia*[1825] (quindi per un pubblico più ampio della sola regione di Mosca) una circolare indirizzata ai Soviet "sulla questione della propaganda antisemita dei pogrom", in cui si evocavano "gli avvenimenti accaduti nella regione di Mosca che ricordavano i pogrom antiebraici" (non veniva nominata alcuna città); sottolineava la necessità di organizzare "sessioni speciali tra i Soviet sulla questione ebraica e sulla lotta all'antisemitismo", nonché "incontri e conferenze", insomma un'intera campagna di propaganda. Ma chi era, a proposito, il colpevole numero uno, a cui bisognava rompere le ossa? I preti ortodossi, naturalmente! Il primo punto prescritto: "Prestare la massima attenzione alla propaganda antisemita portata avanti dal clero; prendere le misure più radicali per fermare la controrivoluzione e la propaganda dei preti" (non ci chiediamo in questo momento quali fossero queste misure... ma, in realtà, chi le conosce meglio di noi?). Poi il punto numero due raccomandava di "riconoscere la necessità di non creare un'organizzazione combattente ebraica separata" (all'epoca si pensava a una guardia ebraica). Il punto numero quattro affidava all'Ufficio per gli Affari Ebraici e al Commissariato di Guerra il compito di prendere "misure preventive per combattere i pogrom antiebraici".

Al culmine dello stesso anno 1918, Lenin registrò su grammofono un "discorso speciale sull'antisemitismo e sugli ebrei". Lì denunciò "la maledetta autocrazia zarista che aveva sempre lanciato operai e contadini non istruiti contro gli ebrei. La polizia zarista, assistita da proprietari terrieri e capitalisti, ha perpetrato pogrom antiebraici. L'ostilità verso gli ebrei è perenne solo dove la cabala capitalista ha definitivamente oscurato le menti degli operai e dei contadini... Tra gli ebrei ci sono operai, uomini del lavoro, sono la maggioranza. Sono i nostri fratelli, oppressi come noi dal capitalismo, sono i nostri compagni che lottano con noi per il socialismo... Vergogna al maledetto zarismo!... Vergogna a coloro che

---

[1825] Izvestia, 1918, 28 aprile, p. 4.

seminano ostilità verso gli ebrei!"- "Le registrazioni di questo discorso furono portate fino al fronte, trasportate attraverso le città e i villaggi a bordo di treni speciali di propaganda che attraversavano il paese. I grammofoni diffondevano questo discorso nei club, nelle riunioni, nelle assemblee. Soldati, operai e contadini ascoltarono l'arringa del loro leader e cominciarono a capire di cosa si trattava".[1826] Ma questo discorso, all'epoca, non fu pubblicato (... per omissione intenzionale?); lo fu solo nel 1926 (nel libro di Agursky senior).

Il 27 luglio 1918 (subito dopo l'esecuzione della famiglia imperiale), il Sovnarkom promulgò una legge speciale sull'antisemitismo: "Il Soviet dei Commissari del Popolo dichiara che qualsiasi movimento antisemita è un pericolo per la causa della Rivoluzione degli operai e dei contadini". In conclusione, Lunacharsky ci dice che, per mano dello stesso Lenin: "Il Sovnarkom diede ordine a tutte le deputazioni sovietiche di prendere misure radicali per sradicare l'antisemitismo. Gli incitatori dei pogrom, coloro che li propagano, saranno dichiarati fuorilegge". Firmato: VI. Ulyanov (Lenin).[1827]

Se il significato della parola "fuorilegge" può essere sfuggito ad alcuni all'epoca, nei mesi del Terrore Rosso apparirà chiaramente, dieci anni dopo, in una frase di un militante comunista - Larine - che per un certo periodo fu egli stesso commissario del popolo e addirittura promotore del "comunismo di guerra": "mettere fuori legge" gli antisemiti attivi significava fucilarli".[1828]

E poi c'è la famosa risposta di Lenin a Dimanstein nel 1919. Dimanstein "desiderava ottenere da Lenin che fosse mantenuta la distribuzione dell'opuscolo di Gorky che conteneva elogi tali all'indirizzo degli ebrei da creare 'l'impressione che la rivoluzione fosse basata solo sugli ebrei e soprattutto sugli individui della classe media'". Lenin rispose - come abbiamo già detto - che, subito dopo l'Ottobre, erano stati gli ebrei a salvare la rivoluzione sconfiggendo la resistenza dei dipendenti pubblici, e di conseguenza "l'opinione di Gorky era perfettamente corretta".[1829] Anche l'*Enciclopedia Ebraica* non ne dubita: "Lenin si rifiutò di nascondere sotto il tappeto il proclama estremamente filo-semita di M. Gorky, che fu diffuso in grande quantità durante la guerra civile, nonostante rischiasse di

---

[1826] *Iou. Larine*, Evrei i antisemitism v SSSR* [Gli ebrei e l'antisemitismo in URSS], pp. 7-8 (con un riferimento a S. Agursky, Evreiskii rabotchii v kommounistitcheskom dvijenii [L'operaio ebreo nel movimento comunista], Minsk GIZ, 1926, p. 155).
[1827] Izvestia, 1918, 27 luglio, p. 4.
[1828] *Iou. Larine*, p. 259.
[1829] *V. I. Lenin*, O evreiskom voprose v Rossii [Sulla questione ebraica in Russia], prefazione di S. Dimanstein. M., Proletarii, 1924, 3 luglio.

diventare una risorsa nelle mani degli antisemiti nemici della rivoluzione".[1830]

E lo divenne, ovviamente, per i *bianchi* che videro fondersi due immagini, quella del giudaismo e quella del bolscevismo.

La sorprendente (miope!) indifferenza dei leader bolscevichi nei confronti del sentimento popolare e della crescente irritazione della popolazione è lampante quando si vede quanto gli ebrei furono coinvolti nella repressione diretta contro il clero ortodosso: fu nell'estate del 1918 che iniziò l'assalto alle chiese ortodosse nella Russia centrale e soprattutto nella regione di Mosca (che comprendeva diverse province), assalto che cessò solo grazie all'ondata di ribellioni nelle parrocchie.

Nel gennaio 1918, gli operai che stavano costruendo la fortezza di Kronstadt si ribellarono e protestarono: il comitato esecutivo del Partito, composto "esclusivamente da non indigeni", aveva designato per il servizio di guardia, invece della milizia...

I sacerdoti ortodossi, mentre "non un rabbino ebreo, non un mullah musulmano, non un pastore cattolico, non un pastore protestante, fu messo a disposizione".[1831] (Notiamo su che anche in questa piccola isola fortificata della "prigione dei popoli" c'erano luoghi di culto per tutte le confessioni...).

Un testo intitolato "Carica sugli ebrei!" apparve addirittura fino alla *Pravda*, un appello degli operai di Arkangelsk "agli operai e ai contadini russi consapevoli del loro destino", in cui si leggeva: "sono profanate, contaminate, saccheggiate" - "esclusivamente chiese ortodosse, mai sinagoghe... La morte per fame e malattia porta centinaia di migliaia di vite innocenti tra i russi", mentre "gli ebrei non muoiono né di fame né di malattia".[1832] (Nell'estate del 1918 ci fu anche "un caso criminale di antisemitismo nella chiesa di Basilio il Beato, a Mosca...").

Che follia da parte dei militanti ebrei aver mescolato alla feroce repressione esercitata dai bolscevichi contro l'ortodossia, ancora più feroce che contro le altre confessioni, questa persecuzione dei sacerdoti, questo sfogo sulla stampa di sarcasmi rivolti al Cristo! Le penne russe attaccarono con zelo anche Demian Bedny (Efim Pridvorov), per esempio, e non fu l'unico. Sì, gli ebrei avrebbero dovuto restarne fuori.

Il 9 agosto 1919, il patriarca Tichon scrive al presidente del VTsIK Kalinin (con copia al presidente del Sovnarkom, Ulyanov-Lenin) per chiedere la

---

[1830] SJE, t. 4, p. 766.
[1831] Tserkovnye Vedomosti [Notizie della Chiesa], 1918, n. 1 (citato secondo M. Agursky, p. 10)
[1832] *Pravda*, 1919, 3 luglio.

destituzione del giudice istruttore Chpitsberg, incaricato degli "affari" della Chiesa: "un uomo che oltraggia pubblicamente le convinzioni religiose della gente, che deride apertamente i gesti rituali, che, nella prefazione al libro *La peste religiosa* (1919), ha dato a Gesù Cristo nomi abominevoli e ha così profondamente turbato il mio sentimento religioso".[1833] Il testo è stato trasmesso al Piccolo Sovnarkom, da cui è arrivata la risposta il 3 settembre: "classificare il reclamo del cittadino Belavine (Patriarca Tikhon) senza seguito".[1834] Ma Kalinin cambiò idea e indirizzò una lettera segreta al Commissario per la Giustizia, Krasikov, dicendo di ritenere che "per considerazioni pratiche e politiche... sostituire Chpitsberg con qualcun altro", dato che "il pubblico del tribunale è probabilmente in maggioranza ortodosso" e che è quindi necessario "privare i circoli religiosi... del loro principale motivo di vendetta etnica".[1835]

E che dire della profanazione delle reliquie? Come potevano le masse comprendere un oltraggio così evidente, così provocatorio? "Potrebbero i russi, gli ortodossi aver fatto queste cose?", si chiedevano in tutta la Russia. Tutto questo è stato architettato dagli ebrei. Non fa differenza, per coloro che hanno crocifisso Cristo".[1836] - E chi è responsabile di questo stato d'animo, se non il potere bolscevico, offrendo al popolo spettacoli di tale ferocia?

S. Bulgakov, che seguì da vicino ciò che accadde all'Ortodossia sotto i bolscevichi, scrisse nel 1941: In URSS, la persecuzione dei cristiani "superò in violenza e ampiezza tutte le precedenti persecuzioni conosciute nella storia". Certo, non dobbiamo dare la colpa di tutto agli ebrei, ma non dobbiamo sminuire la loro influenza"[1837] - "Nel bolscevismo si sono manifestate soprattutto la forza di volontà e l'energia del giudaismo" - "Il ruolo svolto dagli ebrei nel bolscevismo è, ahimè, sproporzionatamente grande. Ed è soprattutto *il peccato dell'ebraismo contro Ben-Israel...* E non è il "sacro Israele", ma la forte volontà dell'ebraismo che, in potenza, si è manifestata nel bolscevismo e nello schiacciamento del popolo russo."Sebbene derivasse dal programma ideologico e pratico del bolscevismo, senza distinzione di nazionalità, la persecuzione dei cristiani trovò i suoi attori più zelanti tra i 'commissari' ebrei dell'ateismo militante", e aver messo un Goubelman-Iaroslavski a capo dell'Unione dei

---

[1833] Sledstvennoe delo Patriarkha Tikhona [L'istruzione del Patriarca Tikhon], ric. di documenti dai materiali dell'Archivio Centrale, M., 2000, doc. no. 58, pp. 600-604.
[1834] GARF, f. 130, op. 4, ed. Khr. 94, l. 1, Verbale della riunione del Piccolo Consiglio del 2 settembre 1920, no. 546.
[1835] GARF, f. 1235, op. 56, d. 26, l. 43.
[1836] S. S. *Maslov*, p. 43.
[1837] Arch. Sergui Bulgakov Khristianstvo i evreiskii vopros [Il cristianesimo e la questione ebraica], rec, Paris, YMCA Press, 1991, p. 76.

Senza Dio significava commettere "di fronte a tutto il popolo ortodosso russo un atto... di sfrontatezza religiosa".[1838]

Un'altra sfrontatezza molto apparente: questo modo di ribattezzare città e luoghi. Abitudine, in realtà, meno ebraica che tipicamente sovietica. Ma possiamo affermare che per gli abitanti di Gatchina il nuovo nome della loro città - Trotsk - non aveva una risonanza straniera? Uritsky dà il suo nome alla piazza del Palazzo, Vorovski alla piazza Saint-Isaac, Volodarski alla prospettiva dei Fondatori, Nakhimson alla prospettiva di San Vladimir, Rochal alla chiatta dell'Ammiragliato, e il pittore di seconda classe Isaak Brodsky dà il suo nome alla così bella via San Michele...

Non si sopportavano più, le teste si giravano. Attraverso l'immensità della Russia, si passa in un lampo: Elisabethgrad diventa Zinovievsk... e andiamo con coraggio! La città dove fu assassinato lo zar prende il nome dell'assassino: Sverdlovsk.

È ovvio che nella coscienza nazionale russa era presente, già nel 1920, l'idea di una vendetta nazionale da parte degli ebrei bolscevichi, dal momento che è apparsa persino nei documenti del governo sovietico (è servita come argomento a Kalinin).

Naturalmente, la confutazione di Pasmanik era giusta: "Per i malvagi e le menti ristrette, tutto non potrebbe essere spiegato in modo più semplice: il *Kahal* ebraico [1839] ha deciso di impadronirsi della Russia; oppure: è l'ebraismo vendicativo che regola i suoi conti con la Russia per le umiliazioni subite in passato".[1840] Certo, non possiamo spiegare la vittoria e il mantenimento dei bolscevichi. Ma se il pogrom del 1905 brucia nella memoria della vostra famiglia, e se, nel 1915, siete stati cacciati dai territori occidentali, a colpi di frusta, dai vostri fratelli per sangue, potete benissimo, tre o quattro anni dopo, volervi vendicare in a vostra volta con una frusta o un colpo di rivoltella. Non ci chiederemo se gli ebrei comunisti volessero consapevolmente vendicarsi della Russia distruggendo, spezzando l'eredità russa, ma negare totalmente questo spirito di vendetta significherebbe negare qualsiasi relazione tra la disparità di diritti sotto lo zar e la partecipazione degli ebrei al bolscevismo, relazione che viene costantemente evocata.

Ed è così che I. M. Biekerman, di fronte al "fatto della sproporzionata partecipazione degli ebrei all'opera di barbara distruzione", a chi riconosce il diritto degli ebrei di vendicare le passate persecuzioni, confuta questo diritto: "lo zelo distruttivo dei nostri correligionari viene imputato allo

---

[1838] *Ibidem*, pp. 98, 121, 124.
[1839] Ex organo di governo della Comunità ebraica.
[1840] D. S. *Pasmanik*, Rousskaia revolioutsiia i evreistvo [La rivoluzione russa e gli ebrei], p. 156.

Stato che, con le sue vessazioni e persecuzioni, avrebbe spinto gli ebrei alla rivoluzione"; ebbene no, dice, perché "è dal modo in cui un individuo reagisce al male subito che si distingue da un altro, e lo stesso vale per una comunità di uomini"."[1841]

Più tardi, nel 1939, considerando il destino dell'ebraismo sotto la nuvola nera dell'imminente nuova era, lo stesso Biekerman scrisse: "La grande differenza tra gli ebrei e il mondo che li circondava era che essi potevano essere solo l'incudine e mai il martello".[1842]

Non intendo scavare qui, in questo lavoro limitato, i grandi destini storici, ma esprimo una riserva categorica su questo punto: forse è stato così fin dall'inizio dei tempi, ma, a partire dal 1918, in Russia, e per altri quindici anni, gli ebrei che hanno aderito alla rivoluzione hanno fatto *anche* da *martello* - almeno una gran parte di loro.

Ecco, nella nostra rassegna, la voce di Boris Pasternak. Nel suo *Dottor Zivago*, scrive, è vero, dopo la Seconda guerra mondiale, quindi dopo il cataclisma che si è abbattuto, schiacciante e sinistro, sugli ebrei d'Europa e che ha ribaltato tutta la nostra visione del mondo - ma, nel romanzo stesso, si parla degli anni della rivoluzione -, parla di "questo modo modesto e sacrificale di restare in disparte, che genera solo disgrazie", della "loro [degli ebrei, ndr] fragilità e della loro incapacità di reagire".

Eppure, non avevamo entrambi di fronte a noi lo stesso paese - in età diverse, certo, ma dove abbiamo vissuto gli stessi anni'20 e '30? Il contemporaneo di quegli anni rimane muto per lo stupore: Pasternak non avrebbe quindi visto (credo) quello che stava accadendo?-I suoi genitori, il padre pittore, la madre pianista, appartenevano a un ambiente ebraico molto colto, che viveva in perfetta sintonia con l'intelligenzia russa; lui stesso crebbe in una tradizione già abbastanza ricca, una tradizione che portò i fratelli Rubinstein, il commovente Levitan, il sottile Guerchenson, i filosofi Frank e Chestov, a darsi alla Russia e alla cultura russa... È probabile che questa scelta inequivocabile, quel perfetto equilibrio tra vita e servizio, che era il loro, appraisse a Pasternak come *la norma*, mentre le mostruose lacune, spaventose rispetto a questa norma, non raggiungevano la retina del suo occhio.

D'altra parte, queste differenze penetrarono nel campo visivo di migliaia di altre persone. Così, a testimonianza di questi anni, Biekerman scrive:

[1841] *I. M. Biekerman*, Rossiia i rousskoie evrcistvo [La Russia e gli ebrei russi], RaJ, p. 25.
[1842] Id, K samosoznaniou evreia tchem my byli. Tchem my doljny, byt [Per l'autocoscienza dell'ebreo: chi siamo stati, chi dobbiamo diventare], Parigi, 1930, p. 42.

"La partecipazione troppo visibile degli ebrei ai saturnali bolscevichi attira gli occhi dei russi e quelli del mondo intero".[1843]

No, gli ebrei non sono stati la grande forza trainante del colpo di Stato di ottobre. Quest'ultimo, inoltre, non portò loro nulla, poiché la rivoluzione di febbraio aveva già concesso loro la piena e completa libertà. Ma, dopo il *colpo di forza*, fu allora che la giovane generazione laica cambiò rapidamente cavallo e si lanciò con non minore sicurezza nella galoppata infernale del bolscevismo.

Ovviamente, non sono stati i melamedes[1844] a produrre questo. Ma la parte ragionevole del popolo ebraico si è lasciata sopraffare dalle teste calde. E così una generazione quasi intera divenne *rinnegata*. E la gara fu lanciata.

G. Landau ha cercato i *motivi* che spinsero la generazione più giovane a unirsi al campo dei nuovi vincitori. Scrive: "Qui c'era il rancore nei confronti del vecchio mondo e l'esclusione della vita politica e della vita russa in generale, così come un certo razionalismo peculiare del popolo ebraico" e "la forza di volontà che, negli esseri mediocri, può assumere la forma dell'insolenza e dell'ambizione spietata".[1845]

Alcuni cercano delle scuse attraverso delle spiegazioni: "Le condizioni materiali di vita dopo il colpo di Stato di ottobre hanno creato un clima tale da costringere gli ebrei a unirsi ai bolscevichi".[1846] Questa spiegazione è molto diffusa: "Il 42% della popolazione ebraica della Russia era impegnata in attività commerciali"; le hanno perse; si sono trovati in una situazione senza uscita - dove andare? "Per non morire di fame, furono costretti a prendere servizio presso il governo, senza prestare troppa attenzione al tipo di lavoro che veniva loro richiesto". Era necessario entrare nell'apparato sovietico dove "il numero di funzionari ebrei, fin dall'inizio della Rivoluzione d'Ottobre, era molto alto".[1847]

Non avevano *via d'uscita*? Le decine di migliaia di funzionari russi che si rifiutavano di servire il bolscevismo avevano un posto dove andare? A morire di fame? Ma come vivevano gli altri? Soprattutto perché ricevevano aiuti alimentari da organizzazioni come la Joint, l'ORT[1848], finanziate da

---

[1843] *I. M. Biekerman*, RaJ, pp. 14 15.
[1844] Coloro che insegnano la legge ebraica privatamente.
[1845] *G. A. Landau*, Revolioutsionnye idei v evreiskoi obschestvennosti [Le idee rivoluzionarie nell'opinione pubblica ebraica], RaJ, p. 117.
[1846] *D. S. Pasmanik*, Rousskaia revolioutsiia i evreistvo [La rivoluzione russa e gli ebrei], p. 156.
[1847] *D. S. Pasmanik*, p. 157.
[1848] Obchtchestvo Pemeslennogo Troude saldato evreiev: Associazione per l'artigianato tra gli ebrei.

ricchi ebrei occidentali. Arruolarsi nella Cheka non era mai l'*unica* via d'uscita. Ce n'era almeno un'altra: non farlo, resistere.

Il risultato, conclude Pasmanik, è che "il bolscevismo divenne, per gli ebrei affamati delle città, un mestiere uguale ai precedenti: sarto, broker o speziale".[1849]

Ma se è così, si può dire, settant'anni dopo, in buona coscienza: per quelli "che non volevano immigrare negli Stati Uniti e diventare americani, che non volevano immigrare in Palestina per rimanere ebrei, per quelli l'unico problema era il comunismo"?[1850] Ancora una volta l'*unica* via d'uscita!?

È proprio *questo che si* chiama rinunciare alla propria responsabilità storica!

Altri argomenti hanno più consistenza e peso: "Un popolo che ha sofferto una tale persecuzione" - e questo per tutta la sua storia - "non poteva, nella sua grande maggioranza, non farsi portatore della dottrina rivoluzionaria e dell'internazionalismo del socialismo", perché "ha dato ai suoi seguaci ebrei la speranza di non essere mai più dei paria" proprio su questa terra, e non "nella chimerica Palestina dei grandi antenati". Più avanti: "Già durante la guerra civile, e subito dopo, erano più forti nella competizione con i nuovi arrivati provenienti dalla popolazione etnica, e riempivano molti dei vuoti che la rivoluzione aveva creato nella società... Così facendo, avevano per la maggior parte rotto con la loro tradizione nazionale e spirituale", dopo di che "tutti coloro che volevano assimilarsi, specialmente la prima generazione e al momento della loro apparizione massiccia, si radicarono negli strati relativamente superficiali di una cultura che era nuova per loro".[1851]

Ci si chiede, tuttavia, come sia possibile che "le tradizioni secolari di questa antica cultura si siano rivelate impotenti a contrastare l'infatuazione per gli slogan barbarici dei rivoluzionari bolscevichi".[1852] Quando "il socialismo, compagno della rivoluzione, si è sciolto sulla Russia, non solo questi ebrei, numerosi e dinamici, sono stati fatti vivere sulla cresta dell'onda devastante, ma il resto del popolo ebraico si è trovato privato di qualsiasi idea di resistenza ed è stato invitato a guardare ciò che stava accadendo con una simpatia perplessa, chiedendosi, impotente, che cosa ne sarebbe

---

[1849] D. *Choub*, Evrei v rousskoi revolioutsii [Gli ebrei nella rivoluzione russa], BJWR-2, pag. 143.
[1850] *Chlomo Avineri*, Vozvraschenie v istoriiou [Ritorno alla storia]-"22", 1990, n. 73, p. 112.
[1851] D. *Chiurmann*, O natsionalnykh fobiiakh [Sulle fobie nazionali],-"22", 1989, n. 68, pp. 149-150.
[1852] I. O. *Levine*, Evrei v revolioutsii [Gli ebrei nella rivoluzione], RaJ, p. 127.

derivato". [1853] Come mai "in ogni circolo della società ebraica la rivoluzione fu accolta con entusiasmo, un entusiasmo inspiegabile quando si sa di quali disillusioni è composta la storia di questo popolo"? Come poteva "il popolo ebraico, razionalista e lucido, lasciarsi andare all'ebbrezza della fraseologia rivoluzionaria"[1854] ?

D. S. Pasmanik evoca nel 1924 "quegli ebrei che proclamavano a gran voce il legame genetico tra bolscevismo ed ebraismo, che si vantavano apertamente dei sentimenti di simpatia che la massa del popolo ebraico nutriva verso il potere dei commissari".[1855] Allo stesso tempo, lo stesso Pasmanik indicava "i punti che possono essere in un primo momento il fondamento di un avvicinamento tra il bolscevismo e l'ebraismo... Questi sono: la preoccupazione per la *felicità sulla terra* e quella della *giustizia sociale*... L'ebraismo è stato il primo a proporre questi due grandi principi".[1856]

In un numero del giornale londinese *Jewish Chronicle* del 1919 (quando la rivoluzione non si era ancora raffreddata) leggiamo un interessante dibattito sulla questione. Il corrispondente permanente di questo giornale, un certo Mentor, scrive che non è opportuno che gli ebrei fingano di non avere alcun legame con i bolscevichi. Così, in America, il rabbino e dottore Judah Magnes ha sostenuto i bolscevichi, il che significa che non considerava il bolscevismo incompatibile con l'ebraismo.[1857] Scrive ancora la settimana successiva: Il bolscevismo è di per sé un grande male, ma, paradossalmente, rappresenta anche la speranza dell'umanità. Anche la Rivoluzione francese non è stata sanguinosa, eppure è stata giustificata dalla Storia. L'ebreo è idealista per natura e non è sorprendente, anzi è logico che abbia creduto alle promesse del bolscevismo. "C'è molto spazio per la riflessione nel fatto stesso del bolscevismo, nell'adesione di molti ebrei al bolscevismo, nel fatto che gli ideali del bolscevismo in molti aspetti si uniscono a quelli del giudaismo - molti dei quali sono stati ripresi dal fondatore del cristianesimo. Gli ebrei che pensano devono esaminare attentamente tutto questo. Bisogna essere sciocchi per vedere nel bolscevismo solo i suoi aspetti negativi...".[1858]

[1853] *Landau*, RaJ, p. 109.
[1854] *D. O. Linski*, O natsionalnom samosoznanii rousskogo evreia [La coscienza nazionale dell'ebreo russo], RaJ, pp. 145, 146.
[1855] *D. S. Pasmanik*, RaJ, pag. 225.
[1856] *D. S. Pasmanik*, Rousskaia revolioutsiia i evreistvo [La rivoluzione russa e il giudaismo], p. 129.
[1857] Jewish Chronicle, 28 marzo 1919, p. 10.
[1858] *Ibidem*, 4 aprile 1919, p. 7.

Tuttavia, l'ebraismo non è soprattutto il riconoscimento dell'unico Dio? Ma questo basta a renderlo incompatibile con il bolscevismo, negatore di Dio!

Sempre sulla ricerca dei motivi di una così ampia partecipazione degli ebrei all'avventura bolscevica, I. Biekerman scrive: "Potremmo, di fronte ai fatti, disperare del futuro del nostro popolo, se non sapessimo che, tra tutti i contagi, il peggiore è quello delle parole. Perché la coscienza ebraica sia stata così ricettiva a questa infezione, la questione sarebbe troppo lunga da sviluppare in questa sede". Le cause risiedono "non solo nelle circostanze di ieri", ma anche "nelle idee ereditate dai tempi antichi, che predispongono gli ebrei a essere contaminati dall'ideologia, anche se nulla e sovversiva".[1859]

S. Bulgakov scrive anche: "Il volto che l'ebraismo mostra nel bolscevismo russo non è affatto il vero volto di Israele... Riflette, anche all'interno di Israele, uno stato di terribile crisi spirituale, che può portare alla bestialità".[1860]

Quanto all'argomentazione secondo cui gli ebrei di Russia si sarebbero gettati tra le braccia dei bolscevichi a causa delle vessazioni subite nel passato, essa deve essere confrontata con le altre due dimostrazioni di forza comuniste che si sono verificate contemporaneamente a quella di Lenin, in Baviera e in Ungheria. Leggiamo in I. Levin: "Il numero di ebrei al servizio del regime bolscevico è, in questi due Paesi, molto alto. In Baviera, troviamo tra i commissari gli ebrei E. Levine, M. Levin, Axelrod, l'ideologo anarchico Landauer, Ernst Toller".

"La percentuale di ebrei che presero la guida del movimento bolscevico in Ungheria è del 95%.... Tuttavia, la situazione degli ebrei in termini di diritti civili era eccellente in Ungheria, dove non c'era alcuna limitazione già da molto tempo; nella sfera culturale ed economica, gli ebrei occupavano una posizione tale che gli antisemiti potevano persino parlare di una presa degli ebrei".[1861] Possiamo aggiungere qui l'osservazione di un eminente editore ebreo americano, il quale scrive che gli ebrei di Germania "hanno prosperato e conquistato una posizione elevata nella società".[1862] Non dimentichiamo a questo proposito che il fermento di ribellione che fu all'origine dei *colpi* di *forza, di* cui parleremo ancora nel capitolo 16, era

---

[1859] *Biekerman*, RaJ, p. 34.
[1860] Arch. Sergui Bulgakov, Khristianstvo i evreiskii vopros [Il cristianesimo e la questione ebraica], pp. 124-125.
[1861] *Levine*, RaJ, pp. 125, 126.
[1862] *Norman Podgorets*, Evrei v sovremennom mire [Gli ebrei nel mondo moderno] (Int.) BM, n. 86, p. 113.

stato introdotto dai bolscevichi attraverso l'intermediazione di "prigionieri rimpatriati" imbottiti di propaganda.

A unire tutti questi ribelli - e, più tardi, al di là dei mari - fu una ventata di sfrenato internazionalismo rivoluzionario, un impulso alla rivoluzione, una rivoluzione globale e "permanente". Il rapido successo degli ebrei nell'amministrazione bolscevica non poteva essere ignorato in Europa e negli Stati Uniti. Anzi, peggio: erano ammirati! Al momento del passaggio da febbraio a ottobre, l'opinione pubblica ebraica in America non mise a tacere le sue simpatie per la rivoluzione russa.

Nel frattempo, i bolscevichi conducevano diligentemente le loro operazioni finanziarie all'estero, principalmente attraverso Stoccolma. Dal ritorno di Lenin in Russia, erano arrivate loro forniture segrete, di provenienza tedesca, attraverso la Nia Banken di Olof Aschberg. Ciò non escludeva il sostegno finanziario di alcuni banchieri russi che, in fuga dalla rivoluzione, si erano rifugiati all'estero e lì si erano trasformati in volontari sostenitori dei bolscevichi. Un ricercatore americano, Anthony Sutton, ha ritrovato (con mezzo secolo di ritardo) documenti d'archivio; ci dice che, se dobbiamo credere a un rapporto inviato nel 1918 al Dipartimento di Stato dall'ambasciatore americano a Stoccolma, "tra i banchieri russi che si erano rifugiati all'estero e che si erano trasformati in volontari sostenitori dei bolscevichi". Ambasciatore a Stoccolma, "tra questi 'banchieri bolscevichi' c'è il famigerato Dmitri Rubinstein che la rivoluzione di febbraio aveva fatto uscire di prigione, che aveva raggiunto Stoccolma e si era fatto agente finanziario dei bolscevichi"; "troviamo anche Abram Jivotovski, un parente di Trostky e Lev Kamenev". Tra i sindacati c'erano "Denisov dell'ex Banca di Siberia, Kamenka della Banca Azov-Don e Davidov della Banca per il Commercio Estero".

Altri 'banchieri bolscevichi': Grigori Lessine, Shtifter, Iakov Berline e il loro agente Isidore Kohn".[1863]

Questi avevano lasciato la Russia. Altri, in direzione opposta, avevano lasciato l'America per tornare. Erano i *revenants*, tutti "rivoluzionari" (alcuni di vecchia data, altri recenti) che sognavano di costruire e consolidare finalmente il Nuovo Mondo della Felicità Universale. Ne abbiamo parlato nel capitolo 14. Stavano attraversando gli oceani dal porto di New York verso Est o da quello di San Francisco in direzione Ovest, alcuni ex sudditi dell'Impero russo, altri puri e semplici cittadini americani, appassionati che addirittura non conoscevano la lingua russa.

[1863] A. Sutton, Orol strit i bolshevitskaya revolioutsiia, [Wall Street e la rivoluzione bolscevica], trad. dall'inglese, M., 1998, pp. 141-142.

Nel 1919, A. V. Tyrkova-Williams scrisse in un libro pubblicato allora in Inghilterra: "Ci sono pochi russi tra i leader bolscevichi, pochi uomini impregnati di cultura russa e preoccupati degli interessi del popolo russo... Oltre ai cittadini stranieri, il bolscevismo reclutava immigrati che avevano trascorso molti anni fuori dai confini. Alcuni non erano mai stati in Russia. Tra loro c'erano molti ebrei. Parlavano male il russo. La nazione di cui erano diventati padroni era loro estranea e, inoltre, si comportavano come invasori in un Paese conquistato". E se, nella Russia zarista,

"Gli ebrei erano esclusi da tutte le cariche ufficiali, se le scuole e il servizio statale erano chiusi per loro, d'altra parte, nella Repubblica Sovietica tutti i comitati e i commissariati erano pieni di ebrei. Spesso scambiavano il loro nome ebraico con un nome russo... ma questa mascherata non ingannava nessuno".[1864]

Nello stesso anno, il 1919, durante le audizioni al Senato della Commissione Overmen, un professore universitario dell'Illinois, P. B. Dennis, arrivato in Russia nel 1917, dichiarò che a suo parere - "un parere che corrispondeva a quello di altri americani, inglesi, francesi... -, queste persone dispiegavano in Russia un'estrema crudeltà e ferocia nella loro repressione contro la *borghesia*" (la parola è usata qui senza alcuna sfumatura peggiorativa nel suo senso primario: gli abitanti dei boroughs). Oppure: "Tra coloro che svolgevano una 'propaganda omicida' nelle trincee e nelle retrovie, c'era chi, uno o due anni prima [cioè nel 1917 1918], viveva ancora a New York".[1865]

Nel febbraio 1920, Winston Churchill intervenne sulle pagine del *Sunday Herald*. In un articolo intitolato "Il sionismo contro il bolscevismo: Lotta per l'anima del popolo ebraico", scrisse: "Oggi vediamo questa compagnia di personalità eccezionali, emergere dalla clandestinità, dai sotterranei delle grandi città d'Europa e d'America, che ha afferrato per i capelli e preso per la gola il popolo russo, e si è affermata come padrona indiscussa dell'immenso Impero russo".[1866]

Tra queste persone che sono tornate da oltreoceano ci sono molti nomi noti. Ecco M. M. Gruzenberg: prima aveva vissuto in Inghilterra (dove aveva conosciuto Sun Yat-sen), poi aveva vissuto a lungo negli Stati Uniti, a Chicago, dove aveva "organizzato una scuola per gli immigrati", e lo troviamo nel 1919 console generale della RSFSR in Messico (un Paese su cui i rivoluzionari riponevano grandi speranze: Trotsky si sarebbe

---

[1864] *Ariadna Tyrkova-Williams*, From Liberty to Brest-Litovsk London, Macmillan and Co., 1919, pp. 297-299.
[1865] *Overmen*, pp. 22-23, 26-27.
[1866] Jerry Muller, Dialektika traguedii antisemitizm i kommounizm v Tsentralnoï i Vostotchnoï Evrope, Evreiskaya Tribouna* (The Jewish Tribune), 1920, n. 10, p. 3.

presentato lì...), poi, nello stesso anno, siede negli organi centrali del Comintern. Prese servizio in Scandinavia, in Svezia; fu arrestato in Scozia. Ricompare in Cina nel 1923 sotto il nome di Borodin[1867] con un'intera squadra di spie: è il "principale consigliere politico del Comitato esecutivo del Kuomintang", ruolo che gli consente di promuovere la carriera di Mao Tse-tung e di Zhou Enlai. Tuttavia, sospettando Borodin-Gruzenberg di svolgere attività sovversive, Chiang Kai-shek lo espulse dalla Cina nel 1927. Rientrato in URSS, passa indenne l'anno 1937; durante la guerra con la Germania, lo troviamo caporedattore dell'Ufficio informazioni sovietico al fianco di Dridzo-Lozovsky. Sarà giustiziato nel 1951.[1868]

(Sugli ebrei bolscevichi giustiziati negli anni'30, si veda *infra*, capitolo 19.) Tra loro anche Samuel Agursky, che divenne uno dei leader della Bielorussia; arrestato nel 1938, scontò una condanna alla deportazione. (È il padre del defunto M. Agursky, prematuramente scomparso, che non ha seguito la stessa strada del suo progenitore, tutt'altro! [1869][1870]-Ricordiamo anche Solomon Slepak, membro influente del Comintern, che tornò in Russia da Vladivostok dove partecipò a degli assassinii; si recò poi in Cina per cercare di attirare Sun Yat-sen in un'alleanza con il comunismo; suo figlio Vladimir dovrà strapparsi, non senza uno scontro, dalla trappola in cui era caduto il padre nella sua ricerca del radioso futuro del comunismo.[1871] Di storie come questa, e altre ancora più paradossali, ce ne sono centinaia.

Anche i demolitori della cultura ebraica *"borghese"* si sono fatti vivi. Tra questi, i collaboratori di S. Dimanstein nel Commissariato Europeo: i S.-R. Dobkovski, Agursky (già citato), e anche "Kantor, Shapiro, Kaplan, ex anarchici emigrati tornati da Londra e New York". L'obiettivo del Commissariato era quello di creare un "Centro per il Movimento Comunista Ebraico". Nell'agosto 1918, il nuovo giornale comunista in yiddish *Emes* (la Verità) annunciò: [1872]"La rivoluzione proletaria è iniziata nella strada degli ebrei"; fu immediatamente lanciata una campagna contro gli *Heders* e il "Talmud-Torah"... Nel giugno 1919, controfirmato da S. Agursky e Stalin, fu proclamato lo scioglimento dell'Ufficio Centrale delle

---

[1867] Questo è il personaggio di *Il destino dell'uomo* di Andre Malraux.
[1868] RJE, t. 1, p. 154.
[1869] Collaboratore della raccolta *Da sotto le macerie*, pubblicata da Aleksandr Solzhenitsyn nel 1974.
[1870] *Ibidem*, p. 22.
[1871] *Chaim Potok*, The Gates of November, Chronicles of the Slepak Family, New York, Alfred A. Knopf, 1996, pp. 37, 44-45.
[1872] G. Aronson, Evreiski vopros v epokhou Stalina [La questione ebraica nell'era di Stalin], BJWR, pp. 133-134.

Comunità Ebraiche, che rappresentava la frazione conservatrice dell'ebraismo, quella che non si era schierata con i bolscevichi.

È comunque vero che gli ebrei socialisti non erano attratti principalmente dai bolscevichi. Ora però: dov'erano gli altri partiti, che fine avevano fatto? Ciò che permise al Partito bolscevico di occupare una posizione esclusiva fu la disintegrazione dei vecchi partiti politici ebraici. Il Bund, i socialisti sionisti e i sionisti del Poalei si erano divisi e i loro leader si erano uniti al campo dei vincitori rinnegando gli ideali del socialismo democratico - come M. Raies, M. Froumkina-Ester, A. Weinstein, M. Litvanov.[1873]

È possibile? Anche il Bund, questa organizzazione estremamente bellicosa a cui non si addicevano nemmeno le posizioni di Lenin, che si mostrava così intransigente sul principio dell'autonomia culturale e nazionale degli ebrei?

Ebbene sì, anche il Bund! "Dopo l'instaurazione del potere sovietico, la dirigenza del Bund in Russia si divise in due gruppi (1920): la destra, che in maggioranza emigrò, e la sinistra che liquidò il Bund (1921) e aderì in gran parte al Partito bolscevico".[1874] Tra gli ex membri del Bund, possiamo citare l'inamovibile David Zaslavski, colui che per decenni metterà la sua penna al servizio di Stalin (sarà responsabile della stigmatizzazione di Mandelstam e Pasternak). Inoltre: i fratelli Leplevski, Israel e Grigori (uno, fin dall'inizio, diventerà un agente della Cheka e vi rimarrà per tutta la vita, l'altro occuperà un'alta posizione nell'NKVD nel 1920, poi sarà vice commissario del popolo, presidente del Piccolo Sovnarkom della RSFSR, quindi vice procuratore generale dell'URSS (1934-39); sarà vittima della repressione nel 1939. Solomon Kotliar, subito promosso primo segretario di Orthbourg, di Vologda, di Tver, del Comitato regionale di Orel. O anche Abram Heifets: tornato in Russia dopo il febbraio 1917, entrò nel Presidium del Comitato principale del Bund in Ucraina, fu membro del Comitato centrale del Bund; nell'ottobre 1917 era già per i bolscevichi e, nel 1919, figurava nel gruppo dirigente del Comintern.[1875]

Alla sinistra del Bund si unirono la sinistra dei socialisti sionisti e il SERP[1876]; questi ultimi entrarono nel Partito Comunista già nel 1919. L'ala sinistra del Poalei-Tsion fece lo stesso nel 1921.[1877] Nel 1926, secondo un censimento interno a , nel Partito c'erano fino a 2.500 ex

---

[1873] *Ibidem*, pp. 135-136.
[1874] SJE, t. 1, p. 560.
[1875] RJE, t. 1, p. 478; t. 2, pp. 78, 163; t.3, p. 286.
[1876] Sotsial-evreiskaya raborchaya partia: Partito ebraico dei lavoratori sociali.
[1877] S. *Dimanstein*, Revolioutsionnie dvijenie sredi evreev [Il movimento rivoluzionario tra gli ebrei] in I rivoluzionari attraverso diversi saggi, a cura di M. N. Pokrovski, t. 3, b. I, M-L, GJZ, p. 215.

membri del Bund. Va da sé che molti, in seguito, caddero sotto la lama: "Sotto Stalin, la maggior parte di loro fu vittima di feroci persecuzioni".[1878]

Biekerman esclama: "Il Bund, che aveva assunto il ruolo di rappresentante delle masse lavoratrici ebraiche, si unì ai bolscevichi nella sua parte più importante e attiva".[1879]

Nelle sue memorie, David Azbel cerca di spiegare le ragioni di questa adesione riflettendo sull'esempio di suo zio, Aron Isaakievich Weinstein, un influente membro del Bund di cui abbiamo parlato sopra: "Aveva capito prima di tutti gli altri che il suo partito, così come gli altri partiti socialisti, erano condannati... Aveva capito anche un'altra cosa: sopravvivere e continuare a difendere gli interessi degli ebrei sarebbe stato possibile solo aderendo ai bolscevichi".[1880]

Per quanti di loro le ragioni 1) sopravvivere, 2) continuare a difendere gli interessi degli ebrei, sono state decisive? Tentativamente, entrambi gli obiettivi sono stati raggiunti.

Si noterà inoltre che dopo l'ottobre anche gli altri partiti socialisti, l'S.R. e i menscevichi, che, come sappiamo, avevano un gran numero di ebrei nelle loro file e alla loro testa, non si opposero al bolscevismo. A malapena consapevoli del fatto che i bolscevichi avevano sciolto l'Assemblea costituente da loro richiesta, si ritirarono, esitarono, si divisero a loro volta, a volte proclamando la loro neutralità nella guerra civile, altre volte la loro intenzione di temporeggiare. Quanto alla S.R., essa aprì apertamente ai bolscevichi una parte del fronte orientale e cercò di demoralizzare le retrovie dei bianchi.

Ma troviamo anche ebrei tra i leader della resistenza ai bolscevichi nel 1918: delle ventisei firme della "Lettera aperta dei prigionieri sull'affare del Congresso dei lavoratori" scritta nella prigione di Taganka, non meno di un quarto è ebreo.[1881] I bolscevichi erano impietosi nei confronti dei menscevichi di questo tipo. Nell'estate del 1918, R. Abramovich, un importante leader menscevico, evitò l'esecuzione solo grazie a una lettera indirizzata a Lenin da una prigione austriaca da Friedrich Adler, colui che aveva abbattuto il primo ministro austriaco nel 1916 e che era stato liberato.

[1878] SJE, t. 1, p. 560.
[1879] *I. M. Biekerman*, RaJ, p. 44.
[1880] *D. Azbel*, Do, vo vremia i posle [Avant, pendant et après], VM, 1989, n. 104, p. 231.
[1881] Nezavisimoie rabotcheie dvijeniie v 1918 godou: Dokumenty i materialy [Il movimento operaio indipendente], a cura di M. Bernstam, Parigi, YMCA Press, 1981, pp. 291-293, in Research on Contemporary Russian History.

Anche altri furono stoici: Grigori Binshtok, Semyon Weinstein; arrestati più volte, furono infine espulsi dal Paese.[1882]

Nel febbraio 1921, a Pietrogrado, i menscevichi sostennero certamente gli operai ingannati e affamati, li spinsero a protestare e a scioperare, ma senza una vera convinzione. E non ebbero l'audacia di prendere la guida dell'insurrezione di Kronstadt. Tuttavia, questo non li mise al riparo dalla repressione.

Conosciamo anche molti menscevichi che si sono uniti ai bolscevichi, che hanno scambiato un'etichetta di partito con un'altra. Si tratta di: Boris Maguidov (divenne capo della sezione politica della 10 Armata, poi del Donbass, segretario dei comitati provinciali di Poltava, Samara, istruttore del Comitato centrale): Abram Deborine, un vero e proprio disertore (scalò rapidamente i gradini della carriera di "professore rosso", riempiendoci la testa di Materialismo Dialettico e Materialismo Storico...); Alexander Goikhbarg (membro del Comitato Rivoluzionario Sovietico, pubblico ministero al processo dei ministri di Kolchak, membro del collegio del Commissariato di Giustizia, poi presidente del Piccolo Sovnarkom). Alcuni di loro resistettero per qualche tempo fino all'arresto, come I. Liakhovetski-Maïski[1883]; gli altri, in gran numero, furono ridotti molto presto al silenzio, a partire dal processo all'immaginario "Ufficio Menscevico Unificato" del 1931 (dove troviamo Guimmer-Sukhanov che fu l'ideatore della tattica del Comitato Esecutivo nel marzo 1917). Fu organizzata un'enorme retata in tutta l'Unione per arrestarli.

C'erano disertori nella S.R.: Lakov Lifchitz, ad esempio, vicepresidente della Cheka di Chernigov nel 1919, poi di Kharkov, quindi presidente della Cheka di Kiev e, al culmine di una rapida carriera, vicepresidente della GPU ucraina. C'erano comunisti anarchici, il più famoso dei quali era Lazar Kogan (sezione speciale degli eserciti, assistente del capo dell'esercito della Vecheka nel 1930 - alto funzionario del Gulag e, nel 1931, capo del cantiere del Mar Bianco dell'NKVD). Ci sono biografie estremamente sinuose: Ilya Kit-Viitenko, tenente dell'esercito austriaco, fatto prigioniero dai russi e dal momento in cui i bolscevichi sono al potere, prende le fila della Cheka-Guepeou e poi dell'esercito e, negli anni'30, è uno dei riformatori dell'Armata Rossa. E poi in buca per vent'anni![1884]

E i sionisti? Ricordiamo che nel 1906 avevano affermato e proclamato di non poter stare lontani dalla lotta dei russi contro il giogo dell'autocrazia e si erano impegnati attivamente in questa battaglia. Ciò non impedì loro, nel maggio 1918 (quando il giogo pesava ancora così tanto), di dichiarare che,

---

[1882] RJE, t. 1, pp. 135 136, 199-200.
[1883] RJE, t. 1, pp. 331, 419; t. 2, pp. 221, 222, 230.
[1884] RJE, t. 2, pp. 36, 51-52, 176.

nelle questioni di politica interna russa, sarebbero stati d'ora in poi neutrali, "molto ovviamente nella speranza di evitare il rischio" che i bolscevichi "li accusassero di essere controrivoluzionari".[1885] E all'inizio funzionò. Per tutto il 1918 e per i primi sei mesi del 1919, i bolscevichi li lasciarono in pace: nell'estate del 1918 poterono tenere a Mosca il Congresso russo delle comunità ebraiche, e centinaia di queste comunità ebbero la loro "settimana palestinese"; i loro giornali apparvero liberamente e fu creato un club giovanile, gli "Heraluts"[1886].-Ma nella primavera del 1919 le autorità locali si impegnarono a vietare la stampa sionista qua e là, e nell'autunno del 1919 alcuni personaggi di spicco furono accusati di "spionaggio a beneficio dell'Inghilterra". Nella primavera del 1920, i sionisti organizzarono una conferenza panrussa a Mosca. Risultato: tutti i partecipanti (90 persone) furono internati nella prigione di Butyrka; alcuni furono condannati, ma la pena non fu applicata, grazie all'intervento di una delegazione di sindacati ebraici americani.

"Il presidio della Vecheka dichiarò che l'organizzazione sionista era controrivoluzionaria e la sua attività era ora proibita nella Russia sovietica... Da questo momento iniziò l'era della clandestinità per i sionisti".[1887]

M. Heifets, che è un uomo riflessivo, ce lo ricorda molto bene: il colpo di Stato di ottobre non coincise esattamente con la dichiarazione Balfour che pose le basi di uno Stato ebraico indipendente? Ebbene, cosa accadde?: "Una parte della nuova generazione ebraica seguì la strada di Herzl e Jabotinsky, mentre l'altra [precisiamo: la più numerosa] cedette alla tentazione e andò a ingrossare le file della banda Lenin-Trotsky-Stalin". (La via di Herzl appariva allora lontana, irreale, mentre quella di Trotsky e Bagritsky consentiva agli ebrei di acquisire una statura immediata e di diventare subito una nazione in Russia, uguale per diritto e persino privilegiata".[1888]

Disertore anche, naturalmente, e non ultimo, Lev Mekhlis, del Poalei-Tsion. La sua carriera è nota: nella segreteria di Stalin, nel comitato editoriale della *Pravda*, a capo del settore politico dell'Armata Rossa, nel Commissariato di Stato per la Difesa e Commissario per il Controllo dello Stato. Fu lui a far fallire il nostro sbarco in Crimea nel 1942. All'apice della

---

[1885] I. B. Shekhtman, Sovetskaia Rossiia, Sionizm i Izrail [Russia sovietica, sionismo e Israele], BJWR-2, p. 31.
[1886] *Ibidem*, p. 315.
[1887] S. Hepshtein, Rousskie sionisty v barbe za Palestinou [I sionisti russi nella lotta per la Palestina], BJWR-2, pp. 390-392.
[1888] *Heifets*, "22", 1980, n. 14, p. 162.

sua carriera: nell'Orgburo del Comitato Centrale. Le sue ceneri sono sigillate nel muro del Cremlino.[1889]

Naturalmente, c'era una parte importante degli ebrei di Russia che non aderiva al bolscevismo: né i rabbini, né i docenti, né i grandi medici, né tutta una massa di brava gente, cadde nelle braccia dei bolscevichi. La Tyrkova scrive nello stesso passo del suo libro, poche righe dopo: "Questa predominanza degli ebrei tra i dirigenti sovietici mise in disperazione quegli ebrei russi che, nonostante le crudeli iniquità subite sotto il regime zarista, consideravano la Russia come la Madrepatria e conducevano la vita comune di tutta l'intellighenzia russa, rifiutando, in comunione con lei, qualsiasi collaborazione con i bolscevichi".[1890] -

Ma all'epoca non avevano la possibilità di farsi sentire pubblicamente, e queste pagine sono naturalmente riempite non con i loro nomi, ma con quelli dei conquistatori, di coloro che hanno imbrigliato il corso degli eventi.

Due illustri atti terroristici perpetrati da armi ebraiche contro i bolscevichi nel 1918 occupano un posto speciale: l'assassinio di Uritsky da parte di Leonid Kannegisser e l'attentato a Lenin da parte di Fanny Kaplan. Anche in questo caso, sebbene al contrario, fu espressa la vocazione del popolo ebraico a essere sempre tra i primi. Forse i colpi sferrati a Lenin erano piuttosto il risultato delle intenzioni di S.-R.[1891]. Ma, per quanto riguarda Kannegisser (nato da nobiltà ereditaria da parte del nonno, entrò nella Scuola degli ufficiali cadetti nel 1917; tra l'altro, era in rapporti amichevoli con Sergei Yesenin), ammetto pienamente la spiegazione di Mark Aldanov: di fronte al popolo russo e alla Storia, fu mosso dal desiderio di opporre ai nomi di Uritsky e Zinoviev un altro nome ebraico.

Questo è il sentimento che esprime in un biglietto trasmesso alla sorella alla vigilia dell'attacco, in cui dice di voler vendicare la pace di Brest-Litovsk, di vergognarsi di vedere gli ebrei contribuire all'insediamento dei bolscevichi al potere, e di vendicare anche l'esecuzione del suo compagno della Scuola di artiglieria presso la Cheka di Pietrogrado.

Va notato, tuttavia, che studi recenti hanno rivelato che questi due attacchi furono perpetrati in circostanze sospette.[1892] Si presume che Fanny Kaplan non abbia sparato a Lenin, ma sia stata arrestata "per chiudere il caso": un colpevole comodo, per caso. C'è anche l'ipotesi che siano state le stesse autorità bolsceviche a creare le condizioni necessarie perché Kannegisser

---

[1889] RJE, t. 2, pp. 276-277.
[1890] Ariadna Tyrkova-Williams, op. cit., *p. 299.*
[1891] Partito dei Socialisti Rivoluzionari (S-R.).
[1892] B. *Orlov,* Mif o Fanni Kaplan [Il mito di Fanny Kaplan], ME, 1975, n. 2; G. Nilov. Ouritski, Voldarski e altri, Strana i Mir, Monaco, 1989, n. 6.

sparasse. Ne dubito fortemente: per quale provocazione i bolscevichi avrebbero sacrificato il loro amato figlio, presidente della Cheka? Una cosa, però, è preoccupante: com'è possibile che più tardi, in pieno Terrore Rosso, quando si raggiunsero con la forza delle armi, attraverso l'intero Paese, migliaia di ostaggi innocenti, del tutto estranei alla vicenda, l'intera famiglia Kannegisser sia stata liberata dalla prigione e autorizzata a emigrare... Non riconosciamo qui l'artiglio bolscevico! Una recente pubblicazione ci dice che i parenti e gli amici di L. Kannegisser avevano addirittura elaborato un piano di attacco armato contro la Cheka di Pietrogrado per liberare il loro prigioniero, e che tutti, appena arrestati, furono rilasciati e rimasero a Pietrogrado senza essere disturbati. Tale clemenza da parte delle autorità bolsceviche può essere spiegata dalla preoccupazione di evitare malumori con gli influenti circoli ebraici di Pietrogrado. La famiglia Kannegisser aveva mantenuto la sua fede ebraica e la madre di Leonid, Rosalia Edouardovna, dichiarò durante un interrogatorio che il figlio aveva sparato a Uritsky perché "si era allontanato dall'ebraismo".[1893]

Ma ecco un nome ebraico che non ha ancora ottenuto la meritata celebrità: Alexander Abramovich Vilenkin, eroe della lotta clandestina contro i bolscevichi. Volontario negli ussari a diciassette anni, nel 1914 fu decorato quattro volte con la Croce di San Giorgio, promosso ufficiale, poi, alla vigilia della rivoluzione, divenne capitano di cavalleria; nel 1918 entrò nell'organizzazione clandestina Unione per la Difesa della Patria e della Libertà; fu fermato dalla Cheka nel momento in cui, scoperta l'organizzazione, stava ritardando la distruzione di documenti compromettenti. Concentrato, intelligente, energico, intransigente nei confronti dei bolscevichi, infuse negli altri lo spirito di resistenza. Giustiziato dai bolscevichi, va da sé. (Le informazioni su di lui ci sono giunte dal suo compagno d'armi nella clandestinità nel 1918 e anche dal suo compagno di cella nel 1919, Vasilij Fëdorovič Klementiev, capitano dell'esercito russo.)[1894]

Di questi combattenti contro il bolscevismo, a prescindere dalle loro motivazioni, veneriamo la memoria come ebrei. Ci rammarichiamo che fossero così pochi, come troppo poche erano le forze bianche durante la guerra civile.

Un fenomeno molto prosaico e del tutto nuovo rafforzò la vittoria dei bolscevichi. Questi occupavano posizioni importanti, da cui derivavano

---

[1893] *Nikolaï Koniaev*, On oubival, slovno pisal stikhotvorenic [Ha ucciso come avrebbe scritto versi], Don, pp. 241, 250-252.
[1894] *V. F. Klementiev*, V bolchevitskoï Moskve: 1918-1920 [Nella Mosca dei bolscevichi], M., Rousski Pout (Russian Memories, series: Our close past, book 3).

molti vantaggi, in particolare il godimento in entrambe le capitali di appartamenti "liberi" liberati dai loro proprietari, "ex aristocratici", ora in fuga. In questi appartamenti poteva vivere un intero gregge tributario dell'ex Pale of Settlement. Si trattava di un vero e proprio "esodo"! Scrive G. A. Landau: "Gli ebrei hanno salito le scale del potere e occupato alcune "vette"... Da lì, è normale che abbiano portato (come fanno ovunque, in qualsiasi ambiente) i loro parenti, amici, compagni di gioventù... Un processo perfettamente naturale: la concessione di funzioni a persone conosciute, fidate, protette, o che semplicemente mendicano i tuoi favori. Questo processo moltiplicò il numero di ebrei nell'apparato statale sovietico".[1895] Non diremo quanti la moglie di Zinoviev, Lilina, portò così genitori e parenti, né come Zinoviev distribuì le cariche ai suoi "propri". Sono loro al centro dell'attenzione, ma l'afflusso, che al momento non è stato notato, è stato enorme e riguarda decine di migliaia di persone. Le persone trasmigrarono in massa da Odessa a Mosca. (È noto che lo stesso Trotsky gratificò il padre, da lui moderatamente amato, di un Sovkhoz nei sobborghi di Mosca)?

Queste migrazioni possono essere seguite in tutte le biografie. Così quella di David (da non confondere con Mark) Azbel. Nel 1919, ancora bambino, lasciò Chernigov, dove era nato, per venire a Mosca, dove vivevano già le sue due zie. Visse prima in casa di una di loro, Ida, "una ricca commerciante della Prima Gilda", il cui marito era tornato dall'America, e poi con l'altra, Liolia, che era ospitata nella Prima Casa dei Soviet (La Nazionale) con tutto il meglio dell'Unione Sovietica. Il loro vicino Ulrich, che in seguito sarebbe diventato famoso, disse scherzando: "Perché non apriamo una sinagoga nella National dove vivono solo ebrei?". Un'intera élite sovietica lasciò San Pietroburgo per stabilirsi nella Seconda Casa dei Soviet (la Metropoli), nella Terza (il Seminario, via Bojedomski), nella Quarta (via Mokhovaya / Vozdvijenka) e nella Quinta (via Cheremetievski). Questi inquilini ricevevano da uno speciale centro di distribuzione abbondanti pacchi: "Caviale, formaggio, burro, storione affumicato non mancavano mai sulla loro tavola" (siamo nel 1920). "Tutto era speciale, pensato appositamente per la nuova élite: asili, scuole, club, biblioteche". (Nel 1921-22, l'anno della carestia assassina sul Volga e dell'aiuto di TARA [1896] , nella loro "scuola modello, la mensa era alimentata dalla fondazione ARA e serviva colazioni americane: budino di riso, cioccolata calda, pane bianco e uova fritte"). E "nessuno ricordava che il giorno prima nelle aule si era vociferato che i *borghesi* dovevano essere

---

[1895] *Landau*, RaJ, p. 110.
[1896] American Relief Administration (1919-1923) la commissione Hoover soccorse le vittime della carestia del 1922 in Russia.

appesi in alto alla lanterna". "I bambini delle case vicine odiavano quelli delle 'Case sovietiche' e, alla prima occasione, se la prendevano con loro".

Arrivò la NEP. Gli inquilini della National si trasferirono allora in appartamenti o padiglioni accoglienti che in precedenza erano appartenuti ad aristocratici o *borghesi*.

Nel 1921: "passare l'estate a Mosca, dove si soffoca?", no, si viene invitati in una vecchia villa, ora confiscata, nella periferia di Mosca. Lì, "tutto è allo stato, come ai tempi degli antichi proprietari"... tranne che per il fatto che intorno a queste case sono state erette alte recinzioni, che all'ingresso sono state poste delle guardie... Le mogli dei commissari hanno iniziato a frequentare i migliori centri termali dell'Occidente. Assistiamo allo sviluppo, dovuto alla scarsità di cibo, alla miseria e all'occultamento delle derrate, a un commercio di seconda mano e a un intero traffico di merci.

"Avendo comprato per noccioline un intero lotto di prodotti dai mercanti emigranti, zia Ida e zio Micha li vendettero sottobanco" e divennero così "probabilmente le persone più ricche di tutta Mosca".[1897]

Citiamo anche: "Quando i bolscevichi divennero 'il governo', ogni sorta di individui del sottoproletariato ebraico si unirono a loro, desiderosi di ottenere la loro parte"[1898] - E poiché il libero commercio e l'impresa privata erano proibiti, molte famiglie ebraiche videro la loro vita quotidiana notevolmente modificata: "Le persone di mezza età furono per lo più private, mentre i più giovani, liberati da ogni "zavorra" spirituale, facendo carriera sociale, furono in grado di mantenere i loro anziani... Da qui il numero eccessivo di ebrei nell'apparato statale sovietico". Nota: l'autore non giustifica questo processo definendolo una "questione unica", ma nota con dolore l'aspetto che conta: "Questo processo distruttivo non incontrò la resistenza che avrebbe richiesto nell'ambiente ebraico", al contrario, vi trovò "esecutori volontari e un clima di simpatia". [1899]

È così che molti ebrei entrarono nella classe dirigente sovietica. Ma questo processo, per quanto occulto, poteva passare inosservato agli strati sociali russi più svantaggiati?

E come potrebbe reagire l'uomo della strada? O con le derisioni: "Rosa del Sovnarkhoz", "il marito di Khaïka della Cheka". Oppure con storie divertenti, di quelle che inondavano la Russia già nel 1918: "Il tè di Vyssotski, lo zucchero di Brodski, la Russia di Trotski". E, in Ucraina,

---

[1897] D. *Azbel*, ME, 1989, n. 104, pp. 192-196, 199, 203, 209, 223, 225 226.
[1898] V. S. *Mandel*, RaJ, pag. 200.
[1899] *Landau*, RaJ, pp. 111-112.

dava: "Hop! Lavoratori del raccolto / Tutti gli ebrei sono padroni!". E cominciarono a sussurrare un nuovo slogan: "I soviet senza gli ebrei!".

I coautori del libro La *Russia e gli ebrei* si allarmarono nel 1924: è chiaro che "non tutti gli ebrei sono bolscevichi e tutti i bolscevichi non sono ebrei, ma non c'è bisogno oggi di dimostrare la zelante partecipazione degli ebrei al martirio imposto dai bolscevichi a una Russia dissanguata. Dobbiamo invece cercare di chiarire in modo pacato come quest'opera di distruzione si sia riflessa nella coscienza del popolo russo. I russi non avevano mai visto degli ebrei al comando".[1900]

Oggi li vedono a ogni passo. Investiti di un potere feroce e illimitato.

"Per rispondere alla domanda sulla responsabilità dell'ebraismo nell'emergere degli ebrei bolscevichi, dobbiamo prima considerare la psicologia dei non ebrei, quella di tutti questi russi che soffrono direttamente delle atrocità commesse... Gli attori ebrei della vita pubblica che desiderano prevenire ogni nuova tragedia sanguinosa, per salvare gli ebrei di Russia da nuovi pogrom, devono tenere conto di questo fatto".[1901] Dobbiamo "comprendere la psicologia dei russi che si sono trovati improvvisamente sotto l'autorità di una covata malvagia, arrogante, maleducata, sicura di sé e impudente".[1902]

Non è per un regolamento di conti che dobbiamo ricordare la Storia. Né per riassumere le accuse reciproche. Ma per capire come, ad esempio, sia stato possibile che strati importanti di una società ebraica perfettamente corretta abbiano tollerato un'enorme partecipazione di ebrei all'ascesa (1918) di uno Stato che non solo era insensibile al popolo russo, estraneo alla storia russa, ma che, per di più, infliggeva alla popolazione tutti gli scoppi di *terrore*.

La presenza di ebrei a fianco dei bolscevichi suscita interrogativi *non perché* indurrebbe a pensare a un'origine straniera di questo potere. Quando si parla dell'abbondanza di nomi ebraici nella Russia rivoluzionaria, non si dipinge nulla di nuovo: quanti nomi germanici e baltici hanno figurato, per un secolo e mezzo o due secoli, nell'amministrazione zarista? La vera domanda è: in che direzione ha operato questo potere?

D. S. Pasmanik, tuttavia, ci offre questa riflessione: "Tutti i russi capaci di riflettere si chiedano se il bolscevismo, anche con Lenin alla sua testa, avrebbe trionfato se nella Russia sovietica ci fosse stato un contadino

---

[1900] *I. M. Biekerman*, RaJ, p. 22.
[1901] *D. S. Pasmanik*, RaJ, pag. 212.
[1902] *D. S. Pasmanik*, Rousskaia revolioutsia i evreistvo [La Rivoluzione russa e l'ebraismo], p. 200.

soddisfatto e istruito, proprietario di terre? Tutti i "Saggi di Sion" riuniti insieme, anche con un Trotsky alla loro testa, avrebbero potuto portare al grande caos in Russia?".[1903] Ha ragione: non avrebbero mai potuto farlo.

Ma i primi a porsi la domanda dovrebbero essere gli ebrei più che i russi.

Questo episodio della Storia dovrebbe richiamarli oggi. La questione della partecipazione di massa degli ebrei all'amministrazione bolscevica e delle atrocità commesse dagli ebrei dovrebbe essere chiarita in uno spirito di analisi lungimirante della Storia. Non è ammissibile eludere la questione dicendo: è stata la feccia, i rinnegati del giudaismo, non dobbiamo rispondere per loro.

D. S. Chturmann ha ragione a ricordarmi le mie osservazioni sui leader comunisti di qualsiasi nazione: "Si sono tutti allontanati dal loro popolo e si sono riversati nel disumano".[1904] Io ci credo. Ma Pasmanik, negli anni'20, aveva ragione a scrivere: "Non possiamo limitarci a dire che il popolo ebraico non risponde degli atti commessi dall'uno o dall'altro dei suoi membri. Rispondiamo di Trotsky finché non ci siamo dissociati da lui".[1905] Ora, dissociarsi non significa allontanarsi, al contrario, significa rifiutare le *azioni*, fino in fondo, e imparare da esse.

Ho studiato a fondo la biografia di Trotsky e sono d'accordo sul fatto che non avesse legami specificamente ebraici, ma fosse piuttosto un internazionalista fanatico. Questo significa che un connazionale come lui è più facile da incriminare rispetto agli altri? Ma non appena la sua stella si levò, nell'autunno del 1917, Trotsky divenne, per troppe persone, un oggetto di orgoglio, e per la sinistra radicale degli ebrei d'America, un vero e proprio idolo.

Cosa posso dire dell'America? Ma anche di tutto il resto! Nel campo dove fui internato negli anni'50 c'era un giovane, Vladimir Gershuni, un fervente socialista, un internazionalista, che aveva mantenuto piena coscienza del suo essere ebreo; lo rividi negli anni'60 dopo la nostra liberazione, e mi diede i suoi appunti. Vi lessi che Trotsky era il Prometeo dell'Ottobre per il solo fatto di essere ebreo: "Era un Prometeo non perché era nato tale, ma perché era figlio del popolo Prometeo, questo popolo, che, se non fosse stato attaccato alla roccia di un'ottusa malvagità dalle catene di un'ostilità patentata e latente, avrebbe fatto molto più di quello che ha fatto per il bene dell'umanità".

[1903] *Ibidem*, p. 157.
[1904] *Dora Chturmann*, Gorodou i mirou [Urbi e orbi], Paris-New York, Third Wave, 1988, p. 357.
[1905] *D. S. Pasmanik*, Rousskaia revolioutsia i evreistvo [La rivoluzione russa e l'ebraismo], pag. 11.

"Tutti gli storici che negano la partecipazione degli ebrei alla rivoluzione tendono a non riconoscere in questi ebrei il loro carattere nazionale. Quelli, al contrario, e soprattutto gli storici israeliani, che vedono l'egemonia ebraica come una vittoria dello spirito giudaico, quelli esaltano la loro appartenenza all'ebraismo".[1906]

Già negli anni'20, al termine della guerra civile, furono avanzate argomentazioni per scagionare gli ebrei. I. O. Levin li passa in rassegna nella raccolta *La Russia e gli ebrei* (gli ebrei bolscevichi non erano così numerosi... non c'è motivo per cui un intero popolo debba rispondere agli atti di pochi..., Gli ebrei furono perseguitati nella Russia zarista..., durante la guerra civile gli ebrei dovettero fuggire dai pogrom rifugiandosi presso i bolscevichi, ecc.), e li respingeva sostenendo che non si trattava di responsabilità penale, che è sempre individuale, ma di responsabilità *morale*.[1907]

Pasmanik riteneva impossibile essere sollevato da una responsabilità morale, ma si consolava dicendo: "Perché la massa del popolo ebraico dovrebbe rispondere delle turpitudini di alcuni commissari? È profondamente ingiusto.

Tuttavia, ammettere l'esistenza di una responsabilità collettiva per gli ebrei significa riconoscere l'esistenza di una nazione ebraica a sé stante. Dal momento in cui gli ebrei cesseranno di essere una nazione, dal giorno in cui saranno russi, tedeschi, inglesi di confessione ebraica, sarà allora che si scrolleranno di dosso le catene della responsabilità collettiva".[1908]

Ora, il XX secolo ci ha giustamente insegnato a riconoscere la nazione ebraica come tale, con il suo ancoraggio in Israele. E la responsabilità collettiva di un popolo (anche del popolo russo, ovviamente) è inseparabile dalla sua capacità di costruire una vita moralmente degna.

Sì, abbondano gli argomenti che spiegano perché gli ebrei si schierarono al fianco dei bolscevichi (e ne discuteremo altri, molto solidi, quando parleremo della guerra civile). Tuttavia, se gli ebrei di Russia ricorderanno questo periodo solo per giustificarsi, vorrà dire che il livello della loro coscienza nazionale si è abbassato, che questa coscienza si è persa.

I tedeschi potrebbero anche contestare la loro responsabilità per il periodo nazista dicendo: non erano veri tedeschi, erano la feccia della società, non hanno chiesto la nostra opinione... Ma questo popolo risponde del suo

---

[1906] Sonja Margolina. *Das Ende der Lügen: Russland und die Juden im 20 Jahrhundert* [La fine delle bugie: la Russia e gli ebrei nel 20 secolo], Berlino, Siedler Verlag, 1992, pp. 99-100.
[1907] *I. O. Levine*, RaJ, pag. 123.
[1908] *D. S. Pasmanik*, pag. 198.

passato anche nei suoi periodi ignominiosi. Come rispondere? Cercando di coscientizzarlo, di capirlo: come è potuto accadere un fatto del genere? Dove sta la *nostra* colpa? C'è il rischio che si ripeta?

È in questo spirito che il popolo ebraico deve rispondere ai suoi assassini rivoluzionari e alle colonne di individui ben disposti che si mettono al loro servizio. Non si tratta di rispondere davanti ad altri popoli, ma davanti a se stessi, alla propria coscienza e a Dio. Come noi russi dobbiamo rispondere sia dei pogrom, sia dei nostri contadini incendiari, insensibili a ogni pietà, sia dei nostri soldati rossi caduti nella follia, sia dei nostri marinai trasformati in bestie selvagge. (Ne ho parlato con sufficiente profondità, credo, ne *La Ruota Rossa*, e aggiungerò qui un esempio: la Guardia Rossa A.R. Bassov, incaricato di scortare Shingaryov [1909] - quest'uomo appassionato di giustizia, un intercessore popolare -, iniziò a raccogliere denaro dalla sorella del prigioniero come mancia e per finanziare il suo trasferimento dalla fortezza Pietro e Paolo all'ospedale Mariinski - e poche ore dopo, nella stessa notte, portò all'indirizzo alcuni marinai che abbatterono freddamente Shingaryov e Kokochkine. [1910] In questo individuo così tanti tratti nostrani!!!) Rispondere, sì, come si risponde per un membro della propria famiglia. [1911]

Infatti, se siamo esonerati da ogni responsabilità per le azioni dei nostri compatrioti, è la nozione stessa di nazione che perde il suo vero significato.

[1909] 1869-1918; pubblicista, medico, uno dei leader dei cadetti (K.D.). Deputato alla Duma nel 1917, ucciso dai terroristi.
[1910] 1871-1918, giurista, leader del partito dei cadetti, deputato alla Duma nel 1917, anch'egli abbattuto dai terroristi.
[1911] A. I. *Chingariova*, prefazione a Dnevnik A. Chingariova. Kak eto bylo: Petropavloskaia krepost [Diario della fortezza Pietro e Paolo, 27 novembre 1917-5 gennaio 1918], 2nd ed., M., 1918, pp. 66-68.

Capitolo 16

Durante la guerra civile

Una volta Trotsky si vantò che durante la guerra civile, "anche" viaggiando nella sua carrozza ferroviaria speciale del Revvoyensovet [Consiglio Militare Rivoluzionario], riusciva a trovare il tempo per informarsi sulle ultime opere della letteratura francese.

Non che si rendesse conto esattamente *di ciò che* diceva. Riconosceva di essere in grado di trovare non solo il tempo, ma anche lo spazio nel suo cuore tra gli appelli ai "marinai rivoluzionari", le unità dell'Armata Rossa mobilitate con la forza e l'ordine di giustiziare ogni decimo soldato di un'unità che vacillava in battaglia. Ebbene, di solito non rimaneva nei paraggi per supervisionare l'*esecuzione di* tali ordini.

Orchestrando una guerra sanguinosa nelle vaste pianure della Russia, non fu assolutamente toccato dalle sofferenze inaudite dei suoi abitanti, dal suo dolore. Si librava in alto, al di sopra di tutto, sulle ali dell'ebbrezza internazionale della Rivoluzione.

La Rivoluzione di febbraio è stata una rivoluzione *russa*: per quanto sia stata caparbia, sbagliata e perniciosa, non aspirava a *bruciare l'*intera vita preesistente, ad annientare l'intera Russia pre-rivoluzionaria. Eppure, subito dopo la Rivoluzione d'Ottobre [bolscevica], la Rivoluzione si riversò all'estero e divenne una piaga *internazionale* e devastante, che si alimentava divorando e distruggendo l'ordine sociale ovunque si diffondesse: tutto ciò che era stato costruito doveva essere annientato; tutto ciò che era coltivato doveva essere confiscato; chiunque resistesse doveva essere fucilato. I rossi erano esclusivamente preoccupati del loro grande esperimento sociale, destinato a essere ripetuto, ampliato e attuato in tutto il mondo.

Da colpo facile e veloce, il colpo di Stato di ottobre si trasformò in una feroce guerra civile durata tre anni, che portò innumerevoli e sanguinose calamità a tutti i popoli della Russia.

La multinazionalità dell'ex Impero e il rinculo della Grande Guerra complicarono sia il disumano complotto bolscevico che la sua attuazione. A differenza della Rivoluzione francese, che si svolse sul territorio della

Francia mononazionale e non vide molti interventi stranieri, a parte una breve incursione di truppe ostili, e con tutti i suoi orrori fu un affare nazionale dall'inizio alla fine, la Rivoluzione russa fu terribilmente aggravata dalla sua follia multinazionale. Essa vide la forte partecipazione dei lettoni rossi (allora sudditi russi), degli ex prigionieri di guerra tedeschi e austriaci (organizzati in reggimenti completi come gli ungheresi) e persino di un gran numero di cinesi.

Senza dubbio il grosso dei combattimenti per i rossi fu portato avanti dai russi; alcuni di loro furono arruolati sotto pena di morte, mentre altri si offrirono volontari nella folle convinzione di combattere per un futuro felice per loro stessi. Tuttavia, gli ebrei russi non si persero in tutta questa diversità.

La parte politicamente attiva dell'ebraismo russo, che nel 1917 aveva appoggiato il regime civico bolscevico, ora entrava con altrettanta audacia nelle strutture militari dei bolscevichi. Nei primi anni dopo la Rivoluzione d'Ottobre, nel bel mezzo della frenesia internazionalista, il potere su questo enorme territorio scivolava senza sforzo nelle mani di coloro che si aggrappavano ai bolscevichi. Ed essi furono sopraffatti dalla nuova immensità di quel potere. Iniziarono subito a usarlo senza guardarsi indietro e senza temere alcun controllo - alcuni, senza dubbio, in nome di ideali più alti, altri in nome di ideali più bassi ("ostinazione del fanatismo in alcuni e capacità di adattamento in altri"[1912]).

A quel tempo, nessuno poteva immaginare che la guerra civile avrebbe scatenato enormi pogrom ebraici, senza precedenti per atrocità e spargimento di sangue, in tutto il sud della Russia.

Possiamo giudicare la vera natura della guerra multietnica dal pogrom rosso durante la repressione dell'insurrezione di Kronstadt nel marzo 1921. Un noto socialista-rivoluzionario e sociologo Pitrim Sorokin scrive: "Per tre giorni, gentaglia lettone, bashkir, ungherese, tartara, russa, ebrea e internazionale, impazzita dall'alcol e dall'odore del sangue, ha violentato e ucciso senza ritegno".[1913]

Ecco un altro ricordo di testimoni comuni. Durante la festa dell'Epifania del 1918, una processione sacra ortodossa si mosse dalle porte del Cremlino a Tula - e una "squadra internazionale" la abbatté.

[1912] Г.А. Ландау. Революционные идеи в еврейской общественности // Россия и евреи: Сб. 1 (далее - РиЕ) / Отечественное объединение русских евреев за границей. Париж: YMCA-Press, 1978, с. 117 [1-е изд. - Берлин: Основа, 1924].

[1913] *Pitirim Sorokin*. Foglie di un diario russo. New York: E.F.Button & Co., 1925, p. 267.

Anche con le spietate squadre internazionali, la forza della sola "Guardia Rossa" non era più sufficiente. Il regime bolscevico aveva bisogno di un esercito regolare. Nel 1918, "Lev Trotsky, con l'aiuto di Sklyansky e Jacov Sverdlov, creò l'Armata Rossa". "Molti ebrei combattevano nelle sue file. Alcune unità erano interamente ebraiche, come, ad esempio, la brigata di Josef Furman".[1914] La quota di ebrei nel corpo di comando dell'Armata Rossa divenne grande e influente e questa tendenza continuò per molti anni anche dopo la fine della guerra civile. Questo coinvolgimento degli ebrei è stato studiato da diversi autori ed enciclopedie ebraiche.

Negli anni'80, lo studioso israeliano Aaron Abramovich ha utilizzato molte fonti sovietiche (tra cui *The Fifty-Year Anniversary of the Soviet Armed Forces, The Soviet Historical Encyclopedia*, volumes of *Directives of the Front Command of the Red Army*) per compilare i turni nominali dettagliati dei comandanti ebrei di alto rango (esclusivamente ebrei) nell'Armata Rossa durante il periodo che va dalla guerra civile fino al secondo dopoguerra.

Scorriamo le pagine dedicate alla guerra civile.[1915] Si tratta di un elenco molto ampio; inizia con il Revvoyensoviet, dove Abramovich elenca L. Trotsky, E. Sklyansky, A. Rosengoltz e Y. Drabkin-Gusev. Trotsky ordinò la "creazione di fronti con quartieri generali e la formazione di nuovi eserciti" e "gli ebrei erano presenti in quasi tutti i revvoyensoviet dei fronti e degli eserciti". (Abramovich elenca gli individui più importanti: D. Vayman, E. Pyatnitsky, L. Glezarov, L. Pechyorsky, I. Slavin, M. Lisovsky, G. Bitker, Bela Kun, Brilliant-Sokolnikov, I. Khodorovsky). In precedenza, all'inizio della guerra civile, lo Stato Maggiore Straordinario del Distretto Militare di Pietrogrado era guidato da Uritsky, e tra i membri del Comitato di Difesa Rivoluzionaria di Pietrogrado vi erano Sverdlov (il presidente), Volodarsky, Drabkin-Gusev, Ya. Fishman (un socialista rivoluzionario di sinistra) e G. Chudnovsky. Nel maggio 1918 c'erano due ebrei tra gli undici commissari dei distretti militari: E. Yaroslavsky-Gubelman (distretto di Mosca) e S. Nakhimson (distretto di Yaroslavsky). Durante la guerra, diversi ebrei erano a capo degli eserciti: M. Lashevich era a capo della 3 - e successivamente della 7 Armata del Fronte Orientale; V. Lazarevich era a capo della 3 Armata del Fronte Occidentale, G. Sokolnikov guidava la 8 Armata del Fronte Meridionale, N. Sorkin - la 9, e I. Yakir - la 14 Armata. Abramovich elenca minuziosamente numerosi capi di stato maggiore e membri dei revvoyensoviet ebrei in ognuna delle venti armate; poi i comandanti, i capi di stato maggiore e i commissari

---

[1914] Краткая Еврейская Энциклопедия (далее - КЕЭ). Иерусалим: Кетер, 1976. Т. 1, с. 686.

[1915] *Арон Абрамович*. В решающей войне: Участие и роль евреев СССР войне против нацизма. 2-е изд. Тель-Авив, 1982. Т. 1, с. 45-61.

militari delle divisioni (l'elenco di questi ultimi, cioè dei responsabili del ramo ideologico del comando, era tre volte più lungo di quello dei comandanti ebrei delle divisioni). In questo modo Abramovich descrive brigate, reggimenti e distaccamenti separati. Egli elenca i capi ebrei delle amministrazioni politiche e dei tribunali militari rivoluzionari a tutti i livelli, notando che "una percentuale particolarmente elevata di ebrei si trova tra gli ufficiali politici a tutti i livelli dell'Armata Rossa....". "Gli ebrei hanno svolto un ruolo importante nei servizi di fornitura e di approvvigionamento. Citiamone alcuni...." "Gli ebrei occupavano posizioni importanti anche nella medicina militare: capi delle amministrazioni sanitarie dei fronti e degli eserciti, medici superiori di unità e corpi di truppa...." "Molti ebrei - comandanti di grandi unità e distaccamenti - si distinsero per il loro coraggio, eroismo e generalità", ma "a causa del carattere sinottico di questo capitolo non possiamo fornire descrizioni dettagliate dei risultati ottenuti da soldati, comandanti e ufficiali politici ebrei dell'Armata Rossa". (Elencando meticolosamente i comandanti degli eserciti, il ricercatore si lascia sfuggire un altro ebreo, Tikhon Khvesin, che fu a capo della 4 Armata del Fronte Orientale, poi della 8 Armata del Fronte Meridionale, e successivamente della 1 Armata del Fronte del Turkestan.)[1916]

L'*Enciclopedia Ebraica Russa* fornisce ulteriori informazioni su alcuni comandanti. (Vorrei lodare questa enciclopedia (1994), perché nei nostri nuovi tempi liberi i suoi autori hanno fatto una scelta onesta: scrivere con franchezza di tutto, anche di cose poco onorevoli).

Drabkin-Gusev divenne capo dell'amministrazione politica dell'Armata Rossa e capo dell'intera Armata Rossa nel 1921. In seguito fu a capo dell'IstPart (Commissione sulla storia della Rivoluzione d'Ottobre e del Partito bolscevico) e una grande figura del Comintern, e fu sepolto nelle mura del Cremlino [a Mosca].

Mikhail Gaskovich-Lashkevich fu membro di molti revvoyensoviet, in seguito fu responsabile del Distretto militare siberiano e, ancora più tardi, primo vicepresidente del revvoyensoviet dell'URSS (ma fu sepolto semplicemente sul Campo di Marte [a San Pietroburgo]).

Israel Razgon fu commissario militare del Quartier Generale del Distretto Militare di Pietrogrado e partecipò alla repressione della Rivolta di Kronstadt; in seguito, fu a capo dell'Armata Rossa di Bukhara, reprimendo la rivolta in Asia Centrale; ancora più tardi lavorò nel Quartier Generale della Flotta della Sede Nera.

[1916] Российская Еврейская Энциклопедия (дале - РЕЭ). 2-е изд., испр. и доп. М., 1997. Т. 3, с. 285.

Boris Goldberg fu commissario militare della Tomskaya Guberniya, poi della Permskaya Guberniya, ancora più tardi del Distretto militare di Privolzhskiy, e ancora più tardi fu responsabile dell'Esercito di riserva e fu riconosciuto come uno dei fondatori dell'aviazione civile sovietica.

Modest Rubenstein è stato vicecapo del Revvoyensoviet dell'Esercito speciale e successivamente capo dell'amministrazione politica di un gruppo dell'esercito.

Boris Hippo era il capo dell'amministrazione politica della Flotta del Mar Nero. (In seguito ha lavorato nelle amministrazioni politiche della Flotta del Mar Baltico, del Fronte del Turkestan, è stato capo dell'amministrazione politica del Distretto militare centro-asiatico e poi dell'Armata del Caucaso).

Michail Landa è stato capo della divisione politica di un esercito, poi vice capo dell'amministrazione politica dell'intera Armata Rossa, e ancora più tardi capo dell'amministrazione politica dei distretti militari della Bielorussia e poi della Siberia.

Lev Berlin fu commissario della flottiglia militare del Volga e successivamente lavorò nell'amministrazione politica dell'esercito di Crimea e ancora più tardi in quella della flotta del Baltico.[1917]

Ma quanti personaggi di spicco hanno agito a livelli inferiori?

Boris Skundin, in precedenza un umile apprendista dell'orologiaio Sverdlov, Sr., si è evoluto successivamente in commissario militare di una divisione, commissario del quartier generale dell'esercito, ispettore politico del fronte e, infine, in vice capo dell'amministrazione politica della 1ª Armata di Cavalleria.

Avenir Khanukaev era il comandante di una banda di guerriglieri che in seguito fu processato dal tribunale rivoluzionario per i crimini commessi durante la presa di Ashgabat e assolto; nello stesso anno 1919 fu nominato plenipotenziario politico della Commissione Turca del Comitato Esecutivo Centrale del Soviet dei Commissari del Popolo di Kashgar, Bukhara e Khiva.

Moses Vinnitsky ("Mishka-Yaponchik") fu membro della milizia ebraica di Odessa nel 1905, e in seguito capo di una banda; fu liberato da un campo di lavoro duro dalla Rivoluzione di febbraio e divenne comandante di una brigata di combattimento ebraica a Odessa, gestendo contemporaneamente l'intera malavita di Odessa. Nel 1919 fu comandante di un battaglione speciale e successivamente fu a capo di un reggimento di fanteria

---

[1917] РЕЭ, т. 1, с. 122, 340, 404, 515; т. 2, с. 120, 126, 434, 511.

dell'Armata Rossa. La sua unità era "composta da anarchici e criminali". Alla fine fu fucilato dal suo stesso fianco.

Il commissario militare Isaiah Tzalkovich era al comando di una compagnia composita di cadetti [rossi] durante la repressione dell'insurrezione di Kronstadt.[1918]

Possiamo vedere donne ebree straordinarie anche negli alti ranghi bolscevichi.

Nadezda Ostrovskaya è passata dal capo del Gubkom [Comitato di partito di una Guberniya, la più alta autorità esecutiva di una Guberniya] della Guberniya di Vladimir al posto di capo dell'amministrazione politica dell'intera Armata 10 .

Revekka Plastinina era a capo del Gubrevkom e successivamente del Gubkom di Archangel Guberniya.

È forse il caso di citare Cecilia Zelikson-Bobrovskaya, che da giovane era una sarta e divenne capo del Dipartimento *Militare del* Comitato di Mosca del Partito Comunista Bolscevico di tutta la Russia?[1919] O una delle Furie della Rivoluzione, Eugenia Bosh (o sua sorella Elena Rozmirovich)?

Oppure un'altra cosa: i sovietici usavano l'espressione "Corpo dei cosacchi rossi".

Tuttavia non si trattava di cosacchi che abbracciavano l'ideologia comunista, ma di semplici banditi (che a volte si travestivano da bianchi per ingannare). Questi "corpi cosacchi" erano composti da tutte le nazionalità, dai rumeni ai cinesi, con un reggimento di cavalleria lettone al completo. Il comando era affidato a un russo, Vitaly Primakov, e il Dipartimento politico era diretto da I. I. Minz (da Isaac Greenberg nella Seconda Divisione) e S. Turovskiy era a capo del Quartier Generale. A. Shilman era il capo della sezione operativa dello staff, S. Davidson gestiva il giornale della divisione e Ya. Rubinov era responsabile della sezione amministrativa dello staff.[1920]

Dal momento che abbiamo iniziato a fare delle ricerche particolari, guardiamo ai famosi leader dell'Armata Rossa, a quei nomi che non svaniscono mai: Vladimir Antonov-Ovseyenko, Vasily Blucher, Semyon Budyonny, Klim Voroshilov, Boris Dumenko, Pavel Dybenko, Aleksa Dundich, Dmitry Zhloba, Vasily Kikvidze, Epifan Kovtukh, Grigory Kotovsky, Philip Mironov, Mikhail Muravyov, Vitaly Primakov, Ivan Sorokin, Semyon Timoshenko, Mikhail Tukhachevsky, Ieronim

---

[1918] РЭЭ, т. 3, с. 61, 278, 305, 503.
[1919] РЭЭ, т. 1, с. 144; т. 2, с. 354, 388-389.
[1920] Червонное казачество: воспоминания ветеранов: [Сб.] М.: Воениздат, 1969.

Uborevich, Mikhail Frunze, Vasily Chapaev, Yefim Shchadenko, Nikolay Shchors. Perché, non potevano farcela senza gli ebrei?

Oppure prendiamo le centinaia e migliaia di generali e ufficiali *russi* dell'ex esercito imperiale che hanno servito nell'Armata Rossa, anche se non nelle sezioni politiche (non erano invitati), ma in altri posti di rilievo. È vero, avevano un commissario con la pistola alle spalle, e molti servivano pena l'esecuzione delle loro famiglie in ostaggio, soprattutto in caso di fallimenti militari. Tuttavia, essi diedero un vantaggio inestimabile ai rossi, che in realtà avrebbe potuto essere cruciale per la vittoria finale dei bolscevichi. Perché, "circa la metà degli ufficiali dello Stato Maggiore lavorava per i bolscevichi".[1921]

E non dobbiamo dimenticare l'iniziale e fatale suscettibilità di molti contadini russi (non tutti, ovviamente) alla propaganda bolscevica.

Shulgin ha osservato apertamente: "Morte ai borghesi" ha avuto tanto successo in Russia perché l'odore del sangue inebria, ahimè, tanti russi; e questi si scatenano come bestie selvatiche".[1922]

Ma evitiamo di arrivare a un altro estremo irragionevole, come il seguente: "I boia più zelanti della Cheka non erano affatto 'noti ebrei', ma i recenti servitori del trono, generali e ufficiali".[1923]

Come se fossero tollerati lì dentro, nella Cheka! Erano stati invitati lì con un unico scopo: essere giustiziati. Ma perché tanta fretta? Gli ebrei che lavoravano nella Cheka, naturalmente, non erano "ebrei noti", ma piuttosto giovani e "impegnati", con la testa piena di rifiuti rivoluzionari. E ritengo che non servissero come *boia*, ma soprattutto come interrogatori.

La Cheka ("Commissione straordinaria", *Che-Ka*) fu istituita nel dicembre 1917. Si rafforzò immediatamente e all'inizio del 1918 stava già riempiendo di paura mortale l'intera popolazione. In effetti, fu la *Cheka* a dare il via al *"Terrore Rosso"* molto prima che il suo inizio fosse annunciato ufficialmente il 5 settembre 1918. La Cheka praticò il terrore fin dal suo inizio e lo continuò a lungo dopo la fine della Guerra Civile. Nel gennaio del 1918, la Cheka "applicava la pena di morte *sul posto*, senza indagini e processi". Poi il Paese vide il sequestro di centinaia e poi migliaia di *ostaggi* assolutamente innocenti, le loro esecuzioni di massa di notte o l'annegamento di massa in intere chiatte. Lo storico S. P. Melgunov, che ha vissuto in prima persona la pericolosa esperienza dell'incarcerazione

---

[1921] *В.В. Шульгин.* "Что нам в них не нравится...": Об Антисемитизме в России [далее - *В.В. Шульгин*]. Париж, 1929, с. 145.
[1922] Там же, с. 157.
[1923] *Б. Мирский.* Чёрная сотня // Еврейская трибуна: Еженедельник, посвящённый интересам русских евреев. Париж, 1924, 1 февраля, с. 3.

nelle prigioni della Cheka, ha riflettuto in modo indimenticabile sull'intera epopea del "Terrore Rosso" nel suo famoso libro *"Il Terrore Rosso" in Russia 1918-1923*.

"Non c'era una sola città o un solo distretto senza un ufficio dell'onnipotente Commissione Straordinaria All-Russian [cioè la Cheka], che d'ora in poi diventa il nervo principale del governo dello Stato e assorbe le ultime vestigia della legge"; "non c'era un solo luogo (nella RSFSR [Federazione Russa]) senza esecuzioni in corso"; "un solo ordine verbale di un uomo (Dzerzhinsky) condannò a morte immediata molte migliaia di persone". E anche quando le indagini ebbero luogo, i cekisti seguirono le loro istruzioni ufficiali: "Non cercate prove che incriminino un sospetto in discorsi o azioni ostili contro il potere sovietico. La prima domanda che dovreste fargli è a quale classe sociale appartiene, qual è la sua discendenza, educazione, istruzione e professione. Sono queste domande che dovrebbero determinare il destino del sospettato (parole di M. Latsis nel bollettino *Terrore Rosso* del 1° novembre 1918 e nella *Pravda* del 25 dicembre 1918)". Melgunov osserva:

"Latsis non è stato originale, ha semplicemente riformulato le parole di Robespierre in Convent, a proposito del terrore di massa: 'Per giustiziare i nemici della Patria, è sufficiente stabilire la loro identità. Non è necessaria la punizione, ma l'eliminazione". Le direttive del centro vengono raccolte e distribuite in tutta la Russia dal *settimanale della Cheka*, che Melgunov cita abbondantemente: "La *Spada Rossa* è pubblicata a Kiev... in un editoriale di Lev Krainy leggiamo: I vecchi fondamenti della morale e dell'umanità inventati dalla borghesia non esistono e non possono esistere per noi"..... Segue un certo Schwartz: 'Il proclamato Terrore Rosso dovrebbe essere attuato in modo proletario... Se lo sterminio fisico di tutti i servi dello zarismo e del capitalismo è il prerequisito per l'instaurazione della dittatura mondiale del proletariato, allora non ci fermerebbe'".[1924]

Si trattò di un Terrore *mirato*, pre-progettato e a lungo termine. Melgunov fornisce anche una stima del numero di vittime di quella "inaudita altalena di omicidi" (i numeri precisi non erano praticamente disponibili allora). "Eppure, suppongo che questi orrori... impallidiscano rispetto al numero di vittime se paragonati a ciò che accadde nel Sud dopo la fine della Guerra Civile.

Il governo di Denikin [il generale dell'esercito bianco al comando del fronte russo meridionale] si stava sgretolando. Un nuovo potere stava salendo, accompagnato da un sanguinoso regno di terrore vendicativo, di mera rappresaglia. A questo punto non si trattava di una guerra civile, ma

---

[1924] *С.П. Мельгунов*. "Красный Террор" в России, 1918-1923. 2-е изд. доп. Берлин: Ватага, 1924, с. 43, 48, 57, 70-71, 72-73.

della liquidazione fisica di un ex avversario". Ci furono ondate e ondate di incursioni, perquisizioni, nuove incursioni e arresti. "Interi reparti di prigionieri vengono scortati fuori e fino all'ultimo uomo vengono giustiziati. A causa del gran numero di vittime, si usa la mitragliatrice"; "si giustiziano bambini di 15-16 anni e anziani di 60 anni". La seguente è una citazione da un annuncio della Cheka nella regione di Kuban: "I villaggi e gli insediamenti cosacchi che danno rifugio a bianchi e verdi [nazionalisti ucraini] saranno distrutti, l'intera popolazione adulta giustiziata e tutte le proprietà confiscate". Dopo la partenza di Wrangel [un altro generale bianco], "la Crimea fu soprannominata il 'cimitero di tutti i russi'" (diverse stime indicano un numero di uccisi compreso tra 120.000 e 150.000).

"A Sebastopoli le persone non venivano solo fucilate, ma impiccate, a decine e persino a centinaia", la Prospettiva Nakhimov [una strada principale] era fiancheggiata dai cadaveri degli impiccati... persone arrestate per strada e frettolosamente giustiziate senza processo". Il terrore in Crimea continuò fino al 1921.[1925]

Ma per quanto si possa scavare nella storia della Cheka, dei dipartimenti speciali, delle squadre speciali, troppi atti e nomi rimarranno sconosciuti, coperti dai resti decomposti dei testimoni e dalla cenere dei documenti bolscevichi inceneriti . Eppure anche i documenti rimasti sono eccessivamente eloquenti.

Ecco una copia di un "Estratto del protocollo di una riunione dell'Ufficio Politico del Comitato Centrale del Partito Comunista Bolscevico di tutta la Russia" del 18 aprile 1919, ottenuto dall'archivio Trotsky della Columbia University.

"Presenti i cc.[compagni] Lenin, Krestinsky, Stalin, Trotsky.

Sentito: ...3. Dichiarazione del c. Trotsky che gli ebrei e i lettoni costituiscono un'enorme percentuale di funzionari nei Chekas di prima linea, nelle commissioni esecutive di prima linea e di retrovia e nelle agenzie centrali sovietiche, e che la loro percentuale nelle truppe di prima linea è relativamente bassa, e che per questo motivo una forte agitazione sciovinista è condotta tra i soldati dell'Armata Rossa con un certo successo, e che, secondo l'opinione del c. Trotsky, è necessario ridistribuire il personale del Partito per ottenere una rappresentanza più uniforme di funzionari di tutte le nazionalità tra prima linea e retrovia.

Deciso: Di proporre ai cc. Trotsky e Smilga di redigere un'appropriata direttiva del Comitato Centrale alle commissioni responsabili della

---

[1925] Там же, с. 50, 99, 100, 105, 109, 113.

ripartizione dei quadri tra le organizzazioni sovietiche centrali e locali e il fronte".[1926]

Tuttavia è difficile credere che l'incontro abbia prodotto l'effetto desiderato. Un ricercatore contemporaneo, il primo ad aver affrontato "il problema del ruolo e del posto degli ebrei (e di altre minoranze etniche) nell'apparato sovietico", ha studiato documenti d'archivio declassificati e ha concluso che "nella fase iniziale dell'attività delle agenzie punitive, durante il Terrore Rosso, le minoranze etniche costituivano circa il 50% dell'apparato centrale della Cheka, e la loro rappresentanza nelle cariche principali raggiungeva il 70%".[1927] L'autore fornisce i dati statistici del 25 settembre 1918: tra le minoranze etniche - numerosi lettoni e abbastanza numerosi polacchi "- gli ebrei sono abbastanza evidenti, soprattutto tra i "principali e attivi funzionari della Cheka", cioè commissari e investigatori.

Ad esempio, tra gli "investigatori del Dipartimento delle Attività Contro-Rivoluzionarie - il più importante dipartimento della Cheka - la metà erano ebrei".[1928]

Di seguito sono riportati gli atti di servizio di alcuni cecoslovacchi della prima chiamata (dall'*Enciclopedia Ebraica Russa*).[1929]

Veniamin Gerson era nella Cheka dal 1918 e dal 1920 era un referente personale di Dzerzhinsky.

Israel Leplevsky, ex membro del Bund, si unì ai bolscevichi nel 1917 e lavorò nella Cheka dal 1918; fu a capo del Direttorato Politico Statale [formato dalla Cheka nel 1922] della Guberniya di Podolsk e poi del Dipartimento Speciale di Odessa. E ha fatto tutta la trafila fino a diventare capo dell'OGPU [Direzione politica congiunta di Stato, successore della Cheka] dell'URSS! In seguito occupò i posti di Narkom degli Affari Interni di Byelorussia e Uzbekistan.

Zinovy Katznelson divenne cekista subito dopo la Rivoluzione d'Ottobre; in seguito fu a capo di reparti speciali in diversi eserciti, e poi dell'intero Fronte Sud. Ancora più tardi lo vediamo nei più alti ranghi del quartier generale della Cheka, e ancora più tardi, in tempi diversi, fu a capo della Cheka della Guberniya di Arcangelo, della Cheka transcaucasica, della GPU del Caucaso settentrionale, della GPU di Kharkov [un'altra

---

[1926] Columbia University, New York, Archivio Trotsky, bMs Russ 13 T-160, Дело: "Партийная переписка № 9 за 1919 г.", с. 9.
[1927] Л.Ю. *Кричевский*. Евреи в аппарате ВЧК-ОГПУ в 20-е годы // Евреи и русская революция: Материалы и исследования / Ред.-сост. О.В. Будницкий. Москва; Иерусалим: Гешарим, 1999, с. 321, 344.
[1928] Л.Ю. *Кричевский*. Евреи в аппарате ВЧК-ОГПУ в 20-е годы // Евреи и русская революция, с. 327-329.
[1929] РЭЭ, т. 1, с. 106, 124, 223, 288; т. 2, с. 22, 176, 302, 350, 393; т. 3, с. 374, 473.

organizzazione di polizia segreta succeduta alla Cheka]; fu anche vice del Narkom degli Affari Interni dell'Ucraina e vice capo dell'intero GULag [cioè l'agenzia governativa che amministrava i principali sistemi di campi di lavoro penale sovietici].

Solomon Mogilevsky fu presidente del tribunale di Ivano-Voznesensk nel 1917, poi responsabile della Cheka a Saratov. In seguito lo ritroviamo in un tribunale dell'esercito; e poi è stato in successione: vice capo dell'Ufficio Investigazioni della Cheka di Mosca, capo del Dipartimento Affari Esteri del quartier generale della Cheka e capo della Cheka della Transcaucasia.

Ignaty Vizner ha pensato alla portata delle sue azioni quando ha indagato sul caso di Nicolay Gumilev? Probabilmente no: era troppo impegnato. Ha prestato servizio nella Sezione Speciale del Presidium della sede centrale della Cheka, è stato il fondatore della Cheka di Bryansk, e in seguito è stato investigatore nel caso dell'insurrezione di Kronstadt e plenipotenziario speciale del Presidium della Cheka-GPU su casi di particolare importanza.

Lev Levin-Velsky, ex membro del Bund [un'organizzazione sindacale socialista ebraica], fu responsabile della Cheka della Guberniya di Simbirsk nel 1918-1919, poi del Dipartimento speciale dell'8 Armata, ancora più tardi della Cheka della Guberniya di Astrakhan. A partire dal 1921 fu inviato plenipotenziario della Cheka centrale in Estremo Oriente e poi, dal 1923, inviato plenipotenziario dell'OGPU in Asia centrale. Ancora più tardi, dall'inizio del 1930, lavorò nell'OGPU di Mosca. (E ancora più tardi nella sua carriera fu vice Narkom degli Affari interni dell'URSS).

Oppure si consideri Nahum (Leonid) Etington: attivo nella Cheka a partire dal 1919, successivamente capo della Cheka della Guberniya di Smolensk; ancora più tardi lavorò nella GPU della Bashkiria; fu lui a orchestrare l'assassinio di Trotsky.

Isaak (Semyon) Schwartz: nel 1918-1919 fu il primo presidente della Cheka di tutta l'Ucraina. Gli successe Yakov Lifshitz che, a partire dal 1919, fu a capo della Divisione Operazioni Segrete e contemporaneamente vice capo della Cheka della Gubernia di Kiev; in seguito fu vice capo della Cheka della Gubernia di Chernigov, e ancora più tardi - della Gubernia di Kharkov; e ancora più tardi fu responsabile del Quartier Generale Operativo della Cheka di Kiev.

Cheka di tutta l'Ucraina; ancora più tardi, nel 1921-1922, diresse la Cheka della Guberniya di Kiev.

Prendiamo il famoso Matvei Berman. Iniziò la sua carriera in un distretto della Cheka negli Urali settentrionali; nel 1919 è stato assegnato come vice capo della Cheka della Guberniya di Ekaterinburg, dal 1920 - capo della

Cheka della Guberniya di Tomsk, dal 1923 - della Guberniya di Buryat-Mongolia, dal 1924 - vice capo dell'OGPU di tutta l'Asia Centrale, dal 1928 - capo dell'OGPU di Vladivostok, dal 1932 - capo dell'intero GULag e contemporaneamente vice Narkom dell'NKVD [organizzazione succeduta a Cheka, GPU e OGPU] (dal 1936). (Suo fratello Boris faceva parte degli organi di intelligence dello Stato dal 1920; nel 1936 fu vice capo della sezione di intelligence estera dell'NKVD). Boris Pozern, commissario della Comune di Pietrogrado, contribuì in modo sostanziale a far coincidere l'immagine di un ebreo con quella di un cecista nella mente della gente; il 2 settembre 1918, co-firmò il proclama sul "Terrore Rosso" con Zinoviev e Dzerzhinsky. (L'*Enciclopedia ha* tralasciato Aleksandr Ioselevich, segretario della Cheka di Pietrogrado, che aveva co-firmato le liste di esecuzione del Terrore Rosso con Gleb Bokiy nel settembre 1918).

Ma ce n'erano altri, ancora più famosi. Per esempio, Yakov Agranov, un cekista, che ebbe un successo fenomenale nel condurre le repressioni; inventò la "cospirazione di Tagantzev" (attraverso la quale aveva ucciso Gumilev); diresse "crudeli interrogatori dei partecipanti all'insurrezione di Kronstadt". Oppure prendiamo il famigerato Yakov Blumkin, che partecipò all'assassinio dell'ambasciatore tedesco nel 1918; fu arrestato e poi amnistiato, e poi servì nella segreteria di Trotsky, e in seguito - in Mongolia, Transcaucasia, Medio Oriente, e fu fucilato nel 1929.

E dietro ogni organizzatore della Cheka c'era un gran numero di personale.... E centinaia e migliaia di innocenti li hanno incontrati durante gli interrogatori, nei sotterranei e durante le esecuzioni.

Tra le vittime c'erano anche gli ebrei. A soffrire del massiccio attacco comunista alla "borghesia" furono soprattutto i commercianti. "Nel distretto di Maloarkhangelsk, un commerciante (Yushkevich) fu messo su una stufa di ghisa arroventata dai membri di una squadra comunista per non aver pagato le tasse".

(Dalla stessa fonte: alcuni contadini, inadempienti al sistema di appropriazione delle eccedenze, venivano calati con delle corde in pozzi d'acqua per simulare l'annegamento; oppure, durante l'inverno, congelavano le persone in colonne di ghiaccio per non aver pagato le tasse rivoluzionarie. Il tipo di punizione dipendeva dall'immaginazione dei boia.[1930]) Allo stesso modo, Korolenko ha descritto come due mugnai, Aronov e Mirkin, furono fucilati extragiudizialmente per non aver rispettato gli assurdi prezzi della farina imposti dai comunisti.[1931] Ecco un

---

[1930] С.С. *Мослов*. Россия после четырёх лет революции (далее *С.С.Маслов*). Париж: Русская печать, 1922. Кн. 2, с. 193.
[1931] *П.И. Негретов*. В.Г. Короленко: Летопись жизни и творчества, 1917-1921 / Под ред. А.В. Храбровицкого. Москва: Книга, 1990, с. 151-154, 232-236.

altro esempio su . Nel 1913, l'ex governatore di Kiev Sukovkin sostenne l'innocenza di Beilis [durante il processo a Beilis]. Quando arrivarono i rossi, fu arrestato. Migliaia di ebrei di Kiev firmarono una petizione in suo favore, ma la Cheka lo fece comunque fucilare.

Come si spiega allora che la popolazione russa abbia generalmente considerato il nuovo terrore come "terrore ebraico"? Guardate quanti ebrei innocenti sono stati accusati di questo. Perché la percezione che cecisti ed ebrei fossero tutti uguali era così diffusa sia tra i rossi che tra i bianchi e tra la popolazione in generale? Chi è responsabile di questo? Molti. E anche l'Esercito Bianco è responsabile, come discuteremo più avanti. Ma non ultima tra queste ragioni è quella dei cecisti stessi, che hanno facilitato questa identificazione con il loro ardente servizio alle più alte cariche della Cheka.

Oggi sentiamo lamentele amare sul fatto che non erano solo gli ebrei ad aggrapparsi al potere, e perché ci si dovrebbe aspettare una particolare clemenza da parte dei cekisti ebrei? È vero. Queste obiezioni, tuttavia, non possono alterare la dura certezza: un potere incredibilmente enorme e di dimensioni inimmaginabili era finito nelle mani di quei cekisti ebrei, che a quel tempo erano i *supremi*, per status e rango, rappresentanti dell'ebraismo russo (per quanto suoni orribile). E quei rappresentanti (di nuovo, *non eletti* dal loro stesso popolo) non erano in grado di trovare abbastanza autocontrollo e sobrietà autocritica per tornare indietro, controllarsi e rinunciare. È come il proverbio russo che ammonisce: "Ah, non affrettarti ad afferrare, prima soffia sulle dita". E anche il popolo ebraico (che non ha eletto quei cekisti come suoi rappresentanti), quella comunità cittadina già numerosa e attiva (non c'erano forse anziani prudenti tra loro?) non è riuscito a fermarli: fate attenzione, siamo una piccola minoranza in questo Paese! (Ma chi dava retta agli anziani in quell'epoca?).

G. Landau scrive: "La perdita dell'appartenenza a una classe sociale ha sconvolto la bella struttura della società ebraica e ha distrutto le forze interne di resistenza e persino quelle di stabilità, mandando anche loro sotto il carro del bolscevismo trionfante". Scopre che, a parte le idee di socialismo, nazionalismo separatista e rivoluzione permanente, "eravamo stupiti di trovare tra gli ebrei ciò che non ci saremmo mai aspettati da loro: crudeltà, sadismo, violenza sfrenata - tutto ciò che sembrava così estraneo a un popolo così distaccato dall'attività fisica; coloro che ieri non sapevano maneggiare un fucile, oggi erano tra i feroci tagliagole".[1932]

[1932] *Г.А. Ландау*. Революционные идеи в еврейской общественности // РиЕ, с. 117-118.

Ecco qualcosa di più sulla già citata Revekka Plastinina-Maizel della Cheka della Guberniya di Arcangelo: "Famosa per la sua crudeltà in tutto il nord della Russia..., [lei] volontariamente 'perforava nasi e fronti'... e personalmente fucilava più di cento uomini". Oppure "di un Baka che era soprannominato 'ragazzo sanguinario' per la sua giovinezza e crudeltà" - prima "a Tomsk e poi come capo della Cheka" della Guberniya di Irkutsk.[1933] (La carriera di Plastinina la portò su fino a un seggio nella Corte Suprema della RSFSR che occupò negli anni '40.)[1934]

Alcuni ricorderanno la squadra punitiva di Mandelbaum ad Arcangelo, nel nord della Russia, altri la squadra di "Mishka-Yaponchik" in Ucraina....

Che cosa vi aspettate dai contadini della Gubernia di Tambov se, durante la repressione della grande rivolta contadina in questa regione della terra nera centro-russa, il lugubre covo del Gubcom di Tambov era abitato dai responsabili delle assegnazioni di grano, i segretari del Gubcom P. Raivid e Pinson e il capo del dipartimento di propaganda, Eidman? (Anche A. G. Shlikhter, che ricordiamo da Kiev nel 1905, era presente, questa volta come presidente del Comitato esecutivo della gubernia). Y. Goldin era il commissario per i prodotti alimentari della Guberniya di Tambov; fu lui a scatenare la rivolta con confische esorbitanti di grano, mentre un certo N. Margolin, comandante di una squadra di confisca del grano, era famoso per *frustare* i contadini che non riuscivano a fornire il grano (e li uccideva anche). (Secondo Kakurin, che era il capo dello staff di Tukhachevsky, un rappresentante plenipotenziario del quartier generale della Cheka nella Guberniya di Tambov in quel periodo era Lev Levin. Naturalmente, non solo gli ebrei ne facevano parte! Tuttavia, quando Mosca prese in mano la repressione della rivolta nel febbraio 1921, il comando supremo dell'operazione fu assegnato a Efraim Sklyansky, capo della "Commissione interdipartimentale anti-banditismo" - e così i contadini, informati con volantini, poterono trarre le proprie conclusioni.

E cosa dovremmo dire del genocidio sul fiume Don, quando centinaia di migliaia di cosacchi del fiore del Don furono uccisi? Cosa dobbiamo aspettarci dalle memorie cosacche se consideriamo tutti quei conti in sospeso tra un ebreo rivoluzionario e un cosacco del Don?

Nell'agosto 1919, l'Esercito Volontario prese Kiev e aprì diverse Cheka trovando i corpi di coloro che erano stati giustiziati di recente; Shulgin[1935] compose elenchi nominali delle vittime utilizzando annunci funebri pubblicati nel *Kievlyanin* riaperto; non si può fare a meno di notare che quasi tutti i nomi erano slavi... erano i "russi scelti" ad essere fucilati. I

[1933] С.С. Маслов, с. 196.
[1934] РЕЭ, т. 2, с. 388-389.
[1935] В.В. Шульгин, Приложения, с. 313-318.

materiali prodotti dalla *Commissione Investigativa Speciale nel Sud della Russia* forniscono informazioni sulla Cheka di Kiev e sul suo personale di comando (sulla base della testimonianza di un interrogatore della Cheka catturato)[1936] : "L'organico della Cheka variava tra i 150 e i 300... in percentuale c'era il 75% di ebrei e il 25% di altri, e i responsabili erano quasi esclusivamente ebrei". Su venti membri della Commissione, cioè i vertici che determinavano i destini delle persone, quattordici erano ebrei. Tutti i detenuti erano tenuti nell'edificio della Cheka o nella prigione di Lukyanov". Per le esecuzioni era stato allestito un capannone speciale nell'edificio di via Institutskaya 40, all'angolo con via Levashovskaya, dove il principale 'Chekaóffice della guberniya si era trasferito da via Ekaterininskaya. Un boia (e a volte anche un àmateurĆhekists) scortava una vittima completamente nuda in un capannone e le ordinava di cadere a faccia in giù sul terreno. Poi la uccideva con un colpo alla nuca. Le esecuzioni venivano eseguite utilizzando revolver (in genere Colt). Di solito, a causa della breve distanza, il cranio del giustiziato esplodeva in frammenti.... La vittima successiva veniva analogamente scortata all'interno e deposta nelle vicinanze.... Quando il numero delle vittime superava... la capacità del capannone, le nuove vittime venivano deposte proprio sopra i morti o venivano fucilate all'ingresso del capannone.... Di solito le vittime andavano alla loro esecuzione senza opporre resistenza".

Questo è ciò di cui "la gente mormorava". Oppure prendiamo un altro incidente, testimoniato da Remizov (che è difficile sospettare di antisemitismo dato il suo passato rivoluzionario-democratico): "Recentemente c'è stato un addestramento militare nelle vicinanze, all'Accademia, e un soldato dell'Armata Rossa ha detto: 'Compagni, non andiamo al fronte, è solo a causa degli Yid che combattiamo! E qualcuno con una valigetta gli ha chiesto: "Di quale reggimento sei? E ancora il soldato: "Compagni, non andiamo al fronte, è per colpa degli ebrei!" E quello con la valigetta ordinò: "Sparategli!". Poi uscirono altri due soldati dell'Armata Rossa e il primo cercò di fuggire. Ma non ce l'ha fatta a raggiungere l'angolo, perché altri lo hanno preso e gli hanno sparato: il suo cervello si è rovesciato e c'era una pozza di sangue".[1937]

L'insurrezione di Kronstadt aveva un carattere spiccatamente antiebraico (e quindi tanto più era condannata): distrussero i ritratti di Trotsky e Zinoviev [entrambi ebrei], ma non quelli di Lenin. E Zinoviev non aveva

---

[1936] Чекист о ЧК (Из архива "Особой Следств. Комисси на Юге России") // На чужой стороне: Историко-литературные сборники / Под ред. С.П. Мельгунова. Берлин: Ватага; Прага: Пламя, 1925. Т. 9, с. 111-141.

[1937] *Алексей Ремизов.* Взвихренная Русь. Londra: Overseas Publications, 1979, с. 376-377.

il coraggio di andare a negoziare con i ribelli: sarebbe stato fatto a pezzi. Così mandarono Kalinin [russo].

Nel febbraio 1921, a Mosca, ci furono scioperi dei lavoratori con lo slogan: "Abbasso i comunisti e gli ebrei!".

Abbiamo già detto che durante la guerra civile la maggior parte dei socialisti russi (e tra loro c'erano numerosi ebrei) era, ovviamente, dalla parte di Lenin, non da quella dell'ammiraglio Kolchak, e alcuni di loro combatterono effettivamente per i bolscevichi. (Ad esempio, si consideri il membro del Bund Solomon Schwartz: durante il periodo del governo provvisorio, era direttore di un dipartimento in un ministero; durante la guerra civile si arruolò volontario nell'Armata Rossa, pur non indicando il suo grado; in seguito emigrò all'estero dove pubblicò due libri sulla situazione ebraica in URSS; lo citeremo più avanti).

Sembrava quindi che non solo gli ebrei bolscevichi, ma tutta l'ebraismo avesse deciso di schierarsi dalla parte dei rossi nella guerra civile. Possiamo affermare che la loro scelta fu completamente deliberata? No. Possiamo affermare che non avevano altra scelta? Di nuovo, no.

Shulgin descrive l'enorme esodo da Kiev il 1° ottobre 1919, quando la città stava per essere consegnata ai bolscevichi. Si trattava di un esodo interamente russo, le persone partivano a piedi con gli zaini, attraverso i ponti sul fiume Dnepr ; egli stima che il loro numero si aggiri intorno alle 60.000 unità. "Non c'erano ebrei in questo esodo: non si notavano tra quelle migliaia di russi (uomini, donne e bambini), con fagotti in mano, che attraversavano il bellissimo Ponte delle Catene sotto una dolorosa rete di pioggia". A quel tempo c'erano più di 100.000 ebrei a Kiev, scrive Shulgin. E tutti quegli ebrei ricchi e ricchissimi non se ne andarono, ma scelsero di restare e di aspettare l'arrivo dei bolscevichi. "Gli ebrei decisero di non condividere il loro destino con noi. E con questo hanno scavato una nuova e forse la più profonda frattura tra noi".[1938]

Così è stato in molti altri luoghi. Secondo la testimonianza del socialista-rivoluzionario S. Maslov: "È un dato di fatto che nelle città della Russia meridionale, soprattutto in quelle a ovest del Dnepr che cambiavano ripetutamente di mano, l'arrivo dei sovietici era più celebrato e la maggior parte della simpatia era espressa nei quartieri ebraici, e non di rado solo in quelli".[1939]

Uno storico americano contemporaneo (Bruce Lincoln, autore di un grande trattato sulla nostra guerra civile) "ha detto che l'intera Cheka ucraina era composta per quasi l'80% da ebrei", il che "si spiega con il fatto che, prima

---

[1938] *В.В. Шульгин*, с. 95-96.
[1939] С.С. Маслов, с. 44.

dell'arrivo dei rossi, i crudeli pogrom si susseguivano senza sosta; anzi, quelli erano i pogrom più sanguinosi dai tempi di Bogdan Khmelnytsky [leader della ribellione cosacca in Ucraina nel 1648-1657]".[1940] Parleremo presto dei pogrom, anche se va notato che la sequenza temporale era in realtà opposta: quell'80% [di ebrei] era già alle dipendenze della Cheka nel 1918, mentre i pogrom di Petliura [pubblicista, scrittore e giornalista ucraino che fu capo di Stato durante l'indipendenza ucraina del 1918-1920] presero slancio solo nel 1919 (i pogrom delle truppe dell'Armata Bianca iniziarono nell'autunno del 1919).

Eppure è impossibile rispondere all'eterna domanda su chi sia il colpevole, chi l'abbia spinta nel baratro. Naturalmente, non è corretto affermare che la Cheka di Kiev ha fatto ciò che ha fatto perché era per tre quarti ebrea. Tuttavia, questo è un fatto che gli ebrei dovrebbero ricordare e su cui riflettere.

E sì, allora c'erano ebrei che si appellavano ai loro compatrioti guardando indietro alla tragedia che aveva colpito sia la Russia che l'ebraismo russo. Nel loro proclama *Agli ebrei di tutti i Paesi!*, questo gruppo scrisse nel 1923 che "la partecipazione troppo zelante dei bolscevichi ebrei all'oppressione e alla distruzione della Russia... è imputata a tutti noi... il dominio sovietico è identificato con il dominio ebraico, e l'odio feroce per i bolscevichi si trasforma in un odio altrettanto feroce per gli ebrei". [Crediamo fermamente che il bolscevismo sia *il peggiore* dei mali possibili per gli ebrei e per tutti gli altri popoli della Russia, e che combattere con le unghie e con i denti contro il dominio di quella marmaglia internazionale sulla Russia sia un nostro sacro dovere di fronte all'umanità, alla cultura, alla nostra Madrepatria e al popolo ebraico".[1941] Ma la comunità ebraica di " ha reagito a queste dichiarazioni con grande indignazione".[1942] (Ne parleremo nel prossimo capitolo).

La guerra civile si riversò oltre i confini della Russia. Ripercorriamola brevemente (anche se gli eventi in Europa esulano dallo scopo di questo libro).

I bolscevichi invasero la Polonia nel 1920. (A questo punto avevano richiamato e utilizzato abilmente il "desiderio nazionale e l'entusiasmo nazionale" dei russi - come disse Nahamkis-Steklov in un editoriale di

---

[1940] Изложение беседы с Б.Линкольном см.: *В.Любарский*. Что делать, а не кто виноват // Время и мы: Международный журнал литературы и общественных проблем. Нью-Йорк, 1990, № 109, с. 134.
[1941] РиЕ, с. 6, 7.
[1942] *Г.А. Ландау*. Революционные идеи в еврейской общественности // РиЕ, с. 100.

Izvestia.[1943]). E sembra che gli ebrei polacchi accolsero l'Armata Rossa molto calorosamente. Secondo una fonte sovietica, interi battaglioni di lavoratori ebrei parteciparono ai combattimenti a Minsk.[1944] Leggiamo dall'*Enciclopedia Ebraica*: "in numerose occasioni, i polacchi accusarono gli ebrei di sostenere il nemico, di atteggiamenti 'anti-polacchi', 'filo-bolscevichi' e persino 'filo-ucraini'". Durante la guerra sovietico-polacca molti ebrei "furono uccisi [dall'esercito polacco] con l'accusa di spiare per l'Armata Rossa".[1945] Tuttavia, dobbiamo diffidare di possibili esagerazioni in questo caso, poiché ricordiamo accuse simili di spionaggio fatte dalle autorità militari russe durante la guerra, nel 1915.

I sovietici formarono rapidamente un "governo" rivoluzionario per la Polonia guidato da F. Dzerzhinsky. Ne facevano parte Y. Markhlevsky e F. Kon. Naturalmente, erano circondati da specialisti di "lavoro del sangue" e da ardenti propagandisti.

(Tra questi ultimi, l'ex farmacista di Mogilev A. I. Rotenberg. Subito dopo l'abortita rivoluzione rossa in Polonia, insieme a Bela Kun e Zalkind-Zemlyachka, condusse la micidiale "pulizia" della Crimea. Nel 1921 partecipò nuovamente a quell'opera gloriosa, questa volta "epurando" la Georgia, sempre sotto il diretto comando di Dzerzhinsky. Alla fine degli anni Venti Rotenberg era a capo dell'NKVD di Mosca).

Non solo la Polonia, ma anche l'Ungheria e la Germania furono interessate dalla Rivoluzione Rossa. Un ricercatore americano scrive: "l'intensità e la tenacia del pregiudizio antisemita sia nell'est che nel centro dell'Europa furono significativamente influenzate dalla partecipazione degli ebrei al movimento rivoluzionario". "All'inizio del 1919, i sovietici, sotto una guida prevalentemente ebraica, iniziarono le rivoluzioni a Berlino e a Monaco" e "la quota di ebrei attivisti era sproporzionatamente alta nel Partito Comunista Tedesco di quel periodo", anche se "il sostegno di quel partito nella comunità ebraica in generale non era significativo". Quattro degli undici membri del Comitato centrale erano ebrei con un'istruzione universitaria". Nel dicembre 1918, uno di loro, Rosa Luxemburg, scrisse: "In nome delle più grandi aspirazioni dell'umanità, il nostro motto quando trattiamo con i nostri nemici è: "Dito nell'occhio, ginocchio sul petto!". La ribellione a Monaco fu guidata da un critico teatrale, Kurt Eisner, un ebreo di "aspetto bohémien". Fu ucciso, ma il potere nella Baviera conservatrice e cattolica fu preso da "un nuovo governo composto da ebrei intellettuali di sinistra, che proclamarono la Repubblica Sovietica Bavarese" (G.

[1943] Ю. Стеклов. Народная оборона - национальная оборона // Известия, 1920, 18 мая, с. 1.
[1944] Ю. Ларин. Евреи и антисемитизм в СССР. М.; Л.: ГИЗ, 1929, с.31.
[1945] КЕЭ, т 6, с.646; т. 1, с. 326.

Landauer, E. Toller, E. Muhsam, O. Neurath). In una settimana la repubblica "fu rovesciata da un gruppo ancora più radicale", che dichiarò la "Seconda Repubblica Sovietica Bavarese" con Eugen Levine alla guida.[1946] Leggiamo un articolo su di lui nell'*Enciclopedia*: nato in una famiglia di mercanti ebrei, era un socialista-rivoluzionario; partecipò alla rivoluzione [russa] del 1905, poi divenne cittadino tedesco, si unì al "movimento spartachista" di R. Luxemburg e K. Liebknecht, e ora divenne il capo del governo comunista in Baviera, che comprendeva anche i già citati E. Muhsam, E. Toller e un nativo della Russia, M. Levin.[1947] La rivolta fu sconfitta nel maggio 1919. "Il fatto che i leader delle rivolte comuniste represse fossero ebrei fu una delle ragioni più importanti della rinascita dell'antisemitismo politico nella Germania contemporanea".[1948]

"Mentre nelle rivoluzioni comuniste russe e tedesche gli ebrei svolsero un ruolo "abbastanza evidente", in Ungheria il loro ruolo divenne centrale.... Su 49 commissari del popolo, 31 erano ebrei", il più importante dei quali era Bela Kun, "ministro degli Esteri (di fatto capo del governo)", che avrebbe orchestrato un bagno di sangue in Crimea mezzo anno dopo. Qui troviamo Matyas Rakosi, Tibor Szamuely, Gyorgy Lukacs. "Certo, il primo ministro era un gentile, Sandor Garbai, ma Rakosi in seguito scherzò sul fatto che Garbai era stato eletto perché qualcuno doveva firmare gli ordini di esecuzione nei giorni di sabato". "Le statue dei re e degli eroi ungheresi furono tolte dai loro piedistalli, l'inno nazionale fu messo fuori legge e l'indossare i colori nazionali fu criminalizzato". "La tragedia della situazione era aggravata dal fatto che storicamente gli ebrei ungheresi erano molto più ricchi dei loro compatrioti dell'Europa orientale e avevano molto più successo nella società ungherese".[1949]

La relazione diretta tra la Repubblica sovietica ungherese e la nostra guerra civile diventa più chiara in virtù del fatto che corpi speciali dell'Armata Rossa si stavano preparando per andare in soccorso della Repubblica sovietica ungherese, ma non riuscirono a farlo in tempo e la Repubblica cadde (nell'agosto 1919).

Il crollo dell'impero russo, universalmente odiato, costò caro a tutte le parti coinvolte, compresi gli ebrei. G. Landau scrive: "In generale, la rivoluzione è un affare orribile, rischioso e pericoloso. È particolarmente raccapricciante e pericolosa per una minoranza, che per molti versi è estranea alla massa della popolazione .... Per garantire il proprio benessere,

---

[1946] *Дж. Мюллер*. Диалектика трагедии: антисемитизм и коммунизм в Центральной и Восточной Европе // "22": Общественно-политический и литературный журнал еврейской интеллигенции из ССР в Израиле. Тель-Авив, 1990, № 73, с. 96, 99-100.
[1947] КЕЭ, т. 4, с. 733-734.
[1948] *Дж. Мюллер*. Диалектика трагедии... // "22", 1990, № 73, с. 99.
[1949] Там же, с. 100-101.

tale minoranza dovrebbe aggrapparsi incrollabilmente alla legge e fare affidamento sull'incrollabile continuità dell'ordine sociale e sull'inerzia del potere legislativo. Le forze del disallineamento rivoluzionario e del permissivismo colpiscono questa minoranza in modo particolarmente duro".[1950]

Si profilava - dritto in avanti, in un futuro così promettente! Eppure nel futuro prossimo, durante la guerra civile, non c'era legge e gli ebrei furono colpiti da saccheggi e pogrom di dimensioni neanche lontanamente paragonabili a quelle sperimentate ai tempi dello zar. E quei pogrom non furono lanciati dalla parte bianca.

A causa della densità della popolazione ebraica in Ucraina, era inevitabile che una terza forza, oltre ai rossi e ai bianchi, interferisse nei destini degli ebrei: il separatismo ucraino.

Nell'aprile del 1917, quando la Rada ucraina si riunì per la prima volta, "gli ebrei... non credevano ancora nella vittoria del nazionalismo ucraino", e questo si manifestò nel carattere del loro voto durante le elezioni comunali estive: Gli ebrei non avevano "alcun motivo" per votare per i separatisti ucraini.[1951] Ma già a giugno, quando stava prendendo forma qualcosa che assomigliava a un vero e proprio governo ucraino indipendente - sotto il quale, a quanto pare, gli ebrei avrebbero dovuto vivere d'ora in poi - i rappresentanti ebraici entrarono nella Rada minore e fu istituito un vice-segretariato per la nazionalità ebraica ("Ministero ebraico"). Quest'ultimo lavorò al progetto, da tempo auspicato, di "autonomia nazionale ebraica" (secondo il quale ogni nazionalità, e ora anche quella ebraica, crea una propria unione nazionale, che può legiferare secondo i bisogni e gli interessi della propria nazione e per questo riceve un sostegno finanziario dal Tesoro, e un rappresentante dell'unione diventa membro del gabinetto). Inizialmente, il governo ucraino in formazione fu generalmente benevolo nei confronti degli ebrei, ma alla fine del 1917 lo stato d'animo cambiò e la proposta di legge sull'autonomia fu accolta nella Rada con risate e disprezzo; tuttavia, nel gennaio 1918, fu approvata, anche se con difficoltà. Da parte loro, gli ebrei accettarono con riluttanza la "Terza Universale" (9 novembre 1917, l'inizio dell'indipendenza ucraina dalla Russia), poiché ora temevano l'anarchia, tradizionalmente pericolosa per le popolazioni ebraiche, e temevano una scissione all'interno dell'ebraismo russo. Tuttavia, i filistei ebrei prendevano in giro la lingua e le insegne dei negozi ucraini, avevano paura del nazionalismo ucraino e

---

[1950] Г.А. *Ландау*. Революционные идеи в еврейской общественности // РиЕ, с. 115.
[1951] И.Б. *Шехтман*. Еврейская общественность на Украине (1917-1919) //Книга о русском еврействе*, 1917-1967 (далее - КРЕ-2). Нью-Йорк: Союз Русских Евреев, 1968, с. 22.

credevano nello Stato russo e nella cultura russa.[1952] Lenin scrisse: Gli ebrei, come i grandi russi, "ignorano il significato della questione nazionale in Ucraina".[1953]

Tuttavia, tutto puntava verso la secessione e i delegati ebrei della Rada non osarono votare contro la Quarta Universale (11 gennaio 1918, sulla completa secessione dell'Ucraina). Subito dopo, i bolscevichi iniziarono un'offensiva contro l'Ucraina. Il primo Comitato Centrale "ucraino" del Partito Comunista Ucraino dei Bolscevichi fu costituito a Mosca e successivamente si trasferì a Kharkov; era guidato da Georgiy Pyatakov e tra i suoi membri c'erano Semyon Schwartz e Serafima Gopner. Quando alla fine di gennaio 1918 si trasferirono a Kiev, Grigory Chudnovsky assunse il posto di commissario di Kiev, Kreitzberg divenne commissario alle finanze, D. Raikhstein "commissario alla stampa, Shapiro - commissario dell'esercito". "Non mancavano nomi di ebrei tra i vertici bolscevichi... in centri come Odessa ed Ekaterinoslav. Questo era sufficiente per alimentare le discussioni su "ebrei bolscevichi" e "bolscevichi ebrei" tra le truppe fedeli alla Rada. Le imprecazioni verbali sugli "ebrei traditori" divennero quasi un luogo comune"; "nel bel mezzo dei combattimenti di strada [per Kiev], la frazione sionista produsse un'inchiesta ufficiale sulla questione degli eccessi antiebraici". La questione si trasformò in una "schermaglia verbale tra i delegati ucraini e i rappresentanti delle minoranze nazionali".[1954]

Così l'inimicizia ha diviso gli ebrei e i separatisti ucraini.

"Il governo ucraino e i leader dei partiti ucraini furono evacuati a Zhitomir, ma i rappresentanti ebrei non li seguirono", rimanendo sotto i bolscevichi. Inoltre, i bolscevichi a Kiev erano "sostenuti da un consistente gruppo di lavoratori ebrei, tornati dall'Inghilterra dopo la rivoluzione [di febbraio, Kerenskij]" e che ora si schierarono completamente con il regime sovietico... assunsero le cariche di commissari e... di funzionari" e crearono una "squadra speciale ebraica di guardie rosse".[1955]

Tuttavia, subito dopo la conclusione del Trattato di Brest-Litovsk [con il quale i sovietici cedettero l'Ucraina alle Potenze Centrali], quando il governo dell'Ucraina indipendente tornò a Kiev sotto l'egida delle baionette austriache e tedesche, all'inizio di febbraio del 1918, gli "haidama" [rivolte popolari spontanee contro il dominio polacco che ebbero luogo in Ucraina nel 18 secolo] e i "cosacchi liberi" iniziarono a

---

[1952] Там же, с. 29, 30, 35.
[1953] *В.И. Ленин*. Сочинения: В 45 т. 4-е изд. М.: Госполитиздат, 1941-1967. Т. 30, с. 246.
[1954] *И.Б. Шехтман*. Еврейская общественность... // КРЕ-2, с. 33-34.
[1955] *И.Б. Шехтман*. Еврейская общественность... // КРЕ-2, с. 35-37.

prendere e a sparare a tutti gli ex "commissari ebrei" che riuscivano a trovare. Tuttavia non si trattava di veri e propri pogrom ebraici e ben presto il governo di Petliura fu sostituito dal governo hetmaniano di [leader cosacco] Skoropadsky per i successivi sette mesi. "Il comando delle unità dell'esercito tedesco che aveva occupato Kiev in primavera, trattò con comprensione le esigenze della popolazione ebraica". (E quella popolazione non era certo irrilevante: nel 1919, il 21% degli abitanti di Kiev era ebreo.[1956]) L'ebreo Kadet [membro del Partito Costituzionale Democratico russo] Sergei Gutnik divenne Ministro del Commercio e dell'Industria nel governo Hetman.[1957] Sotto l'Hetmanato, i sionisti agirono senza ostacoli e furono eletti un'Assemblea nazionale provvisoria ebraica indipendente e un Segretariato nazionale ebraico.

Tuttavia l'Hetmanato cadde e nel dicembre 1918 Kiev passò sotto il controllo del Direttorato dell'Ucraina guidato da Petliura e Vynnychenko. Il Bund e Poale-Zion [un movimento di lavoratori ebrei marxisti] fecero del loro meglio per aiutare i compagni socialisti del Direttorato e del Segretariato ebraico e fecero anche mosse concilianti. Ma Petliura la vedeva diversamente. Il suo portavoce, il giornale *Vidrodzhennya*, scrisse: "La nascita dello Stato ucraino non era attesa dagli ebrei. Gli ebrei non l'hanno anticipata nonostante abbiano una straordinaria capacità di cogliere il vento di qualsiasi notizia. Essi... enfatizzano la loro conoscenza della lingua russa e ignorano il fatto della statualità ucraina...

L'ebraismo si è nuovamente schierato dalla parte del nostro nemico".[1958] Gli ebrei furono incolpati di tutte le vittorie bolsceviche in Ucraina. A Kiev, i Fucilieri del Sich saccheggiarono gli appartamenti dei ricchi che *in massa si* recavano nella capitale, mentre i militari e gli atamani [originariamente comandanti cosacchi, poi utilizzati dall'Esercito nazionale ucraino] saccheggiavano le città più piccole e gli shtetl. Quell'anno, un reggimento intitolato a Petliura inaugurò i pogrom di massa saccheggiando la città di Sarny.

Un deputato ebreo della Rada minore ha cercato di scongiurare la crescente tendenza al pogrom tra le truppe di Petliura: "Dobbiamo avvertire gli ucraini che non si può fondare il proprio Stato sull'antisemitismo. I leader del Direttorio dovrebbero ricordare che hanno a che fare con il popolo del mondo, che è sopravvissuto a molti dei suoi nemici" e minacciarono di iniziare una lotta contro tale governo.[1959] I partiti ebraici iniziarono

---

[1956] КЕЭ, т. 4, с. 256.
[1957] РЕЭ, т. 1, с. 407.
[1958] *И.М. Троцкий*. Еврейские погромы на Украине и в Белоруссии 1918-1920 гг. // KPE-2*, с. 59.
[1959] Там же, с. 62.

rapidamente a radicalizzarsi verso sinistra, rivolgendo così inevitabilmente le loro simpatie al bolscevismo.

Arnold Margolin, allora viceministro degli Esteri ucraino, disse che la situazione in Ucraina ricordava i tempi peggiori di Khmelnytsky e Gonta [leader cosacco contro l'occupazione polacca dell'Ucraina]. [1960] D. Pasmanik ha osservato con amarezza che i sionisti e i nazionalisti ebrei hanno sostenuto per un po' il governo del Direttorio anche quando in Ucraina infuriavano i pogrom antiebraici [1961] : "Come potrebbero i socialisti ebrei dimenticare gli atteggiamenti pogromisti di Petliura e di altri eroi della Rivoluzione ucraina... Come potrebbero dimenticare il sangue ebraico versato dai discendenti e dai discepoli di Khmelnytsky, Gonta e Zalizniak"[1962] "Tra il dicembre 1918 e l'agosto 1919, le truppe di Petliura compirono decine di pogrom, uccidendo, secondo la Commissione della Croce Rossa Internazionale, circa 50.000 ebrei. Il pogrom più grande avvenne il 15 febbraio 1919, a Proskurov, dopo un fallito tentativo di colpo di stato bolscevico".[1963] "I pogrom ebraici, che continuarono senza sosta fin dal momento dell'indipendenza ucraina, divennero particolarmente feroci durante il periodo del cosiddetto Direttorato e continuarono fino all'esistenza delle forze armate ucraine".[1964]

S. Maslov scrive: "È vero, ai tempi dello zar gli ebrei venivano uccisi durante i pogrom, ma non erano mai stati uccisi in numero così elevato come ora e con una tale insensibile indifferenza"; "a volte durante i pogrom antiebraici da parte di bande di contadini ribelli gli *interi* shtetl venivano sterminati con un massacro indiscriminato di bambini, donne e anziani".[1965] Dopo che i pogromisti avevano terminato i loro affari, i contadini dei villaggi circostanti di solito arrivavano con i carri per unirsi al saccheggio dei beni commerciali, spesso immagazzinati in grandi quantità nelle città a causa dei tempi incerti.[1966] "In tutta l'Ucraina i ribelli attaccavano i treni passeggeri e spesso ordinavano a 'comunisti ed ebrei di uscire dalla carrozza e chi lo faceva veniva fucilato sul posto'"; oppure, controllando i documenti dei passeggeri, "ai sospetti ebrei veniva ordinato di pronunciare kukuruza [mais]) e chi parlava con un accento veniva scortato fuori e giustiziato".[1967]

[1960] Там же.
[1961] Д.С. Пасманик. Чего же мы добиваемся? // РиЕ, с. 211.
[1962] И.М. Бикерман. Россия и русское еврейство // РиЕ, с. 66-67.
[1963] КЕЭ, т. 6, с. 570.
[1964] И.М. Бикерман. Россия и русское еврейство // РиЕ, с. 65.
[1965] С.С. Мослов, с. 25, 26.
[1966] Ю. Ларин. Евреи и антисемитизм в СССР, с. 40, 41.
[1967] С.С. Маслов, с. 40.

Lo studioso americano Muller ritiene che "lo sterminio di massa degli ebrei in Ucraina e Bielorussia durante la guerra civile non fu affatto il risultato di una politica articolata, ma piuttosto una comune reazione contadina".[1968]

Le bande ribelli indipendenti di Grigoriev, Zelyony, Sokolovsky, Struk, Angel, Tyutyunik, Yatzeiko, Volynetz e Kozyr-Zirka erano particolarmente incontrollate e per questo agirono con estrema atrocità. Tuttavia, Nestor Makhno era diverso.

L'imperversare della guerra civile fornì un terreno fertile per l'autorealizzazione della personalità criminale e ribelle di Makhno. In questo lavoro non racconteremo le sue azioni scellerate e clinicamente folli, ma va notato che non nutriva atteggiamenti antiebraici e che i suoi seguaci anarco-comunisti proclamavano a gran voce la loro "implacabile ostilità verso qualsiasi forma di antisemitismo". In tempi diversi, un certo Aaron Baron era il suo Capo di Stato Maggiore, Lev Zadov-Zenkovsky era il suo capo del controspionaggio, Volin-Eikhenbaum era il capo dell'agitprop di Makhno, Arshinov era il suo stretto consigliere e un certo Kogan era a capo dell'amministrazione di Huliaipole [la sua "capitale"]. Tra le sue truppe c'era anche una compagnia ebraica separata di 300 persone, guidata da Taranovsky, e anche se a un certo punto tradirono Makhno, Taranovsky fu poi perdonato e persino nominato capo di stato maggiore di Makhno. "I poveri ebrei si unirono in massa all'esercito di Makhno" e presumibilmente Makhno intrappolò e giustiziò l'atamano Grigoriev per il suo antisemitismo. Nel marzo 1919 Makhno giustiziò i contadini del villaggio di Uspenovka per un pogrom nella colonia agricola ebraica di Gorkoye. Tuttavia, nonostante la sua indiscutibile posizione filo-ebraica (più tardi, durante l'emigrazione a Parigi, "fu sempre in un ambiente ebraico" fino alla morte), le sue truppe, spesso incontrollabili, compirono diversi pogrom ebraici, ad esempio nel 1918 nei pressi di Ekaterinoslav [1969] o nell'estate del 1919 ad Aleksandrovsk, sebbene Makhno e i suoi ufficiali proteggessero rigorosamente le popolazioni ebraiche e punissero con la morte i pogromisti".[1970]

Per esaminare i pogrom antiebraici durante la guerra civile russa, consultiamo il grande volume *Jewish Pogroms: 1918-1921* compilato dal Comitato pubblico ebraico per l'aiuto alle vittime dei pogrom nel 1923 e pubblicato successivamente nel 1926.[1971] (L'anno di pubblicazione spiega perché non troviamo nulla sui pogrom dei rossi: il libro "si propone di esaminare il ruolo delle truppe di Petliura, dell'Esercito Volontario

---

[1968] Дж. Мюллер. Диалектика трагедии... // "22", 1990, № 73, с. 97.
[1969] В. Литвинов. Махно и евреи // "22", 1983, № 28, с. 191-206.
[1970] КЕЭ, т. 6, с. 574.
[1971] Еврейские погромы, 1918-1921 / Сост. З.С. Островский. М.: Акц. об-во "Школа и книга", 1926.

[Bianco] e dei polacchi nella carneficina dei pogrom nel periodo descritto").

Le truppe regolari partecipavano ai pogrom nelle città e nei paesi più grandi durante la marcia, mentre le bande indipendenti agivano nell'entroterra, negando di fatto la sicurezza agli ebrei ovunque.

I pogrom delle truppe di Petliura furono particolarmente atroci e sistematici e a volte anche senza saccheggi, come ad esempio i pogrom di Proskurov, Felsztyn e Zhytomir nel febbraio 1919, Ovruch in marzo, Trostyanets, Uman e Novomirgorod nel maggio 1919. I peggiori pogrom da parte delle bande furono a Smila (marzo 1919), Elisavetgrad, Radomyshl, Vapniarka e Slovechno nel maggio 1919, a Dubovka (giugno 1919); da parte delle truppe di Denikin - a Fastov (settembre 1919) e Kiev (ottobre 1919). In Bielorussia si verificarono pogrom da parte delle truppe polacche, ad esempio a Borisov e nel distretto di Bobruisk, e da parte delle truppe sostenute dai polacchi di Bulak-Balachowicz a Mazyr, Turov, Petrakov, Kapatkevitchy, Kovchitsy e Gorodyatitchy (nel 1919, 1920 e 1921).

L'ebraismo ucraino fu inorridito dall'ondata omicida dei pogrom. Durante brevi periodi di tregua, la popolazione ebraica fuggì *in massa* da luoghi già saccheggiati o minacciati. Ci fu effettivamente un esodo di massa di ebrei dagli shtetl e dalle piccole città verso le città più grandi vicine o verso il confine con la Romania nella sciocca speranza di trovare aiuto lì, oppure semplicemente "fuggirono senza meta nel panico" come fecero da Tetiiv e Radomyshl. "Le comunità più popolose e fiorenti furono trasformate in deserti. Le città e gli shtetl ebraici assomigliavano a tetri cimiteri: case bruciate e strade morte e desolate.

Diverse cittadine ebraiche furono completamente distrutte e ridotte in cenere: Volodarka, Boguslav, Borshchagovka, Znamenka, Fastov, Tefiapol, Kutuzovka e altri luoghi".[1972]

Esaminiamo ora il lato bianco. A prima vista può sembrare controintuitivo che gli ebrei non abbiano sostenuto il movimento antibolscevico. Dopotutto, le forze bianche erano sostanzialmente più democratiche dei bolscevichi (come nel caso dei [generali bianchi] Denikin e Wrangel) e comprendevano non solo monarchici e nazionalisti di ogni tipo, ma anche molti gruppi liberali e tutte le varietà di socialisti antibolscevichi. Allora perché non abbiamo visto ebrei che condividevano le stesse idee e simpatie politiche?

Eventi fatali separarono irrimediabilmente gli ebrei dal movimento bianco. L'*Enciclopedia Ebraica* ci informa che "inizialmente molti ebrei di Rostov sostenevano il movimento bianco. Il 13 dicembre 1917 un principe

---

[1972] Еврейские погромы, 1918-1921, с. 73-74.

mercante, A. Alperin, diede 800.000 rubli raccolti dagli ebrei di Rostov a A. Kaledin, il capo dei cosacchi del Don, "per organizzare le truppe cosacche antibolsceviche".[1973] Eppure, quando il generale Alekseev [un altro comandante bianco] stava radunando il suo primo squadrone nel dicembre 1917 nella stessa città di Rostov e aveva bisogno di fondi e chiese (nota bene: chiese e non impressionò) i soldi alla borghesia di Rostov-Nakhichevan (principalmente ebrei e armeni), questi rifiutarono e lui raccolse solo un po' di soldi e fu costretto a marciare nell'inverno con truppe non equipaggiate - nella sua Marcia del ghiaccio. E in seguito "tutti gli appelli dell'Esercito Volontario furono per lo più ignorati, ma ogni volta che i bolscevichi si presentavano e chiedevano denaro e oggetti di valore, la popolazione consegnava obbedientemente milioni di rubli e interi magazzini di merci".[1974] Quando l'ex primo ministro russo (del governo provvisorio), il principe G. E. Lvov, implorando aiuti all'estero, visitò New York e Washington nel 1918, incontrò una delegazione di ebrei americani che lo ascoltarono ma non offrirono alcun aiuto.[1975]

Tuttavia, Pasmanik cita una lettera in cui si afferma che alla fine del 1918 "più di tre milioni e mezzo di rubli... venivano raccolti nell'esclusivo circolo ebraico" con annesse "promesse e rassicurazioni" di buona volontà nei confronti degli ebrei da parte delle autorità bianche. Nonostante ciò, agli ebrei fu ufficialmente proibito di acquistare terreni nella Chernomorskaya Guberniya a causa di "speculazioni viziose da parte di alcuni ebrei", anche se l'ordine fu revocato poco dopo.[1976]

Ecco un altro esempio tratto dalle mie fonti: sempre a Rostov, nel febbraio 1918, quando il movimento bianco era appena nato e sembrava quasi senza speranza, un anziano ingegnere e costruttore ebreo, A. I. Arkhangorodsky, che si considerava sinceramente un patriota russo, spinse letteralmente il suo riluttante figlio studente a unirsi alla gioventù bianca che marciava nella notte [22 febbraio], imbarcandosi nella loro Marcia del Ghiaccio (tuttavia, sua sorella non lo lasciò andare). L'*Enciclopedia Ebraica* ci dice anche che "gli ebrei di Rostov si unirono a squadroni di guerriglieri cosacchi e al battaglione di studenti dell'esercito del generale [bianco] L. Kornilov".[1977]

A Parigi, nel 1975, il col. Levitin, l'ultimo comandante sopravvissuto del Reggimento Kornilov, mi ha raccontato che alcuni ufficiali ebrei, che

---

[1973] КЕЭ, т. 7, с, 403.
[1974] Д.С. Пасманик. Русская революция и еврейство: (Большевизм и иудаизм). Париж, 1923, с. 169.
[1975] Т.И. Полнер. Жизненный путь Князя Георгия Евгениевича Львова. Париж, 1932, с. 274.
[1976] Д.С. Пасманик. Русская революция и еврейство, с. 176-177.
[1977] КЕЭ, т. 7, с. 403.

avevano ricevuto l'incarico ai tempi di Kerenskij, furono fedeli a Kornilov durante i cosiddetti "giorni di Kornilov" nell'agosto 1917. Ha ricordato un certo Katzman, un titolare dell'Ordine di San Giorgio della Prima Divisione Kutepov.

Eppure sappiamo che molti bianchi respinsero gli ebrei simpatici o neutrali: a causa del coinvolgimento di *altri* ebrei nella parte rossa, tra le forze bianche nacquero diffidenza e rabbia. Uno studio moderno suggerisce che "durante il primo anno della sua esistenza, il movimento bianco era virtualmente libero dall'antisemitismo, almeno in termini di incidenti importanti, e gli ebrei stavano effettivamente servendo nell'esercito volontario. Tuttavia... la situazione cambiò drasticamente nel 1919. In primo luogo, dopo la vittoria alleata [nella prima guerra mondiale], la convinzione diffusa tra i bianchi che i tedeschi aiutassero i bolscevichi fu soppiantata dal mito degli ebrei come spina dorsale del bolscevismo. D'altra parte, dopo l'occupazione dell'Ucraina da parte delle truppe bianche, esse subirono l'influenza di un ossessivo antisemitismo locale che facilitò la loro adesione ad azioni antiebraiche".[1978]

L'Armata Bianca "fu ipnotizzata da Trotsky e Nakhamkis [un agente del Comitato Centrale bolscevico] e questo causò l'identificazione del bolscevismo con l'ebraismo e portò ai pogrom".[1979] I bianchi percepirono la Russia come occupata da commissari ebrei - e marciarono per liberarla. E data la notevole mancanza di responsabilità delle unità separate di quell'esercito nascente e mal organizzato sparse per i vasti territori russi e la generale mancanza di autorità centrale in quella guerra, non sorprende che, sfortunatamente, alcune truppe bianche abbiano compiuto pogrom. "A. I. Denikin ..., come altri leader dell'Armata del Sud (ad esempio V. Z. Mai-Mayevsky), sosteneva le idee del Kadet [il Partito Democratico Costituzionale] e del Socialismo Rivoluzionario e cercava di fermare gli oltraggi perpetrati dalle sue truppe. Ma questi sforzi non furono efficaci".[1980]

Naturalmente, molti ebrei erano spinti dall'istinto di sopravvivenza e, anche se inizialmente si aspettavano la benevolenza dell'Esercito Volontario, dopo i pogrom delle truppe di Denikin persero qualsiasi inclinazione a sostenere il movimento bianco.

Pasmanik fornisce un caso vivace. "Aleksandrovsk fu presa dai volontari dai bolscevichi. Furono accolti dalla gioia sincera e unanime della cittadinanza.... Durante la notte metà della città fu saccheggiata e riempita

---

[1978] *Г.В. Костырченко*. Тайная политика Сталина: Власть и антисемитизм. М.: Международные отношения, 2001, с. 56-57.
[1979] *Д.С. Пасманик*. Чего же мы добиваемся? // РиЕ, с. 216.
[1980] *Г.В. Костырченко*. Тайная политика Сталина, с. 56.

dalle urla e dai gemiti degli ebrei angosciati.... Le mogli furono violentate... gli uomini picchiati e uccisi, le case degli ebrei furono completamente saccheggiate. Il pogrom continuò per tre giorni e tre notti. La cornetta cosacca Sliva, che era un dirigente, respinse le lamentele dell'Amministrazione pubblica dicendo che è sempre così: prendiamo una città e questa appartiene alle truppe per tre giorni".[1981] È impossibile spiegare tutti questi saccheggi e violenze da parte dei soldati dell'Esercito Volontario con le azioni dei commissari ebrei.

Un alto generale bianco, A. von Lampe, sostiene che le voci sui pogrom *ebraici* da parte dei bianchi sono "tendenziosamente esagerate", che queste "requisizioni" di saccheggi erano azioni inevitabili di un esercito senza servizi di quartier generale o rifornimenti regolari dalle retrovie. Egli afferma che gli ebrei non furono presi di mira deliberatamente, ma che tutti i cittadini soffrirono e che gli ebrei "soffrirono di più" perché erano "numerosi e ricchi". "Sono assolutamente certo che nei teatri operativi delle armate bianche non ci furono *pogrom* ebraici, cioè non ci furono stermini e saccheggi organizzati di ebrei. Ci furono rapine e persino omicidi... che furono volutamente gonfiati e travisati come pogrom antiebraici da organi di stampa speciali.... A causa di questi incidenti, la Seconda brigata di fanteria del Kuban e il Reggimento di cavalleria dell'Ossezia furono sciolti....

Tutto il popolo, sia cristiano che ebreo, soffriva in zone disordinate".[1982]

Ci furono esecuzioni (su segnalazione della gente del posto) di quegli sfortunati commissari e cecisti che non riuscirono a fuggire e tra loro c'erano parecchi ebrei.

Gli eventi di Fastov del settembre 1919 appaiono diversamente. Secondo l'*Enciclopedia Ebraica*, i cosacchi "si comportarono in modo oltraggioso... uccisero, violentarono e si fecero beffe dei sentimenti religiosi ebraici (irruppero in una sinagoga durante lo Yom Kippur, picchiarono l'intera congregazione, violentarono le donne e strapparono i rotoli della Torah). Ne furono uccisi circa mille".[1983] Un metodico saccheggio quartiere per quartiere degli ebrei a Kiev, dopo un breve ritorno delle truppe bianche alla fine di ottobre del 1919, fu soprannominato il "pogrom tranquillo". Shulgin scrive: "I comandanti proibirono rigorosamente i "pogrom". Eppure gli "Yids" erano davvero un fastidio e, in secondo luogo, i loro eroi erano affamati". In generale, i volontari delle grandi città stavano morendo di fame". Ci furono notti di saccheggio, ma senza omicidi e stupri. Era "la

---

[1981] *Д.С. Пасманик*. Русская революция и еврейство, с. 185.
[1982] *Ген. А. фон Лампе*. Причины неудачи вооружённого выступления белых // Посев, 1981, № 3, с. 38-39 (перепечатка из: Русский колокол, 1929, № 6-7).
[1983] КЕЭ, т. 6, с. 572.

fine del periodo di Denikin... e l'inizio dell'agonia dell'esercito dei volontari".[1984]

"Lungo il percorso della sua offensiva e, in particolare, della sua ritirata", durante la sua ultima brutale ritirata nel novembre-dicembre del 1919, l'Armata Bianca compì "un gran numero di pogrom ebraici" (riconosciuto da Denikin), apparentemente non solo per saccheggio ma anche per vendetta. Tuttavia, Bikerman afferma che "gli omicidi, i saccheggi e gli stupri di donne non erano compagni fedeli dell'Armata Bianca, a differenza di quanto sostengono i nostri nazionalsocialisti [ebrei] che esagerano gli orribili eventi per portare avanti il loro programma".[1985]

Shulgin è d'accordo: "Per un vero bianco, un massacro di civili disarmati, l'omicidio di donne e bambini e la rapina della proprietà di qualcuno sono cose assolutamente impossibili da fare". Quindi, i "veri bianchi" in questo caso sono colpevoli di *negligenza*. Non sono stati sufficientemente rigorosi nel controllare la feccia che aderisce al movimento bianco".[1986]

Pasmanik concorda sul fatto che "tutti capiscono che il generale Denikin non voleva i pogrom, ma quando mi trovavo a Novorossijsk e a Ekaterinodar nell'aprile-maggio del 1919, cioè prima della marcia verso il nord, percepivo ovunque un'atmosfera di antisemitismo pervasiva e ispessimento".[1987] Qualunque cosa fosse - negligenza o vendetta - servì ad accendere i pogrom "bianchi" del 1919.

Tuttavia, "secondo la testimonianza unanime di coloro che hanno avuto la sfortuna di subire entrambi i tipi di pogrom [quelli delle truppe di Petliura e quelli dell'Armata Bianca], sono state soprattutto le truppe di Petliura a prendere di mira la vita e l'anima degli ebrei, uccidendo di più".[1988]

"Non fu l'Esercito Volontario a dare inizio ai pogrom ebraici nella nuova Russia. Essi iniziarono nella "rinata" Polonia il giorno dopo essere diventata uno Stato libero e indipendente. Mentre nella stessa Russia furono iniziati dalle truppe ucraine del democratico Petliura e del socialista Vynnychenko.... Gli ucraini trasformarono i pogrom in un evento quotidiano"[1989].

L'Esercito Volontario non iniziò i pogrom ma li portò avanti, alimentato dalla falsa convinzione che *tutti gli* ebrei fossero per i bolscevichi. "Il nome di L. Trotsky era particolarmente odiato dai bianchi e dai soldati di Petliura

---

[1984] В.В. *Шульгин*, с. 97-98.
[1985] И.М. *Бикерман*. Россия и русское еврейство // РиЕ, с. 64.
[1986] В.В. Шульгин. *с. 86.*
[1987] Д.С. *Пасманик*. Русская революция и еврейство, с. 186-187.
[1988] Я.М. *Бикерман*. Россия и русское еврейство // РиЕ, с. 65-66.
[1989] Д.С. *Пасманик*. Русская революция и еврейство, с. 173-174.

e quasi tutti i pogrom avevano come slogan 'Questo è ciò che si ottiene per Trotsky'". E persino "i Kadet, che in passato avevano sempre denunciato qualsiasi espressione di antisemitismo, e a maggior ragione i pogrom... durante la loro conferenza del novembre 1919 a Kharkov... chiesero agli ebrei di 'dichiarare guerra senza tregua a quegli elementi dell'ebraismo che partecipano attivamente al movimento bolscevico'".

Allo stesso tempo i Kadet "sottolinearono... che le autorità bianche facevano tutto il possibile per fermare i pogrom", vale a dire che dall'inizio dell'ottobre 1919 "la leadership dell'Esercito [volontario] iniziò a punire i pogromisti con molte misure, comprese le esecuzioni" e di conseguenza "i pogrom cessarono per un po'". Tuttavia, "durante la ritirata dell'Esercito Volontario dall'Ucraina, tra il dicembre 1919 e il marzo 1920, i pogrom divennero particolarmente violenti" e gli ebrei furono accusati "di aver sparato alle spalle dei bianchi in ritirata". (È importante notare che "non ci furono pogrom in Siberia da parte delle truppe di A. Kolchak", poiché "Kolchak non tollerava i pogrom".)[1990]

D.O. Linsky, anch'egli ex Guardia Bianca, scrive con enfasi: "All'ebraismo è stata forse data un'occasione unica di combattere così duramente per la terra russa, da far scomparire una volta per tutte la calunniosa affermazione che per gli ebrei la Russia è solo geografia e non Patria". In realtà, "non c'era e non c'è alternativa: la vittoria delle forze antibolsceviche porterà dalla sofferenza alla rinascita dell'intero Paese e del popolo ebraico in particolare.... L'ebraismo deve dedicarsi interamente alla causa russa, sacrificare la propria vita e le proprie ricchezze.... Attraverso le macchie scure sulle casule bianche si dovrebbe percepire l'anima pura del Movimento Bianco.... In un esercito in cui erano arruolati molti giovani ebrei, in un esercito che contava su un ampio sostegno materiale da parte della popolazione ebraica, l'antisemitismo sarebbe stato soffocato e qualsiasi movimento pogromista sarebbe stato contrastato e controllato dalle forze interne. L'ebraismo avrebbe dovuto sostenere l'Esercito russo che proseguì in una lotta immortale per la terra russa.... L'ebraismo è stato allontanato dalla causa russa, eppure l'ebraismo ha dovuto allontanare chi lo spingeva". Scrive tutto questo "dopo aver avuto una dolorosa esperienza personale di partecipazione al movimento bianco. Nonostante tutti i gravi e oscuri problemi che sono emersi nel movimento bianco, con grande gioia e riverenza chiniamo le nostre teste scoperte davanti a questo unico e lodevole fatto della lotta contro l'ignominia della

---

[1990] КЕЭ, т. 6, с. 572-574.

storia russa, la cosiddetta Rivoluzione russa". Si è trattato di "un grande movimento per i valori inalterati dello spirito umano".[1991]

Eppure l'Armata Bianca non sostenne nemmeno gli ebrei che si offrirono volontari. Che umiliazione dovettero subire persone come il medico Pasmanik (molti ebrei si indignarono dopo averlo trovato "tra i pogromisti")! "L'Esercito Volontario si rifiutò persistentemente di accettare sottufficiali e cadetti ebrei, anche quelli che nell'ottobre 1917 combatterono coraggiosamente contro i bolscevichi. Fu un enorme colpo morale per l'ebraismo russo". "Non dimenticherò mai", scrive, "come undici sottufficiali ebrei vennero da me a Simferopol lamentandosi di essere stati espulsi dalle unità combattenti e assegnati come... cuochi nelle retrovie".[1992]

Scrive Shulgin: "Se solo tanti ebrei partecipassero al Movimento Bianco come alla democrazia rivoluzionaria o alla "democrazia costituzionale" prima di quella data....". Eppure solo una minima parte degli ebrei si unì alle Guardie Bianche... solo pochissimi individui, la cui dedizione non poteva essere sopravvalutata poiché l'antisemitismo [tra i bianchi] era già chiaramente evidente a quel tempo. Nel frattempo, c'erano molti ebrei tra i rossi... e lì, soprattutto, occupavano spesso i posti di comando più alti".... Non siamo forse consapevoli dell'amara tragedia di quei pochi ebrei che si unirono all'Esercito Volontario?" "Le vite di quei volontari ebrei furono messe in pericolo dalle pallottole del nemico come dagli eroi delle retrovie che cercarono di risolvere la questione ebraica a modo loro".[1993]

Ma non si trattava solo degli "eroi delle retrovie". Tra i giovani ufficiali bianchi delle famiglie intellettuali, nonostante l'istruzione, la tradizione e l'educazione, erano esplosi sentimenti antisemiti.

E questo condannò ancora di più l'Armata Bianca all'isolamento e alla perdizione.

Linsky ci dice che nei territori controllati dall'Esercito Volontario, gli ebrei non potevano essere impiegati nei servizi governativi o nell'OsvAg ("Agenzia di Informazione-Propaganda", un'agenzia di intelligence e controspionaggio, istituita nell'Esercito Bianco dal generale A.M. Dragomirov). Tuttavia, egli confuta l'affermazione che le pubblicazioni dell'OsvAg contenessero propaganda antisemita e che i pogromisti non fossero puniti. No, "il comando non voleva i pogrom ebraici, eppure... non poteva agire contro gli atteggiamenti pogromisti delle proprie truppe... psicologicamente non poteva usare misure severe.... L'esercito non era più

[1991] *Д.О. Линский*. О национальном самосознании русского еврея // РиЕ, с. 149-151.
[1992] *Д.С. Пасманик*. Русская революция и еврейство, с. 183.
[1993] *В.В. Шульгин*, с. 55, 81, 82.

quello di una volta, e i requisiti delle regolari carte militari in tempo di guerra o di pace non potevano essere pienamente applicati ad esso", poiché le menti di tutti i soldati erano già segnate dalla guerra civile.[1994] "Nonostante non volessero i pogrom, il governo di Denikin non osò denunciare ad alta voce la propaganda antisemita", nonostante il fatto che i pogrom infliggessero gravi danni all'esercito di Denikin.

Pasmanik conclude: l'Esercito Volontario "assunse generalmente un atteggiamento ostile nei confronti dell'intero ebraismo russo".[1995] Ma I. Levin non è d'accordo, dicendo che "le opinioni di una sola parte del movimento, quelle dei pogromisti attivi, sono ora attribuite all'intero movimento", mentre in realtà "il Movimento Bianco era piuttosto complesso, era composto da diverse fazioni... con opinioni spesso opposte".[1996] Eppure scommettere sui bolscevichi, camminare nella loro ombra per paura dei pogrom, è... una follia ovvia ed evidente.... Un ebreo dice: o i bolscevichi o i pogrom, mentre avrebbe dovuto dire: più a lungo i bolscevichi mantengono il potere, più siamo vicini a una morte certa".[1997] Eppure i "giudeo-comunisti" erano, nel linguaggio dei bianchi, anche agitatori.

Tutto questo fu fermato con determinazione da Wrangel in Crimea, dove non c'era nulla di simile a quanto descritto sopra. (Wrangel ordinò persino personalmente al reverendo Vladimir Vostokov di interrompere le sue prediche pubbliche antiebraiche).

Nel luglio 1920, Shulim Bezpalov, il già citato milionario ebreo, scrisse da Parigi a Wrangel in Crimea: "Dobbiamo salvare la nostra Madrepatria. La salveranno i figli della terra e gli industriali. Dobbiamo dare via il 75% delle nostre entrate fino a quando il valore del rublo non sarà recuperato e la vita normale ricostruita".[1998]

Ma era già troppo tardi....

Tuttavia, una parte della popolazione ebraica della Crimea scelse di evacuare con l'esercito di Wrangel.[1999]

È vero, il Movimento Bianco aveva un disperato bisogno del sostegno dell'opinione pubblica occidentale, che a sua volta dipendeva in larga misura dal destino dell'ebraismo russo. Aveva bisogno di questo sostegno,

---

[1994] *Д.О. Линский.* О национальном самосознании русского еврея // РиЕ, с. 157, 160-161.
[1995] *Д.С. Пасманик.* Русская революция и еврейство, с. 181, 187.
[1996] *И.О. Левин.* Евреи в революции // РиЕ, с. 136.
[1997] *И.М. Бикерман.* Россия и русское еврейство // РиЕ, с. 81, 82.
[1998] *Д.С. Пасманик.* Русская революция и еврейство, с. 181.
[1999] КЕЭ, т. 4, с. 598.

ma, come abbiamo visto, aveva fatalmente e inevitabilmente sviluppato un'ostilità verso gli ebrei e in seguito non fu in grado di prevenire i pogrom. Come Segretario di Stato per la Guerra, Winston Churchill "fu il principale sostenitore dell'intervento alleato in Russia e dell'aiuto militare alle armate bianche". A causa dei pogrom, Churchill si rivolse direttamente a Denikin: "Il mio obiettivo di assicurare il sostegno in Parlamento al movimento nazionale russo sarà incomparabilmente più difficile" se i pogrom non saranno fermati.

"Churchill temeva anche la reazione dei potenti circoli ebraici dell'élite britannica".[2000] I circoli ebraici negli Stati Uniti avevano opinioni simili [sulla situazione in Russia].

Tuttavia, i pogrom non furono fermati, il che spiega in gran parte l'assistenza estremamente debole e riluttante fornita dalle potenze occidentali alle armate bianche. E i calcoli di Wall Street la portarono naturalmente a sostenere i bolscevichi come i più probabili futuri governanti delle ricchezze russe. Inoltre, il clima negli Stati Uniti e in Europa era permeato di simpatia verso coloro che sostenevano di essere i costruttori di un Nuovo Mondo, con i loro piani grandiosi e il loro grande obiettivo sociale.

Eppure, il comportamento dell'ex Intesa delle nazioni occidentali durante l'intera guerra civile colpisce per la sua avidità e cieca indifferenza nei confronti del Movimento Bianco - il successore del loro alleato di guerra, la Russia imperiale. Hanno persino preteso che i bianchi si unissero alla delegazione bolscevica alla Conferenza di pace di Versailles; poi c'è stata l'idea delirante di negoziare la pace con i bolscevichi sulle Isole dei Principi. L'Intesa, che non riconosceva ufficialmente nessuno dei governi bianchi, si affrettava a riconoscere tutti i nuovi Stati nazionali che emergevano alla periferia della Russia, tradendo così inequivocabilmente il desiderio di smembrarla. Gli inglesi si affrettarono a occupare la regione di Baku, ricca di petrolio; i giapponesi rivendicarono parti dell'Estremo Oriente e della penisola di Kamchatka. Le truppe americane in Siberia furono più di intralcio che di aiuto e di fatto facilitarono la presa di Primorye da parte dei bolscevichi. Gli Alleati estorsero persino pagamenti per qualsiasi aiuto fornito: in oro da Kolchak; nel Sud della Russia, sotto forma di navi del Mar Nero, concessioni e obblighi futuri. (Ci furono episodi davvero vergognosi: quando gli inglesi lasciarono la regione di Arcangelo, nel nord della Russia, portarono con sé parte dell'equipaggiamento militare e delle munizioni dello zar. Di quello che non potevano prendere, ne diedero una parte ai rossi e affondarono il resto

---

[2000] *Michael J. Cohen. Churchill e gli ebrei.* Londra; Totowa, NJ: Frank Cass, 1985, p. 56, 57.

in mare, per evitare che finisse nelle mani dei bianchi). Nella primavera del 1920, l'Intesa presentò un ultimatum ai generali bianchi Denikin e Wrangel chiedendo la fine della loro lotta contro i bolscevichi. (Nell'estate del 1920 la Francia fornì alcuni aiuti materiali a Wrangel affinché potesse aiutare la Polonia. Solo sei mesi dopo, però, detrasse parsimoniosamente l'equipaggiamento militare di Wrangel come pagamento per l'alimentazione dei soldati russi che si erano ritirati a Gallipoli).

Possiamo giudicare le azioni delle poche forze di occupazione effettivamente inviate dall'Intesa da una testimonianza del principe Grigorij Trubetskoy, un serio diplomatico, che osservò l'esercito francese durante l'occupazione di Odessa nel 1919: "Le politiche francesi nel sud della Russia in generale e il loro trattamento delle questioni relative alla statualità russa in particolare erano sorprendentemente confuse, rivelando la loro grossolana incomprensione della situazione".[2001]

La striscia nera dei pogrom ebraici in Ucraina durò per tutto il 1919 e l'inizio del 1920. Per portata, dimensioni e atrocità, questi pogrom superarono di gran lunga tutti i precedenti casi storici discussi in questo libro: i pogrom del 1881-1882, del 1903 e del 1905. Yu. Larin, un funzionario sovietico di alto livello, scrisse negli anni Venti che durante la guerra civile l'Ucraina vide "un numero molto elevato di pogrom ebraici di massa che superavano di gran lunga qualsiasi cosa del passato per quanto riguarda il numero di vittime e il *numero di perpetratori*".

Vynnychenko avrebbe detto che "i pogrom si sarebbero fermati solo quando gli ebrei avrebbero smesso di essere comunisti".[2002]

Non esiste una stima precisa del numero di vittime di quei pogrom. Naturalmente, non si poteva fare un conteggio affidabile in quella situazione, né durante gli eventi, né subito dopo. Nel libro "*Pogrom ebraici*" leggiamo che: "Il numero di assassinati in Ucraina e Bielorussia tra il 1917 e il 1921 è di circa 180.000-200.000.... Il solo numero di orfani, 300.000, dimostra l'enorme portata della catastrofe".[2003] La prima Enciclopedia sovietica propone lo stesso numero.[2004] L'attuale *Enciclopedia Ebraica* ci dice che "secondo stime diverse, furono uccisi da 70.000 a 180.000-200.000 ebrei".[2005]

[2001] *Кн. Гр. Н. Трубецкой.* Очерк взаимоотношений Вооружённых Сил Юга Росситeлей Представи и Французского Командования. катеринодар, 1919 // Кн. Гр. Н.Трубецкой. Годы смут и надежд. Монреаль, 1981, с. 202.
[2002] *Ю. Ларин.* Евреи и антисемитизм в СССР, с. 38.
[2003] Еврейские погромы, 1918-1921, с. 74.
[2004] Большая Советская Энциклопедия. 1-е изд. М., 1932. Т. 24, с. 148.
[2005] КЕЭ, т. 6, с. 569.

Compilando dati provenienti da diverse fonti ebraiche, uno storico moderno arriva a 900 pogrom *di massa*, di cui: 40% dalle truppe del Direttorato ucraino di Petliura; 25% dalle squadre dei vari "atamani" ucraini; 17% dalle truppe dell'Armata Bianca di Denikin; e 8,5% dalla Prima Armata di Cavalleria di Budyonny e da altre truppe dell'Armata Rossa.[2006]

Eppure quante vite massacrate ci sono dietro queste cifre!

Già durante la guerra civile, i partiti ebraici nazionali e socialisti iniziarono a fondersi con i rossi. La "Fareynikte" [Partito Operaio Socialista Ebraico Unito] si trasformò in "ComFareynikte" [Partito Operaio Socialista Ebraico Comunista] e "adottò il programma comunista e insieme all'ala comunista del Bund formò il "ComBund" [tutto russo] nel giugno 1920; in Ucraina, associati e membri della Fareynikte insieme al ComBund ucraino formarono il "ComFarband" (l'Unione Comunista Ebraica) che in seguito si unì al Partito Comunista Bolscevico di tutta la Russia.[2007] Nel 1919 a Kiev, la stampa ufficiale sovietica forniva testi in tre lingue: russo, ucraino e yiddish.

"I bolscevichi usarono questi pogrom [in Ucraina] a loro enorme vantaggio, sfruttarono con estrema abilità i pogrom per influenzare l'opinione pubblica in Russia e all'estero... in molti circoli ebraici e non ebraici in Europa e in America".[2008]

Tuttavia, anche i rossi hanno messo il dito nella piaga, e sono stati i primi a farlo. Nella primavera del 1918, unità dell'Armata Rossa, in ritirata dall'Ucraina, perpetrarono pogrom utilizzando lo slogan "Colpisci gli Yids e la borghesia""; "i pogrom più atroci furono compiuti dalla Prima Armata di Cavalleria durante la sua ritirata dalla Polonia alla fine di agosto del 1920". [2009] Tuttavia, la consapevolezza storica dei pogrom compiuti dall'Armata Rossa durante la guerra civile è stata piuttosto sorvolata. Solo poche voci di condanna sono intervenute sull'argomento. Pasmanik ha scritto: "Durante il primo inverno di governo bolscevico, le truppe rosse che combattevano sotto la bandiera rossa hanno compiuto diversi pogrom sanguinosi, i più notevoli dei quali furono quelli di Glukhov e Novgorod-Siverskiy. Per numero di vittime, brutalità deliberata, torture e abusi, questi due hanno eclissato persino il massacro di Kalush. Ritirandosi di fronte

---

[2006] *Г.В. Костырченко.* Тайная политика Сталина, с. 56.
[2007] *И.Б. Шехтман.* Советская Россия, сионизм и Израиль // КРЕ-2, с. 321; КЕЭ, т. 6, с. 85; т. 1, с. 560.
[2008] *И.О. Левин.* Евреи в революции // РиЕ, с. 134.
[2009] КЕЭ, т. 6, 570, 574.

all'avanzata dei tedeschi, le truppe rosse distruggevano gli insediamenti ebraici sul loro percorso".[2010]

S. Maslov è anche abbastanza chiaro: "La marcia dell'Armata di cavalleria di Budyonny durante il suo trasferimento dal fronte polacco a quello di Crimea fu segnata da migliaia di ebrei uccisi, migliaia di donne violentate e decine di insediamenti ebraici completamente rasi e saccheggiati.... A Zhytomyr, ogni nuova autorità inaugurava il suo governo con un pogrom, e spesso ripetutamente dopo ogni cambio di proprietà della città. La caratteristica di tutti questi pogrom - ad opera delle truppe di Petliura, dei polacchi o dei sovietici - era il gran numero di morti".[2011] Si distinguono in particolare i reggimenti Bogunskiy e Taraschanskiy (anche se questi due erano arrivati a Budyonny dal Direttorio); presumibilmente, questi reggimenti furono disarmati a causa dei pogrom e gli istigatori furono impiccati.

Il citato socialista S. Schwartz conclude dal suo punto di vista storico (1952): "Durante il periodo rivoluzionario, in particolare durante la guerra civile, ... l'antisemitismo è cresciuto straordinariamente ... e, soprattutto nel Sud, si è diffuso ampiamente nelle grandi masse della popolazione urbana e rurale".[2012]

Ahimè, la resistenza della popolazione russa ai bolscevichi (senza la quale non avremmo il diritto di chiamarci popolo) aveva vacillato e preso strade sbagliate in molti modi, compresa la questione ebraica. Nel frattempo, il regime bolscevico faceva il tifo per gli ebrei e questi vi aderivano, mentre la guerra civile allargava sempre di più l'abisso tra rossi e bianchi.

"Se la rivoluzione in generale ha scagionato gli ebrei dal sospetto di un atteggiamento controrivoluzionario, la controrivoluzione ha sospettato tutti gli ebrei di essere pro-rivoluzionari". E così, "la guerra civile divenne un tormento insopportabile per gli ebrei, consolidandoli ulteriormente su posizioni rivoluzionarie sbagliate", e così "non riuscirono a riconoscere la genuina essenza redentrice delle armate bianche".[2013]

Non trascuriamo la situazione generale durante la guerra civile. "Fu letteralmente un caos che liberò l'anarchia sfrenata in tutta la Russia.... Chiunque volesse e fosse in grado di derubare e uccidere derubava e uccideva chi voleva.... Gli ufficiali dell'esercito russo furono massacrati a centinaia e migliaia da bande di marmaglia ammutinata. Intere famiglie di

---

[2010] И.М. Бикерман. Россия и русское еврейство // РиЕ, с. 63.
[2011] С.С. Маслов, с. 26.
[2012] С.М. Шварц. Антисемитизм в Советском Союзе. Нью-Йорк: Изд-во им. Чехова, 1952, с. 14.
[2013] Д.О. Линский. О национальном самосознании русского еврея // РиЕ, с. 147, 148, 149.

proprietari terrieri vennero assassinate..., le tenute... vennero bruciate; pezzi d'arte di valore vennero rubati e distrutti... in alcuni luoghi nei manieri vennero sterminati tutti gli esseri viventi, compreso il bestiame. Il dominio della mafia diffondeva il terrore... nelle strade delle città. I proprietari di impianti e fabbriche furono cacciati dalle loro imprese e dalle loro abitazioni.... Decine di migliaia di persone in tutta la Russia furono fucilate per la gloria della rivoluzione proletaria...; altre... marcirono in prigioni puzzolenti e infestate da parassiti come ostaggi.... Non erano i crimini o le azioni personali a mettere un uomo sotto la scure, ma la sua appartenenza a un certo strato sociale o classe. Sarebbe un miracolo assoluto se, in condizioni in cui interi gruppi umani venivano designati per lo sterminio, il gruppo denominato "ebrei" rimanesse esente.... La maledizione del tempo era che... era possibile dichiarare malvagia un'intera classe o tribù... Quindi, condannare un'intera classe sociale alla distruzione... si chiama rivoluzione, mentre uccidere e derubare gli ebrei si chiama pogrom? ... Il pogrom degli ebrei nel sud della Russia era una componente del pogrom di tutta la Russia".[2014]

Tale è stata la triste acquisizione di tutti i popoli della Russia, compresi gli ebrei, dopo il successo del raggiungimento della parità di diritti, dopo la splendida Rivoluzione del marzo 1917, che sia la simpatia generale degli ebrei russi verso i bolscevichi sia l'atteggiamento sviluppato delle forze bianche verso gli ebrei hanno eclissato e cancellato il beneficio più importante di una possibile vittoria bianca - l'evoluzione sana dello Stato russo.

[2014] И.М. Бикерман. Россия и русское еврейство // РиЕ, с. 58-60.

Capitolo 17

L'emigrazione tra le due guerre mondiali

A seguito del colpo di Stato di ottobre e della successiva guerra civile, centinaia di migliaia di cittadini russi emigrarono all'estero, alcuni ritirandosi in battaglia, altri semplicemente fuggendo. Tra questi emigranti c'era l'intero personale di combattimento superstite dell'Armata Bianca e molti cosacchi. A loro si aggiunse la vecchia nobiltà, che fu così sorprendentemente passiva durante i fatidici anni rivoluzionari, sebbene la loro ricchezza fosse costituita proprio da terreni o proprietà. Molti ex proprietari terrieri, che non avevano portato con sé i loro beni di valore, al loro arrivo in Europa dovettero diventare tassisti o camerieri. C'erano commercianti, industriali, finanzieri, molti dei quali avevano denaro depositato all'estero, e anche cittadini comuni, non tutti istruiti, ma che non potevano sopportare di rimanere sotto il bolscevismo.

Molti emigranti erano ebrei russi. "Di oltre 2 milioni di emigranti dalle repubbliche sovietiche nel 1918-1922, più di 200.000 erano ebrei. La maggior parte di loro attraversò i confini polacchi e rumeni, per poi emigrare negli Stati Uniti, in Canada e nei Paesi del Sud America e dell'Europa occidentale. Molti rimpatriarono in Palestina".[2015] La neonata Polonia indipendente svolse un ruolo importante. Prima della rivoluzione, la Polonia aveva una grande popolazione ebraica e ora una parte di coloro che avevano lasciato la Polonia durante la guerra stavano tornando anche lì.

"I polacchi stimano che dopo la rivoluzione bolscevica" 200-300 mila ebrei "arrivarono in Polonia dalla Russia".[2016] (Questa cifra potrebbe essere spiegata non solo dall'aumento dell'emigrazione, ma anche dalla riorganizzazione del confine russo-polacco). Tuttavia "la maggior parte degli ebrei che lasciarono la Russia nei primi anni dopo la rivoluzione si

---

[2015] *Kratkaja Evreiskaja Entsiklopedija [Enciclopedia ebraica breve* (d'ora in poi SJE)]. Gerusalemme, 1996. v. 8, p. 294.
[2016] *James Parkes*. L'ebreo e il suo vicino: uno studio sulle cause dell'antisemitismo. Parigi: *YMCA-Press, 1932,* p. 44.

stabilì in Europa occidentale. Per esempio, circa 100.000 ebrei russi si erano riuniti in Germania alla fine della Prima Guerra Mondiale".[2017]

"Mentre Parigi fu, fin dall'inizio, il centro politico e la capitale non ufficiale della Russia in esilio, la seconda capitale, per così dire culturale, dell'emigrazione russa in Europa, dalla fine del 1920 all'inizio del 1924, fu Berlino (negli anni Venti c'era anche un'intensa vita culturale nei quartieri russi di Praga, che divenne... la principale città universitaria della Russia in esilio)".[2018] Era "più facile stabilirsi" a Berlino a causa dell'inflazione. "Per le strade di Berlino" si potevano vedere "ex grandi industriali e commercianti, banchieri e produttori",[2019] e molti emigrati avevano capitali lì. Rispetto agli altri emigrati dalla Russia, gli emigrati ebrei avevano meno problemi di integrazione nella vita della diaspora e si sentivano più sicuri di sé. Gli emigranti ebrei erano più attivi dei russi e generalmente evitavano lavori umilianti. Mihkail Levitov, il comandante del Reggimento Kornilov che aveva sperimentato ogni tipo di lavoro non qualificato dopo l'emigrazione, mi ha detto: "Chi ci pagava decentemente a Parigi? Gli ebrei. I multimilionari russi trattavano miseramente i loro".

Sia a Berlino che a Parigi "l'intellighenzia ebraica era prominente - avvocati, editori di libri, attivisti sociali e politici, studiosi, scrittori e giornalisti"[2020] ; molti di loro erano profondamente assimilati, mentre gli emigrati russi "dalle capitali [Mosca e San Pietroburgo]" avevano per lo più opinioni liberali che facilitarono l'amicizia reciproca tra i due gruppi (a differenza del sentimento tra gli ebrei e gli emigrati russi monarchici). L'influenza degli ebrei russi nell'intera atmosfera culturale della Russia in esilio tra le due guerre mondiali era più che palpabile. (A questo proposito è opportuno citare un'interessantissima serie di raccolte, *Jews in the Culture of Russia-in-Exile*, pubblicata in Israele negli anni'90 e tuttora in

---

[2017] D. Kharuv. *Evreiskaja emigratsija iz Rossiiskoj imperii i Sovetskogo Sojuza: statisticheskij aspect* [Emigrazione ebraica dall'Impero russo e dall'Unione Sovietica: aspetti statistici]. // *Russkoe evrejstvo v zarubezhje: Statji, publikatsii, memuary i esse* [Ebraismo russo in esilio: articoli, pubblicazioni, memorie e saggi]. Gerusalemme, 1998, v. 1 (6), p. 352.

[2018] Gleb Struve. *Russkaja literatura v izgnanii* [Letteratura russa in esilio]. Edizione 2nd . Parigi, YMCA-Press, 1984, p. 24.

[2019] A. Sedykh. *Russkie evrei v emigrantskoj literature* [Ebrei russi nella letteratura emigrata] // *Kniga o russkom evrejstve: 1917-1967* [The Book of Russian Jewry: 1917-1967 (d'ora in poi - BRJ-2)]. New York: Association of Russian Jews, 1968, p. 426-427.

[2020] Ibidem, p. 426.

corso.[2021]) Alcune famiglie ebree con un reddito confortevole aprirono saloni artistici russi, dimostrando chiaramente l'attaccamento e l'immersione degli ebrei nella cultura russa. A Parigi c'era una casa dei Tsetlin, notoriamente generosa. Molte altre, quelle di I. V. Gessen (a Berlino), I. I. Fondaminsky-Bunakov (instancabile nelle sue "infinite e disinteressate cure per la cultura russa all'estero"[2022]),

Sofia Pregel, Sonya Delone, Alexander e Salomeia Galpern erano costantemente impegnati nella gravosa attività di assistenza a scrittori e artisti impoveriti. Ne aiutarono molti, e non solo quelli famosi, come Bunin, Remizov, Balmont, Teffi, ma anche giovani poeti e pittori sconosciuti.

(Tuttavia, questo aiuto non si estendeva agli emigranti "bianchi" e monarchici, con i quali c'era un antagonismo reciproco). Nel complesso, tra tutti gli emigranti, gli ebrei russi si dimostrarono i più attivi in tutte le forme di impresa culturale e sociale. Questo fatto fu così eclatante da trovare riscontro nell'articolo di Mihail Osorgin, il quale scrisse: "In Russia non c'era questa 'solitudine russa' né nel movimento sociale né in quello rivoluzionario (intendo la profondità e non solo la superficie); le figure più in vista che diedero un sapore specifico a tutto il movimento... erano russi slavi". Ma dopo l'emigrazione "dove c'è una spiritualità raffinata, dove c'è un profondo interesse per il pensiero e l'arte, dove il calibro dell'uomo è più elevato, lì un russo sente la solitudine nazionale; d'altra parte, dove ci sono più parenti, sente la solitudine culturale. Io chiamo questa tragedia la *solitudine russa*. Non sono affatto un antisemita, ma sono innanzitutto uno slavo russo... Il mio popolo, i russi, mi sono molto più vicini nello spirito, nella lingua e nella parlata, nelle loro specifiche forze e debolezze nazionali. Per me è prezioso averli come compagni di pensiero e coetanei, o forse è solo più comodo e piacevole. Anche se posso rispettare l'ebreo, il tataro, il polacco nella Russia multietnica e per nulla "russa", e riconoscere a ciascuno lo stesso diritto che ho io nei confronti della Russia, la nostra madre collettiva; tuttavia io stesso appartengo al gruppo russo, a quel gruppo spiritualmente influente che ha plasmato la cultura russa". Ma ora "i russi all'estero sono svaniti, si sono arresi e hanno ceduto le posizioni di potere all'energia di un'altra tribù. Gli ebrei si adattano più facilmente - e

---

[2021] *Evrei v culture Russkogo Zarubezhja: Statji, publikatsii, memuary i esse* [Gli *ebrei nella cultura della Russia in esilio*: Articoli, pubblicazioni, memorie e saggi]. In 5 volumi, Gerusalemme, 1992-1996, a cura di M. Parkhomovskij. Vedi anche *Russkoe evrejstvo v zarubezhje: Statji, publikatsii, memuary i esse* [Ebraismo russo in esilio: articoli, pubblicazioni, memorie e saggi]. Gerusalemme, 1998, compilato e curato da M. Parkhomovskij.
[2022] Roman Gul. *Ya unes Rossiju* [Ho portato la Russia con me]. New York, Most, 1984, v. 2: Russia in Francia, p. 99. *Solitudine russa*, stampato sulla rivista sionista russa *Rassvet* [Alba], rifondata all'estero da V. Jabotinsky.

buon per loro! Non sono invidioso, sono felice per loro. Sono altrettanto disposto a farmi da parte e a concedere loro l'onore della leadership in vari movimenti e imprese sociali all'estero.... Ma c'è un settore in cui questo "empowerment ebraico" mi colpisce al cuore: la carità. Non so chi abbia più soldi e diamanti, i ricchi ebrei o i ricchi russi. Ma so per certo che tutte le grandi organizzazioni caritatevoli di Parigi e Berlino possono aiutare gli emigranti *russi* poveri solo perché raccolgono il denaro necessario da ebrei generosi. La mia esperienza nell'organizzazione di serate, concerti, incontri con autori ha dimostrato che rivolgersi ai ricchi russi è un'inutile e umiliante perdita di tempo....

Solo per smorzare i toni di un articolo così 'antisemita', aggiungerò che, a mio parere, l'ebreo sensibile a livello nazionale può spesso scambiare la sensibilità nazionale di uno slavo per uno spettro di antisemitismo".[2023]

L'articolo di Osorgin era accompagnato da un editoriale (molto probabilmente scritto dal caporedattore Jabotinsky sulla base delle idee espresse e con uno stile simile) in cui si affermava che M.A. Osorgin "non ha motivo di temere che il lettore di *Rassvet* trovi tendenze antisemite [nel suo articolo]. C'era una volta una generazione che rabbrividiva alla parola "ebreo" sulle labbra di un non ebreo. Uno dei leader stranieri di quella generazione disse: "Il miglior favore che la grande stampa può farci è di non nominarci". Fu ascoltato e per molto tempo nei circoli progressisti in Russia e in Europa la parola "ebreo" fu considerata un'oscenità impronunciabile. Grazie a Dio, quel tempo è finito". Possiamo assicurare a Osorgin "la nostra comprensione e la nostra simpatia". Tuttavia, non siamo d'accordo con lui su un punto . Egli dà troppa importanza al ruolo degli ebrei nella carità tra i rifugiati. In primo luogo, questo ruolo di primo piano è naturale. A differenza dei russi, abbiamo imparato l'arte di vivere in diaspora per molto tempo.... Ma c'è una spiegazione più profonda.... Abbiamo ricevuto molto di prezioso dalla cultura russa; lo useremo anche nella nostra futura arte nazionale indipendente.... Noi, ebrei russi, siamo in debito con la cultura russa; non ci siamo avvicinati a ripagare questo debito. Quelli di noi che fanno ciò che possono per aiutarla a sopravvivere in questi tempi difficili stanno facendo ciò che è giusto e, speriamo, continueranno a farlo".[2024]

Ma torniamo agli anni immediatamente successivi alla rivoluzione.

[2023] M. Osorgin. *Russkoe odinochestvo* [Solitudine russa]. Pubblicazione di A. Razgon. // *Gli ebrei nella cultura della Russia in esilio: Articoli, pubblicazioni, memorie e saggi*. V. 1, p. 15-17. (Ristampato da *Rassvet*. Parigi, 15 gennaio 1925 (7)).

[2024] M. Osorgin. *Russkoe odinochestvo* [Solitudine russa]. // *Gli ebrei nella cultura della Russia in esilio*. V. 1, p. 18-19.

"Le passioni politiche erano ancora alte tra gli emigranti russi, e c'era il desiderio di capire cosa fosse successo in Russia. Nacquero giornali, riviste e case editrici di libri". [2025] Alcuni uomini ricchi, di solito ebrei, finanziarono questa nuova stampa russa liberale e più di sinistra. Tra i giornalisti, i direttori di giornali e riviste e gli editori di libri c'erano molti ebrei. Un resoconto dettagliato del loro contributo si trova in *The Book of Russian Jewry* (ora anche in *Jews in the Culture of Russia-in-Exile*).

Di notevole valore storico sono i ventidue volumi dell'*Archivio della rivoluzione russa* di I. V. Gessen. Lo stesso Gessen, insieme ad A. I. Kaminkov e V. D. Nabokov (e G. A. Landau dopo la morte di quest'ultimo), pubblicò un importante giornale berlinese, *Rul* [*Volante*], "una sorta di versione emigrata di *Rech* [*Discorso*]", ma a differenza del progetto di Milyukov, la posizione di Josef Gessen era coerentemente patriottica. *Rul* pubblicava spesso articoli di G.A. Landau e I.O. Levin, che ho ampiamente citato, e anche articoli del famoso critico letterario U.I. Aikhenvald. Lo spettro politico dei giornali berlinesi andava da *Rul* a destra ai socialisti a sinistra. A. F. Kerensky pubblicò *Dni* [*Giorni*], che fornì una piattaforma per personalità come A. M. Kulisher-Yunius (autore "di una serie di opere sociologiche" e sionista della cerchia di Jabotinsky), S. M. Soloveichik, il famoso ex rivoluzionario socialista O. C. Minor (che scrisse anche per il praghese *Volya Rossii* [*Volontà della Russia*]) e l'ex segretario dell'Assemblea Costituente M. V. Vishnyak. Nel 1921 U. O. Martov e R. A. Abramovich fondarono a Berlino il *Socialist Gerald* (che in seguito si trasferì a Parigi e poi a New York). F. I. Dan, D. U. Dalin, P. A. Garvi e G. Y. Aranson vi lavorarono tra gli altri.

V. E. Jabotinsky, il cui arrivo a Berlino (dopo tre anni di permanenza a Gerusalemme) coincise con la prima ondata di emigrazione, rifondò *Rassvet*, prima a Berlino e poi a Parigi, e pubblicò anche i suoi romanzi. Inoltre, "molti giornalisti ebrei russi vissero a Berlino nel 1920-1923, lavorando nella stampa locale e internazionale dell'emigrazione". Vi si trovavano I. M. Trotsky del defunto *Russkoe Slovo* [*Parola russa*], N. M. Volkovyssky, P. I. Zvezdich (che morì per mano dei nazisti durante la Seconda guerra mondiale), il menscevico S. O. Portugeis del *Den* [*Giorno*] di San Pietroburgo (scriveva con lo pseudonimo di S. Ivanovich), il drammaturgo Osip Dymov-Perelman e il romanziere V. Y. Iretsky.[2026]

Berlino divenne anche la capitale dell'editoria russa: "Nel 1922 tutti questi editori russi pubblicarono più libri e pubblicazioni russe di quanti libri tedeschi fossero pubblicati in tutta la Germania. La maggior parte di questi

---

[2025] A. Sedykh. *Russkie evrei v emigrantskoj literature* [Gli ebrei russi nella letteratura emigrata] // *BRJ-2*, p. 427.
[2026] Ibidem, 429, 430.

editori e librai erano ebrei".²⁰²⁷ Le più importanti erano le case editrici di I. P. Ladyzhnikov, di proprietà dal dopoguerra di B. N. Rubinstein (letteratura scientifica classica, moderna e popolare), di Z. I. Grzhebin (che aveva legami con i sovietici e quindi vendeva alcune delle sue opere in URSS), la casa editrice *Word*, fondata già nel 1919 e gestita da I. V. Gessen e A. I. Kaminka (raccolte di classici russi, scrittori e filosofi emigrati, opere storiche e biografiche di valore), e le superbe edizioni artistiche di *Zhar-Ptitsa* gestite da A. E. Kogan. C'erano anche *Bordi* di A. Tsatskis, *Petropolis* di Y. N. Blokh, *Obelisco* di A. S. Kagan, *Elicona* di A.G. Vishnyak e *Sciti* di I. Shteinberg. La *Storia mondiale del popolo ebraico* di S. Dubnov è stata pubblicata anche a Berlino in dieci volumi tedeschi e negli anni '30 in russo a Riga.

Riga e altre città dei Paesi baltici nuovamente indipendenti (con le loro consistenti popolazioni ebraiche) divennero le principali destinazioni dell'emigrazione ebraica. Inoltre, "l'unica lingua comune a lettoni, estoni e lituani era il russo", e così il giornale *Segodnya* [*Oggi*] di Riga (editori Ya. I. Brams e B. Yu. Polyak) divenne "molto influente". Vi lavorava "un gran numero di giornalisti ebrei russi": il direttore M. I. Ganfman e, dopo la sua morte, M. S. Milrud; *Segodnya Vecherom* [*Oggi sera*] era diretto da B. I. Khariton (questi ultimi due furono arrestati dall'NKVD nel 1940 e morirono nei campi sovietici). V. Ziv, un economista, e M. K. Aizenshtadt (sotto lo pseudonimo di Zheleznov prima e Argus poi) scrivevano per il giornale. Gershon Svet scriveva da Berlino. Andrei Sedykh (Y. M. Tsvibak) era corrispondente da Parigi, Volkovyssky da Berlino e L. M. Nemanov da Ginevra.²⁰²⁸

Dalla fine degli anni Venti, Berlino iniziò a perdere la sua posizione di centro della cultura degli emigranti a causa dell'instabilità economica e dell'ascesa del nazismo. *Rul* dovette chiudere nel 1931. Gli emigranti si erano dispersi, con "l'ondata principale diretta in Francia", soprattutto a Parigi, che era già un importante centro di emigrazione.

A Parigi il principale giornale degli emigrati era *Poslednie Novosti* [*Ultime notizie*], fondato "all'inizio del 1920 dall'avvocato pietroburghese M. L. Goldstein. Fu finanziato da M. S. Zalshupin" e nel giro di un anno il giornale fu acquistato da "P. N. Milyukov". Mentre si trovava in una posizione precaria, il giornale fu sostenuto finanziariamente in modo significativo da M. M. Vinaver". Il "braccio destro di Milyukov" era A. A. Polyakov. Editoriali e articoli politici erano scritti da Kulisher-Yunius (che

---

²⁰²⁷ I. Levitan. *Russkie izdatelstva v 20-kh gg. v Berline* [Case editrici russe a Berlino negli anni Venti]. // *BRJ-2*, p. 448.
²⁰²⁸ A. Sedykh. *Russkie evrei v emigrantskoj literature* [Ebrei russi nella letteratura emigrata] // *BRJ-2*, p. 431, 432.

fu arrestato nel 1942 in Francia e morì in un campo di concentramento). La sezione di notizie internazionali era gestita da M. Yu. Berkhin-Benedictov, un conoscente di Jabotinsky. Lo staff comprendeva l'acerrimo pubblicista S. L. Polyakov-Litovtsev (che aveva imparato "a parlare e scrivere in russo solo a quindici anni"), B. S. Mirkin-Getsevich (che scriveva come Boris Mirsky), il noto pubblicista del Kadet [Democrazia Costituzionale] Pyotr Ryss e altri.

Poslednie Novosti pubblicò gli articoli satirici di I. V. Dioneo-Shklovsky e la scienza popolare di Yu. Delevsky (Ya. L. Yudelevsky). I migliori umoristi erano V. Azov (V. A. Ashkenazi), Sasha Cherny (A. M. Gliksberg), il "re dell'umorismo" Don-Aminado (Shpolyansky). *Poslednie Novosti* aveva la più ampia diffusione di tutti i giornali degli emigranti.[2029] Shulgin lo definì "la cittadella dell'ebraismo politico e dei russi filosemiti".[2030] Sedykh considerava questa opinione una "evidente esagerazione". La tensione politica intorno al giornale derivava anche dal fatto che subito dopo la guerra civile si era dedicato alla "divulgazione" e talvolta alla vera e propria condanna dell'Esercito Volontario. Sedykh ha notato che a Parigi "non c'era solo una frattura politica, ma anche nazionale"; "la redazione di Milyukov comprendeva molti giornalisti russi-ebraici", mentre "nomi di ebrei non comparivano praticamente mai sulle pagine del giornale di destra *Vozrozhdenie* [*Rinascita*] (con l'eccezione di I. M. Bikerman)".[2031] (*Vozrozhdenie* fu fondato più tardi rispetto agli altri giornali e cessò le sue attività nel 1927, quando il suo benefattore Gukasov licenziò il direttore principale P. B. Struve).

La principale rivista politico-letteraria Sovremennye Zapiski [*Note contemporanee*], pubblicata a Parigi dal 1920 al 1940, fu fondata e diretta dai rivoluzionari socialisti N. D. Avksentiev, I. I. Fondaminsky-Bunakov, V. V. Rudnev, M. V. Vishnyak e A. I. Gukovsky. Sedykh ha notato che "dei [suoi] cinque redattori... tre erano ebrei". Nei 70 volumi della *Sovremennye Zapiski* troviamo narrativa, articoli su vari argomenti e le memorie di un gran numero di autori ebrei". *Illyustrirovannaya Rossia* [*Russia illustrata*] fu pubblicata dal giornalista pietroburghese M. P. Mironov e successivamente da B. A. Gordon (in precedenza proprietario di *Priazovsky Krai*).[2032] Il suo supplemento settimanale "offriva ai lettori

---

[2029] Ibidem, pagg. 431, 432-434.
[2030] V. V. Shulgin. *"Chto nam v nikh ne nravitsya...: ob antisemitizme v Rossii"* [Ciò che non ci piace di loro: sull'antisemitismo in Russia (d'ora in poi - V. V. Shulgin)]. Parigi, 1929, p. 210.
[2031] A. Sedykh. *Russkie evrei v emigrantskoj literature* [Ebrei russi nella letteratura emigrata] // *BRJ-2*, p. 432, 434.
[2032] Ibidem, pagg. 435-436.

ogni anno 52 pezzi di letteratura classica o contemporanea dell'emigrazione".

(Il mondo letterario emigrato comprendeva anche molti ebrei russi di spicco, come Mark Aldanov, Semyon Yushkevich, i già citati Jabotinsky e Yuly Aikhenvald, M. O. Tsetlin (Amari). Tuttavia, il tema della letteratura russa d'emigrazione non può essere esaminato in dettaglio in questa sede a causa della sua immensità).

Vorrei soffermarmi sulla vita di Ilya Fondaminsky (nato nel 1880). Proveniente da una ricca famiglia di commercianti e sposato in gioventù con la nipote del milionario commerciante di tè V. Y. Vysotsky, si unì tuttavia ai Rivoluzionari socialisti (SR) e "sacrificò gran parte delle sue ricchezze e dell'eredità della moglie alla rivoluzione"[2033] acquistando armi. Si adoperò per lo scoppio dello sciopero politico russo nel 1905 e durante la rivolta prestò servizio nel quartier generale degli SR. Nel 1906 emigrò dalla Russia a Parigi, dove si avvicinò a D. Merezhkovsky e Z. Gippius e sviluppò un interesse per il cristianesimo. Tornò a San Pietroburgo nell'aprile del 1917. Nell'estate del 1917 fu commissario della Flotta del Mar Nero e successivamente delegato all'Assemblea Costituente, fuggendo dopo il suo scioglimento.

Dal 1919 visse a Parigi, in Francia, durante il periodo in esame. Dedicò molto tempo e impegno a *Sovremennye Zapiski*, pubblicando anche una serie di articoli intitolati *Le vie della Russia*. Svolse un ruolo attivo nella vita culturale degli emigrati e fornì tutto il sostegno possibile a scrittori e poeti russi. Per un certo periodo riuscì persino a mantenere un teatro russo a Parigi. "La sua passione, la sua poliedricità, la sua energia e il suo altruismo... non avevano eguali tra gli emigranti".[2034] Si allontanò dai SR e si unì ai Democratici Cristiani. Insieme agli amici G. P. Fedotov e F. A. Stepun iniziò a pubblicare il giornale democristiano *Novy Grad [Città Nuova]*. "In questi anni si avvicinò sempre più all'ortodossia".[2035] Nel giugno del 1940 fuggì da Parigi per sfuggire all'avanzata delle forze tedesche", ma tornò e fu arrestato nel luglio del 1941 e inviato al campo di Compiègne, vicino a Parigi; "secondo alcune testimonianze, lì si convertì al cristianesimo". Nel 1942 fu deportato ad Auschwitz e ucciso".[2036]

Tra il 1920 e il 1924, il forum più importante per le questioni prettamente ebraiche fu il settimanale parigino *Jewish Tribune*, pubblicato sia in

---

[2033] SJE, v.9, p. 253.
[2034] Roman Gul. *Ya unes Rossiju* [Ho portato la Russia con me]. New York, Most, 1984, v. 2: Russia in Francia, p. 100.
[2035] Gleb Struve. *Russkaja literatura v izgnanii* [Letteratura russa in esilio]. Edizione 2nd. Parigi, YMCA-Press, 1984, p. 230.
[2036] SJE, v.9, p. 255.

francese che in russo con la partecipazione di spicco di M. M. Vinaver e S. B. Pozner. Il settimanale pubblicava articoli di molti dei già citati giornalisti di altre testate.

Il Novoe Russkoe Slovo [*Nuova Parola Russa*] è stato fondato nel 1910 negli Stati Uniti e ha aggiunto la sua voce dall'altra parte dell'oceano. L'editore dal 1920 fu V. I. Shimkin e il direttore principale (dal 1922) fu M. E. Veinbaum.

Veinbaum ha ricordato: "Il giornale veniva spesso criticato, e non senza ragione. Ma gradualmente si guadagnò la fiducia dei lettori".[2037] (La sua testata oggi vanta con orgoglio: "il più antico giornale russo del mondo"; ha addirittura due anni in più della *Pravda*. Tutti gli altri si sono estinti in vari momenti, per varie ragioni).

Giornali russi di destra o nazionalisti apparvero a Sofia, a Praga, e persino il *Novoe Vremya* [*Nuovo Times*] di Suvorin continuò a Belgrado con il nome di *Vechernee Vremya* [*Times della sera*], ma tutti crollarono o appassirono senza lasciare un contributo duraturo (l'editore di Rus a Sofia fu ucciso). (La *Vozrozhdenie* parigina di Yu. Semenov "non si sottrasse a sfoghi antisemiti"[2038] (ma non sotto il breve regno di Struve).

Chi se ne andò subito dopo la vittoria bolscevica non poteva nemmeno immaginare le dimensioni dell'inferno che si scatenò in Russia. Era impossibile credere alle voci. Le testimonianze dal campo bianco erano per lo più ignorate. La situazione cambiò quando alcuni giornalisti democratici russi (la costituzional-democratica (Kadet) A. V. Tyrkova-Williams, la socialista E. D. Kuskova (esiliata dall'URSS nel 1922) e il fuggitivo SR S. S. Maslov cominciarono a informare l'attonito pubblico di emigranti sulla rapida crescita dell'antisemitismo di base nella Russia sovietica: "La giudeofobia è una delle caratteristiche più acri della Russia moderna. Forse anche la più acre. La giudeofobia è ovunque: Nord, Sud, Est e Ovest. È condivisa a prescindere dall'intelletto, dall'appartenenza al partito, dalla tribù, dall'età.... Anche alcuni ebrei la condividono".[2039]

Queste affermazioni sono state inizialmente accolte con sospetto dagli ebrei emigrati in precedenza - qual è la ragione di questo antisemitismo? *Il Jewish Tribune* inizialmente respinse queste affermazioni: "in generale, l'ebraismo russo ha sofferto per il bolscevismo forse più di qualsiasi altro gruppo etnico in Russia"; quanto alla "familiare identificazione di ebrei e commissari", sappiamo tutti che è opera dei "Cento neri" [antisemiti]. Il

---

[2037] A. Sedykh. *Russkie evrei v emigrantskoj literature* [Ebrei russi nella letteratura emigrata] // *BRJ-2*, p. 443.
[2038] Ibidem, p. 432.
[2039] S. S. Moslov. *Rossija posle chetyrekh let revolutsii* [La Russia dopo quattro anni di rivoluzione]. Parigi: Russkaya Pechat [Stampa russa], 1922, v. 2, p. 37.

vecchio punto di vista, secondo cui l'antisemitismo non risiede nel popolo ma nello zarismo, cominciò a trasformarsi in un altro, secondo cui il popolo russo ne è esso stesso portatore. Pertanto, ai bolscevichi va riconosciuto il merito di aver soppresso gli atteggiamenti popolari dei "Cento Neri" in Russia. (Altri cominciarono a giustificare anche la loro capitolazione a Brest [in cui la Russia cedette grandi quantità di territorio all'esercito tedesco del Kaiser]. *La Jewish Tribune* nel 1924 rispolverò anche questo argomento: "la rivoluzione russa del 1917, quando ha raggiunto Brest-Litovsk, ha impedito il tradimento molto più grande e fatale pianificato dalla Russia zarista".)[2040]

Tuttavia, le informazioni vennero gradualmente confermate; inoltre, i sentimenti antiebraici si diffusero in un ampio segmento dell'emigrazione russa. L'Unione per la Salvezza Russa (dedicata al principe ereditario Nikolai Nikolaevich) produsse volantini da distribuire in URSS in questo modo: "All'Armata Rossa. Gli ebrei hanno governato la Grande Russia per sette anni ....". "Ai lavoratori russi. Vi era stato assicurato che sareste stati i padroni del Paese, che ci sarebbe stata la 'dittatura del proletariato'. Dov'è allora? Chi è al potere in tutte le città della Repubblica?". Naturalmente questi volantini non raggiunsero l'URSS, ma spaventarono e offesero gli emigranti ebrei.

S. Litovtsev ha scritto: "All'inizio degli anni Venti, l'antisemitismo tra gli emigranti divenne quasi una malattia, una sorta di delirium tremens".[2041] Ma si trattava di un atteggiamento più ampio, poiché nei primi anni dopo la vittoria bolscevica molti in Europa rifiutavano e danneggiavano gli ebrei, tanto che "l'identificazione del bolscevismo con l'ebraismo divenne una parte diffusa del pensiero europeo". È ridicolo affermare che sono solo gli antisemiti a predicare questa eresia socio-politica".[2042] Ma è possibile che le conclusioni del dottor Pasmanik fossero in qualche modo premature? Eppure questo è ciò che scrisse nel 1922: "In tutto il mondo civilizzato, tra tutte le nazioni, le classi sociali e i partiti politici, è ormai opinione consolidata che gli ebrei abbiano svolto un ruolo cruciale nella comparsa e in tutte le manifestazioni del bolscevismo. L'esperienza personale dice che questa è l'opinione non solo dei veri antisemiti, ma anche... che i rappresentanti dell'opinione pubblica democratica... fanno riferimento a

---

[2040] B. Mirsky. *Chernaja sotnya* [I cento neri]. // *Evreiskaja tribuna: Ezhenedelnik, posvyashchenny interesam russkikh evreev* [La Tribuna ebraica: settimanale dedicato agli interessi degli ebrei russi]. Parigi, 1 febbraio 1924, p. 3.
[2041] S. Litovtsev. *Disput ob antisemitizme* [Dibattito sull'antisemitismo]. // *Poslednie Novosti*, 29 maggio 1928, p. 2.
[2042] D. S. Pasmanik. *Russkaja revolutsia i evreistvo: (Bolscevismo iudaizm)* [Rivoluzione russa ed ebraismo: bolscevismo ed ebraismo]. Parigi, 1923, p. 9.

queste affermazioni, cioè al ruolo degli ebrei non solo nel bolscevismo russo, ma anche in Ungheria, in Germania e ovunque sia apparso.

Allo stesso tempo, gli antisemiti veri e propri si preoccupano poco della verità. Per loro tutti i bolscevichi sono ebrei e tutti gli ebrei sono bolscevichi".[2043]

Bikerman scrisse un anno dopo: "Ondate di giudeofobia si abbattono ora su nazioni e popoli, senza che se ne intraveda la fine"; "non solo in Baviera o in Ungheria... non solo nelle nazioni nate dalle rovine della Russia un tempo grande... ma anche in paesi separati dalla Russia da continenti e oceani e non toccati dal tumulto.... Accademici giapponesi sono venuti in Germania per conoscere la letteratura antisemita: c'è interesse per noi anche in isole lontane dove non vive quasi nessun ebreo.... È proprio la giudeofobia - la paura dell'ebreo distruttore. Il miserabile destino della Russia serve come prova materiale per spaventare e far arrabbiare".[2044]

Nella dichiarazione collettiva *Agli ebrei del mondo!* gli autori avvertono: "Mai tante nubi si sono addensate sopra il popolo ebraico".[2045]

Dobbiamo concludere che questi autori hanno esagerato, che erano troppo sensibili? Che hanno immaginato una minaccia inesistente? Eppure, il già citato avvertimento di sulla "letteratura antisemita in Germania" non suona forse molto spaventoso - a posteriori, nella nostra prospettiva storica?

"L'opinione che gli ebrei abbiano creato il bolscevismo" era già così diffusa in Europa (questa era "l'opinione *media* dei filistei francesi e inglesi", nota Pasmanik) che era sostenuta persino dal genero di Plekhanov, George Bato, che nel suo libro [2046] sostiene che gli ebrei sono intrinsecamente rivoluzionari: "poiché l'ebraismo predica un ideale di giustizia sociale sulla terra... deve sostenere la rivoluzione". Pasmanik cita Bato: "Nel corso dei secoli... gli ebrei si sono sempre opposti all'ordine costituito.... Questo non significa che gli ebrei abbiano portato avanti tutte le rivoluzioni, o che siano sempre stati gli unici o addirittura i principali istigatori; essi aiutano le rivoluzioni e vi partecipano"; "Si può responsabilmente affermare, come fanno molti patrioti russi, spesso provenienti da ambienti molto progressisti, che la Russia ora agonizza sotto il potere della dittatura ebraica e del terrore ebraico"; "Un'analisi imparziale della situazione mondiale mostra la rinascita

---

[2043] Ibidem.
[2044] I. M. Bikerman. *Rossija i russkoe evreistvo* [La Russia e l'ebraismo russo]. // Rossiya i evrei: Otechestvennoe objedinenie russkikh evreev za granitsei [Russia ed ebrei: Società di espatrio degli ebrei russi in esilio (d'ora in poi *RJ*)]. Parigi, YMCA-Press, 1978, p. 11-12 [Edizione 1 : Berlino, Osnova, 1924].
[2045] *Agli ebrei del mondo!* // RJ, p. 6.
[2046] *Georges Batault*. Il problema giovanile. Sedition, Parigi, 1921.

dell'antisemitismo, non tanto contro gli ebrei come individui, quanto contro le manifestazioni dello spirito ebraico". [2047] L'inglese Hilaire Belloc[2048] ha scritto in modo simile sul "carattere ebraico della rivoluzione bolscevica", o semplicemente: "la rivoluzione ebraica in Russia". Pasmanik aggiunge che "chiunque abbia vissuto in Inghilterra di recente sa che l'opinione di Belloc non è marginale". I libri di entrambi gli autori (Bato e Belloc) "sono enormemente popolari tra il pubblico"; "i giornalisti di tutto il mondo sostengono che tutte le idee distruttive degli ultimi cento anni sono state diffuse dagli ebrei, attraverso appunto il giudaismo".[2049]

"Dobbiamo difenderci", scrive Pasmanik, "perché non possiamo negare fatti evidenti.... Non possiamo limitarci a dichiarare che il popolo ebraico non è da biasimare per gli atti di questo o quel singolo ebreo.... Il nostro obiettivo... non è solo una discussione con gli antisemiti, ma anche una lotta con il bolscevismo... non solo per parare i colpi, ma per infliggerli a coloro che proclamano il Regno di Ham.... Combattere contro Ham è il dovere di Japheth e Shem, degli Elleni e degli Ebrei". Dove dobbiamo cercare le vere radici del bolscevismo?

"Il bolscevismo è innanzitutto una forza anticulturale... è un problema sia russo che globale, e non è una macchinazione dei famigerati 'Anziani di Sion'".[2050]

Gli ebrei si resero conto della necessità di "difendersi" in parte perché l'Europa e l'America del dopoguerra furono inondate dai *Protocolli degli Anziani di Sion*, improvvisamente e praticamente all'istante. Nel 1920, cinque edizioni in Inghilterra, diverse edizioni in Germania e in Francia; mezzo milione di copie in America furono stampate da Henry Ford. "Il successo inaudito dei *Protocolli,* che furono tradotti in diverse lingue, dimostrò quanto la rivoluzione bolscevica fosse ritenuta ebraica.[2051] " Il ricercatore inglese Norman Cohn ha scritto: "negli anni immediatamente successivi alla Prima Guerra Mondiale, quando i *Protocolli* entrarono nel mainstream e tuonarono in tutto il mondo, molte persone altrimenti del tutto sensate li presero completamente sul serio".[2052] *Il Times* di Londra e il *Morning Post* dell'epoca ne garantirono l'autenticità, anche se

---

[2047] D. S. Pasmanik. *Russkaja revolutsia i evreistvo: (Bolscevismo iudaizm)* [Rivoluzione russa ed ebraismo: bolscevismo ed ebraismo]. Parigi, 1923, p. 15-16, 95.
[2048] *Hilaire Belloc*. Gli ebrei. Londra, 1922.
[2049] D. S. Pasmanik. *Russkaja revolutsia i evreistvo: (Bolscevismo iudaizm)* [Rivoluzione russa ed ebraismo: bolscevismo ed ebraismo]. Parigi, 1923, p. 16, 78.
[2050] Ibidem, pagg. 11-13.
[2051] M. Daursky. *Ideologiya national-bolshevizma* [Ideologia del bolscevismo nazionale]. Parigi. YMCA-Press, 1980, p. 195.
[2052] *Norman Cohn*. Mandato di genocidio: Il mito della cospirazione mondiale ebraica e i *"Protocolli degli anziani di Sion"*. Traduzione russa. Mosca, Progress, 1990, p. 24.

nell'agosto del 1921 il *Times* pubblicò una serie di articoli del suo corrispondente da Istanbul, Philipp Greaves, che dimostravano in modo sensazionale l'ampio prestito del testo dei *Protocolli dai* pamphlet anti-Napoleone III di Maurice Jolie (*Il dialogo all'inferno tra Machiavelli e Montesquieu*, 1864). All'epoca la polizia francese riuscì a confiscare ogni singola copia del famigerato pamphlet.

I *Protocolli sono* giunti in Occidente da una Russia travolta dalla guerra civile.

Frode giornalistica realizzata all'inizio del 20 secolo (nel 1900 o 1901), i *Protocolli* furono pubblicati per la prima volta nel 1903 a San Pietroburgo. Si ritiene che la mente dietro di essi sia P. I. Rachkovsky, il capo dell'unità di intelligence estera del Dipartimento di Polizia (1884-1902); la loro produzione è attribuita a Matvei Golovinsky, agente segreto dal 1892 e figlio di V. A. Golovinsky, che era un membro del Circolo Petrashevsky. [Quest'ultimo era un gruppo di discussione letteraria russa di intellettuali comuni progressisti di San Pietroburgo, organizzato da Mikhail Petrashevsky, un seguace del socialista utopista francese Charles Fourier. Tra i membri vi erano scrittori, insegnanti, studenti, funzionari governativi minori e ufficiali dell'esercito. Pur avendo opinioni politiche diverse, la maggior parte di loro si opponeva all'autocrazia zarista e alla servitù della gleba russa.

Tra le persone collegate al circolo c'erano gli scrittori Dostoevskij]. (Tuttavia, appaiono sempre nuove teorie sull'origine dei *Protocolli*). Sebbene i *Protocolli* siano stati pubblicati e ripubblicati nel 1905, 1906 e 1911, ebbero scarso successo nella Russia pre-rivoluzionaria: "non trovarono un ampio sostegno nella società russa.... Neanche la Corte diede il suo appoggio alla distribuzione".[2053] Dopo molti tentativi falliti, i *Protocolli* furono finalmente presentati a Nicola II nel 1906 ed egli ne rimase molto colpito. Le sue note a margine del libro includevano: "Che lungimiranza!", "Che esecuzione precisa!", "Sono sicuramente loro che hanno orchestrato gli eventi [rivoluzionari] del 1905!", "Non ci possono essere dubbi sulla loro autenticità". Ma quando gli attivisti di destra suggerirono di utilizzare i *Protocolli* per la difesa della monarchia, il Primo Ministro P. A. Stolypin ordinò un'indagine segreta sulle loro origini. L'indagine dimostrò che si trattava di una vera e propria invenzione. Il monarca fu sciaccato dal rapporto di Stolypin, ma scrisse con fermezza: "Rimuovete i *Protocolli* dalla circolazione. Non si può difendere una nobile

---

[2053] SJE, v.6, p. 846.

causa con mezzi sporchi".[2054] Da allora "il rifiuto dei *Protocolli degli Anziani di Sion* da parte dei governanti russi entrò in vigore: nessun riferimento ai 'Protocolli' era permesso... anche durante il processo Beilis".[2055]

Tuttavia, "il 1918 cambiò tutto per i *Protocolli*.[2056] ". Dopo la presa del potere da parte dei bolscevichi, dopo l'assassinio della famiglia reale e l'inizio della guerra civile, la popolarità dei *Protocolli* aumentò. Furono stampati e ristampati dall'OsvAg [agenzia di controspionaggio dell'Armata Bianca nel sud della Russia] a Novocherkassk, Kharkov, Rostov-sul-Don, Omsk, Khabarovsk, Vladivostok, e furono ampiamente diffusi sia tra l'Armata Volontaria che tra la popolazione (e più tardi tra gli emigranti russi, soprattutto a Sofia e Belgrado).

"Dopo la vittoria bolscevica, la vendita dei *Protocolli* fu vietata in Russia" e divenne un reato penale, ma "in Europa i *Protocolli* portati dall'emigrazione bianca svolsero un ruolo minaccioso nello sviluppo dell'ideologia di destra, soprattutto del nazionalsocialismo in Germania".[2057]

La denuncia dei *Protocolli* come falsificazione e la negazione generale dell'identità tra bolscevichi ed ebrei costituirono una parte importante del giornalismo liberale degli emigranti degli anni Venti e Trenta. Vi si trovano diversi russi di spicco: Milyukov, Rodichev, Burtsev e Kartashev.

A.V. Kartashev, storico della religione, teologo ortodosso e allo stesso tempo personaggio pubblico, scrisse dell'inaccettabilità dell'antisemitismo per un cristiano nella raccolta pre-rivoluzionaria *Shchit* [Scudo],[2058] che ho spesso citato. Nel 1922, in emigrazione, scrisse la prefazione al libro di Yu. Delevskij sui *Protocolli*.[2059] Nel 1937 anche Burtsev gli chiese di scrivere una prefazione per il suo libro. Kartashev vi scrisse: "Un uomo di buon

---

[2054] Queste informazioni sono state ottenute da V. L. Burtsev nel 1934 dal generale K. I. Globachev, ex capo del Dipartimento della Guardia di San Pietroburgo (dal febbraio 1915 al marzo 1917). Burtsev pubblicò queste informazioni nel 1938 a Parigi nel suo studio sui *Protocolli degli Anziani di Sion*. Si veda V. L. Burtsev. *V pogone za provokatorami*. "Protokoly sionskikh mudretsov" - *dokazanny podlog* [Inseguire i provocatori. I *Protocolli degli Anziani di* Zion sono un falso provato]. Prefazione di Yu. V. Davydov, annotazioni di L. G. Aronov. Mosca, 1991.

[2055] SJE, v.6, p. 847.

[2056] Ibidem.

[2057] SJE, v.6, p. 848.

[2058] A. V. Kartashev. *Izbrannye i pomilovannye* [I prescelti e i graziati]. // *Foglio: Literaturny sbornik* [Scudo: Collezione letteraria]. A cura di L. Andreev, M. Gorky e F. Sologub. Edizione ampliata 3 . Mosca, Società russa per lo studio della vita ebraica, 1916, p. 110-115.

[2059] *Yu. Delevskij*. Protokoly sionskikh mudretsov: istorija odnogo podloga *[*Protocolli degli anziani di Zion: storia di una falsificazione]*. Berlino, 1923.

senso, di buona volontà e con un po' di disciplina scientifica non può nemmeno discutere l'autenticità di questa falsificazione poliziesca e giornalistica, anche se certamente si tratta di una falsificazione di talento, capace di infettare l'ignorante.... È ingiusto continuare a sostenere questo evidente inganno dopo che è stato smascherato in modo così inequivocabile. Ma è altrettanto ingiusto fare il contrario, sfruttare la facile vittoria sull'autenticità dei *Protocolli* per respingere le legittime preoccupazioni.... Una mezza verità è una bugia. La verità è che la questione ebraica si pone al mondo come una delle questioni tragiche della storia. E non può essere risolta né da pogrom selvaggi, né da calunnie e menzogne, ma solo da sforzi onesti e aperti di tutta l'umanità. I pogrom e le calunnie rendono più difficile un'onesta e sensata soluzione della questione, degradandola a vera e propria stupidità e assurdità. Confondono gli stessi ebrei, che sottolineano costantemente la loro 'innocenza oppressa' e si aspettano da tutti gli altri solo simpatia e una sorta di giudeofilia obbligatoria". Kartashev considerava certamente il debunking di questo "apocrifo sensazionale" come un "dovere morale", ma pensava anche che "nel lavare via la polvere dei *Protocolli dagli* occhi degli ignoranti, è inammissibile compromettere nuovamente la loro visione fingendo che questo cancelli la questione ebraica stessa".[2060]

In effetti, la "questione ebraica" non può essere eliminata né dai libri né dagli articoli. Si consideri la nuova realtà affrontata negli anni Venti dagli ebrei dei Paesi baltici e della Polonia. Nei Paesi baltici, anche se "gli ebrei riuscirono a mantenere per un po' la loro posizione influente nel commercio e nell'industria"[2061] sentirono la pressione sociale.

"Una buona metà degli ebrei russi viveva nei nuovi Stati indipendenti ..... I nuovi stati fanno sentire il loro nazionalismo tanto più forte quanto meno si sentono sicuri".[2062]

Lì "gli ebrei si sentono assediati da un ambiente popolare ostile, energico e irrequieto. Un giorno si chiede che nelle istituzioni di istruzione superiore non ci siano più ebrei in percentuale che nell'esercito... il giorno dopo,

---

[2060] Archivio di Stato della Federazione Russa, fondo 5802, catalogo 1, fascicolo 31, pagg. 417-421. La prefazione di A. V. Kartashev non fu pubblicata da V. L. Burtsev nel 1938, ma era conservata tra le sue carte. Abbiamo scoperto l'esistenza di questa prefazione dall'articolo di O. Budnitsky *"Evreiskij vopros" v emigranskoj publitsistike 1920-1930-kh* ["La questione ebraica" nel giornalismo degli emigranti degli anni 1920-1930]. // *Evrei i russkaja revolutsia: Materialy i issledovanija* [Gli ebrei e la rivoluzione russa: materiali e studi]. A cura di O. V. Budnitsky; Mosca, Gerusalemme. Gesharim, 1999.
[2061] I. Gar. *Evrei v Pribaltijskikh stranakh pod nemetskoj okkupatsiej* [Ebrei nei Paesi baltici sotto l'occupazione tedesca]. // *BRJ-2*, p. 95.
[2062] Agli ebrei del mondo! // *RJ, p. 6.*

l'aria della vita quotidiana diventa così tesa e stressante che gli ebrei non riescono più a respirare.... Nelle nazioni autodeterminate, la guerra contro gli ebrei è condotta dalla società stessa: dagli studenti, dai militari, dai partiti politici e dalla gente comune". I. Bikerman ha concluso che "nel guidare la carica per l'autodeterminazione, gli ebrei stavano preparando il terreno per la loro stessa oppressione in virtù della maggiore dipendenza dalla società aliena".[2063] "La situazione degli ebrei in Lettonia, Estonia e Lituania è letteralmente tragica. Gli oppressi di ieri sono gli oppressori di oggi, per di più - oppressori estremamente rozzi, del tutto privi di vergogna per la loro mancanza di cultura".[2064]

Così è emerso "che la disgregazione della Russia significava anche la disgregazione dell'ebraismo russo", poiché la storia ha paradossalmente dimostrato che gli ebrei stavano meglio nell'Impero russo unito, nonostante tutte le oppressioni. Così ora, in questi paesi di frontiera frammentati, "gli ebrei sono diventati i fedeli custodi della lingua e della cultura russa, aspettando con impazienza la restaurazione della grande Russia". Le scuole che ancora insegnano in russo si riempirono di bambini ebrei", escludendo l'apprendimento delle lingue dei nuovi Stati. "In questi minuscoli Paesi, l'ebreo russo, abituato a vivere nelle distese aperte di un grande impero, si sente a disagio, schiacciato e sminuito nel suo status sociale, nonostante tutti i diritti civili e l'autonomia.... Il destino del nostro popolo è infatti legato a quello della grande Russia".[2065]

Tuttavia, la posizione dell'ebraismo negli ambienti della politica internazionale del dopoguerra era forte, soprattutto a Parigi, e in particolare per quanto riguarda il sionismo. Nel luglio 1922 la Società delle Nazioni riconobbe l'Organizzazione Sionistica Mondiale come "Agenzia Ebraica", che rappresentava in primo luogo gli interessi dei sionisti e in secondo luogo dei non sionisti, oltre a fornire sostegno agli ebrei europei.[2066]

Bikerman ha accusato i sionisti di vedere una "Russia frammentata... come un ideale". Ecco perché l'organizzazione dei sionisti russi non si definisce russa, ma russo-ucraina. Ecco perché i sionisti e i gruppi ebraici affini hanno fraternizzato così assiduamente con i separatisti ucraini".[2067]

Dopo la guerra civile, la Russia sovietica sprofondò in un pesante silenzio. Da quel momento e per i decenni successivi, tutte le voci indipendenti

---

[2063] I. M. Bikerman. *Rossija i russkoe evreistvo* [Russia ed ebraismo russo]. // *RJ*, p. 87-89.
[2064] D. S. Pasmanik. *Chego zhe my dobivaemsya* [Cosa vogliamo ottenere?]. // *RJ*, p. 219.
[2065] I. M. Bikerman. *Rossija i russkoe evreistvo* [Russia ed ebraismo russo]. // *RJ*, p. 84, 89.
[2066] S JE, v.7, p. 890.
[2067] I. M. Bikerman. *Rossija i russkoe evreistvo* [Russia ed ebraismo russo]. // *RJ*, p. 40.

furono soffocate e si poté ascoltare solo la linea ufficiale. E meno si sentiva dalla Russia, più forte era la voce dell'emigrazione. Tutti, dagli anarchici ai monarchici, guardavano indietro con dolore e discutevano intensamente: chi e in che misura era responsabile di ciò che era accaduto? La discussione si sviluppò anche all'interno dell'emigrazione ebraica.

Nel 1923 Bikerman ha osservato che: "Gli ebrei rispondono a tutto con un gesto familiare e parole familiari: noi sappiamo, noi siamo da biasimare; ogni volta che qualcosa va male, si cerca un ebreo e lo si trova". Il 90% di ciò che viene scritto nella stampa ebraica contemporanea sugli ebrei in Russia è solo una parafrasi di questo stereotipo. E poiché è impossibile che la colpa di tutto sia sempre nostra, gli ebrei ne traggono la lusinghiera e a prima vista abbastanza comoda conclusione che siamo sempre e ovunque nel giusto".[2068]

Tuttavia, si consideri che: "Prima della rivoluzione, la società ebraica sosteneva con passione che una rivoluzione avrebbe salvato gli ebrei, e noi aderiamo ancora ardentemente a questa posizione". Quando le organizzazioni ebraiche raccolgono risorse in Occidente per aiutare i loro coetanei che soffrono in URSS, "denunciano, sminuiscono e calunniano tutto ciò che riguarda la Russia pre-rivoluzionaria, comprese le cose più positive e costruttive"; vedi, "la Russia bolscevica è ora diventata la Terra Promessa", egualitaria e socialista. Molti ebrei emigrati dalla Russia si stabilirono negli Stati Uniti e "gli atteggiamenti filo-bolscevichi si diffusero rapidamente tra loro".[2069] L'umore generale degli ebrei era che il bolscevismo fosse meglio della restaurazione della monarchia. Era opinione diffusa "che la caduta del bolscevismo in Russia avrebbe inevitabilmente generato una nuova ondata di sanguinosi pogrom ebraici e di stermini di massa.... Ed è su questa base che il bolscevismo viene preferito come male minore".[2070]

Poi, come a confermare che i bolscevichi stanno cambiando in meglio, che possono imparare, è arrivata la NEP! Hanno allentato la loro presa soffocante sull'economia, e questo li ha resi ancora più accettabili. "Prima la NEP, poi alcune concessioni - speriamo che tutto si risolva per noi".[2071]

Non possiamo definire l'intera emigrazione ebraica filobolscevica. Tuttavia, essi non vedevano lo Stato bolscevico come il loro principale nemico e molti simpatizzavano ancora con esso.

[2068] Ibidem, p. 12.
[2069] Ibidem, pagg. 47, 48, 72.
[2070] Yu. Delevsky. *Menshee li zlo bolsheviki?* [I bolscevichi sono il male minore?] // *The Jewish Tribune*, 19 settembre 1922, p. 2.
[2071] D. S. Pasmanik. *Chego zhe my dobivaemsya* [Cosa vogliamo ottenere?]. // *RJ*, p. 221.

Tuttavia, un incidente degno di nota, descritto in modo beffardo in *Izvestiya*, accadde a Goryansky, uno scrittore ebreo emigrato.[2072] Nel 1928, il già famoso Babel (e già noto per i suoi legami con la Cheka) era "temporaneamente residente" a Parigi per raccogliere l'ispirazione creativa. Mentre si trovava al Caffè Rotonda, notò una sua "vecchia conoscenza", probabilmente di Odessa, che gli offrì magnanimamente la mano: "Saluti, Goryansky". Ma Goryansky si alzò e si allontanò sprezzante dalla mano offerta.

L'ascesa dell'hitlerismo in Germania rafforzò naturalmente e per lungo tempo la preferenza per il bolscevismo nella mente sociale degli ebrei europei.

Il Primo Congresso Internazionale Ebraico si svolse a Vienna nell'agosto del 1936. M. Vishnyak suggerì con disapprovazione che l'atteggiamento collettivo verso il regime bolscevico era perfettamente esemplificato dall'opinione di N. Goldman: se tutti i tipi di governi e organizzazioni che amano la libertà "adulano e addirittura si accodano ai bolscevichi... perché i sostenitori dell'indipendenza etnica e culturale degli ebrei non dovrebbero seguire la stessa strada? ... Solo l'aperto sostegno di Mosca alla violenza antiebraica in Palestina raffreddò leggermente la disposizione dei leader del Congresso verso lo Stato sovietico. Anche allora... si limitarono a protestare per la messa al bando dell'ebraico... e per il divieto di emigrazione dall'URSS verso la Palestina e, infine, si opposero alle continue sofferenze dei sionisti nelle prigioni politiche e nei campi di concentramento. Qui N. Goldman trovò sia le parole necessarie che l'ispirazione".[2073] Nel 1939, alla vigilia della Seconda guerra mondiale, S. Ivanovich osservava: "Non si può negare che tra gli ebrei russi emigrati" lo stato d'animo era quello di "confidare nella perseveranza della dittatura sovietica", se non altro per evitare i pogrom.[2074]

E i bolscevichi ebrei? I. Bikerman: "La bravura non macchia - questo è il nostro atteggiamento nei confronti dei bolscevichi che sono cresciuti tra noi e della loro malvagità satanica.

O la versione moderna: Gli ebrei hanno il diritto di avere i propri bolscevichi"; "ho sentito questa dichiarazione mille volte"; in una riunione di emigrati ebrei a Berlino "uno dopo l'altro, un rispettato Kadet, un democratico, un sionista salirono sul podio" e ognuno "proclamò questo

---

[2072] G. Ryklin. *Sluchai s babelem* [Un incidente con Babele]. // *Izvestiya*, 16 marzo 1928, p. 5.
[2073] *Poslednie Novosti*. 13 agosto 1936.
[2074] S. Ivanovich. *Evrei i sovetskaya diktatura* [Gli ebrei e la dittatura sovietica].

diritto degli ebrei ad avere i propri bolscevichi... il loro diritto alla mostruosità".[2075]

"Ecco le conseguenze di queste parole: L'opinione pubblica ebraica di tutto il mondo si allontanò dalla Russia e accettò i bolscevichi"; "quando un famoso, vecchio e rispettato personaggio pubblico ebreo - un corvo bianco - propose a un alto dignitario ebreo in una delle capitali europee di organizzare una protesta contro le esecuzioni di sacerdoti ortodossi in Russia [cioè in URSS], quest'ultimo, dopo aver riflettuto sull'idea, disse che avrebbe significato lottare contro il bolscevismo, cosa che egli considera impossibile.quest'ultimo, dopo aver riflettuto sull'idea, disse che ciò avrebbe significato lottare contro il bolscevismo, cosa che egli considerava impossibile da fare perché il crollo del regime bolscevico avrebbe portato a pogrom antiebraici".[2076]

Ma se possono convivere con i bolscevichi, cosa pensano del movimento bianco? Quando Josef Bikerman parlò a Berlino nel novembre 1922 in occasione del quinto anniversario della fondazione dell'Armata Bianca, la società ebraica in generale si offese e la prese come un affronto nei loro confronti.

Nel frattempo, il dottor D. S. Pasmanik (che combatté sul fronte tedesco fino al febbraio 1917, poi nell'Armata Bianca fino al maggio 1919, quando lasciò la Russia) aveva già terminato e nel 1923 pubblicò a Parigi il suo libro *Rivoluzione russa ed ebraismo: Bolshevism and Judaism* (l'ho citato qui), in cui argomentava appassionatamente contro il luogo comune secondo cui il bolscevismo sarebbe nato dalla religione ebraica. "L'identificazione dell'ebraismo con il bolscevismo è un grave pericolo globale". Nel 1923, insieme a I. M. Bikerman, G. A. Landau, I. O. Levin, D. O. Linsky (anche lui ex membro dell'Armata Bianca) e V. C. Mandel, Pasmanik fondò l'Unione nazionale degli ebrei russi all'estero. Questo gruppo pubblicò un appello *Agli ebrei del mondo!* nello stesso anno, e poco dopo pubblicò una raccolta La *Russia e gli ebrei* a Berlino.

Ecco come descrivono il compito che hanno svolto e le loro sensazioni.

Pasmanik ha detto: "L'indicibile dolore dell'ebreo e l'infinito dolore del cittadino russo" hanno motivato questo lavoro. "A causa degli eventi oscuri degli ultimi anni, era difficile trovare un punto di vista equilibrato sulle questioni russe ed ebraiche. Noi... abbiamo cercato di fondere gli interessi della Russia rinnovata e dell'afflitto ebraismo russo".[2077] Linsky: "Un

---

[2075] I. M. Bikerman. *Rossija i russkoe evreistvo* [Russia ed ebraismo russo]. // *RJ*, p. 23-24.
[2076] Ibidem, pagg. 54-55.
[2077] D. S. Pasmanik. *Russkaja revolutsia i evreistvo: (Bolscevismo iudaizm)* [Rivoluzione russa ed ebraismo: bolscevismo ed ebraismo]. Parigi, 1923, p. 7, 14.

dolore insondabile" abita le anime di coloro che "si rendono conto della loro ebraicità pur identificandosi allo stesso modo come russi". È molto più facile quando "una delle due correnti della tua coscienza nazionale si inaridisce, lasciandoti solo ebreo o solo russo, semplificando così la tua posizione nei confronti della tragica esperienza russa.... Gli anni scellerati della rivoluzione hanno ucciso... i germogli di speranza" per il riavvicinamento tra ebrei e russi che erano apparsi poco prima della guerra; ora "assistiamo a un'attiva... divergenza russo-ebraica".[2078] Levin: "È nostro dovere esaminare onestamente e obiettivamente le cause e la portata del coinvolgimento degli ebrei nella rivoluzione. Questo... potrebbe avere un certo effetto sulle future relazioni tra russi ed ebrei".[2079] I coautori della raccolta hanno giustamente avvertito i russi di non confondere il significato della Rivoluzione di febbraio con il coinvolgimento degli ebrei in essa. Bikerman ha semmai minimizzato questo coinvolgimento (l'equilibrio di potere tra il Comitato esecutivo del Soviet dei deputati dei soldati e degli operai e il Governo provvisorio era per lo più poco chiaro ai contemporanei). Tuttavia, egli riteneva che dopo il colpo di Stato dell'ottobre bolscevico "il diritto degli ebrei di avere i loro bolscevichi implica il dovere di avere anche le loro destre e le loro estreme destre, gli opposti polari dei bolscevichi".[2080] Pasmanik: "In tutte le sue varietà e forme, il comunismo bolscevico... è un male e un vero nemico dell'ebraismo, in quanto è prima di tutto nemico dell'identità personale in generale e dell'identità culturale in particolare".[2081] "Legati da una pletora di legami intimi alla nostra madrepatria, al suo sistema politico, alla sua economia e alla sua cultura, non possiamo prosperare mentre il Paese si disintegra intorno a noi".[2082]

Ovviamente, questi autori erano pienamente consapevoli del significato della catastrofe russa. Nel descrivere quegli anni, mi sono basato molto sul lavoro di queste persone, con la speranza che le loro riflessioni, amare ma per nulla "autolesioniste", possano finalmente essere comprese e capite nella loro interezza.

Il loro Proclama del 1923 affermava: "L'Unione Nazionale degli Ebrei Russi all'Estero è fermamente convinta che i bolscevichi rappresentino il male *più grande* per gli ebrei e per tutti gli altri popoli della Russia.... È tempo che l'ebreo smetta di tremare al pensiero di andare contro la

---

[2078] D. O. Linsky. *O natsionalnom samosoznanii russkogo evreja* [Sulla coscienza nazionale dell'ebreo russo]. // *RJ*, p. 141, 144-145.
[2079] I. O. Levin. *Evrei v revolutsii* [Gli ebrei nella rivoluzione]. // *RJ*, p. 124.
[2080] I. M. Bikerman. *Rossija i russkoe evreistvo* [Russia ed ebraismo russo]. // *RJ*, p. 24.
[2081] D. S. Pasmanik. *Chego zhe my dobivaemsya* [Cosa vogliamo ottenere?]. // *RJ*, p. 215.
[2082] Agli ebrei del mondo! // *RJ*, *p. 5*.

rivoluzione.... Piuttosto, l'ebreo dovrebbe temere di andare contro la sua madrepatria [la Russia] e il suo popolo [ebraico]".[2083]

Tuttavia, gli autori di *Russia ed Ebrei* vedono la coscienza nazionale ebraica dei primi anni Venti come qualcosa di molto diverso da quello che pensavano dovesse essere. "Quasi tutti i circoli e le classi della società russa sono ora impegnati in una dolorosa auto-riflessione, cercando di comprendere ciò che è accaduto.... Se queste auto-accuse e ammissioni di colpa sono giuste o meno, esse rivelano almeno il lavoro del pensiero, della coscienza e dei cuori doloranti....

Ma non sarebbe esagerato affermare che tale lavoro spirituale è il meno evidente tra l'intellighenzia ebraica, il che è senza dubbio un sintomo di una certa morbosità.... Per un estraneo sembra che il tipico intellettuale ebreo non abbia preoccupazioni".[2084] Per questo intellettuale "tutti gli altri sono da biasimare - il governo, i generali, i contadini, ecc. Lui non ha nulla a che fare con tutto questo....

Non ha in alcun modo forgiato il proprio destino e quello di coloro che lo circondano; è solo un passante, colpito alla testa da un mattone che cade"; "così sono stati complici della distruzione [del mondo che li circondava], ma dopo che questa era terminata sono diventati inconsapevoli del loro ruolo in essa".[2085]

I bolscevichi ebrei erano un dolore particolare per gli autori. "Un peccato che porta con sé il seme della sua stessa nemesi... quale afflizione più grande c'è per un popolo che vedere i suoi figli dissolversi?".[2086] "Non si tratta solo del fatto che l'insurrezione russa avesse bisogno di persone di un certo tipo per perpetuarsi, o che la società ebraica fornisse questo tipo di persone; la cosa più importante è che non furono respinti, non incontrarono sufficiente opposizione all'interno della loro stessa società".[2087] È nostro dovere sostenere la lotta in particolare contro i bolscevichi ebrei, contro tutti i tipi di YevSek [la "Sezione ebraica", nome dato ai funzionari nominati dai Soviet per occuparsi degli affari ebraici] e contro i commissari ebrei in generale".[2088]

[2083] Ibidem, pagg. 7-8.
[2084] G. A. Landau. *Revolutsionnye idei v evreiskoi obshchestvennosti* [Idee rivoluzionarie nella società ebraica]. // *RJ*, p. 100.
[2085] Ibidem, p. 104.
[2086] Agli ebrei del mondo! // *RJ, p.* 6.
[2087] G. A. Landau. *Revolutsionnye idei v evreiskoi obshchestvennosti* [Idee rivoluzionarie nella società ebraica]. // *RJ*, p. 118.
[2088] D. S. Pasmanik. *Chego zhe my dobivaemsya* [Cosa vogliamo ottenere?]. // *RJ*, p. 225.

Va notato che questi autori non erano i soli a sostenere che gli ebrei russi (e ora emigrati) avrebbero dovuto combattere contro i bolscevichi. Dalle pagine del *Jewish Tribune*: "Se il bolscevismo fosse spazzato via dal potere in Russia da un'ondata di collera popolare, l'ebraismo potrebbe essere ritenuto, agli occhi delle masse, responsabile di aver prolungato la vita del bolscevismo". Solo una partecipazione attiva alla lotta per liquidare il bolscevismo può assicurare agli ebrei una posizione sicura nella causa comune di salvare la Russia".[2089]

Bikerman ha avvertito: se sosteniamo i bolscevichi "in base al principio che la propria camicia è più vicina al corpo", allora "non dobbiamo dimenticare che in questo modo permettiamo al russo di prendersi cura della propria camicia, che è più vicina al suo corpo; questo giustifica l'appello "Massacrare gli ebrei, salvare la Russia"".[2090]

E l'atteggiamento degli ebrei nei confronti dell'Armata Bianca? "Questo atteggiamento indegno che gli ebrei hanno nei confronti di persone che hanno preso sulle loro spalle il compito infinitamente difficile di combattere per la Russia, per i milioni di pecoroni e di deboli, indica una completa disintegrazione morale, una sorta di perversione della mente ....". Mentre "tutti noi, ebrei e non ebrei, ci siamo messi obbedientemente sotto il giogo comunista e le nostre schiene sotto la frusta, ci sono stati alcuni russi, coraggiosi e orgogliosi, che hanno superato tutti gli ostacoli, si sono radunati da ciò che rimaneva dei fronti lacerati e strappati [della prima guerra mondiale], si sono consolidati e hanno innalzato la bandiera della resistenza.... Il solo fatto che fossero disposti a combattere in queste circostanze li immortala per la storia. E queste persone divennero oggetto di abuso" al fianco di tanti ebrei, "diffamati da ogni lingua loquace"; così "invece di apprezzare la tragedia, vediamo un menefreghismo epidemico, un infinito lassismo di parola e una trionfante superficialità". Eppure "la Russia per cui i bianchi hanno combattuto non ci è estranea, è anche la 'nostra camicia'".[2091] "L'ebraismo avrebbe dovuto combattere per la causa bianca come per la causa della salvezza ebraica, perché... solo nella restaurazione e nel rapido salvataggio dello Stato russo gli ebrei possono trovare la salvezza da quella morte che non è mai stata così vicina come in questi giorni".[2092] (La morte si stava effettivamente avvicinando, anche se da un'altra direzione).

[2089] Yu. Delevsky. *Menshee li zlo bolsheviki?* [I bolscevichi sono il male minore?] // The Jewish Tribune, 19 settembre 1922, p. 3.
[2090] I. M. Bikerman. *Rossija i russkoe evreistvo* [Russia ed ebraismo russo]. // RJ, p. 78.
[2091] Ibidem, pagg. 52, 53-54.
[2092] D. O. Linsky. *O natsionalnom samosoznanii russkogo evreja* [Sulla coscienza nazionale dell'ebreo russo]. // RJ, p. 149.

Chi potrebbe negare queste conclusioni oggi, dopo decenni di regime sovietico? Ma all'epoca solo pochi autori, ebrei o russi, potevano vedere così lontano.

La comunità ebraica emigrata nel suo complesso rifiutò questi pensieri. E così avevano fallito la prova della storia. Si potrebbe obiettare che non ha causato all'ebraismo un danno notevole e significativo, e certamente non è stato l'Olocausto portato dall'hitlerismo. Sì, non ha portato danni fisici misurabili, ma, storicamente, i suoi danni spirituali sono stati notevoli; si pensi, ad esempio, al successo del bolscevismo nell'espulsione della religione ebraica dal Paese in cui un tempo aveva profondamente diffuso le sue sacre radici. E c'è di più: gli ebrei, "scommettendo sul bolscevismo", influenzarono il corso generale degli eventi in Europa.

Gli autori di *Russia ed Ebrei* hanno invano lanciato un appello: "Nei molti secoli di dispersione ebraica... non c'è stata una catastrofe politica così profondamente minacciosa per la nostra esistenza nazionale come la rottura del potere russo, perché mai le forze vitali del popolo ebraico sono state così unite come nella Russia passata e vivente. Persino la disgregazione del Califfato può difficilmente essere paragonata all'attuale disastro".[2093] "*Per l'ebraismo russo unito* la disgregazione della Russia in Stati sovrani separati è una *calamità nazionale*".[2094] "Se non c'è posto per gli ebrei nei grandi spazi della terra russa, nell'illimitatezza dell'anima russa, allora non c'è spazio [per gli ebrei] in nessuna parte del mondo.... Guai a noi, se non siamo saggi".[2095]

Naturalmente, alla fine del 20 secolo possiamo facilmente respingere queste fosche profezie, se non altro come dato di fatto - così come è stato trovato spazio sufficiente sulla terra per gli ebrei russi di un tempo, così è stato fondato e assicurato uno Stato ebraico, mentre la Russia giace ancora in rovina, così impotente e umiliata.

Gli avvertimenti degli autori sul trattamento da riservare alla Russia appaiono già una grande esagerazione, una profezia fallita. E ora possiamo riflettere su queste parole solo per quanto riguarda l'accordo spirituale che ha legato così inaspettatamente i due nostri popoli nella Storia.

"Se la Russia non è la nostra madrepatria, allora siamo stranieri e non abbiamo il diritto di interferire nella sua vita nazionale".[2096] "La Russia

---

[2093] I. M. Bikerman. *Rossija i russkoe evreistvo* [Russia ed ebraismo russo]. // *RJ*, p. 92.
[2094] V. S. Mandel. *Konservativnye i razrushitelnye elementy v evreisve* [Forze conservatrici e sovversive tra gli ebrei]. // *RJ*, p. 202.
[2095] D. O. Linsky. *O natsionalnom samosoznanii russkogo evreja* [Sulla coscienza nazionale dell'ebreo russo]. // *RJ*, p. 153, 154.
[2096] D. S. Pasmanik. *Chego zhe my dobivaemsya* [Cosa vogliamo ottenere?]. // *RJ*, p. 227-228.

sopravviverà; la sua rinascita deve diventare la nostra preoccupazione nazionale, la preoccupazione di tutta... l'ebraismo russo".[2097]

E per concludere: *"Il destino dell'ebraismo russo è inestricabilmente legato al destino della Russia; dobbiamo salvare la Russia, se vogliamo salvare l'ebraismo"* .... *Gli ebrei devono combattere i molestatori del grande Paese spalla a spalla con tutte le altre forze antibolsceviche; una lotta consolidata contro il nemico comune sanerà le spaccature e ridurrà sostanzialmente l'attuale drammatica e onnipresente crescita dell'antisemitismo; solo salvando la Russia, potremo evitare una catastrofe ebraica".*[2098]

Catastrofe! - Questo è stato detto dieci anni prima dell'ascesa al potere di Hitler, diciotto anni prima della sua incredibile conquista dell'URSS e prima dell'inizio del suo programma di sterminio degli ebrei. Sarebbe stato possibile per Hitler predicare l'odio verso "ebrei e comunisti" in Germania con tanta facilità e successo, affermare che ebrei e comunisti sono la stessa cosa, se gli ebrei fossero stati tra i più importanti e persistenti oppositori del regime sovietico? La ricerca spirituale degli autori di *Russia ed Ebrei* li ha portati a percepire profeticamente l'ombra dell'imminente catastrofe ebraica, pur sbagliando sulla sua origine geografica e non riuscendo a prevedere altri sviluppi fatali. Eppure il loro terribile avvertimento rimase inascoltato.

Nella storia delle relazioni russo-ebraiche non sono a conoscenza di nessun'altra cosa vicina alla *Russia e agli ebrei*. Ha scosso l'emigrazione ebraica. Immaginate quanto sia stato doloroso sentire queste cose provenire da labbra ebraiche, dall'interno dell'ebraismo stesso.

Anche noi russi dobbiamo trarre una lezione da questa storia. Dovremmo prendere la *Russia e gli ebrei* come esempio di come amare il nostro popolo e allo stesso tempo essere in grado di parlare dei nostri errori, e di farlo senza pietà se necessario. E nel farlo, non dovremmo mai alienarci o separarci dal nostro popolo. La strada più sicura per la verità sociale è che ciascuno ammetta i *propri* errori, da ogni parte, da tutti.

Avendo dedicato molto tempo e riflessione a questi autori (e avendo trascinato il lettore con me), vorrei qui lasciare una breve traccia della loro vita.

Josef Menassievich Bikerman (1867-1942) proveniva da una povera famiglia piccolo-borghese. Frequentò un collegio, poi una yeshiva, provvedendo a se stesso dall'età di quindici anni; si educò in circostanze

---

[2097] I. M. Bikerman. *Rossija i russkoe evreistvo* [Russia ed ebraismo russo]. // RJ, p. 93.
[2098] D. S. Pasmanik. *Chego zhe my dobivaemsya* [Cosa vogliamo ottenere?]. // RJ, p. 217-218.

difficili. Nel 1903 si laureò presso la facoltà storico-filologica dell'Università Imperiale della Novorossiya (dopo un periodo di esclusione di due anni per aver partecipato alle agitazioni studentesche). Si oppone al sionismo in quanto, a suo avviso, idea illusoria e reazionaria. Esortava gli ebrei a unirsi, senza rinunciare alla loro identità spirituale, alle forze progressiste in Russia per lottare per il bene della comune madrepatria . Il suo primo articolo fu un ampio trattato sul sionismo pubblicato sul *Russkoe Bogatstvo* (1902, numero 7), che fu notato e discusso anche all'estero. Nel 1905 fu profondamente coinvolto nel movimento di liberazione. Collaborò a diversi periodici: *Syn Otechestva* [Figlio della Patria], *Russkoe Bogatstvo*, *Nash Den* [Il nostro giorno], *Bodroe Slovo* [Parola vivace]. Come emigrante fu stampato nella *Vozrozhdenie* di Parigi, quando era diretta da P. B. Struve.

Daniil Samoilovich Pasmanik (1869-1930) era figlio di Melamed (insegnante in una scuola materna). Nel 1923 si laureò alla facoltà di medicina dell'Università di Zurigo e poi esercitò la professione medica in Bulgaria per sette anni. Nel 1899-1905 fu libero docente presso la facoltà di medicina dell'Università di Ginevra.

Si unì al movimento sionista nel 1900 e ne divenne uno dei principali teorici e pubblicisti. Tornò in Russia nel 1905 e superò l'esame di abilitazione alla professione medica. Partecipò alla lotta per i diritti civili degli ebrei; si oppose al Bund e lavorò al programma per Poale-Zion; nel 1906-1917 fu membro del Comitato centrale dell'organizzazione sionista russa. Fu membro dei comitati editoriali di *Evreiskaya Zhizn* [Vita ebraica] e poi di *Rassvet*. Scrisse molti articoli per *Evreisky Mir [Mondo* ebraico] e per l'*Enciclopedia ebraica*. Pubblicò le sue opere mediche in riviste specializzate in tedesco e francese. Pasmanik si trovava a Vienna quando scoppiò la prima guerra mondiale nel 1914, da dove riuscì con grande difficoltà a tornare in Russia; si arruolò nell'esercito e prestò servizio negli ospedali da campo fino al febbraio 1917. Dopo la Rivoluzione di febbraio si unì ai Kadet; sostenne il generale Kornilov e il movimento bianco; nel 1918-1919 fu coinvolto nel governo bianco della Crimea e fu eletto presidente dell'Unione delle comunità ebraiche della Crimea. Nel 1919 emigrò dalla Russia in Francia. Nel 1920-1922 a Parigi, insieme a V. L. Burtsev, diresse il giornale degli emigrati bianchi *Obshchee Delo [La causa comune]*. *Complessivamente, è stato autore di centinaia di articoli e decine di libri; tra i più importanti ricordiamo* Wandering Israel: Psicologia dell'ebraismo in dispersione *(1910)*, Destini del popolo ebraico: I problemi della società ebraica *(1917)*, La rivoluzione russa e l'ebraismo: Bolscevismo ed ebraismo *(1923)*, Gli anni della rivoluzione in Crimea *(1926)*, Che cos'è l'ebraismo? (edizione francese, 1930).

Isaak Osipovich Levin (1876-1944) è stato uno storico e pubblicista. Prima della rivoluzione, lavorò come commentatore di affari esteri per *Russkie Vedomosti* [Giornale russo] e per la rivista di P. B. Struve, *Russkaya Mysl* [*Pensiero russo*]. Emigrò prima a Berlino. Fu membro dell'Istituto russo delle scienze, collaborò con *Rul, Russkie Zapiski* e con l'almanacco storico-letterario *Na Chuzhoi Storone* [*In terra straniera*]; tenne regolarmente delle presentazioni (in particolare sul tema dell'ascesa dell'antisemitismo tedesco). Si trasferì a Parigi nel 1931 o 1932. Rimase vedovo e visse in povertà. Tra le sue opere ricordiamo L'*emigrazione durante la Rivoluzione francese* e un libro in francese sulla Mongolia. Durante l'occupazione tedesca si registrò secondo le sue "origini razziali", come richiesto dalle autorità; fu arrestato all'inizio del 1943, per un breve periodo fu detenuto in un campo di concentramento vicino a Parigi, poi deportato; morì in un campo di concentramento nazista nel 1944.

Grigory (Gavriel) Adolfovich Landau (1877-1941) era figlio del noto pubblicista ed editore A. E. Landau. Si laureò alla facoltà di legge dell'Università di San Pietroburgo nel 1902. Scrisse per periodici a partire dal 1903 *(i giornali* Voskhod *[Alba],* Nash Den, Evreiskoe Obozrenie *[Osservatore ebraico], le riviste* Bodroe Slovo, Evreisky Mir, Vestnik Evropy

[Sovremennik, Severnye Zapiski [Note del Nord], l'almanacco annuale *Logos*). Fu uno dei fondatori del Gruppo Democratico Ebraico nel 1904 e dell'Unione per la parità di diritti degli ebrei in Russia nel 1905. Fu un importante kadet, membro del Comitato centrale del partito kadet. Nell'agosto 1917 partecipò alla Conferenza governativa di Mosca; dal dicembre 1917 fu membro del Comitato esecutivo della Comunità ebraica di Pietrogrado. Emigrò in Germania nel 1919; dal 1922 al 1931 fu vice di I. V. Gessen alla *Rul*. Oltre che per la *Rul*, scrisse anche per la rivista *Russkaya Mysl*, per il settimanale *Russia e gli Slavi*, per la raccolta *Chisla* [*Date*], ecc. Spesso tenne conferenze alle serate degli emigrati (nel 1927, nella conferenza intitolata *L'illusione eurasiatica*, criticò l'"eurasiatismo" come movimento contrario ai valori della storia russa e che portava al bolscevismo ideologico). Dalla Germania nazista fuggì in Lettonia, dove lavorò per il giornale di Riga *Segodnya* [*Oggi*]. Fu arrestato dall'NKVD nel giugno 1941 e morì nel campo di Usollag (vicino a Solikamsk) in novembre.[2099] Tra le sue opere, le più influenti furono *Cultura clownesca* (in *Nash Den*, 1908), l'articolo *Crepuscolo d'Europa* (*Severnye Zapiski*, 1914, numero 12), che anticipava "gran parte di ciò che in seguito avrebbe

---

[2099] Le informazioni sull'arresto e la morte di G. A. Landau sono state tratte da V. Gessen. *Iosif Gessen: jurist, politik i zhurnalist* [Josef Gessen: avvocato, politico e giornalista]. // Gli ebrei nella cultura della Russia in esilio: Articoli, pubblicazioni, memorie e saggi. Gerusalemme, 1993, v. 2, p. 543.

conferito fama mondiale a Oswald Spengler"[2100] (e successivamente un libro con lo stesso titolo (Berlino, 1923), *Relazioni polacco-ebraiche* (1915), *Sul superamento del male* (nella raccolta *Le opere degli studiosi russi all'estero*, Berlino, 1923), *Il bizantino e l'ebraico* (*Russkaya Mysl*, 1923, numeri 1 e 2), *Tesi contro Dostoevskij* (*Chisla*, volume 6, Parigi, 1932), *Epigrafi* (Berlino, 1927). Gran parte di ciò che scrisse fu respinto dai contemporanei. Il suo spirito era troppo conservatore per essere accettato dal pubblico progressista. Era un pensatore sagace.

Non siamo riusciti a trovare informazioni sostanziali su D. O. Linsky (servì nell'Armata Bianca durante la guerra civile) o V. C. Mandel (attivo nella vita politica russa 1907-1918, emigrò a Berlino e morì nel 1931).

In *Russia e gli ebrei* il comportamento degli emigrati ebrei negli anni Venti era esplicitamente e duramente ammonito. Gli autori invitavano i loro coetanei ad "ammettere i propri errori e a non giudicare la Grande Russia in cui erano vissuti e di cui avevano fatto la loro casa per centinaia di anni"; "ricordarsi di come hanno chiesto giustizia per se stessi e di come sono sconvolti quando vengono accusati collettivamente per gli atti di alcuni individui"[2101] ; gli ebrei non dovrebbero avere paura di "riconoscere *una certa* responsabilità per tutto ciò che è accaduto".[2102] "Prima di tutto dobbiamo determinare con precisione la nostra *parte di* responsabilità e quindi contrastare le calunnie antisemite....Non si tratta assolutamente di abituarsi all'antisemitismo, come sostengono alcuni demagoghi ebrei.... Questa ammissione è vitale per noi, è un nostro dovere morale".[2103] "L'ebraismo deve scegliere la strada giusta, degna della grande saggezza dei nostri insegnamenti religiosi, che ci porterà alla riconciliazione fraterna con il popolo russo.... costruire la casa russa e la casa ebraica in modo che possano resistere per i secoli a venire".[2104]

Ma "spargiamo tempeste e tuoni e ci aspettiamo di essere cullati da dolci zefiri.... So che griderete che sto giustificando i pogrom! ... So quanto valgono queste persone, che si ritengono il sale della terra, gli arbitri del destino, e come minimo i fari di Israele.... Loro, di cui ogni sussurro parla di Cento Neri e di Cento Neri, sono essi stessi gente oscura, la loro essenza è nera, *viri oscuri* anzi, non sono mai stati in grado di comprendere... il

---

[2100] Fyodor Stepun. *Byvshee i nesbyvsheesja* [Ciò che è stato e ciò che avrebbe potuto essere]. Edizione 2nd . Londra, Overseas Publications, 1990, v. 1, p. 301.
[2101] V. S. Mandel. *Konservativnye i razrushitelnye elementy v evreisve* [Forze conservatrici e sovversive tra gli ebrei]. // *RJ*, p. 204.
[2102] D. S. Pasmanik. *Chego zhe my dobivaemsya* [Cosa vogliamo ottenere?]. // *RJ*, p. 210.
[2103] Ibidem, p. 212, 213.
[2104] D. O. Linsky. *O natsionalnom samosoznanii russkogo evreja* [Sulla coscienza nazionale dell'ebreo russo]. // *RJ*, p. 152.

potere della creatività nella storia umana....". È imperativo per noi "fare meno sfoggio del nostro dolore, gridare meno sulle *nostre* perdite. È tempo di capire che il pianto e il lamento... sono per lo più [prova] di infermità emotiva, di una mancanza di cultura dell'anima.... Non siete soli in questo mondo, e il vostro dolore non può riempire l'intero universo... quando mettete in mostra solo il vostro dolore, solo il vostro dolore, dimostrate... mancanza di rispetto per il dolore degli altri, per le sofferenze degli altri".[2105]

Avrebbe potuto essere detto oggi, e a tutti noi. Queste parole non possono essere cancellate né dai milioni di persone perse nelle prigioni e nei campi del GULag, né dai milioni di persone sterminate nei campi di sterminio nazisti.

Le conferenze degli autori di *Russia ed Ebrei* all'Unione Nazionale degli Ebrei di quell'anno "furono accolte con grande indignazione" da parte degli ebrei emigrati.

"Anche quando accettavano esplicitamente o tacitamente la verità dei fatti e delle analisi, molti esprimevano indignazione o sorpresa per il fatto che qualcuno osasse portarli allo scoperto. Vedete, non era il momento giusto per parlare degli ebrei, per criticarli, per determinare i loro misfatti rivoluzionari e le loro responsabilità, quando l'ebraismo ha appena sofferto così tanto e potrebbe soffrire ancora di più in futuro".[2106] Gli autori della raccolta "furono quasi dichiarati "nemici del popolo [ebraico]", complici della reazione e alleati dei pogromisti".[2107]

Il *Jewish Tribune* rispose loro da Parigi qualche mese dopo: "La questione della 'responsabilità ebraica per la rivoluzione russa' è stata finora posta solo dagli antisemiti". Ma ora "c'è un intero movimento penitente e accusatorio", a quanto pare "dobbiamo 'non solo incolpare gli altri, ma anche ammettere le nostre colpe'"; eppure non c'è nulla di nuovo, a parte "la solita noiosa 'conta dei nomi' [degli ebrei tra i bolscevichi]". "Troppo tardi... il signor Landau è arrivato ad amare" "il vecchio 'statalismo'"; "gli ebrei 'penitenti' sono diventati reazionari"; le loro "parole sono incompatibili con la dignità del popolo ebraico... e sono completamente irresponsabili".[2108] Particolarmente offensivo è stato il tentativo di "separare l'antisemitismo 'popolare' da quello 'ufficiale'", cercando di

---

[2105] I. M. Bikerman. *Rossija i russkoe evreistvo* [Russia ed ebraismo russo]. // *RJ*, p. 74-75.
[2106] G. A. Landau. *Revolutsionnye idei v evreiskoi obshchestvennosti* [Idee rivoluzionarie nella società ebraica]. // *RJ*, p. 100-101.
[2107] D. S. Pasmanik. *Chego zhe my dobivaemsya* [Cosa vogliamo ottenere?]. // *RJ*, p. 226.
[2108] A. Kulisher. *Ob otvetstvennosti i bezotvetstvennosti* [Sulla responsabilità e l'irresponsabilità]. // *The Jewish Tribune*, 6 aprile 1923, p. 3-4.

dimostrare che "il popolo, la società, il Paese - l'intera popolazione odia gli ebrei e li considera il vero colpevole di tutti i guai nazionali"; proprio come coloro che hanno connivente i pogrom, ripetono "la vecchia balla della 'rabbia popolare'".[2109] A volte si scendeva nell'abuso vero e proprio: "questo gruppo di giornalisti e attivisti berlinesi, che ormai è quasi scomparso dalla vita pubblica ebraica... desidera tornare alla ribalta... e per farlo non trova di meglio che attaccare i propri compatrioti, gli ebrei russi"; questo "minuscolo gruppo di ebrei lealisti... è accecato dal desiderio di far girare la ruota della storia all'indietro", scrive "indecenze", dà "consigli comici", si assume il "ridicolo ruolo di guaritori per curare le ferite nazionali". Dovrebbero ricordare che "a volte è meglio stare zitti".[2110]

Un sofisticato critico moderno potrebbe trovare una valutazione migliore per quella raccolta che non sia una "grave isteria". A suo parere, sia quel tentativo "che il loro successivo viaggio sono autentiche tragedie" e spiega questa tragedia come un "complesso di odio verso se stessi".[2111]

Eppure Bikerman era odioso quando scrisse, nel suo "successivo tragico viaggio", che: "Il popolo ebraico... non è una setta, non è un ordine, ma un intero popolo, disperso nel mondo ma unito in se stesso; ha innalzato il vessillo del lavoro pacifico e si è raccolto intorno a questo vessillo, come intorno al simbolo dell'ordine divino"?[2112]

Tuttavia, non è vero che gli ebrei europei o emigrati non abbiano mai ascoltato tali spiegazioni o avvertimenti. Una discussione simile si era svolta poco prima, nel 1922. Nella nuova pubblicazione sionista *Rassvet*, il nazionalista G. I. Shekhtman esprimeva la sua incomprensione per come l'intellighenzia di altre nazionalità potesse essere diversa da quella nazionalista. Un'intellighenzia è invariabilmente legata alla *propria* nazionalità e ne sente i dolori. Un ebreo non può essere un "democratico russo", ma naturalmente un "democratico ebreo". "Non riconosco una doppia lealtà nazionale o democratica". E se l'intellighenzia russa "non si identifica con la propria nazionalità" (Herzen), è semplicemente perché finora "non ha avuto l'opportunità o la necessità di provare forti dolori per la propria identità nazionale, di preoccuparsene. Ma ora le cose sono

---

[2109] B. Mirsky. *"16 punktov"* ["16 punti"]. // *The Jewish Tribune*, 7 aprile 1924, p. 2.

[2110] S. Pozner. V chem zhe delo? [Qual è il problema?] // *The Jewish Tribune*, 7 aprile 1924, p. 1-2.

[2111] Sh. Markish. O evreiskoj nenavisti k Rossii [Sull'odio degli ebrei verso la Russia]. // *"22"*: Obshchestvenno-politichesky i literaturny zhurnal evreyskoj intelligentsii iz SSSR v Izraile [Giornale *sociale, politico e letterario dell'intellighenzia ebraica dell'URSS in Israele*]. Tel-Aviv, 1984, (38), p. 218.

[2112] I. M. Bikerman. *K samopoznaniju evreya: chem. my byli, chem. my stali, chem. my dolzhny stat* [Sulla conoscenza di sé dell'ebreo: Chi eravamo, chi siamo, chi dobbiamo diventare]. Parigi, 1939, p. 25.

cambiate". Ora l'intellighenzia russa "deve mettere da parte le sue aspirazioni di essere un'intellighenzia universale tutta russa, e considerarsi invece come la *Grande* democrazia *russa*".[2113]

È stato difficile controbattere. Il guanto di sfida fu raccolto da P. N. Milyukov, anche se non con molta sicurezza. Ricordiamo (vedi capitolo 11) che già nel 1909 aveva espresso orrore per il disvelamento di questa pungente e sgradevole questione nazionale: "Chi ne beneficia?". Ma ora questa nuova situazione imbarazzante (e non un cambiamento nelle opinioni di Milyukov), quando tanti intellettuali russi in emigrazione si sono improvvisamente resi conto di aver perso la loro Russia, ha costretto Milyukov a modificare la sua posizione precedente. Egli rispose a Shekhtman, anche se in modo piuttosto ambiguo e non sul suo (popolarissimo) *Poslednie Novosti*, ma sulla *Tribuna Ebraica*, con una diffusione molto più ridotta, affermando che un ebreo russo poteva e doveva essere un "democratico russo". Milyukov si è mosso con cautela: "ma quando questa richiesta... sarà soddisfatta e apparirà un 'nuovo volto nazionale' della democrazia russa (il Grande Russo)", beh, Shekhtman non sarebbe il primo a spaventarsi alla prospettiva di "dare potere alla Grande Democrazia Russa etnicamente consapevole con ambizioni imperiali". Abbiamo dunque bisogno di questi fantasmi? È per questo che vogliamo rovinare le nostre relazioni?[2114]

Gli emigrati vivevano in un'atmosfera di tensione non solo verbale. Nel 1927 si svolse a Parigi un clamoroso processo per omicidio contro l'orologiaio Samuel Shvartsbard, che aveva perso tutta la famiglia nei pogrom in Ucraina e che aveva ucciso Petliura con cinque colpi di pistola.[2115] (*Izvestiya ha* raccontato con simpatia il caso e ha stampato il ritratto di Shvartsbard.[2116]). La difesa ha alzato la posta in gioco sostenendo che l'omicidio era una vendetta giustificata per i pogrom di Petliura: "L'imputato desiderava e sentiva il dovere di sollevare la questione dell'antisemitismo davanti alla coscienza del mondo".[2117] La difesa ha chiamato molti testimoni a testimoniare che durante la guerra civile Petliura era stato personalmente responsabile dei pogrom in Ucraina. L'accusa ha suggerito che l'omicidio fosse stato ordinato dalla Cheka.

Shvartsbard, agitato, ha esclamato dal suo posto: "Il testimone non vuole ammettere che ho agito come un ebreo, e quindi sostiene che sono un

---

[2113] P. N. Milyukov. *Natsionalnost i natsia* [Etnia e nazione]. // *The Jewish Tribune*, 1 settembre 1922, p. 1-2.
[2114] Ibidem.
[2115] *Poslednie Novosti*. 14 ottobre 1927, p. 2; 19 ottobre 1927, p. 1-2.
[2116] *Izvestiya*, 21 ottobre, p. 3.
[2117] *Izvestiya*, 22 ottobre, p. 1.

bolscevico".[2118] Shvartsbard fu assolto dal tribunale francese. Denikin [un importante generale bianco durante la guerra civile] fu citato in quel processo e l'avvocato di Shvartsbard proclamò: "Se volete processare Denikin, io sono con voi"; "avrei difeso colui che si sarebbe vendicato di Denikin con lo stesso appassionato impegno con cui difendo l'uomo che si è vendicato di Petliura".[2119] E poiché Denikin viveva a Parigi senza guardie, chiunque volesse vendicarsi di lui aveva la strada aperta. Tuttavia Denikin non fu mai processato. (Un omicidio simile avvenne più tardi a Mosca nel 1929, quando Lazar Kolenberg sparò all'ex generale bianco Slashchev, [che dopo la guerra civile tornò in Russia e prestò servizio nell'esercito sovietico], per non aver fatto nulla per fermare i pogrom a Nikolayev. "Durante le indagini, l'accusato è stato giudicato mentalmente incapace di sostenere un processo e rilasciato"[2120]) Durante il processo a Shvartsbard, il pubblico ministero fece un parallelo con un altro caso famoso (quello di Boris Koverda): Petliura aveva vissuto in precedenza in Polonia, ma "lei [rivolgendosi a Shvartsbard] non tentò di ucciderlo lì, perché sapeva che in Polonia sarebbe stato processato da un tribunale militare".[2121] Nel 1929, un giovane, Boris Koverda, anche lui "desideroso di presentare un problema alla coscienza del mondo", aveva ucciso il sadico bolscevico Voikov; fu condannato a dieci anni di carcere e li scontò tutti.

Un emigrato bianco del gruppo del terrorista rivoluzionario Boris Savinkov, il capitano V. F. Klementiev, mi ha raccontato che a Varsavia in quel periodo gli ex ufficiali russi venivano maltrattati come "mascalzoni della Guardia Bianca" e che non venivano serviti nei negozi di proprietà ebraica. Tale era l'ostilità, e non solo a Varsavia.

Gli emigrati russi in tutta Europa sono stati schiacciati dalla scarsità, dalla povertà, dalle difficoltà, e si sono rapidamente stancati della resa dei conti su "chi ha più colpa?". I sentimenti antiebraici si attenuarono nella seconda metà degli anni Venti.

In quegli anni Vasily Shulgin scriveva: "I nostri 'calvari dei visti' non sono forse molto simili all'oppressione subita dagli ebrei nella Pale of Settlement? I nostri passaporti Nansen [carte d'identità riconosciute a livello internazionale, rilasciate per la prima volta dalla Società delle Nazioni ai rifugiati apolidi], che sono una sorta di biglietto di lupo che ostacola i movimenti, non ricordano forse l'etichetta "religione ebraica", che abbiamo apposto sui passaporti degli ebrei in Russia, chiudendo loro

---

[2118] *Izvestiya*, 23 ottobre, p. 1.
[2119] *Poslednie Novosti*. 25 ottobre 1927, p. 2; 26 ottobre 1927, p. 1.
[2120] Enciclopedia ebraica russa. Edizione riveduta e ampliata 2nd. Mosca, 1995, v. 2, p. 59.
[2121] *Poslednie Novosti*. 23 ottobre 1927, p. 1.

molte porte? Non ricorriamo forse a ogni tipo di lavoro intermedio quando non riusciamo a ottenere, a causa della nostra particolare posizione, un posto di funzionario pubblico o una certa professione? ...

Non stiamo forse imparando gradualmente a 'aggirare' le leggi che ci sono scomode, proprio come gli ebrei hanno fatto con le nostre leggi, per le quali li abbiamo criticati?".[2122]

Tuttavia, negli stessi anni, i sentimenti antiebraici erano in aumento in URSS e venivano riportati anche dalla stampa sovietica, causando angoscia tra gli emigrati ebrei. Così, nel maggio 1928, fu organizzato a Parigi un "dibattito pubblico sull'antisemitismo" tra di loro. Un resoconto è stato pubblicato sul giornale di Milyukov.[2123] (Il gruppo di Bikerman e Pasmanik, già non attivo, non partecipò).

Il motivo formale del dibattito era "un forte aumento della giudeofobia in Russia, un fenomeno che si verifica periodicamente". Il dibattito era presieduto dal rivoluzionario socialista N. D. Avksentiev e tra il pubblico c'erano "più russi che ebrei". Mark Slonim ha spiegato che "l'ebraismo russo, a lungo oppresso, avendo finalmente raggiunto la libertà, si è affrettato ad assicurarsi posizioni un tempo proibite", e questo infastidisce i russi. "In sostanza, il passato ha fatalmente determinato il presente". Le "cattive cose" del passato (l'epoca zarista) "hanno portato a cattive conseguenze". S. Ivanovich ha affermato che gli ebrei sono ora tormentati in URSS, perché è diventato impossibile tormentare "i borghesi" grazie alla NEP. Ma ciò che preoccupa è che l'intelligenzia russa in URSS, pur essendo neutrale sulla questione ebraica, ora si prende la libertà di pensare: bene, "inizierà con l'antisemitismo, e porterà alla libertà russa". Che pericolosa e sciocca illusione".

Tali idee apologetiche indignarono l'oratore successivo, V. Grosman: "È come se l'ebraismo fosse accusato!". La questione deve essere considerata più a fondo: "Non c'è motivo di distinguere l'antisemitismo sovietico dall'antisemitismo della vecchia Russia", cioè c'è ancora lo stesso centrismo nero tanto caro ai cuori russi. "Non è una questione ebraica, ma russa, una questione di cultura russa".

(Ma se si tratta di un problema così quintessenzialmente russo, interamente russo, intrinsecamente russo, allora cosa si può fare? Che bisogno c'è di un dialogo reciproco?) L'autore del rapporto di discussione, S. Litovtsev, si è rammaricato *post factum* che sia stato necessario trovare per il dibattito "diverse persone oneste, abbastanza coraggiose da riconoscere il loro antisemitismo e spiegare francamente perché sono antisemiti... Che dicano

---

[2122] V. V. Shulgin, p. 156.
[2123] *Poslednie Novosti*. 29 maggio 1928.

semplicemente, senza evasività: 'Non mi piace questo e quello degli ebrei...' Accanto a loro ci sarebbero dovuti essere diversi ebrei altrettanto sinceri che avrebbero detto: 'E a noi non piace questo e quello di voi...'. Di sicuro, un tale scambio di opinioni onesto e aperto, con buona volontà e desiderio di comprensione reciproca, sarebbe davvero vantaggioso sia per gli ebrei che per i russi - e per la Russia...."[2124]

Shulgin rispose: "Ora, tra gli emigrati russi, ci vuole sicuramente più coraggio per dichiararsi filosemiti". Ha esteso la sua risposta a un intero libro, inserendo la domanda di Litovtsev nel titolo "*Cosa non ci piace di loro*".[2125]

Il libro di Shulgin fu considerato antisemita e il proposto "scambio di opinioni" non ebbe mai luogo. In ogni caso, l'imminente catastrofe, proveniente dalla Germania, tolse presto di mezzo qualsiasi dibattito.

A Parigi è stata creata un'Unione dell'intellighenzia russo-ebraica, come nel tentativo di preservare un legame tra le due culture. Ma ben presto si scopre che "la vita in esilio ha creato un abisso tra padri e figli, e questi ultimi non capiscono più cosa sia una "intellighenzia russo-ebraica"".[2126] Così i padri riconobbero tristemente che "gli ebrei russi, che erano soliti guidare l'ebraismo mondiale nell'arte spirituale e nella costruzione della nazione, ora hanno praticamente abbandonato la scena".[2127] Prima della guerra, l'Unione era riuscita a pubblicare solo il primo numero di Raccolta *del mondo ebraico*. Durante la guerra, coloro che potevano, fuggirono dall'altra parte dell'oceano e crearono instancabilmente l'Unione degli ebrei russi a New York, pubblicando il secondo numero di *Jewish World*. Negli anni Sessanta pubblicarono il *Libro dell'ebraismo russo* in due volumi, sulla vita ebraica in Russia prima e dopo la rivoluzione. La vita passata nella Russia passata attirava ancora le loro menti.

In questo lavoro cito tutti questi libri con gratitudine e rispetto.

[2124] S. Litovtsev. *Disput ob antisemitizme* [Dibattito sull'antisemitismo]. // *Poslednie Novosti*, 29 maggio 1928, p. 2.
[2125] V. V. Shulgin, p. 11.
[2126] S. M. Ginzburg. O russko-evreiskoi intelligentsia [Sull'intellighenzia ebraica russa]. // *JW-1*, p. 33.
[2127] Prefazione // *JW-1*, p. 7.

Capitolo 18
Negli anni'20

Gli anni Venti in Unione Sovietica sono stati un'epoca dall'atmosfera unica, un grande esperimento sociale che ha intossicato l'opinione pubblica mondiale per decenni.

E in alcuni luoghi questa intossicazione persiste ancora. Tuttavia, di coloro che hanno bevuto a fondo il suo spirito velenoso non rimane quasi nessuno.

L'unicità di questo spirito si manifestò nella ferocia dell'antagonismo di classe, nella promessa di una nuova società mai vista prima, nella novità di nuove forme di relazioni umane, nella disgregazione dell'economia, della vita quotidiana e della struttura familiare della nazione. I cambiamenti sociali e demografici furono, infatti, colossali.

Il "grande esodo" della popolazione ebraica verso le capitali iniziò, per molte ragioni, durante i primi anni del potere comunista. Alcuni scrittori ebrei sono categorici nella loro descrizione: "Migliaia di ebrei lasciarono i loro insediamenti e una manciata di città del sud per Mosca, Leningrado e Kiev per trovare la 'vera vita'".[2128]

A partire dal 1917, "gli ebrei si riversarono a Leningrado e a Mosca".[2129] Secondo l'*Enciclopedia Ebraica*, "centinaia di migliaia di ebrei si trasferirono a Mosca, Leningrado e in altri grandi centri",[2130] "nel 1920, 28.000 ebrei vivevano a Mosca - nel 1923, circa 86.000; secondo il censimento dell'URSS del 1926, 131.000 e nel 1933, 226.500".[2131] "Mosca è diventata di moda", dicevano semiseriamente a Odessa.

Lurie-Larin, un fanatico e zelante leader bolscevico durante il "comunismo di guerra", scrive che nei primi anni non meno di un milione di ebrei lasciò i propri insediamenti; nel 1923 circa la metà degli ebrei ucraini viveva nelle grandi città, riversandosi anche in parti della Russia precedentemente off-

---

[2128] М. Поповский. Ос - со всей искренностью // Новый американец, Нью-Йорк, 1981, 20-26 сентября (№ 84), с. 7.
[2129] А. Львов. Где ты, Адам // Новая газета, Нью-Йорк, 1981, 28 ноября-4 декабря (№ 82), с. 4.
[2130] Краткая Еврейская Энциклопедия (далее - КЕЭ). Иерусалим, 1976. Т. 1, с. 235.
[2131] Там же, т. 5, с. 477-478.

limits per gli ebrei (le cosiddette "province proibite") dall'Ucraina e dalla Bielorussia, alla Transcaucasia e all'Asia centrale.

L'entità di questo flusso è stata di mezzo milione, e quattro quinti di essi si sono stabiliti nella RSFSR. Uno su cinque degli immigrati ebrei si è recato a Mosca.[2132]

M. Agursky ritiene che i numeri di Larin siano sostanzialmente sottostimati e sottolinea che questo cambiamento demografico ha interessato interessi importanti per la popolazione russa.[2133]

Durante il "comunismo di guerra", con il divieto del commercio privato e le limitazioni imposte agli artigiani e a coloro che avevano determinate "origini sociali", nacque una nuova categoria sociale: i "deprivati" (privi di diritti civili). "Molti ebrei furono privati dei diritti civili e furono annoverati tra gli "indigenti"". Tuttavia, "la migrazione della popolazione ebraica dalla Bielorussia verso l'interno dell'URSS, soprattutto verso Mosca e Leningrado" non rallentò.[2134] I nuovi arrivati si unirono a parenti o coetanei che offrivano un sostegno comunitario.

Secondo il censimento dell'URSS del 1926, 2.211.000 persone, ovvero l'83% della popolazione ebraica, vivevano in città e paesi. 467.000 vivevano nei distretti rurali. Altri 300.000 non si identificavano come ebrei e questi erano praticamente tutti abitanti delle città. Circa cinque ebrei su sei in URSS vivevano in città, costituendo fino al 23% e al 40% della popolazione urbana rispettivamente in Ucraina e in Bielorussia.[2135]

Il fenomeno più evidente nei capoluoghi di provincia e nelle grandi città fu il flusso di ebrei nell'apparato del governo sovietico. Ordzhonikidze, nel 1927, al 15 Congresso del Partito Comunista, riferì sulla "composizione nazionale del nostro partito". Secondo le sue statistiche, gli ebrei costituivano l'11,8% del governo sovietico di Mosca; il 22,6% in Ucraina (30,3% a Kharkov, la capitale); il 30,6% in Bielorussia (38,3% a Minsk).[2136] Se fosse vero, la percentuale di ebrei nelle aree urbane sarebbe pari a quella degli ebrei nel governo.

Solomon Schwartz, utilizzando i dati del lavoro di Lev Singer, ha sostenuto che la percentuale di ebrei nel governo sovietico era circa uguale alla loro percentuale nella popolazione urbana (ed era significativamente più bassa

---

[2132] Ю. Ларин. Евреи и антисемитизм в СССР (далее - Ю. Ларин). М.;Л.: ГИЗ, 1929, с. 58-60.
[2133] М. Агурский. Идеология национал-большевизма. Париж: YMCA-Press, 1980, с. 265.
[2134] КЕЭ, т. 1, с. 326.
[2135] Ю. Ларин, с. 63-64, 74.
[2136] Izvestia, 1927, 11 dicembre. p. 1.

nello stesso partito bolscevico).[2137] Utilizzando i dati di Ordzhonikidze, nel 1926 gli ebrei, pari all'1,82% della popolazione, erano rappresentati nell'Apparato circa 6,5 volte la loro percentuale nella *popolazione in generale*.

È facile sottovalutare l'impatto dell'improvvisa libertà dai limiti pre-rivoluzionari sui diritti civili: Secondo I. Bikerman, "prima il potere non era affatto accessibile agli ebrei, mentre ora essi avevano accesso al potere più di chiunque altro".[2138] Questo cambiamento improvviso provocò una reazione variegata in tutti gli strati della società. S. Schwartz scrive: "A partire dalla metà degli anni Venti si verificò una nuova ondata di antisemitismo" che non era "legata al vecchio antisemitismo, né un'eredità di passato". "È un'estrema esagerazione spiegarlo come originato dai lavoratori arretrati delle aree rurali, poiché l'antisemitismo in generale non era un fatto di vita nelle campagne russe". No, "era un fenomeno molto più pericoloso". È sorto negli strati medi della società urbana e ha raggiunto i livelli più alti della classe operaia che, prima della rivoluzione, era rimasta praticamente indenne dal fenomeno. "Raggiunse gli studenti e i membri del partito comunista e del Komsomol e, ancor prima, le amministrazioni locali delle piccole città di provincia" dove "prese piede un antisemitismo aggressivo e attivo".[2139]

L'*Enciclopedia Ebraica* scrive che dall'inizio del 20 secolo "sebbene la propaganda ufficiale sovietica scriva che l'antisemitismo nell'ultima parte degli anni'20 era un "retaggio del passato", "i fatti dimostrano che è sorto principalmente come risultato dello scontro di forze sociali nelle grandi città". Era alimentata dall'"opinione diffusa che il potere nel Paese fosse stato preso dagli ebrei che costituivano il nucleo dei bolscevichi".[2140] ". Bikerman scrisse con evidente preoccupazione nel 1923 che "l'ebreo è in tutti gli angoli e a tutti i livelli del potere". "Il russo lo vede come dominatore di Mosca, a capo della capitale sulla Neva [Pietrogrado], e a capo dell'Armata Rossa, una macchina di morte perfezionata. Vede che la Prospettiva di San Vladimir è stata ribattezzata Prospettiva Nakhimson... Il russo vede l'ebreo come giudice e boia; vede gli ebrei in ogni angolo, non

---

[2137] С.М. Шварц. Антисемитизм в Советском Союзе. Нью-Йорк: Изд-во им. Чехова, 1952, с. 44-46, 48-49 (со ссылкой на: Л. Зингер. Материалы и исследования Объединённой статистико-экономической комиссии при ЦК ОРТа. М., 1927. Вып. 1; Еврейское население в СССР (статистико-экономический обзор) М.; Л.: Соцэгиз, 1932).

[2138] И.М. Бикерман. Россия и русское еврейство // Россия и евреи: Сб. 1 (далее - РиЕ) / Отечественное объединение русских евреев заграницей. Париж: YMCA-Press, 1978, с. 28 [1-е изд. - Берлин: Основа, 1924].

[2139] С.М. Шварц. Антисемитизм. 7, 17, 25, 29, 39.

[2140] PEJ. t. 8, pp. 161-162.

solo tra i comunisti, ma anche tra persone come lui, che fanno ovunque gli ordini del potere sovietico".[2141]

Non meno visibile della partecipazione ebraica al governo fu il nuovo ordine improvvisamente creato nella cultura e nell'istruzione.

La nuova disuguaglianza sociale non si basava tanto sulla nazionalità, quanto piuttosto sul rapporto tra città e campagna. Il lettore russo non ha bisogno di spiegazioni sui vantaggi concessi dal potere sovietico dagli anni'20 agli anni'80 alle città capitali rispetto al resto del Paese. Uno dei principali vantaggi era il livello di istruzione e la gamma di opportunità di formazione superiore. Chi si è stabilito nei primi anni del potere sovietico nelle città capitali ha assicurato ai propri figli e nipoti decenni di vantaggi futuri, rispetto a quelli del paese. Le maggiori opportunità di istruzione post-secondaria e di formazione universitaria significavano un maggiore accesso all'élite istruita.

Nel frattempo, a partire dal 1918, l'intellighenzia etnica russa fu spinta ai margini.

Negli anni'20 gli studenti già iscritti agli istituti di istruzione superiore venivano *espulsi* in base alla politica delle origini sociali. Furono espulsi i figli della nobiltà, del clero, dei burocrati governativi, degli ufficiali militari, dei mercanti e persino i figli dei piccoli negozianti. Negli anni successivi, ai candidati di queste classi e ai figli dell'intellighenzia di fu negato l'accesso alle istituzioni di istruzione superiore. In quanto "nazionalità repressa dal regime dello zar", gli ebrei non ricevettero questo trattamento. Nonostante l'"origine borghese", la gioventù ebraica fu liberamente accettata nelle istituzioni di istruzione superiore. Agli ebrei veniva perdonato il fatto di *non essere proletari*.

Secondo l'*Enciclopedia Ebraica*, "con l'assenza di limitazioni basate sulla nazionalità per l'accesso agli istituti di istruzione superiore, gli ebrei arrivarono a costituire il 15,4% di tutti gli studenti universitari dell'URSS, quasi il doppio della loro percentuale rispetto alla popolazione urbana in generale".[2142] Inoltre, gli ebrei, "grazie a un alto livello di motivazione", scavalcarono rapidamente gli impreparati operai "proletari" che erano stati spinti avanti nel sistema educativo e procedettero senza ostacoli verso le scuole di specializzazione. Negli anni'20 e '30 e per molto tempo dopo, gli ebrei erano una parte sproporzionata dell'intellighenzia.

Secondo G. Aronson, l'ampio accesso all'istruzione superiore e specialistica portò alla formazione di quadri di medici, insegnanti e, in particolare, di ingegneri e lavoratori tecnici tra gli ebrei, che naturalmente

---

[2141] И.М. Бикерман. Россия и русское еврейство // РиЕ, с. 22-23.
[2142] КЕЭ, т. 8, с. 186.

portarono a posti di facoltà universitaria nel sistema in espansione dell'istruzione superiore [2143] e negli istituti di ricerca che stavano proliferando. All'inizio degli anni Venti, il posto di "cattedra statale di scienze" non era occupato da uno scienziato ma da un funzionario bolscevico, Mandelshtam-Lyadov.[2144]

Cambiamenti ancora più netti attanagliarono la vita economica del Paese. Bukharin annunciò pubblicamente in una conferenza del Partito Comunista nel 1927 che "durante il comunismo di guerra abbiamo epurato la piccola e media borghesia russa insieme ai principali capitalisti". Quando in seguito l'economia fu aperta al libero scambio, "la piccola e media borghesia ebraica prese il posto della borghesia russa... e più o meno lo stesso accadde con la nostra intellighenzia russa che si oppose e sabotò i nostri sforzi... Il suo posto è stato preso in alcuni settori dall'intellighenzia ebraica". Inoltre, la borghesia e l'intellighenzia ebraica sono concentrate nelle nostre regioni e città centrali, dove si sono trasferite dalle province occidentali e dalle città meridionali". Qui "anche nei ranghi del Partito si incontrano spesso tendenze antisemite". "Compagni, dobbiamo condurre una battaglia feroce contro l'antisemitismo".[2145]

Bukharin descrisse una situazione che era evidente a tutti. A differenza della borghesia russa, la borghesia ebraica non fu distrutta. Il commerciante ebreo, che aveva molte meno probabilità di essere condannato come "uomo del passato", trovò dei difensori.

Parenti o simpatizzanti nell'apparato sovietico... avvertiti di arresti o sequestri in corso. E se perdeva qualcosa, era solo il capitale, non la vita.

La cooperazione era quasi ufficiale attraverso il Commissariato ebraico presso il Sovnarkom . Gli ebrei erano stati finora "un popolo represso" e questo significava, naturalmente, che avevano bisogno di aiuto. Larin spiegò la distruzione della "borghesia russa" come una "correzione dell'ingiustizia che esisteva sotto gli zar prima della Rivoluzione".[2146]

Quando la NEP (Nuova Politica Economica) fu stroncata, il colpo cadde con meno forza contro i NEPmen ebrei, grazie ai loro legami con i circoli dirigenti sovietici.

[2143] Г. Аронсон. Еврейский вопрос в эпоху Сталина // Книга о русском еврействе, 1917-1967 (далее - КРЕ-2). Нью-Йорк: Союз Русских Евреев, 1968, с. 137.
[2144] Российская Еврейская Энциклопедия (дале - РЭЕ). 2-е изд., испр. и доп. М., 1995. Т. 2, с. 218.
[2145] Н. Бухарин. [Доклад на XXIV Ленинградской губпартконференции] // Правда, 1927, 2 февраля, с. 4.
[2146] Ю. Ларин, с. 86.

Bukharin aveva parlato in risposta a un notevole discorso del Prof. Y.V. Klyutchnikov, pubblicista ed ex Kadet. Nel dicembre 1926, il professore era intervenuto a un "incontro sulla questione ebraica" al Conservatorio di Mosca. "Abbiamo isolato espressioni di teppismo... La loro fonte è il sentimento nazionale ferito dei russi. La Rivoluzione di febbraio ha stabilito l'uguaglianza di tutti i cittadini russi, compresi gli ebrei. La Rivoluzione d'Ottobre è andata oltre, con la proclamazione dell'autorinuncia da parte della nazione russa. Si è sviluppato un certo squilibrio rispetto alla proporzione della popolazione ebraica nel Paese nel suo complesso e alle posizioni che hanno temporaneamente occupato nelle città. Noi siamo nelle nostre città e loro arrivano e ci schiacciano. Quando i russi vedono donne, anziani e bambini russi congelare per strada dalle 9 alle 11 ore al giorno, inzupparsi di pioggia nelle loro tende al mercato e quando vedono chioschi ebraici coperti relativamente caldi con pane e salsicce, non sono contenti. Questi fenomeni sono catastrofici... e devono essere presi in considerazione... C'è una terribile sproporzione nella struttura governativa, nella vita quotidiana e in altri settori... Abbiamo una crisi abitativa a Mosca - masse di persone si affollano in aree non idonee all'abitazione e allo stesso tempo la gente vede altre persone che si riversano da altre parti del Paese per occupare gli alloggi. Questi arrivi sono ebrei. Sta crescendo un'insoddisfazione nazionale e un atteggiamento di difesa e di paura nei confronti delle altre nazionalità. Non dobbiamo chiudere gli occhi di fronte a questo. Un russo che parla a un russo dirà cose che non direbbe a un ebreo. Molti dicono che ci sono troppi ebrei a Mosca. Questo va affrontato, ma non chiamatelo antisemitismo".[2147]

Ma Larin considerava il discorso di Klyutchnikov come una manifestazione di antisemitismo, affermando che "questo discorso serve come esempio della buona natura del potere sovietico nella sua battaglia contro l'antisemitismo, perché Klyutchnikov fu criticato duramente dagli oratori che seguirono alla stessa riunione, ma non furono prese "misure amministrative" contro di lui".[2148] (Agursky scrive: "Ci si aspetterebbe una rapida repressione per un discorso del genere negli anni'20 e '30", ma Klyutchnikov se la cavò. Forse ha ricevuto un sostegno segreto da alcuni ambienti?[2149] (Ma perché cercare cause segrete? Sarebbe stato troppo scandaloso punire un pubblicista così famoso, che era appena tornato dall'estero e avrebbe potuto danneggiare una migrazione inversa così importante per le autorità sovietiche [Nota del traduttore: "migrazione

---

[2147] Ю. Ларин*, с. 124-125 (со ссылкой на стенограмму речи Ключникова и указанием, что часть её была напечатана в "Рабочей Москве" 7 дек. 1926).
[2148] Там же, с. 127.
[2149] М. Агурский. Идеология национал-большевизма, с. 223.

inversa" - ritorno di persone emigrate dalla Russia durante il precedente periodo di rivoluzioni e guerra civile].

Gli anni'20 sono stati definiti come la "conquista" da parte degli ebrei delle capitali e dei centri industriali russi, dove le condizioni erano migliori. Si verificò anche una migrazione verso le aree migliori all'interno delle città. G. Fedotov descrive la Mosca di quel periodo: "La rivoluzione ne ha deformato l'anima, rivoltandola, svuotando i suoi palazzi e riempiendoli di un popolo straniero ed estraneo".[2150] Una battuta ebraica dell'epoca: "Anche da Berdichev e anche i più anziani vengono a Mosca: vogliono morire in una città ebraica".[2151]

In una lettera privata V.I. Vernadsky, un importante polimatico russo, nel 1927 scrive: "Mosca ora è come Berdichev; il potere dell'ebraismo è enorme - e l'antisemitismo (anche nei circoli comunisti) cresce senza sosta".[2152]

Larin: "Non nascondiamo le cifre che dimostrano la crescita della popolazione ebraica nei centri urbani", è del tutto inevitabile e continuerà in futuro". Ha previsto la migrazione dall'Ucraina e dalla Bielorussia di altri 600.000 ebrei. "Non possiamo considerare questo fatto come qualcosa di vergognoso, che il partito dovrebbe mettere a tacere... dobbiamo creare uno spirito nella classe operaia in modo che chiunque faccia un discorso contro l'arrivo degli ebrei a Mosca sia considerato un controrivoluzionario".[2153]

E per i *controrivoluzionari* ci sono nove grammi di piombo[2154] - questo è chiaro.

Ma la questione delle "tendenze antisemite" anche nei "circoli del nostro partito" era una preoccupazione ai piani alti del partito.

Secondo i dati ufficiali riportati dalla *Pravda* nel 1922, gli ebrei costituivano il 5,2% del partito.[2155] M. Agursky: "Ma la loro influenza reale era notevolmente maggiore.

Nello stesso anno, all'11° Congresso del Partito Comunista, gli ebrei costituirono il 14,6% dei delegati votanti, il 18,3% dei delegati non votanti

---

[2150] Г.П. Федотов. Лицо России: Сб. статей (1918-1931). Париж: YMCA-Press, 1967, с, 57.
[2151] Г. Симон. Евреи царствуют в России: Из воспоминаний американца. Париж: Родник, 1929, с. 50.
[2152] Письмо В.И. Вернадского И.И. Петрункевичу от 14 июня 1927 // Новый мир, 1989, №12, с. 219.
[2153] Ю. Ларин, с. 61-63, 86.
[2154] Там же, с. 259.
[2155] Е.С. О национальном составе РКП // Правда, 1923, 21 августа, с. 5.

e il 26% degli eletti al Comitato Centrale".²¹⁵⁶ (A volte ci si imbatte casualmente in questi dati: un taciturno memorialista di Mosca apre la *Pravda* nel luglio del 1930 e annota: "Il ritratto dei 25 membri del Presidium del Partito Comunista comprendeva 11 russi, 8 ebrei, 3 caucasici e 3 lettoni".²¹⁵⁷) Nelle grandi città, vicine alle aree dell'ex Pale of Settlement, i dati che seguono: Nei primi anni'20 le organizzazioni di partito a Minsk, Gomel e Vitebsk nel 1922 erano, rispettivamente, il 35,8%, il 21,1% e il 16,6% di ebrei.²¹⁵⁸ Larin osserva che: "I rivoluzionari ebrei svolgono un ruolo più importante di tutti gli altri nell'attività rivoluzionaria" grazie alle loro qualità, i lavoratori ebrei spesso trovano più facile salire a posizioni di leadership locale".²¹⁵⁹

Nello stesso numero della *Pravda* si nota che gli ebrei, con il 5,2% del partito, erano al terzo posto dopo i russi (72%) e gli ucraini (5,9%), seguiti dai lettoni (2,5%) e poi da georgiani, tatari, polacchi e bielorussi. Gli ebrei avevano il più alto tasso di iscrizione al partito pro capite - il 7,2% degli ebrei era iscritto al partito contro il 3,8% dei grandi russi.²¹⁶⁰

M. Agursky nota giustamente che in numeri assoluti la maggioranza dei comunisti era, ovviamente, russa, ma "il ruolo insolito degli ebrei nella leadership stava emergendo ai russi".²¹⁶¹ Era troppo ovvio.

Ad esempio, Zinoviev "raccolse intorno a sé molti ebrei nella leadership di Pietroburgo". (Agursky suggerisce che questo era ciò a cui Larin si riferiva nella sua discussione della fotografia del Presidium del Soviet di Pietrogrado nel 1918 nel suo libro²¹⁶²). Nel 1921 la preponderanza di ebrei nell'organizzazione del PC di Pietrogrado... "era apparentemente così odiosa che il Politburo, riflettendo sulle lezioni di Kronshtadt e sullo stato d'animo antisemita di Pietrogrado, decise di inviare diversi comunisti di etnia russa a Pietrogrado, anche se interamente a scopo pubblicitario". Così Uglanov prese il posto di Zorin-Homberg come capo del Gubkom; Komarov sostituì Trilisser e Semyonov andò alla Cheka. Ma Zinoviev "si oppose alla decisione del Politboro e combatté il nuovo gruppo" - e di conseguenza Uglanov fu richiamato da Pietrogrado e "un gruppo di opposizione puramente russo si formò spontaneamente

---

²¹⁵⁶ М. Агурский. Идеология национал-большевизма, с. 264.
²¹⁵⁷ И.И. Шитц. Дневник "Великого перелома" (март 1928 - август 1931). Париж: YMCA-Press, 1991, с. 202.
²¹⁵⁸ Евреи в коммунистической партии // Еврейская трибуна, 1923, 1 июня(№ 164).
²¹⁵⁹ Ю. Ларин, с. 257, 268.
²¹⁶⁰ Е.С. Оционо́льном составе РКП // Правда, 1923, 21 августа, с. 5.
²¹⁶¹ М. Агурский. Идеология национал-большевизма, с. 303.
²¹⁶² Ю. Ларин, с. 258.

nell'organizzazione di Pietrogrado", un gruppo "costretto a contrastare il resto dell'organizzazione il cui tono era impostato dagli ebrei".[2163]

Ma non solo a Pietrogrado: al 12 Congresso del Partito Comunista (1923) tre membri del Politburo su sei erano ebrei. Tre su sette erano ebrei nella direzione del Komsomol e nel Presidium della Conferenza di tutta la Russia nel 1922.[2164] Questo non era tollerabile per altri comunisti di spicco e, a quanto pare, furono avviati i preparativi per una rivolta antiebraica al 13 Congresso del Partito (maggio 1924). "Ci sono prove che un gruppo di membri della KK stava pianificando di cacciare i principali ebrei dal Politburo, sostituendoli con Nogin, Troyanovsky e altri e che solo la morte di Nogin ha interrotto il complotto".

La sua morte, "letteralmente alla vigilia del Congresso", fu causata da un'operazione "non riuscita e non necessaria per un'ulcera allo stomaco dallo stesso chirurgo che un anno e mezzo dopo eliminò Frunze con un'operazione altrettanto non necessaria".[2165]

La Cheka-GPU occupava il secondo posto in termini di potere reale dopo il Partito. Un ricercatore di materiale d'archivio, che abbiamo citato nel capitolo 16, riporta interessanti statistiche sulla composizione della Cheka nel 1920, 1922, 1923, 1924, 1925 e 1927.[2166] Egli conclude che la proporzione di minoranze nazionali nell'apparato diminuì gradualmente verso la metà degli anni'20. "Nell'OGPU nel suo complesso, la percentuale di personale proveniente da una minoranza nazionale è scesa al 30-35% e al 40-45% per i dirigenti". (Queste cifre contrastano con il 50% e il 70% rispettivamente durante il "Terrore rosso"). Tuttavia, "si osserva un calo della percentuale di lettoni e un aumento della percentuale di ebrei". Gli anni'20 furono un periodo di notevole afflusso di quadri ebrei negli organi dell'OGPU".

L'autore spiega che: "Gli ebrei si sforzarono di utilizzare capacità non necessarie nel periodo pre-rivoluzionario. Con l'aumento della professionalità e della necessità di organizzazione, gli ebrei, meglio di altri, furono in grado di soddisfare le esigenze dell'OGPU e le nuove

---

[2163] М. Агурский. Идеология национал-большевизма, с. 238-239.
[2164] Известия, 1922, 17 мая, с. 4.
[2165] Большевики: Документы по истории большевизма с 1903 по 1916 год бывш. Московского Охранного Отделения / Сост. М.А. Цявловский, с дополн. Справками А.М. Серебренникова. Нью-Йорк: Телекс, 1990, с. 316.
[2166] Л.Ю. Кричевский. Евреи в аппарате ВЧК-ОГПУ в 20-е годы // Евреи и русская революция: Материалы и исследования / Ред.-сост. О.В. Будницкий. Москва, Иерусалим: Гешарим, 1999, с. 330-336.

condizioni". Ad esempio, tre dei quattro assistenti di Dzerzhinsky erano ebrei: G. Yagoda, V.L. Gerson e M.M. Lutsky.[2167]

Negli anni'20 e '30, i cecisti di spicco volteggiavano sul territorio come uccelli rapaci che volano rapidamente da una rupe all'altra. Dai vertici della GPU dell'Asia centrale alla Bielorussia, dalla Siberia occidentale al Caucaso settentrionale, da Kharkov a Orenburg e da Orel a Vinnitza, era un turbinio perpetuo di movimenti e cambiamenti. E le voci solitarie di quei testimoni sopravvissuti poterono parlare solo molto più tardi, senza un preciso riferimento temporale, dei carnefici i cui nomi passarono loro davanti. Il personale, le azioni e il potere della Cheka erano completamente segreti.

Per il 10 anniversario della gloriosa Cheka leggiamo su un giornale un ordine formale firmato dall'onnipresente Unshlicht (dal 1921 - vice capo della Cheka, dal 1923 - membro del Revvoensovet, dal 1925 - vice Narkom della Marina [2168]). In esso, Yagoda fu premiato per "il servizio particolarmente prezioso... per il sacrificio nella battaglia con la contro-rivoluzione"; furono premiati anche M. Trilisser (distintosi per la sua "devozione alla rivoluzione e l'instancabile persecuzione dei suoi nemici") e 32 cecoslovacchi che fino ad allora non erano stati presentati al pubblico. Ognuno di loro, con un colpo di dita, poteva distruggere chiunque di noi! Tra loro c'erano Jakov Agranov (per il lavoro su tutti i processi politici importanti - e in futuro orchestrerà i processi a Zinoviev, Kamenev, il "Processo al Partito Industriale" e altri[2169]), Zinovy Katznelson, Matvey Berman (trasferito dall'Asia Centrale all'Estremo Oriente) e Lev Belsky (trasferito dall'Estremo Oriente all'Asia Centrale).

C'erano diversi nomi nuovi: Lev Zalin, Lev Meyer, Leonid Bull (soprannominato "guardiano delle Solovki"), Simeon Gendin, Karl Pauker. Alcuni erano già noti solo a pochi, ma ora il popolo li avrebbe conosciuti. In questo numero del giornale del giubileo [2170] troviamo una grande immagine di Menzhinsky con il suo fedele vice Yagoda e una fotografia di Trilisser. Poco dopo, altri venti cecoslovacchi furono insigniti dell'ordine della Bandiera Rossa, e ancora una volta vediamo una compagnia eterogenea di russi, lettoni ed ebrei, questi ultimi nelle stesse proporzioni - circa un terzo.

Alcuni di loro evitavano la pubblicità. Simeon Schwartz era direttore della Cheka ucraina. Un suo collega, Yevsei Shirvindt, dirigeva il trasporto di prigionieri e convogli in tutta l'URSS. Naturalmente, cecoslovacchi come

---

[2167] Там же, с. 340, 344-345.
[2168] РЕЭ, т. 3, с. 178.
[2169] РЕЭ, т.1. с. 21.
[2170] Известия, 1927, 18 дек., с. 1, 3, 4.

Grimmeril Heifetz (spia dalla fine della guerra civile alla fine della seconda guerra mondiale) e Sergei Spigelglas (cecoslovacco dal 1917 che, grazie al suo lavoro di spia, è diventato direttore del Dipartimento Esteri dell'NKVD e due volte insignito del titolo onorifico di "illustre cecoslovacco") hanno lavorato lontano dagli occhi del pubblico. Le carriere di altri, come Albert Stromin-Stroyev, furono meno impressionanti ("condusse interrogatori di scienziati durante il "processo dell'Accademia" nel 1929-31"[2171]).

David Azbel ricorda i Nakhamkin, una famiglia di ebrei chassidici di Gomel (lo stesso Azbel fu imprigionato a causa di una soffiata del membro più giovane della famiglia, Lev). "La rivoluzione gettò i Nakhamkin sulla cresta dell'onda. Avevano sete di vendicarsi di tutti: aristocratici, ricchi, russi, pochi erano rimasti fuori. Questa era la loro strada verso l'autorealizzazione. Non fu un caso che il destino portò i rampolli di questo glorioso clan alla Cheka, alla GPU, all'NKVD e all'ufficio del pubblico ministero. Per realizzare i loro piani, i bolscevichi avevano bisogno di persone "rabbiose" e questo è ciò che ottennero con i Nakhamkin. Un membro di questa famiglia, Roginsky, raggiunse "vette brillanti" come sostituto procuratore dell'URSS "ma durante le purghe staliniane fu imprigionato, come molti altri, e diventò un piccione da quattro soldi... Gli altri non erano così noti. Cambiarono il loro cognome con uno più familiare all'orecchio russo e occuparono posti di rilievo negli organi".[2172] Unshlict non cambiò il suo nome con uno "più familiare all'orecchio russo".

Vedete, questo fratello slavo divenne davvero un "padre dei russi": un aereo da guerra costruito con i fondi delle società di mutuo soccorso degli agricoltori (cioè con gli ultimi spiccioli estorti ai contadini) prese il suo nome. Senza dubbio, i contadini non riuscivano nemmeno a pronunciare il suo nome e probabilmente pensavano che questo polacco fosse un ebreo. In effetti, questo ci ricorda che la questione ebraica non spiega la devastazione della rivoluzione, anche se ne dà una pesante sfumatura. Come lo fu anche per molti altri nomi impronunciabili, dai polacchi Dzerzhinsky ed Eismont al lettone Vatsetis. E se approfondissimo la questione lettone? Oltre ai soldati che forzarono lo scioglimento dell'Assemblea Costituente russa e che in seguito fornirono sicurezza ai leader bolscevichi durante l'intera guerra civile , troviamo molti bolscevichi lettoni di alto rango. Gekker represse la rivolta nella Gubernia di Yaroslavl. Tra gli altri, c'erano Rudzutak, Eikhe, Eikhmans di Solovki, M. Karklin, A. Kaktyn, R. Kisis, V. Knorin, A. Skundre (uno di quelli che repressero la rivolta di Tambov); i cekisti Petere, Latsis e un "cekista

---

[2171] РЭЭ, т. 3, с. 115-116, 286, 374, 394, 414.
[2172] Д. Азбель. До, во время и после // Время и мы (далее - ВМ): Международный журнал литературы и общественных проблем. Нью-Йорк, 1989, № 105, с. 204-205.

onorario" lituano, I. Yusis. Questo thread può portare direttamente al 1991 (Pugo...) E se separassimo gli ucraini dai russi (come richiesto dagli ucraini in questi giorni)? Troveremo decine di loro ai posti più alti della gerarchia bolscevica, dal suo concepimento fino alla fine.

No, allora il potere non era quello ebraico. Il potere politico era internazionalista e i suoi ranghi erano in gran parte russi. Ma sotto il suo internazionalismo a più tinte si unì in un fronte *anti-russo* contro lo Stato russo e le tradizioni russe.

Alla luce dell'orientamento antirusso del potere e della composizione multinazionale dei carnefici, perché in Ucraina, in Asia centrale e nei Paesi baltici la gente pensava che fossero i russi ad averli schiavizzati? Perché erano estranei. Un distruttore della propria nazione è molto più vicino di un distruttore di una tribù aliena. E se è un errore attribuire la rovina e la distruzione allo sciovinismo nazionalista, allo stesso tempo nella Russia degli anni'20 pendeva nell'aria l'inevitabile domanda che fu posta molti anni dopo da Leonard Schapiro: perché era "altamente probabile che chiunque fosse abbastanza sfortunato da cadere nelle mani della Cheka andasse davanti a un interrogatore ebreo o fosse fucilato da un ebreo".[2173]?

Eppure la maggior parte degli scrittori moderni non riconosce nemmeno queste domande. Spesso gli autori ebrei si preoccupano di redigere e pubblicare scrupolosamente vasti elenchi della leadership ebraica dell'epoca. Per esempio, si veda l'orgoglio con cui l'articolo "Ebrei al Cremlino",[2174], pubblicato sulla rivista *Alef*, fornisce un elenco dei più alti funzionari sovietici - ebrei per il 1925. L'articolo elenca otto dei dodici direttori della Gosbank. Lo stesso livello di rappresentanza ebraica si riscontra tra i massimi dirigenti sindacali. E commenta: "Non temiamo accuse.

Al contrario, è la partecipazione attiva degli ebrei al governo dello Stato che aiuta a capire perché gli affari dello Stato erano migliori allora che oggi, quando gli ebrei ai vertici sono rari come i denti di gallina. Incredibilmente, questo è stato scritto nel 1989.

Per quanto riguarda l'esercito, uno studioso israeliano [2175] ha svolto un'accurata ricerca e ha pubblicato con orgoglio un lungo elenco di comandanti ebrei dell'Armata Rossa, durante e dopo la guerra civile. Un altro ricercatore israeliano ha pubblicato le statistiche ottenute dal

---

[2173] Leonard Schapiro. Il ruolo degli ebrei nel movimento rivoluzionario russo // The Slavonic and East European Review, vol. 40, London: Athlone Press, 1961-62, p. 165.
[2174] М. Зарубежный. Евреи в Кремле // Алеф, Тель-Авив, 1989, Февраль (№ 263), с. 24-28.
[2175] Арон Абрамович. В решающей войне: Участие и роль евреев СССР войне против нацизма. 2-е изд. Тель-Авив, 1982. Т. 1.

censimento del 1926, secondo cui gli ebrei, pur rappresentando l'1,7% della popolazione maschile dell'URSS, costituivano il 2,1% degli ufficiali combattenti, il 4,4% dello staff di comando, il 10,3% della leadership politica e il 18,6% dei medici militari.[2176]

E cosa vedeva l'Occidente? Se l'apparato governativo poteva operare in segreto sotto il partito comunista, che manteneva la sua segretezza cospiratoria anche dopo essere salito al potere, i diplomatici erano in vista ovunque nel mondo.

Alle prime conferenze diplomatiche con i sovietici a Ginevra e all'Aia nel 1922, l'Europa non poté fare a meno di notare che le delegazioni sovietiche e il loro personale erano per la maggior parte ebrei.[2177] A causa dell'ingiustizia della storia, la lunga e fortunata carriera di Boris Yefimovich Stern è oggi completamente dimenticata (non viene nemmeno menzionato nella Grande Enciclopedia Sovietica (GSE) del 1971). Eppure fu il secondo assistente più importante di Chicherin durante la Conferenza di Genova e successivamente alla Conferenza dell'Aia, e ancora più tardi guidò la delegazione sovietica durante i lunghi negoziati di smilitarizzazione. Fu anche membro della delegazione sovietica alla Società delle Nazioni. Stern fu ambasciatore in Italia e Finlandia e condusse delicati negoziati con i finlandesi prima della guerra sovietico-finlandese.

Infine, dal 1946 al 1948 fu a capo della delegazione sovietica all'ONU. È stato inoltre a lungo docente presso l'Alta Scuola Diplomatica (a un certo punto, durante le purghe "anti-cosmopolite", è stato licenziato, ma nel 1953 è stato ripristinato in quella posizione).

Collaboratore di Chicherin, Leon Haikis lavorò per molti anni nel Narkomat degli Affari Esteri (NKID). Nel 1937 fu inviato in un luogo più caldo come ambasciatore presso il governo repubblicano in crisi della Spagna (dove diresse la parte repubblicana durante la guerra civile), ma fu arrestato e rimosso. Fyodor Rotshtein fondò il partito comunista in Gran Bretagna nel 1920 e proprio in quell'anno fu membro della delegazione sovietica nei negoziati con l'Inghilterra! Due anni dopo rappresentò la RSFSR alla conferenza dell'Aia.[2178] (In qualità di braccio destro di Litvinov, negoziò autonomamente con gli ambasciatori in Russia per questioni importanti; fino al 1930 fu nel Presidium dell'NKID e, per 30 anni prima della sua morte, professore all'Università statale di Mosca).

[2176] Ицхак Арад. Холокауст: Катастрофа европейского еврейства (1933-1945). Иерусалим, 1990, с. 96.
[2177] Об этом, в частности, см.: Д.С. Пасманик. Русская революция и еврейство: (Большевизм и иудаизм). Париж, 1923, с. 148.
[2178] РЕЭ, т. 2, с. 499-500, т. 3, с. 273, 422.

Dall'altra parte del mondo, nella Cina meridionale, Gruzenberg-Borodin aveva prestato servizio per 5 anni quando nel dicembre 1927 scoppiò la rivolta di Canton contro il Kuomintang. È ormai riconosciuto che la rivolta fu preparata dal nostro viceconsole Abram Hassis, che all'età di 33 anni fu ucciso dai soldati cinesi. *Izvestia* pubblicò diversi articoli con i necrologi e le fotografie dei "compagni d'armi" sotto Kuibishev, paragonando il compagno caduto a comunisti di grande fama come Furmanov e Frunze.[2179]

Nel 1922 Gorky disse all'accademico Ipatiev che il 98% della missione commerciale sovietica a Berlino era costituita da ebrei[2180] e probabilmente non si trattava di un'esagerazione. Un quadro simile si sarebbe trovato in altre capitali occidentali dove i sovietici si erano stabiliti. Il "lavoro" svolto nelle prime missioni commerciali sovietiche è descritto in modo colorito in un libro di G.A. Solomon,[2181] il primo rappresentante commerciale sovietico a Tallinn, in Estonia - la prima capitale europea a riconoscere i bolscevichi. Non ci sono parole per descrivere gli sconfinati furti compiuti dai primi bolscevichi in Russia (insieme alle azioni segrete contro l'Occidente) e la corruzione dell'anima che queste attività portarono a chi le compiva.

Poco dopo la conversazione con Ipatiev, Gorky "fu criticato dalla stampa sovietica per un articolo in cui rimproverava il governo sovietico per aver collocato così tanti ebrei in posizioni di responsabilità nel governo e nell'industria. Non aveva nulla contro gli ebrei in sé, ma, discostandosi dalle opinioni espresse nel 1918, pensava che i russi dovessero essere al comando".[2182]

E la pubblicazione gemella della *Pravda*, *Dar Amos* (*Pravda* in yiddish), si oppose con forza: Loro (cioè Gorky e Shalom Ash, l'intervistatore) vogliono davvero che gli ebrei si rifiutino di ricoprire qualsiasi incarico di governo? Che si tolgano di mezzo? Questo tipo di decisione potrebbe essere presa solo da controrivoluzionari o da codardi".[2183]

In *Ebrei al Cremlino*, l'autore, utilizzando il rapporto annuale del 1925 della NKID, presenta le figure e le posizioni di spicco dell'apparato centrale. "Nel braccio editoriale non c'è un solo non ebreo" e inoltre, con evidente orgoglio, l'autore "esamina il personale dei consolati sovietici nel mondo e scopre che non c'è un solo Paese al mondo in cui il Cremlino non abbia collocato un ebreo fidato".[2184]

[2179] Известия, 1927, 22 декабря, с. 1.
[2180] Vladimir N. Ipatieff. La vita di un chimico. Stanford, 1946, p. 377.
[2181] Г.А. Соломон. Среди красных вождей. Париж: Мишень, 1930. 4.2.
[2182] Vladimir N. Ipatieff. Vita di un chimico, p. 377.
[2183] Еврейская трибуна*, 1922, 6 июля (№ 130), с. 6.
[2184] М. Зарубежный. Евреи в Кремле // Алеф, 1989, Февраль, с. 26-27.

Se fosse interessato, l'autore di *Alef* potrebbe trovare un numero non trascurabile di ebrei nella Corte Suprema della RSFSR degli anni'20,[2185] nell'ufficio del Procuratore e nella RKI. Qui troviamo il già noto A. Goikhbarg, che, dopo aver presieduto il Lesser Sovnarcom, elaborò il sistema giuridico per l'era della NEP, supervisionò lo sviluppo del Codice Civile della RSFSR e fu direttore dell'Istituto di Diritto Sovietico.[2186]

È molto più difficile esaminare le autorità di livello inferiore, provinciale, e non solo per la loro minore esposizione alla stampa, ma anche per la loro rapida fluidità e il frequente ricambio di quadri da un posto all'altro, da una regione all'altra. Questo sorprendente ricambio di personale all'inizio dell'era sovietica potrebbe essere stato causato sia da un'acuta carenza di uomini affidabili, come all'epoca di Lenin, sia dalla sfiducia (e dallo "strappo" di un funzionario dai legami sviluppati) ai tempi di Stalin. Ecco alcune di queste "traiettorie" di carriera.

Lev Maryasin è stato segretario del Gubkom di Orel Guberniya, poi presidente del Sovnarkhoz della Repubblica tartara, poi capo di un dipartimento del CK dell'Ucraina, poi presidente del consiglio di amministrazione della Gosbank dell'URSS e poi vice presidente del Narkom delle Finanze dell'URSS. Moris Belotsky è stato capo del Politotdel della Prima Armata di Cavalleria di (una posizione molto potente), ha partecipato alla repressione dell'insurrezione di Kronshtadt, in seguito - nel NKID, poi - primo segretario dell'Obkom dell'Ossezia del Nord, e ancora più tardi è stato primo segretario del CK del Kirghizistan.

Il versatile funzionario Grigory Kaminsky è stato Segretario del Gubkom della Guberniya di Tula, poi Segretario del CK dell'Azerbaigian, poi Presidente del Kolkhozcenter e poi Narkom del Servizio sanitario.

Abram Kamensky fu Narkom della Commissione di Controllo dello Stato della Repubblica di Donetsk-Krivoy Rog, poi - Vice Narkom delle Nazionalità della RSFSR, poi - Segretario del Gubkom di Donetsk, poi servì nel Narkomat dell'Agricoltura, poi - direttore dell'Accademia Industriale, e ancora più tardi servì nel Narkomat delle Finanze.[2187] Molti furono i leader ebrei del Komsomol.

La carriera ascendente di Efim Tzetlin iniziò con la carica di primo presidente del CK RKSM (autunno 1918); dopo la guerra civile divenne segretario del CK e del Comitato di Mosca del RKSM, dal 1922 membro del comitato esecutivo della KIM (Giovane Internazionale Comunista), nel 1923-24 spia in Germania, in seguito lavorò nel Segretariato del Comitato

---

[2185] Izvestia. 1927, 25 août, p. 2.
[2186] РЕЭ, т. 1, с. 331.
[2187] Там же, с. 105, 536, 538, т. 2, с. 256.

Esecutivo dell'Internazionale Comunista, ancora più tardi nella redazione della *Pravda* e ancora più tardi fu capo della segreteria di Bukharin, incarico che alla fine gli fu fatale.[2188]

La carriera di Isaiah Khurgin fu davvero straordinaria. Nel 1917 fu membro della Rada [Parlamento] ucraina, prestò servizio sia nella Camera centrale che in quella minore e lavorò al progetto di legge sull'autonomia ebraica in Ucraina. Dal 1920 fu membro del VKPb, nel 1921 fu commissario commerciale dell'Ucraina in Polonia, nel 1923 rappresentò la German-American Transport Society negli Stati Uniti, servendo di fatto come plenipotenziario sovietico. Fondò e presiedette l'Amtorg (American Trading Corporation). Il suo futuro sembrava incredibilmente brillante, ma purtroppo all'età di 38 anni (nel 1925) annegò in un lago negli Stati Uniti.[2189] Che vita ha avuto!

Diamo uno sguardo all'economia. Moses Rukhimovitch fu vicepresidente del Soviet supremo dell'economia nazionale. Ruvim Levin fu membro del Presidium del Gosplan (Ministero della Pianificazione Economica) dell'URSS e Presidente del Gosplan della RSFSR (in seguito - Vice Presidente delle Finanze dell'URSS). Zakhary Katzenelenbaum è stato l'inventore del "Prestito per l'industrializzazione".

nel 1927 (e, quindi, di tutti i "prestiti" successivi). Fu anche uno dei fondatori della Gosbank sovietica. Moses Frumkin fu Vice Narkom del Commercio Estero dal 1922, ma in realtà era responsabile dell'intero Narkomat. Lui e A. I. Vainstein sono stati a lungo membri del comitato del Narkomat delle Finanze dell'URSS. Vladimirov-Sheinfinkel fu Narkom della Provenza dell'Ucraina, poi Narkom dell'Agricoltura dell'Ucraina, e ancora più tardi fu Narkom delle Finanze della RSFSR e Vice Narkom delle Finanze dell'URSS.[2190]

Se si costruisce un mulino, si è responsabili di eventuali inondazioni. Un articolo di giornale di Z. Zangvil descrive la riunione celebrativa del giubileo del consiglio di amministrazione della Gosbank nel 1927 (cinque anni dopo l'introduzione dei chervonet [una vecchia moneta dell'Impero russo e dell'Unione Sovietica] e spiega l'importanza dei chervonet e mostra una fotografia di gruppo. L'articolo elogia Sheinman, presidente del consiglio di amministrazione, e Katzenelenbaum, membro del consiglio di amministrazione.[2191] La firma di Sheinman fu riprodotta su tutti i chervonets sovietici e contemporaneamente ricoprì la carica di Narkom del commercio interno (dal 1924). E trattieni il fiato, lettore! Non è tornato da

---

[2188] РЕЭ. т. 3, с. 311-312.
[2189] РЕЭ, т. 3, с. 302.
[2190] РЕЭ, т. 1, с. 197-198, 234, 275-276, т. 2, с. 18, 140 518 т. 3, с. 260.
[2191] Известия, 1927, 27 ноября, с. 4.

una visita all'estero nel 1929! [2192] Preferiva vivere nel maledetto capitalismo!

Parlando delle istituzioni sovietiche di medio livello, il noto economista e professore B. D. Brutskus si chiede: "La rivoluzione non ha forse aperto nuove opportunità alla popolazione ebraica?". Tra queste opportunità ci sarebbe il servizio pubblico. "...più di ogni altra cosa è evidente il gran numero di ebrei nel governo, in particolare nei posti più alti", e "la maggior parte degli impiegati governativi ebrei proviene dalle classi più alte, non dalle masse ebraiche".

Ma gli ebrei di classe superiore, chiamati a servire il governo sovietico, non guadagnavano, anzi perdevano rispetto a quanto avrebbero potuto ottenere con le loro attività o con le professioni che svolgevano liberamente. Inoltre, coloro che si muovevano nella gerarchia sovietica dovevano mostrare il massimo del tatto per evitare di suscitare gelosie e insoddisfazioni. Un gran numero di funzionari pubblici ebrei, indipendentemente dal talento e dalle qualità, non diminuirebbe l'antisemitismo, ma lo rafforzerebbe tra gli altri lavoratori e tra l'intellighenzia". Sosteneva che "ci sono molti funzionari pubblici ebrei, in particolare nei commissariati dedicati alle funzioni economiche".[2193]

Larin la mette in modo più semplice: "l'intellighenzia ebraica in gran numero ha servito prontamente la rivoluzione vittoriosa" realizzando "l'accesso a servizi governativi precedentemente negati".[2194]

G. Pomerantz, parlando 50 anni dopo, ha giustificato questo fatto: "La storia ha trascinato gli ebrei nell'apparato governativo"... Gli ebrei non avevano altro posto dove andare se non nelle istituzioni governative", compresa la Cheka[2195] come abbiamo commentato in precedenza. Anche i bolscevichi "non avevano altro posto dove andare - spiega il Jewish Tribune di Parigi -. C'erano così tanti ebrei in varie funzioni sovietiche" perché c'era bisogno di burocrati alfabetizzati e sobri".[2196]

Tuttavia si può leggere su *Jewish World*, una pubblicazione parigina, che: "non si può negare che una grande percentuale di giovani ebrei provenienti da elementi sociali inferiori, alcuni completamente falliti, siano stati attratti dal bolscevismo da l'improvvisa prospettiva del potere; per altri si trattava

---

[2192] РЕЭ, т. 3, с. 383.
[2193] Б. Бруцкус. Еврейское население под коммунистической властью // Современные записки, Париж, 1928, кн. 36, с. 519-521.
[2194] Ю. Ларин, с. 73.
[2195] Г. Померанц. Сон о справедливом возмездии // Синтаксис: Публицистика, критика, полемика. Париж, 1980, № 6, с. 52-53, 68.
[2196] В. Мирский. Чёрная сотня // Еврейская трибуна, 1924, 1 февраля (№ 58), с. 3.

della 'rivoluzione proletaria mondiale' e per altri ancora di un misto di idealismo avventuroso e utilitarismo pratico.[2197]

Naturalmente non tutti furono "attratti dal bolscevismo". C'era un gran numero di ebrei pacifici che la rivoluzione schiacciò. Tuttavia, la vita nelle città dell'ex Pale of Settlement non era visibile alle persone comuni non ebree.

Invece la persona media vedeva, come descritto da M. Heifetz, "ebrei adulti arroganti, sicuri di sé e autocompiaciuti, a loro agio nelle 'feste rosse' e nei 'matrimoni rossi'... 'Noi ora ci sediamo dove un tempo sedevano zar e generali, e loro siedono sotto di noi'".[2198]

Non si trattava di bolscevichi incrollabilmente ideologici. L'invito al potere fu esteso a "milioni di abitanti degli shtetl in decomposizione, ai banchi di pegno, ai proprietari di taverne, ai contrabbandieri, ai venditori di acqua di seltz e a coloro che affilavano la loro volontà nella lotta per la sopravvivenza e la loro mente nello studio serale della Torah e del Talmud". Le autorità li invitarono a Mosca, Pietrogrado e Kiev per prendere nelle loro mani rapide e nervose ciò che cadeva dalle mani morbide e coccolate dell'intellighenzia ereditaria: dalle finanze di una grande potenza, alla fisica nucleare e alla polizia segreta.

Non hanno saputo resistere alla tentazione di Esaù, tanto più che, oltre a una ciotola di potage, è stata offerta loro la possibilità di costruire la terra promessa, cioè il comunismo".[2199] C'era "l'illusione ebraica che questo fosse il loro Paese".[2200]

Molti ebrei non entrarono nel turbine della rivoluzione e non si unirono automaticamente ai bolscevichi, ma l'inclinazione nazionale generale era di simpatia per la causa bolscevica e la sensazione che la vita sarebbe stata incomparabilmente migliore. "La maggioranza degli ebrei accolse la rivoluzione non con timore, ma a braccia aperte".[2201] All'inizio degli anni Venti gli ebrei della Bielorussia e dell'Ucraina erano una "fonte significativa di sostegno alla centralizzazione del potere a Mosca contro

---

[2197] Ст. Иванович. Евреи и советская диктатура // Еврейский мир: Ежегодник на 1939г. (дале - ЕМ-1). Париж: Объединение русско-еврейской интеллигенции, с. 47.

[2198] Михаил Хейфец. Место и время (еврейские заметки). Париж: Третья волна, 1978, с. 43.

[2199] Там же, с. 44-45.

[2200] В. Богуславский. В защиту Куняева // "22": Общественно-политический и литературный журнал еврейской интеллигенции из ССР в Израиле. Тель-Авив, 1980, № 16, с. 174.

[2201] R. Rutman. Solzhenitsyn e la questione ebraica // Soviet Jewish Affairs, 1974, Vol. 4, № 2, p. 7.

l'influenza del potere regionale".²²⁰² Le prove dell'atteggiamento degli ebrei nel 1923 mostrano che la stragrande maggioranza di essi considerava il bolscevismo un male minore e che se i bolscevichi avessero perso il potere sarebbe stato peggio per loro.²²⁰³

"Ora un ebreo può comandare un esercito!... Questi doni bastarono da soli a portare il sostegno ebraico ai comunisti... Il disordine del bolscevismo sembrò una brillante vittoria della giustizia e nessuno notò la completa soppressione della libertà".²²⁰⁴ Un gran numero di ebrei che non se ne andò dopo la rivoluzione non riuscì a prevedere la sete di sangue del nuovo governo, sebbene la persecuzione, anche dei socialisti, fosse ben avviata. Il governo sovietico era ingiusto e crudele allora come lo sarà nel '37 e nel 1950. Ma negli anni '20 non suscitò allarme o resistenza nella popolazione ebraica in generale, poiché la sua forza non era rivolta all'ebraismo.

Quando Leskov, in un rapporto per la Commissione Palensky - una commissione governativa pre-rivoluzionaria - confutò una per una tutte le presunte conseguenze per i russi derivanti dalla rimozione delle restrizioni all'insediamento degli ebrei in Russia, non poteva prevedere il grande grado di partecipazione degli ebrei al governo del Paese e dell'economia negli anni Venti.

La rivoluzione ha cambiato l'intero corso degli eventi e non sappiamo come si sarebbero sviluppate le cose senza di essa.

Quando nel 1920 Solomon Luria, detto Lurie, professore di storia antica a Pietrogrado, scoprì che nella Russia sovietica, internazionalista e comunista, l'antisemitismo era di nuovo in aumento, non ne fu sorpreso.

Al contrario, "gli eventi hanno confermato la correttezza delle [sue] precedenti conclusioni", secondo cui "la causa dell'antisemitismo risiede negli stessi ebrei" e attualmente "con o nonostante la completa assenza di restrizioni legali nei confronti degli ebrei, l'antisemitismo è esploso con una nuova forza e ha raggiunto un'intensità che non si sarebbe mai potuta immaginare nel vecchio regime".²²⁰⁵

L'antisemitismo russo (più precisamente della Piccola Russia) dei secoli scorsi e dei primi anni del XX secolo fu spazzato via con i suoi semi dal vento della rivoluzione d'ottobre. Coloro che aderirono all'Unione del Popolo Russo, coloro che marciarono con i loro standardi religiosi per

---

²²⁰² М. Агурский. Идеология национал-большевизма, с. 150.
²²⁰³ К евреям всех стран! // РиЕ, с. 7.
²²⁰⁴ И.М. Бикерман. К самопознанию еврея: Чем мы были, чем мы стали, чем мы должны быть. Париж, 1939, с. 70.
²²⁰⁵ С.Я. Лурье. Антисемитизм в древнем мире. Тель-Авив: Сова, 1976, с. 8 [1-е изд. - Пг.: Былое, 1922].

distruggere i negozi ebraici, coloro che chiesero l'esecuzione di Beilis, coloro che difesero il trono reale, la classe media urbana e coloro che erano con loro o che assomigliavano a loro o che erano sospettati di esserlo, furono radunati a migliaia e fucilati o imprigionati.

Tra gli *operai* e i *contadini* russi non c'era antisemitismo prima della rivoluzione - lo testimoniano gli stessi leader della rivoluzione. L'*intellighenzia* russa era attivamente solidale con la causa degli ebrei oppressi e i bambini degli anni successivi alla rivoluzione sono stati cresciuti solo nello spirito internazionalista.

Spogliato di ogni forza, screditato e schiacciato completamente, da dove viene l'antisemitismo?

Abbiamo già descritto quanto fosse sorprendente per gli emigrati ebrei-russi apprendere che l'antisemitismo non era morto. Essi seguirono il fenomeno negli scritti dei socialisti E.D. Kuskova e S.S. Maslov, giunti dalla Russia nel 1922.

In un articolo pubblicato sul *Jewish Tribune*, la Kuskova afferma che l'antisemitismo nell'URSS non è frutto dell'immaginazione e che "in Russia, il bolscevismo si sta ora fondendo con l'ebraismo - questo non può essere messo in dubbio". Ha persino incontrato ebrei di grande cultura che erano antisemiti del nuovo "tipo sovietico". Un medico ebreo le disse: "Gli amministratori ebrei bolscevichi hanno rovinato gli ottimi rapporti che aveva con la popolazione locale". Un insegnante ha detto che "i bambini mi dicono che insegno in una scuola ebraica" perché abbiamo "proibito l'insegnamento dei Dieci Comandamenti e cacciato il prete". "Nel Narkomat dell'istruzione ci sono solo ebrei. Nei circoli liceali ('di famiglie radicali') si parla della predominanza degli ebrei". "I giovani, in generale, sono più antisemiti della vecchia generazione... e si sente dire ovunque 'hanno mostrato il loro vero colore e ci hanno torturato'". "La vita russa oggi è piena di queste cose. Ma se mi chiedete chi sono questi antisemiti, sono la maggior parte della società". "Questo pensiero è così diffuso che l'amministrazione politica ha distribuito un proclama che spiega perché ci sono così tanti ebrei: Quando il proletariato russo ha avuto bisogno di una nuova intellighenzia, di un'intellighenzia di medio livello, di lavoratori tecnici e amministrativi, non sorprende che gli ebrei, che prima erano all'opposizione, si siano fatti avanti per soddisfarli... l'occupazione da parte degli ebrei di posti amministrativi nella nuova Russia è storicamente inevitabile e sarebbe stato il risultato naturale, indipendentemente dal fatto che la nuova Russia fosse diventata KD (Costituzionale Democratica), SR (Socialista Rivoluzionaria) o proletaria. Qualsiasi problema legato alla presenza di Aaron Moiseevich Tankelevich al posto di Ivan Petrovich Ivanov deve essere 'curato'".

Kuskova ribatte: "In una Russia costituzionale democratica o SR molti posti amministrativi sarebbero stati occupati da ebrei.... ma né i Kadet né gli SR avrebbero vietato l'insegnamento dei Dieci Comandamenti e non avrebbero tagliato teste... Impedite a Tankelevich di fare il male e non ci sarà alcun microbo di antisemitismo".[2206]

La comunità ebraica emigrata fu raggelata dalle scoperte di Maslov. Si trattava di un SR collaudato, con una reputazione inattaccabile, che aveva vissuto i primi quattro anni del potere sovietico. "La giudeofobia è oggi ovunque in Russia. Ha spazzato via aree dove gli ebrei non erano mai stati visti prima e dove la questione ebraica non era mai stata presa in considerazione da nessuno. Lo stesso odio per gli ebrei si trova a Vologda, Arcangelo, nelle città della Siberia e degli Urali".[2207] Racconta diversi episodi che influenzano la percezione dei semplici contadini russi, come l'ordine del commissario alla produzione di Tyumen Indenbaum di tosare le pecore per la seconda volta nella stagione, "perché la Repubblica ha bisogno di lana". (Questo accadeva prima della collettivizzazione; le azioni di questo commissario causarono la rivolta dei contadini di Ishim). Il problema sorgeva perché era autunno inoltrato e le pecore sarebbero morte senza il loro mantello a causa del freddo invernale. Maslov non fa i nomi dei commissari che ordinarono di piantare *miglio* e *semi di girasole fritti* o che vietarono di *piantare malto*, ma si può concludere che non provenivano dalla gente comune russa o dall'aristocrazia russa o dagli "uomini di ieri". Da tutto ciò, i contadini potevano solo concludere che il potere su di loro era "ebraico". Lo stesso vale per gli operai. Diverse risoluzioni dei lavoratori degli Urali, inviate al Cremlino nel febbraio e marzo del 1921, "lamentavano con indignazione il dominio degli ebrei nel governo centrale e locale". "L'intellighenzia, naturalmente, non pensa che il potere sovietico sia ebraico, ma ha notato il ruolo enormemente sproporzionato degli ebrei nelle autorità" rispetto al loro numero nella popolazione.

"E se un ebreo si avvicina a un gruppo di non ebrei che stanno discutendo liberamente della realtà sovietica, quasi sempre cambiano argomento di conversazione anche se il nuovo arrivato è un conoscente personale".[2208]

Maslov cerca di capire "la causa del diffuso e aspro odio verso gli ebrei nella Russia moderna" e gli sembra che sia "l'identificazione in tutta la società del potere sovietico e del potere ebraico".

[2206] Е. Кускова. Кто они и как быть? // Еврейская трибуна, 1922, 19 октября (№ 144), с. 1-2.
[2207] С.С. Маслов. Россия после четырёх лет революции. Париж: Русская печать, 1922. Кн. 2, с. 41.
[2208] Там же, с. 41,42,43, 155, 176-177.

"L'espressione "potere yid" è spesso usata in Russia e in particolare in Ucraina e nell'ex Pale of Settlement non come polemica, ma come definizione completamente oggettiva del potere, del suo contenuto e della sua politica". "Il potere sovietico risponde in primo luogo ai desideri e agli interessi degli ebrei, che sono i suoi ardenti sostenitori, e in secondo luogo il potere risiede in mani ebraiche".

Tra le cause della giudeofobia Maslov nota la "coesione etnica strettamente saldata che si è formata come risultato della loro difficile storia millenaria". "Questo è particolarmente evidente quando si tratta di selezionare il personale delle istituzioni: se il processo di selezione è nelle mani degli ebrei, si può scommettere che l'intero staff delle posizioni di responsabilità andrà agli ebrei, anche se ciò significa rimuovere il personale esistente". E spesso questa "preferenza per i *propri* è mostrata in modo brusco, scortese e offensivo per gli altri". Nel burocrate ebreo, il potere sovietico manifesta in modo più evidente le sue caratteristiche negative... il vino inebriante del potere è più forte per gli ebrei e dà loro alla testa... Non so da dove derivi questo", forse dal basso livello culturale degli ex farmacisti e negozianti. Forse per aver vissuto prima senza pieni diritti civili?".[2209]

La rivista sionista parigina *Sunrise* scrisse nel 1922 che Gorky disse essenzialmente che "*la crescita dell'antisemitismo è favorita dal comportamento privo di tatto degli stessi bolscevichi ebrei* in molte situazioni".

Questa è la benedetta verità! Gorky non parlava di Trotsky, Zinoviev e Kamenev, ma del tipico comunista ebreo che occupa una posizione nei collegi, nei presìdi e nelle piccole e medie istituzioni sovietiche, dove entra in contatto con ampie fasce della popolazione. Questi individui occupano posizioni di primo piano, il che naturalmente moltiplica il loro numero nella mente dell'opinione pubblica.[2210]

D. Pasmanik commenta: "Dobbiamo ammettere che molti ebrei, con le loro stesse azioni, provocano un forte antisemitismo... tutti gli ebrei impudenti che riempiono i ranghi comunisti - questi farmacisti, negozianti, venditori ambulanti, disoccupati e pseudo intellettuali - stanno effettivamente causando molto male alla Russia e all'ebraismo".[2211]

"Mai prima d'ora, all'interno o all'esterno della Russia, gli ebrei sono stati oggetto di un'ostilità così attiva e concentrata - non ha mai raggiunto una tale intensità né è stata così diffusa. Questa ostilità elementare è stata alimentata dalla partecipazione aperta e innegabile degli ebrei ai processi

---

[2209] Там же, с. 42,44-45.
[2210] Д.С. Пасманик. Русская революция и еврейство*, с. 198-199.
[2211] Д.С. Пасманик. Русская революция и еврейство, с. 198, 200.

distruttivi in corso in Europa, nonché dai racconti e dalle esagerazioni su tale partecipazione". [2212] "Sta prendendo piede un terribile umore antisemita, alimentato esclusivamente dal bolscevismo che continua a essere identificato con l'ebraismo".[2213]

Nel 1927 Mikhail Kozakov (fucilato nel 1930 dopo il "processo ai lavoratori del cibo") scrisse in una lettera privata al fratello d'oltreoceano dello "stato d'animo giudeofobico delle masse (tra i non iscritti al partito e i membri del partito)... non è un segreto che la massa dei lavoratori non ama gli ebrei".[2214]

E Shulgin, dopo il suo viaggio "segreto" in URSS nel 1928, dice: Nessuno dice più che l'antisemitismo è una propaganda messa in atto dal "governo dello zar" o un'infezione limitata alla "feccia della società"... Geograficamente si allarga ogni giorno di più, minacciando di inghiottire tutta la Russia. Il centro principale oggi sembra essere Mosca... L'antisemitismo è un fenomeno nuovo nella Grande Russia", ma è molto più grave del vecchio antisemitismo del Sud (l'antisemitismo del Sud della Russia era tradizionalmente umoristico e mitigato da aneddoti sugli ebrei).[2215]

Larin cita uno slogan antiebraico presumibilmente usato a scopo propagandistico dalle Guardie Bianche: "I russi vengono mandati a Narym - una località dell'estremo nord e gli ebrei in Crimea": un luogo di vacanza.[2216]

Alla fine le autorità sovietiche si preoccuparono seriamente dell'aumento dell'antisemitismo. Nel 1923 il *Jewish Tribune* scrive, anche se con scetticismo, che "il Commissariato degli Affari Interni di ha istituito una commissione per studiare la questione della 'protezione degli ebrei dalle forze oscure'".[2217]

Nel 1926 Kalinin (e altri funzionari) ricevettero molte domande sugli ebrei nelle lettere e nelle riunioni. Di conseguenza, Larin intraprese uno studio del problema in un libro *Ebrei e antisemitismo in URSS*. Dai suoi resoconti, dalle domande e dalle interviste (prese, possiamo presumere, da comunisti o simpatizzanti comunisti), egli enumera 66 domande tra quelle ricevute

---

[2212] Г.А. Ландау. Революционные идеи в еврейской общественности // РиЕ, с. 101.
[2213] Д.С. Пасманик. Чего же мы добиваемся? // РиЕ, с. 217.
[2214] М. Козаков. [Письмо] // Библиотека-фонд "Русское Зарубежье" (БФРЗ). Ф. 1, Е-60, с. 1.
[2215] В.В. Шульгин. "Что нам в них не нравится...": Об Антисемитизме в России. Париж, 1929, с. 41-43.
[2216] Ю. Ларин, с. 254.
[2217] Г. Римский. Правительственный антисемитзм в Советской России // Еврейская трибуна, 1923, 7 сент. (№ 170), с. 3.

dalle autorità, registrandole senza modificarne il linguaggio. Tra queste domande:[2218]

> ➤ *Da dove vengono gli ebrei di Mosca?*
> ➤ *Perché l'autorità è prevalentemente ebraica?*
> ➤ *Perché gli ebrei non fanno la fila?*
> ➤ *Come fanno gli ebrei che arrivano da Berdichev e da altre città a ricevere immediatamente degli appartamenti?* (Si dice che l'ultimo ebreo abbia lasciato Berdichev e abbia dato le chiavi della città a Kalinin).
> ➤ *Perché gli ebrei hanno soldi e possiedono le loro panetterie, eccetera?*
> ➤ *Perché gli ebrei sono attratti dal lavoro leggero e non dal lavoro fisico?*
> ➤ *Perché gli ebrei nel servizio pubblico e nelle professioni sono uniti e si aiutano a vicenda, mentre i russi non lo fanno?*
> ➤ *Non vogliono fare i lavori di tutti i giorni, ma si preoccupano solo della loro carriera.*
> ➤ *Perché non coltivano, anche se ora gli è permesso?*
> ➤ *Perché agli ebrei viene data una buona terra in Crimea, mentre ai russi viene data una terra inferiore?*
> ➤ *Perché l'opposizione del partito è composta per il 76% da ebrei?*
> ➤ *Perché l'antisemitismo si è sviluppato solo contro gli ebrei e non contro altre nazionalità?*
> ➤ *Cosa deve fare un leader di un gruppo di agitprop quando cerca di contrastare le tendenze antisemite nel suo gruppo e nessuno lo sostiene?*

Larin sospetta che queste domande siano state inventate e diffuse tra le masse da un'organizzazione clandestina di controrivoluzionari![2219] Come vedremo in seguito, è da qui che provengono alcune spiegazioni ufficiali. Ma egli si concentra sul fenomeno inatteso e cerca di affrontare scientificamente la domanda: "Come ha potuto l'antisemitismo prendere

---

[2218] Ю. Ларин, с. 240-244.
[2219] Ю. Ларин, с. 244.

piede in URSS in quegli strati della società - [operai, studenti], dove, prima della rivoluzione, era poco notato?".[2220]

Le sue conclusioni sono state:

L'antisemitismo tra l'intellighenzia.

"Tra l'intellighenzia l'antisemitismo è più sviluppato che in qualsiasi altro gruppo". Tuttavia, egli sostiene che "l'insoddisfazione non deriva dal gran numero di ebrei, ma dal fatto che gli ebrei presumono di entrare in competizione con l'intellighenzia russa per i posti di lavoro del governo".

"L'evidente sviluppo di atteggiamenti antisemiti tra gli impiegati e gli operai delle città nel 1928 non può essere spiegato dal numero eccessivo di ebrei che chiedono lavoro". "Tra le professioni intellettuali, le tendenze antisemite si avvertono nella sfera medica e nell'ingegneria... L'esercito ha una "buona formazione politica" e non c'è antisemitismo, anche se il personale di comando dell'Armata Rossa ha una percentuale di ebrei significativamente più alta di quella presente nel Paese nel suo complesso".[2221]

L'antisemitismo tra la borghesia urbana.

"La radice dell'antisemitismo si trova nel filisteismo borghese urbano". Ma "la battaglia contro l'antisemitismo tra i borghesi... è mescolata alla questione della distruzione della borghesia in generale... L'antisemitismo della borghesia scomparirà quando la borghesia scomparirà".[2222]

L'antisemitismo nelle campagne.

"Abbiamo quasi completamente eliminato il commerciante privato del grano dei contadini, quindi tra le masse contadine l'antisemitismo non si sta manifestando e si è addirittura indebolito rispetto ai livelli prebellici". Ora appare solo nelle aree in cui gli ebrei sono stati reinsediati sulla terra, presumibilmente dai kulaki e dagli ex proprietari terrieri.[2223]

L'antisemitismo tra la classe operaia.

"L'antisemitismo tra i lavoratori si è notevolmente rafforzato negli ultimi anni". Nel 1929 non c'erano dubbi sulla sua esistenza. Ora si manifesta con maggiore frequenza e intensità rispetto a qualche anno fa. È particolarmente forte tra le "parti arretrate della classe operaia" - donne e lavoratori stagionali. Tuttavia, lo stato d'animo antisemita può essere osservato tra un ampio spettro di lavoratori", non solo tra le "frange

---

[2220] Там же, с. 47.
[2221] Там же, с. 35, 86, 102, 108-110, 120.
[2222] Там же, с. 121, 134, 135.
[2223] Там же, с. 144, 145, 148-149.

corrotte". E in questo caso la competizione economica non è un fattore, ma si manifesta anche dove non c'è competizione; gli ebrei costituiscono "solo il 2,7%" della classe operaia. Nelle organizzazioni professionali di livello più basso si è cercato di passare sopra all'antisemitismo.

Le difficoltà sorgono perché i tentativi di "nascondere l'antisemitismo" provengono dallo stesso "proletariato attivo"; in effetti, l'antisemitismo ha origine dal "proletariato attivo". "In molti casi i membri del Partito e del Komsomol danno prova di antisemitismo. Il discorso sul dominio ebraico è particolarmente diffuso e nelle riunioni si sente lamentare che l'autorità sovietica si limita a combattere solo con la religione ortodossa".

Che barbarie: l'antisemitismo tra i proletari!!! Come è potuto accadere nella classe più progressista e politicamente consapevole del mondo?! Larin ritiene che sia sorto perché "alla Guardia Bianca non rimanevano altri mezzi per influenzare le masse oltre all'antisemitismo". Il suo piano d'azione si muove su "i binari dell'antisemitismo".[2224] Si trattava di una teoria che avrebbe avuto conseguenze spaventose.

Le opinioni di Larin sull'antisemitismo dell'epoca avrebbero trovato eco in seguito in altri autori. S. Shwartz fornisce una sua variante dell'antisemitismo come risultato di una "percezione volgare degli ebrei come principali portatori della Nuova Politica Economica (NEP)". Ma è d'accordo: "Il governo sovietico, non senza fondamento, vedeva nell'antisemitismo un possibile strumento della controrivoluzione".[2225]

Nel 1968 l'autore aggiunge: "Dopo la guerra civile, l'antisemitismo cominciò a diffondersi, attanagliando strati della società che prima della rivoluzione erano liberi da questa tendenza".[2226]

Contro questo era necessario non impegnarsi in discussioni accademiche, ma agire con energia e forza. Nel maggio del 1928 la CK del VKPb pubblicò un comunicato Agitprop sulle "misure da adottare nella lotta contro l'antisemitismo". (Come spesso accadeva nell'attuazione delle direttive di partito, i documenti relativi non furono resi pubblici, ma circolarono tra le organizzazioni di partito). La battaglia per creare un'atmosfera di intolleranza nei confronti dell'antisemitismo doveva essere portata avanti attraverso programmi educativi, relazioni pubbliche, conferenze, stampa, radio e libri di testo scolastici e, infine, le autorità dovevano "applicare le più severe misure disciplinari a coloro che si fossero resi colpevoli di pratiche antisemite".[2227] Seguirono articoli di giornale taglienti. L'articolo di Lev Sosnovsky della *Pravda* incrimina tutti

---

[2224] Ю. Ларин, с. 238-240, 244-245, 247, 248.
[2225] С.М. Шварц. Антисемитизм..., с. 8, 39.
[2226] В. Александрова. Евреи в советской литературе // КРЕ-2, с. 290.
[2227] С.М. Шварц. Антисемитизм..., с. 83-84.

i tipi di funzionari del partito e dell'istruzione per antisemitismo: un funzionario di Kiev "licenzia apertamente gli ebrei" con "la connivenza del comitato distrettuale locale del partito"; sono diffusi graffiti diffamatori antiebraici, ecc. Da un articolo di giornale: "con la crescente battaglia contro l'antisemitismo ci sono richieste di risolvere il problema aumentando la repressione sui portatori di antisemitismo e su coloro che li proteggono". È chiaro che è stata la GPU a parlare attraverso il linguaggio di un articolo di giornale.[2228]

Dopo il rapporto di Larin, il tema dell'antisemitismo è stato inserito in diversi programmi educativi, mentre Larin stesso ha continuato a ricercare i modi per superare l'antisemitismo in modo decisivo. "Finora siamo stati troppo morbidi... permettendo alla propaganda di diffondersi... Spesso i funzionari locali non affrontano l'antisemitismo con il rigore che dovrebbero". I giornali "non dovrebbero temere di puntare l'attenzione sulla "questione ebraica" (per evitare la diffusione dell'antisemitismo), poiché ciò interferisce solo con la lotta contro il sabotaggio controrivoluzionario". "L'antisemitismo è una patologia sociale come l'alcolismo o il vagabondaggio. Troppo spesso, quando abbiamo a che fare con i comunisti, li lasciamo andare con una semplice censura. Se una persona va in chiesa e si sposa, la escludiamo senza discutere - l'antisemitismo non è un male minore".

Con lo sviluppo dell'URSS verso il socialismo, la prognosi è buona: l'antisemitismo "sovietico" e l'eredità delle relazioni pre-sovietiche saranno strappati dalle radici. Tuttavia, è assolutamente necessario imporre severi controlli sull'antisemitismo intellettuale, soprattutto nella professione di insegnante e nel servizio civile".[2229]

Ma lo spirito stesso dei coraggiosi anni Venti richiede un linguaggio più forte. "La natura dell'odierna agitazione antiebraica in URSS è *politica e non nazionalistica*". L'agitazione contro gli ebrei non è diretta solo contro gli ebrei, ma indirettamente contro il potere sovietico". O forse non così indirettamente: "l'antisemitismo è un mezzo di mobilitazione contro il potere sovietico". E "chi è contro la posizione delle autorità sovietiche sulla questione ebraica è *contro la classe operaia e a favore dei capitalisti*". Qualsiasi discorso sul "dominio ebraico" sarà considerato un'attività controrivoluzionaria contro il fondamento stesso della politica delle nazionalità della rivoluzione proletaria... Alcune parti dell'intellighenzia, e talvolta le Guardie Bianche, usano l'antisemitismo per trasmettere l'ideologia borghese".

[2228] Л.С. На борьбу с пособниками контрреволюции // Правда, 1928, 17мая, с. 4.
[2229] Ю. Ларин, с. 9, 119-120, 269-270, 276-277, 280-282.

Sì, è così - una campagna di sussurri della Guardia Bianca, chiaramente c'è "un'agitazione pianificata... dalle organizzazioni segrete della Guardia Bianca". Dietro "l'agitazione filistea antiebraica, organizzazioni segrete monarchiche stanno conducendo una battaglia contro il potere sovietico...". E dagli "organi centrali dell'emigrazione antisovietica (tra cui banchieri ebrei e generali zaristi) viene trasmessa un'ideologia direttamente nelle nostre fabbriche che dimostra che l'agitazione antiebraica in URSS è basata sulla classe, non sulla nazionalità... È necessario spiegare alle masse che l'incoraggiamento dei sentimenti antiebraici in sostanza è un tentativo di porre le basi per la controrivoluzione. *Le masse devono considerare chiunque mostri simpatia per l'antisemitismo* come un contro-rivoluzionario segreto o il portavoce di un'organizzazione monarchica segreta". (Ci sono cospirazioni ovunque!) "Il termine 'antisemita' deve assumere nella mente pubblica lo stesso significato del termine 'controrivoluzionario'".[2230]

Le autorità avevano visto tutto e avevano indicato tutto per quello che era: controrivoluzione, Guardie Bianche, monarchici, generali bianchi e "chiunque fosse sospettato di essere uno di questi...".

Per i più ottusi, l'oratore rivoluzionario elabora: "I metodi per combattere l'antisemitismo sono chiari". Come minimo, condurre indagini aperte e sessioni di "tribunali del popolo contro l'antisemitismo" a livello locale con il motto "spiegazioni per i lavoratori arretrati" e "repressioni per i malintenzionati". "Non c'è motivo per cui il "decreto di Lenin" non debba essere applicato").[2231]

In base al "decreto di Lenin" (che risale al 27 luglio 1918) gli antisemiti attivi dovevano essere messi *al di fuori della legge* - cioè, potevano essere fucilati anche solo per aver agitato un pogrom, non solo per avervi partecipato.[2232] La legge incoraggiava ogni ebreo a presentare un reclamo per qualsiasi insulto etnico subito.

Qualche autore successivo obietterà che la "legge del 27 luglio" alla fine non fu inclusa nella legge e non fece parte del codice penale del 1922. Sebbene il codice penale del 1926 includesse un articolo sull'"istigazione all'ostilità e al dissenso etnico", non c'erano "articoli specifici sugli atti di antisemitismo". Questo non è convincente. L'articolo 59-7 del Codice Penale ("propaganda o agitazione volta a incitare all'odio o al dissenso nazionale o religioso") era sufficiente per mandare in prigione una persona e l'articolo prevedeva la confisca dei beni degli autori di "disordini diffusi" e, in circostanze aggravate (per esempio, l'origine di classe) - la morte.

[2230] Ю. Ларин, с. 27, 45-46, 106, 116, 252, 254, 255, 257.
[2231] Там же, с. 138, 283, 288.
[2232] Там же, с. 259, 278.

L'articolo 59-7 si basava sul "Codice penale della RSFSR" del 26 febbraio 1927, che ampliava la definizione di "istigazione all'odio nazionale" equiparandola alla "diffusione o preparazione e conservazione di letteratura".[2233]

Conservare i libri! Quanto è familiare questa proibizione, contenuta nella relativa legge 58-10! [Nota del traduttore: il famigerato **articolo 58** del Codice penale della RSFSR riguardava le cosiddette attività controrivoluzionarie e antisovietiche].

Furono pubblicati molti opuscoli sull'antisemitismo e "infine, il 19 febbraio 1929 *la Pravda* dedicò alla questione il suo articolo di punta: Attenzione alla battaglia contro l'antisemitismo".[2234] Una risoluzione del 1929 del CK del Partito Comunista di Bielorussia affermava che "la natura controrivoluzionaria degli incidenti antisemiti è spesso ignorata" e che gli organi di giustizia avrebbero dovuto "intensificare la lotta, perseguendo sia gli autori della legge sia coloro che li ispirano".[2235]

Il segretario del CK del Komsomol ha detto che "i più pericolosi nelle nostre condizioni sono gli antisemiti segreti che nascondono i loro atteggiamenti antisemiti".[2236]

Chi ha familiarità con il linguaggio sovietico lo capisce: è necessario tagliare fuori i modi di pensare sospetti. (Questo ricorda Grigory Landau, parlando degli oppositori degli ebrei: "Sospettano o accusano di antisemitismo gli altri gruppi che li circondano... Chiunque esprima un'opinione negativa sugli ebrei è accusato di essere un aperto antisemita e altri sono chiamati antisemiti segreti".[2237]

Nel 1929, un certo I. Zilberman in *Giurisprudenza sovietica quotidiana* (n. 4) scrive che nella provincia di Mosca i processi per antisemitismo erano troppo pochi. Nella sola città di Mosca per quell'anno ci furono solo 34 casi (cioè ogni 10 giorni c'era un processo per antisemitismo da qualche parte a Mosca). Il *Giornale di Narkomyust* è stato letto come un manuale di istruzioni per intentare tali cause.

Il più malvagio degli antisemiti avrebbe potuto escogitare un modo migliore per identificare gli ebrei con il potere sovietico nell'opinione del popolo?

Si arrivò a tal punto che nel 1930 la Corte Suprema della RSFSR stabilì che l'articolo 59-7 "non deve essere utilizzato dai membri delle minoranze

---

[2233] С.М. Шварц. Антисемитизм..., с. 72-73.
[2234] Там же*, с. 32.
[2235] С.М. Шварц. Антисемитизм... *, с. 88-89.
[2236] Там же*, с. 90-91.
[2237] Г.А. Ландау. Революционные идеи в еврейской общественности // РиЕ, с. 101.

nazionali che cercano di ottenere riparazione in conflitti di natura personale".[2238] In altre parole, il carrozzone giudiziario era già stato messo in moto e procedeva a pieno ritmo.

Se guardiamo alla vita degli ebrei normali, non "comandati", vediamo desolazione e disperazione in shtetls un tempo vivaci e fiorenti. La *Jewish Tribune* ha riprodotto il rapporto di un funzionario speciale che ha ispezionato le città e gli shtetl nel sud-ovest della Russia nel 1923, indicando che mentre gli abitanti più attivi si trasferivano nelle città, la popolazione rimanente, composta da anziani e famiglie con molti bambini, viveva in gran parte facendo affidamento sugli aiuti umanitari e finanziari provenienti dall'America.[2239]

In effetti, alla fine del periodo del "comunismo di guerra" (1918-1920), quando tutti i commerci o le compravendite erano proibiti sotto la minaccia della confisca dei beni e delle multe, gli ebrei furono aiutati da enti di beneficenza ebraici come Joint, attraverso il Comitato pubblico russo per "l'assistenza alle vittime dei pogrom e agli ebrei indigenti". Diversi altri enti di beneficenza protessero la popolazione ebraica in tempi diversi, come la SC (Società degli Artigiani, che dopo la rivoluzione si trasferì all'estero), l'EKOPO (il comitato ebraico per l'assistenza alle vittime della guerra) e l'EKO (la società di colonizzazione ebraica). Nel 1921-22, a Mosca e a San Pietroburgo funzionavano associazioni di beneficenza ebraiche con sede nell'Unione Sovietica.

Nonostante l'intervento e gli ostacoli delle YevSeks (organizzazioni comuniste ebraiche), "Joint fornì agli ebrei sovietici un'ampia assistenza finanziaria e di altro tipo", mentre SC "si dedicò alla creazione e allo sviluppo dell'industria e dell'agricoltura ebraica nel sud dell'Ucraina" durante la prima metà degli anni Venti.[2240]

Il primo censimento sovietico fornisce un quadro della vita ebraica durante il periodo liberalizzato della NEP. Il 40% degli ebrei era classificato come "attivo" (non dipendente). Di questi, il 28% era un dipendente pubblico, il 21% un artigiano, il 19% un lavoratore dell'industria (compresi gli apprendisti), il 12% un commerciante, il 9% un contadino, l'1% un militare e il 10% era classificato come "altro". Tra i dipendenti pubblici, gli ebrei erano ben rappresentati nelle occupazioni legate al commercio. Ad esempio, nelle organizzazioni commerciali di Mosca il 16% degli impiegati erano ebrei, nelle organizzazioni creditizie e commerciali il 13% (30% secondo l'*Enciclopedia Ebraica*)[2241], nelle organizzazioni pubbliche

---

[2238] С.М. Шварц. Антисемитизм...*, с. 73, 74.
[2239] НЭП и евреи // Еврейская трибуна, 1923, 21 сентября (№ 171), с. 3-4.
[2240] КЕЭ, т. 8, с. 170,171.
[2241] КЕЭ, т. 8, с. 186.

il 19%, nelle organizzazioni fiscali il 9%, nei Sovdeps il 10%, con una presenza praticamente nulla nelle forze di polizia. Le percentuali erano corrispondentemente più alte nelle aree dell'ex Pale of Settlement, fino al 62% nel commercio statale della Bielorussia, al 44% in Ucraina (77% nella categoria dei "dipendenti statali privati").

Il flusso di lavoratori ebrei nell'industria fu molto più lento di quanto il governo desiderasse. Non c'erano quasi ebrei tra i ferrovieri e i minatori". Preferivano piuttosto le professioni di sarto, conciatore, tipografo, falegname e le specialità alimentari e altri campi dell'industria di consumo. Per reclutare lavoratori ebrei nell'industria, vennero create scuole professionali speciali con finanziamenti prevalentemente stranieri da parte di organizzazioni ebraiche all'estero.[2242]

Era l'epoca della NEP, che "migliorò le condizioni economiche della popolazione ebraica in un nuovo quadro sovietico".[2243] Nel 1924 a Mosca il 75% del commercio di profumi e prodotti farmaceutici era in mani ebraiche, così come il 55% del commercio di manufatti, il 49% del commercio di gioielli, il 39% del commercio di piccoli articoli e il 36% dei depositi di legno. "Quando si avvia un'attività in un nuovo luogo, un ebreo di solito abbassa i prezzi nel settore privato per attirare la clientela".[2244] I primi e più importanti uomini della NEP erano spesso ebrei. In larga misura, la rabbia contro di loro derivava dal fatto che utilizzavano il sistema sovietico e quello di mercato: il loro commercio era abitualmente facilitato dai loro legami e dai loro contatti con l'apparato sovietico. A volte tali legami venivano smascherati dalle autorità, come nel caso del famoso "Affare Paraffina" (1922). Durante gli anni Venti, c'erano abbondanti opportunità di acquistare beni di "ex" oppressi e perseguitati, soprattutto mobili di alta qualità o rari. S. Ettinger notò che gli ebrei costituivano la maggioranza degli uomini della NEP e dei nuovi ricchi,[2245] che era supportato da un impressionante elenco di individui che "non pagarono le tasse e le imposte statali" in *Izvestia* nel 1929.[2246]

Tuttavia, alla fine della NEP, le autorità hanno lanciato un assalto "anticapitalista" contro finanzieri, commercianti e produttori, molti dei quali erano ebrei.

Di conseguenza, molti ebrei si trasformarono in "servi commerciali sovietici" e continuarono a lavorare nelle stesse sfere della finanza, del

---

[2242] Ю. Ларин, с. 75, 77-80, 107.
[2243] Г. Аронсон. Еврейский вопрос в эпоху Сталина // КРЕ-2,
[2244] Ю. Ларин* с. 121-122.
[2245] Samuel Ettinger. La società russa e gli ebrei // Bulletin on Soviet and East European Jewish Affairs, 1970, № 5, p. 38-39.
[2246] Известия, 1928, 22 апреля, с. 7.

credito e del commercio. Un rullo compressore di confische di merci e di proprietà, di vere e proprie rapine di Stato e di ostracizzazione sociale (con il declassamento delle persone nella categoria dei "lishenet") stava avanzando sul commercio privato. "Alcuni commercianti ebrei, nel tentativo di evitare la discriminazione e l'aumento infinito delle tasse, dichiararono di non avere alcuna occupazione durante il censimento".[2247] Tuttavia "praticamente l'intera popolazione maschile ebraica delle città e degli shtetl... passò attraverso le camere di tortura della GPU" durante la campagna di estorsione di oro e gioielli all'inizio degli anni Trenta.[2248] Queste cose sarebbero state considerate un incubo impossibile nella Russia degli zar. Molte famiglie ebree, per evitare lo stigma di essere "lishenet", si trasferirono nelle grandi città. Alla fine, "negli anni'30 solo un quinto degli ebrei sovietici viveva nei tradizionali insediamenti ebraici".[2249]

"Gli esperimenti socio-economici delle autorità sovietiche, tra cui tutti i tipi di nazionalizzazione e socializzazione, non solo avevano devastato le classi medie, ma avevano colpito duramente anche i piccoli commercianti e gli artigiani".[2250] "A causa della generale mancanza di merce e di clienti solvibili, nonché della scarsa liquidità e delle tasse esorbitanti, molti commercianti degli shtetl non ebbero altra scelta che chiudere i loro negozi" e mentre i "più attivi partirono per le città", la popolazione rimanente non ebbe altro da fare che "vagare senza meta per strade decrepite, lamentandosi ad alta voce del loro destino, della gente e di Dio". È evidente che le masse ebraiche hanno perso completamente le loro basi economiche".[2251] Era davvero così in molti shtetl dell'epoca. Per affrontare il problema, nel 1929 fu emanata una risoluzione speciale del Sovnarkom.

G. Simon, ex emigrante, giunse in URSS alla fine degli anni Venti come uomo d'affari americano con la missione di "indagare sulla carenza di artigiani ebrei negli utensili". In seguito, a Parigi, pubblicò un libro dal titolo emozionante e ironico *Jews Rule Over Russia*. Descrivendo la situazione della produzione e del commercio ebraico, la sua oppressione e distruzione da parte dei sovietici, condivide anche le sue impressioni. Citando molte conversazioni, l'umore generale della popolazione è piuttosto cupo. "Molte cose brutte, molti crimini accadono in Russia in questi giorni, ma è meglio sopprimere questo odio accecante"; "spesso temono che la rivoluzione finirà inevitabilmente alla maniera russa, cioè con l'uccisione di massa degli ebrei". Un ebreo bolscevico locale suggerisce che "è solo la rivoluzione che si frappone tra gli ebrei e coloro

---

[2247] КЕЭ. т. 8, с. 187.
[2248] Там же, с. 161.
[2249] Там же, с. 188.
[2250] Г. Аронсон. Еврейский вопрос в эпоху Сталина // КРЕ-2, с. 136.
[2251] НЭП и евреи // Еврейская трибуна, 1923, 21 сентября (№ 171)-с. 3-4.

che desiderano accrescere la Russia stuprando le donne ebree e versando il sangue dei bambini ebrei".[2252]

Un noto economista, B. D. Brutskus, che nel 1920 aveva fornito un'analisi critica dell'economia socialista (fu espulso dal Paese nel 1922 da Lenin), nel 1928 pubblicò su *Contemporary Notes* un ampio articolo su "La popolazione ebraica sotto il potere comunista", descrivendo la NEP nelle aree dell'ex Pale of Settlement in Ucraina e Bielorussia.

L'importanza relativa dell'impresa privata stava diminuendo, poiché anche i commercianti più piccoli venivano privati dei loro diritti politici (diventavano "lishenet" privi di diritti e non potevano votare alle elezioni sovietiche) e, di conseguenza, dei loro diritti civili. (La lotta delle autorità sovietiche contro le imprese private e gli imprenditori è in gran parte una lotta contro la popolazione ebraica". Perché a quei tempi "non solo la quasi totalità dell'imprenditoria privata cittadina in Ucraina e Bielorussia era rappresentata da ebrei, ma anche la partecipazione ebraica nella piccola classe superiore capitalista delle capitali di Mosca, San Pietroburgo e Kharkov era diventata molto consistente".[2253]

Brutskus distingueva tre periodi durante la NEP: 1921-23, 1923-25 e 1925-27. "Lo sviluppo dell'impresa privata fu meno ostacolato dai comunisti di durante i primi due anni e mezzo, quando i bolscevichi erano ancora sopraffatti dalle loro disfatte economiche". "La prima reazione comunista avvenne tra la fine del 1923 e la primavera del 1925". Il commercio all'ingrosso e quello dei negozi nell'ex Pale of Settlement furono distrutti, e solo un piccolo mercato delle pulci era ancora permesso". L'artigianato fu "appesantito dalla tassazione. Gli artigiani persero i loro ultimi strumenti e materiali (questi ultimi spesso appartenevano ai loro clienti contadini) a causa delle confische". "Il concetto di uguaglianza degli ebrei si trasformò praticamente in una finzione, dato che due terzi degli ebrei persero il diritto di voto".

Poiché la YevSek (sezione ebraica del partito comunista) "ereditò l'odio specifico verso la piccola borghesia ebraica coltivato dai precedenti partiti socialisti ebraici e vide il proprio scopo nel combatterla, la sua politica all'inizio della NEP fu sostanzialmente diversa dalla linea generale del partito".

Durante la seconda parte della NEP, la "YevSek" tentò di completare lo smantellamento della borghesia ebraica, iniziato con il "comunismo di guerra".

[2252] Г. Симон. Евреи царствуют в России, с. 22, 159, 192, 217, 237.
[2253] Б. Бруцкус. Еврейское население под коммунистической властью // Современные записки, 1928, кн. 36, с. 511-512.

Tuttavia, le informazioni sulla triste vita della popolazione ebraica in URSS trapelavano nella stampa ebraica all'estero. "YevSeks ha cercato di attribuire la colpa al regime dello zar, che avrebbe ostacolato la partecipazione degli ebrei al lavoro produttivo, cioè, secondo la definizione comunista, al lavoro fisico. E poiché gli ebrei continuano a preferire il "lavoro improduttivo", inevitabilmente ne soffrono. Le autorità sovietiche non hanno nulla a che fare con questo".

Ma Brutskus obiettò che in realtà era il contrario. "La classe degli artigiani ebrei è quasi scomparsa con l'annientamento della piccola manifattura ebraica... In effetti, le classi professionali ebraiche sono cresciute e si sono diversificate, mentre il numero eccessivo di piccoli intermediari ebrei è lentamente diminuito sotto lo zar, grazie al graduale sviluppo dell'imprenditoria etnica russa e all'approfondimento dei legami commerciali tra la Pale of Settlement e la Russia interna. Ma ora la popolazione ebraica si era nuovamente trasformata in una massa di piccoli intermediari".

Durante il terzo periodo della NEP, dalla primavera del 1925 all'autunno del 1926, vennero concessi ampi sgravi fiscali agli artigiani e ai venditori ambulanti, mentre le attività degli ispettori finanziari statali che controllavano le grandi imprese vennero messe "sotto legge". L'economia e il benessere della popolazione ebraica iniziarono a riprendersi rapidamente. Fu un boom per gli artigiani e i commercianti ebrei specializzati nell'agricoltura. La piccola industria cresce e "compete con successo per le materie prime e le risorse con la manifattura statale delle province occidentali". Allo stesso tempo, "un nuovo decreto concesse i diritti politici (e quindi alcuni diritti civili) a molti ebrei".

Il secondo assalto comunista all'impresa privata, che alla fine portò allo smantellamento della NEP, iniziò alla fine del 1926. "Prima fu proibito il commercio privato di cereali, seguito da divieti sulle pelli grezze, sui semi oleosi e sul commercio del tabacco... Furono espropriati mulini privati, cremerie, concerie e tabaccherie. Nell'estate del 1927 vennero introdotti prezzi fissi sulle merci dei negozi. La maggior parte degli artigiani non poteva lavorare a causa della carenza di materie prime".[2254]

Lo stato delle cose negli shtetl della Russia occidentale allarmò l'ebraismo internazionale. Ad esempio, Pasmanik scrisse nel 1922 che gli ebrei come popolo erano destinati a scomparire sotto i bolscevichi e che i comunisti avevano ridotto tutti gli ebrei russi a una folla di poveri.[2255] Tuttavia, l'opinione pubblica occidentale (compresi gli ebrei) non voleva sentire

---

[2254] Б. Бруцкус. Еврейское население под коммунистической властью // Современные записки, 1928, кн. 36, с. 513-518.
[2255] Д.С. Пасманик. Русская революция и еврейство, с. 194, 195.

tutto questo. L'Occidente vedeva l'URSS in buona luce, in parte a causa della generale inclinazione a sinistra dell'intellighenzia europea, ma soprattutto perché il mondo e l'ebraismo americano erano ormai fiduciosi nel futuro luminoso e nella sicurezza degli ebrei russi e l'abile propaganda sovietica non faceva che approfondire questa impressione.

L'opinione pubblica benevola fu estremamente utile ai leader sovietici per assicurarsi gli aiuti finanziari occidentali, e soprattutto americani, indispensabili per la ripresa economica dopo il loro coraggioso "comunismo di guerra". Come disse Lenin al Congresso del Partito nel 1921, "poiché la rivoluzione non si è diffusa in altri Paesi, dovremmo fare tutto il possibile per assicurarci l'assistenza del grande capitalismo progressista e per questo siamo pronti a pagare centinaia di milioni e persino miliardi dalle nostre immense ricchezze, dalle nostre vaste risorse, perché altrimenti la nostra ripresa richiederebbe decenni".[2256] E gli affari andarono a gonfie vele, perché il capitalismo progressista non si fece scrupoli ad acquisire le ricchezze russe. La prima banca internazionale sovietica, la Roskombank, fu fondata nel 1922. Era diretta dal già citato Olof Aschberg (che aveva fornito aiuti affidabili a Lenin durante tutto il periodo rivoluzionario) e da ex banchieri privati russi (Shlezinger, Kalashkin e Ternovsky). C'era anche Max May della Morgan Guaranty Trust negli Stati Uniti, che fu di grande aiuto ai sovietici. Ora svilupparono uno schema che consentiva alla Roskombank di acquistare direttamente beni negli Stati Uniti, nonostante le inutili proteste del Segretario di Stato Charles Hughes, che sosteneva che questo tipo di relazioni significava un riconoscimento de-facto del regime sovietico. Un consigliere svedese della Roskombank, il professor G. Kassel, ha affermato che è imprudente lasciare la Russia con tutte le sue risorse da sola.[2257]

I concessionari si riversarono in URSS, dove furono i benvenuti. Qui vediamo il preferito di Lenin, Armand Hammer, che nel 1921 decise di "aiutare a ricostruire l'industria degli Urali" e ottenne una concessione per le miniere di amianto di Alapayevsk.

Lenin menzionò nel 1921 che il padre di Hammer avrebbe fornito "due milioni di pietre di pane a condizioni molto favorevoli (5%) in cambio di gioielli degli Urali da vendere in America".[2258] E Hammer esportò spudoratamente tesori artistici russi in cambio dello sviluppo della produzione di matite. (In seguito, ai tempi di Stalin e Kruscev, Hammer frequentò Mosca, continuando a esportare tesori culturali russi (ad

---

[2256] В.И. Ленин. Доклад о замене развёрстки натуральным налогом. 15 марта 1921 // Сочинения: В 45 т. 4-е изд. Т. 32, с. 201.
[2257] Э. Саттон. Уолл-стрит и большевицкая революция / Пер. с англ. М., 1998, с. 64-66, 193.
[2258] В.И. Ленин. Полное собрание сочинений: В 55 т. 5-е изд. Т. 53, с. 267.

esempio, utensili da chiesa, icone, dipinti, porcellane, ecc.) in volumi enormi).

Tuttavia, nel 1921-22 ingenti somme furono donate dagli ebrei americani e distribuite in Russia dall'American Relief Administration (ARA) per l'assistenza alle vittime dei "sanguinosi pogrom, per il salvataggio delle città del sud della Russia e per i contadini della regione del Volga". Molti soci dell'ARA erano ebrei.[2259]

Un'altra idea innovativa degli anni'20 - non tanto un'idea nata tra gli ebrei, quanto un'idea sognata per attirarli - era la colonizzazione ebraica di terreni agricoli. Si dice che la loro storia di dispersione avesse negato loro possibilità nell'agricoltura e li avesse costretti a dedicarsi al prestito di denaro, al commercio e agli scambi.

Ora finalmente gli ebrei potevano occupare la terra, rinunciando così ai modi dannosi del passato per lavorare in modo produttivo sotto i cieli sovietici, mettendo così in fuga i miti poco lusinghieri che erano cresciuti su di loro.

Le autorità sovietiche si rivolsero all'idea della colonizzazione in parte per migliorare la produttività, ma soprattutto per ragioni politiche. Questo avrebbe portato sicuramente un'ondata di simpatia, ma soprattutto aiuti finanziari. Scrive Brutskus: "Il governo sovietico, avendo bisogno di crediti, cercava sostegno nella borghesia straniera e apprezzava molto le sue relazioni con la borghesia ebraica straniera".

Tuttavia, verso il 1924 le donazioni smisero di affluire e persino "la Jewish American Charity ('Joint Committee') fu costretta a interrompere il suo lavoro in Europa". Per raccogliere nuovamente grandi quantità di denaro (come avevano fatto attraverso l'American Relief Administration nel 1921), avevano bisogno di creare, come si dice negli Stati Uniti, un "boom". La colonizzazione divenne il "boom" per gli enti di beneficenza ebraici. Il grandioso progetto di reinsediare 100.000 famiglie ebree nella loro terra era, a quanto pare, soprattutto una manovra di pubbliche relazioni.[2260] Nel 1924 fu fondato il comitato per il "Fondo fondiario statale per i lavoratori ebrei" (KomZET), seguito dalla "Società fondiaria volontaria dei lavoratori ebrei di tutto il Soviet" (OZET). (Ricordo che da bambini di scuola ci facevano iscrivere e pagare le quote associative - portando i soldi da casa - a ODD (Società degli Amici dei Bambini) e OZET. In molti Paesi nacquero organizzazioni gemelle dell'OZET.

[2259] Б. Бруцкус. Еврейское население под коммунистической властью // Современные записки, 1928, кн.36, с. 525.
[2260] Там же, с. 524-526.

Fu subito chiaro che "l'assistenza del governo sovietico nel passaggio degli ebrei poveri alla terra" era "una questione di importanza internazionale"... Attraverso questo il proletariato straniero poteva giudicare "la potenza e la solidità del governo sovietico". Questo sviluppo ha avuto la partecipazione attiva e il sostegno finanziario della potente America *Joint*. The *Jewish Chronicle di Londra*, 16 ottobre 1925: "La Crimea è stata offerta in sostituzione della Palestina. Perché mandare gli ebrei in Palestina, che è così improduttiva... e che comporterà tanti sacrifici e duro lavoro... quando la ricca terra dell'Ucraina e i campi coltivati della Crimea sorridono agli ebrei sofferenti. Mosca sarà il benefattore e il difensore dell'ebraismo russo e potrà chiedere il sostegno morale degli ebrei di tutto il mondo...". Inoltre, "il piano non costerà nulla, poiché gli ebrei americani stanno coprendo tutte le spese".[2261]

La stampa russa emigrata non ci mise molto a riconoscere la manovra sovietica. P. Struve, nella rivista parigina *Renaissance*, scrisse: "tutta questa impresa serve a legare l'ebraismo - sia russo che internazionale - al potere comunista e a marchiare definitivamente gli ebrei con il marchio del comunismo".[2262] In un editoriale di apertura del Berlin *Rul*: "È vero... il mondo identifica i bolscevichi con gli ebrei. È necessario collegarli ulteriormente con la responsabilità condivisa per il destino di centinaia di migliaia di poveri. Allora si possono ingannare i ricchi ebrei americani con una minaccia: la caduta del potere sovietico seguita da un pogrom di massa che spazzi via le società ebraiche da loro fondate. Pertanto sosterranno il potere sovietico a tutti i costi".[2263]

Per una fatidica ironia, il bluff bolscevico incontrò l'impresa americana e gli americani ci cascarono, non sapendo cosa stesse accadendo in URSS.[2264]

In realtà, la comunità ebraica mondiale era eccitata dalla speranza nella riabilitazione dell'agricoltura ebraica. Nel settembre del 1925, in occasione della riunione di tutta la Germania, la borghesia ebraica, sotto la guida del direttore della Banca Nazionale Tedesca, Hialmar Schacht, decise di sostenere il progetto. Leon Blum fondò in Francia il "Fondo ebraico di costruzione" che inviò trattori ai coloni. A New York fu fondata la "Society for Aid for Jewish Land Colonization". Nei Paesi di tutto il mondo, fino al

---

[2261] Ю. Ларин*, с. 293, 297-298.
[2262] П. Струве. Проект еврейской колонизации России // Возрождение, Париж, 1925, 25 октября (№ 145), с. 1.
[2263] Руль, Берлин, 1925, 1 октября (№ 1469), с. 1.
[2264] М. Бенедиктов. Еврейская колонизация в СССР // Последние новости, 1925, 6 ноября (№ 1699), с. 2.

Sudafrica, vennero raccolti fondi per il piano di colonizzazione da socialdemocratici, anarchici e, si dice, da semplici lavoratori.

I redattori della rivista americana *Morning Journal* si sono posti la domanda - come molti altri - "È etico per gli ebrei russi colonizzare terre che sono state espropriate?". Il *Jewish Chronicle* ricordava che la maggior parte degli ex proprietari terrieri erano in prigione, fucilati o esiliati. A queste domande rispose l'importante giurista americano Louis Marshall, presidente della Commissione mista mondiale, che sosteneva il *diritto benefico* dell'esproprio rivoluzionario.[2265] In effetti, negli anni 1919-1923 "più di 23.000 ebrei si erano insediati in vecchie proprietà vicino alle città e ai villaggi dell'ex Pale of Settlement". Nella primavera del 1923, queste terre non erano più disponibili e i primi piccoli gruppi di ebrei cominciarono a formarsi per il reinsediamento nelle steppe libere dell'Ucraina meridionale.[2266] Questo movimento si accelerò dopo il 1925.

L'Agro-Joint internazionale ebraico fu costituito da Marshall con il banchiere Paul Warburg come direttore. In questo caso i nostri cronisti della storia del comunismo rinunciano a denunciare i nemici di classe e approvano invece i loro sforzi.

L'Agro-Joint ha concluso un accordo con KomZET per la fornitura di trattori, macchinari agricoli, sementi, lo scavo di pozzi artesiani e la formazione professionale per i giovani ebrei. Anche la EKO fornì il suo contributo. In occasione di una sessione dell'OZET del 1926, Kalinin si pronunciò con forza contro qualsiasi piano di assimilazione degli ebrei, proponendo invece un programma di ampia portata per l'autonomia degli ebrei, noto in Occidente come "Dichiarazione di Kalinin".

I primi piani prevedevano il reinsediamento nel sud dell'Ucraina e nel nord della Crimea di circa 100.000 famiglie o del 20% dell'intera popolazione ebraica dell'URSS. I piani prevedevano anche regioni nazionali ebraiche separate. ("Molti rimasero senza lavoro e tuttavia rifiutarono l'opportunità di lavorare" e "solo la metà di tutti gli ebrei che accettarono di reinsediarsi prese effettivamente residenza nei villaggi in cui avrebbero dovuto trasferirsi").[2267]

Tuttavia, i sionisti americani si opposero al piano dell'OZET e videro nella "propaganda per il progetto di una diffusa colonizzazione agricola ebraica in Unione Sovietica una sfida al sionismo e alla sua idea di colonizzazione

---

[2265] Ю. Ларин, с. 295, 296, 300-302.
[2266] КЕЭ, т. 8, с. 184.
[2267] КЕЭ, т. 8, с. 185, 188.

di Eretz Israel". L'OZET sostenne falsamente che i suoi piani non contraddicevano affatto l'idea di colonizzazione della Palestina.[2268]

Grandi speranze erano riposte nella Crimea. 455.000 ettari erano stati destinati alla colonizzazione ebraica in Ucraina e Bielorussia; 697.000 ettari erano stati messi da parte in Crimea per questo scopo. Secondo il Piano decennale per l'insediamento degli ebrei in Crimea, la percentuale di ebrei sulla popolazione doveva crescere dall'8% nel 1929 al 25% nel 1939. (Si presumeva che a quel punto gli ebrei sarebbero stati sostanzialmente più numerosi dei tatari). "Non ci saranno ostacoli alla creazione nell'ASSR di Crimea di una Repubblica o oblast' autonoma ebraica della Crimea settentrionale".[2269]

L'insediamento degli ebrei in Crimea provocò l'ostilità dei tartari ("Stanno dando la Crimea agli ebrei?") e il malcontento dei contadini locali senza terra. Larin scrive "in tutto il Paese circolano voci maligne e false sulla sottrazione di terre ai non ebrei, sull'espulsione dei non ebrei e sul sostegno particolarmente forte che le autorità hanno dato ai coloni ebrei". Si arrivò al punto che il presidente della CIK dell'ASSR di Crimea, Veli Ibraimov, pubblicò sul giornale di Simferopol *Crimea Rossa* (26 settembre 1926) un'intervista che Larin non cita, ma che secondo lui era una manifestazione di "malvagio sciovinismo borghese" e un appello a un pogrom.

Ibraimov ha anche promulgato una risoluzione e dei progetti che *"non erano ancora pronti per la pubblicazione"* (anch'essi non citati da Larin). Per questo, Larin denunciò Ibraimov alla Commissione centrale di controllo della CK della VKPb, raccontando l'episodio con orgoglio nel suo libro. Di conseguenza Ibraimov fu "rimosso e poi fucilato", dopo di che la colonizzazione ebraica della Crimea si rafforzò.

Come era tipico del regime comunista, il processo a porte chiuse di Ibraimov si risolse in una condanna politica per "legami con una banda di banditi kulaki", ufficialmente per "banditismo".[2270] Anche un certo Mustafa, assistente del presidente della CIK, fu fucilato con Ibraimov come bandito.[2271]

Le voci sull'effettiva assistenza fornita ai coloni ebrei non si sono spente. Le autorità cercarono di contrastarle. Un giornale governativo nel 1927 scrisse che "la generosa assistenza ai coloni ebrei" proveniva da "organizzazioni comunitarie ebraiche" (senza menzionare che si trattava di organizzazioni occidentali), e non dal governo come si diceva. Per smentire le voci, Shlikhter (quel giovane attaccabrighe della Duma di Kiev

---

[2268] КЭЕ, т. 6, с. 139-140.
[2269] Ю. Ларин, с. 74, 174, 175, 308.
[2270] Там же, с. 150-152, 233-234.
[2271] Известия, 1928, 1 мая, с. 4.

nell'ottobre 1905), ora Narkom dell'Agricoltura dell'Ucraina, fece un tour nel Sud dell'Ucraina.

Alle voci secondo cui gli ebrei non lavoravano la terra loro assegnata, ma la affittavano o assumevano braccianti agricoli, si rispondeva con: "Non abbiamo osservato questo comportamento, ma ai coloni ebrei deve essere proibito di affittare le loro terre" e "l'atmosfera malsana che circonda il reinsediamento ebraico deve essere contrastata con la più ampia campagna educativa possibile".[2272]

L'articolo permette di giudicare la portata degli eventi. Si legge che 630 famiglie ebree si trasferirono nella provincia di Kherson tra la fine del 1925 e il luglio del 1927.[2273] Nel 1927, in Ucraina c'erano 48 insediamenti agricoli ebraici con una popolazione totale di 35.000 persone. In Crimea, nel 1926, 4463 ebrei vivevano in insediamenti agricoli ebraici.[2274] Altre fonti hanno affermato in modo poco plausibile che "nel 1928, 220.000 ebrei vivevano in colonie agricole ebraiche".[2275] Allo stesso modo, Larin parlava di 200.000 all'inizio del 1929. Da dove deriva questa discrepanza *di ordine di grandezza*? Larin qui si contraddice, affermando che nel 1929 la quota di ebrei nell'agricoltura era trascurabile, inferiore allo 0,2% (e quasi il 20% tra i commercianti e il 2% nella popolazione in generale).[2276]

Mayakovsky la vedeva diversamente:

"Un ebreo che lavora duramente
Dissodare la terra rocciosa".

Tuttavia, il programma di colonizzazione della terra ebraica, a tutti gli effetti, fu un fallimento. Per molti coloni c'erano poche motivazioni per restare. Non ha aiutato il fatto che il reinsediamento e il progetto di costruzione fossero venuti dall'alto e il denaro da organizzazioni occidentali. Un sacco di assistenza governativa per i coloni ebrei non ha aiutato. È poco noto che i trattori delle fattorie collettive vicine furono ordinati per dissodare le terre ebraiche.[2277] Nonostante il flusso di 2-3 mila famiglie ebraiche da reinsediare, alla fine dei cinque anni di lavoro "Insediamenti ebraici in Crimea" elencava solo circa 5 mila famiglie" invece delle 10-15 mila previste. Il motivo era che i coloni tornavano spesso al loro luogo d'origine o si trasferivano nelle città della Crimea o in altre parti del Paese.[2278] Questo allontanamento di massa degli ebrei

---

[2272] Известия, 1927, 13 июля, с. 4.
[2273] Там же.
[2274] КЕЭ, т. 2, с. 552, т. 4, с. 599.
[2275] Г. Аронсон. Еврейский вопрос в эпоху Сталина // КРЕ-2, с. 137.
[2276] Ю. Ларин, с. 97-98, 236.
[2277] Там же, с. 206.
[2278] КЕЭ, т. 4, с. 600.

dall'agricoltura negli anni '20 e '30 ricorda un analogo ritiro degli ebrei dalle colonie agricole nel 19 secolo, anche se ora erano disponibili molte nuove occupazioni nell'industria (e nell'amministrazione, un campo proibito per gli ebrei nella Russia zarista).[2279]

Alla fine arrivò la collettivizzazione. Improvvisamente, nel 1930, Semyon Dimanstein, per molti anni capo della "Sezione ebraica della CK del VKPb", un comunista convinto che aveva coraggiosamente sopportato tutti i programmi sovietici negli anni '20, si schierò sulla stampa contro la collettivizzazione universale nelle regioni nazionali.

Stava cercando di proteggere la colonia ebraica dalla collettivizzazione di cui era stato "avvertito".[2280] Tuttavia, la collettivizzazione arrivò, non risparmiando i "germogli freschi della gestione della terra ebraica".[2281] Quasi contemporaneamente, i Kolkhoz ebraici e non ebraici furono riuniti sotto la bandiera dell'"internazionalismo" [2282] e il programma di insediamento ebraico in Ucraina e Crimea fu definitivamente interrotto.

Il principale progetto sovietico di colonizzazione ebraica era quello di Birobidzhan, un territorio "grande quasi come la Svizzera" tra i due rami del fiume Amur, vicino al confine cinese. È stato descritto in vari modi. Nel 1956 Kruscev si vantava, durante le conversazioni con i comunisti canadesi, che il suolo era ricco, il clima era meridionale, c'era "molto sole e molta acqua" e "fiumi pieni di pesci" e "vaste foreste". Il *Socialist Vestnik* lo descrisse come coperto da "taiga selvaggia... le paludi costituiscono una parte significativa" del territorio.[2283]

Secondo l'*Enciclopedia Britannica*: "una pianura a tratti paludosa", ma una "terra fertile lungo l'Amur".[2284]

Il progetto nacque nel 1927 dal KomZET (un comitato della CIK) e aveva lo scopo di: "trasformare una parte significativa della popolazione ebraica in un popolo agricolo insediato in un unico luogo" (Kalinin). Inoltre, la Repubblica autonoma ebraica doveva servire come contrappeso al sionismo, creando una patria nazionale con almeno mezzo milione di abitanti.[2285] (Non si può escludere un possibile motivo dietro il piano: incuneare una popolazione sovietica fedele nell'ostile frontiera cosacca).

[2279] КЕЭ, т. 2, с. 554.
[2280] Там же, с. 354.
[2281] Г. Аронсон. Еврейский вопрос в эпоху Сталина // КРЕ-2, с. 137.
[2282] КЕЭ, т. 2, с. 554.
[2283] Хрущёв и миф о Биробиджане // Социалистический вестник, Нью-Йорк, 1958, № 7-8, с. 142-143.
[2284] Enciclopedia Britannica, 15a ed., 1981, Vol. X., p. 817, clmn. 2.
[2285] КЕЭ*, Т. 1, с. 445-446. 159 Ю. Ларин, с. 183-184.

L'OZET inviò una spedizione scientifica nel Birobidzhan nel 1927 e, prima che cominciassero ad arrivare grandi insediamenti di ebrei, nel 1928 iniziò i preparativi e la costruzione dell'insediamento utilizzando manovalanza della popolazione locale e squadre di lavoro itineranti di cinesi e coreani.

I residenti più anziani della zona, i cosacchi del Trans-Baikal esiliati tra il 1860 e il 1880 e già provati dalle difficoltà dei boschi di frontiera, ricordano di essere preoccupati per l'insediamento ebraico. I cosacchi avevano bisogno di vasti appezzamenti di terreno per i loro metodi agricoli e temevano di essere estromessi dalle terre che utilizzavano per la caccia e la raccolta del fieno. Il rapporto della commissione KomZET era "un piano preliminare per il possibile reinsediamento graduale di 35.000 famiglie". Ma la realtà era diversa. Nel 1928 la CIK della VKPb assegnò il Birobidzhan alla colonizzazione ebraica e la preparazione dei primi treni di coloni iniziò immediatamente. "Per la prima volta furono inviati a coltivare la terra abitanti delle città (provenienti dall'Ucraina e dalla Bielorussia) senza alcuna preparazione per il lavoro agricolo". (Erano attirati dalla prospettiva di vedersi togliere lo status di "lishenet").[2286]

Il Komsomol pubblicò il "Monthly OZET" e delegazioni di pionieri viaggiarono per il Paese raccogliendo fondi per il reinsediamento nel Birobidzhan.

Le famiglie ebree inviate in fretta e furia furono inorridite dalle condizioni che incontrarono al loro arrivo. Si trasferirono in baracche presso la stazione ferroviaria di Tikhonkaya, nella futura città di Birobidzhan. "Tra gli abitanti... ce n'erano alcuni che non lasciarono mai le baracche per la terra, vivendo grazie ai prestiti e ai crediti che riuscirono a ottenere per il trasferimento. Altri, meno agili, vivevano in condizioni di estrema povertà".[2287]

"Durante il primo anno di lavoro a Birobidzhan furono costruite solo 25 capanne, furono arati solo 125 ettari e non fu piantato nulla. Molti non rimasero a Birobidzhan; 1.000 lavoratori arrivarono nella primavera del 1928 e a luglio il 25% di tutti coloro che erano arrivati nel 1928 se ne erano andati. "Nel febbraio 1929 più della metà della popolazione aveva abbandonato Birobidzhan".[2288] Dal 1928 al 1933 arrivarono più di 18.000 persone, ma la popolazione ebraica crebbe solo di 6.000 unità. Secondo alcuni calcoli, "solo il 14% degli ebrei reinsediati rimase nel 1929".[2289] Tornarono alle loro case o si trasferirono a Khabarovsk e Vladivostok.

[2286] Larine, pp. 183-184.
[2287] Хрущёв и миф о Биробиджане // Социалистический вестник* 1958, №7-8, с. 144.
[2288] Ю. Ларин, с. 188, 189.
[2289] КЕЭ, т. 1, с. 448, т. 8, с. 188.

Larin, che dedica non poche pagine ragionate e appassionate alla costruzione di un'agricoltura ebraica, annusa che "si è sollevato un polverone malsano... intorno a Birobidzhan... un insediamento utopico di un milione di ebrei...".

Il reinsediamento fu praticamente presentato come un obbligo nazionale degli ebrei sovietici, il sionismo rovesciato... una sorta di movimento di ritorno alla provincia". Mentre le organizzazioni ebraiche internazionali non hanno fornito alcun finanziamento per Birobidzhan, da l'inizio "considerandolo troppo costoso e rischioso per loro".[2290] Più probabilmente le organizzazioni ebraiche occidentali, Agro-Joint, ORT e EKO, non potevano sostenere il progetto lontano dagli Urali.[2291] Non si trattava di un "piano ebraico", ma di un progetto delle autorità sovietiche desiderose di abbattere e ricostruire la vita del Paese.

Dalla rivoluzione d'ottobre alla fine degli anni Venti, la vita degli ebrei comuni fu influenzata dalle azioni degli yevsek, i membri della YevSek (la sezione ebraica della CK del VKPb). Oltre al Commissariato ebraico, nel VKPb crebbe un'organizzazione ebraica attiva. Inoltre, a partire dal 1918, si formarono organizzazioni locali nelle gubernie. Esse crearono un ambiente fanaticamente ispirato all'idea e alle idee del comunismo, ancor più di quanto non lo fosse l'autorità sovietica stessa, e a volte queste organizzazioni si opposero persino ai progetti sovietici. Ad esempio, "su insistenza dello YevSek, all'inizio del 1919 il Commissariato ebraico decretò che l'ebraico era una lingua di "reazione e controrivoluzione", imponendo alle scuole ebraiche di insegnare in yiddish".[2292] L'Ufficio centrale dello YevSek faceva parte del CK del VKPb e gli YevSek locali operavano nell'ex Pale of Settlement.

"Lo scopo dello YevSek era l'educazione comunista e la sovietizzazione della popolazione ebraica nella sua lingua madre, lo yiddish".

Dal 1924 al 1928 la responsabilità di "tutta l'educazione e la cultura ebraica" era affidata agli uffici ebraici degli organi amministrativi a livello di Repubblica, ma questi furono aboliti per "eccessi di yiddishizzazione forzata" e il potere passò allo YevSek.[2293]

Le attività dello YevSek negli anni '20 furono contraddittorie. "Da un lato svolgeva un attivo lavoro di agitprop nell'educazione comunista in yiddish e lottava senza pietà contro l'ebraismo, l'educazione ebraica tradizionale, le strutture sociali ebraiche, le organizzazioni ebraiche indipendenti, i partiti e i movimenti politici, il sionismo e l'ebraismo. D'altro canto, si

---

[2290] Ю. Ларин, с. 184, 186-189.
[2291] КЕЭ, т. 8, с. 188.
[2292] КЕЭ, т. 8, с. 146.
[2293] Там же, с. 165-166.

opponeva all'assimilazione sostenendo la lingua e la cultura yiddish e le organizzazioni di educazione ebraica, la ricerca scientifica ebraica e le attività volte a migliorare la condizione economica degli ebrei sovietici. In questo "lo YevSek ha spesso mantenuto una posizione più radicale rispetto agli organi centrali del partito".[2294]

Lo YevSek antisionista era composto "in larga misura" da "ex bundisti e socialisti-territorialisti"[2295] che nel VKPb erano considerati traditori o "comunisti neofiti". Lo scopo della YevSek era quello di sviluppare l'influenza comunista sugli ebrei russi e di creare una "nazione sovietica ebraica".

isolato dall'ebraismo mondiale. Ma allo stesso tempo le sue azioni la trasformarono paradossalmente da apparato tecnico che esortava la popolazione ebraica a costruire il socialismo in un punto focale della vita ebraica in URSS. All'interno dello YevSek si creò una spaccatura tra i sostenitori dell'"assimilazione forzata" e coloro che ritenevano il suo lavoro un "mezzo necessario per la conservazione del popolo ebraico".[2296]

Il *Libro dell'Ebraismo Russo* osserva con simpatia che l'attività dello YevSek "portava ancora un'impronta chiara ed espressamente ebraica sotto la bandiera del proletariato". Ad esempio, nel 1926, utilizzando lo slogan "in campagna!" [inteso a suscitare interesse per il lavoro e la propaganda nelle aree rurali], lo YevSek propose "nello Shtetl!".

"Questa attività ebbe un'ampia risonanza nei circoli ebraici in Polonia e negli Stati Uniti". L'autore lo definisce inoltre "un nazionalismo ebraico dalle molte sfaccettature in forma comunista".[2297] Ma nel 1926 il PC interruppe l'attività dello YevSek e lo trasformò nel Jewish Bureau. Nel 1930 l'Ufficio ebraico fu chiuso insieme a tutte le sezioni nazionali del VKPb[2298]. In seguito l'attività delle YevSek continuò sotto la bandiera del comunismo. "L'ebraismo russo perse tutte le forme di autoespressione, comprese quelle comuniste".[2299]

La fine della YevSek simboleggiava la dissoluzione finale del movimento del Bund "per consentire un'esistenza nazionalista separata, anche se contraria alla rigida teoria socialdemocratica".[2300] Tuttavia, dopo l'abolizione della YevSek, molti degli ex yevsek e socialisti ebrei non

---

[2294] Там же, с. 166.
[2295] КЭЕ, т. 7, с. 947.
[2296] КЭЕ, т. 2, с. 465.
[2297] Г. Аронсон. Еврейский вопрос в эпоху Сталина // КРЕ-2, с. 137.
[2298] КЭЕ, т. 2, с. 465.
[2299] Б. Орлов. Россия без евреев // "22", 1988, № 60, с. 161.
[2300] Leonard Schapiro. The Role of the Jews in the Russian Revolutionary Movement // The Slavonic and East European Review, vol. 40, 1961-62, p. 167.

rinsavirono e misero la "costruzione del socialismo" al di sopra del bene del proprio popolo o di qualsiasi altro bene, rimanendo al servizio dell'apparato di partito-governo. E questo servizio straripante era evidente più di ogni altra cosa.

Che si tratti di statistiche o di una serie di esempi singolari, è evidente che gli ebrei hanno pervaso la struttura del potere sovietico in quegli anni. E tutto questo avveniva in uno Stato che perseguitava la libertà di parola, di commercio e di religione, per non parlare della sua denigrazione del valore umano.

Bikerman e Pasmanik dipingono un quadro molto cupo dello stato della cultura ebraica in URSS nel 1923: "tutto viene strappato e calpestato nel campo della cultura ebraica".[2301] "Tutte le fondamenta della cultura ebraica nazionalista sono scosse e tutto ciò che è sacro è calpestato nel fango".[2302] S. Dubnov vide qualcosa di simile nel 1922 e scrisse di "rovinosi rottami" e di un'immagine "di rovina e di progresso di oscuri selvaggi che distruggono gli ultimi resti di una cultura passata".[2303]

Tuttavia, la storiografia ebraica non fu distrutta nei primi 10 anni dopo la rivoluzione, come testimonia la gamma di pubblicazioni consentite.

Gli archivi governativi, compresi quelli del dipartimento di polizia, aperti dopo la rivoluzione, hanno fornito agli studiosi ebrei una visione della partecipazione ebraica al movimento rivoluzionario, ai pogrom e ai processi per "diffamazione di sangue". La Società storico-etnografica ebraica fu fondata nel 1920 e pubblicò il materiale in due volumi sulla *storia dei pogrom antiebraici in Russia*. In seguito la Società fu attaccata dalla YevSek e fu abolita nel 1929. Le riviste *The Jewish News* e *The Jewish Chronicle* furono chiuse a metà degli anni Venti. *Jewish Antiquity* di S. Dubnov rimase in pubblicazione (anche dopo aver lasciato l'URSS nel 1922) ma fu chiusa nel 1930. Il Museo etnografico ebraico funzionò dal 1916, ma fu chiuso nel 1930.[2304]

Negli anni Venti, la cultura ebraica ebbe due destini divergenti: uno in ebraico e uno in yiddish. L'ebraico era fortemente represso e proibito, poiché le autorità lo consideravano un vettore della religione e del sionismo. Prima del consolidamento del potere sovietico negli anni 1917-1919 "c'erano più di 180 libri, opuscoli e riviste in ebraico" (soprattutto a Odessa, ma anche a Kiev e Mosca). Il sentimento che il destino dell'ebraico fosse legato a quello della vittoriosa rivoluzione comunista si diffuse nei

---

[2301] К евреям всех стран! // РиЕ, с. 5.
[2302] Д.С. Пасманик. Чего же мы добиваемся? // РиЕ, с. 214.
[2303] Он же. Русская революция и еврейство*, с. 195.
[2304] КЕЭ, т. 2, с. 439, РЭЭ, т. 2, с. 432, Б. Орлов. Россия без евреев // "22", 1988. № 60, с. 161.

primi anni'20 "tra i giovani che cercavano di creare una 'tribuna letteraria rivoluzionaria, sotto la cui bandiera speravano di unire la forza creativa giovanile dell'ebraismo mondiale'". [2305] Tuttavia, su insistenza della YevSek, l'ebraico fu dichiarato "lingua reazionaria" e già nel 1919 il Commissariato del Popolo per l'Educazione aveva "proibito l'insegnamento dell'ebraico in tutte le istituzioni educative". Era iniziata la rimozione di tutti i libri ebraici dalle biblioteche".[2306]

La cultura yiddish se la passò molto meglio. Lo yiddish era la lingua delle masse ebraiche. Secondo il censimento del 1926, il 73% degli ebrei indicava lo yiddish come lingua madre[2307] (un'altra fonte cita una cifra del 66%[2308]) - cioè la popolazione ebraica poteva conservare la propria cultura in yiddish. Le autorità sovietiche se ne servirono. Se nei primi anni del potere sovietico e del bolscevismo prevaleva l'opinione che gli ebrei dovessero abbandonare la loro lingua e la loro nazionalità, in seguito il Commissariato ebraico presso il Narkomat delle Nazionalità, lo YevSek, e le sezioni ebraiche dei narkomat repubblicani dell'istruzione iniziarono a costruire la cultura sovietica in yiddish. Negli anni'20 lo yiddish fu dichiarato una delle lingue *ufficiali* della Bielorussia; nella Odessa degli anni'20 e anche degli anni'30 era la lingua di molte istituzioni governative, con "ore ebraiche" alla radio e procedimenti giudiziari in yiddish.[2309]

"Nel 1923 iniziò una rapida crescita delle scuole yiddish in tutta l'Unione Sovietica". A partire dal 1923 e fino al 1930 fu attuato un programma di sistematica "yidditizzazione", addirittura imposto alle scuole ebraiche dell'ex Pale of Settlement. Molte scuole furono convertite in yiddish senza tenere conto dei desideri dei genitori. Nel 1923 c'erano 495 scuole in yiddish con 70.000 bambini ebrei, nel 1928 erano 900 e nel 1930 avevano 160.000 bambini. (Questo può essere in parte spiegato dal fatto che gli ucraini e i bielorussi in quel periodo godevano di piena autonomia culturale e vedevano i bambini ebrei come potenziali agenti della russificazione; i genitori ebrei non volevano che i loro figli frequentassero le scuole ucraine o bielorusse e non c'erano più scuole russe - non avevano altra scelta che andare nelle scuole yiddish. In queste scuole non si studiava la storia ebraica, ma la "guerra di classe e gli ebrei".[2310] (Proprio come nelle scuole russe non si studiava la storia russa o qualsiasi altra storia, ma solo le "scienze sociali"). Nel corso degli anni'20 "anche quei pochi elementi di

---

[2305] И. Слуцкий. Судьба иврит в России // КРЕ-2, с. 241-242, 246.
[2306] КЕЭ, т. 2, с. 422.
[2307] С. Шварц. Евреи в Советском Союзе с начала Второй мировой войны (1939-1965). Нью-Йорк: Изд. Американского Еврейского Рабочего Комитета, 1966, с. 407.
[2308] Ю. Ларин, с. 56.
[2309] КЕЭ, т. 1, с. 326, т. 2, с. 465, т. 6, с. 125.
[2310] Ю. Марк. Еврейская школа в Советском Союзе // КРЕ-2, с. 235-238.

un'educazione specificamente ebraica furono gradualmente eliminati dalle scuole ebraiche sovietiche". All'inizio degli anni'30 il sistema autonomo delle scuole ebraiche sovietiche era stato ufficialmente eliminato.[2311]

Dal 1918 esistevano scuole ebraiche indipendenti di istruzione superiore - ENU (Università del Popolo Ebraico) fino al 1922 a Mosca; PENU a Pietrogrado che divenne IVEZ di Pietrogrado (Istituto di Alta Formazione Ebraica, uno dei cui fondatori e poi rettore fu Semyon Lozinsky) che vantava "un certo numero di illustri studiosi tra i docenti e un gran numero di laureati ebrei".

Sostenuto da Joint, l'IVEZ funzionò fino al 1925. Sono state istituite divisioni ebraiche presso i dipartimenti di scienze dell'educazione dell'Università Bielorussa (1922) e della Seconda Università Statale di Mosca (1926). Nel 1921 fu istituita la Scuola centrale ebraica CP con insegnamento in yiddish. Il sistema educativo ebraico comprendeva scuole tecniche speciali di scienze dell'educazione e più di 40 scuole di formazione industriale e agricola.[2312]

La cultura ebraica continuò a esistere e ricevette anche un incoraggiamento non indifferente, ma alle condizioni delle autorità sovietiche. Le profondità della storia ebraica furono chiuse. Ciò avvenne in un contesto di distruzione delle scienze storiche e filosofiche russe, con tanto di arresti di studiosi.

La cultura ebraica degli anni'20 potrebbe essere più precisamente definita una cultura sovietica "proletaria" in yiddish. E per questo tipo di cultura ebraica il governo era pronto a fornire giornali e teatro. Quarant'anni dopo, il *Libro dell'Ebraismo Russo* fornisce una valutazione meno che cupa della situazione culturale degli ebrei in URSS nei primi anni sovietici. A Mosca l'Agenzia telegrafica ebraica mondiale (ETA) continuò a esistere negli anni'40 come unità indipendente - l'unica agenzia di questo tipo nella nazione sovietica che non faceva capo alla TASS, inviando comunicazioni all'estero (naturalmente soggette alla censura sovietica). I giornali venivano pubblicati in yiddish, il principale dei quali era l'house organ della YevSek, il *Der Amos* di Mosca dal 1920 al 1938. Secondo Dimanstein, nel 1928 c'erano 34 editori yiddish.

La letteratura yiddish fu incoraggiata, ma, naturalmente, con uno scopo: allontanare gli ebrei da un passato storico ebraico; mostrare "prima dell'ottobre" come un cupo prologo all'epoca della felicità e di una nuova alba; infangare tutto ciò che è religioso e trovare nell'ebreo sovietico l'"uomo nuovo". Anche con tutto questo, era così attraente per alcuni importanti scrittori ebrei che avevano lasciato il Paese che iniziarono a

---

[2311] КЕЭ, т. 8, c.175.
[2312] Там же, с. 177-179, РЕЭ, т. 2, с. 195-196.

tornare in URSS: i poeti David Gofstein ("sempre sospettato di nutrire sentimenti nazionalisti") e Leib Kvitko ("si è facilmente adattato all'ambiente sovietico ed è diventato un poeta prolifico") tornarono nel 1925; Perez Markish ("comprende facilmente le esigenze del partito") - nel 1926; Moses Kulbak e Der Nistor (il vero nome di quest'ultimo era Pinkhos Kaganovich, in seguito scrisse il romanzo *Famiglia Mashber* caratterizzato come l'opera di prosa ebraica più "antisovietica e liberale dell'Unione Sovietica") - tornarono nel 1928. David Bergelson tornò nel 1929 e "rese omaggio a coloro che erano al potere: "la rivoluzione ha diritto alla crudeltà".[2313] (Cosa che lui, Markish e Kvitko avrebbero sperimentato in prima persona nel 1952).

La cultura ebraica "borghese" fu soppressa. Un gruppo di scrittori guidati da H.N. Byalik partì per la Palestina nel 1921. Un altro gruppo "di scrittori ebraici esistette fino alla metà degli anni'30, pubblicando occasionalmente su riviste straniere. Alcuni di questi autori furono arrestati e scomparvero senza lasciare traccia, mentre altri riuscirono a fuggire dall'Unione Sovietica".[2314]

Per quanto riguarda la cultura ebraica espressa in lingua russa, Yevseks la interpreta come il "risultato degli sforzi diretti dal governo per assimilare gli ebrei nella Russia zarista". Tra coloro che scrivevano in yiddish, a metà degli anni'20 si sviluppò una divisione tra scrittori "proletari" e "compagni", come nella letteratura sovietica in generale. La maggior parte degli autori tradizionali passò quindi alla lingua russa.[2315]

Il Teatro ebraico da camera in yiddish di Mosca fiorì dal 1921 ad alto livello artistico con l'aiuto del governo (nel 1925 fu trasformato nel Teatro ebraico statale, GosET). Viaggiò per l'Europa e divenne un inaspettato rappresentante del potere sovietico agli occhi dell'ebraismo mondiale. Si prendeva gioco dei modi pre-rivoluzionari e della vita religiosa dello shtetl. Mikhoels eccelleva come attore e nel 1928 ne divenne il regista.[2316]

La storia del teatro ebraico "Gabima", iniziata prima della rivoluzione, è stata molto più complicata. Originariamente sostenuto da Lunacharsky, Gorky e Stanislavskij, fu perseguitato come "nido sionista" dalla YevSek e fu necessaria una decisione di Lenin per permettergli di esistere. Il "Gabima" divenne un teatro governativo. Rimase l'unico avamposto dell'ebraico in URSS, anche se era chiaro che non aveva futuro.[2317] (Il critico teatrale A. Kugel disse che si era allontanato dalla vita quotidiana

---

[2313] Ю. Марк. Литература на идиш в Советской России // КРЕ-2, с. 224-229.
[2314] И. Слуцкий. Судьба иврит в России // КРЕ-2, с. 245, 247.
[2315] КЕЭ, т. 8, с. 174, 181-182.
[2316] Г. Свет. Еврейский театр в Советской России // КРЕ-2, с. 266-271.
[2317] КЕЭ, т. 9, с. 477.

degli ebrei di e aveva perso il suo spirito ebraico.[2318]) Nel 1926 la compagnia partì per una tournée europea e non fece ritorno, scomparendo dalla storia poco dopo.[2319]

Al contrario, il teatro yiddish governativo "fu una vera manna per le arti teatrali ebraiche in URSS". All'inizio degli anni'30 esistevano 19 gruppi teatrali yiddish professionali... con una scuola di formazione al GosET di Mosca e studi di arti drammatiche ebraiche a Kiev, Minsk e Mosca.[2320]

A questo proposito vale la pena ricordare il trattamento postumo dello sfortunato "Gogol ebreo" Semen Ushkevitch. Il suo libro *Episodi*, pubblicato nel 1926, "satireggia i borghesi ebrei dell'epoca della rivoluzione". Morì nel 1927 e nel 1928 la censura sovietica vietò la sua opera teatrale *Simka, Il cuore di coniglio*, basata sul suo libro precedente. Come opera anti-borghese avrebbe dovuto andare bene, ma "svolgendosi in un ambiente ebraico e prendendo in giro la stupidità, la codardia e l'avidità dei suoi soggetti, fu vietata per il timore che potesse suscitare sentimenti giudeofobici".[2321]

Nel frattempo, qual era la condizione delle organizzazioni sioniste in URSS?

Erano fondamentalmente incompatibili con l'autorità comunista e furono accusati di "imperialismo internazionale" e di collaborazione con l'Intesa.

A causa della loro posizione internazionale, i sovietici dovettero trattare con attenzione con loro. Nel 1920 lo YevSek dichiarò una "guerra civile sulla strada degli ebrei" contro le organizzazioni sioniste. La repressione del sionismo si intensificò con la messa al bando dell'ebraico.

Tuttavia, "la pressione antisionista non esisteva dappertutto e non era sufficientemente severa", cioè "l'imprigionamento a lungo termine e l'esilio erano relativamente rari". Nella primavera del 1920 i sionisti di destra furono spaventati dagli arresti, ma il 1° maggio furono amnistiati.

La duplice politica del Cremlino fu evidente nelle discussioni con i rappresentanti dell'Organizzazione sionista mondiale. Chicherin non respinse a priori le sollecitazioni di questi ultimi, poiché i sovietici "non erano ancora pronti a denunciare il sionismo una volta per tutte", come aveva fatto la YevSek. Tanto più che "fin dall'inizio della NEP, la diminuzione della pressione governativa diede ai gruppi sionisti un po' di respiro".[2322] È interessante notare che Dzerzhinsky scrisse nel 1923 che "il

---

[2318] КЕЭ, т. 4, с. 616.
[2319] Г. Свет. Еврейский театр... // КРЕ-2, с. 273-278.
[2320] КЕЭ, т. 8, с. 183.
[2321] В. Левитина. Стоило ли сжигать свой храм... // "22", 1984, № 34, с. 204.
[2322] И.Б. Шехтман. Советская Россия, сионизм и Израиль // КРЕ-2. 321-323.

programma dei sionisti non è pericoloso per noi, al contrario lo considero utile" e ancora nel 1924 "principalmente, possiamo essere amici dei sionisti".[2323] L'Ufficio centrale sionista esistette a Mosca dal 1920 al 1924. Nel marzo del 1924 i suoi membri furono arrestati e solo dopo molte suppliche dall'interno del Paese e dall'estero l'esilio in Asia centrale fu sostituito dall'esilio all'estero .[2324] Nel 1923 rimanevano solo due organizzazioni sioniste ufficialmente autorizzate: Poale-Zion e la parte "legale" dell'organizzazione giovanile Gekhaluz, il cui scopo era la colonizzazione agricola della Palestina. L'esperienza delle fattorie collettive in URSS era per loro una preparazione. Pubblicarono una rivista dal 1924 al 1926.[2325] Anche l'ala sinistra del partito socialista sionista Zirei-Zion ("Gioventù di Sion") adottò toni più aspri nei confronti dei bolscevichi e, quando gli arresti del 1924, seppur di breve durata, si diffusero, entrò in clandestinità. Questo movimento clandestino fu definitivamente disperso solo alla fine degli anni Venti.

"Il sangue ebraico non olierà le ruote della rivoluzione", uno slogan organizzativo del movimento, trasmette il senso della Zirei-Zion clandestina con le sue significative organizzazioni giovanili a Kiev e Odessa. Per quanto riguarda il governo, "riconoscevano formalmente l'autorità sovietica, ma allo stesso tempo si dichiaravano contrari alla dittatura del partito comunista". Gran parte del suo lavoro era diretto contro la YevSek. "In particolare, si agitavano contro il piano di reinsediamento della Crimea, ritenendolo un ostacolo al loro 'isolamento nazionale'".

Dal 1926 il partito si indebolì e poi scomparve.[2326] Tra settembre e ottobre del 1924 ci fu un'ondata di arresti di sionisti. Alcuni degli arrestati vennero processati in segreto e condannati a pene dai 3 ai 10 anni nei campi di concentramento. Ma nel 1925 i delegati sionisti ricevettero l'assicurazione da parte della CIK del VKPb (Smidovitch) e del Sovnarkom (Rykov) e della GPU che non avevano nulla contro i sionisti, purché "non eccitassero la popolazione ebraica contro il potere sovietico".[2327]

D. Pasmanik suggerì nel 1924 che "i sionisti, gli ebrei ortodossi e nazionalisti dovrebbero essere in prima fila tra coloro che combattono a fianco del potere sovietico e della visione bolscevica del mondo".[2328] Ma non c'era un fronte unito né una prima fila.

[2323] КЕЭ, т. 8, с. 200.
[2324] Там же, с. 201.
[2325] КЕЭ, т. 5, с. 476, т. 7, с. 948.
[2326] Михаил Хейфец. Воспоминаний грустный свиток. Иерусалим, 1996, с. 74-79.
[2327] И.Б. Шехтман. Советская Россия, сионизм и Израиль // КРЕ-2, с. 324-325.
[2328] Д.С. Пасманик. Чего же мы добиваемся? // РиЕ, с, 214.

Nella seconda metà degli anni'20, la persecuzione dei sionisti fu rinnovata e lo scambio di pene detentive con l'esilio all'estero fu fortemente ridotto. "Nel 1928 le autorità sciolsero il Poale-Zion, fino ad allora quasi legale, e liquidarono il Gekhaluz, legale, chiudendone le fattorie... Quasi tutte le organizzazioni sioniste clandestine furono distrutte in quel periodo". Dopo il 1926 le opportunità di partire diminuirono drasticamente. Alcuni sionisti rimasero in prigione o furono esiliati.[2329]

All'attrazione di massa dei giovani ebrei urbani verso la cultura e i programmi comunisti e sovietici corrispose una resistenza non meno ostinata da parte degli ebrei religiosi e degli ebrei più anziani dell'ex Pale. Il partito usò la roccia dello YevSek per schiacciare e reprimere questa resistenza.

"Basta trovarsi in una città ebraica come Minsk o Vitebsk per vedere come tutto ciò che un tempo era degno nell'ebraismo, rispettato e degno di rispetto sia stato capovolto, schiacciato dalla povertà, dall'insulto e dalla disperazione e come coloro che sono stati spinti ai posti più alti siano i dissoluti, i frivoli, gli arroganti e gli sfrontati".[2330] Il potere bolscevico "diventa portatore di una terribile rovina, materiale e morale... nel nostro mondo ebraico".[2331] "La massa di ebrei bolscevichi da un lato e di ebrei NEP dall'altro indica la profondità del collasso culturale dell'ebraismo. E se la guarigione radicale dal bolscevismo tra il popolo russo deve venire da una rinascita della vita religiosa, morale e nazionalista, allora l'idea ebraica deve lavorare per questo anche nelle loro vite".[2332]

E lavorarono, ma gli indicatori variano per quanto riguarda il grado di intensità e di successo. Secondo un quasi contemporaneo, "la società ebraica si rivelò o priva di timone e di vele o confusa e in questa confusione si allontanò spiritualmente dalle sue fonti", in contrasto con la società russa dove c'era ancora una certa resistenza, anche se "goffa e senza successo".[2333] "Dalla fine degli anni'20 all'inizio degli anni'30 gli ebrei abbandonarono il loro stile di vita tradizionale su scala di massa".[2334] "Negli ultimi 20 anni l'ebraismo russo si è allontanato sempre di più dal suo passato storico... uccidendo lo spirito e la tradizione ebraica".[2335] E pochi anni dopo, proprio alla vigilia della Seconda guerra mondiale, "con

---

[2329] КЕЭ, т. 7, с. 948. И.Б. Шехтман. Советская Россия, сионизм и Израиль // КРЕ-2, с. 325-328.
[2330] И.М. Бикерман. Россия и русское еврейство // РиЕ, с. 92.
[2331] Там же, с, 53.
[2332] И.О.Левин. Евреи в революции // РиЕ, с. 138.
[2333] Г.А. Ландау. Революционные идеи в еврейской общественности // РиЕ, с. 118.
[2334] КЕЭ, т. 8, с. 199.
[2335] Г.Б. Слиозберг. Дела минувших дней: Записки русского еврея. Париж, 1934. Т. 3, с. 376.

l'ascesa in Russia della dittatura bolscevica, la lotta tra padri e figli nella strada ebraica ha assunto una forma particolarmente aspra".[2336]

Facendo un bilancio mezzo secolo dopo, M. Agursky ricorda in Israele che le disgrazie che colpirono gli ebrei dopo la rivoluzione furono in gran parte causate dalla rinuncia della gioventù ebraica alla sua religione e alla sua cultura nazionale, "dall'influenza singolare ed esclusiva dell'ideologia comunista...". "La penetrazione di massa degli ebrei in tutti i settori della vita russa" e della leadership sovietica nei primi 20 anni dopo la rivoluzione non si rivelò costruttiva per gli ebrei, ma dannosa.[2337]

Infine, un autore degli anni'90 scrive: "Gli ebrei erano l'élite della rivoluzione e dalla parte dei vincitori. Questo è un fatto peculiare della rivoluzione socialista internazionalista russa. Nel corso della modernizzazione, l'ebraismo fu politicamente bolscevizzata e socialmente sovietizzata: La comunità ebraica come struttura etnica, religiosa e nazionale scomparve senza lasciare traccia".[2338] I giovani ebrei che si avvicinarono al bolscevismo furono inebriati dal suo nuovo ruolo e dalla sua influenza. Per questo, anche altri avrebbero rinunciato volentieri alla loro nazionalità. Ma questa svolta dalle vecchie vie verso l'internazionalismo e l'ateismo non era la stessa cosa dell'assimilazione alla maggioranza circostante, una paura secolare degli ebrei. Si trattava di lasciare che i vecchi, insieme a tutti gli altri giovani, si unissero e formassero un nuovo *popolo sovietico*. "Solo una piccola corrente era veramente assimilazionista nel vecchio senso", come quelle persone che si convertirono al cristianesimo ortodosso e desiderarono la propria dissoluzione nella cultura russa. Ne troviamo un esempio nell'avvocato Y. Gurevich, difensore legale del metropolita Venamin durante il suo fatale processo del 1922.[2339]

L'*Enciclopedia Ebraica* scrive, a proposito dei lavoratori ebrei "nell'apparato di partito e di governo, nelle organizzazioni e nelle istituzioni economiche, scientifiche e persino militari, che la maggior parte non nascondeva le proprie origini ebraiche, ma che essi e le loro famiglie assorbirono rapidamente la cultura e la lingua russa e che l'essere ebreo perse il suo contenuto culturale".[2340]

Sì, la cultura che li sosteneva ne soffrì, si creò "l'uomo sovietico", ma i decenni successivi dimostrarono che un residuo di autocoscienza ebraica si

---

[2336] Ст. Иванович. Евреи и советская диктатура // ЕМ-1, с. 47.
[2337] Jerusalem Post, 1973, 13 aprile, 1979, 7 ottobre.
[2338] Sonja Margolina. Das Ende der Lugen: Rufiland und die Juden im20. Jahrhundert. Berlino: Siedler Verlag. 1992, S. 106.
[2339] М. Агурский. Идеология национал-большевизма, с. 114.
[2340] КЕЭ, т. 1, с. 235.

era conservato e permaneva. Anche nell'ondata di internazionalismo degli anni'20, i matrimoni misti (tra ebrei e russi o tra ebrei e qualsiasi non ebreo), misurati nel periodo 1924-1926, erano solo il 6,3% del totale dei matrimoni degli ebrei nell'URSS, di cui il 16,8% nella RSFSR, ma solo il 2,8% nell'URSS.8% in RSFSR, ma solo il 2,8% in Bielorussia e il 4,5% in Ucraina[2341] (secondo un'altra fonte, in media in URSS l'8,5%; in RSFSR il 21%; in Bielorussia il 3,2% e in Ucraina il 5%[2342]). L'assimilazione era solo iniziata.

E qual era lo status della religione ebraica nelle nuove condizioni?

Il potere bolscevico era ostile a tutte le religioni. Negli anni dei colpi più duri contro la Chiesa ortodossa, la pratica religiosa ebraica fu trattata con moderazione. "Nel marzo del 1922 *Dar Amos* osservava che il dipartimento di agitprop del Comitato Centrale non avrebbe offeso i sentimenti religiosi... Negli anni'20 questa tolleranza non si estese all'ortodossia russa, che le autorità consideravano uno dei principali nemici dell'ordine sovietico".[2343] Tuttavia, la confisca degli oggetti di valore delle chiese si estese anche alle sinagoghe. E. Yarolslavsky scrisse su *Izvestia* un articolo intitolato "Cosa si può prendere da una sinagoga": Spesso i rabbini dicono che non c'è nulla di valore in una sinagoga. Di solito è così... Le pareti sono di solito spoglie. Ma le menorah sono spesso d'argento. Queste devono essere confiscate". Tre settimane prima erano stati presi 16 oggetti d'argento dalla casa di predicazione ebraica in viale Spasso-Glinischevsky e nella vicina sinagoga corale "57 oggetti d'argento e 2 d'oro". Yaroslavsky propone inoltre una tassa progressiva su coloro che acquistano posti costosi in sinagoga.[2344] (A quanto pare, questa proposta non è stata accolta).

Tuttavia, "i funzionari della YevSek chiesero alle autorità che la stessa politica applicata al cristianesimo fosse attuata anche nei confronti dell'ebraismo".[2345] Nel Capodanno ebraico del 1921 la YevSek orchestrò un "processo pubblico alla religione ebraica" a Kiev. Il *Libro dell'Ebraismo Russo* descrive questo e altri processi eclatanti nel 1921-1922: ci fu un procedimento giudiziario contro un Cheder (una scuola elementare tradizionale con istruzione in ebraico) a Vitebsk, contro una Yeshiva (una scuola ebraica per lo studio dei testi tradizionali, il Talmud, la Torah e la letteratura rabbinica) a Rostov e persino contro il Giorno dell'Espiazione a Odessa.

[2341] С. Познер. Советская Россия* // ЕМ-1, с. 271.
[2342] Ю. Ларин*, с. 304.
[2343] КЕЭ, т. 8, с. 194.
[2344] Поход на синагоги в Советской России* // Еврейская трибуна, 1922, 21 апреля (№ 120), с. 7.
[2345] КЕЭ, т. 8, с. 196.

Furono intenzionalmente condotti in yiddish, come spiegò lo YeSsek, in modo che i bolscevichi ebrei potessero "giudicare" l'ebraismo.

Le scuole religiose furono chiuse per ordine amministrativo e nel dicembre 1920 la sezione ebraica del Narkomat dell'Educazione emise un'enciclica sulla liquidazione di Cheders e Yeshivas. "Ciononostante, un gran numero di Cheders e Yeshivas continuarono ad insegnare in modo semi-legale o completamente clandestino per molto tempo".[2346] "Nonostante il divieto di insegnamento religioso, gli anni'20 furono nel complesso un periodo piuttosto liberale per la vita religiosa ebraica in URSS".[2347]

"Su richiesta dei lavoratori ebrei", naturalmente, ci furono diversi tentativi di chiudere le sinagoghe, ma ciò incontrò "l'aspra opposizione dei credenti". Ancora "durante gli anni'20 le sinagoghe centrali furono chiuse a Vitebsk, Minsk, Gomel, Kharkov, Bobruisk".[2348] La sinagoga centrale di Mosca sulla Maroseika riuscì a rimanere aperta grazie agli sforzi del rabbino Maze di fronte a Dzerzhinsky e Kalinin.[2349] Nel 1926, la "sinagoga corale di Kiev fu chiusa" e al suo posto fu aperto un teatro yiddish per bambini.[2350] Ma "la maggior parte delle sinagoghe continuò a funzionare". Nel 1927, in Ucraina funzionavano 1034 sinagoghe e sale di preghiera e il numero di sinagoghe verso la fine degli anni'20 superava quello del 1917".[2351]

Le autorità hanno tentato di istituire "Sinagoghe viventi" sul modello della "Chiesa vivente" imposta alla Chiesa ortodossa russa. Un "ritratto di Lenin doveva essere appeso in un posto di rilievo" di tale sinagoga, le autorità fecero entrare "rabbini rossi" e "rabbini comunisti". Tuttavia "non riuscirono a provocare una scissione tra i credenti"[2352] e la grande maggioranza degli ebrei religiosi si oppose decisamente alla "Sinagoga vivente", vanificando il piano delle autorità sovietiche.[2353]

Alla fine del 1930 un gruppo di rabbini di Minsk fu arrestato. Furono liberati dopo due settimane e costretti a firmare un documento preparato dalla GPU in cui si dichiarava che: (1) la religione ebraica non era perseguitata in URSS e (2) durante l'intera era sovietica non era stato fucilato nessun rabbino.[2354]

[2346] Г. Свет. Еврейская религия в Советской России // КРЕ-2, с. 205-207.
[2347] КЕЭ, т. 8, с. 194.
[2348] Там же, с. 195.
[2349] Г. Свет. Еврейская религия... // КРЕ-2, с. 209.
[2350] КЕЭ, т. 4, с. 257.
[2351] КЕЭ, т. 8, с. 195.
[2352] Г. Свет. Еврейская религия... // КРЕ-2, с. 208.
[2353] КЕЭ, т. 8, с. 197.
[2354] Там же, с. 198.

Le autorità hanno cercato di dichiarare il giorno di riposo come domenica o lunedì nelle aree ebraiche. Gli studi scolastici si tenevano di sabato per ordine dello YevSek.

Nel 1929 le autorità provarono la settimana lavorativa di cinque giorni e la settimana lavorativa di sei giorni con il giorno di riposo rispettivamente alle 5 o alle 6 . I cristiani persero la domenica e gli ebrei il sabato. I membri dello YevSek si scatenarono davanti alle sinagoghe nei giorni festivi e "a Odessa irruppero nella sinagoga Brodsky e mangiarono in modo dimostrativo il pane davanti a coloro che digiunavano e pregavano". Hanno istituito giornate di "servizio comunitario" durante le festività sacre come lo Yom Kippur. Durante le festività, specialmente quando la sinagoga era chiusa, si requisivano i Talles, i rotoli della Torah, gli scialli di preghiera e i libri religiosi... L'importazione di matzoh dall'estero era a volte permessa e a volte proibita[2355] ... Nel 1929 iniziarono a tassare la preparazione del matzoh".[2356] Larin nota il "sorprendente permesso" concesso per portare il matzoh da Königsberg a Mosca per la Pasqua del 1929.[2357]

Negli anni'20 le tipografie private pubblicavano ancora letteratura religiosa ebraica. "A Leningrado, i chassidici riuscirono a stampare libri di preghiera in diverse tirature, di qualche migliaio di copie ciascuna", mentre Katzenelson, un rabbino di Leningrado, poté utilizzare la tipografia "Agitatore Rosso". Negli anni Venti, i calendari ebraici furono stampati e distribuiti in decine di migliaia di copie.[2358] La comunità ebraica era l'unico gruppo religioso a Mosca autorizzato a costruire edifici religiosi. Fu costruita una seconda sinagoga in vicolo Visheslaviz, vicino all'argine Sushchevsky, e una terza a Cherkizov. Queste tre sinagoghe rimasero aperte per tutti gli anni'30.[2359]

Ma "giovani scrittori e poeti ebrei... scrivevano con gioia delle sinagoghe vuote, del rabbino solitario che non aveva nessuno a cui insegnare e dei ragazzi dei villaggi che crescevano per diventare i terribili commissari rossi".[2360] Abbiamo visto i membri russi del Komsomol scatenarsi la domenica di Pasqua, strappando le candele e il pane sacro dalle mani dei fedeli, strappando le croci dalle cupole e abbiamo visto migliaia di belle

---

[2355] Г. Свет. Еврейская религия... // КРЕ-2, с. 208-209.
[2356] КЕЭ, т. 8, с. 199.
[2357] Ю. Ларин, с. 285.
[2358] И. Слуцкий. Судьба иврит в России // КРЕ-2, с. 246.
[2359] Сорок сороков: Альбом-указатель всех московских церквей: В 4 т. / Сост. С. Звонарёв [П. Паламарчук]. Париж, YMCA-Press, 1988. Т. 1, с. 13. С. Познер. Советская Россия // ЕМ-1, с. 271.
[2360] М. Поповский. Ос - со всей искренностью // Новый американец, 1981, 20-26 сентября (№ 84), с. 7.

chiese ridotte in macerie di mattoni e ricordiamo le migliaia di sacerdoti fucilati e le migliaia di altri inviati nei campi.

In quegli anni, abbiamo tutti scacciato Dio. Fin dai primi anni sovietici, la strada per l'intellighenzia e la gioventù ebraica era aperta il più possibile alla scienza e alla cultura, date le restrizioni sovietiche. (Olga Kameneva, sorella di Trotsky, patrocinava l'alta cultura nei primissimi anni sovietici).

Già nel 1919 "un gran numero di giovani ebrei" si dedicò al cinema, un'arte lodata da Lenin per la sua capacità di governare la psicologia delle masse.

Molti di loro sono stati responsabili di studi cinematografici, scuole di cinema e troupe cinematografiche. Ad esempio, B. Shumyatsky, uno dei fondatori della Repubblica Mongola, e S. Dukelsky sono stati a capo del dipartimento principale dell'industria cinematografica in tempi diversi.[2361] Le impressionanti opere della prima cinematografia sovietica sono state certamente un contributo ebraico. L'*Enciclopedia Ebraica* elenca numerosi amministratori, produttori, registi, attori, sceneggiatori e teorici del cinema. Il produttore Dziga Vertov è considerato una figura classica del cinema sovietico, soprattutto saggistico. Tra le sue opere ricordiamo *La verità di Lenin, Forza Soviet, Sinfonia del Donbass* [il bacino di Donetsk] e *Le tre canzoni su Lenin*.[2362] (È meno noto che abbia anche orchestrato la profanazione delle sacre reliquie di San Sergio di Radonezh). Nel genere documentario, Esther Shub, "tagliando e montando in modo tendenzioso frammenti di vecchi documentari, produsse film di propaganda a figura intera (*La caduta dei Romanov* (1927) e altri), e più tardi - film glorificanti". Altri nomi sovietici famosi sono S. Yutkevitch, G. Kozintsev e L. Trauberg (*SVD, Nuova Babele*). F. Ermler organizzò l'Experimental Movie Studio. Tra gli altri si ricordano G. Roshal (*The Skotinins*), Y. Raizman (*Hard Labor Camps, Craving of Earth*).

La figura di gran lunga più importante della cinematografia sovietica è stata Sergei Eisenstein. Egli introdusse nell'arte cinematografica "lo spirito epico e la grandiosità delle grandi scene di folla, il tempo, le nuove tecniche di montaggio e l'emotività".[2363]

Tuttavia, egli usò i suoi doni come gli era stato ordinato. La fama mondiale della *Corazzata Potemkin* fu un ariete per i sovietici e, con la sua storia irresponsabilmente falsificata, incoraggiò il pubblico sovietico a maledire ulteriormente la Russia zarista. Eventi inventati, come la scena del "massacro sulla scalinata di Odessa" e quella in cui una folla di marinai ribelli viene coperta con un telone per essere giustiziata, sono entrati nella

---

[2361] КЕЭ, т. 4, с. 275, РЕЭ, т. 3, с. 439.
[2362] КЕЭ, т. 1, с. 653.
[2363] КЕЭ, т. 4, с. 276-277.

coscienza del mondo come se fossero fatti. Prima era necessario servire i piani totalitari di Stalin e poi la sua idea nazionalistica.

Eisenstein era lì per aiutare.

Anche se l'*Enciclopedia Ebraica* elenca i nomi delle arti per nazionalità, devo ripetere: non nel nazionalismo si trova la chiave principale dell'epoca dei primi anni sovietici, ma nel turbine distruttivo dell'internazionalismo, estraneo a qualsiasi sentimento di nazionalità o tradizione. E qui, nel teatro ma vicino alle autorità, vediamo la gloriosa figura di Meyerhold, che divenne la star principale e più autoritaria del teatro sovietico. Aveva numerosi appassionati ammiratori, ma non era universalmente riconosciuto. Dai ricordi tardivi della Tyrkova-Vyazemskaya, Meyerhold appare come un dittatore che sottometteva al suo volere sia gli attori che i drammaturghi "con il suo dogmatismo e il suo secco formalismo". La Komissarzhevskaya avverte "che la sua novità manca di semplicità creativa e di chiarezza etica ed estetica". "Ha tarpato le ali all'attore... ha prestato più attenzione alla cornice che al ritratto".[2364] Fu un costante avversario di Mikhail Bulgakov.

Naturalmente, l'epoca era tale che gli artisti dovevano pagare per i loro privilegi. Molti pagarono, tra cui Kachalov, Nemirovitch-Danchenko e A. Tairov-Kornblit, il talentuoso produttore del Teatro da Camera e una star di quell'unico periodo sovietico iniziale. (Nel 1930, Tairov "denunciò" "Prompartia" sui giornali di partito).

L'artista Marc Chagall emigrò nel 1923. Negli anni '20 la maggior parte degli artisti era tenuta a contribuire alla propaganda di massa sovietica. Alcuni artisti ebrei si distinsero, a cominciare da A. Lisitsky che salutò la rivoluzione come "un nuovo inizio per l'umanità". Si unì a diversi comitati e commissioni, realizzò il primo striscione del Comitato esecutivo centrale russo, che fu esposto sulla Piazza Rossa nel 1918 dai membri del governo". Realizzò il famoso manifesto "Colpisci i bianchi con il cuneo rosso", progettò numerose esposizioni sovietiche all'estero (dal 1927) e album di propaganda per l'Occidente ("L'URSS costruisce il socialismo" ecc.).[2365] Uno dei preferiti dalle autorità era Isaac Brodsky, che disegnò ritratti di Lenin, Trotsky e altri tra cui Voroshilov, Frunze e Budenny. "Dopo aver completato il ritratto di Stalin, nel 1928 divenne il principale ritrattista ufficiale dell'URSS e nel 1934 fu nominato direttore dell'Accademia delle Arti di tutta la Russia.[2366]

[2364] А. Тыркова-Вилъямс. Тени минувшего // ВМ, Нью-Йорк, 1990, № 111, с. 214-215.
[2365] КЕЭ, т. 4, с. 860-862.
[2366] КЕЭ, т. 1, с. 547.

Nei primi anni dopo la rivoluzione, la vita musicale ebraica era particolarmente ricca. All'inizio del secolo fu fondata la prima scuola nazionale di musica ebraica al mondo, che combinava approcci tradizionali ebraici e contemporanei europei. Gli anni Venti videro una serie di opere ispirate a temi e storie tradizionali ebraiche, come *Gioventù di Abramo* di M. Gnesin, *Il Cantico dei Cantici* di A. Krein e *Rapsodia ebraica* di suo fratello G. Krein. In quell'epoca di restrizioni, quest'ultimo e suo figlio Yulian furono inviati in un viaggio di studio di otto anni a Vienna e Parigi per "perfezionare l'esecuzione di Yulian". [2367] Gli ebrei erano tradizionalmente dotati di talento musicale e molti nomi di future star furono sentiti per la prima volta in quel periodo. Apparvero anche molti "amministratori della musica", come Matias Sokolsky-Greenberg, che era "ispettore capo della musica presso il Dipartimento delle Arti del Ministero dell'Educazione" e redattore senior della rivista ideologica *"Musica e Rivoluzione"*. Più tardi, negli anni Trenta, Moses Greenberg, "un importante organizzatore di spettacoli musicali", fu direttore della Casa Editrice di Stato per la musica e redattore capo del Dipartimento di Trasmissione Musicale presso lo Studio della Radio di Stato.[2368] Anche a Odessa esisteva un Conservatorio ebraico.[2369]

Leonid Utesov (Lazar Vaysbeyn) ha tuonato dal palco. Molte delle sue canzoni sono state scritte da A. d'Aktil. A. P. German e Y. Hayt scrissero la Marcia dell'aviazione sovietica.[2370] Questa fu l'origine della cultura canora di massa sovietica.

Anno dopo anno, il flusso della cultura sovietica cadde sempre più sotto la mano del governo. Furono create diverse organizzazioni statali, come il Consiglio Accademico di Stato, la monopolistica Casa Editrice di Stato (che soffocò molte case editrici private e che ebbe persino un proprio commissario politico, certo David Chernomordnikov nel 1922-23,[2371] e la Commissione di Stato per l'acquisizione di opere d'arte (che di fatto controllava il sostentamento degli artisti). Fu istituita la sorveglianza politica. (Il caso di A. K. Glazunov, rettore del Conservatorio di Leningrado, sarà esaminato più avanti).

Naturalmente, gli ebrei erano solo una parte della marcia trionfale della cultura proletaria. Nell'atmosfera inebriante della prima epoca sovietica nessuno si accorse della perdita della cultura russa e del fatto che la cultura

---

[2367] КЕЭ, т. 5, с. 541-542; РЕЭ, т. 2, с. 86-87.
[2368] РЕЭ, т.1, с. 377.
[2369] РЕЭ, т. 2, с. 287.
[2370] РЕЭ, т.1, с. 288, 409.
[2371] РЕЭ, т. 3, с. 336.

sovietica stava scacciando la cultura russa insieme ai suoi nomi strangolati e a quelli che avrebbero potuto esserlo.

Tra Trotsky e Stalin si scatenò una feroce battaglia per il predominio all'interno del Partito dal 1923 al 1927. In seguito Zinoviev si batté per il primo posto, altrettanto fiducioso delle sue possibilità. Nel 1926 Zinoviev e Kamenev, ingannati da Stalin, si unirono a Trotsky ("l'Opposizione Unita") - vale a dire che tre dei leader ebrei più visibili si schierarono da una parte sola. Non sorprende che molti dei trotskisti di rango inferiore fossero ebrei. (Agursky cita A. Chiliga, esiliato con i trotskisti negli Urali: "in effetti i trotskisti erano giovani intellettuali e tecnici ebrei", in particolare dei bundisti di sinistra.[2372]

"L'opposizione era vista come principalmente ebraica" e questo allarmava molto Trotsky. Nel marzo del 1924 si lamentò con Bukharin che tra gli operai si diceva apertamente: "I kikes si stanno ribellando!" e afferma di aver ricevuto centinaia di lettere sull'argomento. Bukharin lo liquidò come un fatto banale. Poi "Trotsky cercò di portare la questione dell'antisemitismo a una sessione del Politburo, ma nessuno lo sostenne". Più di ogni altra cosa, Trotsky temeva che Stalin avrebbe usato l'antisemitismo popolare contro di lui nella loro battaglia per il potere. E così fu in parte secondo Uglanov, allora segretario del Comitato di Mosca del PC. "Si udirono grida antisemite" durante la dispersione da parte di Uglanov di una manifestazione pro-Trotsky a Mosca il 7 novembre 1927.[2373]

Forse Stalin pensò di giocare la carta dell'antiebraismo contro l'"opposizione unita", ma il suo istinto politico superiore lo portò a non farlo. Capì che gli ebrei erano numerosi nel partito in quel momento e che avrebbero potuto essere una forza potente contro di lui se le sue azioni li avessero uniti contro di lui. Erano anche necessari per mantenere il sostegno dell'Occidente e gli sarebbero stati ulteriormente utili a livello personale. Non si separò mai dal suo amato assistente Lev Mekhlis - e dalla guerra civile a Zaritsyn, dal suo fedele aiuto Moses Rukhimovitch.

Ma quando il potere personale di Stalin crebbe verso la fine degli anni'20, il numero di ebrei nell'apparato sovietico cominciò a diminuire. Non è un caso che egli inviò Enukidze a scattare fotografie "tra i delegati ebrei" a una conferenza di "operai e contadini" durante l'apice della lotta per il dominio del partito.[2374]

[2372] М. Агурский. Идеология национал-большевизма, с. 240.
[2373] Там же, с. 240-242, 244.
[2374] Известия, 1927, 13 октября, с. 2.

Yaroslavsky scrive sulla *Pravda*: "Gli episodi di antisemitismo sono gli stessi sia che vengano usati contro l'opposizione sia che vengano usati dall'opposizione nella sua lotta contro il partito". Sono un "tentativo di utilizzare qualsiasi debolezza, qualsiasi fessura nella dittatura del proletariato"... Non c'è "nulla di più stupido e reazionario che spiegare le radici dell'opposizione alla dittatura del proletariato come legate alla nazionalità di questo o quel membro del gruppo di opposizione".[2375] Allo stesso Congresso del Partito, il 25 , dove l'"opposizione unita" fu decisamente spezzata, Stalin diede ordine a Ordzhonikidze di affrontare specificamente la questione nazionale nel suo rapporto al Comitato Centrale, come se fosse in difesa degli ebrei. (Le statistiche del rapporto sono state discusse in precedenza in questo capitolo).

"La maggioranza dell'apparato è russa, quindi qualsiasi discussione sul dominio ebraico non ha alcuna base".[2376] Al 26 Congresso del Partito del 1930 Stalin dichiarò che lo "sciovinismo della Grande Russia" era il "principale pericolo della questione nazionale". Così, alla fine degli anni'20 Stalin non portò a termine la prevista epurazione degli ebrei dall'apparato di partito e di governo, ma ne incoraggiò l'espansione in molti campi, luoghi e istituzioni.

Al 25° Congresso del dicembre 1927, era giunto il momento di affrontare l'incombente "questione contadina": cosa fare con i presuntuosi contadini che avevano la temerarietà di chiedere manufatti in cambio del loro grano. Molotov tenne la relazione principale su questo argomento e tra i discussori c'erano gli assassini dei contadini - Schlikhter e Yakovlev-Epstein.[2377] Si prospettava una guerra massiccia contro i contadini e Stalin non poteva permettersi di alienarsi nessuno dei suoi alleati affidabili e probabilmente pensava che in questa campagna contro una popolazione sproporzionatamente slava sarebbe stato meglio affidarsi agli ebrei che ai russi. Egli conservò la maggioranza ebraica nel Gosplan. Tra i vertici della collettivizzazione e della sua teoria c'era, ovviamente, Larin. Lev Kritzman fu direttore dell'Istituto Agrario dal 1928. Come assistente del presidente del Gosplan nel 1931-33 ebbe un ruolo fatale nel la persecuzione di Kondratev e Chayanov. Yakov Yakovlev-Epstein assunse la direzione del Commissariato del Popolo per l'Agricoltura nel 1929. (Prima di allora aveva lavorato nel campo della propaganda: dal 1921 era stato responsabile del Dipartimento di Educazione Politica, poi della divisione agit-prop del Comitato Centrale e della divisione stampa del Comitato Centrale. La sua carriera nel settore agricolo iniziò nel 1923, quando durante il 13°

[2375] Ем. Ярославский. Против антисемитизма // Правда, 1927, 12 ноября, с. 2.
[2376] Известия, 1927, 11 декабря, с. 1.
[2377] Там же, 22 декабря, с. 2-4, 23 декабря, с. 4, 5.

Congresso del Partito redasse le risoluzioni sugli affari agricoli.[2378] E così guidò il "Grande Cambiamento", l'imposizione della collettivizzazione a milioni di contadini con i suoi zelanti attuatori sul campo. Uno scrittore contemporaneo riferisce che: "per la prima volta un numero significativo di giovani comunisti ebrei arrivò nelle comunità rurali come comandanti e signori della vita e della morte". Solo durante la collettivizzazione la caratterizzazione dell'ebreo come odioso nemico del contadino prese piede - anche in quei luoghi dove gli ebrei non erano mai stati visti prima".[2379]

Naturalmente, indipendentemente dalla percentuale di ebrei nel partito e nell'apparato sovietico, sarebbe un errore spiegare il feroce piano anti-contadino del comunismo come dovuto alla partecipazione degli ebrei. Al posto di Yakovlev-Epstein si sarebbe potuto trovare un russo - questo è sufficientemente chiaro dalla nostra storia post-Ottobre.

Le cause e le conseguenze della de-kulakizzazione e della collettivizzazione non furono solo sociali ed economiche: I milioni di vittime di questi programmi non erano una massa senza volto, ma persone reali con tradizioni e cultura, tagliate fuori dalle loro radici e uccise spiritualmente. Nella sua essenza, la de-kulakizzazione non fu una misura socio-economica, ma una misura presa contro una nazionalità. Il colpo strategico contro il popolo russo, che era il principale ostacolo alla vittoria del comunismo, fu concepito da Lenin, ma realizzato dopo la sua morte. In quegli anni il comunismo, con tutta la sua crudeltà, era diretto soprattutto contro i russi. È sorprendente che non tutto sia perito in quei giorni. La collettivizzazione, più di ogni altra politica dei comunisti, smentisce la concezione della dittatura di Stalin come nazionalista, cioè "russa".

Per quanto riguarda il ruolo degli ebrei nella collettivizzazione, è necessario ricordare che i comunisti ebrei parteciparono in modo efficiente e diligente. Da un immigrato della terza ondata cresciuto in Ucraina. "Ricordo che mio padre, mia madre, le zie e gli zii lavoravano tutti alla collettivizzazione con grande entusiasmo, completando i piani quinquennali in 4 anni e scrivendo romanzi sulla vita nelle fabbriche"[2380] - un genere letterario sovietico mainstream negli anni Venti.

Nel 1927 *Izvestia* dichiarava: "Qui non c'è una questione ebraica. La rivoluzione d'ottobre ha dato una risposta categorica molto tempo fa. Tutte le nazionalità sono uguali - questa era la risposta".[2381] Tuttavia, quando gli

---

[2378] РЕЭ, т. 2, с. 93, т. 3, с. 497.
[2379] Sonja Margolina. Das Ende der Lügen: Rußland und die Juden im 20. Jahrhundert. S. 84.
[2380] М. Поповский. Ос - со всей искренностью // Новый американец, 1981, 20-26 сентября (№ 84), с. 7.
[2381] Н. Семашко. Евреи на земле // Известия, 1927, 20 августа, с. 3.

espropriatori che entravano nelle capanne dei contadini non erano solo commissari, ma anche commissari ebrei, la questione continuava a rimanere in sospeso.

"Alla fine degli anni'20", scrive S. Ettinger, "in tutte le difficoltà della vita in URSS, a molti sembrava che gli ebrei fossero l'unico gruppo che avesse guadagnato dalla rivoluzione. Si trovavano in importanti posizioni governative, costituivano una grande percentuale di studenti universitari, si diceva che avessero ricevuto le migliori terre in Crimea e che si fossero riversati a Mosca".[2382]

Mezzo secolo dopo, nel giugno del 1980, in occasione di una conferenza della Columbia University sulla situazione dell'ebraismo sovietico, ho sentito alcuni studiosi descrivere la condizione di emarginazione degli ebrei in URSS e in particolare come agli ebrei venisse offerta la scelta di emigrare o di rinnegare le proprie radici, le proprie convinzioni e la propria cultura per entrare a far parte di una società denazionalizzata.

Bah! Questo era ciò che veniva richiesto a tutti i popoli negli anni'20 sotto la minaccia del campo di prigionia delle Solovki - e l'emigrazione non era un'alternativa.

L'"epoca d'oro" degli anni'20 richiede una sobria valutazione. Quegli anni furono pieni della più crudele persecuzione basata sulla distinzione di classe, compresa la persecuzione dei bambini a causa della vita precedente dei loro genitori - una vita che i bambini non avevano nemmeno visto. Ma gli ebrei non erano tra *questi* bambini o genitori.

Il clero, parte del carattere russo, nato da secoli, fu perseguitato a morte negli anni Venti. Sebbene non fosse a maggioranza ebraica, troppo spesso il popolo vedeva gli ebrei dirigere gli speciali "dipartimenti ecclesiastici della GPU" che lavoravano in questo settore.

Dalla fine degli anni'20 agli anni'30 si verificò un'ondata di prove di ingegneri. Un'intera classe di ingegneri anziani fu eliminata. Questo gruppo era composto per la maggior parte da russi, con un piccolo numero di tedeschi.

Lo studio della storia, dell'archeologia e del folklore russo fu soppresso: i russi non potevano avere un passato. Nessuno dei persecutori sarebbe stato accusato di avere un proprio interesse nazionale. (Va notato che la commissione che preparò il decreto che aboliva i dipartimenti di storia e filologia nelle università russe era composta da ebrei e non ebrei - Goykhbarg, Larin, Radek e Ropstein, oltre a Bukharin, M. Pokrovskii,

---

[2382] S. Ettinger // Bulletin on Soviet and East European Jewish Affairs, 1970, № 5, p. 38-39.

Skvortsov-Stepanov e Fritche. Fu firmato da Lenin nel marzo 1921). Lo spirito del decreto era esso stesso un esempio di odio nazionalista: La storia e la lingua dei Grandi Russi non erano più necessarie. Durante gli anni'20 la comprensione stessa della storia russa fu cambiata - non c'era! E cambiò anche la concezione di cosa fosse un Grande Russo: non esisteva.

E la cosa più dolorosa è che noi stessi russi abbiamo percorso questo cammino suicida. Proprio il periodo degli anni'20 era considerato l'alba della cultura liberata, liberata dallo zarismo e dal capitalismo! Anche la parola "russo", come "io sono russo", suonava come un grido controrivoluzionario che ricordo bene dalla mia infanzia. Ma senza esitazione ovunque si sentiva e si stampava "Russopiati"! - un termine denigratorio per l'etnia russa.

La Pravda pubblicò nel 1925, in un posto di rilievo, quanto segue a firma di V. Aleksandrovsky (non noto per altri contributi):

Rus! Sei marcito, caduto e morto?
Beh... alla tua memoria eterna...
...cammini, con le tue stampelle che raschiano,
le labbra sporche di fuliggine delle icone,
sulle tue vaste distese il corvo gracchia,
Hai custodito il tuo sogno di tomba.
Vecchia donna - cieca e stupida...[2383]

V. Bloom a *Mosca Sera* potrebbe chiedere sfacciatamente la rimozione della "spazzatura della storia dalle piazze": rimuovere il monumento di Minin-Pozharsky dalla Piazza Rossa, il monumento ai mille anni della Russia a Novgorod e la statua di San Vladimir sulla collina di Kiev. "Quelle tonnellate di metallo sono necessarie come materia prima". (La colorazione etnica dei nuovi nomi è già stata notata).

Travolto nella gloria dai cambiamenti politici e distintosi per la sfacciataggine personale, David Zaslavsky ha chiesto la distruzione degli studi di Igor Graybar utilizzati per il restauro dell'arte antica russa, scoprendo che "i reverendi padri artisti stavano cercando di nuovo di fondere la chiesa e l'arte".[2384]

L'auto-mortificazione della Russia, che si riflette nella lingua russa con la sua profondità, bellezza e ricchezza di significato, è stata sostituita dal timbro di ferro del conformismo sovietico.

Non abbiamo dimenticato come appariva all'apice del decennio: Il patriottismo russo era stato abolito per sempre. Ma i sentimenti del popolo

---

[2383] Правда, 1925, 13 августа, с. 3.
[2384] Сорок Сороков: Альбом-указатель всех московских церквей. Т. 1*, с. 15.

non saranno dimenticati. Non si dimenticheranno le sensazioni provate nel vedere la chiesa del Redentore fatta saltare in aria dall'ingegnere Dzhevalkin e che il principale artefice di questo gesto era Kaganovich, che voleva distruggere anche la cattedrale di San Basilio. L'Ortodossia russa fu pubblicamente perseguitata dagli "atei guerrieri" guidati da Gubelman-Yaroslavsky. È stato notato in modo veritiero che: "Il fatto che i comunisti ebrei partecipassero alla distruzione delle chiese era particolarmente offensivo... Per quanto offensiva fosse la partecipazione dei figli dei contadini russi alla persecuzione della Chiesa, la parte giocata da ogni non russo era ancora più offensiva".[2385] Ciò andava contro il detto russo: "*se sei riuscito a rubare una stanza in casa, non buttare fuori Dio*".

Nelle parole di A. Voronel, "gli anni'20 furono percepiti dagli ebrei come un'opportunità positiva, mentre per il popolo russo furono una tragedia".[2386]

È vero, gli intellettuali occidentali di sinistra consideravano la realtà sovietica ancora più elevata; la loro ammirazione non era basata sulla nazionalità, ma sulle idee di socialismo. Chi ricorda il fulmineo crepitio del plotone d'esecuzione di 48 "lavoratori dell'alimentazione" per aver "causato la Grande Carestia" (cioè, al posto di Stalin): i demolitori del commercio di carne, pesce, conserve e prodotti? Tra questi sfortunati non c'erano meno di dieci ebrei.[2387] Cosa ci vorrebbe per porre fine all'incanto del mondo nei confronti del potere sovietico? Dora Shturman seguì con attenzione gli sforzi di B. Brutskus per sollevare una protesta tra gli intellettuali occidentali. Trovò alcuni disposti a protestare - tedeschi e "di destra". Albert Einstein firmò a caldo una protesta, ma poi ritirò la sua firma senza imbarazzo perché "l'Unione Sovietica ha raggiunto un grande risultato" e "l'Europa occidentale... presto vi invidierà".

La recente esecuzione da parte del plotone di esecuzione è stata un "incidente isolato". Inoltre, "da questo non si può escludere la possibilità che fossero colpevoli". Romain Rolland ha mantenuto un "nobile" silenzio. Arnold Zweig si è opposto a malapena alla furia comunista. Almeno non ritirò la sua firma, ma disse che questo regolamento di conti era un "antico metodo russo". E, se fosse vero, che cosa si dovrebbe chiedere all'accademico Ioffe in Russia che spingeva Einstein a togliere la sua firma?[2388]

[2385] Sonja Margolina. Das Ende der Ltigen: Rufiland und die Juden im 20. Jahrhundert. S. 79.

[2386] А. Воронель. Трепет иудейских забот. 2-е изд. Рамат-Ган: Москва-Иерусалим, 1981, с. 120.

[2387] Известия, 1930, 22 сентября, с. 1, 3-4, 25 сентября, с. 1.

[2388] Д. Штурман. Они - ведали // "22", 1990, № 73, с. 126-144.

No, l'Occidente non ci ha mai invidiato e da quegli "incidenti isolati" sono morti milioni di innocenti. Non scopriremo mai perché questa brutalità sia stata dimenticata dall'opinione pubblica occidentale. Oggi non la si ricorda molto facilmente.

Oggi si sta costruendo un mito sul passato, secondo il quale sotto il potere sovietico gli ebrei sono sempre stati cittadini di seconda classe. Oppure, a volte si sente dire che "non c'è stata la persecuzione negli anni'20, quella è arrivata dopo".[2389]

È molto raro sentire ammettere che non solo partecipavano, ma che c'era un certo entusiasmo tra gli ebrei nel portare avanti gli affari del giovane governo barbaro. "Il misto di ignoranza e arroganza che Hannah definisce una caratteristica tipica del parvenu ebreo riempiva l'élite governativa, sociale e culturale. La sfacciataggine e l'ardore con cui vennero portate avanti tutte le politiche bolsceviche - che si trattasse della confisca dei beni ecclesiastici o della persecuzione degli 'intellettuali borghesi' - diedero al potere bolscevico degli anni'20 una certa impronta ebraica".[2390]

Negli anni'90 un altro intellettuale pubblico ebreo, parlando degli anni'20, disse: "Nelle aule universitarie gli ebrei spesso davano il tono senza accorgersi che il loro banchetto si svolgeva sullo sfondo della scomparsa della principale nazionalità del Paese... Durante gli anni'20 gli ebrei erano orgogliosi dei compagni ebrei che avevano avuto una brillante carriera nella rivoluzione, ma non pensavano molto a come quella carriera fosse collegata alle reali sofferenze del popolo russo... La cosa più sorprendente oggi è l'unanimità con cui i miei colleghi ebrei negano qualsiasi colpa nella storia della Russia del XX secolo".[2391]

Quanto sarebbe salutare per entrambe le nazioni se queste voci solitarie non venissero soffocate... perché è vero, negli anni'20 gli ebrei hanno servito in molti modi il Moloch bolscevico, non pensando alla terra distrutta e non prevedendo le conseguenze finali per loro stessi. Molti ebrei sovietici di spicco persero in quel periodo il senso della moderazione, il senso di quando era il momento di fermarsi.

[2389] И. Зунделевич. Восхождение // "22", 1983, № 29, с. 54.
[2390] Sonja Margolina. Das Ende der Lugen: Rufiland und die Juden im20. Jahrhundert. S. 144-145.
[2391] Г. Шурмак. Шульгин и его апологеты // Новый мир, 1994, № 11, с. 244.

Capitolo 19

Negli anni'30

Gli anni Trenta furono anni di intensa industrializzazione, che schiacciò i contadini e modificò la vita dell'intero Paese. La mera esistenza richiedeva l'adattamento e lo sviluppo di nuove competenze. Ma attraverso sacrifici paralizzanti, e nonostante le molte assurdità del sistema organizzativo sovietico, l'orribile epopea portò in qualche modo alla creazione di una potenza industrializzata.

Tuttavia, il primo e il secondo piano quinquennale sono nati e sono stati realizzati non grazie al miracolo della generazione spontanea, né come risultato del semplice raduno violento di grandi masse di lavoratori. Richiedeva molte disposizioni tecniche, attrezzature avanzate e la collaborazione di specialisti esperti in questa tecnologia. Tutto questo è arrivato abbondantemente dall'Occidente capitalista, e soprattutto dagli Stati Uniti; non sotto forma di dono, ovviamente, e non sotto forma di aiuto generoso. I comunisti sovietici hanno pagato tutto questo abbondantemente con le ricchezze minerarie e il legname della Russia, con le concessioni per i mercati delle materie prime, con le aree commerciali promesse all'Occidente e con i beni saccheggiati dall'Impero degli zar. Questi affari si svolsero con l'aiuto e l'approvazione dei magnati della finanza internazionale, soprattutto quelli di Wall Street, in una persistente continuazione dei primi legami commerciali che i comunisti sovietici svilupparono nelle borse americane già durante la guerra civile.

La nuova partnership fu rafforzata da navi cariche di oro zarista e tesori provenienti dall'Ermitage.

Ma aspettate un attimo, non ci è stato insegnato a fondo da Marx che i capitalisti sono i feroci nemici del socialismo proletario e che da loro non dobbiamo aspettarci aiuto, ma piuttosto una guerra distruttiva e sanguinosa? Beh, non è così semplice: nonostante il non riconoscimento diplomatico ufficiale, i legami commerciali erano completamente alla luce del sole, e persino scritti su *Izvestiya*: "I commercianti americani sono interessati ad ampliare i legami economici con l'Unione Sovietica".[2392] I

[2392] *Izvestiya*, 22 gennaio 1928, p. 1.

sindacati americani si sono schierati contro tale espansione (difendendo i loro mercati dai prodotti della manodopera sovietica a basso costo e addirittura schiavizzata). La "Camera di Commercio russo-americana", creata all'epoca, semplicemente non voleva sentir parlare di opposizione politica al comunismo o di "mescolare la politica con le relazioni commerciali".[2393]

Anthony Sutton, uno studioso americano moderno, ha fatto ricerche negli archivi diplomatici e finanziari recentemente aperti e ha seguito le connessioni di Wall Street con i bolscevichi; ha evidenziato la logica amorale di questa lunga e coerente relazione. Già dal piano "Marburg" all'inizio del 20 secolo, che si basava sul vasto capitale di Carnegie, l'idea era di rafforzare l'autorità della finanza internazionale, attraverso la "socializzazione" globale, "per il controllo... e per l'appeasement forzato". Sutton ha concluso che: "I finanzieri internazionali preferiscono fare affari con i governi centrali. La comunità bancaria vuole meno di tutti un'economia libera e un'autorità decentralizzata". "La rivoluzione e la finanza internazionale non sono in contraddizione, se il risultato della rivoluzione è quello di stabilire un'autorità più centralizzata" e, quindi, di rendere gestibili i mercati di questi Paesi. E c'era una seconda linea di accordo: "Bolscevichi e banchieri condividevano una piattaforma comune essenziale: l'internazionalismo".[2394]

Alla luce di ciò, il successivo sostegno alle "imprese collettive e alla distruzione di massa dei diritti individuali da parte di Morgan-Rockefeller" non sorprende. A giustificazione di questo sostegno, nelle audizioni al Senato, hanno affermato che: "Perché un grande Paese industriale, come l'America, dovrebbe desiderare la creazione e la conseguente concorrenza di un altro grande rivale industriale?".[2395] Ebbene, essi ritenevano giustamente che con un regime così evidentemente non competitivo, centralizzato e totalitario, la Russia sovietica non potesse rivaleggiare con l'America. Un'altra cosa è che Wall Street non poteva prevedere l'ulteriore sviluppo del sistema bolscevico, né la sua straordinaria capacità di controllare le persone, lavorandole fino all'osso, che alla fine portò alla creazione di un'industria potente, anche se malformata.

Ma come si collega questo al nostro tema di base? Perché, come abbiamo visto, i finanzieri americani rifiutarono completamente i prestiti alla Russia pre-rivoluzionaria a causa della violazione dei diritti degli ebrei, anche se la Russia era sempre una prospettiva finanziaria redditizia. E chiaramente, se all'epoca erano disposti a sacrificare i profitti, ora, nonostante i loro

---

[2393] *Izvestiya*, 26 gennaio 1928, p. 3.
[2394] A. Sutton. *Wall Street e la rivoluzione bolscevica*. Mosca, 1998; p. 210, 212.
[2395] Ibidem, p. 214, 215.

conti sui mercati sovietici, l'"Impero Morgan-Rockefeller" non aiuterebbe i bolscevichi se la persecuzione degli ebrei si profilasse all'orizzonte nell'URSS all'inizio degli anni Trenta.

È proprio questo il punto: per l'Occidente, l'oppressione sovietica della cultura ebraica tradizionale e dei sionisti, precedentemente descritta, è facilmente scomparsa sotto l'impressione generale contemporanea che il potere sovietico non avrebbe oppresso gli ebrei, ma al contrario, che molti di loro sarebbero rimasti alle leve del potere.

Certe immagini del passato hanno la capacità di riorganizzarsi comodamente nella nostra mente per tranquillizzare la nostra coscienza. *Oggi* si è formata la percezione che già negli anni '30 gli ebrei fossero stati estromessi dall'élite dirigente sovietica e non avessero nulla a che fare con l'amministrazione del Paese. Negli anni '80 assistiamo ad affermazioni come questa: ai tempi dell'Unione Sovietica, gli ebrei in URSS erano "praticamente distrutti come popolo; erano stati trasformati in un gruppo sociale, che si era insediato nelle grandi città "come strato sociale al servizio della classe dirigente."[2396]

No. Non solo non erano "al servizio", ma gli ebrei erano in larga misura membri della "classe dirigente". E le "grandi città", le capitali delle repubbliche sovietiche costituenti, erano proprio ciò che le autorità acquistavano attraverso il miglioramento delle provviste, dell'arredamento e della manutenzione, mentre il resto del Paese languiva per l'oppressione e la povertà. E ora, dopo lo shock della guerra civile, dopo il comunismo di guerra, dopo la NEP e il primo piano quinquennale, era la *vita del* Paese *in tempo di pace* a essere sempre più gestita dall'apparato governativo, in cui il ruolo degli ebrei era piuttosto evidente, almeno fino al 1937-38.

Nel 1936, all'8 Congresso dei Soviet dell'Unione Sovietica, Molotov, su ordine di Stalin (forse per differenziarsi da Hitler agli occhi dell'Occidente) pronunciò questa tirata: "I nostri sentimenti di fratellanza verso il popolo ebraico sono determinati dal fatto che esso ha generato il genio e il creatore delle idee di liberazione comunista dell'umanità", Karl Marx; "che il popolo ebraico, accanto alle nazioni più sviluppate, ha dato vita a innumerevoli scienziati, ingegneri e artisti di spicco [che indubbiamente si erano già manifestati negli anni Trenta sovietici e si manifesteranno ancora di più nel dopoguerra], e ha dato molti gloriosi eroi alla lotta rivoluzionaria ... e nel nostro Paese hanno dato e *stanno ancora dando nuovi, notevoli e*

[2396] A. Voronel // *"22"*: Obshchestvenno-politicheskiy i literaturniy zhurnal evreyskoy intelligentsii iz SSSR v Izraile [Giornale *sociale, politico e letterario dell'intellighenzia ebraica dell'URSS in Israele* (d'ora in poi - *"22"*)]. Tel-Aviv, 1986, (50), p. 160.

talentuosi leader e dirigenti in tutti i settori dello sviluppo e della difesa della Causa del Socialismo."[2397]

Il corsivo è mio. Senza dubbio è stato detto a scopo propagandistico. Ma la dichiarazione di Molotov era appropriata. E la "difesa della causa del socialismo" durante tutti quegli anni fu nelle mani della GPU, dell'esercito, della diplomazia e del fronte ideologico. La partecipazione volontaria di tanti ebrei in questi organi continuò all'inizio e alla metà degli anni Trenta, fino al 1937-38.

Qui passeremo brevemente in rassegna - secondo i giornali contemporanei, le pubblicazioni successive e le moderne enciclopedie ebraiche - le cariche e i nomi più importanti emersi soprattutto negli anni Trenta. Naturalmente tale rassegna, complicata dal fatto che non sappiamo come i nostri personaggi si identificavano rispetto alla nazionalità, può contenere errori in singoli casi e non può in alcun modo essere considerata esaustiva.

Dopo la distruzione dell'"opposizione trotskista", la rappresentanza ebraica nell'apparato del partito si ridusse notevolmente. Ma l'*epurazione dell'*apparato supremo del partito non fu assolutamente antiebraica. Lazar Kaganovich mantenne la sua posizione estremamente importante nel *Politburo*; era un individuo minacciosamente spietato e, allo stesso tempo, un uomo di livello professionale notoriamente basso. (Ciononostante, dalla metà degli anni Trenta fu segretario del Comitato centrale e *contemporaneamente* membro dell'Ufficio organizzativo del Comitato centrale - solo Stalin stesso ricoprì entrambe le cariche contemporaneamente). Inoltre, collocò tre dei suoi fratelli in posizioni piuttosto importanti. Mikhail Kaganovich fu vicepresidente del Soviet Supremo dell'Economia Nazionale a partire dal 1931; dal 1937 fu narkom (*nar odny kom issar*, cioè "commissario del popolo") dell'industria della difesa; in seguito fu contemporaneamente a capo dell'industria aeronautica. Yuli Kaganovich, passando per i principali posti di partito a Nizhniy Novgorod (come tutti i fratelli), divenne vice narkom del commercio estero.[2398] (Un altro fratello, assolutamente privo di talento, era un "pezzo grosso" a Rostov-sul-Don. Mi ricorda una storia di Saltykov-Shchedrin, in cui un certo Vooz Oshmyanskiy cercò di piazzare suo fratello Lazar in un posto redditizio). Tuttavia, entrambe le fazioni dell'opposizione etnica russa, quella di Rykov, Bukharin e Tomsky, e quella di Syrtsov, Ryutin e Uglanov, furono distrutte da Stalin all'inizio degli anni '30 con il sostegno dei bolscevichi ebrei - egli trasse i necessari sostituti dalle loro file.

[2397] *Izvestiya*, 30 novembre 1936, p. 2.
[2398] Rossiyskaya Evreiskaya Entsiklopediya *[*Enciclopedia ebraica russa *(d'ora in poi -* RJE)]. 2a ed. Mosca, 1994. v.1, p. 527-528.

Kaganovich era il principale e il più affidabile dei sostenitori di Stalin nel Politburo: chiese l'esecuzione di Ryutin (ottobre 1932-gennaio 1933), ma nemmeno Stalin riuscì a farlo.[2399] L'epurazione del 1930-1933 riguardò gli elementi russi del partito.

Su 25 membri del Presidium della Commissione Centrale di Controllo dopo il 16 Congresso del Partito (1930), 10 erano ebrei: A. Solts, "la coscienza del Partito" (negli anni più sanguinosi, dal 1934 al 1938, fu assistente di Vyshinsky, il Procuratore Generale dell'URSS [2400]); Z. Belenky (uno dei tre fratelli Belenky sopra citati); A. Goltsman (che sostenne Trotsky nel dibattito sui sindacati); la feroce Rozaliya Zemlyachka (Zalkind); M. Kaganovich, un altro dei fratelli; il *cekista* Trilisser; l'"ateo militante" Yaroslavsky; B. Roizenman e A.P. Rozengolts, l'assistente superstite di Trotsky. Se si confronta la composizione del Comitato centrale del partito negli anni Venti con quella dei primi anni Trenta, si scopre che è rimasta pressoché invariata: sia nel 1925 che dopo il Congresso del Partito del 16 , gli ebrei costituivano circa 1/6 dei membri.[2401]

Nelle alte sfere del Partito comunista, dopo il 17° Congresso ("il congresso dei vincitori") del 1934, gli ebrei erano ancora 1/6 dei membri del Comitato centrale; nella Commissione di controllo del Partito - circa 1/3, e una percentuale simile nella Commissione di revisione del Comitato centrale. (Quest'ultima fu diretta per un certo periodo da M. Vladimirsky. Dal 1934 Lazar Kaganovich prese le redini della Commissione centrale di controllo). Gli ebrei costituivano la stessa percentuale (1/3) dei membri della Commissione di controllo sovietica.[2402]

Per cinque anni pieni di sconvolgimenti (1934-1939) il vice procuratore generale dell'URSS fu Grigorij Leplevskij.[2403]

Gli occupanti di molte cariche cruciali del partito non furono nemmeno annunciati dalla *Pravda*. Ad esempio, nell'autunno del 1936 il Segretario del Comitato Centrale del Komsomol (l'Unione della Gioventù Comunista) era E. Fainberg.[2404] Il Dipartimento della Stampa e dell'Editoria del Comitato Centrale - l'istituzione ideologica chiave - era gestito da B. Tal. In precedenza, il dipartimento era stato diretto da Lev Mekhlis, che nel frattempo era passato a dirigere la *Pravda* a tempo pieno;

[2399] Robert Conquest. *Bolshoy Terror* [Il Grande Terrore]. Firenze: Edizioni Aurora, 1974, p. 70, 73.
[2400] RJE, v. 3, pag. 95.
[2401] *Izvestiya*, 14 luglio 1930, p. 1.
[2402] *Izvestiya*, 11 febbraio 1934, p. 1-2.
[2403] RJE, v. 2, pag. 163.
[2404] RJE, v. 3, pag. 189.

dal 1937 Mekhlis divenne vice narkom della difesa e capo dell'Amministrazione politica dell'Armata Rossa.

Vediamo molti ebrei nei posti di comando delle province: nell'Ufficio dell'Asia Centrale, nel Comitato di Partito del Krai della Siberia Orientale (kraikom), nei posti di primo segretario degli *obkom* [comitato di partito degli oblast] della Repubblica Tedesca del Volga, degli oblast di Tatar, Bashkir, Tomsk, Kalinin e Voronezh e in molti altri. Ad esempio, Mendel Khatayevich (membro del Comitato centrale dal 1930) fu di conseguenza segretario degli obkom di Gomel, Odessa, Tartari e Dnepropetrovsk, segretario del kraikom del Medio Volga e secondo segretario del Partito comunista dell'Ucraina. Yakov Chubin fu segretario degli obkom di Chernigov e Akmolinsk e del comitato di partito del distretto di Shakhtinsk; in seguito fece parte di diverse commissioni del Controllo del Partito a Mosca, in Crimea, a Kursk e in Turkmenia, e dal 1937 fu il primo segretario del Comitato centrale della Turkmenia.[2405] Non è necessario elencare tutti questi nomi, ma non trascuriamo il reale contributo di questi *segretari* alla causa bolscevica; notiamo anche la loro sorprendente mobilità geografica, come negli anni Venti. I quadri affidabili erano ancora molto richiesti e indispensabili. E non c'è da preoccuparsi che non conoscano ogni nuova località di cui si occupano.

Tuttavia, molto più potere era nelle mani dei narkom. Nel 1936 vediamo nove narkom ebrei nel Governo. Prendiamo il famosissimo narkom degli affari esteri Litvinov (nelle simpatiche vignette di *Izvestiya* era raffigurato come un cavaliere di pace con lancia e scudo che prendeva posizione contro la sporcizia straniera); non meno notevole, ma solo entro i limiti dell'URSS, era il narkom degli affari interni Yagoda; l'asceso e onnipotente "narkom di ferro" delle ferrovie, Lazar Kaganovich; il commercio estero era diretto da A. Rozengolts (prima lo avevamo visto nella Commissione Centrale di Controllo); I.Ya. Weitser era responsabile del commercio interno; M. Kalmanovich era responsabile dei sovkhoz [aziende agricole statali che pagavano i salari] (era il commissario per gli alimenti dalla fine del 1917); I.E. Lyubimov era narkom dell'industria leggera; G. Kaminskiy era narkom della sanità, i suoi articoli istruttivi erano spesso pubblicati su *Izvestiya*; e il già citato Z. Belenky era a capo della Commissione del Controllo Sovietico.[2406] Nello stesso Governo troviamo molti nomi di ebrei tra i vice narkom dei vari commissariati del popolo: finanze, comunicazioni, trasporti ferroviari, acqua, agricoltura, industria del legno, industria alimentare, istruzione, giustizia. Tra i vice narkom più importanti vi erano: Ya. Gamarnik (difesa), A. Gurevich ("contribuì in modo significativo alla creazione dell'industria metallurgica

---

[2405] Ibidem, p. 283, 344.
[2406] *Izvestiya*, 18 gennaio 1936, p. 1 e 6 febbraio 1936, p. 3.

del Paese"[2407]); Semyon Ginzburg, fu vice narkom dell'industria pesante, per poi diventare narkom dell'edilizia e ancora più tardi ministro della costruzione delle imprese militari.[2408]

La famosa "Grande svolta" ebbe luogo tra la fine del 1929 e l'inizio del 1931. Si prospettava una collettivizzazione omicida, e in questo momento decisivo Stalin assegnò a Yakovlev-Epshtein il ruolo di sinistro dirigente principale. I suoi ritratti e le sue foto, così come i disegni di I. Brodskij, vennero riprodotti con grande rilievo sui giornali di allora e di allora, di anno in anno.[2409]

Insieme al già citato M. Kalmanovich, fu membro dell'altissimo Soviet del Lavoro e della Difesa (in quell'organo non c'era quasi nessuno oltre a Stalin, Molotov, Mikoyan, Ordzhonikidze, Voroshilov).[2410] Nel marzo del 1931, alla Sessione dei Soviet, Yakovlev riferì sui progressi della collettivizzazione - sullo sviluppo dei *sovkhoz e dei kolkhoz* (cioè la distruzione dello stile di vita del popolo).[2411] In questo "glorioso" percorso verso la rovina della Russia, tra i collaboratori di Yakovlev, possiamo vedere il vice narkom V.G. Feigin, i membri del Consiglio *del* Commissariato del popolo per l'agricoltura M.M. Volf, G.G. Roshal e altri "esperti". L'importante organizzazione, il Grain Trust, era collegata al Commissariato del Popolo per l'Agricoltura per pompare il grano dai contadini per lo Stato; il presidente del consiglio di amministrazione era M.G. Gerchikov, i suoi ritratti apparvero su *Izvestiya* e Stalin stesso gli inviò un telegramma di incoraggiamento.[2412] Dal 1932 il Commissariato del popolo dei Sovchozes e dei Kolkhozes, con a capo M. Kalmanovich, fu separato dal Commissariato del popolo dell'agricoltura.[2413] Dal 1934 il presidente del Soviet nazionale di Kolkhozes fu lo stesso Yakovlev-Epshtein.[2414] Il presidente della Commissione di approvvigionamento era I. Kleiner (insignito dell'Ordine di Lenin). Durante i mesi più terribili della collettivizzazione, M. Kalmanovich fu vice narkom dell'agricoltura. Ma alla fine del 1930 fu trasferito al Commissariato del Popolo per le Finanze come vice narkom; divenne anche presidente del consiglio di amministrazione della Gosbank [la Banca di Stato], perché in questioni monetarie era necessaria anche una forte volontà. Nel 1936 Lev Maryasin

---

[2407] RJE, V. 1, p. 394.
[2408] Ibidem, p. 313.
[2409] Si vedano, ad esempio: *Izvestiya*, 12 giugno 1930; 14 e 17 marzo 1931; 6 gennaio 1934; 10 gennaio e 21 febbraio 1936.
[2410] *Izvestiya*, 25 dicembre 1930, p. 1.
[2411] *Izvestiya*, 14 marzo 1931, p. 3-4; 17 marzo, p. 1-2.
[2412] *Izvestiya*, 2 febbraio 1931, p. 4; 30 maggio, p. 1.
[2413] *Izvestiya*, 20 febbraio 1936, p. 4.
[2414] RJE, v. 3, pag. 497.

divenne presidente del consiglio di amministrazione della Gosbank; nel 1936 fu sostituito da Solomon Krutikov.[2415]

Nel novembre 1930 fu creato il Commissariato del Popolo per il Commercio Estero, di cui A.P. Rozengolts fu a capo per sette anni. Gli ebrei costituivano un terzo dei membri del consiglio di amministrazione. Tra di loro c'era Sh. Dvoylatsky, che contemporaneamente lavorava nelle Commissioni centrali per le concessioni; nel 1934-1936 divenne il rappresentante commerciale sovietico in Francia.[2416] Alla fine del 1930 fu creato il Commissariato del Popolo per gli Approvvigionamenti, con A. Mikoyan alla guida; nel suo consiglio di amministrazione vediamo M. Belenky - che è un altro, in realtà il quinto, uomo con il cognome "Belenky" che incontriamo qui; presto diventerà lui stesso il narkom, sostituendo Mikoyan. In generale, nei Commissariati del Popolo per il Commercio e l'Approvvigionamento, la componente ebraica era più alta che nelle alte sfere del partito - da un quarto alla metà. Non trascuriamo comunque la Tsentrosoyuz (il centro burocratico della pseudo-cooperazione sovietica). Dopo Lev Khichuk negli anni Venti, dal 1931 al 1937 fu diretto da I.A. Zelensky, che abbiamo già incontrato come membro del consiglio di amministrazione del Commissariato del popolo per i prodotti alimentari.[2417]

Lo sottolineo ancora una volta: tutti questi esempi sono solo a scopo illustrativo. Non devono dare l'impressione che non ci fossero membri di altre nazionalità in tutti i consigli di amministrazione e nei presidi; ovviamente c'erano. Inoltre, tutte le persone citate occupavano i loro posti solo per un certo periodo di tempo; venivano regolarmente trasferite da una posizione all'altra.

Consideriamo i trasporti e le comunicazioni. Dapprima le ferrovie furono gestite da M. Rukhimovich (i suoi ritratti si potevano trovare sui principali giornali dell'epoca[2418]); in seguito divenne narkom dell'industria della difesa (con M. Kaganovich come suo vice), mentre il comando delle ferrovie fu affidato a L. Kaganovich.[2419] Ci furono importanti cambiamenti nel Coal Trust: I. Schwartz fu rimosso dal consiglio di amministrazione e M. Deych fu incaricato di sostituirlo.[2420] T. Rozenoer diresse la *Grozneft* [Grozny Oil]. Yakov Gugel dirigeva la costruzione del gigante metallurgico di Magnitogorsk; Yakov Vesnik era il direttore del complesso industriale metallurgico di Krivoy Rog; e l'inferno del complesso

---

[2415] RJE, v. 2, pag. 98, 256.
[2416] RJE, v. 1, pag. 418.
[2417] Ibidem, p. 483.
[2418] Si veda, ad esempio: *Izvestiya*, 17 maggio 1931, p. 3.
[2419] *Izvestiya*, 9 dicembre 1936, p. 1.
[2420] *Izvestiya*, 7 luglio 1930, p. 2.

industriale di Kuznetsk, con i suoi 200.000 operai affamati e straccioni, era supervisionato da S. Frankfurt, e dopo di lui da I. Epshtein (quest'ultimo fu arrestato nel 1938, ma tornò in piedi perché fu mandato a prendere il comando della costruzione del complesso industriale di Norilsk).[2421]

Il Soviet Supremo dell'Economia Nazionale esisteva ancora, ma la sua importanza andò scemando. Dopo Unshlikht, fu guidato da A. Rozengolts e poi da Ordzhonikidze, con gli ebrei che costituivano la maggioranza del consiglio di amministrazione.[2422]

In quel periodo, il Gosplan [ministero della pianificazione statale] si rafforzò. Nel 1931, sotto la presidenza di Kuibyshev, gli ebrei erano più della metà del suo consiglio di amministrazione composto da 18 membri.[2423]

Esaminiamo ora i vertici dell'economia durante l'"ultimo anno di fioritura" dell'era staliniana, il 1936. Nel 1936 *Izvestiya* pubblicò su[2424] l'elenco completo del consiglio del commissariato del popolo per il commercio interno. Queste 135 persone avevano sostanzialmente governato l'intero commercio interno dell'URSS (e non erano certo uomini disinteressati). Gli ebrei costituivano quasi il 40% di questa lista, tra cui due deputati al narkom, diversi ispettori del commercio, numerosi capi del commercio alimentare e dei manufatti negli oblast', capi delle unioni dei consumatori, dei ristoranti, delle caffetterie, delle forniture e dei magazzini alimentari, capi delle carrozze ristorante dei treni e dei buffet delle ferrovie; naturalmente, anche il capo della Gastronomia n. 1 di Mosca ("Eliseyevsky") era un ebreo. Naturalmente, tutto questo facilitò il buon funzionamento dell'industria in quegli anni tutt'altro che prosperi.

Sulle pagine di *Izvestiya* si potevano leggere titoli come questo: "La direzione del Fondo per la pesca dell'Unione ha commesso gravi errori politici". Di conseguenza, Moisei Frumkin fu sollevato dal suo incarico presso il Consiglio del Commissariato del Popolo per il Commercio Interno (lo abbiamo visto negli anni Venti come deputato del Narkom del Commercio Estero). Il compagno Frumkin fu punito con un severo rimprovero e un avvertimento; il compagno Kleiman subì la stessa punizione e il compagno Nepryakhin fu espulso dal partito.[2425]

Poco dopo, *Izvestiya ha* pubblicato su[2426] un'appendice all'elenco del Commissariato del Popolo per l'Industria Pesante con 215 nomi. Chi lo

---

[2421] RJE, v. 1, pag. 222, 387; v. 3, pag. 237, 464.
[2422] *Izvestiya*, 14 novembre 1930, p. 2; 16 novembre, p. 4.
[2423] *Izvestiya*, 13 febbraio 1931, p. 3.
[2424] *Izvestiya*, 9 aprile 1936, p. 2.
[2425] *Izvestiya*, 5 novembre 1930, p. 2; 11 novembre, p. 5.
[2426] *Izvestiya*, 11 giugno 1936, p. 2.

desidera può approfondire anche questo aspetto. Un autore odierno scrive così di queste persone: negli anni'30 "i figli dei piccoli borghesi ebrei déclassé riuscirono... a diventare i 'comandanti' dei "grandi progetti di costruzione"". E così sembrava a coloro che, lavorando 16 ore al giorno per settimane e mesi, senza mai lasciare le fosse di fondazione, le paludi, i deserti e la taiga..., che fosse il "loro Paese".[2427] Tuttavia, l'autore si sbaglia: erano gli operai anneriti e i contadini di ieri, che non avevano tregua dal faticare nelle fosse di fondazione e nelle paludi, mentre i direttori vi passeggiavano solo occasionalmente; per lo più trascorrevano il tempo negli uffici godendo dei loro servizi di fornitura speciale ("i capisquadra di bronzo"). Senza dubbio, però, le loro decisioni dure e volitive hanno contribuito a portare a termine questi progetti di costruzione, sviluppando il potenziale industriale dell'URSS.

In questo modo gli ebrei sovietici ottennero una quota importante del potere statale, industriale ed economico a tutti i livelli di governo dell'URSS.

La personalità di B. Roizenman merita particolare attenzione. Guardate voi stessi: ha ricevuto l'Ordine di Lenin "in riconoscimento dei suoi servizi eccezionali" nell'adeguamento dell'apparato statale "agli obiettivi dell'offensiva su larga scala per il socialismo". Quali segreti, per noi imperscrutabili, potrebbero nascondersi dietro questa "offensiva"? Possiamo scorgere alcuni di essi dalla formulazione più diretta: per aver svolto "missioni speciali di massima importanza per il risanamento dell'apparato statale nelle missioni diplomatiche sovietiche all'estero".[2428]

Vediamo ora la situazione della diplomazia. Gli anni Venti sono stati esaminati nel capitolo precedente. Ora incontriamo altri personaggi importanti.

Ad esempio, nella primavera del 1930, *Izvestiya* riportava a pagina 1 e in un titolo separato che "F.A. Rotshtein, membro del consiglio del Commissariato del Popolo per gli Affari Interni, è tornato dalle vacanze e ha ripreso le sue funzioni".[2429] (Ma non scrivevano così solo di Stalin? Per quanto ne so, né Ordzhonikidze, né Mikoyan - altri funzionari di altissimo livello - sono stati onorati in questo modo). Ma ben presto Rotshtein commise un errore e la sua carriera finì appena due mesi dopo, nel luglio 1930. Con la nomina di Litvinov a narkom, Rotshtein fu rimosso dal consiglio di amministrazione (anche se, ricordiamo, rivendicò il merito della creazione del Partito Comunista Britannico). Negli anni'30, all'apice

---

[2427] V. Boguslavskiy. *V zashchitu Kunyayeva* [In difesa di Kunyayev] // "22", 1980, (16), p. 174.
[2428] *Izvestiya*, 24 aprile 1931, p. 2.
[2429] *Izvestiya*, 18 maggio 1930, p. 1.

del potere di Litvinov, apparve una nuova generazione. L'*Enciclopedia Ebraica* scrive: "esisteva una nozione di 'scuola di diplomazia Litvinov'" che comprendeva le personalità di spicco di K. Umansky, Ya. Surits, B. Shtein (che aveva già avuto successo all'inizio degli anni Venti) e E. Gnedin (figlio di Parvus).[2430] Ehrenburg aggiunse qui il nome di E. Rubinin. Come negli anni Venti la diplomazia attirò un gruppo di ebrei, così fece anche all'inizio e alla metà degli anni Trenta. Dal momento in cui l'URSS fu accettata nella Società delle Nazioni, vediamo Litvinov, Shtein, Gnedin, ma anche Brenner, Stashevsky, Marcus, Rozenberg e Svanidze (un georgiano) come membri anziani della delegazione sovietica. Furono queste persone a rappresentare la Russia sovietica in quel forum di nazioni. In Europa c'erano plenipotenziari sovietici di origine ebraica: in Inghilterra - Maisky; in Germania (e poi in Francia) - Ya. Surits; in Italia-B. Shtein (dopo Kamenev); vediamo anche plenipotenziari ebrei in Spagna, Austria, Romania, Grecia, Lituania, Lettonia, Belgio, Norvegia e in Asia. Ad esempio, il già citato Surits rappresentò l'Unione Sovietica in Afghanistan già durante la guerra civile russa; successivamente, dal 1936, B. Skvirsky prestò servizio in Afghanistan; per molti anni fu il rappresentante sovietico non ufficiale a Washington.[2431] All'inizio e alla metà degli anni Trenta, un gran numero di ebrei continuò a lavorare con successo nelle delegazioni commerciali sovietiche. (Qui troviamo un altro Belenky, già il sesto individuo con questo nome, B.S.Belenky, che fu rappresentante commerciale in Italia dal 1934 al 1937).[2432]

Per quanto riguarda l'Armata Rossa, il già citato ricercatore israeliano Aron Abramovich scrive che negli anni '30 "un numero significativo di ufficiali ebrei prestava servizio" nell'esercito. "Ce n'erano molti, in particolare nel Soviet militare rivoluzionario, nelle amministrazioni centrali del commissariato del popolo per la difesa, nello stato maggiore, e a livelli inferiori - nei distretti militari, negli eserciti, nei corpi, nelle divisioni, nelle brigate e in tutte le unità militari.

Gli ebrei avevano ancora un ruolo di primo piano negli organi politici".[2433] L'intera Amministrazione politica centrale dell'Armata Rossa passò sotto il comando del fidato Mekhlis dopo il suicidio del fidato Gamarnik. Ecco alcuni nomi della crema dell'Amministrazione politica: Mordukh Khorosh fu il vice direttore dell'Amministrazione politica dell'Armata Rossa negli

---

[2430] Kratkaya Evreiskaya Entsiklopediya [Enciclopedia ebraica breve (*d'ora in poi SJE)*]. Gerusalemme, 1976-2001. v. 4, p. 879.
[2431] RJE, v. 3, pag. 58.
[2432] RJE, v. 1, pag. 101.
[2433] Aron Abramovich. *V reshayushchey voyne: Uchastie i rol evreyev SSSR v voyne protiv natsizma* [Nella guerra decisiva: partecipazione e ruolo degli ebrei sovietici nella guerra contro il nazismo]. 2nd Edizione. Tel-Aviv, 1982. v.1, p. 61.

anni'30 e successivamente, fino al suo arresto, fu responsabile dell'Amministrazione politica del distretto militare di Kiev. Dal 1929 al 1937, Lazar Aronshtam è stato a capo dell'amministrazione politica del distretto militare bielorusso, poi dell'Esercito speciale dell'Estremo Oriente e successivamente del distretto militare di Mosca. Isaak Grinberg fu ispettore superiore dell'amministrazione politica dell'Armata Rossa e successivamente vice direttore dell'amministrazione politica del distretto di Leningrado. Boris Ippo (che partecipò alla pacificazione dell'Asia centrale durante la guerra civile come capo dell'amministrazione politica del Fronte del Turkestan e poi del distretto centro-asiatico) fu il capo dell'amministrazione politica dell'Armata Rossa del Caucaso e poi direttore dell'Accademia politica militare. Il già citato Mikhail Landa dal 1930 al 1937 fu redattore capo di *Krasnaya Zvezda* (*la Stella Rossa*, il giornale ufficiale dell'esercito sovietico). Naum Rozovsky fu procuratore militare fin dalla guerra civile; nel 1936 era il procuratore militare capo dell'Armata Rossa.[2434]

Gamarnik rimase il vice di Voroshilov, presidente del Soviet militare rivoluzionario fino al 1934 (quando l'organizzazione fu sciolta). Negli anni Trenta, oltre a quelli nominati nel capitolo precedente, tra i capi delle amministrazioni centrali dell'Armata Rossa incontriamo i seguenti personaggi: Abram Volp (capo dell'Amministrazione della Mobilitazione Amministrativa; nel capitolo precedente era stato identificato come capo di stato maggiore del distretto militare di Mosca), Semyon Uritsky (dell'Amministrazione dell'Intelligence Militare, fino al 1937), Boris Feldman - capo dell'Amministrazione Centrale del Personale, e Leontiy Kotlyar - capo dell'Amministrazione Centrale del Genio Militare negli anni prebellici. Tra i comandanti delle branche militari troviamo A. Goltsman, capo dell'aviazione militare dal 1932 (lo abbiamo già visto nella Commissione Centrale di Controllo e come attivista sindacale; morì in un incidente aereo). Tra i comandanti dei distretti militari troviamo ancora Iona Yakir (distretto di Crimea e poi l'importante distretto di Kiev) e Lev Gordon (distretto del Turkestan).[2435]

Anche se non abbiamo dati sulla rappresentanza ebraica nei ranghi inferiori, ci sono pochi dubbi sul fatto che quando una struttura (sia essa un'amministrazione politica dell'esercito, un servizio di rifornimento, un partito o un apparato commissariale) era guidata da un ebreo, era accompagnata, di norma, da una presenza ebraica abbastanza evidente tra il suo personale.

[2434] RJE, v. 1, pag. 63, 376, 515; v. 2, pag. 120, 491; v. 3, pag. 300-301.
[2435] RJE, v. 1, p. 244, 350; v. 2, p. 78; v. 3, p. 179, 206-207, 493-494. Si veda anche Aron Abramovich. *V reshayushchey voyne*. [Nella guerra decisiva], v. 1, p. 62.

Eppure il servizio nell'esercito non è un vizio; può essere piuttosto costruttivo. E che dire del nostro buon vecchio GPU-NKVD? Un ricercatore moderno, basandosi sugli archivi, scrive: "La prima metà degli anni'30 fu caratterizzata dal ruolo sempre più importante degli ebrei nell'apparato di sicurezza statale". E "alla vigilia delle repressioni più massicce... la composizione etnica del comando supremo dell'NKVD... [può essere compresa con l'aiuto della] lista dei cekisti decorati in occasione del 20° anniversario della Cheka-OGPU-NKVD".

La lista dei 407 alti funzionari pubblicata dalla stampa centrale conteneva 56 ebrei (13,8%) e 7 lettoni (1,7%)".[2436]

Quando la GPU fu riformata in NKVD (1934) con Yagoda a capo, per due volte pubblicarono i nomi dei commissari supremi dell'NKVD (che rara occasione per sbirciare dietro un muro solitamente impenetrabile![2437]): commissari della Sicurezza di Stato di 1° grado Ya.S. Agranov (il primo vice di Yagoda), V.A. Balitsky, T.D. Deribas, G.E. Prokovev, S.F. Redens, L.M. Zakovsky; di 2° grado[nd] : L.N. Belskiy, K.V. Pauker (erano già stati decorati nel 1927 in occasione del decennale della Cheka), M.I. Gay, S.A. Goglidze, L.B. Zalin, Z.B. Katsnelson, K.M. Karlson, I.M. Leplevsky, G.A. Molchanov, L.G. Mironov, A.A. Slutsky, A.M. Shanin e R.A. Pillyar. Naturalmente, non tutti erano ebrei, ma una buona metà lo era. Quindi, i cekisti ebrei erano ancora lì; non se ne andarono, né furono costretti a uscire dall'NKVD, lo stesso NKVD che stava divorando il Paese dopo la morte di Kirov, e che poi divorò se stesso.

A.A. Slutsky era il direttore della sezione estera dell'NKVD, cioè era responsabile dello spionaggio all'estero. "I suoi vice erano Boris Berman e Sergey Shpigelglas". Pauker era un barbiere di Budapest, che si era collegato a i comunisti mentre era prigioniero di guerra russo nel 1916. Inizialmente era responsabile della sicurezza del Cremlino e successivamente divenne capo della sezione operativa dell'NKVD.[2438] Naturalmente, a causa della segretezza e della non avvicinabilità di questi personaggi di alto livello, è difficile giudicarli in modo definitivo.

Prendiamo ad esempio Naum (Leonid) Etingon, che ha orchestrato l'assassinio di Trotsky, è stato l'organizzatore del giro di spionaggio dei

---

[2436] *L.Yu. Krichevsky.* Evrei v apparate VChK-OGPU v 20-e gody *[Gli ebrei nell'apparato della Cheka-OGPU negli anni Venti]* // Evrei i russkaya revolyutsia: Materiali i issledovaniya [Gli ebrei e la rivoluzione russa: materiali e ricerche] A cura di O.V. Budnitsky. Mosca; Gerusalemme: Gesharim, 1999, p. 343-344; si veda anche *Izvestiya*, 20 dicembre 1937, p. 2.
[2437] *Izvestiya*, 27 novembre 1935, p. 1; 29 novembre, p. 1.
[2438] Robert Conquest. *Bolshoy terror* [Il grande terrore], p. 187.

"Cinque di Cambridge" e ha supervisionato lo spionaggio nucleare dopo la guerra - un vero asso dello spionaggio.[2439]

Oppure prendiamo Lev Feldbin (usava lo pseudonimo accattivante di "Aleksandr Orlov"). Un cekista di spicco e di lungo corso, era a capo della sezione economica del dipartimento estero della GPU, cioè supervisionava tutto il commercio estero dell'URSS.

Era un agente fidato, di quelli che venivano istruiti in piena segretezza su come "estorcere false confessioni [alle vittime]". "Molti [degli investigatori dell'NKVD] finirono per essere subordinati a lui". [2440] Eppure era completamente nascosto al pubblico e divenne famoso solo più tardi, quando disertò in Occidente. E quanti incarichi di questo tipo ci sono stati?

Oppure prendiamo Mikhail Koltsov-Fridlyand ("il consigliere politico" del governo repubblicano di Spagna)[2441], che partecipò ad alcune delle principali avventure della GPU.

M. Berman fu assegnato come vice al Narkom degli Affari Interni Ezhov entro tre giorni dall'insediamento di quest'ultimo, il 27 settembre 1936. Berman rimase comunque il direttore del GULag.[2442] Insieme a Ezhov, arrivarono anche i suoi collaboratori. Mikhail Litvin, suo collaboratore di lunga data nel Comitato centrale del partito, divenne direttore del dipartimento del personale dell'NKVD; nel maggio del 1937 salì all'inarrivabile grado di direttore della sezione politica segreta della Direzione principale della sicurezza di Stato dell'NKVD. Nel 1931-36, Henrikh Lyushkov fu il vicedirettore di quella sezione; disertò in Giappone nel 1938 e fu poi ucciso da un proiettile giapponese nel 1945 - alla fine della guerra i giapponesi non volevano restituirlo e non avevano altra scelta che spargli. In questo modo, possiamo descrivere ampiamente le carriere di ciascuno di loro. Nella stessa sezione, Aleksandr Radzivilovsky era un "agente per le missioni speciali". Un altro collega di lunga data di Ezhov, Isaak Shapiro, fu l'assistente personale di Ezhov dal 1934, per poi diventare direttore della Segreteria dell'NKVD e successivamente direttore della famigerata Sezione Speciale della Direzione Principale della Sicurezza di Stato dell'NKVD.[2443]

[2439] RJE, v. 3, pag. 473.
[2440] Aleksandr Orlov. *Dall'introduzione al libro* Taynaya istoriya stalinskikh prestupleniy [La storia segreta dei crimini di Stalin] // Vremya i my: Mezhdunarodny zhurnal literatury i obshchestvennykh problem [*Epoca e noi: International Journal of Literature and Social Problems* (d'ora in poi - *EW*)]. New York, 1982, n. 67, p. 202.
[2441] RJE, v. 2, pag. 62.
[2442] *Izvestiya*, 27 settembre 1936, p. 1; 30 settembre, p. 3. Vedi anche RJE, v. 1, p. 124.
[2443] RJE, v. 2, pagg. 187, 218, 432; v. 3, pag. 358.

Nel dicembre 1936, tra i capi delle dieci sezioni (per segretezza, designate solo dal numero) della Direzione principale della Sicurezza di Stato dell'NKVD, vediamo sette ebrei: la sezione Sicurezza (sezione #1)-K. Pauker; Controspionaggio (3) - L. Mironov; Sezione speciale (5) - I. Leplevsky; Trasporti (6)-A. Shanin; Sezione esteri (7) - A. Slutsky; Registri e registrazione (8)-V. Tsesarsky; Prigioni (10)-Ya. Veinshtok. Nel corso dell'anno di macinazione del 1937 diversi altri ebrei occuparono i posti di direttore di queste sezioni: A. Zalpeter-Sezione operativa (2); Ya. Agranov, seguito da M. Litvin-Sezione politica segreta (4); A Minaev-Tsikanovsky-Contro-Intelligence (3); e I. Shapiro-Sezione speciale (9).[2444]

Ho citato la leadership del GULag nel mio libro "*Arcipelago GULag*". Sì, c'era una grande percentuale di ebrei nel suo comando. (I ritratti dei direttori dei lavori di costruzione del Canale Bianco-Baltico, che ho riprodotto dal corpus commemorativo sovietico del 1936, hanno suscitato indignazione: hanno affermato che ho selezionato gli ebrei solo di proposito. Ma non li ho selezionati, ho solo riprodotto le fotografie di *tutti gli alti direttori* del *BelBaltlag* [amministrazione del campo del Mar Bianco - Canale Baltico] da quel libro immortale. Sono forse colpevole del fatto che fossero ebrei? Chi li ha scelti per quelle cariche?

Chi è colpevole?) Aggiungerò ora informazioni su tre uomini di spicco, che allora non conoscevo. Prima del *BelBaltlag*, un certo Lazar Kogan lavorava come capo del GULag; Zinovy Katsnelson era il vice capo del GULag dal 1934 in poi; Izrail Pliner era il capo del GULag dal 1936, e in seguito supervisionò il completamento della costruzione del Canale Mosca-Volga (1937).[2445]

Non si può negare che la Storia abbia elevato molti ebrei sovietici tra le fila degli arbitri del destino di tutti i russi.

Informazioni mai divulgate su eventi di epoche diverse provengono da fonti diverse: sui *plenipotenziari* regionali *del GPU-NKVD* negli anni'30 (prima del 1937). I nomi dei loro uffici meritavano pienamente di essere scritti in maiuscolo, perché erano proprio loro, e non i segretari degli *obkom*, i padroni supremi dei loro *oblast*, padroni della vita e della morte di ogni abitante, che riferivano direttamente solo all'NKVD centrale di Mosca. Di alcuni di loro si conoscono i nomi completi, di altri rimangono solo le iniziali; di altri ancora si conosce solo il cognome. Si spostavano da un posto all'altro, da una provincia all'altra. (Se solo potessimo trovare le date e i dettagli del loro servizio! Ahimè, tutto questo avveniva in segreto).

[2444] A. Kokurin, N. Petrov. *NKVD: struktura, funktsii, kadry* [L'NKVD: organizzazione, funzioni, quadri] // *Svobodnaya mysl* [Libero pensiero], 1997, (6), p. 113-116.

[2445] RJE, v. 2, pag. 22, 51-52, 389.

E in tutti gli anni'30, molti ebrei rimasero tra quei signori di provincia. Secondo i dati pubblicati di recente, negli organi regionali della Sicurezza di Stato, senza contare la Direzione principale della Sicurezza di Stato, c'erano 1.776 ebrei (il 7,4% del totale dei membri in servizio).[2446]

Qui sono elencati alcuni plenipotenziari ebrei: in Bielorussia - Izrail Leplevsky (fratello del sostituto procuratore generale Grigorij Leplevsky, lo abbiamo già visto nella Cheka; in seguito, ha lavorato in un posto di alto livello nella GPU come Commissario della Sicurezza di Stato di 2nd grado; e ora lo vediamo come Narkom degli Affari Interni della Bielorussia dal 1934 al 1936); nell'Oblast' Occidentale - I. M. Blat, in seguito ha lavorato a Chelyabinsk; in Ucraina - Z. Katsnelson, lo abbiamo visto nella Guerra Civile in tutto il Paese, dal Mar Caspio al Mar Bianco.M. Blat, in seguito lavorò a Chelyabinsk; in Ucraina - Z. Katsnelson, lo abbiamo visto nella guerra civile in tutto il Paese, dal Mar Caspio al Mar Bianco. Ora era il vice capo del GULag; in seguito lo vediamo come vice Narkom degli Affari interni dell'Ucraina; nel 1937 fu sostituito da Leplevsky. Vediamo D.M. Sokolinsky prima nell'Oblast di Donetsk e poi nell'Oblast di Vinnitsa; L.Ya. Faivilovich e Fridberg - nel Caucaso settentrionale; M.G. Raev-Kaminsky e Purnis - in Azerbaigian; G. Rappoport - nell'Oblast di Stalingrado; P.Sh. Simanovsky - nell'Oblast di Orlov; Livshits - nell'Oblast di Tambov; G.Ya. Abrampolsky - nell'Oblast' di Gorkov; A.S. Shiyron, supervisore del rastrellamento dei kulaki espropriati - nell'Oblast' di Arkhangel; I.Z. Ressin - nella Repubblica tedesca del Volga; Zelikman - a Bashkiriya; N. Raysky - nell'Oblast' di Orenburg; G.I. Shklyar - nell'Oblast' di Sverdlovsk; L.B. Zalin - nel Kazakistan; Krukovsky - in Asia centrale; Trotsky - nella Siberia orientale e Rutkovsky - nel Krai settentrionale.

Tutti questi alti funzionari dell'NKVD venivano sballottati da un oblast all'altro esattamente come i segretari degli obkom. Prendiamo ad esempio Vladimir Tsesarsky: era plenipotenziario della GPU-NKVD a Odessa, Kiev e in Estremo Oriente. Nel 1937 era salito a capo della sezione speciale della Direzione principale della sicurezza di Stato dell'NKVD (poco prima di Shapiro). Oppure guardate S. Mironov-Korol: nel 1933-36 fu a capo della GPU-NKVD di Dnepropetrovsk; nel 1937 fu responsabile della NKVD della Siberia occidentale; servì anche nell'apparato centrale della GPU-NKVD.[2447]

[2446] A. Kokurin, N. Petrov. *NKVD: struktura, funktsii, kadry* [L'NKVD: organizzazione, funzioni, quadri] // *Svobodnaya mysl* [Libero pensiero], 1997, (6), p. 118.
[2447] RJE, v. 2, p. 293; v. 3, p. 311.

A metà degli anni Trenta, vediamo L. Vul a capo della polizia di Mosca e poi di quella di Saratov. Il plenipotenziario a Mosca era L. Belsky (dopo aver prestato servizio in Asia centrale); in seguito, era salito a capo delle truppe del servizio interno dell'NKVD. Negli anni'30 ne vediamo molti altri: Foshan era a capo delle truppe di frontiera; Meerson era a capo della sezione di pianificazione economica dell'NKVD; L.I. Berenzon e successivamente L.M. Abramson dirigevano il dipartimento finanziario del GULag; e Abram Flikser era a capo della sezione del personale del GULag. Si tratta di informazioni scollegate tra loro, che non si prestano a un'analisi metodica. Inoltre, c'erano sezioni speciali in ogni ufficio provinciale dell'NKVD.

Ecco un'altra informazione isolata: Yakov Broverman era il capo della Segreteria della Sezione Speciale dell'NKVD a Kiev; in seguito lavorò con la stessa funzione nell'apparato centrale dell'NKVD.[2448]

Più tardi, nel 1940, quando i sovietici occuparono gli Stati baltici di Lituania, Lettonia ed Estonia, il capo dell'NKVD di Dvinsk era un certo Kaplan. Si comportò così duramente con la popolazione che nel 1941, quando l'Armata Rossa aveva appena lasciato e prima dell'arrivo dei tedeschi, ci fu un'esplosione di indignazione pubblica contro gli ebrei.

Nel romanzo di D.P. Vitkovsky, *Half-life*, c'è una frase sull'aspetto ebraico dell'investigatore Yakovlev (l'azione è ambientata durante il regime di Kruscev).

Vitovskij la mise piuttosto duramente in modo che gli ebrei, che alla fine degli anni Sessanta erano già in procinto di staccarsi dal comunismo e che nel loro nuovo orientamento politico avevano sviluppato simpatia per le memorie del campo, fossero comunque respinti da una tale descrizione. Ricordo che V. Gershuni mi chiese quanti *altri* investigatori ebrei aveva incontrato Vitovskij durante il suo calvario durato 30 anni?

Che sorprendente dimenticanza tradita da quel lapsus piuttosto innocente!

Non sarebbe stato più appropriato menzionare non i "30 anni" ma i 50 anni o, almeno, i 40 anni? In effetti, Vitovskij potrebbe non aver incontrato molti investigatori ebrei durante i *suoi ultimi trent'*anni, a partire dalla fine degli anni'30 (anche se se ne potevano trovare in giro anche negli anni'60). Eppure Vitovskij è stato perseguitato dagli Organi per *quarant'*anni, è sopravvissuto al campo di Solovki e, a quanto pare, non ha dimenticato il periodo in cui un investigatore russo era meno frequente di un investigatore ebreo o lettone.

[2448] RJE, v. 1, pag. 170.

Ciononostante, Gershuni aveva ragione nell'insinuare che tutti questi incarichi, eccellenti e non, erano carichi di morte per i loro occupanti; tanto più, quanto più ci si avvicinava al 1937-38.

I nostri arbitri governavano fiduciosi dalle loro altezze e quando all'improvviso ricevettero un colpo, deve essere sembrato loro come il crollo dell'universo, come la fine del mondo. Non c'era nessuno tra loro, prima dell'assalto, che riflettesse sul destino abituale dei rivoluzionari?

Tra i principali funzionari comunisti morti nel 1937-38, gli ebrei rappresentano una percentuale enorme. Ad esempio, uno storico moderno scrive che "se dal 1° gennaio 1935 al 1° gennaio 1938 i membri di questa nazionalità erano a capo di oltre il 50% delle principali unità strutturali dell'apparato centrale del commissariato del popolo per gli affari interni, al 1° gennaio 1939 erano a capo solo del 6%".[2449]

Utilizzando le numerose "liste di esecuzione" pubblicate negli ultimi decenni e i tomi biografici della moderna *Enciclopedia Ebraica Russa*, siamo in grado di tracciare in qualche misura i destini di quegli eccezionali e potenti cekisti, comandanti rossi, funzionari del partito sovietico, diplomatici e altri, che abbiamo menzionato nei capitoli precedenti di questo libro.

Tra i cecoslovacchi la distruzione è stata particolarmente schiacciante (i nomi dei *giustiziati* sono in corsivo):

G.Ya. Abrampolsky; L.M. Abramson, morto in prigione nel 1939; Yakov Agranov, 1938;[2450] Abram Belenky, 1941; Lev Belsky-Levin, 1941; Matvey Berman, 1939; Boris Berman, 1939; Iosif Blat, 1937; Ya. Veinshtok, 1939; Leonid Vul, 1938, Mark Gai-Shtoklyand, 1937; Semyon Gendin, 1939; *Benjamin Gerson*, 1941; Lev Zadov-Zinkovsky, 1938; Lev Zalin-Levin, 1940; A. Zalpeter, 1939; Lev Zakharov-Meyer, 1937; N.Zelikman, 1937; Aleksandr Ioselevich, 1937, Zinovy Katsnelson, 1938; Lazar Kogan, 1939; Mikhail Koltsov-Fridlyand, 1940; Georg Krukovsky, 1938; Izrail Leplevsky, 1938; Natan Margolin, 1938; A. Minaev-Tsikanovsky, 1939; Lev Mironov-Kagan, 1938; Sergey Mironov-Korol, 1940; Karl Pauker, 1937; Izrail Pliner, 1939; Mikhail Raev-Kaminsky, 1939; Aleksandr Radzivilovsky, 1940; Naum Raysky-Lekhtman, 1939; Grigoriy Rappoport, 1938; Ilya Ressin, 1940; *A. Rutkovsky;* Pinkhus Simanovsky, 1940; *Abram Slutsky, avvelenato nel 1938;* David

---

[2449] G.V. Kostirchenko. *Taynaya politika Stalina: Vlast i antisemitizm* [La politica segreta di Stalin: potere e antisemitismo]. Mosca: Mezhdunarodnie otnosheniya [Relazioni internazionali], 2001, p. 210.
[2450] I nomi dei giustiziati e l'anno dell'esecuzione sono in corsivo in tutto il testo; in altri casi la data indica l'anno dell'arresto; sono menzionati specificamente coloro che si sono suicidati alla vigilia dell'arresto e coloro che sono morti durante la detenzione.

Sokolinsky, 1940; Mikhail Trilisser; Leonid Fayvilovich, 1936; Vladimir Tsesarsky, 1940; A. Shanin, 1937; Isaak Shapiro, 1940; *Evsey Shirvindt*, 1938; *Grigoriy Shklyar;* Sergey Shpigelglas, 1940; Genrikh Yagoda, 1938.

Oggi vengono pubblicati interi elenchi contenenti le liste dei più alti funzionari dell'Apparato Centrale della Direzione Principale della Sicurezza di Stato dell'NKVD, caduti durante il periodo di esecuzioni e repressioni di Ezhov. Lì vediamo molti altri nomi di ebrei.[2451]

Ma solo casualmente, grazie all'ancora sfrenata *glasnost* iniziata all'inizio degli anni'90, veniamo a conoscenza di alcune misteriose biografie prima avvolte nel segreto. Ad esempio, dal 1937 il professor Grigorij Mayranovskij, specialista in veleni, dirigeva il "Laboratorio X" della Sezione speciale di tecnologia operativa dell'NKVD, che eseguiva le condanne a morte tramite iniezioni di veleni per "decisione diretta del governo nel 1937-47 e nel 1950"; le esecuzioni venivano eseguite in una cella speciale del "Laboratorio X" e all'estero, anche negli anni'60 e '70.[2452]

Mayranovsky fu arrestato solo nel 1951; dalla sua cella scrisse a Beria: "Decine di nemici giurati dell'Unione Sovietica, compresi tutti i tipi di nazionalisti, sono stati distrutti dalla mia mano".[2453] E dalla sorprendente rivelazione del 1990 abbiamo appreso che le famose *camere a gas mobili* sono state inventate, come risulta, non da Hitler durante la Seconda Guerra Mondiale, ma nell'NKVD sovietico nel 1937 da Isai Davidovich Berg, il capo della sezione amministrativa e di manutenzione dell'NKVD dell'Oblast di Mosca (certo, non fu il solo a quell'impresa, ma organizzò l'intero business). Per questo motivo è importante sapere anche chi occupava posti di livello intermedio. Si scopre che I.D. Berg era incaricato di eseguire le sentenze della "troika" dell'NKVD dell'Oblast' di Mosca; egli svolse doverosamente la sua missione, che consisteva nel trasportare i prigionieri al luogo dell'esecuzione. Ma quando tre "troike" cominciarono a lavorare contemporaneamente nell'Oblast' di Mosca, i boia non riuscirono a far fronte al numero di esecuzioni. Allora inventarono un metodo per risparmiare tempo: le vittime venivano spogliate, legate, tappate la bocca e gettate in un camion chiuso, mascherato esternamente da camion del pane. Durante il viaggio i gas di scarico venivano reindirizzati nel compartimento che trasportava i prigionieri e, quando il

---

[2451] Si veda ad esempio: NV. Petrov, K.V. Skorkin. *Kto rukovodil NKVD: 1934-1941: Spravochnik* [Chi dirigeva l'NKVD: 1934-1941. Libro informativo]. Mosca: Zvenya, 1999.
[2452] Pavel Sudoplatov. *Spetsoperatsii: Lubyanka e Creml: 1930-1950* [Operazioni speciali: La Lubyanka [prigione] e il Cremlino: dagli anni'30 agli anni'50]. Mosca: OLMA-Press, 1997, p. 440-441.
[2453] *Izvestiya*, 16 maggio 1992, pag. 6.

furgone arrivava alla fossa di sepoltura, i prigionieri erano "pronti". (Ebbene, lo stesso Berg fu fucilato nel 1939, non per queste azioni malvagie, ovviamente, ma per "la cospirazione antisovietica". Nel 1956 fu riabilitato senza problemi, anche se la storia della sua invenzione omicida è stata conservata e protetta negli archivi del suo caso e scoperta solo di recente dai giornalisti).[2454]

Nell'elenco sopra riportato ci sono tantissime persone con vite e carriere eccezionali! Bela Kun, il macellaio di Crimea, cadde in quel momento e con lui finirono le vite di dodici commissari del governo comunista di Budapest.[2455]

Tuttavia, sarebbe inappropriato considerare l'espulsione degli ebrei dagli *organi punitivi* come una forma di persecuzione. Non c'era alcun motivo antiebraico in quegli eventi. (Nonostante ciò, se i pretoriani di Stalin tenevano non solo ai loro attuali benefici e al loro potere, ma anche all'opinione del popolo che governavano, avrebbero dovuto lasciare l'NKVD e non aspettare di essere cacciati. Tuttavia, questo non avrebbe risparmiato la morte a molti di loro, ma sicuramente avrebbe risparmiato loro lo stigma). L'idea di un'epurazione antiebraica mirata non regge: "Secondo i dati disponibili, alla fine degli anni Trenta gli ebrei erano una delle poche minoranze nazionali la cui appartenenza non costituiva un "crimine" per un funzionario del NKVD. Non esisteva ancora un regolamento sulla politica nazionale e del personale nelle agenzie di sicurezza dello Stato che fosse applicato... dalla fine degli anni'40 ai primi anni'50".[2456]

Molti attivisti del Partito caddero sotto l'ondata distruttiva del 1937-1938. Dal 1936-37 la composizione del Soviet dei Commissari del Popolo iniziò a cambiare sensibilmente, poiché le epurazioni degli anni precedenti la guerra riguardavano le figure di spicco dei commissariati del popolo. Il principale artefice della collettivizzazione, Yakovlev, aveva incontrato il proiettile; lo stesso accadde ai suoi compagni d'arme, Kalmanovich e Rukhimovich, e a molti altri. Il tritacarne ha divorato molti vecchi bolscevichi "onorati", come il pensionato Ryazanov o l'organizzatore dell'omicidio dello zar Goloshchekin, per non parlare di Kamenev e Zinovyev. (Lazar Kaganovich fu risparmiato, anche se egli stesso fu la

---

[2454] E. Zhirnov. *"Protsedura kazni nosila omerzitelniy kharakter"* [Un'orribile esecuzione] // *Komsomolskaya Pravda*, 28 ottobre 1990, p. 2.
[2455] Robert Conquest. *Bolshoy Terror* [Il Grande Terrore], pagg. 797-798.
[2456] L.Yu. Krichevsky. Evrei v apparate VChK-OGPU v 20-e gody *[Gli ebrei nell'apparato della Cheka-OGPU negli anni Venti]* // Evrei i russkaya revolyutsia: Materiali i issledovaniya [Gli ebrei e la rivoluzione russa], p. 343, 344.

"scopa di ferro" in diverse purghe durante il 1937-38; ad esempio, la sua rapida epurazione della città di Ivanov fu chiamata "Tornado nero").[2457]

Ci offrono la seguente interpretazione: "Questa è una domanda sulle vittime della dittatura sovietica; sono state usate da essa e poi scartate senza pietà quando i loro servizi sono diventati superflui".[2458] Che grande argomentazione! Quindi per vent'anni questi potenti ebrei sono stati davvero *usati*? Eppure non sono stati loro stessi gli zelanti ingranaggi del *meccanismo di quella stessa dittatura fino* al momento in cui i loro "servizi sono diventati superflui"? Non hanno forse dato il grande contributo alla distruzione della religione e della cultura, dell'intellighenzia e di molti milioni di contadini?

Moltissimi comandanti dell'Armata Rossa caddero sotto la scure. "Nell'estate del 1938, senza eccezioni, tutti... i comandanti dei distretti militari... che occupavano questi posti dal giugno 1937 scomparvero senza lasciare traccia". L'amministrazione politica dell'Armata Rossa "subì le maggiori perdite a causa del terrore" durante il massacro del 1937, dopo il suicidio di Gamarnik. Tra i più alti ufficiali politici dell'Armata Rossa, la morte ha colpito tutti i 17 commissari dell'esercito, 25 dei 28 commissari di corpo d'armata e 34 dei 36 commissari di brigata (divisione).[2459] Negli elenchi ormai pubblicati dei capi militari giustiziati nel 1937-38 si nota una percentuale significativa di ebrei.[2460]

Grigory Shtern ha avuto una carriera militare molto particolare; ha percorso la strada dell'ufficiale politico. Durante la guerra civile fu commissario militare a livello di reggimento, brigata e divisione. Nel 1923-25 fu a capo di tutti i distaccamenti speciali delle truppe del Khorezm [una repubblica di breve durata dopo la rivoluzione bolscevica] durante la soppressione delle ribellioni in Asia centrale. Fino al 1926 fu a capo della divisione di amministrazione politica. In seguito studiò all'Accademia militare per alti ufficiali [e quindi divenne idoneo a ricoprire incarichi *militari* veri e propri]; nel 1929-34 fu "consigliere militare del governo repubblicano in Spagna" (da non confondere con Manfred Shtern, che si distinse anche tra gli spagnoli rossi con lo pseudonimo di "generale Kleber"). In seguito fu Capo di Stato Maggiore del Fronte Estremo Orientale e condusse sanguinose battaglie al lago Khasan nel 1938 insieme a Mekhlis, cospirando al contempo contro il maresciallo Blücher, che rovinò e di cui assunse il posto di comandante del fronte dopo l'arresto di quest'ultimo.

[2457] Robert Conquest. *Bolshoy Terror* [Il Grande Terrore], p. 459.
[2458] Yu. Margolin. *Tel-Avivskiy bloknot* [Quaderno di Tel-Aviv] // *Novoe Russkoe Slovo* [La nuova parola russa], New York, 5 agosto 1968.
[2459] Robert Conquest. *Bolshoy Terror* [Il Grande Terrore], pagg. 427-428, 430.
[2460] Si veda ad esempio: O.F. Suvenirov. *Tragediya RKKA: 1937-1938.* [La tragedia dell'Armata Rossa: 1937-1938] Mosca, Terra, 1998.

Nel marzo 1939, al 18° Congresso del Partito , pronunciò questo discorso: "Insieme abbiamo distrutto un gruppo di buoni a nulla: i Tukhachevsky, i Gamarniks, gli Uborevich [ex Soviet Marshalls] e altri simili". Ebbene, egli stesso fu fucilato più tardi, nell'autunno del 1941.[2461] Anche il compagno d'armi di Shtern nell'aviazione, Yakov Smushkevich, ebbe una carriera da capogiro. Anche lui iniziò come ufficiale politico (fino alla metà degli anni Trenta); poi studiò all'accademia per ufficiali superiori. Nel 1936-37 aveva combattuto anche in Spagna, nell'aviazione, ed era conosciuto come "Generale Douglas". Nel 1939 fu comandante del gruppo di aviazione a Khalkhin Gol [sul confine tra Manciuria e Mongolia, luogo di battaglie sovietico-giapponesi vinte dai russi]. In seguito divenne il comandante di tutte le forze aeree dell'Armata Rossa - l'Ispettore Generale dell'Aeronautica; fu arrestato nel maggio 1941 e giustiziato nello stesso anno.[2462]

L'ondata di terrore non risparmiò né gli amministratori né i diplomatici; quasi tutti i diplomatici citati furono giustiziati.

Citiamo le figure di partito, militari, diplomatiche e manageriali che abbiamo citato in precedenza su queste pagine e che ora sono state perseguitate (i nomi dei *giustiziati* sono in corsivo):

Samuil Agursky, arrestato nel 1938; *Lazar Aronshtam, 1938; Boris Belenky, 1938; Grigory Belenky, 1938; Zakhar Belenky,1940; Mark Belenky, 1938; Moris Belotsky, 1938; German Bitker, 1937; Aron Vainshtein, 1938; Yakov Vesnik, 1938; Izrail Veitser, 1938; Abram Volpe, 1937;* Yan Gamarnik, suicida nel 1937; *Mikhail Gerchikov, 1937;* Evgeny Gnedin, arrestato nel 1939; *Philip Goloshchekin, 1941; Ya. Goldin, 1938*; Lev Gordon, arrestato nel 1939; *Isaak Grinberg, 1938; Yakov Gugel, 1937; Aleksandr Gurevich, 1937; Sholom Dvoilatsky, 1937; Maks Deych, 1937; Semyon Dimanshtein, 1938; Efim Dreitser, 1936; Semyon Zhukovsky, 1940; Samuil Zaks, 1937;* Zinovy Zangvil, *Isaak Zelensky, 1938; Grigory Zinovyev, 1936; S. Zorin-Gomberg, 1937; Boris Ippo, 1937;* Mikhail Kaganovich, si è suicidato in previsione dell'arresto, 1941; *Moisey Kalmanovich, 1937; Lev Kamenev, 1936; Abram Kamensky, 1938; Grigoriy Kaminsky, 1938;* Ilya Kit-Viytenko, arrestato nel 1937 e ha passato 20 anni nei campi; *I.M. Kleiner, 1937; Evgeniya Kogan, 1938; Aleksandr Krasnoshchyokov-Tobinson, 1937; Lev Kritsman, 1937; Solomon Kruglikov, 1938; Vladimir Lazarevich, 1938; Mikhail Landa,*

[2461] RJE, v. 3, p. 430. Si veda anche Aron Abramovich. V reshayushchey voyne. *[Nella guerra decisiva]*, v. 1, p. 66. Si veda anche V. Katuntsev, I. Kots. Intsident: Podopleyka Khasanskikh sobitiy [L'incidente: le cause del conflitto del lago Khasan] // Rodina, 1991, (6), p. 17.
[2462] RJE, v. 3, p. 82. Si veda anche Aron Abramovich, V reshayushchey voyne. [Nella guerra decisiva] v. 1, p. 64-66.

1938; Ruvim Levin, 1937; Yakov Livshits, 1937; Moisey Lisovsky, arrestato nel 1938; *Frid Markus, 1938; Lev Maryasin, 1938; Grigory Melnichansky, 1937;* Aleksandr Minkin-Menson, morto nel campo nel 1955; *Nadezhda Ostrovskaya, 1937; Lev Pechersky, 1937; I. Pinson, 1936; Iosif Pyatnitsky-Tarshis, 1938; Izrail Razgon, 1937; Moisey Rafes, 1942;* Grigory Roginsky, 1939; *Marsel Rozenberg, 1938; Arkady Rozengolts, 1938; Naum Rozovsky, 1942; Boris Royzenman, 1938;* E. Rubinin, 15 anni di lager; *Yakov Rubinov, 1937; Moisey Rukhimovich, 1938; Oskar Ryvkin, 1937; David Ryazanov, 1938; Veniamin Sverdlov, 1939; Boris Skvirsky, 1941; Iosif Slavin, 1938;* Grigoriy Sokolnikov-Brilliant, ucciso nella prigione di , 1939; Isaak Solts, morto al confino nel 1940; *Naum Sokrin, 1938; Lev Sosnovsky, 1937; Artur Stashevsky-Girshfeld, 1937; Yury Steklov-Nakhamkis, 1941;* Nikolay Sukhanov-Gimmer, 1940; *Boris Tal, 1938; Semyon Turovsky, 1936; Semyon Uritsky, 1937; Evgeny Fainberg, 1937; Vladimir Feigin, 1937; Boris Feldman, 1937;* Yakov Fishman, arrestato nel 1937; *Moisey Frumkin, 1938;* Maria Frumkina-Ester, morta nel campo, 1943; *Leon Khaikis, 1938;* Avenir Khanukaev; Moisey Kharitonov, morto nel campo, 1948; *Mendel Khataevich, 1937; Tikhon Khvesin, 1938; Iosif Khodorovsky, 1938; Mordukh Khorosh, 1937;* Isay Tsalkovich, arrestato nel 1937; *Efim Tsetlin, 1937;* Yakov Chubin; N. Chuzhak-Nasimovich; *Lazar Shatskin, 1937; Akhiy Shilman, 1937;* Ierokhim Epshtein, arrestato nel 1938; *Iona Yakir, 1937; Yakov Yakovlev-Epshtein, 1938; Grigory Shtern, 1941.*

Si tratta infatti di un elenco di commemorazione di molti ebrei di primo piano. Di seguito sono riportati i destini di alcuni importanti socialisti ebrei russi, che non si unirono ai bolscevichi o che addirittura lottarono contro di loro.

Boris Osipovich Bogdanov (nato nel 1884) era un odessano, nipote e figlio di fornitori di legname. Si diplomò presso la migliore scuola di commercio di Odessa. Durante gli studi si iscrisse alle società socialdemocratiche. Nel giugno 1905 fu il primo civile a salire a bordo della corazzata ammutinata *Potemkin*, quando questa entrò nel porto di Odessa; tenne un discorso per l'equipaggio, esortando i marinai a partecipare allo sciopero del lavoro di Odessa; consegnò lettere con appelli ai consolati delle potenze europee in Russia. Evitò la punizione partendo per San Pietroburgo, dove lavorò nella clandestinità socialdemocratica; era un menscevico. Fu condannato a due esili di due anni, uno dopo l'altro, a Solvychegodsk e a Vologda. Prima della guerra, entrò nell'élite del movimento menscevico; lavorò legalmente sulle questioni del lavoro. Nel 1915 divenne segretario del Gruppo operaio presso il Comitato industriale militare, fu arrestato nel gennaio 1917 e liberato con la Rivoluzione di febbraio. Fu membro del Comitato esecutivo del Soviet dei deputati degli operai e dei soldati di Pietrogrado e presiedeva regolarmente le sue rumorose sessioni che attiravano migliaia di persone.

Dal giugno 1917 fu membro dell'Ufficio di presidenza del Comitato esecutivo centrale di tutta la Russia e si oppose costantemente ai continui tentativi dei bolscevichi di prendere il potere. Dopo il fallimento della ribellione bolscevica nel luglio 1917, accettò la resa della squadra di marinai assediati nella fortezza di Petropavlovsk. Dopo il colpo di Stato di ottobre, nel 1918 fu uno degli organizzatori del movimento operaio antibolscevico a Pietrogrado. Durante la guerra civile visse a Odessa. Dopo la guerra civile cercò di riprendere l'attività politica menscevica, ma alla fine del 1920 fu arrestato per un anno. Fu l'inizio di molti anni di arresti e condanne incessanti, esili e campi, e numerosi trasferimenti tra campi diversi - la cosiddetta "Grande Strada" di tanti socialisti in URSS. E tutto questo solo per essere stato in passato un menscevico e per avere convinzioni mensceviche, anche se ormai non si occupava più di politica e, durante le brevi pause, si limitava a lavorare a incarichi economici e voleva solo una vita tranquilla; tuttavia, era sospettato di "sabotaggio" economico. Nel 1922 chiese il permesso di emigrare, ma poco prima della partenza fu nuovamente arrestato. Prima fu mandato nel campo di prigionia di Solovki e poi esiliato nel campo di Pechora [negli Urali]; le sue pene furono ripetutamente prolungate di tre anni; sperimentò l'isolamento nel campo di Suzdal e fu ripetutamente esiliato. Nel 1931 tentarono di incriminarlo nel caso dell'"Ufficio dei menscevichi di tutto il Soviet", ma fu fortunato e lo lasciarono in pace. Tuttavia, nel 1937 fu di nuovo arrestato, rinchiuso nella prigione di Omsk (insieme a comunisti già detenuti), dove sopravvisse a interrogatori ininterrotti che a volte continuavano senza sosta per settimane, a qualsiasi ora del giorno e della notte (c'erano tre turni di investigatori); scontò 7 anni nel campo di Kargopol (diversi altri menscevichi furono fucilati lì); in seguito fu esiliato a Syktyvkar; nel 1948 fu nuovamente condannato ed esiliato in Kazakistan. Nel 1956 fu riabilitato; morì nel 1960, ormai vecchio e stanco.

Boris Davidovich Kamkov-Kats (nato nel 1885) era figlio di un medico di campagna. Fin dall'adolescenza fu membro del Partito Socialista Rivoluzionario. Esiliato nel 1905 nel Turukhan Krai, riuscì a fuggire. All'estero si laureò alla facoltà di giurisprudenza dell'Università di Heidelberg. Partecipa alla Conferenza dei socialisti di Zimmerwald (Svizzera) (1915). Dopo la Rivoluzione di febbraio tornò in Russia. Fu uno dei fondatori del Partito Socialista Rivoluzionario di Sinistra; al momento del colpo di Stato di ottobre entrò in coalizione con i bolscevichi. Partecipò alla dispersione dell'Assemblea costituente russa nel gennaio 1918. Da aprile esorta a rompere l'alleanza con i bolscevichi; già a giugno esorta a "un'insurrezione rivoluzionaria contro di loro". Dopo il fallimento della ribellione dei Rivoluzionari socialisti, si diede alla clandestinità. Dopo un breve arresto nel 1920, fu nuovamente arrestato nel 1921 ed esiliato nel 1923. Tra un esilio e l'altro trascorse due anni in prigione e sperimentò la stessa "Grande Strada". Nel 1933 fu esiliato ad Arcangelo; fu nuovamente arrestato nel 1937 e giustiziato nel 1938.

Abram Rafailovich Gots (nato nel 1882) era il nipote di un milionario commerciante di tè, V.Ya. Visotsky. Dall'età di 14 anni, fece parte del movimento socialista rivoluzionario fin dalla creazione del partito SR nel 1901 (suo fratello Mikhail era il leader del partito). Dal 1906 fu un terrorista, membro dell'ala militante dei SR. Dal 1907 al 1915 fu nei campi di lavoro duro; trascorse un periodo di tempo nella famigerata Centrale Aleksandrovsky. Partecipò alla Rivoluzione di febbraio a Irkutsk e poi a Pietrogrado. Fu membro dei comitati esecutivi del Soviet dei deputati degli operai e dei soldati di Pietrogrado e del Soviet dei deputati dei contadini e membro del Presidium del Comitato esecutivo centrale di tutta la Russia. Dal 25 ottobre 1917 fu a capo del Comitato antibolscevico per la salvezza della patria e della rivoluzione. Durante la guerra civile continuò la sua lotta contro i bolscevichi. Nel 1920 fu arrestato; al processo dei rivoluzionari socialisti del 1922 fu condannato a morte, commutata in 5 anni di reclusione. In seguito sperimentò la "Grande Strada", fatta di nuovi e interminabili periodi di carcere ed esilio. Nel 1939 fu condannato a 25 anni di lager e morì in uno di essi un anno dopo.

Mikhail Yakovlevich Gendelman (nato nel 1881) è stato avvocato e rivoluzionario socialista dal 1902. Partecipò alla Rivoluzione di febbraio a Mosca, fu membro del Comitato esecutivo del Soviet dei deputati dei soldati e degli operai, membro del Presidium del Comitato esecutivo centrale di tutta la Russia e membro del Comitato centrale del Partito socialista rivoluzionario. Il 25 ottobre 1917 abbandonò la riunione del 2° Congresso dei Soviet di tutta la Russia per protesta contro i bolscevichi. Fu eletto all'Assemblea Costituente e partecipò alla sua unica sessione, il 5 gennaio 1918. Successivamente, a Samara, partecipò al Comitato dei membri dell'Assemblea costituente. Fu arrestato nel 1921; nel 1922 fu condannato a morte al processo dei rivoluzionari socialisti, commutata in 5 anni di carcere. Dopo numerose detenzioni ed esili, fu fucilato nel 1938.

Mikhail Isaakovich Liber-Goldman (nato nel 1880) è stato uno dei fondatori del Bund (1897), membro del Comitato centrale del Bund [General Jewish Labor] di Lituania, Polonia e Russia in Emigrazione; ha rappresentato il Bund ai congressi del Partito operaio socialdemocratico russo. Partecipò alla rivoluzione del 1905-06. Nel 1910 fu esiliato per tre anni nella provincia di Vologda, fuggì poco dopo ed emigrò nuovamente. Fu un costante e intransigente oppositore di Lenin. Tornato in Russia dopo il 1914, si unì al movimento socialista dei "Difensori" ("Difesa della patria in guerra"). Dopo la rivoluzione di febbraio, fu membro del Comitato esecutivo del Soviet di Pietrogrado dei deputati dei soldati e degli operai, e successivamente fu membro del Presidium del Comitato esecutivo centrale di tutta la Russia. (Ha lasciato quest'ultima carica dopo il colpo di Stato di ottobre). In seguito partecipò per un breve periodo al Partito operaio socialdemocratico dei menscevichi. Si occupò di posizioni economiche e fu uno dei leader della clandestinità menscevica in URSS. Gli arresti e gli esili della "Grande Strada" iniziarono nel 1923.

Fu nuovamente arrestato e giustiziato ad Alma-Ata nel 1937. Per molti il destino fu simile, con ripetute condanne ed esili, fino al culmine del 1937-38.

Eppure, in quegli anni, le purghe si abbatterono su tutto il Paese, distruggendo la vita di innumerevoli persone comuni, compresi gli ebrei, persone che non avevano nulla a che fare con la politica o l'autorità. Ecco alcuni degli ebrei che morirono:

Nathan Bernshtein (nato nel 1876) studioso e critico musicale; insegnò storia della musica ed estetica e scrisse numerosi libri; arrestato nel 1937, morì in carcere.

Matvei Bronshtein (nato nel 1906) è stato un fisico teorico di talento, dottore in scienze, che ha ottenuto risultati straordinari. Era il marito di Lyudmila K. Chukovskaya. Arrestato nel 1937, fu giustiziato nel 1938.

Sergey Ginter (nato nel 1870) architetto e ingegnere; arrestato nel 1934, esiliato in Siberia, nuovamente arrestato nel 1937 e giustiziato.

Veniamin Zilbermints (nato nel 1887) mineralogista e geochimico; specialista di elementi rari, gettò le basi della scienza dei semiconduttori; fu perseguitato nel 1938.

Mikhail Kokin (nato nel 1906), orientalista, sinologo e storico, arrestato nel 1937 e giustiziato.

Ilya Krichevsky (nato nel 1885) microbiologo, immunologo (con formazione anche in fisica e matematica), dottore in scienze mediche, fondatore di una scuola scientifica, presidente dell'Associazione nazionale dei microbiologi; arrestato nel 1938 e morto nel 1943.

Solomon Levit (nato nel 1894), genetista; studiò il ruolo dell'ereditarietà e dell'ambiente nella patologia. Arrestato nel 1938, morì in prigione.

Iokhiel Ravrebe (nato nel 1883), orientalista, ebreo, uno dei fondatori della ricostituita Società etnografica ebraica nel 1920. Accusato di aver creato un'organizzazione sionista, fu arrestato nel 1937 e morì in prigione.

Vladimir Finkelshtein (nato nel 1896), fisico chimico, professore, membro corrispondente dell'Accademia delle Scienze ucraina; ha realizzato numerosi lavori di chimica elettrica applicata; perseguitato nel 1937.

Ilya Khetsrov (nato nel 1887), igienista ed epidemiologo; studiò igiene ambientale, protezione delle risorse idriche e igiene comunitaria. Arrestato nel 1938 e giustiziato.

Nakhum Schwartz (nato nel 1888), psichiatra, ha studiato la psicologia ebraica.

Nel 1921-23 insegnò ebraico e scrisse poesie in ebraico. Accusato di attività sionista, fu arrestato nel 1937 e morì in prigione.

Ecco i destini dei tre fratelli *Shpilrein* di Rostov-sul-Don. *Jan (nato nel 1887)* era un matematico; applicò i metodi matematici all'ingegneria elettrica e termica, fu professore all'Università Tecnica Statale Bauman di Mosca e poi preside del Dipartimento di Ingegneria Elettrica. Fu perseguitato e morì nel 1937. *Isaak (nato nel 1891)* era uno psicologo, dottore in filosofia. Nel 1927 divenne capo della Società All-Russian di Psicotecnica e Psicofisiologia Applicata; eseguì un'ampia analisi psicologica delle professioni e dell'ottimizzazione dell'ambiente di lavoro. Fu arrestato nel 1935 e successivamente giustiziato. *Emil (nato nel 1899)* era un biologo, preside del Dipartimento di Biologia dell'Università di Rostov. Fu fucilato nel 1937.

Leonid Yurovskij (nato nel 1884) dottore in economia politica, uno degli autori della riforma monetaria del 1922-24. Amico intimo di A.V. Chayanov e N.D. Kondratev [eminenti scienziati russi], fu arrestato nel 1930, liberato nel 1935, quindi nuovamente arrestato nel 1937 e giustiziato.

Nonostante la percentuale schiacciante di ebrei "aristocratici" e di alto rango che caddero sotto la scure di Stalin, la libera stampa occidentale non percepì gli eventi come una persecuzione specifica degli ebrei: gli ebrei furono massacrati semplicemente perché della loro abbondanza nei piani alti della gerarchia sovietica. In effetti, nella raccolta di opere *Evreysky Mir* [*Il mondo ebraico*] (1939) leggiamo una simile affermazione: "Non c'è dubbio che gli ebrei in URSS abbiano numerose opportunità, che non avevano prima della rivoluzione e che non hanno nemmeno ora in alcuni Paesi democratici. Possono diventare generali, ministri, diplomatici, professori, gli aristocratici più altolocati e quelli più servili".

Opportunità ma "in nessun modo diritti", a causa della mancanza di tali diritti, "Yakir, Garmanik, Yagoda, Zinovyev, Radek, Trotsky" e gli altri caddero dall'alto e persero la vita".[2463] Tuttavia, nessuna nazionalità

[2463] S. Ivanovich. *Evrei i sovetskaya diktatura* [Gli ebrei e la dittatura sovietica] // *Evreyskiy Mir: Ezhegodnik na 1939* [Mondo ebraico: Annuario del 1939]. (d'ora in poi - JW-1). Parigi: Obedinenie russko-evreyskoy intelligentsii [Associazione dell'intellighenzia russo-ebraica], p. 43.

godeva di un tale diritto sotto la dittatura comunista; tutto dipendeva dalla capacità di aggrapparsi al potere.

L'emigrante S. Ivanovich (S.O. Portugeis), socialista devoto di lunga data, ha ammesso: "Sotto gli zar, gli ebrei erano effettivamente limitati nel loro "diritto di vivere"; tuttavia il loro "diritto di vivere" era incomparabilmente maggiore allora che sotto il bolscevismo". È vero. Tuttavia, allo stesso tempo, pur essendo perfettamente consapevole della collettivizzazione, scrive che i "maldestri tentativi di stabilire il 'socialismo' in Russia hanno preso il tributo più pesante dagli ebrei"; che "gli scorpioni del bolscevismo non hanno attaccato nessun altro popolo con una forza così brutale come hanno attaccato gli ebrei".[2464]

Eppure, durante la Grande Peste della dekulakizzazione, non furono migliaia ma milioni i contadini che persero sia il "diritto di vivere" sia il "diritto di vivere".

Eppure tutte le penne sovietiche (tra cui molti ebrei) hanno mantenuto un silenzio assoluto su questa distruzione a sangue freddo dei contadini russi. All'unisono con loro, l'intero Occidente taceva. Forse per mancanza di conoscenza? Oppure per proteggere il regime sovietico? O semplicemente per indifferenza? È quasi inconcepibile: 15 milioni di contadini non sono stati semplicemente privati dell'accesso agli istituti di istruzione superiore o del diritto di studiare nelle scuole di specializzazione, o di occupare bei posti - no! Furono espropriati e cacciati come bestiame dalle loro case e mandati a morte certa nella taiga e nella tundra. E gli ebrei, tra gli altri appassionati attivisti urbani, presero entusiasticamente in mano le redini della collettivizzazione, lasciando dietro di sé un persistente ricordo malvagio. E chi aveva *alzato* la voce in difesa dei contadini? E ora, nel 1932-33, in Russia e in Ucraina, alla periferia dell'Europa, cinque o sei milioni di persone morivano di fame! E la stampa libera del mondo libero manteneva il più assoluto silenzio... E anche se teniamo conto dell'estrema inclinazione a sinistra della stampa occidentale contemporanea e della sua devozione all'"esperimento" socialista in URSS, è comunque impossibile non rimanere stupiti dal grado di cecità e insensibilità di fronte alle sofferenze di decine di milioni di persone.

Se non lo vedi, il tuo cuore non piange. Durante gli anni Venti, gli ebrei ucraini si allontanano dal loro stato d'animo filo-russo del 1917-1920, e alla fine degli anni Venti "gli ebrei sono tra gli sciovinisti e i separatisti ucraini, esercitando un'enorme influenza, ma solo nelle città". [2465]

[2464] Ibidem, pagg. 44-46.
[2465] *Pismo V.I. Vernadskogo I.I. Petrunkevichu ot 14 Iyunya 1927* [Lettera di V.I. Vernadsky a I.I. Petrunkevich del 14 giugno 1927] // *Novy Mir* [Nuovo Mondo], 1989, (12), p. 220.

Possiamo trovare una simile conclusione: la distruzione della cultura in lingua ucraina nel 1937 era in parte rivolta contro gli ebrei, che formavano "un'unione genuina" con gli ucraini "per lo sviluppo della cultura locale in lingua ucraina".[2466] Tuttavia, tale unione nei circoli culturali non poteva ammorbidire gli atteggiamenti della popolazione ucraina in generale nei confronti degli ebrei. Abbiamo già visto nel capitolo precedente come nel corso della collettivizzazione "un numero considerevole di comunisti ebrei operò nelle zone rurali come comandanti e signori della vita e della morte".[2467] Questo ha messo una nuova cicatrice sulle relazioni ucraino-ebraiche, già tese da secoli. E sebbene la carestia sia stata il risultato diretto della politica di Stalin, e non solo in Ucraina (si è abbattuta brutalmente sulla regione del Volga e sugli Urali), tra gli ucraini si è diffuso il sospetto che l'intera carestia ucraina sia stata opera degli ebrei. Questa interpretazione è esistita a lungo (e la stampa ucraina emigrata vi ha aderito fino agli anni'80). "Alcuni ucraini sono convinti che il 1933 sia stata la vendetta degli ebrei per i tempi di Khmelnitsky".[2468] [Un capo cosacco del XVII secolo che condusse sanguinosi pogrom antiebraici in Ucraina].

Non aspettatevi di raccogliere il grano dove è stata seminata la gramigna. L'autorità suprema di così tanti ebrei e il fatto che solo un piccolo numero di ebrei sia stato toccato dalle lamentele che affliggevano il resto della popolazione potrebbero portare a ogni sorta di interpretazione.

Gli autori ebrei che tenevano nervosamente d'occhio l'antisemitismo in URSS non notarono però questa cenere calpestata e trassero conclusioni piuttosto ottimistiche. Per esempio, Solomon Schwartz scrive: "Dall'inizio degli anni'30, l'antisemitismo in Unione Sovietica si attenuò rapidamente" e "a metà degli anni'30 perse il carattere di fenomeno di massa... l'antisemitismo raggiunse il minimo storico". Egli spiega questo fatto, in parte, come il risultato della fine della NEP (la Nuova Politica Economica) e quindi della scomparsa degli imprenditori e dei piccoli commercianti ebrei. In seguito, "l'industrializzazione forzata e la collettivizzazione fulminea", che egli paragona favorevolmente a una sorta di "terapia d'urto, cioè il trattamento dei disturbi mentali con scosse elettriche", furono di grande aiuto. Inoltre, ritiene che in quegli anni i circoli comunisti al potere iniziarono a lottare contro lo "sciovinismo" della Grande Russia. (Beh, non iniziarono; continuarono semplicemente la politica di intolleranza di Lenin). Schwartz nota che le autorità "tacevano persistentemente

---

[2466] Mikhail Kheyfetz. *Uroki proshlogo* [Lezioni del passato] // *"22"*, 1989, (63), p. 202.
[2467] Sonja Margolina. *Das Ende der Lügen: Russland und die Juden im 20. Jahrhundert*. Berlino: Siedler Verlag, 1992, S. 84.
[2468] M. Tsarinnik. *Ukrainsko-evreyskiy dialog* [Dialogo ucraino-ebraico] // *"22"*, 1984, (37), p. 160.

sull'antisemitismo", "per evitare l'impressione che la lotta contro lo sciovinismo grande-russo fosse una lotta per gli ebrei".[2469]

Nel gennaio 1931, prima il *New York Times*,[2470] e poi l'intera stampa mondiale pubblicarono un improvviso e ostentato annuncio di Stalin all'Agenzia telegrafica ebraica: "I comunisti, in quanto coerenti internazionalisti, non possono fare a meno di essere un nemico inconciliabile e giurato dell'antisemitismo. In URSS, l'antisemitismo è severamente perseguito dalla legge come fenomeno profondamente ostile all'ordine sovietico. Gli antisemiti attivi sono puniti, secondo le leggi dell'URSS, con la pena di morte".[2471] Vedete, si rivolgeva all'Occidente democratico e non si preoccupava di specificare la pena. E fu solo una nazionalità dell'URSS a essere messa a parte di una tale protezione. E l'opinione pubblica mondiale ne fu completamente soddisfatta.

Ma, caratteristicamente, l'annuncio del leader *non fu stampato* sulla stampa sovietica (a causa delle sue astute riserve); fu prodotto per l'esportazione ed egli nascose questa posizione ai suoi stessi cittadini; in URSS fu stampato solo alla fine del 1936.[2472] Poi Stalin mandò Molotov a fare un annuncio simile al Congresso dei Soviet.

Un autore ebreo contemporaneo, interpretando erroneamente il discorso di Molotov, suggerisce che parlando a nome del governo abbia minacciato di punire con la morte i "sentimenti antisemiti".[2473] *Sentimenti!* No, Molotov non ha menzionato nulla del genere; non si è discostato dalla politica di Stalin di perseguire gli "antisemiti attivi". Non siamo a conoscenza di casi di pena di morte negli anni'30 per antisemitismo, ma le persone *venivano* condannate in base al Codice Penale. (Si sussurra che *prima della* rivoluzione le autorità non punissero così duramente nemmeno i libelli contro lo zar).

Ma ora S. Schwartz osserva un cambiamento: "Nella seconda metà degli anni Trenta, questi sentimenti [l'ostilità della gente verso gli ebrei] divennero molto più prevalenti... in particolare nei grandi centri, dove si concentrava l'intellighenzia e la semi-intellighenzia ebraica.... Anche qui la leggenda della "dominazione ebraica" cominciò gradualmente a rivivere, e si cominciarono a diffondere nozioni esagerate sul ruolo degli ebrei nei ranghi medi e alti del governo". Ebbene, che si trattasse o meno di una

---

[2469] S.M. Schwartz. *Antisemitizm v Sovetskom Soyuze* [Antisemitismo in Unione Sovietica]. New York: Chekov's Publishing House, 1952, p. 8, 98-99, 107-108.
[2470] New York Times, 15 gennaio 1931, p. 9.
[2471] I.V. Stalin. *Sochineniya* (v 13 tomakh) [Opere scritte (in 13 volumi)]. M.: Gospolitizdat, 1946-1951. v. 13, p. 28.
[2472] *Izvestiya*, 30 novembre 1936, p. 2.
[2473] S. Pozner. *Sovetskaya Rossiya* [La Russia sovietica] // *JW-1*, p. 260.

leggenda, egli cercò subito di spiegarla, anche se in modo piuttosto ingenuo, proponendo la solita vecchia scusa che l'intellighenzia e la semi-intellighenzia ebraica semplicemente non avevano altra fonte di sostentamento nelle condizioni sovietiche se non il servizio governativo".[2474]

È così vergognoso leggerlo. Che oppressione e che disperazione! Vedete, non avevano quasi altre fonti di sostentamento, solo quelle privilegiate. E il resto della popolazione era assolutamente libero di lavorare nei campi dei kolkhoz, di scavare fosse e di far rotolare carriole nei grandi progetti di costruzione dei piani quinquennali...

A livello di politica ufficiale, negli anni '30 non era cambiato nulla nella questione ebraica rispetto al periodo della rivoluzione; non esisteva alcuna ostilità ufficiale nei confronti degli ebrei.

Anzi, sognavano e proclamavano l'imminente fine di tutti i conflitti nazionali.

E i circoli ebraici stranieri non percepivano e non potevano percepire alcuna oppressione degli ebrei in URSS. Nell'articolo *Gli ebrei e la dittatura sovietica*, S. Ivanovich scrisse: "All'estero, molti credono che non ci sia antisemitismo in Russia, e su questa base sono favorevolmente disposti verso le autorità sovietiche. Ma in Russia sanno che questo non è vero". Tuttavia, gli ebrei "pregano per la lunga vita del regime sovietico... e temono fortemente la sua fine", perché "Stalin li protegge dai pogrom e si spera che li protegga anche in futuro". L'autore simpatizza con questa opinione, anche se la considera errata: "Se la dittatura bolscevica cade, senza dubbio ci saranno devastazioni e violenze antisemite selvagge... La caduta del regime sovietico sarebbe una catastrofe per gli ebrei, e qualsiasi amico del popolo ebraico dovrebbe respingere con orrore una simile prospettiva"; tuttavia, allo stesso tempo, osserva che "la dittatura sovietica è già imbarazzata dalla giudeofilia e dal dominio ebraico che le viene attribuito".[2475]

La risoluzione sul rapporto di Stalin al 16 Congresso del Partito fornì la direzione politica generale per gli anni Trenta, invitando a lottare energicamente contro lo sciovinismo, e in primo luogo contro lo *sciovinismo della Grande Russia*. Il linguaggio del Partito era facilmente comprensibile a tutti. E per diversi anni ancora questa lotta fu portata avanti con entusiasmo. Ma che razza di follia stalinista era? A quel punto non c'era più traccia dello sciovinismo della Grande Russia. Stalin non era in

---

[2474] S.M. Schwartz. *Antisemitizm v Sovetskom Soyuze* [Antisemitismo in Unione Sovietica]. New York: Chekov's Publishing House, 1952, pag. 118.
[2475] S. Ivanovich. *Evrei i Sovetskaya diktatura* [Gli ebrei e la dittatura sovietica] // JW-1, p. 50, 51, 52.

grado di immaginare l'immediato futuro [della Seconda Guerra Mondiale], quando solo il patriottismo russo lo avrebbe salvato da un'imminente rovina.

Allora avevano già iniziato a lanciare l'allarme sul pericolo di una rinascita del patriottismo russo. Nel 1939, S. Ivanovich affermava di notare una tendenza "di questa dittatura a ritornare ad alcune tradizioni nazionali della Russia moscovita e della Russia imperiale"; citava causticamente diversi timbri entrati nel discorso popolare in quel periodo, come "l'amore per la Madrepatria", "l'orgoglio nazionale", ecc.[2476]

Ecco dove si annidava il pericolo mortale per la Russia, immediatamente prima dell'assalto di Hitler: in quel brutto patriottismo russo!

Questo allarme non ha abbandonato la mente dei pubblicisti ebrei per il mezzo secolo successivo, anche quando hanno ripensato a quella guerra, quando il patriottismo di massa è divampato, alla guerra che ha salvato l'ebraismo sovietico. Così nel 1988 leggiamo in una rivista israeliana : "Le vivaci tradizioni dei Cento Neri... furono il fondamento del 'patriottismo sovietico vivificante', che sbocciò più tardi, durante la Grande Guerra Patriottica"[2477] [la denominazione ufficiale russa per il fronte orientale della Seconda Guerra Mondiale].

Ripensando a quella guerra del 1941-1945, ammettiamo che si tratta di un giudizio altamente ingrato.

Quindi, anche il più puro e immacolato patriottismo russo non ha diritto di esistere - né ora né mai?

Perché è così? E perché il patriottismo russo è così individuato?

Un evento importante nella vita ebraica dell'URSS fu la chiusura dello YevSek da parte del Comitato Centrale del Partito Comunista Bolscevico di tutta la Russia nel 1930. Sebbene in accordo con il progetto sovietico, questo atto bloccò qualsiasi sviluppo separato di una società ebraica con "autonomia nazionale, culturale e individuale ebraica". D'ora in poi lo sviluppo culturale ebraico si sarebbe svolto all'interno della corrente sovietica. Nel 1937-38 i principali ebrei - Dimanshtein, Litvakov, Frumkina-Ester e i loro associati Motl Kiper, Itskhok Sudarsky, Aleksandr Chemerissky - che, secondo le parole di Yu. Margolina, "al servizio delle autorità hanno portato avanti il più grande pogrom contro la cultura ebraica",[2478] furono arrestati e presto giustiziati. Anche molti ebrei, "che occupavano posizioni di comando nei dipartimenti centrali e locali della

---

[2476] Ibidem, pagg. 51-52.
[2477] B. Orlov. *Rossiya bez evreyev* [Russia senza ebrei] // *"22"*, 1988, (60), p. 160.
[2478] Yu. Margolin. *Tel-Avivskiy bloknot* [Quaderno di Tel-Aviv] // *Novoe Russkoe Slovo* [La nuova parola russa], New York, 5 agosto 1968.

Società per l'Insediamento degli Ebrei Lavoratori sulla Terra (OZET) e nelle comunità ebraiche, nelle strutture culturali ed educative ebraiche", caddero sotto il giogo. Nel 1936-39, la maggior parte di loro fu perseguitata".[2479] L'atmosfera velenosa degli anni'30 raggiunse ormai anche questi livelli. Durante le riunioni pubbliche si cominciò ad accusare e a denunciare comunisti ebrei di spicco, che in passato erano stati membri del Bund o del Partito Socialista Sionista, o anche di Poale-Zion, tutti paralizzati dal regime sovietico. C'era qualcuno il cui passato i bolscevichi non avevano cercato di criminalizzare? "Chi sei stato *prima...*?". Nel 1938 anche *Der Emes* fu chiuso.

E l'istruzione? "Fino al 1933 il numero delle scuole ebraiche e degli studenti ebrei in esse aumentò nonostante la critica iniziale (anni'20) "di eccesso di zelo nazionalistico"" nelle azioni degli *Yevsek* sulla "transizione forzata dell'istruzione ebraica in yiddish".[2480] Dal 1936 al 1939 è stato notato un "periodo di declino accelerato e di impoverimento interno ancora più accelerato" delle scuole in yiddish.[2481] Dopo il 1936-37 "il numero di scuole ebraiche cominciò a diminuire rapidamente anche in Ucraina e Bielorussia"; il desiderio dei genitori di mandare i propri figli in queste scuole era diminuito. "L'istruzione in yiddish era considerata sempre meno prestigiosa; ci si sforzava di dare ai bambini un'istruzione in lingua russa". Inoltre, a partire dalla seconda metà degli anni'30, il numero di istituti di istruzione superiore che tenevano lezioni in yiddish cominciò a diminuire rapidamente"; "quasi tutti gli istituti di istruzione superiore e le scuole tecniche ebraiche furono chiuse entro il 1937-38".[2482]

All'inizio degli anni'30 gli istituti scientifici ebraici presso le accademie delle scienze dell'Ucraina e della Bielorussia furono chiusi; a Kiev l'Istituto di cultura proletaria ebraica cadde in rovina". E subito dopo seguirono gli arresti (*Mikhail Kokin* dell'Istituto di filosofia, letteratura e storia di Leningrado fu giustiziato; Iokhiel Rabrebe, già dell'Istituto di studi superiori ebraici di Pietrogrado, che negli anni'30 dirigeva la sezione ebraica della Biblioteca pubblica, fu condannato a 8 anni e morì nel campo di transito).[2483]

Le persecuzioni si estendono agli scrittori in yiddish: Moyshe Kulbak fu perseguitato nel 1937; Zelik Akselrod, nel 1940; Abram Abchuk, insegnante di yiddish e critico, nel 1937; lo scrittore Gertsl Bazov fu

---

[2479] SJE, v. 8, pag. 167.
[2480] Ibidem, p. 176.
[2481] Yu. Mark. *Evreyskaya shkola v Sovetskom Soyuze* [La scuola ebraica nell'Unione Sovietica] // *Kniga o russkom evreystve: 1917-1967* [Il libro dell'ebraismo russo: 1917-1967 (d'ora in poi - BRJ)]. New York: Association of Russian Jews, 1968, p. 239.
[2482] SJE, v. 8, pagg. 176, 177, 179.
[2483] RJE, v. 2, pag. 58, 432.

perseguitato nel 1938. Anche lo scrittore I. Kharik e il critico Kh. Dunets furono perseguitati.

Tuttavia, "la letteratura in yiddish fu pubblicata attivamente fino alla fine degli anni Trenta. Editori ebrei lavoravano a Mosca, Kiev e Minsk". Ma che tipo di letteratura era? Negli anni'30 "la stragrande maggioranza delle opere era scritta in modo stereotipato, secondo gli incrollabili principi del "realismo socialista"".[2484] La letteratura in yiddish "dagli anni'30 fino al giugno 1941... fu caratterizzata dal culto di Stalin. L'adulazione sfrenata per Stalin sgorgava dal seno della poesia ebraica...".[2485] Itsik Feder "riusciva a illuminare con note liriche anche la propaganda ufficiale. Questi detti mostruosi sono attribuiti alla sua penna: 'Hai tradito tuo padre - questo è grande!', e 'Dico 'Stalin' ma immagino il sole'".[2486] La maggior parte di questi scrittori, che cercavano con zelo di compiacere Stalin, furono arrestati dieci anni dopo. Ma alcuni di loro, come già detto, erano già stati sorteggiati.

Allo stesso modo, "la stampa ideologica della dottrina ufficiale comunista significò per molti artisti e scultori ebrei una rottura completa, spesso tragica, con le tradizioni nazionali ebraiche". (Eppure, quale cultura in URSS non è stata toccata da questo fenomeno?) Quindi non sorprende che "la stragrande maggioranza... dei teatri ebraici dedicasse molta attenzione agli spettacoli di propaganda".

Questo comprendeva tutti i 19 teatri yiddish professionali sopra menzionati e "numerosi collettivi, studi e circoli indipendenti".[2487]

Per quanto riguarda la cultura ebraica che ha conservato le tradizioni nazionali, essa è stata ormai definitivamente bandita e resa clandestina.

Si è già detto che la clandestinità sionista fu stroncata all'inizio degli anni Trenta. Molti sionisti erano già stati arrestati, ma molti altri furono accusati di "cospirazione sionista". Prendiamo Pinkhas Dashevsky (dal capitolo 8): nel 1933 fu arrestato come sionista. Pinkhas Krasny non era un sionista, ma fu indicato come tale nella sua condanna a morte. Era un ex ministro del Direttorato di Petliura, emigrato ma poi rientrato in URSS.

Fu giustiziato nel 1939. Volf Averbukh, poale-sionista fin dalla giovinezza, partì per Israele nel 1922, dove "collaborò con la stampa comunista". Nel 1930 fu rimandato in URSS, dove fu arrestato.[2488]

[2484] SJE, v. 8, pag. 179, 181.
[2485] Yu. Mark. *Literatura na idish v Sovetskoy Rossii* [Letteratura in yiddish nella Russia sovietica] // BRJ, p. 216.
[2486] Ibidem, p. 230.
[2487] SJE, v. 8, pag. 182-183.
[2488] RJE, v. 1, pag. 15, 417; v. 2, pag. 84.

"La maggior parte delle scuole chener e delle yeshivas semilegali furono chiuse" in quel periodo. Gli arresti continuarono a partire dalla fine degli anni Venti nella clandestinità chassidica. Yakov-Zakharia Maskalik fu arrestato nel 1937, Abrom-Levik Slavin nel 1939. Alla fine del 1933, "237 sinagoghe erano state chiuse, cioè il 57% di tutte quelle esistenti nei primi anni dell'autorità sovietica... A metà degli anni Trenta, la chiusura delle sinagoghe accelerò". Dal 1929, "le autorità cominciarono a imporre tasse eccessive sulla cottura del matzo". Nel 1937, "la Commissione per le questioni religiose del Comitato esecutivo centrale dell'URSS proibì la cottura del matzo nelle comunità religiose ebraiche". Nel 1937-38 "la maggior parte del clero del culto religioso ebraico fu perseguitato. Non c'erano rabbini nella maggior parte delle sinagoghe ancora funzionanti".[2489] Nel 1938 fu scoperto un "nido rabbinico ostile" nella Sinagoga Centrale di Mosca; i rabbini e alcuni parrocchiani furono arrestati".[2490] Il rabbino di Mosca, Shmuel-Leib Medalia, fu arrestato e giustiziato nel 1938. (Suo figlio, Moishe Medalia, fu arrestato nello stesso periodo). Nel 1937 fu arrestato il rabbino di Saratov, Iosif Bogatin.[2491]

All'inizio degli anni'30, quando la religione ebraica fu limitata nell'URSS, la chiusura di migliaia di templi cristiani ortodossi e la distruzione di molti di essi si susseguirono in tutto il Paese. Ci si affrettò soprattutto a "liberare" la Mosca sovietica dalla Chiesa; Boris Iofan era incaricato di questa "ricostruzione". In quell'anno amaro e affamato di devastante disgregazione del Paese, promossero progetti per un grande Palazzo dei Soviet al posto della Cattedrale di Cristo Salvatore. *Izvestiya* riporta: "Finora sono stati presentati alla mostra undici progetti. Tra questi, particolarmente interessanti sono le opere degli architetti Fridman, B. Iofan, Bronshtein e Ladovsky".[2492] In seguito, gli arresti hanno raggiunto anche gli architetti.

La tendenza a "insediare gli ebrei lavoratori sulla terra" divenne gradualmente irrilevante per gli ebrei sovietici. "La percentuale di coloni ebrei che abbandonano le terre loro assegnate rimase alta". Nel 1930-32, l'attività delle organizzazioni filantropiche ebraiche straniere come Agro-Joint, OKG e EKO in URSS era notevolmente diminuita". E sebbene nel 1933-38 fosse continuata nell'ambito di nuovi accordi restrittivi, "nel 1938 l'attività cessò completamente". "Nella prima metà del 1938, prima l'OZET e poi il Comitato per l'insediamento degli ebrei in difficoltà sulla terra (KomZET) furono sciolti. La stragrande maggioranza degli associati

---

[2489] SJE, v. 8, pag. 198-199.
[2490] Gershon Svet. *Evreiskaya religiya v Sovetskoy Rossii* [La religione ebraica nella Russia sovietica] // BRJ, p. 209.
[2491] RJE, v. 1, p. 145; v. 2, p. 260.
[2492] *Izvestiya*, 19 luglio 1931, p. 2.

di queste organizzazioni, che erano ancora liberi, furono perseguitati". Nel 1939, "il Comitato centrale del Partito comunista ucraino decise di liquidare... i distretti e i borghi ebraici nazionali creati artificialmente".[2493]

Ciononostante, l'idea di una colonia ebraica nel Birobidzhan non fu abbandonata negli anni'30 e fu persino attivamente avanzata dal governo. Per stimolare le masse, le autorità organizzarono il Secondo Congresso dell'OZET a Mosca nel dicembre 1930.[2494] Alla fine del 1931, la popolazione generale di quell'oblast' era di 45.000 persone, tra cui solo 5.000 ebrei, sebbene fossero stati costruiti interi villaggi con case per il loro insediamento e fossero state tracciate strade di accesso (a volte dai detenuti dei campi vicini; ad esempio, la stazione ferroviaria di Birobidzhan fu costruita in questo modo).[2495] Tuttavia, la colonizzazione non ebraica della regione fu più rapida di quella ebraica.

Per rimettere le cose a posto, nell'autunno del 1931 il Presidium del Comitato Esecutivo Centrale della RSFSR decretò che nei due anni successivi si sarebbero dovuti insediare nel Birobidzhan altri 25.000 ebrei, dopodiché sarebbe stato possibile dichiararlo Repubblica autonoma ebraica. Tuttavia, negli anni successivi il numero di ebrei che partirono superò quello degli ebrei che arrivarono, e alla fine del 1933, dopo sei anni di colonizzazione, il numero di ebrei insediati ammontava solo a 8.000; di questi solo 1.500 vivevano nelle aree rurali, cioè lavoravano nei kolkhoz; cioè, gli ebrei comprendevano meno di 1/5 di tutti i lavoratori dei kolkhoz. (Ci sono anche informazioni sul fatto che la terra nei kolkhoz ebraici era abbastanza spesso lavorata da cosacchi e coreani assoldati). L'oblast' non riusciva nemmeno a fornire prodotti agricoli sufficienti per il proprio fabbisogno.[2496]

Ciononostante, nel maggio 1934, quando la popolazione non ebraica aveva già raggiunto i 50.000 abitanti, Birobidzhan fu dichiarata a gran voce Oblast' autonoma ebraica (non aveva ancora i requisiti per lo status di "repubblica"). (Non aveva ancora i requisiti per lo status di "repubblica").

Non c'era quindi "l'entusiasmo nazionale delle masse ebraiche, che avrebbe facilitato il superamento delle enormi difficoltà insite in una simile colonizzazione". A Birobidzhan non c'erano industrie e "la struttura economica e sociale" dei coloni "assomigliava a quella delle città e degli shtetl ebraici contemporanei in Ucraina e in Bielorussia".[2497]

[2493] SJE, v. 8, pagg. 173, 190, 193.
[2494] *Izvestiya*. 12 dicembre 1930, p. 2.
[2495] S.M. Schwartz, *Birobidjan* // BRJ, pag. 170-171, 200.
[2496] Ibidem, pagg. 177-78.
[2497] S.M. Schwartz, *Birobidjan* // BRJ, pag. 173, 180.

La cultura yiddish si era certamente sviluppata nell'oblast' autonomo - c'erano giornali ebraici, radio, scuole, un teatro intitolato a Kaganovich (il suo direttore era il futuro scrittore E. Kazakevich), una biblioteca intitolata a Sholem Aleichem, un museo della cultura ebraica e strutture di lettura pubbliche. Perets Markish aveva pubblicato sulla stampa centrale l'esultante articolo *Un popolo rinato*".[2498] (A proposito di Birobidzhan, ricordiamo il destino del demografo Ilya Veitsblit. La sua posizione era che "la politica di reclutamento di ebrei urbani poveri per insediarli nelle aree rurali dovrebbe finire"; "non ci sono individui declassati tra gli ebrei, che potrebbero essere adatti a Birobidzhan".

Fu arrestato nel 1933 e probabilmente morì in prigione).[2499] Tuttavia le autorità centrali ritenevano che la colonizzazione dovesse essere ulteriormente stimolata; e dal 1934 iniziarono un reclutamento quasi obbligatorio tra gli artigiani e gli operai ebrei delle regioni occidentali, cioè tra la popolazione urbana senza la minima conoscenza dell'agricoltura. Lo slogan risuonava: "L'intera URSS costruisce l'Oblast' autonoma ebraica!". - che significa che il reclutamento di quadri non ebrei è necessario per uno sviluppo più rapido. L'ardente Yevsek Dimanshtein scrisse che "non miriamo a creare una maggioranza ebraica nell'Oblast autonomo ebraico il più presto possibile; ... questo sarebbe in contraddizione con i principi dell'internazionalismo".[2500]

Ma nonostante tutte queste misure, nei tre anni successivi solo altri 11.000 - otto o novemila ebrei si aggiunsero a quelli che già vivevano lì; ancora, la maggior parte dei nuovi arrivati preferì rimanere nella capitale dell'oblast' più vicina alla sua stazione ferroviaria e cercò opportunità di fuga). Tuttavia, come sappiamo, i bolscevichi non possono essere sconfitti o scoraggiati. Così, a causa dell'insoddisfazione del KomZET, nel 1936 il "Comitato esecutivo centrale dell'URSS decise di delegare parzialmente la supervisione del reinsediamento degli ebrei nell'Oblast autonomo ebraico al dipartimento di reinsediamento dell'NKVD".[2501] Nell'agosto del 1936, il Presidium del Comitato Esecutivo Centrale dell'URSS proclamò che "per la prima volta nella storia del popolo ebraico, il suo ardente desiderio di avere una propria patria è stato realizzato e la sua statualità nazionale è stata stabilita".[2502] E ora iniziarono a pianificare il reinsediamento di altri 150.000 ebrei nel Birobidzhan.

[2498] Izvestiya, 26 ottobre 1936, p. 3.
[2499] RJE, v. 1, pag. 214.
[2500] S.M. Schwartz. *Birobidjan* // BRJ, pag. 176.
[2501] SJE, v. 8, pag. 190.
[2502] S.M. Schwartz. *Birobidjan* // BRJ, pag. 177.

Ripensandoci, gli sforzi sovietici per convertire gli ebrei all'agricoltura subirono la stessa sconfitta degli sforzi zaristi di un secolo prima.

Nel frattempo si avvicinava l'anno 1938. Il KomZET fu chiuso, l'OZET fu sciolto e i principali ebrei di Mosca e gli amministratori dell'Oblast' autonoma ebraica furono arrestati. Gli ebrei del Birobidzhan che potevano partirono per le città dell'Estremo Oriente o per Mosca. Secondo il censimento del 1939, la popolazione generale dell'Oblast' autonoma ebraica era composta da 108.000 persone; tuttavia, "il numero degli ebrei è rimasto segreto... la popolazione ebraica di Birobidzhan era ancora bassa". Presumibilmente esistevano ancora diciotto kolkhoz ebraici, di 40-50 famiglie ciascuno, [2503] ma in quei kolkhoz... conversavano e corrispondevano con le autorità in russo.

Ma cosa sarebbe potuto diventare il Birobidzhan per gli ebrei? Solo quarantacinque anni dopo, il generale israeliano Beni Peled spiegò con enfasi perché né il Birobidzhan né l'Uganda potevano dare al popolo ebraico un senso di legame con la terra: "Sento semplicemente che non sono pronto a morire per un pezzo di terra in Russia, in Uganda o nel New Jersey! ..."[2504]

Questo senso di connessione, dopo migliaia di anni di allontanamento, è stato ripristinato da Israele.

La migrazione degli ebrei verso le grandi città non rallentò negli anni Trenta. L'*Enciclopedia Ebraica* riporta che, secondo il censimento del 1926, a Mosca c'erano 131.000 ebrei; nel 1933, 226.500; e nel 1939, 250.000 ebrei. "Come risultato del massiccio reinsediamento degli ebrei ucraini, la loro quota tra gli ebrei di Mosca salì all'80%".[2505] Nel *Libro sull'Ebraismo Russo* (1968), troviamo che negli anni'30 fino a mezzo milione di ebrei "erano annoverati tra i lavoratori del governo, talvolta occupando posti di rilievo, soprattutto nell'economia". [2506] (L'autore riferisce anche che negli anni'30 "fino a mezzo milione di ebrei furono coinvolti nell'industria, soprattutto nel lavoro manuale". D'altra parte, Larin fornisce un'altra cifra, secondo cui tra i lavoratori dell'industria c'era solo il 2,7% di ebrei o 200.000[2507] o 2,5 volte meno della prima stima). "Il flusso di ebrei nei ranghi degli impiegati crebbe costantemente.

[2503] Ibidem, p. 178, 179.

[2504] Beni Peled. *Mi ne mozhem zhdat eshcho dve tisyachi let!* [Non possiamo aspettare altri duemila anni!] [Intervista] // "22", 1981, (17), p. 116.

[2505] SJE, v. 5, pag. 477-478.

[2506] G. Aronson. *Evreyskiy vopros v epokhu Stalina* [La questione ebraica nell'era di Stalin] // BRJ, p. 137.

[2507] Yu. Larin. *Evrei i antisemitism v SSSR* [Gli ebrei e l'antisemitismo nell'URSS]. M.; L.: GIZ, 1929, p. 245.

La ragione di ciò fu la migrazione di massa verso le città e anche il forte aumento del livello di istruzione, soprattutto dei giovani ebrei".[2508] Gli ebrei vivevano prevalentemente nelle grandi città, non sperimentavano le restrizioni sociali artificiali, così familiari ai loro coetanei russi, e, va detto, studiavano con dedizione, preparando così masse di quadri tecnici per il futuro sovietico.

Diamo uno sguardo ai dati statistici: "Nel 1929 gli ebrei costituivano il 13,5% di tutti gli studenti degli istituti di istruzione superiore dell'URSS; nel 1933 il 12,2%; nel 1936 il 13,3% di tutti gli studenti e il 18% degli studenti laureati" (mentre la loro quota sulla popolazione totale era solo dell'1,8%);[2509] dal 1928 al 1935, "il numero di studenti ebrei per 1.000 persone della popolazione ebraica è passato da 8,4 a 20,4.4 a 20,4 [mentre] per 1.000 bielorussi c'erano 2,4 studenti e per 1.000 ucraini 2,0"; e nel 1935 "la percentuale di studenti ebrei superava di quasi sette volte la percentuale di ebrei nella popolazione generale del Paese, distinguendosi così da tutti gli altri popoli dell'Unione Sovietica".[2510] G.V. Kostirchenko, che ha studiato le politiche di Stalin sugli ebrei, commenta i risultati del censimento del 1939: "Dopo tutto, Stalin non poteva ignorare il fatto che all'inizio del 1939 su 1.000 ebrei, 268 avevano un'istruzione superiore e 57 su 1.000 avevano un'istruzione superiore" (tra i russi le cifre erano, rispettivamente, 81 e 6 su 1.000).[2511] Non è un segreto che "il completamento con successo dell'istruzione superiore o degli studi di dottorato consentiva agli individui di occupare posizioni socialmente prestigiose nell'economia sovietica in forte sviluppo degli anni '30".[2512]

Tuttavia, nel *Libro sull'ebraismo russo* troviamo che "senza esagerare, dopo le purghe di Ezhov, non una sola figura ebraica di spicco rimase in libertà nella società ebraica sovietica, nel giornalismo, nella cultura e persino nella scienza".[2513] Ebbene, non fu assolutamente così, e si tratta di una grossolana esagerazione. (Eppure, lo stesso autore, Grigory Aronson, nello stesso libro, solo due pagine più tardi afferma sommariamente, a proposito degli anni '30, che "gli ebrei non furono privati dei diritti civili generali... continuarono a occupare posti nell'apparato statale e di partito", e "c'erano parecchi ebrei... nel corpo diplomatico, nello stato maggiore

---

[2508] SJE, v. 8, pag. 190.
[2509] Ibidem.
[2510] S. Pozner. *Sovetskaya Rossiya* [La Russia sovietica] // *JW-1*, p. 264.
[2511] G. Kostirchenko. *Taynaya politika Stalina* [La politica segreta di Stalin], p. 198.
[2512] SJE, v. 8, pag. 190.
[2513] G. Aronson. *Evreyskiy vopros v epokhu Stalina* [La questione ebraica nell'era di Stalin] // BRJ, p. 138.

dell'esercito e tra i professori delle istituzioni di istruzione superiore... Così entriamo nell'anno 1939".[2514]

La voce di Mosca era quella dell'Artista del Popolo, Yury Levitan - "la voce dell'URSS", quell'incorruttibile profeta della nostra Verità, conduttore principale della stazione radio del Comintern e beniamino di Stalin. Intere generazioni sono cresciute ascoltando la sua voce: leggeva i discorsi di Stalin e i riassunti del Sovinformburo [l'Ufficio informazioni sovietico], e i famosi annunci sull'inizio e la fine della guerra.[2515]

Nel 1936 Samuil Samosud divenne il principale direttore d'orchestra del Teatro Bolshoi, incarico che mantenne per molti anni. Mikhail Gnesin continuò a produrre musica "nello stile della moderna musica europea e nello stile della cosiddetta 'Nuova musica ebraica'"; le sorelle di Gnesin gestirono con successo la scuola di musica, che si sviluppò nell'eccezionale Istituto Musicale. I balletti di Aleksandr Krein furono rappresentati nei teatri Mariinskij e Bolshoi. Krein si distinse per la sua sinfonia, *Rapsodia*, ovvero un discorso di Stalin messo in musica. Anche il fratello e il nipote di Krein fiorirono.[2516] Un certo numero di brillanti musicisti salì alla fama nazionale e poi internazionale: Grigory Ginzburg, Emil Gilels, Yakov Zak, Lev Oborin, David Oistrakh, Yakov Flier e molti altri. Molti affermati registi teatrali, critici teatrali e letterari e studiosi di musica continuarono a lavorare senza ostacoli.

Esaminando la cultura degli anni Trenta, è impossibile non notare gli straordinari risultati dei compositori di canzoni. Isaak Dunaevskij, "fondatore dei generi dell'operetta e della canzone di massa nella musica sovietica", "compose canzoni facilmente digeribili... che esaltavano abitualmente lo stile di vita sovietico (*La marcia dei ragazzi allegri*, 1933; *La canzone di Kakhovka*, 1935; *La canzone sulla patria*, 1936; *La canzone di Stalin*, 1936, ecc.) La propaganda ufficiale sulle arti dichiarò che queste canzoni... incarnavano i pensieri e i sentimenti di milioni di persone sovietiche".[2517] I brani di Dunaevsky furono utilizzati come melodia identificativa della Radio di Mosca. Per il suo servizio fu pesantemente decorato: fu il primo di tutti i compositori ad essere insignito dell'Ordine della Bandiera Rossa del Lavoro e ad essere eletto al Soviet Supremo dell'URSS nel noto anno 1937. In seguito gli fu conferito anche l'Ordine

---

[2514] Ibidem, pagg. 140-141.
[2515] RJE, v. 2, pag. 150.
[2516] Gershon Svet. *Evrei v russkoy muzikalnoy culture v sovetskiy period* [Gli ebrei nella cultura musicale russa nel periodo sovietico] // BRJ, p. 256-262.
[2517] SJE, v. 2, pagg. 393-394.

di Lenin. Era solito predicare ai compositori che il popolo sovietico non ha bisogno di sinfonie.[2518]

Matvey Blanter e i fratelli Daniil e Dmitry Pokrass erano famosi per la loro compiacente canzone di successo *If War Strikes Tomorrow* ("schiacceremo immediatamente il nemico") e per il loro precedente successo *Budyonny March*. Negli anni'30 e seguenti vi furono molti altri famosi cantautori e compositori ebrei: Oskar Feltsman, Solovyev-Sedoy, Ilya Frenkel, Mikhail Tanich, Igor Shaferan, Yan Frenkel e Vladimir Shainsky, ecc. Hanno goduto di milioni di copie, fama, diritti d'autore - suvvia, chi osa nominare queste celebrità tra gli oppressi? E dopo tutto, accanto alle canzoni scritte con maestria, quanta propaganda sovietica hanno sfornato, confondendo, facendo il lavaggio del cervello e ingannando il pubblico e paralizzando il buon gusto e i sentimenti?

E l'industria cinematografica? La moderna *Enciclopedia Ebraica* Israeliana afferma che negli anni'30 "il ruolo principale dei film era quello di glorificare i successi del socialismo; il valore di intrattenimento di un film era minimo. Numerosi registi ebrei parteciparono allo sviluppo degli standard di un'industria cinematografica unificata e apertamente ideologica, conservatrice nella forma e ossessivamente didattica. Molti di loro sono già stati elencati nel capitolo precedente; si pensi, ad esempio, a *Sinfonia del Donbass* di D. Vertov, del 1931, uscito subito dopo il Processo al Partito Industriale. Ecco alcuni dei nomi allora celebri: F. Ermler (*The Coming, The Great Citizen, Virgin Soil Upturned*), S. Yutkevich (*The Coming, The Miners*), il famoso Mikhail Romm (*Lenin in October, Lenin in 1918*), L. Arnshtam (*Girlfriends, Friends*), I. Trauberg (*The Son of Mongolia, The Year 1919*), A. Zarkhi e I. Kheifits (*Hot Days, Ambassador of the Baltic*).[2519] Ovviamente i registi non furono perseguitati negli anni'30, anche se molti direttori della cinematografia, della produzione e della distribuzione cinematografica furono arrestati; due alti dirigenti della direzione centrale dell'industria cinematografica, B. Shumyatsky e S. Dukelsky, furono addirittura fucilati.[2520]

Negli anni Trenta, gli ebrei erano chiaramente una maggioranza tra i registi. Allora, chi è stato veramente la vittima: gli spettatori ingannati, le cui anime sono state schiacciate con menzogne e didattiche sgarbate, o i registi, che "falsificavano documentari, biografie e producevano film di propaganda pseudo-storici e sostanzialmente privi di importanza", caratterizzati da "falsa monumentalità e vuoto interiore"? L'*Enciclopedia*

[2518] Yuriy Elagin. *Ukroshchenie iskusstv* [Conquista delle arti] / Introduzione di M. Rostropovich. New York: Ermitazh, 1988, p. 340-345.
[2519] SJE, v. 4, pag. 277.
[2520] Ibidem, p. 275.

Ebraica aggiunge severamente: "Un numero enorme di operatori e registi ebrei era impegnato nella realizzazione di film scientifici, educativi e documentari popolari, nella sfera più ufficiale della cinematografia sovietica, dove un abile montaggio aiutava a produrre un "documentario genuino" da una frode. Per esempio, R. Karmen, lo faceva regolarmente senza scrupoli".[2521] (È stato un regista sovietico esaltato, produttore di molti documentari sulla guerra civile in Spagna e sul processo di Norimberga; ha realizzato "il film celebrativo della *Grande Guerra Patriottica*", il *Vietnam* e un film su Cuba; ha ricevuto tre premi di Stato dell'URSS (il premio Stalin) e il premio Lenin; ha ricoperto i titoli di Artista del Popolo dell'URSS e di Eroe del Lavoro Socialista).[2522] Non dimentichiamo il regista Konrad Wolf, fratello della famosa spia sovietica Marcus Wolf.[2523]

No, l'atmosfera ufficiale sovietica degli anni'30 era assolutamente priva di cattiva volontà nei confronti degli ebrei. E fino alla guerra, la stragrande maggioranza degli ebrei sovietici simpatizzava con l'ideologia sovietica e si schierava con il regime sovietico. "Prima della guerra non c'era alcuna *questione ebraica* in URSS - o quasi"; poi gli "antisemiti aperti non erano ancora a capo di giornali e riviste... non controllavano i dipartimenti del personale"[2524] (al contrario - molte posizioni di questo tipo erano occupate da ebrei).

Certo, allora la "cultura" sovietica consisteva nel "patriottismo sovietico", cioè nel produrre arte secondo le direttive impartite dall'alto. Purtroppo, molti ebrei erano impegnati in questa sfera pseudo-culturale e alcuni di loro arrivarono persino a supervisionare la cultura in lingua russa. Nei primi anni Trenta vediamo B.M. Volin-Fradkin a capo dell'Amministrazione principale per gli affari letterari ed editoriali (GlavLit), l'organo della censura ufficiale, che dirige lo sviluppo della cultura. Molti dei dipendenti del GlavLit erano ebrei. Ad esempio, nel GlavLit, dal 1932 al 1941, troviamo A.I. Bendik, che diventerà direttore del Palazzo del Libro durante la guerra.[2525] Emma Kaganova, moglie del cekista Pavel Sudoplatov, era "incaricata di gestire le attività degli informatori tra l'intellighenzia ucraina".[2526] Dopo l'abolizione degli editori privati, "un contributo significativo all'organizzazione e alla gestione degli editori governativi

---

[2521] Ibidem, pagg. 277-278.
[2522] SJE, v. 4, pag. 116.
[2523] RJE, v. 1, pagg. 245-246.
[2524] Lev Kopelev. *O pravde i terpimosti* [Della verità e della tolleranza]. New York: Khronika Press, 1982, p. 56-57.
[2525] RJE, v. 1, pag. 108, 238-239.
[2526] Pavel Sudoplatov. *Spetsoperatsii: Lubyanka e Creml: 1930-1950* [Operazioni speciali: La Lubyanka [prigione] e il Cremlino: dagli anni'30 agli anni'50]. Mosca: OLMA-Press, 1997, p. 19.

sovietici fu dato da S. Alyansky, M. Volfson, I. Ionov (Bernshtein), A. Kantorovich, B. Malkin, I. Berite, B. Feldman e molti altri".[2527] Ben presto tutta la pubblicazione di libri fu centralizzata nella Casa Editrice di Stato e non c'era altro posto dove un autore potesse pubblicare la propria opera.

La presenza ebraica era evidente anche in tutti i settori della propaganda stampata Ogni giorno si potevano trovare sulla stampa le opere del goffo caricaturista Boris Efimov (che produceva immagini estremamente sconce dei leader occidentali; ad esempio, aveva ritratto Nicola II con una corona che imbracciava un fucile e calpestava cadaveri). Ogni due o tre giorni apparivano sulla stampa gli schizzi di altri satirici corrotti, come G. Riklin, il caustico D. Zaslavsky, l'abile Radek, il tenace Sheinin e i fratelli Tur. Il futuro scrittore L. Kassil scriveva saggi per *Izvestiya*. Molti altri furono gli autori: R. Karmen, T. Tess, Kh. Rappoport, D. Chernomordikov, B. Levin, A. Kantorovich e Ya. Perelman.

Questi nomi li ho trovati solo in *Izvestiya*, e c'erano altre due dozzine di grandi giornali che alimentavano il pubblico con palesi bugie. Inoltre, esisteva un intero mare di ignobili opuscoli di propaganda di massa saturi di bugie. Quando ebbero urgentemente bisogno di un opuscolo di propaganda di massa dedicato al Processo al Partito Industriale (cose del genere furono molto richieste per tutti gli anni'30), un certo B. Izakson lo realizzò con il titolo: "Schiacciate la vipera dell'intervento!". Il diplomatico E. Gnedin, figlio di Parvus, scrisse articoli bugiardi sulle "ferite incurabili dell'Europa" e sull'imminente morte dell'Occidente. Scrisse anche un articolo di smentita, *Lavoro socialista nelle foreste del Nord sovietico*, in risposta alle "calunnie" occidentali sul *presunto* lavoro forzato dei detenuti dei campi per l'abbattimento del legname.

Quando negli anni'50 Gnedin tornò da un campo dopo un lungo periodo (anche se, a quanto pare, non aveva sperimentato personalmente l'abbattimento degli alberi), fu accettato come un venerabile malato e nessuno gli ricordò le sue bugie del passato.

Nel 1929-31 la scienza storica russa fu distrutta; la Commissione archeologica, la Commissione del Nord, la Casa Pushkin, la Biblioteca dell'Accademia delle Scienze furono tutte abolite, le tradizioni furono distrutte e gli storici russi di spicco furono mandati a marcire nei campi. (Gli *storici russi* di terza e quarta categoria si sono poi avvicendati per occupare i posti vacanti e farci il lavaggio del cervello per il successivo mezzo secolo. Certo, un bel po' di fannulloni russi hanno fatto carriera, ma quelli ebrei non hanno perso l'occasione.

[2527] SJE, v. 4, pag. 397.

Già negli anni Trenta gli ebrei svolgevano un ruolo di primo piano nella scienza sovietica, soprattutto nelle frontiere più importanti e tecnologicamente impegnative, e il loro ruolo era destinato a diventare ancora più importante in futuro. "Alla fine degli anni'20, gli ebrei costituivano il 13,6% di tutti gli scienziati del Paese; nel 1937 la loro quota era salita al 17,6%"; nel 1939 c'erano più di 15.000 scienziati e docenti ebrei, pari al 15,7%, nelle istituzioni di istruzione superiore".[2528]

Nel campo della fisica, il membro dell'Accademia A. F. Ioffe ha creato una scuola di grande successo. Già nel 1918 fondò l'Istituto fisico-tecnico di Pietrogrado. In seguito furono creati "quindici centri scientifici affiliati", diretti da discepoli di Ioffe. "I suoi ex studenti lavorarono in molti altri istituti, determinando in molti modi il potenziale scientifico e tecnologico dell'Unione Sovietica".[2529] (Tuttavia, le repressioni non li hanno esclusi. Nel 1938, nell'Istituto fisico-tecnologico di Kharkov, furono arrestati sei degli otto direttori di dipartimento: Vaisberg, Gorsky, Landau, Leipunsky, Obreimov, Shubnikov; un settimo, Rueman, fu esiliato; rimase solo Slutskin).[2530] Il nome di Semyon Aisikovich, il costruttore dei caccia *Lavochkin*, è rimasto a lungo sconosciuto al pubblico.[2531] Anche i nomi di molte altre personalità dell'industria militare furono tenuti segreti. Ancora oggi non li conosciamo tutti. Per esempio, M. Shkud "supervisionava lo sviluppo di potenti stazioni radio",[2532] ma sicuramente c'erano altri, che non conosciamo, che lavoravano allo sviluppo di disturbatori non meno potenti).

Numerosi nomi di ebrei nella tecnologia, nella scienza e nelle sue applicazioni dimostrano che il fior fiore di diverse generazioni ebraiche si è dedicato a questi campi. Sfogliando le pagine dei tomi biografici dell'*Enciclopedia Ebraica Russa*, che elenca solo gli ebrei nati o vissuti in Russia, vediamo un'abbondanza di persone di successo e dotate di realizzazioni concrete (il che significa anche l'assenza di ostacoli all'accesso alla carriera e all'avanzamento in generale).

Naturalmente, anche gli scienziati dovevano pagare un tributo politico. Si pensi, ad esempio, alla "Prima Conferenza Nazionale per la Pianificazione della Scienza" del 1931. L'accademico Ioffe affermò che "il capitalismo moderno non è più in grado di compiere una rivoluzione tecnologica", ma che questa è possibile solo grazie a una rivoluzione sociale, che ha

---

[2528] SJE, v. 8, pag. 190-191.
[2529] L.L. Mininberg. *Sovetskie evrei v nauke i promishlennosti SSSR v period Vtoroi mirovoi voyny (1941-1945)* [Ebrei sovietici nella scienza e nell'industria sovietica durante la Seconda guerra mondiale (1941-1945)]. Mosca, 1995, p. 16.
[2530] Alexander Weissberg. La *cospirazione del silenzio*. Londra, 1952, pagg. 359-360.
[2531] SJE, v. 4, pag. 660.
[2532] RJE, v. 3, pag. 401.

"trasformato la Russia, un tempo barbara e arretrata, nell'Unione socialista delle repubbliche". Ha elogiato la leadership del proletariato nella scienza e ha affermato che la scienza può essere libera solo sotto la guida sovietica. Il "filosofo militante" E. Ya. Kolman ("uno dei principali ideologi della scienza sovietica negli anni'30"; si scagliò contro la scuola matematica di Mosca) affermò che "dovremmo... introdurre la disciplina del lavoro nelle scienze, adottare i metodi collettivi, la competizione socialista e i metodi del lavoro d'urto"; disse che la scienza progredisce "grazie alla dittatura proletaria" e che ogni scienziato dovrebbe studiare il *Materialismo e l'Empirico-critica* di Lenin. L'accademico A.G. Goldman (Ucraina) ha partecipato con entusiasmo: "L'accademia diventa ora la forza trainante nella lotta per la dialettica marxista nella scienza!".[2533]

L'Enciclopedia Ebraica riassume: "Alla fine degli anni'30, il ruolo degli ebrei nelle varie sfere della vita sovietica raggiunse il suo apogeo per tutta la storia del regime sovietico". Secondo il censimento del 1939, il 40% di tutti gli ebrei economicamente attivi erano impiegati statali. Circa 364.000 erano classificati tra l'intellighenzia. Di questi, 106.000 erano ingegneri o tecnologi, che rappresentavano il 14% di tutti i professionisti di questa categoria a livello nazionale; 139.000 erano dirigenti a vari livelli, il 7% di tutti gli amministratori dell'URSS; "39.000 medici, o poco meno del 27% di tutti i medici; 38.000 insegnanti, o più del 3% di tutti gli insegnanti; "più di 6.500 scrittori, giornalisti e redattori; più di 5.000 attori e registi; più di 6.000 musicisti; poco meno di 3.000 artisti e scultori; e più di 5.000 avvocati".[2534]

Secondo l'*Enciclopedia*, una rappresentazione così imponente da parte di una minoranza nazionale, anche nel contesto dell'internazionalismo ufficiale e della fratellanza dei popoli dell'URSS, ha creato i presupposti per il contraccolpo da parte dello Stato".[2535]

Durante la sua carriera politica, Stalin si alleò spesso con i leader ebrei del partito comunista e si affidò a molti consiglieri ebrei. Verso la metà degli anni Trenta vide nell'esempio di Hitler tutti gli svantaggi dell'essere un nemico autodichiarato degli ebrei. Tuttavia, è probabile che nutrisse ostilità nei loro confronti (le memorie della figlia lo confermano), anche se probabilmente persino la sua cerchia più stretta ne era all'oscuro. Tuttavia, lottando contro i trotskisti, si rese conto anche di questo aspetto: la necessità di liberarsi ulteriormente dell'influenza ebraica nel partito. E, intuendo la guerra, forse stava anche comprendendo che

---

[2533] *Izvestiya*, 7 aprile 1931, p. 2; 11 aprile, p. 3; 12 aprile, p. 4. Si veda anche RJE, v. 2, p. 61-62.
[2534] SJE, v. 8, pag. 191.
[2535] SJE, v. 8, pag. 191.

l'"internazionalismo proletario" da solo non sarebbe stato sufficiente e che la nozione di "patria", e persino la "Patria", sarebbero state molto necessarie.

S. Schwartz lamentava la trasformazione antirivoluzionaria del partito come "un'epurazione senza precedenti del partito al potere, la distruzione virtuale del vecchio partito e l'istituzione al suo posto di un nuovo partito comunista con lo stesso nome - nuovo nella composizione sociale e nell'ideologia". A partire dal 1937, ha notato anche un "graduale allontanamento degli ebrei dalle posizioni di potere in tutte le sfere della vita pubblica". "Tra i vecchi bolscevichi che erano stati coinvolti nell'attività prima che il partito salisse al potere e soprattutto tra quelli con un coinvolgimento pre-rivoluzionario, la percentuale di ebrei era notevolmente più alta rispetto alla media del partito; nelle generazioni più giovani, la rappresentanza ebraica divenne ancora più piccola... Come risultato dell'epurazione, quasi tutti gli importanti comunisti ebrei di uscirono di scena".[2536] Lazar Kaganovich fu un'eccezione. Eppure, nel 1939, dopo tutti i massacri, il fedele comunista Zemlyachka fu nominato vice capo del Soviet dei Commissari del Popolo e a S. Dridzo-Lozovsky fu assegnata la posizione di Vice del Narkom degli Affari Esteri.[2537] Eppure, in un quadro più ampio, le osservazioni di Schwartz sono ragionevoli, come è stato dimostrato sopra.

S. Schwartz aggiunge che nella seconda metà degli anni'30 agli ebrei fu gradualmente impedito di entrare negli "istituti di istruzione superiore, che preparavano specialisti per le relazioni con l'estero e il commercio estero, e furono esclusi dagli istituti di istruzione militare".[2538] Il famoso disertore dell'URSS, I.S. Guzenko, ha raccontato di una quota percentuale segreta di ammissione degli ebrei agli istituti di istruzione superiore, applicata a partire dal 1939.

Negli anni'90 hanno persino scritto che Molotov, assumendo il comando del Commissariato del Popolo per gli Affari Esteri nella primavera del 1939, annunciò pubblicamente durante la riunione generale con il personale che "si occuperà della sinagoga qui" e che iniziò a licenziare gli ebrei il giorno stesso. (Tuttavia, Litvinov fu abbastanza utile durante la guerra nel suo ruolo di ambasciatore sovietico negli Stati Uniti. Si dice che alla sua partenza dagli Stati Uniti nel 1943 osò persino passare una lettera

---

[2536] S.M. Schwartz. *Antisemitizm v Sovetskom Soyuze* [Antisemitismo in Unione Sovietica]. New York: Chekov's Publishing House, 1952, p. 111-112, 114, 121-122.
[2537] RJE, v. 1, p. 486; v. 2, p. 196.
[2538] *S.M. Schwartz*. Evrei v Sovetskom Soyuze s nachala Vtoroi mirovoi voyny (1939-1965) [Ebrei in Unione Sovietica dopo l'inizio della Seconda guerra mondiale (1939-1965)]. New York: Publication of the American Jewish Workers Committee, 1966, p. 410.

personale a Roosevelt suggerendo che Stalin aveva scatenato una campagna antisemita in URSS).[2539]

A metà degli anni Trenta la simpatia degli ebrei europei verso l'URSS era ulteriormente aumentata. Trotsky lo spiegò nel 1937 mentre si recava in Messico: "L'intellighenzia ebraica... si rivolge al Comintern non perché interessata al marxismo o al comunismo, ma in cerca di sostegno contro l'aggressivo antisemitismo [tedesco]". [2540] Eppure fu *questo stesso* Comintern ad approvare il Patto Molotov-Ribbentrop, il patto che assestò un colpo mortale all'ebraismo dell'Europa orientale!

"Nel settembre del 1939, centinaia di migliaia di ebrei polacchi fuggirono dall'avanzata delle armate tedesche, allontanandosi sempre di più verso est e cercando di dirigersi verso il territorio occupato dall'Armata Rossa. Per i primi due mesi ci riuscirono grazie all'atteggiamento favorevole delle autorità sovietiche. I tedeschi incoraggiavano spesso questa fuga". Ma "alla fine di novembre il governo sovietico chiuse il confine".[2541]

Nelle diverse aree del fronte le cose si svolsero in modo diverso: in alcune zone i sovietici non ammisero affatto i rifugiati ebrei; in altre furono accolti, ma in seguito talvolta rimandati ai tedeschi. Complessivamente, si ritiene che circa 300.000 ebrei riuscirono a migrare dalla Polonia occidentale a quella orientale nei primi mesi di guerra, e in seguito i sovietici li evacuarono in profondità nell'URSS. Chiesero che gli ebrei polacchi si registrassero come cittadini sovietici, ma molti di loro non si affrettarono ad accettare la cittadinanza sovietica: dopo tutto, pensavano, la guerra sarebbe presto finita e sarebbero tornati a casa, o in America, o in Palestina. (Eppure, agli occhi del regime sovietico rientravano immediatamente nella categoria dei "sospetti di spionaggio", soprattutto se cercavano di corrispondere con i parenti in Polonia).[2542] Eppure, leggiamo sul Chicago *Sentinel* che l'Unione Sovietica diede rifugio al 90% di tutti i rifugiati ebrei europei in fuga da Hitler".[2543]

[2539] Z. Sheinis, M.M. Litvinov. *Poslednie dni* [Gli ultimi giorni] // *Sovershenno Sekretno* [Top Secret]. Mosca, 1992, (4), p. 15.
[2540] Lev Trotsky. *Pochemu oni kayalis* [Perché si sono pentiti] // *EW*, New York, 1985, (87), p. 226.
[2541] E. Kulisher. *Izgnanie i deportatsiya evreev* [L'espulsione e la deportazione degli ebrei] // *Evreiskiy mir* [Il mondo ebraico], v. 2 (d'ora in poi - JW-2). New York: *Soyuz russkikh evreyev v New Yorke* [Unione degli ebrei russi a New York], 1944, p. 259.
[2542] S.M. Schwartz. *Evrei v Sovetskom Soyuze s nachala Vtoroi mirovoi voyny (1939-1965)* [Ebrei in Unione Sovietica dopo l'inizio della Seconda guerra mondiale (1939-1965)]. New York: Pubblicazione dell'American Jewish Workers Committee, 1966, p. 33-34.
[2543] *The Sentinel*, Chicago, Vol. XXXXIII, (13), 1946, 27 giugno, p.5.

Secondo il censimento del gennaio 1939, nell'URSS vivevano 3.020.000 ebrei. Ora, dopo l'occupazione dei Paesi Baltici, l'annessione di una parte della Polonia e l'accoglienza dei rifugiati ebrei, si sono aggiunti circa altri due milioni di ebrei, per un totale di circa 5 milioni.[2544] Prima del 1939, gli ebrei erano il settimo popolo dell'URSS per numero di abitanti; ora, dopo l'annessione di tutte le aree occidentali, sono diventati il *quarto* popolo dell'URSS, dopo i tre popoli slavi, russo, ucraino e bielorusso. "Il Patto di non aggressione reciproca del 23 agosto 1939 tra il Terzo Reich e l'Unione Sovietica evocò seri timori per il futuro dell'ebraismo sovietico, anche se la politica dell'Unione Sovietica nei confronti dei suoi cittadini ebrei non fu modificata". E sebbene vi siano state alcune deportazioni inverse, nel complesso "lo status giuridico della popolazione ebraica rimase invariato durante i 20 mesi di collaborazione sovietico-tedesca".[2545]

Con l'inizio della guerra in Polonia, le simpatie ebraiche finalmente si cristallizzarono e gli ebrei polacchi, e la gioventù ebraica in particolare, accolsero con entusiasmo l'avanzata dell'Armata Rossa. Così, secondo molte testimonianze (tra cui quella di M. Agursky), gli ebrei polacchi, come i loro coetanei in Bessarabia, Bucovina e Lituania, divennero il principale pilastro del regime sovietico, sostenendolo con le unghie e con i denti.

Ma quanto sapevano questi ebrei dell'Europa orientale di ciò che accadeva in URSS?

Percepivano in modo inequivocabile che una catastrofe si stava abbattendo su di loro dalla Germania, anche se ancora non pienamente o chiaramente riconosciuta, ma senza dubbio una catastrofe. E così l'accoglienza sovietica apparve loro come l'incarnazione di una certa salvezza.

[2544] G. Aronson. *Evreyskiy vopros v epokhu Stalina* [La questione ebraica nell'era di Stalin] // BRJ, p. 141.
[2545] I. Shekhman. *Sovetskoe evreystvo v germano-sovetskoy voyne* [Ebraismo sovietico nella guerra russo-tedesca] // *JW-2*, p. 221-222.

Capitolo 20
Nei campi di GULag

Se non fossi stato lì, non sarebbe possibile per me comporre questo capitolo. Prima dei campi pensavo che "non si deve fare caso alle nazionalità", che non ci sono nazionalità, c'è solo l'umanità.

Ma quando si viene mandati nel campo, si scopre che se si è di una nazionalità fortunata, si è un uomo fortunato. Sei stato accudito. Sei sopravvissuto! Ma se sei di nazionalità *comune* - beh, allora, senza offesa...

Perché la nazionalità è forse la caratteristica più importante che dà a un detenuto la possibilità di essere scelto nel corpo di salvataggio degli *"Idioti"* - dal russo "придурок" - uno sciocco o un idiota. È un termine gergale dei detenuti per indicare altri detenuti che non svolgevano lavori comuni ma riuscivano a ottenere posizioni con mansioni facili, di solito fingendo di non essere in grado di svolgere lavori pesanti a causa della salute cagionevole. Ogni detenuto esperto del campo può confermare che le proporzioni etniche tra gli *Idioti* erano molto diverse da quelle della popolazione generale del campo. Infatti, tra gli Idioti non c'erano praticamente Pribalt, indipendentemente dal loro numero effettivo nel campo (e ce n'erano molti); c'erano sempre russi, naturalmente, ma in proporzione incomparabilmente minore rispetto alla media del campo (e quelli erano spesso selezionati tra i membri *ortodossi del* Partito); d'altra parte, alcuni altri erano sensibilmente concentrati - ebrei, georgiani, armeni; e anche gli azeri vi finivano in proporzioni più elevate e, in una certa misura, anche gli alpinisti caucasici.

Di certo, nessuno di loro può essere biasimato per questo. Ogni nazione nel Gulag ha fatto del suo meglio per sopravvivere, e più era piccola e agile, più era facile da realizzare. E ancora, i russi erano l'ultima nazione nei "loro campi russi", come nei *Kriegsgefan-genenlager* tedeschi.

Eppure non siamo noi a poterli biasimare, ma sono loro - armeni, georgiani, montanari - che avrebbero avuto il diritto di chiederci: "Perché avete istituito questi campi? Perché ci costringete a vivere nel vostro Stato? Non ci trattenete e noi non sbarcheremo qui e non occuperemo queste posizioni così attraenti *e idiote*! Ma finché siamo vostri prigionieri - *à la guerre comme à la guerre*".

Ma che dire degli ebrei? Il destino ha intrecciato russi ed ebrei, forse per sempre, ed è per questo che questo libro è stato scritto.

Prima di questo, prima di questa stessa riga, ci saranno lettori che sono stati nei campi e che non ci sono stati, che saranno pronti a contestare la verità di ciò che dico qui. Affermeranno che molti ebrei furono costretti a prendere parte ad attività lavorative *comuni*. Negheranno che ci fossero campi in cui gli ebrei erano la maggioranza tra gli *idioti*. Rifiuteranno con indignazione che le nazioni nei campi si aiutassero a vicenda in modo selettivo e, quindi, a spese di altre.

Altri non si considereranno *affatto "ebrei"* distinti, considerandosi russi in tutto e per tutto. Inoltre, anche se c'*era una* sovrarappresentazione di ebrei nelle posizioni chiave del campo, non era assolutamente premeditata, non è vero? La selezione si basava esclusivamente sul merito, sui talenti personali e sulle capacità di fare affari. Ebbene, di chi è la colpa se i russi non hanno talento per gli affari?

Ci sarà anche chi affermerà con passione il contrario: che sono stati gli ebrei a soffrire di più nei campi. Questo è esattamente il modo in cui viene inteso in Occidente: nei campi sovietici nessuno ha sofferto quanto gli ebrei.

Tra le lettere dei lettori di *Ivan Denisovich* ce n'era una di un ebreo anonimo: "Lei ha incontrato ebrei innocenti che languivano nei campi insieme a lei, e ovviamente non ha assistito subito alle loro sofferenze e persecuzioni.

Hanno sopportato una doppia oppressione: la prigionia e l'inimicizia del resto dei detenuti. Ci parli di queste persone!".

E se volessi *generalizzare* e affermare che la vita degli ebrei nei campi di concentramento era particolarmente difficile, allora mi sarebbe permesso di farlo e non sarei stato sommerso di ammonizioni per ingiuste generalizzazioni etniche. Ma nei campi, dove sono stato imprigionato, era il contrario: la vita degli ebrei, per quanto sia possibile generalizzare, *era* più facile.

Semen Badash, mio compagno di campo di Ekibastuz, racconta nelle sue memorie come era riuscito a sistemarsi - più tardi, in un campo a Norilsk - nell'unità medica: Max Minz chiese a un radiologo Laslo Newsbaum di sollecitare Badash prima di un capo unità libero. Fu accettato.[2546] Ma

---

[2546] Семён Бадаш. Колыма ты моя, Колыма... New York: Effect Publishing Inc. 1986, с. 65-66.

Badash ha almeno terminato tre anni di scuola di medicina prima della prigionia. Confrontatelo con altri infermieri - Genkin, Gorelik, Gurevich (come un mio amico, L. Kopelev di Unzlag) - che nella loro vita non avevano mai avuto a che fare con la medicina.

Alcune persone scrivono assolutamente sul serio in questo modo: A. Belinkov "fu gettato nella categoria più spregevole degli *Idioti*..." (e sono tentato di aggiungere inopportunamente "e dei languidi", anche se i *"languidi"* erano gli antipodi sociali degli *Idioti* e Belinkov non è mai stato tra i *languidi*). - "Essere gettati nel gruppo degli *Idioti*"! - Che espressione! "Essere sminuiti dall'essere accettati nei ranghi dei gentiluomini"? Ed ecco la giustificazione: "Per scavare la terra? Ma a 23 anni non solo non l'ha mai fatto, ma non ha mai visto una pala in vita sua".[2547] Allora non aveva altra scelta che diventare un *Idiota*.

Oppure leggete quello che Levitin-Krasnov ha scritto su un certo Pinsky, un esperto di letteratura, che era un infermiere nel campo. Il che significa che lui, sulla scala del campo, ha aderito bene. Tuttavia, Levitin lo presenta come un esempio della massima umiliazione possibile per un professore di materie umanistiche.

Oppure prendiamo il prigioniero sopravvissuto, Lev Razgon, un giornalista e non un medico, che in seguito è stato molto pubblicato. Ma dal suo racconto in "Ogonek" (1988) scopriamo che era un medico dell'unità medica del campo e, per di più, un medico *senza scorta* (da altri suoi racconti possiamo capire che ha anche lavorato come controllore senior in un'orribile stazione di taglio del legname. Ma non c'è un solo racconto da cui si possa concludere che abbia mai partecipato al lavoro *comune*).

Oppure la storia di Frank Dikler, un ebreo del lontano Brasile: era stato imprigionato e non sapeva parlare russo, naturalmente, e indovinate un po'? Ha avuto successo nel campo, ed è diventato capo della cucina dell'unità medica - un tesoro davvero magnifico!

Oppure Alexandr Voronel, che era un "giovane politico" quando è sbarcato nei campi, racconta che subito dopo essere entrato nel campo è stato "prontamente assistito... da altri detenuti ebrei, che non avevano la minima idea delle mie idee politiche". Un detenuto ebreo, responsabile della gestione del bagno (anch'egli un *idiota* molto importante), lo ha individuato immediatamente e "gli ha ordinato di venire se avesse avuto bisogno di aiuto"; un ebreo della sicurezza dei prigionieri (anch'egli un *idiota*) ha detto a un altro ebreo, un brigadiere: "Ci sono due ragazzi ebrei, Hakim, non permettere che si mettano nei guai". E il brigadiere diede loro

---

[2547] В. Лемпорт. Эллипсы судьбы // Время и мы: Международный журнал литературы и общественных проблем. Нью-Йорк, 1991, № 113. с. 168.

una forte protezione. Gli altri ladri, soprattutto gli "anziani", lo approvavano": Hai proprio ragione, Hakim! Tu sostieni i tuoi stessi parenti! Eppure noi russi siamo come lupi gli uni verso gli altri"".[2548]

E non dimentichiamo che anche durante la prigionia nel campo, in virtù di uno stereotipo comune che vede tutti gli ebrei come uomini d'affari, molti di loro ricevevano offerte commerciali, a volte anche quando non cercavano attivamente tali imprese. Prendiamo, ad esempio, M. Hafez. Egli osserva con enfasi: "Che peccato non potervi descrivere quelle situazioni di campo. Ci sono così tante storie ricche e belle! Tuttavia, il codice etico di un "ebreo affidabile" mi tappa la bocca.

Sapete che anche il più piccolo segreto commerciale deve essere mantenuto per sempre. È la legge della Tribù".[2549]

Un certo Lett Ane Bernstein, uno dei miei testimoni di *Arcipelago*, pensa di essere riuscito a sopravvivere nei campi solo perché nei momenti di difficoltà chiedeva aiuto agli ebrei e gli ebrei, a giudicare dal suo cognome e dai suoi modi agili, lo scambiavano per un loro tribale e gli fornivano sempre assistenza. Racconta che in tutti i suoi campi gli ebrei costituivano sempre la cricca superiore, e che i dipendenti liberi più importanti erano anch'essi ebrei (Shulman - capo del reparto speciale, Greenberg - capo della stazione del campo, Kegels - capo meccanico della fabbrica) e, secondo i suoi ricordi, preferivano anche scegliere detenuti ebrei per il personale delle loro unità.

Questo particolare contratto nazionale ebraico tra padroni liberi e detenuti è impossibile da trascurare. Un ebreo libero non era così stupido da vedere in un ebreo imprigionato un "Nemico del Popolo" o un personaggio malvagio che predava la "proprietà del popolo" (a differenza di ciò che un russo ottuso vedeva in un altro russo).

Egli vide innanzitutto un uomo della tribù che soffriva - e li lodo per questa sobrietà! Chi conosce la straordinaria solidarietà ebraica (esacerbata soprattutto dalla morte di massa degli ebrei sotto Hitler) capirebbe che un capo ebreo libero non potrebbe semplicemente guardare con indifferenza i prigionieri ebrei che muoiono di fame e non aiutarli. Ma non riesco a immaginare un dipendente russo libero che salverebbe e promuoverebbe i suoi compagni di prigionia russi a posizioni privilegiate solo a causa della loro nazionalità. Anche se abbiamo perso 15 milioni di persone durante la

---

[2548] Л. Воронель. Трепет иудейских забот. 2-е изд. Рамат-Ган: Москва-Иерусалим, 1981, с. 28-29.

[2549] Михаил Хейфец. Место и время (еврейские заметки). Париж: Третья волна, 1978, с. 93.

collettivizzazione, siamo ancora numerosi. Non ci si può preoccupare di tutti, e nessuno ci penserebbe nemmeno.

A volte, quando una tale squadra di detenuti ebrei si riunisce senza problemi e, non essendo più ostacolata dalla feroce lotta per la sopravvivenza, può impegnarsi in attività straordinarie. Un ingegnere di nome Abram Zisman ci racconta:

"Nel campo di Novo-Archangelsk, nel tempo libero, [decidemmo] di contare quanti pogrom ebraici si erano verificati nel corso della storia russa. Riuscimmo a stimolare la curiosità del nostro comando di campo su questa questione (avevano un atteggiamento pacifico nei nostri confronti). Il *Nachlag* [comandante del campo] era il capitano Gremin (N. Gershel, ebreo, figlio di un sarto di Zhlobin). Inviò un'inchiesta agli archivi dell'ex Dipartimento degli Interni chiedendo le informazioni necessarie, e dopo otto mesi ricevemmo una risposta ufficiale secondo cui... 76 pogrom ebraici si verificarono dal 1811 al 1917 sul territorio della Russia, con un numero di vittime stimato in circa 3.000" (cioè il numero totale di coloro che soffrirono in qualsiasi modo). L'autore ci ricorda che in un periodo di sei mesi nella Spagna medievale furono uccisi più di ventimila ebrei.[2550]

Un'atmosfera da complotto si sprigiona dalle memorie di Josef Berger, un comunista, su un informatore di alto livello, Lev Ilyich Inzhir. Ex menscevico, arrestato nel 1930, iniziò subito a collaborare con la GPU, temendo rappresaglie contro la sua famiglia e la perdita del suo appartamento nel centro di Mosca. "Aiutò a preparare il processo menscevico" del 1931, testimoniò falsamente contro i suoi migliori amici, fu assolto e immediatamente nominato capo contabile del Belomorstroi. Durante la *Yezhovschina* fu capo contabile del GULag "godendo della completa fiducia dei suoi superiori e con connessioni con i più alti funzionari dell'NKVD". (Inzhir ha ricordato un "veterano ebreo del NKVD che intercalava le sue parole con aforismi del Talmud"). In seguito fu nuovamente arrestato, questa volta sull'onda delle purghe anti-Yezhov. Tuttavia, gli ex colleghi di Inzhir del GULag organizzarono favorevolmente la sua incarcerazione. A questo punto, però, si trasformò in un esplicito "informatore e provocatore", e gli altri detenuti sospettarono che gli abbondanti pacchi che riceveva non provenissero dai suoi parenti ma direttamente dal Terzo Dipartimento.

Tuttavia, più tardi, nel 1953, nel campo di Tayshet, fu condannato a un'ulteriore pena detentiva, questa volta con l'accusa di trotskismo e di

---

[2550] А. Зисман. "Книга о русском еврействе". // Новая Заря, Сан-Франциско, 1960, 7 мая, с. 3.

aver nascosto al Terzo Dipartimento le sue "simpatie per lo Stato di Israele".[2551]

Di infamia mondiale, BelBallag assorbì centinaia di migliaia di contadini russi, ucraini e mediorientali tra il 1931 e il 1932.

Aprendo un giornale dell'agosto 1933, dedicato al completamento del canale [tra il Mar Bianco e il Mar Baltico], troviamo un elenco di premiati. Ordini e medaglie di rango inferiore furono assegnati a costruttori di calcestruzzo, posatori, eccetera, ma il grado più alto di decorazione, l'Ordine di Lenin, fu assegnato solo a otto uomini, di cui possiamo vedere grandi fotografie. Solo due di loro erano ingegneri veri e propri, gli altri erano i comandanti del canale (secondo la concezione di Stalin del contributo personale). E chi vediamo qui?

Genrikh Yagoda, capo dell'NKVD. Matvei Berman, capo del GULag. Semen Firin, comandante del BelBaltlag (a quel tempo era già comandante del Dmitlag, dove la storia si ripeterà in seguito). Lazar Kogan, capo delle costruzioni (in seguito svolgerà la stessa funzione al Volgocanal). Jacob Rapoport, vice capo delle costruzioni. Naftaly Frenkel, capo della forza lavoro di Belomorstroi (e demone maligno di tutto l'Arcipelago).[2552]

E tutti i loro ritratti furono ingranditi e ristampati nel solenne e vergognoso libro *Belomorcanal*[2553] - un libro di enormi dimensioni scritturali, come una qualche rivelazione che anticipa l'avvento del Regno Millenario.

E poi ho riprodotto questi sei ritratti di cattivi in *Archipelago*, prendendoli in prestito dalla loro stessa mostra e senza alcun editing preventivo, mostrando tutti quelli che erano stati esposti originariamente. Oh mio Dio, che rabbia mondiale si è scatenata! *Come ho osato? Questo è antisemitismo!* Sono un antisemita marchiato a fuoco e fregato. Nella migliore delle ipotesi, riprodurre questi ritratti era "egoismo nazionale", cioè egoismo russo! E osavano dirlo nonostante ciò che segue immediatamente nelle pagine successive di *Arcipelago*: come i ragazzi "kulaki" morivano docilmente di freddo sotto le loro carriole.

Ci si chiede: dov'erano i loro occhi nel 1933, quando fu stampato per la prima volta? Perché non erano così indignati allora?

[2551] Иосиф Бергер. Крушение поколения: Воспоминания / Пер. с англ. Firenze: Edizioni Aurora. 1973, с. 148-164.
[2552] Известия, 1933. 5 августа, с. 1-2.
[2553] Беломорско-Балтийский Канал имени Сталина: История строительства / Под ред. М. Горького, Л.Л. Авербаха. С.Г. Фирина. [М.]: История Фабрик и Заводов, 1934.

Permettetemi di ripetere ciò che ho professato una volta ai bolscevichi: ci si deve vergognare dell'odiosità non quando la si rende pubblica, ma quando la si fa.

Esiste un particolare enigma riguardo alla personalità di Naftaly Frenkel, l'instancabile demone di *Arcipelago*: come spiegare il suo strano ritorno dalla Turchia negli anni Venti? Era riuscito a fuggire dalla Russia con tutti i suoi capitali dopo le prime avvisaglie della rivoluzione. In Turchia aveva raggiunto una posizione sociale sicura, ricca e libera, e non aveva mai nutrito idee comuniste. Eppure è tornato? Per tornare e diventare un giocattolo per la GPU e per Stalin, per passare lui stesso diversi anni in prigione, ma in cambio per realizzare la più spietata oppressione degli ingegneri imprigionati e lo sterminio di centinaia di migliaia di "de-kulakizzati"? Cosa può aver motivato il suo insaziabile cuore malvagio? Non riesco a immaginare alcuna ragione possibile, se non la vendetta nei confronti della Russia. Se qualcuno può fornire una spiegazione alternativa, lo faccia.[2554]

Cos'altro potrebbe rivelare chi conosce a fondo la struttura del comando del campo? Il capo del dipartimento di Belomorstroi era un certo Wolf; il capo della sezione Dmitrov di Volgocanal era Bovshover. La divisione finanziaria di Belomorstroi era diretta da L. Berenzon, i suoi vice erano A. Dorfman, il già citato Inzhir, Loevetsky, Kagner, Angert. E quanti altri incarichi più umili non sono stati menzionati? È davvero ragionevole supporre che gli ebrei scavassero la terra con pale e carriole a mano e morissero sotto quelle carriole per sfinimento ed emaciazione? Beh, vedetela come volete. A. P. Skripnikova e D. P. Vitkovsky, che erano lì, mi hanno detto che gli ebrei erano sovrarappresentati tra gli *idioti* durante la costruzione di Belomorcanal, e che non hanno tirato carriole e non sono morti sotto di esse.

E si potevano trovare comandanti ebrei di alto livello non solo a BelBaltlag. La costruzione della ferrovia Kotlas-Vorkuta era guidata da Moroz (suo figlio sposò Svetlana Stalina); l'ufficiale speciale incaricato del GULag in Estremo Oriente era Grach. Questi sono solo alcuni dei nomi che sono riemersi casualmente. Se un ex detenuto, Thomas Sgovio, di nazionalità americana, non mi avesse scritto, non sarei a conoscenza del capo dell'amministrazione mineraria di Chai-Uryinsk sulla Kolyma tra il 1943-44 (nel pieno della guerra patriottica): "Il mezzo colonnello Arm era un ebreo alto e dai capelli neri con una pessima reputazione... Il suo attendente vendeva etanolo a tutti, 50 grammi per 50 rubli. Arm aveva il suo tutor personale di inglese: un giovane americano, arrestato in Carelia. Sua moglie riceveva uno stipendio da contabile, ma non lavorava: il suo lavoro

---

[2554] Подробнее о Френкеле - в "Архипелаге ГУЛаге".

era svolto da un detenuto dell'ufficio" (una pratica comune che rivela come le famiglie dei comandanti del GULag avessero un reddito aggiuntivo).

Oppure prendiamo un altro caso: durante l'era della *glasnost*, un giornale sovietico pubblicò una storia sulla terribile amministrazione del GULag che costruì un tunnel tra Sakhalin e la terraferma. Si chiamava "Fiducia di Arais".[2555] Chi era il compagno Arais? Non ne ho idea. Ma quante persone sono morte nelle sue miniere e nel tunnel incompiuto?

Certo, ho conosciuto un certo numero di ebrei (erano miei amici) che hanno sopportato tutte le difficoltà del lavoro comune. In *Arcipelago* ho descritto un giovane, Boris Gammerov, che trovò rapidamente la morte nel campo. (Mentre il suo amico, lo scrittore Ingal, fu nominato contabile fin dal primo giorno nel campo, anche se la sua conoscenza dell'aritmetica era molto scarsa). Ho conosciuto Volodya Gershuni, un uomo inconciliabile e incorruttibile. Ho conosciuto Jog Masamed, che *per principio* ha fatto i lavori forzati nel campo di Ekibastuz, anche se è stato chiamato a far parte degli *Idioti*. Inoltre, vorrei citare un'insegnante, Tatyana Moiseevna Falike, che ha trascorso 10 anni a faticare, a suo dire, come una bestia da soma. E vorrei anche nominare il genetista Vladimir Efroimson, che ha trascorso 13 dei suoi 36 mesi di reclusione (uno dei suoi due mandati) facendo lavori comuni. Anche lui lo ha fatto per principio, sebbene avesse anche opzioni migliori. Facendo affidamento sui pacchi da casa (non si può certo biasimarlo per questo), scelse la carriola a mano proprio perché in quel campo di Jezkazgan c'erano molti ebrei di Mosca, abituati a sistemarsi bene, mentre Efroimson voleva dissipare qualsiasi rancore verso gli ebrei, che stava naturalmente emergendo tra i detenuti. E cosa pensava la sua brigata del suo comportamento? - "È una pecora nera tra gli ebrei; un vero ebreo farebbe rotolare una carriola?". Era anche ridicolizzato dagli *Idioti* ebrei che si sentivano infastiditi dal fatto che "si pavoneggiasse" per rimproverarli.

Allo stesso modo, un altro ebreo, Jacov Davydovich Grodzensky, anch'egli appartenente alla categoria *comune*, è stato giudicato da altri: "È davvero un ebreo?". È così simbolico! Sia Efroimson che Grodzenskiy fecero le cose giuste e migliori, che potevano essere motivate solo dal più nobile degli appelli ebraici, per condividere onestamente la sorte comune, e non furono compresi da nessuna delle due parti!

Sono sempre difficili e derisi - i sentieri dell'austerità e della dedizione, gli unici che possono salvare l'umanità.

[2555] Г. Миронова. Туннель в прошлое // Комсомольская правда, 1989, 18 апреля, с. 1.

Cerco di non trascurare questi esempi, perché da essi dipendono tutte le mie speranze.

Aggiungiamo qui un valoroso Gersh Keller, uno dei leader della rivolta di Kengir nel 1954 (aveva 30 anni quando fu giustiziato). Ho letto anche di Yitzhak Kaganov, comandante di uno squadrone di artiglieria durante la guerra sovietico-tedesca. Nel 1948 fu condannato a 25 anni per sionismo. Durante i 7 anni di prigionia scrisse 480 poesie in ebraico, che memorizzò senza scriverle.[2556]

Durante il suo terzo processo (10 luglio 1978), dopo aver già scontato due condanne, Alexander Ginsburg, alla domanda "Qual è la sua nazionalità?", rispose: "Detenuto!". Una risposta degna e seria, che fece arrabbiare il tribunale. Ma se l'è meritato per il suo lavoro per il Russian Public Relief Fund, che forniva assistenza alle famiglie dei prigionieri politici di *tutte le nazionalità*, e per la sua vocazione virile. Questo è ciò che siamo: un'autentica razza di prigionieri, indipendentemente dalla nazionalità.

Tuttavia, i miei campi erano diversi: dal "grande" Belomor al minuscolo distretto del campo 121 della 15 OLP della UITLK di Mosca (che ha lasciato un edificio semicircolare non poco appariscente alla porta di Kaluga a Mosca).

Là fuori, tutta la nostra vita era diretta e calpestata da tre *idioti* di primo piano: Solomon Solomonov, capo contabile, David Burstein, prima "educatore" e poi impiegato addetto all'assegnazione dei lavori, e Isaac Bershader. (In precedenza, esattamente nello stesso modo, Solomonov e Bershader avevano governato il campo dell'Istituto autostradale di Mosca, MHI). Si noti che tutto questo avveniva sotto gli auspici di un comandante russo del campo, un certo guardiamarina Mironov.

Tutti e tre si sono presentati davanti ai miei occhi, e per ottenere le posizioni per loro, in ogni caso i loro predecessori russi sono stati immediatamente rimossi dagli incarichi.

Per primo fu inviato Solomonov, che con sicurezza prese una posizione adeguata e si mise rapidamente sul lato destro dell'alfiere. (Poco dopo fu inviato il misero Bershader da MHI con una nota di accompagnamento "per utilizzarlo solo nella categoria del lavoro comune" (una situazione piuttosto insolita per un criminale domestico, che probabilmente significava una sostanziale delinquenza). Aveva circa cinquant'anni, era basso, grasso, con uno sguardo maligno. Si aggirava con condiscendenza per ispezionare i nostri alloggi, con l'aria di un generale del dipartimento principale.

[2556] Российская Еврейская Энциклопедия. 2-е изд., испр. и доп. М.. 1994. Т. 1, с. 526-527; 1995. Т. 2. с. 27.

L'anziano prorettore gli chiese: "Qual è la sua specialità?". - "Negoziante". - "Non esiste questa specializzazione" - "Beh, io sono un magazziniere". - "Comunque, lavorerai nella brigata di lavoro comune".

Per due giorni fu mandato lì. Scrollando le spalle, usciva e, una volta entrato nella zona di lavoro, era solito sedersi su una pietra e riposare dignitosamente.

Il brigadiere avrebbe voluto colpirlo, ma si tirò indietro: il nuovo arrivato era così sicuro di sé che chiunque poteva percepire il potere dietro di lui. Anche il magazziniere del campo, Sevastyanov, era depresso. Per due anni era stato responsabile del negozio di provviste e articoli vari. Si era stabilito saldamente e viveva in buoni rapporti con i capi, ma ora era agghiacciato: tutto è già sistemato! Bershader è un "magazziniere per specialità"!

Poi l'unità medica ha dimesso Bershader dalle mansioni lavorative a causa delle "cattive condizioni di salute" e successivamente si è riposato negli alloggi.

Nel frattempo, probabilmente ricevette qualcosa dall'esterno. In meno di una settimana Sevastyanov fu rimosso dal suo incarico e Bershader fu nominato magazziniere (con l'assistenza di Solomonov). A questo punto, però, si scoprì che il lavoro fisico di versare il grano e risistemare gli stivali, svolto da Sevastyanov da solo, era controindicato anche per Bershader.

Così gli fu assegnato un tirapiedi e l'ufficio contabile di Solomonov arruolò questi ultimi come personale di servizio. Ma non era ancora una vita sufficientemente abbondante. La donna più bella e orgogliosa del campo, il tenente-cecchino M., dall'aspetto di cigno, fu piegata alla sua volontà e costretta a fargli visita nel suo magazzino la sera.

Dopo essersi presentato al campo, Burstein ha fatto in modo che un'altra bellezza del campo, A. S., venisse nel suo cubicolo.

È difficile leggere questo? Ma non erano affatto preoccupati di come appariva dall'esterno. Sembrava addirittura che ne avessero rafforzato l'impressione di proposito. E quanti piccoli campi con strutture simili c'erano in tutto l'arcipelago?

E gli *Idioti* russi si sono comportati allo stesso modo, in modo sfrenato e folle? Sì. Ma all'interno di ogni altra nazione era percepito socialmente, come un'eterna tensione tra ricchi e poveri, signore e servo. Tuttavia, quando un alieno emerge come "padrone della vita e della morte", il risentimento aumenta ulteriormente. Potrebbe sembrare strano: non è forse lo stesso per un inutile, trascurabile, schiacciato e condannato abitante del campo che sopravvive in uno dei suoi stadi di morte? Non è forse lo stesso chi si impadronisce del potere all'interno del campo e celebra picnic di corvi sulla sua tomba? A quanto pare, non è così.

Queste cose sono rimaste impresse nella mia memoria in modo indelebile. Nella mia opera teatrale *Repubblica del lavoro*, ho presentato alcuni degli eventi accaduti in quel campo sulla Bolshaya Kaluzhskaya 30. Comprendendo l'impossibilità di rappresentare tutto come era nella realtà, perché sarebbe stato inevitabilmente considerato come un'istigazione al sentimento antiebraico (come se quel trio di ebrei non lo infiammasse nella vita reale, infischiandosene delle conseguenze) ho taciuto l'abominevole avido Bershader. Ho nascosto Burstein. Ho ricomposto l'approfittatrice Rosa Kalikman in un'amorfa Bella di origine orientale e ho mantenuto l'unico ebreo, il ragioniere Solomonov, esattamente com'era in vita.

E i miei fedeli amici ebrei, dopo aver letto l'opera? L'opera suscitò proteste straordinariamente appassionate da parte di V. L. Teush. Egli la lesse non subito, ma quando il Sovremennik aveva già deciso di metterla in scena nel 1962, quindi la questione era tutt'altro che erudita. I Teush erano profondamente feriti dalla figura di Solomonov. Ritenevano disonesto e ingiusto mostrare un tale ebreo (nonostante nella vita reale, nel campo, fosse esattamente come lo mostravo) nell'epoca dell'oppressione degli ebrei. (Ma allora, mi sembra che tale epoca sia *eterna*? Quando mai i nostri ebrei *non sono stati* oppressi?) Teush era allarmato ed estremamente agitato, e propose un ultimatum: se non avessi rimosso o almeno ammorbidito l'immagine di Solomonov, allora tutta la nostra amicizia sarebbe stata rovinata e lui e sua moglie non avrebbero più potuto tenere i miei manoscritti. Inoltre, hanno profetizzato che il mio stesso nome sarà irrimediabilmente perso e macchiato se lascerò Solomonov nell'opera. Perché non farlo diventare un russo? Erano stupidi. È così importante che sia ebreo? (Ma se non è importante, perché Solomonov ha scelto degli ebrei per fare gli *Idioti*).

Mi sono tranquillizzato: un improvviso divieto censorio, non meno pesante del divieto ufficiale sovietico, era emerso da una direzione inaspettata. Tuttavia, la situazione si è presto risolta con il divieto ufficiale di mettere in scena l'opera da parte del Sovremennik.

E c'è un'altra obiezione da parte di Teush: "Il vostro Solomonov ha una personalità tutt'altro che ebraica. Un ebreo si comporta sempre con discrezione, cautela, supponenza e persino con astuzia, ma da dove viene questa impudenza di forza giubilante? Non è vero, non può accadere così!".

Tuttavia, non ricordo solo questo Solomonov, ed era esattamente così! Ho visto molte cose negli anni'20 e '30 a Rostov-sul-Don. E Frenkel si comportava in modo simile, secondo i ricordi degli ingegneri sopravvissuti.

Un tale scivolamento di un potere trionfante verso l'insolenza e l'arroganza è la cosa più ripugnante per chi sta intorno. Certo, di solito è un comportamento dei peggiori e dei più maleducati - ma è questo che si imprime nella memoria. (Allo stesso modo l'immagine della Russia è sporcata dalle oscenità dei nostri cattivi).

Tutte queste lusinghe e questi appelli a evitare di scrivere delle cose come erano - sono indistinguibili da ciò che abbiamo sentito dai più alti tribuni sovietici: sulla diffamazione, sul realismo socialista - per scrivere come dovrebbe essere, non come è stato.

Come se un creatore fosse in grado di dimenticare o creare di nuovo il suo passato! Come se la verità completa potesse essere scritta in parti, includendo solo ciò che è piacevole, sicuro e popolare.

E come tutti i personaggi ebrei dei miei libri siano stati analizzati meticolosamente, con ogni caratteristica personale pesata su bilance da farmacista. Ma la sorprendente storia di Grigorij M., che non diede l'ordine di ritirarsi a un reggimento morente perché aveva paura (*Arcipelago GULag*, v. 6, cap. 6), non fu notata.

È stata respinta senza una sola parola! E *Ivan Denisovich ha* aggiunto l'insulto alla ferita: c'erano dei sofferenti così sofisticati, ma io ho proposto un cafone!

Per esempio, durante la *glasnost* di Gorbaciov, l'audace Asir Sandler pubblicò le sue memorie sul campo. "Dopo una prima lettura, rifiutai categoricamente *Un giorno nella vita di Ivan Denisovich*... il personaggio principale era Ivan Denisovich, un uomo con esigenze spirituali minime, concentrato solo sui suoi problemi mondani" - e Solzhenitsyn lo trasformò nell'immagine nazionale... (esattamente come tutti i comunisti benpensanti brontolavano a quel tempo!) Mentre "[Solzhenitsyn] preferiva non notare la vera intellighenzia, il fattore determinante della cultura e della scienza domestica". Sandler ne stava discutendo con Miron Markovich Etlis (entrambi erano stati *Idioti* nell'unità medica). Etlis ha aggiunto: "La storia è significativamente distorta, capovolta". "Solzhenitsyn non ha sottolineato... la parte intelligente del nostro contingente... le riflessioni egocentriche [di Ivan Denisovich] su se stesso... quella pazienza... quell'atteggiamento pseudo-cristiano verso gli altri". E nel 1964 Sandler ebbe la fortuna di alleviare i suoi sentimenti in una conversazione con Ehrenburg stesso. E quest'ultimo annuì affermativamente quando Sandler menzionò il suo sentimento "estremamente negativo" nei confronti del mio romanzo.[2557]

[2557] Асир Сандлер. Узелки на память: Записки реабилитированного. Магаданское книжн. изд-во. 1988, с. 22. 62-64.

Tuttavia, nessun ebreo mi ha rimproverato che Ivan Denisovich, in sostanza, si occupa di Cesar Markovich come un servo, anche se con buoni sentimenti.

Capitolo 21

Durante la guerra sovietico-tedesca

Dopo la Notte dei Cristalli (novembre 1938) gli ebrei tedeschi persero le ultime illusioni sul pericolo mortale che stavano correndo. Con la campagna di Hitler in Polonia, la tempesta mortale si diresse verso est. Tuttavia, nessuno si aspettava che l'inizio della guerra sovietico-tedesca avrebbe portato la politica nazista a un nuovo livello, verso lo sterminio fisico totale degli ebrei.

Sebbene si aspettassero naturalmente ogni tipo di difficoltà dalla conquista tedesca, gli ebrei sovietici non potevano immaginare le uccisioni di massa indiscriminate di uomini e donne di tutte le età - non si possono prevedere queste cose. Così il destino terribile e ineluttabile toccò a coloro che rimasero nei territori occupati dai tedeschi senza la possibilità di resistere. Le vite finirono bruscamente. Ma prima di morire, dovevano passare attraverso un primo trasferimento forzato in un ghetto ebraico, o in un campo di lavoro forzato, o nei furgoni a gas, o scavarsi la fossa e spogliarsi prima dell'esecuzione.

L'Enciclopedia Ebraica Russa riporta molti nomi di ebrei russi vittime della catastrofe ebraica; nomina coloro che perirono a Rostov, Simferopol, Odessa, Minsk, Belostok, Kaunas e Narva. Tra loro c'erano persone di spicco. Il famoso storico S.M. Dubnov trascorse l'intero periodo tra le due guerre in esilio. Lasciò Berlino per Riga dopo la presa di potere di Hitler.

Fu arrestato durante l'occupazione tedesca e messo in un ghetto; "nel dicembre 1941 fu incluso in una colonna di persone da giustiziare". "Da Vilna, la storica Dina Joffe e il direttore del Ginnasio ebraico Joseph Yashunskiy furono inviati nei campi di concentramento (entrambi furono uccisi a Treblinka nel 1943). Il rabbino Shmuel Bespalov, capo del movimento chassidim di Bobruisk, fu fucilato nel 1941 quando la città fu catturata dai tedeschi. Il cantore Gershon Sirota, la cui esibizione aveva "attirato l'attenzione di Nicola II" e che si esibiva annualmente a San Pietroburgo e Mosca, morì nel 1941 a Varsavia.

I fratelli Paul e Vladimir Mintz erano due: Paul, il maggiore, era un importante politico lettone, "l'unico ebreo nel governo della Lettonia".

Vladimir era un chirurgo, a cui era stato affidato il trattamento di Lenin nel 1918 dopo l'attentato. Dal 1920 visse in Lettonia. Nel 1940 le autorità di occupazione sovietiche arrestarono Paul Mintz e lo misero in un campo di Krasnoyarsk Krai, dove morì presto. Il fratello minore viveva a Riga e non fu toccato. Morì nel 1945 a Büchenwald. Sabina Shpilreyn, dottore in medicina, psicoanalista e stretta collaboratrice di Carl Jung, tornò in Russia nel 1923 dopo aver lavorato in cliniche a Zurigo, Monaco, Berlino e Ginevra; nel 1942 fu fucilata insieme ad altri ebrei dai tedeschi nella natia Rostov-on-Don. (Nel capitolo 19 abbiamo scritto della morte dei suoi tre fratelli scienziati durante il terrore di Stalin).

Eppure molti si salvarono dalla morte grazie all'evacuazione nel 1941 e nel 1942. Diverse fonti ebraiche del tempo di guerra e del dopoguerra non mettono in dubbio il dinamismo di questa evacuazione. Ad esempio, in *The Jewish World*, un libro scritto nel 1944, si legge: "Le autorità sovietiche erano pienamente consapevoli che gli ebrei erano la parte più a rischio della popolazione e, nonostante le acute esigenze militari in materia di trasporti, furono messi a disposizione migliaia di treni per la loro evacuazione. ... In molte città ... gli ebrei furono evacuati per primi", anche se l'autore ritiene che l'affermazione dello scrittore ebreo David Bergelson secondo cui "circa l'80% degli ebrei fu evacuato con successo"[2558] sia un'esagerazione. Bergelson ha scritto: "A Chernigov, la popolazione ebraica prebellica era stimata in 70.000 persone e solo 10.000 erano rimaste al momento dell'arrivo dei tedeschi. ... A Dnepropetrovsk, su una popolazione ebraica originaria di 100.000 persone, solo 30.000 rimasero quando i tedeschi presero la città. A Zhitomir, su 50.000 ebrei, ne rimasero non meno di 44.000".[2559] Nel numero dell'estate 1946 del bollettino, *Hayasa* E.M. Kulisher scrisse: "Non c'è dubbio che le autorità sovietiche abbiano preso misure speciali per evacuare la popolazione ebraica o per facilitarne la fuga non assistita.

Insieme al personale statale e ai lavoratori dell'industria, agli ebrei fu data priorità [nell'evacuazione]... Le autorità sovietiche misero a disposizione migliaia di treni appositamente per l'evacuazione degli ebrei".[2560] Inoltre, come misura più sicura per evitare i bombardamenti, gli ebrei furono

---

[2558] И. Шехтман. Советское еврейство в германо-советской войне // Еврейский мир: Сб. 2 (далее - ЕМ-2). Нью-Йорк: Союз русских евреев в Нью-Йорке, 1944. с. 225-226.

[2559] А.А. Гольдштейн. Судьба евреев в оккупированной немцами Советской России // Книга о русском еврействе. 1917-1967 (далее - КРЕ-2). Нью-Йорк: Союз Русских Евреев, 1968, с. 89, 92.

[2560] Soccorso: Bollettino informativo della Hebrew Sheltering and Immigrant Aid Society (HIAS), luglio-agosto 1946 (Vol. Ill, № 7-8), p. 2. - Цит. по: С. Шварц. Евреи в Советском Союзе с начала Второй мировой войны (1939-1965). Нью-Йорк: Изд. Американского Еврейского Рабочего Комитета, 1966, с. 45.

evacuati con migliaia di carri da fieno, prelevati dai kolkhoz e dai sovkhoz [fattorie collettive] e condotti ai nodi ferroviari nelle retrovie. B.T. Goldberg, genero di Sholem Aleichem e allora corrispondente del giornale ebraico *Der Tog* da New York, dopo un viaggio invernale del 1946-1947 in Unione Sovietica scrisse un articolo sull'evacuazione degli ebrei in tempo di guerra (*Der Tog*, 21 febbraio 1947). Le sue fonti in Ucraina, "ebrei e cristiani, militari e sfollati, affermarono tutti che la politica delle autorità era di privilegiare gli ebrei durante l'evacuazione, per salvarne il maggior numero possibile in modo che i nazisti non li distruggessero".[2561] E Moshe Kaganovich, un ex partigiano sovietico, nelle sue memorie (1948) conferma che il governo sovietico mise a disposizione per l'evacuazione degli ebrei tutti i veicoli disponibili oltre ai treni, compresi i treni di carri da fieno - e l'ordine era di evacuare "innanzitutto i cittadini di nazionalità ebraica dalle aree minacciate dal nemico".(Si noti che S. Schwartz e ricercatori successivi contestano l'esistenza di tali ordini, così come la politica generale delle autorità sovietiche di evacuare gli ebrei "in quanto tali".)[2562]

Tuttavia, sia le fonti precedenti che quelle successive forniscono stime abbastanza coerenti sul numero di ebrei evacuati o fuggiti senza assistenza dai territori occupati dai tedeschi. Non sono disponibili dati ufficiali sovietici; tutti i ricercatori lamentano che le statistiche contemporanee sono al massimo approssimative. Affidiamoci quindi ai lavori dell'ultimo decennio. Il demografo M. Kupovetskiy, che ha utilizzato materiali d'archivio precedentemente non disponibili e nuove tecniche di analisi, offre la seguente valutazione. Secondo il censimento del 1939, 3.028.538 ebrei vivevano in URSS entro i suoi vecchi confini (cioè prima del 1939-1940). Con alcune correzioni a questa cifra e tenendo conto del tasso di incremento naturale della popolazione ebraica dal settembre 1939 al giugno 1941 (ha analizzato ogni territorio separatamente), questo ricercatore suggerisce che allo scoppio della guerra circa 3.080.000 ebrei risiedevano entro i vecchi confini dell'URSS. Di questi, 900.000 risiedevano nei territori che non sarebbero stati occupati dai tedeschi, mentre all'inizio della guerra 2.180.000 ebrei ("ebrei orientali") [2563] risiedevano nei territori successivamente occupati dai tedeschi.

"Non esistono dati precisi sul numero di ebrei fuggiti o evacuati a est prima dell'occupazione tedesca. Anche se sulla base di alcuni studi..., sappiamo

---

[2561] *С. Шварц*. Евреи в Советском Союзе...*, с. 55.
[2562] *Моше Каганович*. Дер идишер онтайл ин партизанербавегунг фун Совет-Руссланд. Рим, 1948, с. 188. - Цит. по: *С. Шварц*. Советском Союзе..., с. 45-46.
[2563] *М. Куповецкий*. Людские потери еврейского населения в послевоенных границах СССР в годы Великой Отечественной войны // Вестник Еврейского Университета в Москве. 1995, № 2(9), с. 137, 145, 151.

che circa 1.000.000 -1.100.000 ebrei riuscirono a fuggire dalle regioni orientali poi occupate dai tedeschi".[2564]

La situazione era diversa nei territori incorporati nell'Unione Sovietica solo nel 1939-1940 e che furono rapidamente conquistati dai tedeschi all'inizio del "Blitzkreig". L'attacco fulmineo dei tedeschi non permise quasi nessuna possibilità di fuga; nel frattempo la popolazione ebraica di queste zone "cuscinetto" contava 1.885.000 ("ebrei occidentali") nel giugno 1941.[2565] E "solo un piccolo numero di questi ebrei è riuscito a fuggire o è stato evacuato. Si ritiene che il numero sia... circa il 10-12%".[2566]

Così, all'interno dei nuovi confini dell'URSS, secondo le valutazioni più ottimistiche, circa 2.226.000 ebrei (2.000.000 orientali, 226.000 occidentali) sfuggirono all'occupazione tedesca e 2.739.000 ebrei (1.080.000 orientali e 1.659.000 occidentali) rimasero nei territori occupati.

Gli sfollati e i rifugiati dai territori occupati e minacciati furono inviati nelle retrovie, "con la maggior parte degli ebrei reinsediati oltre i Monti Urali, in particolare nella Siberia occidentale e anche in Kazakistan, Uzbekistan e Turkmenistan".[2567] Il materiale del Comitato ebraico antifascista (EAK) contiene la seguente dichiarazione: "All'inizio della guerra patriottica circa un milione e mezzo di ebrei furono evacuati in Uzbekistan, Kazakistan e altre repubbliche dell'Asia centrale".[2568] Questa cifra non comprende le regioni del Volga, degli Urali e della Siberia. (Tuttavia, l'*Enciclopedia Ebraica* sostiene che "una cifra di 1.500.000" è una grande esagerazione"[2569]). Tuttavia, non ci fu un'evacuazione organizzata nel Birobidzhan e nessun singolo rifugiato vi si trasferì, anche se, a causa del crollo dei kolchoz ebraici, le case sfitte potevano ospitare fino a 11.000 famiglie.[2570] Allo stesso tempo, "i coloni ebrei in Crimea furono evacuati con un anticipo tale da poter portare con sé tutto il bestiame e gli attrezzi agricoli"; inoltre, "è noto che nella primavera del 1942, i coloni ebrei provenienti dall'Ucraina stabilirono dei kolkhoz nella regione del Volga".

[2564] *Ицхак Арад*. Холокауст: Катастрофа европейского еврейства (1933-1945): Сб. статей. Иерусалим: Яд Ва-Шем, 1990 (далее - И. Арад. Холокауст), с. 62.
[2565] М. Куповецкий. Людские потери еврейского населения... // Вестник Еврейского Ун-та..., 1995, № 2(9), с. 145.
[2566] *И. Арад*. Холокауст, с. 61.
[2567] *С. Шварц*. Евреи в Советском Союзе..., с. 181.
[2568] *Г.В. Костырченко*. Тайная политика Сталина: Власть и антисемитизм*. М.: Международные отношения, 2001, с. 431.
[2569] Краткая Еврейская Энциклопедия (далее - КЕЭ). Иерусалим: Общество по исследованию еврейских общин, 1988. Т. 4, с. 167.
[2570] *С.М. Шварц*. Биробиджан // КРЕ-2, с. 187.

Beh, l'autore la chiama "l'ironia della Nemesi": furono installati al posto dei coloni tedeschi che erano stati esiliati dalla Repubblica tedesca del Volga per ordine del governo sovietico a partire dal 28 agosto 1941.[2571]

Come già osservato, tutte le fonti citate del tempo di guerra e del dopoguerra concordano nel riconoscere l'energia e la portata dell'evacuazione organizzata degli ebrei dall'esercito tedesco in avanzata. Ma le fonti successive, a partire dalla fine degli anni'40, cominciarono a mettere in discussione questo dato. Ad esempio, in una fonte degli anni'60 si legge che: "*un'evacuazione pianificata degli ebrei come parte più a rischio della popolazione non ebbe* luogo *in nessuna parte della Russia*" (corsivo della fonte). [2572] E vent'anni dopo leggiamo questo: dopo l'invasione tedesca dell'Unione Sovietica, "contrariamente alle voci secondo cui il governo avrebbe evacuato gli ebrei dalle aree sotto l'imminente minaccia dell'occupazione tedesca, nessuna misura del genere ha mai avuto luogo... gli ebrei sono stati abbandonati al loro destino". Se applicato al cittadino di nazionalità ebraica, il celebre 'internazionalismo proletario' rimase lettera morta".[2573]

Questa affermazione è del tutto ingiusta. Tuttavia, anche quegli scrittori ebrei che negano la "benevolenza" del governo nei confronti dell'evacuazione degli ebrei, ne riconoscono la portata.

"A causa della specifica struttura sociale della popolazione ebraica, la percentuale di ebrei tra gli sfollati avrebbe dovuto essere molto più alta della percentuale di ebrei nella popolazione urbana".[2574] E così fu. Il Consiglio per l'evacuazione fu istituito il 24 giugno 1941, appena due giorni dopo l'invasione tedesca (Shvernik era il presidente e Kosygin e Pervukhin i suoi vice). Le sue priorità furono annunciate come le seguenti: evacuare innanzitutto le agenzie statali e di partito con il personale, le industrie e le materie prime, insieme ai lavoratori degli stabilimenti evacuati e alle loro famiglie, e ai giovani in età di leva. Tra l'inizio della guerra e il novembre 1941, circa 12 milioni di persone furono evacuate dalle zone minacciate verso le retrovie.[2575] Questo numero comprendeva, come abbiamo visto, da 1.000.000 a 1.100.000 ebrei orientali e più di 200.000 ebrei occidentali provenienti dalle zone di prossima occupazione.

[2571] И. Шехтман. Советское еврейство в германо-советской войне // ЕМ-2, с. 226, 227.
[2572] Г. Аронсон. Еврейский вопрос в эпоху Сталина // КРЕ-2, с. 144.
[2573] С. Цирюльников. СССР, евреи и Израиль // Время и мы: Международный журнал литературы и общественных проблем. Нью-Йорк, 1987, № 96, с. 151-152.
[2574] И. Шехтман. Советское еврейство в германо-советской войне // ЕМ-2, с. 224.
[2575] Советский тыл в первый период Великой Отечественной войны: [Сб.]. М., 1988, с. 139.

Inoltre, a questa cifra va aggiunto un numero consistente di ebrei tra le persone evacuate dalle città e dalle regioni della Repubblica Socialista Federata Sovietica Russa (RSFSR, cioè la Russia vera e propria) che non sono mai cadute in mano ai tedeschi (in particolare, quelle di Mosca e Leningrado). Solomon Schwartz afferma che: "L'evacuazione generale delle agenzie statali e delle imprese industriali con una parte significativa del loro personale (spesso con le famiglie) fu in molti luoghi molto estesa. Grazie alla struttura sociale dell'ebraismo ucraino, con una percentuale significativa di ebrei tra i funzionari pubblici di livello medio e alto, compresa l'intellighenzia accademica e tecnica, e la proporzione sostanziale di lavoratori ebrei nell'industria pesante ucraina, la quota di ebrei tra gli sfollati era maggiore della loro quota nella popolazione urbana (e anche più di quella totale)".[2576]

Lo stesso vale per la Bielorussia. Negli anni Venti e all'inizio degli anni Trenta erano quasi esclusivamente gli ebrei, sia giovani che anziani, a studiare in "vari corsi, classi di alfabetizzazione, nelle scuole diurne, serali e a turni". ... Questo permise ai poveri dei villaggi ebraici di entrare nei ranghi dei lavoratori industriali.

Costituendo solo l'8,9% della popolazione della Bielorussia, gli ebrei rappresentavano il 36% dei lavoratori industriali della repubblica nel 1930".[2577]

"L'aumento della percentuale di ebrei tra gli sfollati", continua S. Schwartz, "fu anche facilitato dal fatto che per molti impiegati e lavoratori l'evacuazione non era obbligatoria. ... Pertanto, molti, per lo più non ebrei, rimasero dove erano". Così, anche gli ebrei, "che non rientravano nei criteri per l'evacuazione obbligatoria... avevano maggiori possibilità di evacuare".[2578] Tuttavia, l'autore nota anche che "nessun ordine o istruzione governativa sull'evacuazione specifica degli ebrei o rapporti al riguardo sono mai apparsi sulla stampa sovietica".

"Semplicemente non c'erano ordini riguardanti l'evacuazione degli ebrei in modo specifico. Significa che non c'è stata un'evacuazione mirata degli ebrei".[2579]

Tenendo presente la realtà sovietica, questa conclusione sembra poco fondata e, in ogni caso, formalistica. In effetti, i resoconti sull'evacuazione di massa degli ebrei non sono apparsi sulla stampa sovietica. È facile capire perché. In primo luogo, dopo il patto con la Germania, l'Unione Sovietica

---

[2576] С. Шварц. Евреи в Советском Союзе..., с. 53.
[2577] Л.Л. Мининберг. Советские евреи в науке и промышленности СССР в период Второй мировой войны (1941 -1945). М., 1995, с. 13.
[2578] С. Шварц. Евреи в Советском Союзе..., с. 53.
[2579] Там же, с. 46, 53.

soppresse le informazioni sulle politiche di Hitler nei confronti degli ebrei e, quando scoppiò la guerra, la maggior parte della popolazione sovietica non sapeva del pericolo mortale che l'invasione tedesca rappresentava per gli ebrei.

In secondo luogo, e questo era probabilmente il fattore più importante, la propaganda tedesca denunciava vigorosamente il "giudeo-bolscevismo" e la leadership sovietica si rendeva indubbiamente conto di aver dato una solida base a questa propaganda durante gli anni Venti e Trenta, quindi come poteva ora dichiarare apertamente e a gran voce che la *principale* priorità del governo doveva essere quella di salvare gli ebrei? Questo non poteva che essere visto come un gioco per Hitler.

Pertanto, non ci furono annunci pubblici sul fatto che tra gli evacuati "gli ebrei erano sovrarappresentati". "Gli ordini di evacuazione non menzionavano gli ebrei", eppure "durante l'evacuazione gli ebrei non sono stati discriminati";[2580] al contrario, sono stati evacuati con tutti i mezzi a disposizione, ma in silenzio, senza copertura da parte della stampa in URSS. Tuttavia, la propaganda per l'estero era una questione diversa. Ad esempio, nel dicembre 1941, dopo aver respinto l'assalto tedesco a Mosca, Radio Mosca - non in lingua russa, ovviamente, ma "in polacco", e "il giorno successivo, altre cinque volte in tedesco, paragonò il successo della controffensiva invernale russa al miracolo di Maccabeo" e disse ripetutamente agli ascoltatori di lingua tedesca che "proprio durante la settimana di Hanukkah", la 134a Divisione Norimberga, che prendeva il nome dalla città "dove ha avuto origine la legislazione razziale", era stata distrutta.[2581] Nel 1941-42 le autorità sovietiche permisero prontamente ai fedeli di riempire le sinagoghe di Mosca, Leningrado e Kharkov e di celebrare apertamente la Pasqua ebraica del 1942.[2582]

Non si può dire che la stampa sovietica nazionale abbia trattato le atrocità tedesche in silenzio. Ilya Ehrenburg e altri (come il giornalista Kriger) ottennero il via libera per mantenere e infiammare l'odio verso i tedeschi per tutta la durata della guerra, non senza menzionare lo scottante tema delle sofferenze degli ebrei, ma senza porvi particolare enfasi. Per tutta la durata della guerra Ehrenburg tuonò che "il tedesco è una bestia per sua natura", invitando a "non risparmiare nemmeno i fascisti non ancora nati" (il che significava l'uccisione di donne tedesche incinte), e fu controllato solo alla fine, quando la guerra raggiunse il territorio della Germania e

---

[2580] Н. Арад. Отношение советского руководства к Холокосту // Вестник Еврейского Ун-та..., 1995, № 2(9), с. 23.
[2581] И. Шехтман. Советское еврейство в германо-советской войне // ЕМ-2, с. 238.
[2582] Там же, с. 237.

divenne chiaro che l'esercito aveva abbracciato fin troppo bene la linea di partito della vendetta sfrenata contro tutti i tedeschi.

Tuttavia, non c'è dubbio che la politica nazista di sterminio degli ebrei, la sua predeterminazione e la sua portata, non furono sufficientemente coperte dalla stampa sovietica, cosicché anche le masse ebraiche dell'Unione Sovietica difficilmente potevano rendersi conto della portata del loro pericolo. Infatti, durante tutta la guerra, ci furono poche dichiarazioni pubbliche sul destino degli ebrei sotto l'occupazione tedesca. Stalin nel suo discorso del 6 novembre 1941 (24 anniversario della Rivoluzione d'Ottobre) disse: "I nazisti sono... desiderosi di organizzare pogrom ebraici medievali come lo era il regime zarista. Il partito nazista è il partito... della reazione medievale e dei pogrom dei Cento Neri".[2583] "Per quanto ne sappiamo", scrive uno storico israeliano, "fu l'unico caso in cui Stalin menzionò pubblicamente gli ebrei durante l'intera guerra".[2584] Il 6 gennaio 1942, in una nota del Narkomindel [Commissariato del Popolo per gli Affari Esteri] composta da Molotov e indirizzata a tutti gli Stati che mantenevano relazioni diplomatiche con l'Unione Sovietica, gli ebrei vengono citati come una delle tante nazionalità sovietiche sofferenti, e vengono evidenziate le fucilazioni di ebrei a Kiev, Lvov, Odessa, Kamenetz-Podolsk, Dnepropetrovsk, Mariupol, Kerch ed elencati i numeri delle vittime. "Il terribile massacro e i pogrom sono stati inflitti dagli invasori tedeschi a Kiev, la capitale dell'Ucraina.

Un numero significativo di ebrei, compresi donne e bambini, fu radunato; prima dell'esecuzione tutti furono spogliati e picchiati e poi... fucilati con mitragliatrici. Molti omicidi di massa avvennero... in altre città ucraine, e queste sanguinose esecuzioni furono dirette in particolare contro ebrei disarmati e indifesi della classe operaia".[2585] Il 19 dicembre 1942, il governo sovietico rilasciò una dichiarazione che menzionava il "piano speciale di Hitler per lo sterminio totale della popolazione ebraica nei territori occupati d'Europa" e nella stessa Germania; "sebbene relativamente piccola, la minoranza ebraica della popolazione sovietica... ha sofferto in modo particolarmente duro per la selvaggia sete di sangue dei mostri nazisti". Ma alcune fonti sottolineano che questa dichiarazione fu in qualche modo forzata; uscì due giorni dopo che una dichiarazione simile era stata fatta dagli Alleati occidentali, e non fu ripubblicata sulla stampa sovietica come si faceva sempre durante le campagne

---

[2583] Доклад Председателя Государственного Комитета Обороны тов. И.В. Сталина на торжественном заседании Московского Совета депутатов трудящихся 6 ноября 1941 года // Правда, 1941, 7 ноября, с. 1-2.
[2584] *И. Арад*. Отношение советского руководства к Холокосту // Вестник Еврейского Ун-та..., 1995, № 2(9), с. 17.
[2585] Известия, 1942, 7 января, с. 1-2.

giornalistiche. Nel 1943, su sette rapporti della Commissione straordinaria di Stato per le indagini sulle atrocità naziste (come lo sterminio dei prigionieri di guerra sovietici e la distruzione di manufatti culturali del nostro Paese), solo un rapporto faceva riferimento a omicidi di ebrei - nella regione di Stavropol, vicino a Mineralnye Vody.[2586] E nel marzo 1944 a Kiev, durante un discorso sulle sofferenze patite dagli ucraini sotto l'occupazione, Kruscev "*non menzionò affatto gli ebrei*".[2587]

Probabilmente questo è vero. In effetti, le masse sovietiche non si resero conto della portata della catastrofe ebraica. In generale, questo era il nostro destino comune: vivere sotto il guscio impenetrabile dell'URSS e ignorare ciò che accadeva nel mondo esterno. Tuttavia, gli ebrei sovietici non potevano essere del tutto ignari degli eventi in Germania. "A metà degli anni Trenta la stampa sovietica scrisse molto sull'antisemitismo tedesco... Un romanzo di Leon Feichtwanger, *La famiglia Oppenheim*, e il film tratto dal libro, così come un altro film, *Il professor Mamlock*, dimostrarono chiaramente i pericoli che gli ebrei stavano affrontando".[2588]

In seguito ai pogrom della Notte dei Cristalli, la *Pravda* pubblicò un editoriale "I macellai e i cannibali fascisti" in cui condannava fermamente i nazisti: "Tutto il mondo civilizzato assiste con disgusto e indignazione al feroce massacro della popolazione ebraica indifesa da parte dei fascisti tedeschi. ... [Con gli stessi sentimenti] il popolo sovietico osserva gli eventi sporchi e sanguinosi in Germania.

... In Unione Sovietica, insieme ai capitalisti e ai proprietari terrieri, tutte le fonti di antisemitismo erano state spazzate via".[2589] Poi, per tutto il mese di novembre, la *Pravda* stampò quotidianamente in prima pagina notizie come "Pogrom ebraici in Germania", "Vendetta bestiale sugli ebrei", "L'ondata di proteste in tutto il mondo contro le atrocità dei teppisti fascisti". Manifestazioni di protesta contro le politiche antiebraiche di Hitler si tennero a Mosca, Leningrado, Kiev, Tbilisi, Minsk, Sverdlovsk e Stalin. La *Pravda* pubblicò un resoconto dettagliato della riunione dell'intellighenzia moscovita nella Sala Grande del Conservatorio, con i discorsi di A.N. Tolstoj, A. Korneychuk, L. Sobolev; degli Artisti del Popolo [titolo sovietico che indicava l'importanza delle arti] A.B. Goldenweiser e S.M. Mikhoels, e anche il testo di una risoluzione adottata durante la riunione: "Noi, rappresentanti dell'intellighenzia moscovita... alziamo la nostra voce di sdegno e di condanna contro le atrocità naziste e gli atti di violenza disumana contro l'indifesa popolazione ebraica della

---

[2586] С. Шварц. Евреи в Советском Союзе...*, с. 138-145.
[2587] Г. Аронсон. Еврейский вопрос в эпоху Сталина // КРЕ-2, с. 146.
[2588] С. Швейбиш. Эвакуация и советские евреи в годы Катастрофы // Вестник Еврейского Ун-та..., 1995, № 2(9), с. 47.
[2589] Правда, 1938, 18 ноября, с. 1.

Germania. I fascisti picchiano, mutilano, stuprano, uccidono e bruciano vive in pieno giorno persone che hanno la sola colpa di appartenere alla nazione ebraica".[2590] Il giorno successivo, il 29 novembre, sotto il titolo "L'intellighenzia sovietica è indignata dai pogrom ebraici in Germania", la *Pravda* produsse la copertura completa dei raduni in altre città sovietiche.

Tuttavia, dal momento della firma del Patto Ribbentrop-Molotov nell'agosto del 1939, non solo le critiche alle politiche naziste, ma anche qualsiasi informazione sulla persecuzione degli ebrei nei Paesi europei sotto il controllo tedesco scomparvero dalla stampa sovietica. "Molti messaggi... arrivavano in Unione Sovietica attraverso vari canali - intelligence, ambasciate, giornalisti sovietici. ...

Un'importante fonte di informazioni... era costituita dai rifugiati ebrei che erano riusciti ad attraversare il confine sovietico. Tuttavia, i media sovietici, compresa la stampa ebraica, mantennero il silenzio".[2591]

"Quando iniziò la guerra sovietico-tedesca e il tema dell'antisemitismo nazista venne nuovamente sollevato, molti ebrei lo considerarono propaganda", sostiene uno studioso moderno, basandosi sulle testimonianze dei sopravvissuti alla catastrofe, raccolte nell'arco di mezzo secolo. "Molti ebrei si affidavano alla propria esperienza di vita piuttosto che alla radio, ai libri e ai giornali. L'immagine dei tedeschi non è cambiata nella mente della maggior parte degli ebrei dopo la prima guerra mondiale. E allora gli ebrei consideravano il regime tedesco come uno dei più tolleranti nei loro confronti".[2592] "Molti ebrei ricordavano che durante l'occupazione tedesca del 1918 i tedeschi avevano trattato gli ebrei meglio di quanto avessero fatto con il resto della popolazione locale, e quindi gli ebrei erano rassicurati".[2593] Di conseguenza, "nel 1941, un numero significativo di ebrei rimase volontariamente nei territori occupati". E anche nel 1942, "secondo i racconti dei testimoni... gli ebrei di Voronezh, Rostov, Krasnodar e altre città aspettavano che il fronte attraversasse la loro città e speravano di continuare a svolgere il loro lavoro di medici e insegnanti, sarti e calzolai, che ritenevano sempre necessari.... Gli ebrei non potevano o non volevano evacuare anche per motivi puramente materiali".[2594]

[2590] Правда, 1938, 28 ноября, с. 2-3.
[2591] *И. Арад.* Отношение советского руководства к Холокосту // Вестник Еврейского Ун-та., 1995, № 2(9), с. 15-16.
[2592] *С. Швейбиш.* Эвакуация и советские евреи в годы Катастрофы // Вестник Еврейского Ун-та..., 1995, № 2(9), с. 47-48.
[2593] КЕЭ, т. 8, с. 223.
[2594] Там же, с. 49.

Mentre la stampa e la radio sovietiche censuravano le informazioni sulle atrocità commesse dagli occupanti contro gli ebrei, il giornale yiddish *Einigkeit* ("Unità"), pubblicazione ufficiale del Comitato antifascista ebraico (EAK), fu autorizzato a scriverne apertamente dall'estate del 1942. A quanto pare, il primo passo verso la costituzione dell'EAK fu una riunione radiofonica nell'agosto 1941 di "rappresentanti del popolo ebraico" (vi parteciparono S. Mikhoels, P. Marques, J. Ohrenburg, S. Marshak, S. Eisenstein e altre personalità). A scopo propagandistico, fu trasmesso negli Stati Uniti e in altri Paesi alleati. "L'effetto sul pubblico occidentale superò le più ottimistiche aspettative di Mosca. ... Nei Paesi alleati sorsero organizzazioni ebraiche per raccogliere fondi per le necessità dell'Armata Rossa". Il loro successo spinse il Cremlino a istituire un Comitato ebraico permanente in Unione Sovietica. "Iniziò così la cooperazione settennale delle autorità sovietiche con il sionismo mondiale".[2595]

Lo sviluppo del Comitato fu un processo difficile, fortemente dipendente dagli atteggiamenti del governo. Nel settembre 1941, un influente ex membro del Bund, Henryk Ehrlich, fu rilasciato dal carcere per guidare l'organizzazione. Nel 1917, Ehrlich era stato membro del famigerato e allora onnipotente Comitato esecutivo del Petrosoviet. In seguito, emigrò in Polonia dove fu catturato dai sovietici nel 1939. Insieme al suo compagno Alter, anch'egli membro del Bund e originario della Polonia, iniziò a preparare un progetto che mirava a mobilitare l'opinione pubblica ebraica internazionale, con una maggiore partecipazione di ebrei stranieri piuttosto che sovietici. "I membri del Bund polacco erano inebriati dalla loro libertà... e agivano sempre più audacemente. Evacuati a Kuibyshev [Samara] insieme alla burocrazia metropolitana, contattarono i rappresentanti diplomatici occidentali, anch'essi trasferiti lì,... suggerendo, in particolare, di formare una legione ebraica negli Stati Uniti per combattere sul fronte sovietico-tedesco". "Le cose sono andate così avanti che i membri del Bund polacco... hanno iniziato a pianificare da soli un viaggio in Occidente". Inoltre, entrambi gli attivisti del Bund "presumevano (e non nascondevano) di poter riformare liberalmente il sistema politico sovietico". Nel dicembre 1941, entrambi i leader del Comitato furono arrestati (Ehrlich si impiccò in prigione; Alter fu fucilato).[2596]

Tuttavia, nella primavera del 1942, il progetto del Comitato ebraico antifascista fu ripreso e fu nuovamente convocata una riunione "dei rappresentanti del popolo ebraico". Fu eletto un Comitato, questa volta esclusivamente di ebrei sovietici. Solomon Mikhoels ne divenne il

---

[2595] *В. Костырченко*. Тайная политика Сталина, с. 231.
[2596] *Г.В. Костырченко*. Тайная политика Сталина, с. 233-235.

presidente e Shakhno Epstein, "l'occhio di Stalin sugli affari ebraici e un ex fanatico bundista e poi fanatico cekista, ne divenne il segretario esecutivo". Tra i suoi membri vi erano gli autori David Bergelson, Peretz Markish, Leib Kvitko e Der Nistor; gli scienziati Lina Shtern e Frumkin, membro dell'Accademia. Il poeta Itzik Fefer divenne vicepresidente.[2597] (Quest'ultimo era un ex trotzkista che era stato graziato perché componeva poesie dedicate a Stalin; era "un importante agente dell'NKVD" e, in quanto "agente segreto di provata efficacia", gli era stato affidato un viaggio in Occidente.[2598]) Il compito di questo Comitato era lo stesso: influenzare l'opinione pubblica internazionale e "fare appello agli 'ebrei di tutto il mondo', ma in pratica si rivolgeva soprattutto agli ebrei americani",[2599] costruendo simpatie e raccogliendo aiuti finanziari per l'Unione Sovietica. (E fu il motivo principale del viaggio di Mikhoels e Fefer negli Stati Uniti nell'estate del 1943, che coincise con lo scioglimento del Comintern. Fu un successo strepitoso, che scatenò manifestazioni in 14 città degli Stati Uniti: 50.000 persone manifestarono nella sola città di New York. Mikhoels e Fefer furono ricevuti dall'ex leader sionista Chaim Weizmann e da Albert Einstein.[2600]) Tuttavia, dietro le quinte, il Comitato era gestito da Lozovskiy-Dridzo, il vice capo dell'Ufficio informazioni sovietico (Sovinformbureau); il Comitato non aveva uffici in Unione Sovietica e non poteva agire in modo indipendente; infatti, "non era tanto uno strumento di raccolta fondi per l'Armata Rossa quanto un braccio di... propaganda filosovietica all'estero".[2601]

Alcuni autori ebrei sostengono che a partire dalla fine degli anni Trenta vi fu un'occulta ma persistente eliminazione degli ebrei dai più alti ranghi della leadership sovietica in tutti i settori dell'amministrazione. Ad esempio, D. Shub scrive che nel 1943 non era rimasto un solo ebreo tra i vertici dell'NKVD, anche se "c'erano ancora molti ebrei nel Commissariato del Commercio, dell'Industria e degli Alimenti. C'erano anche parecchi ebrei nel Commissariato della Pubblica Istruzione e nell'Ufficio Estero ".[2602] Un ricercatore moderno giunge a una conclusione diversa, basata su materiali d'archivio resi disponibili negli anni Novanta: "Durante gli anni'40, il ruolo degli ebrei negli organi punitivi rimase molto

---

[2597] *Г. Аронсон.* Еврейский вопрос в эпоху Сталина // КРЕ-2, с. 148.
[2598] *Павел Судоплатов.* Спецоперации: Лубянка и Кремль: 1930-1950 годы. М.: ОЛМА-Пресс, 1997, с. 465, 470.
[2599] *С. Шварц.* Евреи в Советском Союзе..., с. 239.
[2600] *Г.В. Костырченко.* Тайная политика Сталина, с. 237-239.
[2601] *С. Шварц.* Евреи в Советском Союзе..., с. 166-170.
[2602] *Д. Шуб.* Евреи в русской революции // ЕМ-2, с. 145.

visibile, per terminare solo negli anni del dopoguerra durante la campagna contro il cosmopolitismo".[2603]

Tuttavia, non ci sono differenze di opinione riguardo al numero relativamente alto di ebrei nelle posizioni di comando dell'esercito. Il *Jewish World ha* riferito che "nell'Armata Rossa ora [durante la guerra], ci sono più di cento generali ebrei" e ha fornito un "piccolo elenco scelto a caso di tali generali", senza includere i "generali della fanteria". I nomi erano 17 (ironia della sorte, era incluso anche il "Maggiore Generale del Servizio di Ingegneria Frenkel Naftaliy Aronovich" del GULag).[2604] Un quarto di secolo più tardi, un'altra raccolta di documenti confermava l'esistenza di non meno di un centinaio di generali ebrei in piena guerra e forniva altri nomi.[2605] (Tuttavia, il volume purtroppo ometteva il "supergenerale" Lev Mekhlis - il più vicino e fidato degli scagnozzi di Stalin dal 1937 al 1940; dal 1941 era il capo dell'amministrazione politica dell'Armata Rossa. Dieci giorni dopo l'inizio della guerra, Mekhlis arrestò una dozzina di alti generali del fronte occidentale.[2606] È famoso anche per le sue misure punitive durante la guerra sovietico-finlandese e poi a Kerch, in Crimea).

La Short Jewish Encyclopedia fornisce un ulteriore elenco di quindici generali ebrei. Recentemente, un ricercatore israeliano ha pubblicato un elenco di generali e ammiragli ebrei (compresi quelli che hanno ottenuto il grado durante la guerra).

In totale, c'erano 270 generali e ammiragli! Non si tratta solo di "non pochi", ma di un numero davvero immenso. Egli annota anche quattro narkom (commissari del popolo) di guerra: oltre a Kaganovich, si tratta di Boris Vannikov (munizioni), Semien Ginzburg (costruzioni), Isaac Zaltzman (industria dei carri armati) e diversi capi delle principali amministrazioni militari dell'Armata Rossa; l'elenco contiene anche i nomi di quattro comandanti dell'esercito ebraico, comandanti di 23 corpi, 72 divisioni e 103 brigate.[2607]

"In nessun esercito degli Alleati, nemmeno in quello statunitense, gli ebrei occupavano posizioni così elevate come nell'esercito sovietico", scrive il

---

[2603] *Л.Ю. Кричевский.* Евреи в аппарате ВЧК-ОГПУ в 20-е годы // Евреи и русская революция: Материалы и исследования / Ред.-сост. О.В. Будницкий. Москва; Иерусалим: Гешарим, 1999, с. 344.

[2604] *Е. Сталинский.* Евреи в Красной армии // ЕМ-2, с. 243-245.

[2605] *Г. Аронсон.* Еврейский вопрос в эпоху Сталина //КРЕ-2, с. 143.

[2606] *В. Анфилов.* Как "оправдался" Сталин // Родина, 1991, № 6-7, с. 31; Российская Еврейская Энциклопедия (далее - РЕЭ). 2-е изд., испр. и доп. М., 1995. Т. 2, с. 276-277.

[2607] *Арон Абрамович.* В решающей войне: Участие и роль евреев СССР войне против нацизма. Тель-Авив, 1992. Т. 2, с. 536-578.

dottor I. Arad.²⁶⁰⁸ No, "l'allontanamento degli ebrei dai posti di comando" durante la guerra non è avvenuto. Né la soppressione si era ancora manifestata negli aspetti generali della vita sovietica. Nel 1944 (negli Stati Uniti) un famoso socialista Mark Vishnyak affermò che "nemmeno i nemici più accaniti dell'URSS possono dire che il suo governo coltiva l'antisemitismo".²⁶⁰⁹ *Allora* era indubbiamente vero.

Secondo *Einigkeit* (dal 24 febbraio 1945, quasi alla fine della guerra), "per il coraggio e l'eroismo in combattimento"... 63.374 ebrei furono insigniti di ordini e medaglie", e 59 ebrei divennero Eroi dell'Unione Sovietica. Secondo il giornale in lingua yiddish di Varsavia *Volksstimme*, nel 1963 il numero di ebrei insigniti di decorazioni militari durante la Seconda guerra mondiale era di 160.772, tra cui 108 Eroi dell'Unione Sovietica. ²⁶¹⁰ All'inizio degli anni'90, un autore israeliano ha fornito un elenco di nomi con date di conferma, in cui 135 ebrei sono elencati come Eroi dell'Unione Sovietica e 12 ebrei sono elencati come chevaliers dell'Ordine della Gloria. ²⁶¹¹ Informazioni simili si trovano nei tre volumi di *Saggi sull'eroismo ebraico.* ²⁶¹² Infine, le ultime ricerche d'archivio (2001) forniscono le seguenti cifre: "durante tutta la guerra 123.822 ebrei furono insigniti di decorazioni militari"; ²⁶¹³ quindi, tra tutte le nazionalità dell'Unione Sovietica, gli ebrei sono al quinto posto tra i destinatari di decorazioni, dopo russi, ucraini, bielorussi e tatari.

I. Arad afferma che "l'antisemitismo come ostacolo per gli ebrei nella loro carriera militare, nella promozione ai gradi militari superiori e nelle insegne non esisteva nell'esercito sovietico durante la guerra".²⁶¹⁴ Anche la produzione sul fronte interno per le esigenze della guerra fu molto premiata. Un enorme afflusso di ebrei sovietici nella scienza e nella tecnologia durante gli anni'30 aveva dato i suoi frutti durante la guerra. Molti ebrei lavorarono alla progettazione di nuovi tipi di armamenti e strumentazioni, alla produzione di aerei da guerra, carri armati e navi, alla ricerca scientifica, alla costruzione e allo sviluppo di imprese industriali, all'ingegneria energetica, alla metallurgia e ai trasporti. Per il loro lavoro dal 1941 al 1945 a sostegno del fronte, 180.000 ebrei sono stati insigniti di decorazioni. Tra loro c'erano scienziati, ingegneri, amministratori di vari

---

²⁶⁰⁸ *И. Арад.* Холокауст, с. 93.
²⁶⁰⁹ *М. Вишняк.* Международная конвенция против антисемитизма // ЕМ-2, с. 98.
²⁶¹⁰ *Г. Аронсон.* Еврейский вопрос в эпоху Сталина // КРЕ-2, с. 143.
²⁶¹¹ *А. Абрамович.* В решающей войне. Т. 2, с. 548-555.
²⁶¹² Очерки еврейского героизма: В 3 т. / Сост. Г.С. Шапиро, С.Л. Авербух. Киев; Тель-Авив, 1994-1997.
²⁶¹³ *Г.В. Костырченко.* Тайная политика Сталина, с. 245 (со ссылкой на бывш. Центральный партийный архив при ЦК КПСС, ныне РГАСПИ. Ф. 17, оп. 125, ед. хр. 127, л. 220).
²⁶¹⁴ *И. Арад.* Холокауст, с. 128.

livelli manageriali e operai, tra cui più di duecento insigniti dell'Ordine di Lenin; quasi trecento ebrei furono premiati con il Premio Stalin per la scienza e la tecnologia. Durante la guerra, 12 ebrei sono diventati Eroi del Lavoro Socialista, otto ebrei sono diventati membri a pieno titolo dell'Accademia delle Scienze in fisica e matematica, chimica e tecnologia, e tredici sono diventati Membri-Corrispondenti dell'Accademia.[2615]

Molti autori, tra cui S. Schwartz, notano che "il ruolo degli ebrei nella guerra è stato sistematicamente nascosto" insieme a una politica deliberata di "silenzio sul ruolo degli ebrei nella guerra". Egli cita come prova le opere di importanti scrittori sovietici come K. Simonov ("*Giorni e notti*") e V. Grossman ("*Il popolo è immortale*") dove "tra un vasto numero di cognomi di soldati, ufficiali, funzionari politici e altri, non c'è un solo nome ebraico".[2616] Naturalmente, ciò era dovuto alle restrizioni della censura, soprattutto nel caso di Grossman. (In seguito, il personale militare con nomi ebraici ricomparve nei saggi di Grossman). Un altro autore fa notare che le cartoline raffiguranti un illustre comandante di sottomarino, Israel Fisanovich, furono vendute ampiamente in tutta l'Unione Sovietica.[2617] In seguito, tali pubblicazioni furono estese; e un ricercatore israeliano elenca altri 12 ebrei, Eroi dell'Unione Sovietica, i cui ritratti furono riprodotti in massa su buste postali.[2618]

Anche se sono un veterano di quella guerra, non ho fatto molte ricerche sui libri, né ho raccolto materiali o scritto qualcosa al riguardo.

Ma ho visto ebrei al fronte. Tra loro ho conosciuto uomini coraggiosi. Per esempio, voglio menzionare in particolare due impavidi combattenti anticarro: uno di loro era il mio compagno di università, il tenente Emanuel Mazin; un altro era il giovane ex-studente Borya Gammerov (entrambi furono feriti in azione). Nella mia batteria, su 60 persone, due erano ebrei: il sergente Ilya Solomin, che ha combattuto molto bene per tutta la guerra, e il soldato Pugatch, che presto è scivolato al Dipartimento politico. Tra i venti ufficiali della nostra divisione uno era ebreo: il maggiore Arzon, capo del reparto rifornimenti. Il poeta Boris Slutsky era un vero soldato, era solito dire: "Sono pieno di fori di proiettile". Il maggiore Lev Kopelev, pur avendo prestato servizio nel Dipartimento Politico dell'Esercito (responsabile della contro-propaganda rivolta alle truppe nemiche), si lanciava senza paura in ogni possibile corpo a corpo. Un ex "Mifliyetz" Semyon Freylih, un ufficiale coraggioso, ricorda: "La guerra iniziò .... Così andai alla commissione di leva e mi arruolai nell'esercito" senza essermi

---

[2615] Л.Л. *Мининберг*. Советские евреи в науке и промышленности..., с. 18, 444-445, 452, 474-475.
[2616] *С. Шварц*. Евреи в Советском Союзе..., с. 154-156.
[2617] *Е. Сталинский*. Евреи в Красной армии // ЕМ-2, с. 250.
[2618] *А. Абрамович*. В решающей войне. Т. 2, с. 562.

laureato, perché "ci vergognavamo di non condividere le difficoltà di milioni di persone".[2619] Oppure prendiamo Lazar Lazarev, in seguito noto critico letterario, che da giovane ha combattuto al fronte per due anni fino a farsi mutilare entrambe le mani: "Era il nostro dovere e ci saremmo vergognati di sottrarci ad esso. ... era la vita, l'unica possibile date le circostanze, l'unica scelta dignitosa per le persone della mia età e della mia formazione".[2620] Boris Izrailevich Feinerman scrisse nel 1989, in risposta a un articolo di *Book Review*, che a 17 anni si arruolò volontario nel luglio 1941 in un reggimento di fanteria; in ottobre, entrambe le sue gambe furono ferite e fu fatto prigioniero di guerra; riuscì a fuggire e a uscire dall'accerchiamento nemico con le stampelle - poi naturalmente fu imprigionato per 'tradimento'" - ma nel 1943 riuscì a uscire dal campo unendosi a un plotone penale; lì combatté e poi divenne mitragliere dell'unità di fanteria d'assalto di un reggimento di carri armati e fu ferito altre due volte.

Possiamo trovare molti esempi di sacrificio in combattimento nei volumi biografici della più recente *Enciclopedia Ebraica Russa*. Shik Kordonskiy, comandante di un reggimento di mine e siluri, "ha schiantato il suo aereo in fiamme contro la nave da carico nemica"; è stato nominato postumo Eroe dell'Unione Sovietica.

Anche Wolf Korsunsky, "navigatore del reggimento aereo", divenne un Eroe dell'Unione Sovietica. Victor Hasin, "Eroe dell'Unione Sovietica... comandante di squadriglia... partecipò a 257 schermaglie aeree, abbattendo personalmente un certo numero di aerei del nemico", distruggendone altri 10 a terra; fu abbattuto sopra "il territorio occupato dal nemico, e passò diversi giorni a raggiungere e attraversare le linee del fronte. Morì in ospedale per le ferite riportate". Non si può esprimere meglio!

L'*Enciclopedia* contiene diverse decine di nomi di ebrei morti in combattimento.

Eppure, nonostante questi esempi di indiscusso coraggio, uno studioso ebreo constata amaramente "la diffusa convinzione nell'esercito e nelle retrovie che gli ebrei evitassero le unità di combattimento".[2621] Questo è un punto nocivo e doloroso. Ma, se si vogliono ignorare i punti dolenti, non si cerchi di scrivere un libro sulle prove che sono state sopportate insieme.

Nella storia, le reciproche percezioni nazionali contano. "Durante l'ultima guerra, l'antisemitismo in Russia è aumentato in modo significativo. Gli

---

[2619] S. Freilikh, Istoriia odnogo boia... [Histoire d'un combat], Kinostsenarii [Scénarios de films]. M., 1990, n° 3. p. 132.
[2620] L. Lazarev, Zapiski pojilogo tcheloveka [Note di un homme âgé], in Znamia, 2001, n °6, p. 167.
[2621] S. Schwartz, Les Juifs en Union soviétique..., p. 154.

ebrei sono stati ingiustamente accusati di aver eluso il servizio militare e, in particolare, di aver eluso il servizio in prima linea".[2622]

"Si diceva spesso degli ebrei che, invece di combattere, prendevano d'assalto le città di Alma-Ata e Tashkent".[2623] Ecco la testimonianza di un ebreo polacco che ha combattuto nell'Armata Rossa: "Nell'esercito, giovani e vecchi cercavano di convincermi che... non c'era un solo ebreo al fronte. 'Dobbiamo combattere per loro'. Mi è stato detto in modo amichevole: 'Sei pazzo. Tutta la tua gente se ne sta tranquillamente a casa. Come mai sei qui al fronte?'".[2624] I. Arad scrive: "Espressioni come 'noi siamo al fronte e gli ebrei sono a Tashkent', non si vede mai un ebreo al fronte, si sentivano sia tra i soldati che tra i civili".[2625] Lo testimonio: Sì, si sentiva tra i soldati al fronte. E subito dopo la guerra - chi non l'ha provato? - tra i nostri slavi è rimasta la sensazione dolorosa che *i nostri* ebrei avrebbero potuto agire in quella guerra in modo più abnegante, che tra i ranghi inferiori del fronte gli ebrei avrebbero potuto essere più rappresentativi.

Questi sentimenti sono facilmente imputabili (e lo sono davvero) all'ingiustificato antisemitismo russo (tuttavia, molte fonti lo imputano alla "propaganda tedesca" digerita dal nostro pubblico. Che popolo! Sono buoni solo per assorbire la propaganda - sia essa di Stalin o di Hitler - e non sono buoni per nient'altro). Ora che è passato mezzo secolo da allora. Non è forse giunto il momento di sciogliere il nodo della questione?

Non sono disponibili dati ufficiali sulla composizione etnica dell'esercito sovietico durante la Seconda guerra mondiale. Pertanto, la maggior parte degli studi sulla partecipazione ebraica alla guerra fornisce solo stime, spesso senza citare le fonti o spiegare i metodi di calcolo. Tuttavia, possiamo affermare che la cifra di 500.000 persone era già stata stabilita con certezza negli anni'90: "Il popolo ebraico ha fornito all'Armata Rossa quasi 500.000 soldati".[2626] "Durante la Seconda guerra mondiale, 550.000 ebrei servirono nell'Armata Rossa".[2627] La *Breve Enciclopedia Ebraica* nota che "solo nelle forze da campo dell'esercito sovietico c'erano più di

---

[2622] Dr. Jerzy Gliksman. Jewish Exiles in Soviet Russia (1939-1943). parte 2, luglio 1947, p. 17, in Archives du Comité juif américain de New York, cité d'après S. Schwartz, p. 157.

[2623] PEJ. t. 8. p. 223.

[2624] Rachel Erlich. Summary Report on Eighteen Intensive Interviews with Jewish DP's from Poland and the Soviet Union, October 1948. p. 27 [Archives du Comité juif américain de New York], cité d'après S. Schwartz. p. 192.

[2625] *И. Арад.* Холокауст, с. 128.

[2626] *Е. Сталинский.* Евреи в Красной армии // ЕМ-2, с. 240.

[2627] *А. Воронель.* Люди на войне, или ещё раз об уникальности Израиля // "22": Общественно-политический и литературный журнал еврейской интеллигенции из ССР в Израиле. Тель-Авив, 1984, № 34, с. 146.

500.000 ebrei", e "queste cifre non includono i partigiani ebrei che hanno combattuto contro la Germania nazista".[2628] Le stesse cifre sono citate in *Saggi sull'eroismo ebraico*, nel libro di Abramovich *Nella guerra decisiva* e in altre fonti.

Ci siamo imbattuti in un solo autore che ha cercato di giustificare la sua valutazione fornendo ai lettori i dettagli del suo ragionamento. Si tratta di un ricercatore israeliano, I. Arad, nel suo già citato libro sulla Catastrofe.

Arad conclude che "il numero totale di ebrei che combatterono nelle file dell'esercito sovietico contro i nazisti tedeschi non fu inferiore a 420.000-430.000".[2629] Egli include in questo numero "le migliaia di partigiani ebrei che combatterono contro gli invasori tedeschi nei boschi" (furono poi incorporati nell'esercito regolare nel 1944 dopo la liberazione della Bielorussia occidentale e dell'Ucraina occidentale. Allo stesso tempo, Arad ritiene che durante la guerra "circa 25.000-30.000 partigiani ebrei operarono nelle aree occupate dell'Unione Sovietica".[2630] (L'*Enciclopedia* israeliana, nell'articolo "Resistenza antinazista", fornisce una stima inferiore: "In Unione Sovietica, più di 15.000 ebrei combatterono contro i nazisti nelle organizzazioni clandestine e nelle unità partigiane".[2631]) Nei suoi calcoli, Arad ipotizza che la percentuale di ebrei mobilitati fosse uguale alla percentuale media di mobilitati per l'intera popolazione dell'URSS durante la guerra, ossia 13,0-13,5%. Questo porterebbe a 390.000-405.000 ebrei orientali (su un totale di poco più di 3 milioni), se non fosse che "in alcune aree dell'Ucraina e della Bielorussia, la percentuale di popolazione ebraica era molto alta; queste persone non furono mobilitate perché la regione fu rapidamente catturata dai tedeschi". Tuttavia, l'autore ipotizza che in generale la "carenza" di mobilitazione degli ebrei orientali fosse piccola e che, prima dell'arrivo dei tedeschi, la maggior parte dei maschi in età militare fosse ancora mobilitata - e quindi si assesta sul numero di 370.000-380.000 ebrei orientali che servirono nell'esercito. Per quanto riguarda gli ebrei occidentali, Arad ci ricorda che nel 1940 nella Bielorussia occidentale e nell'Ucraina occidentale, durante la mobilitazione dei coscritti il cui anno di nascita cadeva tra il 1919 e il 1922, vennero arruolati circa 30.000 giovani ebrei, ma il governo sovietico considerava "inaffidabili" i soldati provenienti dalle regioni occidentali appena annesse; pertanto, quasi tutti vennero trasferiti all'esercito del lavoro dopo l'inizio della guerra. "Alla fine del 1943, iniziò il processo di

---

[2628] КЕЭ, т. 1, статья "Военная служба", с. 690; т. 4, ст. "Катастрофа", с. 159. В ст. "Советский Союз" (т. 8, с. 224) КЕЭ даёт цифру 450 тыс. евреев в составе Советской армии, и ещё 25-30 тыс. в партизанских отрядах.
[2629] *И. Арад.* Холокауст, с. 102.
[2630] *И. Арад.* Холокауст, с. 86.
[2631] КЕЭ, т. 8, с. 441.

ri-mobilitazione di coloro che erano stati precedentemente trasferiti nell'Esercito del Lavoro... e tra loro c'erano anche degli ebrei". L'autore menziona che 6.000-7.000 rifugiati ebrei occidentali combatterono nelle divisioni nazionali baltiche. Aggiungendo i partigiani ebrei incorporati nell'esercito nel 1944, l'autore conclude che: "possiamo stabilire che almeno 50.000 ebrei provenienti dai territori annessi all'URSS, compresi quelli mobilitati prima della guerra, hanno servito nell'Armata Rossa". Così I. Arad arriva al numero complessivo di 420.000-430.000 ebrei in servizio militare tra il 1941 e il 1944.[2632]

Secondo Arad, il numero di 500.000 soldati comunemente utilizzato nelle fonti implicherebbe una *base generale* (500.000 coscritti estratti dall'intera popolazione ebraica) di 3.700.000-3.850.000 persone. Secondo le fonti citate, la stima massima del numero totale di ebrei orientali e occidentali sfuggiti all'occupazione tedesca era di 2.226.000 persone, e anche se si aggiungessero a questa *base tutti i* 1.080.000 ebrei orientali rimasti sotto l'occupazione, come se avessero avuto il tempo di rifornire l'esercito di tutte le persone in età militare subito prima dell'arrivo dei tedeschi - cosa che non avvenne - alla base mancherebbe ancora un mezzo milione di persone. Ciò avrebbe anche significato che il successo dell'evacuazione, di cui si è parlato sopra, fu fortemente sottovalutato.

La valutazione di Arad non presenta alcuna contraddizione. E anche se le sue singole componenti potrebbero richiedere una correzione,[2633] nel complesso si accorda sorprendentemente bene con i dati finora inediti dell'Istituto di Storia Militare, ricavati dalle fonti dell'Archivio Centrale del Ministero della Difesa. Secondo questi dati, i numeri del personale mobilitato durante la Grande Guerra Patriottica erano i seguenti:

- Russi - 19.650.000
- Ucraini - 5.320.000
- Bielorussi - 964.000
- Tartari - 511.000
- Ebrei - 434.000
- Kazaki - 341.000
- Uzbeki - 330.000

[2632] И. *Арад*. Холокауст, с. 98-102.
[2633] Скажем, нам представляется, что число "восточников", которых успели мобилизовать до прихода немцев, было несколько меньше, зато средний процент армейцев от всего населения СССР, был, возможно, несколько выше, чем рассчитанный И. Арадом.

> Altri - 2.500.000[2634]

Quindi, contrariamente a quanto si crede, il numero di ebrei nell'Armata Rossa nella Seconda Guerra Mondiale era proporzionale alla dimensione della base di mobilitazione della popolazione ebraica. La frazione di ebrei che parteciparono alla guerra in generale corrisponde alla loro proporzione nella popolazione.

Allora, le impressioni della popolazione sulla guerra erano davvero dettate dal pregiudizio antisemita? Certo, all'inizio della guerra una certa parte della popolazione anziana e di mezza età portava ancora le cicatrici degli anni Venti e Trenta. Ma gran parte dei soldati erano giovani nati a cavallo della rivoluzione o dopo di essa; la loro percezione del mondo differiva drammaticamente da quella dei loro anziani. Si confronti: durante la Prima guerra mondiale, nonostante la mania spionistica delle autorità militari nel 1915 contro gli ebrei che risiedevano vicino alle linee del fronte, non c'erano prove di antisemitismo nell'esercito russo. Nel 1914, su 5 milioni di ebrei russi,[2635] "all'inizio della prima guerra mondiale, circa 400.000 ebrei erano stati arruolati nell'esercito imperiale russo, e alla fine della guerra, nel 1917, questo numero raggiunse i 500.000".[2636] Ciò significa che allo scoppio della guerra *un* ebreo russo *su dodici* ha combattuto, mentre alla fine della guerra uno su dieci. E nella Seconda guerra mondiale, uno ogni *otto o sette*.

Allora, qual era il problema? Si può ipotizzare che le nuove disparità all'interno dell'esercito abbiano giocato il loro ruolo e che le loro influenze siano diventate più forti e più acute man mano che ci si avvicinava alla linea del fronte mortale.

Nel 1874 agli ebrei fu concessa la parità di diritti con gli altri sudditi russi per quanto riguarda la coscrizione universale, ma durante la prima guerra mondiale e fino alla Rivoluzione di febbraio fu ancora applicata la legge dello zar Alessandro II che stabiliva che gli ebrei non potessero avanzare oltre il grado di sottufficiale (sebbene non si applicasse ai medici militari). Sotto i bolscevichi, la situazione era cambiata radicalmente e durante la seconda guerra mondiale, come riassume l'*Enciclopedia* israeliana, "rispetto alle altre nazionalità dell'Unione Sovietica, gli ebrei erano rappresentati in modo sproporzionato tra gli ufficiali superiori, soprattutto

---

[2634] В ныне выходящей Военной энциклопедии едва ли не впервые приведены сведения об общем числе мобилизованных в годы Великой Отечественной Войны - 30 миллионов. См.: Военная энциклопедия: В 8 т. М.: Воениздат, 2001. Т. 5. с. 182.
[2635] КЕЭ, т. 7, с. 385.
[2636] КЕЭ, т. 1, с. 686.

a causa della maggiore percentuale di laureati tra loro".[2637] Secondo la valutazione di I. Arad, "il numero di ebrei-commissari e ufficiali politici in varie unità durante la guerra era relativamente più alto del numero di ebrei in altre posizioni dell'esercito"; "come minimo, la percentuale di ebrei nella leadership politica dell'esercito" era "tre volte superiore alla percentuale complessiva di ebrei tra la popolazione dell'URSS durante quel periodo".[2638] Inoltre, naturalmente, gli ebrei erano "tra i principali professionisti della medicina militare... tra i capi dei dipartimenti sanitari su diversi fronti. ... Ventisei generali ebrei del Corpo medico e nove generali del Corpo veterinario erano presenti nell'Armata Rossa". Trentatré generali ebrei prestarono servizio nel Corpo di Ingegneria.[2639] Naturalmente, i medici e gli ingegneri militari ebrei non occupavano solo alte cariche: "tra il personale medico militare... c'erano molti ebrei (medici, infermieri, inservienti)".[2640] Ricordiamo che nel 1926 la percentuale di ebrei tra i medici militari era del 18,6%, mentre la loro percentuale sulla popolazione maschile era dell'1,7%,[2641] e questa percentuale non poteva che aumentare durante la guerra a causa del gran numero di medici militari ebrei donne: "tradizionalmente, un'alta percentuale di ebrei nelle professioni mediche e ingegneristiche sovietiche contribuiva naturalmente al loro grande numero nelle unità militari".[2642]

Per quanto questi servizi fossero innegabilmente importanti e necessari per la vittoria *finale*, ciò che contava era che non tutti potessero sopravvivere per vederla.

Nel frattempo un soldato comune, guardando indietro dalla prima linea, vedeva fin troppo chiaramente che anche le seconde e terze file dietro il fronte erano considerate partecipanti alla guerra: tutti i quartieri generali in profondità, i fornitori, l'intero corpo medico dal battaglione medico ai livelli superiori, numerose unità tecniche dietro le linee e, naturalmente, tutti i tipi di personale di servizio e, inoltre, l'intera macchina di propaganda dell'esercito, compresi gli ensemble in tournée e le troupes di intrattenimento - tutti erano considerati veterani di guerra e, in effetti, era evidente a tutti che la concentrazione di ebrei era molto più alta lì che al fronte. Alcuni scrivono che "tra i veterani-scrittori di Leningrado", gli ebrei costituivano "secondo la valutazione più cauta e forse sottovalutata... il

---

[2637] Там же, с. 686-687.
[2638] *И. Арад.* Холокауст, с. 118.
[2639] *А. Абрамович.* В решающей войне. Т. 2, с 531-532.
[2640] КЕЭ, т. 8, с. 232.
[2641] *И. Арад.* Холокауст, с. 96.
[2642] Там же, с. 126.

31%"²⁶⁴³ - cioè, probabilmente, di più. Ma quanti di loro facevano parte della redazione? Di norma, le redazioni erano situate a 10-15 chilometri di distanza dalla linea del fronte, e anche se un corrispondente si fosse trovato al fronte durante le ostilità, nessuno lo avrebbe costretto a "mantenere la posizione", avrebbe potuto andarsene immediatamente, il che è una psicologia completamente diversa. Molti hanno sbandierato il loro status di "prima linea", ma gli scrittori e i giornalisti sono i più colpevoli. Le storie di quelli di spicco meritano un'analisi a parte. Ma quanti altri, non importanti e non famosi, si *sono* insediati nelle varie redazioni dei giornali, a tutti i livelli: fronti, eserciti, corpi e divisioni? Ecco un episodio. Dopo essersi diplomato alla scuola di mitragliatrici, il sottotenente Alexander Gershkowitz fu inviato al fronte. Ma, dopo un periodo di degenza in ospedale, "mentre stava raggiungendo la sua unità, in una stazione ferroviaria minore sentì l'odore familiare dell'inchiostro da stampa, lo seguì - e arrivò all'ufficio di un giornale a livello di divisione, che per caso aveva bisogno di un corrispondente in prima linea". E il suo destino era cambiato. (Ma cosa di raggiungere la sua unità di fanteria?) "In questa nuova posizione, percorse migliaia di chilometri di strade di guerra".²⁶⁴⁴ Naturalmente, anche i giornalisti militari perirono in guerra.

Il musicista Michael Goldstein, che ha ricevuto il "biglietto bianco" ("non idoneo") a causa della scarsa vista, scrive di sé: "Ho sempre cercato di essere al fronte, dove ho tenuto migliaia di concerti, dove ho scritto un certo numero di canzoni militari e dove spesso ho scavato trincee".²⁶⁴⁵ Spesso? Davvero? Un musicista in visita - e con una pala in mano? Da veterano di guerra, dico: un'immagine assolutamente incredibile.

Oppure ecco un'altra straordinaria biografia. Eugeniy Gershuni "nell'estate del 1941... si arruolò volontario in un'unità della milizia, dove presto organizzò un piccolo complesso pop". Chi conosce queste colonne disarmate e persino non in uniforme che marciano verso una morte certa, rimarrebbe agghiacciato. Ensemble, appunto! Nel settembre 1941, "Gershuni con il suo gruppo di artisti della milizia fu inviato al Palazzo dell'Armata Rossa di Leningrado, dove organizzò e diresse un circo di intrattenimento per le truppe". La storia si conclude "il 9 maggio 1945, quando il circo di Gershuni organizzò uno spettacolo sui gradini del Reichstag a Berlino".²⁶⁴⁶

---

²⁶⁴³ *Ю. Колкер*. [Рецензия на справочник "Ленинградские писатели-фронтовики. 1941-1945" / Сост. В. Бахтин. Л.: Сов. писатель, [1985] // Страна и мир: Обществ.-политический, экономический и культурно-философский журнал. Мюнхен, 1987, № 5, с. 138.
²⁶⁴⁴ *С. Черток* // Русская мысль, 1992, 1 мая, с. 18.
²⁶⁴⁵ *М. Гольдштейн* // Русская мысль, 1968, 1 августа, с. 10.
²⁶⁴⁶ РЕЭ, т. 1, с. 296-297.

Naturalmente, gli ebrei combatterono in fanteria e in prima linea. A metà degli anni'70, una fonte sovietica fornisce dati sulla composizione etnica di duecento divisioni di fanteria tra il 1° gennaio 1943 e il 1° gennaio 1944 e li confronta con la quota di popolazione di ciascuna nazionalità entro i confini dell'URSS prima del settembre 1939. In quel periodo, gli ebrei erano rispettivamente l'1,5% e l'1,28% in quelle divisioni, mentre la loro percentuale nella popolazione nel 1939 era dell'1,78%,[2647] . Solo a metà del 1944, quando iniziò la mobilitazione nelle aree liberate, la percentuale di ebrei scese all'1,14% perché quasi tutti gli ebrei in quelle aree furono sterminati.

Va notato che alcuni audaci ebrei presero parte alla guerra in modo ancora più fruttuoso ed energico al di fuori del fronte. Ad esempio, la famosa "Orchestra Rossa" di Trepper e Gurevich spiò il regime di Hitler dall'interno fino all'autunno del 1942, passando ai sovietici informazioni strategiche e tattiche estremamente importanti. (Entrambe le spie furono arrestate e trattenute dalla Gestapo fino alla fine della guerra; poi, dopo la liberazione, furono arrestate e imprigionate in URSS - Trepper per 10 anni e Gurevich per 15 anni.)[2648]

Ecco un altro esempio: una spia sovietica, Lev Manevich, fu ex comandante di un distaccamento speciale durante la guerra civile e poi spia a lungo termine in Germania, Austria e Italia. Nel 1936 fu arrestato in Italia, ma riuscì a comunicare con l'intelligence sovietica anche dalla prigione. Nel 1943, mentre era imprigionato nei campi nazisti con il nome di colonnello Starostin, partecipò alla clandestinità antifascista. Nel 1945 fu liberato dagli americani ma morì prima di tornare in URSS (dove avrebbe potuto facilmente affrontare la prigionia). Solo 20 anni dopo, nel 1965, gli fu conferito postumo il titolo di Eroe dell'Unione Sovietica.[2649] (Si possono trovare anche biografie molto strane, come quella di Mikhail Scheinman. Fin dagli anni Venti fu segretario provinciale del Komsomol; durante gli anni di massima espansione dell'Unione degli Atei Militanti fu impiegato presso la sua sede; poi si diplomò all'Istituto dei Professori Rossi e lavorò nel dipartimento stampa del Comitato Centrale del VKPb. Nel 1941 fu catturato dai tedeschi e sopravvisse all'intera guerra in prigionia - un ebreo e per di più commissario di alto livello! E nonostante le prove categoriche della sua colpevolezza dal punto di vista dello SMERSH [Nota del traduttore: un'organizzazione di controspionaggio di prima linea, letteralmente "Morte alle spie"], come avrebbe potuto sopravvivere se non fosse stato un traditore? Altri furono imprigionati a lungo per "crimini"

[2647] А.П. *Артемьев*. Братский боевой союз народов СССР в Великой Отечественной войне. М.: Мысль, 1975, с. 58-59.
[2648] КЕЭ, т. 8, с. 1051; *П. Судоплатов*. Спецоперации, с. 217-228.
[2649] КЕЭ, т. 5, с. 83; Очерки еврейского героизма. Т. 1, с. 405-430.

minori. Eppure non accadde nulla e nel 1946 era già impiegato al sicuro nel Museo di Storia della Religione e poi nell'Istituto di Storia dell'Accademia delle Scienze.)[2650]

Tuttavia, tali prove aneddotiche non possono costituire un argomento convincente per nessuna delle due parti e non esistono statistiche affidabili e specifiche, né è probabile che emergano in futuro.

Recentemente, un periodico israeliano ha pubblicato alcune interessanti testimonianze.

Quando un certo Jonas Degen decise di arruolarsi come volontario in un plotone del Komsomol all'inizio della guerra, un altro giovane ebreo, Shulim Dain, che Jonas invitò a unirsi a lui, rispose "che sarebbe davvero una fortuna se gli ebrei potessero limitarsi a guardare la battaglia da lontano, perché questa non è la loro guerra, anche se in effetti questa guerra potrebbe ispirare gli ebrei e aiutarli a ricostruire Israele". Quando sarò arruolato nell'esercito, andrò in guerra. Ma come volontario? Non se ne parla".[2651] E Dain non era l'unico a pensarla così; in particolare, gli ebrei più anziani e con maggiore esperienza potevano avere pensieri simili. E questo atteggiamento, soprattutto tra gli ebrei devoti all'idea eterna di Israele, è pienamente comprensibile.

Eppure è sconcertante, perché il nemico che avanzava era l'acerrimo nemico degli ebrei, che cercava soprattutto di annientarli. Come potevano Dain e le persone che la pensavano come lui rimanere neutrali? Pensavano forse che i russi non avessero altra scelta che combattere per la loro terra?

Un commentatore moderno (lo conosco personalmente - è un veterano e un ex detenuto del campo) conclude: "Anche tra i veterani più anziani di oggi non ho incontrato persone con una tale chiarezza di pensiero e profondità di comprensione" come Shulim Dain (che morì a Stalingrado): "Due mostri fascisti uniti in un abbraccio mortale". Perché dovremmo partecipare a questo?[2652]

Certo, il regime di Stalin non era migliore di quello di Hitler. Ma per gli *ebrei in guerra* questi due mostri non potevano essere uguali! Se *l'altro* mostro avesse vinto, cosa sarebbe potuto accadere agli ebrei sovietici? *Questa* guerra non era forse la guerra personale degli ebrei? Non era forse la *loro guerra patriottica* - incrociare le armi con il nemico più letale dell'intera storia ebraica? E quegli ebrei che percepivano la guerra come

---

[2650] РЭЭ, т. 3, с. 383.
[2651] В. Каган. Правильное решение* // "22". Ноябрь 1990-Январь 1991, № 74, с. 252. (Это - рецензия на книгу: И. Деген. Из дома рабства. Тель-Авив: Мория, 1986).
[2652] Там же, с. 252.

propria e che non separavano il loro destino da quello dei russi, quelli come Freylikh, Lazarev e Fainerman, il cui pensiero era opposto a quello di Shulim Dain, combatterono disinteressatamente.

Dio non voglia che io spieghi la posizione di Dain come "codardia ebraica". Sì, gli ebrei hanno dimostrato prudenza e cautela nella sopravvivenza durante tutta la storia della diaspora, ma è questa storia che spiega queste qualità.

E durante la Guerra dei Sei Giorni e le altre guerre israeliane, gli ebrei hanno dimostrato il loro eccezionale coraggio militare.

Tenendo conto di tutto ciò, la posizione di Dain può essere spiegata solo da un rilassato sentimento di doppia cittadinanza - lo stesso che già nel 1922 il professor Solomon Lurie di Pietrogrado considerava una delle principali fonti di antisemitismo (e la sua spiegazione) - un ebreo che vive in un determinato Paese *non* appartiene *solo a quel* Paese, e la sua lealtà diventa inevitabilmente divisa in due. Gli ebrei hanno "sempre nutrito atteggiamenti nazionalisti, ma l'oggetto del loro nazionalismo era l'ebraismo, non il Paese in cui vivevano".[2653] Il loro interesse per *questo* Paese è parziale. Dopo tutto, essi - anche se molti di loro solo inconsciamente - vedevano profilarsi nel futuro la *loro stessa* nazione di Israele.

E che dire delle retrovie? I ricercatori sono certi della "crescita dell'antisemitismo... durante la guerra".[2654] "La curva dell'antisemitismo in quegli anni salì di nuovo bruscamente, e le manifestazioni antisemite... per intensità e prevalenza superarono l'antisemitismo della seconda metà degli anni Venti".[2655]

"Durante la guerra, l'antisemitismo è diventato un luogo comune nella vita domestica dell'entroterra profondo sovietico".[2656]

Durante l'evacuazione, "il cosiddetto antisemitismo interno, che era rimasto dormiente dall'instaurazione della dittatura staliniana nei primi anni Trenta, si rivitalizzò sullo sfondo dell'insicurezza e della disgregazione generale e di altre difficoltà e privazioni, generate dalla guerra". [2657] Questa affermazione si riferisce principalmente all'Asia centrale, all'Uzbekistan e al Kazakistan, "soprattutto quando le masse di

---

[2653] *С.Я. Лурье.* Антисемитизм в древнем мире. Тель-Авив: Сова, 1976, с. 77 [1-е изд. - Пг.: Былое, 1922].
[2654] *В. Александрова.* Евреи в советской литературе // КРЕ-2, с. 297.
[2655] *С.М. Шварц.* Антисемитизм., с. 197.
[2656] *С. Шварц.* Евреи в Советском Союзе..., с. 6.
[2657] *Г.В. Костырченко.* Тайная политика Сталина, с. 242.

veterani feriti e invalidi vi accorsero dal fronte",²⁶⁵⁸ e proprio lì vivevano le masse di ebrei evacuati, compresi gli ebrei polacchi, che furono "strappati al loro ambiente tradizionale" dalla deportazione e che non avevano alcuna esperienza dei kolchoz sovietici. Ecco le testimonianze degli sfollati ebrei in Asia Centrale registrate subito dopo la guerra: "La bassa produttività lavorativa degli ebrei evacuati... serviva agli occhi della gente del posto come prova della presunta riluttanza caratteristica degli ebrei a impegnarsi nel lavoro fisico". ²⁶⁵⁹ "L'intensificazione degli atteggiamenti [antisemiti] fu alimentata dall'attività dei rifugiati polacchi sui mercati delle merci".²⁶⁶⁰ "Ben presto si resero conto che i loro redditi regolari derivanti dall'impiego nelle imprese industriali, nei kolchoz e nelle cooperative... non li avrebbero salvati dalla fame e dalla morte. Per sopravvivere, c'era solo un modo: il commercio sul mercato o la 'speculazione'"; quindi, era la realtà sovietica che spingeva "gli ebrei polacchi a ricorrere alle transazioni sul mercato, che gli piacesse o meno".²⁶⁶¹ "La popolazione non ebraica di Tashkent era maldisposta nei confronti degli ebrei evacuati dall'Ucraina. Alcuni dicevano: 'Guardate questi ebrei. Hanno sempre un sacco di soldi'".²⁶⁶² "Poi ci sono stati episodi di molestie e insulti nei confronti degli ebrei, minacce nei loro confronti, buttandoli fuori dalle code per il pane".²⁶⁶³ "Un altro gruppo di ebrei russi, per lo più burocrati con una notevole quantità di denaro, ha ispirato l'ostilità della gente del posto per aver gonfiato i prezzi già alti del mercato".²⁶⁶⁴

L'autore procede con sicurezza a spiegare questi fatti così: "La propaganda di Hitler arriva anche qui",²⁶⁶⁵ e non è il solo a giungere a tali conclusioni.

Che rivelazione sconcertante! Come ha potuto la propaganda hitleriana raggiungere e permeare vittoriosamente tutta l'Asia centrale, quando al fronte era a malapena percepibile con tutti quei rari e pericolosi volantini lanciati dagli aerei e quando tutti gli apparecchi radiofonici privati erano stati confiscati in tutta l'URSS?

---

²⁶⁵⁸ *С. Шварц*. Евреи в Советском Союзе..., с. 157.
²⁶⁵⁹ *Dr. Jerzy Gliksman*. Esiliati ebrei nella Russia sovietica (1939-1943). Parte 2, luglio 1947, p. 6 // Архив Американского Еврейского Комитета в Нью-Йорке. - Цит. по: *С. Шварц*. Евреи в Советском Союзе..., с. 157.
²⁶⁶⁰ *С.М. Шварц*. Антисемитизм., с. 191.
²⁶⁶¹ *Rachel Erlich*. Rapporto riassuntivo su diciotto interviste intensive con i DP ebrei della Polonia e dell'Unione Sovietica. Ottobre 1948, p. 9f // Архив Американского Еврейского Комитета в Нью-Йорк - Цит. по: *С. Шварц*. Антисемитизм., с. 192.
²⁶⁶² Там же, р. 26. - Цит. по: *С.М. Шварц*. Антисемитизм., с. 194.
²⁶⁶³ *Dr. Jerzy Gliksman*. Esiliati ebrei..., pag. 17. - Цит. по: *С.Шварц*. Евреи в Советском Союзе..., с. 159.
²⁶⁶⁴ Там же, р. 15. - Цит. по: *С.Шварц*. Евреи в Советском Союзе..., с. 159.
²⁶⁶⁵ *С. Шварц*. Евреи в Советском Союзе..., с. 157.

No, l'autore si rende conto che "c'era un'altra ragione per la crescita degli atteggiamenti antisemiti nei distretti che assorbirono *in massa* gli sfollati. Lì, l'antagonismo tra la massa generale della popolazione provinciale e i burocrati privilegiati delle città centrali del Paese si manifestò in forma sottile. L'evacuazione delle organizzazioni da quei centri verso l'entroterra fornì alla popolazione locale l'opportunità di apprezzare appieno la profondità del contrasto sociale".[2666]

Poi ci sono state quelle popolazioni che hanno vissuto l'invasione e l'occupazione tedesca, per esempio gli ucraini. Ecco una testimonianza pubblicata nel marzo 1945 nel bollettino dell'Agenzia Ebraica per la Palestina: "Gli ucraini incontrano gli ebrei di ritorno con ostilità. A Kharkov, poche settimane dopo la liberazione, gli ebrei non osano camminare da soli per le strade di notte. ... Ci sono stati molti casi di pestaggio di ebrei nei mercati locali. ... Al ritorno nelle loro case, gli ebrei hanno spesso trovato solo una parte delle loro proprietà, ma quando hanno sporto denuncia nei tribunali, gli ucraini hanno spesso testimoniato il falso contro di loro". [2667] (La stessa cosa accadeva ovunque; inoltre era comunque inutile lamentarsi in tribunale: molti degli sfollati non ebrei che rientravano trovavano anche i loro vecchi luoghi saccheggiati). "Ci sono molte testimonianze di atteggiamenti ostili nei confronti degli ebrei in Ucraina dopo la liberazione dai tedeschi". [2668] "Come conseguenza dell'occupazione tedesca, l'antisemitismo in tutte le sue forme è aumentato significativamente in tutti gli strati sociali di Ucraina, Moldavia e Lituania".[2669]

In effetti, *qui*, in questi territori, la propaganda antiebraica di Hitler funzionò bene durante gli anni dell'occupazione, eppure il punto principale era lo stesso: che sotto il regime sovietico gli ebrei si erano fusi con la classe dirigente - e così un rapporto segreto tedesco dai territori occupati nell'ottobre 1941 afferma che "l'animosità della popolazione ucraina contro gli ebrei è enorme.... vedono gli ebrei... come informatori e agenti del NKVD, che ha organizzato il terrore contro il popolo ucraino".[2670]

In generale, all'inizio della guerra, "il piano tedesco era di creare l'impressione che non fossero i tedeschi ma la popolazione locale a iniziare lo sterminio degli ebrei"; S. Schwartz ritiene che, a differenza dei resoconti

---

[2666] Там же, с. 158.
[2667] Bollettino del Comitato di soccorso dell'Agenzia ebraica per la Palestina. Marzo 1945, p. 2-3. - Цит. по: *С.Шварц*. Евреи в Советском Союзе..., с. 160.
[2668] *С. Шварц*. Евреи в Советском Союзе..., с. 184.
[2669] *Л. Шапиро*. Евреи в Советской России после Сталина // КРБ-2, с. 359.
[2670] Processo ai maggiori criminali di guerra davanti al Tribunale militare internazionale di Norimberga. 14 novembre 1945-1 ottobre 1946. - Norimberga, 1949, Vol. 38, pagg. 292-293, Doc. 102-R. - Цит. по: *С.Шварц*. Евреи в Советском Союзе..., с. 101.

della stampa di propaganda tedesca, "i resoconti tedeschi non destinati alla pubblicazione sono affidabili".[2671] Egli cita abbondantemente un rapporto dello Standartenführer SS F. Shtoleker a Berlino sulle attività delle unità SS sotto il suo comando (operanti negli Stati baltici, in Bielorussia e in alcune parti della RSFSR) per il periodo compreso tra l'inizio della guerra a Est e il 15 ottobre 1941: "Nonostante le notevoli difficoltà, siamo stati in grado di indirizzare le forze antisemite locali verso l'organizzazione di pogrom antiebraici entro alcune ore dall'arrivo [delle truppe tedesche]. ... Era necessario dimostrare che... si trattava di una reazione naturale agli anni di oppressione degli ebrei e al terrore comunista. ... Era altrettanto importante stabilire per il futuro come un fatto incontestabile e dimostrabile che ... la popolazione locale ha fatto ricorso alle misure più severe contro i bolscevichi e gli ebrei di propria iniziativa, senza prove dimostrabili di alcuna guida da parte delle autorità tedesche".[2672]

La disponibilità della popolazione locale per tali iniziative variava notevolmente nelle diverse regioni occupate. "Nell'atmosfera tesa dei Baltici, l'odio verso gli ebrei raggiunse il punto di ebollizione nel momento stesso dell'attacco di Hitler contro la Russia sovietica, il 22 giugno 1941".[2673] Gli ebrei furono accusati di collaborazione con l'NKVD nella deportazione dei cittadini baltici. L'*Enciclopedia israeliana* cita una voce del diario del medico lituano E. Budvidayte-Kutorgene: "Tutti i lituani, con poche eccezioni, sono unanimi nel loro odio per gli ebrei".[2674] Tuttavia, lo Standartenführer riferisce che "con nostra sorpresa, non è stato facile... indurre un pogrom in quel luogo". L'obiettivo fu raggiunto con l'aiuto dei partigiani lituani, che sterminarono 1.500 ebrei a Kaunas nella notte del 26 giugno e altri 2.300 nei giorni successivi; bruciarono anche il quartiere ebraico e diverse sinagoghe.[2675] "Le esecuzioni di massa degli ebrei furono condotte dalle SS e dalla polizia lituana il 29 ottobre e il 25 novembre 1941". Circa 19.000 dei 36.000 ebrei di Kaunas furono fucilati nel Forte di Nona.[2676] "In molte città e paesi lituani, tutta la popolazione ebraica fu sterminata dalla polizia locale lituana sotto il controllo tedesco nell'autunno del 1941".[2677] "Fu molto più difficile indurre le stesse operazioni di autopulizia e i pogrom in Lettonia", riferisce lo

---

[2671] *С. Шварц.* Евреи в Советском Союзе..., с. 88.
[2672] Processo ai maggiori criminali di guerra... Vol. 37, pagg. 672-683, Doc. 180-L. - Цит. по: *С. Шварц.* Евреи в Советском Союзе..., с. 89.
[2673] *И. Гар.* Евреи в Прибалтийских странах под немецкой оккупацией // КРЕ-2, с. 97.
[2674] КЕЭ, т. 8, с. 218.
[2675] Processo ai maggiori criminali di guerra... Vol. 37, p. 672-683, Doc. 180-L. Цит. по: *С.Шварц.* Евреи в Советском Союзе..., с. 89-90.
[2676] КЕЭ, т. 8, с. 218.
[2677] КЕЭ, т. 8, с. 218.

Standartenführer, perché lì "l'intera leadership nazionale, specialmente a Riga, fu distrutta o deportata dai bolscevichi".[2678] Tuttavia, il 4 luglio 1941, gli attivisti lettoni di Riga "diedero fuoco a diverse sinagoghe in cui erano stati ammassati gli ebrei. ... Circa 2.000 morirono"; nei primi giorni di occupazione, i locali assistettero alle esecuzioni da parte dei tedeschi di diverse migliaia di ebrei nella foresta di Bikernieki, vicino a Riga, e alla fine di ottobre e all'inizio di novembre alla fucilazione di circa 27.000 ebrei nella vicina stazione ferroviaria di Rumbula.[2679] In Estonia, "con un numero ridotto di ebrei nel Paese, non era possibile provocare pogrom", riferisce l'ufficiale.[2680] (Gli ebrei estoni furono distrutti senza pogrom: "In Estonia rimasero circa 2.000 ebrei.

Quasi tutti gli ebrei maschi furono giustiziati nelle prime settimane dell'occupazione dai tedeschi e dai loro collaboratori estoni. ... Gli altri furono internati nel campo di concentramento di Harku, vicino a Tallinn", e alla fine del 1941 furono tutti uccisi.[2681]

Ma la leadership tedesca fu delusa in Bielorussia. S. Schwartz: "Il fallimento dei tedeschi nell'attirare la simpatia delle ampie masse locali verso la causa dello sterminio degli ebrei... è completamente chiaro dai documenti segreti tedeschi... La popolazione si astiene invariabilmente e coerentemente da qualsiasi azione indipendente contro gli ebrei".[2682] Tuttavia, secondo i testimoni oculari di Gorodok, nell'oblast' di Vitebsk, quando il ghetto fu liquidato il 14 ottobre 1941, la "*Polizei* era peggiore dei tedeschi";[2683] e a Borisov, la "polizia russa" (secondo il rapporto, in realtà importata da Berlino) "distrusse in due giorni [20 e 21 ottobre 1941] 6.500 ebrei". È importante notare che l'autore del rapporto nota che le uccisioni di ebrei non sono state accolte con simpatia dalla popolazione locale: "Chi ha ordinato questo... Come è possibile...? Ora uccidono gli ebrei e quando toccherà a noi? Cosa hanno fatto questi poveri ebrei? Erano solo lavoratori. I veri colpevoli sono, ovviamente, scomparsi da tempo".[2684] Ed ecco il resoconto di un "fiduciario" tedesco, un bielorusso originario della Lettonia: "In Bielorussia non esiste una questione ebraica. Per loro è una

---

[2678] Processo ai maggiori criminali di guerra... Vol. 37, pagg. 672-683, Doc. 180-L. - Цит. по: *С. Шварц*. Евреи в Советском Союзе..., с. 90.

[2679] КЕЭ, т. 8, с. 218.

[2680] Processo ai maggiori criminali di guerra... Vol. 37, pagg. 672-683, Doc. 180-L. - Цит. по: *С. Шварц*. Евреи в Советском Союзе..., с. 89-90.

[2681] Уничтожение евреев СССР в годы немецкой оккупации (1941-1944): Сб. документов и материалов / Под ред. И. Арада. Иерусалим: Яд Ва-Шем, 1991, с. 12.

[2682] Processo ai maggiori criminali di guerra... Vol. 37, pagg. 672-683, Doc. 180-L. - Цит. по: *С. Шварц*. Евреи в Советском Союзе..., с. 91-92.

[2683] КЕЭ, т. 8, с. 218.

[2684] *С.М. Шварц*. Антисемитизм...*, с. 134-135.

questione puramente tedesca, non bielorussa... Tutti hanno simpatia e pietà per gli ebrei, e guardano ai tedeschi come a barbari e assassini di ebrei [Judenhenker]: un ebreo, dicono, è un essere umano proprio come un bielorusso".[2685] In ogni caso, S. Schwartz scrive che "non c'erano squadre nazionali bielorusse affiliate alle unità punitive tedesche, sebbene ci fossero squadre lettoni, lituane e miste; queste ultime arruolavano anche alcuni bielorussi".[2686]

Il progetto ebbe maggior successo in Ucraina. Fin dall'inizio della guerra, la propaganda hitleriana incitò i nazionalisti ucraini ("Combattenti di Bandera") a vendicarsi degli ebrei per l'assassinio di Petliura da parte di Schwartzbard.[2687] L'organizzazione dei nazionalisti ucraini di Bandera-Melnik (OUN) non ebbe bisogno di essere persuasa: già prima della guerra sovietico-tedesca, nell'aprile del 1941, adottò una risoluzione al suo secondo congresso di Cracovia, in cui al paragrafo 17 si legge: "Gli Yid in Unione Sovietica sono i più fedeli sostenitori del regime bolscevico al potere e l'avanguardia dell'imperialismo di Mosca in Ucraina... L'Organizzazione dei nazionalisti ucraini considera gli Yid come il pilastro del regime moscovita-bolscevico, mentre educa le masse che Mosca è il nemico principale".[2688] Inizialmente, i "Combattenti di Bandera" si allearono con i tedeschi di contro i bolscevichi. Per tutto il 1940 e la prima metà del 1941, la leadership dell'OUN si preparò a una possibile guerra tra Germania e URSS. "Allora la base principale dell'OUN era il Generalgouvernement, cioè la Polonia occupata dai nazisti. ... Lì venivano create milizie ucraine e venivano compilate liste di persone sospette, tra cui gli ebrei. In seguito queste liste furono usate dai nazionalisti ucraini per sterminare gli ebrei. ... Vennero create 'unità mobili' per l'Ucraina orientale e vennero formati battaglioni di nazionalisti ucraini, 'Rolandánd 'Nakhtigal', nell'esercito tedesco". L'OUN arrivò nell'Est [dell'Ucraina] insieme alle truppe tedesche di prima linea.

Durante l'estate del 1941 "un'ondata di pogrom ebraici si abbatté sull'Ucraina occidentale. ... con la partecipazione delle truppe di Melnyk e di Bandera. Come risultato di questi pogrom, furono uccisi circa 28.000 ebrei".[2689] Tra i documenti dell'OUN, c'è una dichiarazione di J. Stetzko

---

[2685] Там же*, с. 132.
[2686] Там же*, с. 93.
[2687] И. Шехтман. Советское еврейство в германо-советской войне // ЕМ-2, с. 235-236.
[2688] А. Вайс. Отношение некоторых кругов украинского национального движения к евреям в период Второй мировой войны* // Вестник Еврейского Ун-та..., 1995, № 2(9), с. 106.
[2689] А. Вайс. Отношение некоторых кругов украинского национального движения к евреям в период Второй мировой войны* // Вестник Еврейского Ун-та..., 1995, № 2(9), с. 105-106, 107.

(che nel luglio 1941 fu nominato capo del governo ucraino): "Gli ebrei aiutano Mosca a mantenere l'Ucraina in schiavitù e quindi sostengo lo sterminio degli ebrei e la necessità di adottare in Ucraina i metodi tedeschi di sterminio degli ebrei". A luglio si tenne a Lvov una riunione dei leader dell'OUN di Bandera, in cui si discusse, tra l'altro, delle politiche verso gli ebrei. Ci furono varie proposte: costruire la politica "sui principi della politica nazista prima del 1939. ...

Ci furono proposte di isolare gli ebrei in ghetti. ... Ma la proposta più radicale fu avanzata da Stepan Lenkavskiy, che dichiarò: 'Per quanto riguarda gli ebrei adotteremo tutte le misure che porteranno al loro sradicamento'".[2690] E finché i rapporti tra l'OUN e i tedeschi non si deteriorarono (perché la Germania non riconobbe l'autoproclamata indipendenza ucraina), ci furono "molti casi, soprattutto nel primo anno... in cui gli ucraini assistettero direttamente i tedeschi nello sterminio degli ebrei". "La polizia ausiliaria ucraina, reclutata dai tedeschi soprattutto in Galizia e in Volhynia",[2691] ebbe un ruolo speciale. "A Uman, nel settembre 1941, la polizia cittadina ucraina, comandata da alcuni ufficiali e sergenti delle SS, fucilò quasi 6.000 ebrei"; e all'inizio di novembre, a 6 km da Rovno, "le SS e la polizia ucraina massacrarono 21.000 ebrei del ghetto".[2692] Tuttavia, S. Schwartz scrive: "È impossibile capire quale parte della popolazione ucraina condividesse un antisemitismo attivo con una predisposizione ai pogrom. Probabilmente una buona parte, soprattutto gli strati più colti, non condivideva questi sentimenti". Per quanto riguarda la parte originaria dell'Ucraina sovietica [all'interno dei confini sovietici precedenti al settembre 1939], "non è stato possibile trovare alcuna prova di pogrom 'spontanei' da parte degli ucraini nei rapporti segreti tedeschi provenienti da quelle aree" ().[2693] Inoltre, "le squadre della milizia tartara in Crimea stavano sterminando anche gli ebrei".[2694]

Per quanto riguarda le regioni russe occupate dai tedeschi, questi ultimi "non potevano sfruttare i sentimenti anti-russi e l'argomento dell'imperialismo di Mosca era insostenibile; e l'argomento del giudeo-bolscevismo, privo di sostegno nel nazionalismo locale, perdeva in gran parte la sua attrattiva"; tra la popolazione russa locale "solo un numero relativamente basso di persone sosteneva attivamente i tedeschi nelle loro politiche di sterminio anti-ebraiche".[2695]

[2690] Там же, с. 106-107.
[2691] С. Шварц. Евреи в Советском Союзе..., с. 98, 101.
[2692] КЕЭ, т. 8, с. 218.
[2693] С. Шварц. Евреи в Советском Союзе..., с. 99.
[2694] А.А. Гольдштейн. Судьба евреев в оккупированной немцами Советской России // КРЕ-2, с. 74.
[2695] С. Шварц. Евреи в Советском Союзе..., с. 102.

Un ricercatore sul destino dell'ebraismo sovietico conclude: i tedeschi in Lituania e Lettonia "avevano la tendenza a mascherare le loro attività pogromiste, portando alla ribalta squadre di sterminio composte da pogromisti che emergevano sotto il patrocinio tedesco dalla popolazione locale"; ma "in Bielorussia, e in misura considerevole anche in Ucraina e soprattutto nelle aree occupate della RSFSR", i tedeschi non riuscirono nel loro intento poiché "la popolazione locale aveva per lo più deluso le speranze riposte in essa" - e lì "gli sterminatori nazisti dovettero procedere apertamente".[2696]

Il piano di Hitler per la campagna militare contro l'Unione Sovietica (Operazione Barbarossa) comprendeva "*compiti speciali* per preparare il terreno per il governo politico, con il carattere di questi compiti derivanti dalla lotta totale tra i due sistemi politici opposti". Nel maggio e giugno 1941, il Comando Supremo della Wehrmacht emanò direttive più specifiche, ordinando l'esecuzione senza processo di persone sospettate di azioni ostili contro la Germania (e di commissari politici, partigiani, sabotatori ed ebrei in ogni caso) nel teatro di Barbarossa.[2697]

Per svolgere *compiti speciali* nel territorio dell'URSS, furono istituiti quattro gruppi speciali (*Einsatzgruppen*) all'interno del Servizio di Sicurezza (SS) e della Polizia Segreta (Gestapo), che avevano unità operative (*Einsatzkommando*) numericamente pari alle compagnie. Gli *Einsatzgruppen* avanzavano insieme alle unità del fronte dell'esercito tedesco, ma riferivano direttamente al Capo della Sicurezza del Terzo Reich, Reinhard Heydrich.

L'Einsatzgruppe A (circa 1000 soldati e ufficiali SS sotto il comando dell'SS Standartenführer Dr. F. Shtoleker) del Gruppo d'Armate "Nord" operava in Lituania, Lettonia, Estonia e negli oblast di Leningrado e Pskov. Il Gruppo B (655 uomini, al comando del Brigadenführer A. Neveu) era collegato al Gruppo d'armate "Centro", che avanzava attraverso la Bielorussia e l'Oblast di Smolensk verso Mosca. Il Gruppo C (600 uomini, Standartenführer E. Rush) era collegato al Gruppo d'armate "Sud" e operava nell'Ucraina occidentale e orientale.

Il Gruppo D (600 uomini al comando dell'SS Standartenführer Prof. O. Ohlendorf) era collegato all'11ª Armata e operava nell'Ucraina meridionale, in Crimea e nelle regioni di Krasnodar e Stavropol.

Lo sterminio di ebrei e commissari ("portatori dell'ideologia giudeo-bolscevica") da parte dei tedeschi iniziò fin dai primi giorni dell'invasione del giugno 1941, anche se avvenne "in modo un po' caotico e con una

---

[2696] Там же, с. 74, 90.
[2697] Уничтожение евреев СССР в годы немецкой оккупации*, с. 4.

portata estremamente ampia".[2698] "In altri Paesi occupati dai tedeschi, l'eliminazione della popolazione ebraica procedette in modo graduale e completo. Di solito iniziava con restrizioni legali, proseguiva con la creazione di ghetti e l'introduzione del lavoro forzato e culminava con la deportazione e lo sterminio di massa. Nella Russia sovietica, tutti questi elementi erano stranamente mescolati nel tempo e nel luogo. In ogni regione, a volte anche all'interno di una stessa città, venivano utilizzati diversi metodi di vessazione... non esisteva un sistema uniforme o standardizzato".[2699] La fucilazione dei prigionieri di guerra ebrei poteva avvenire a volte subito dopo la cattura e a volte più tardi nei campi di concentramento; gli ebrei civili venivano a volte confinati nei ghetti, a volte nei campi di lavoro forzato, e in altri luoghi venivano fucilati sul posto, e ancora in altri luoghi venivano usati i "furgoni a gas". "Di norma, il luogo dell'esecuzione era un fossato anticarro, o semplicemente una fossa".[2700]

I numeri degli sterminati nelle città dell'URSS occidentale entro l'inverno del 1941 (il primo periodo di sterminio) sono impressionanti: secondo i documenti, a Vilnius su 57.000 ebrei che vivevano lì ne furono uccisi circa 40.000; a Riga su 33.000 - 27.000; a Minsk su 100.000 abitanti del ghetto - 24.000 (lì lo sterminio continuò fino alla fine dell'occupazione); a Rovno su 27.000 ebrei ne furono uccisi 21.000; a Mogilev furono fucilati circa 10.000 ebrei; a Vitebsk fino a 20.000; nei pressi del villaggio di Kiselevich furono uccisi quasi 20.000 ebrei di Bobruisk; a Berdichev 15.000.[2701]

Alla fine di settembre, i nazisti organizzarono uno sterminio di massa degli ebrei a Kiev.

Il 26 settembre distribuirono in tutta la città annunci che imponevano a tutti gli ebrei, pena la morte, di presentarsi in vari punti di raccolta. Gli ebrei, non avendo altra scelta che sottomettersi, si radunarono obbedienti, se non fiduciosi, in tutto circa 34.000; e il 29 e 30 settembre furono metodicamente fucilati a Babi Yar, depositando strati su strati di cadaveri in un grande burrone. Non c'era quindi bisogno di scavare tombe: una gigantesca emicomba!

Secondo l'annuncio ufficiale tedesco, non contestato in seguito, 33.771 ebrei furono fucilati nel corso di due giorni. Nei due anni successivi dell'occupazione di Kiev, i tedeschi continuarono a fucilare nel loro

---

[2698] *С. Шварц.* Евреи в Советском Союзе..., с. 65.
[2699] *И. Шехтман.* Советское еврейство в германо-советской войне // ЕМ-2, с. 229.
[2700] КЕЭ*, т. 8, с. 218.
[2701] От источника к источнику цифры несколько разнятся. Статистику этих истреблений, вероятно, невозможно установить точно. См. уже цитированную статью А.А. Гольдштейна в "Книге о Русском Еврействе" (1968); сборник И. Арада "Уничтожение евреев СССР в годы немецкой оккупации" (1991); статью "Советский Союз" в КЕЭ, т. 8 (1996).

burrone preferito e così *comodo*. Si ritiene che il numero dei giustiziati - non solo ebrei - abbia raggiunto forse le 100.000 unità.[2702]

Le esecuzioni a Babi Yar sono diventate un simbolo della storia mondiale. La gente fa spallucce di fronte al calcolo a sangue freddo, all'organizzazione affaristica, così tipica del 20 secolo che incorona la civiltà umanistica: durante il "selvaggio" Medioevo ci si uccideva *in massa* solo in un impeto di rabbia o nella foga della battaglia.

Va ricordato che a pochi chilometri da Babi Yar, nell'enorme campo di Darnitskiy, decine di migliaia di prigionieri di guerra sovietici, soldati e ufficiali, morirono negli stessi mesi: eppure non lo commemoriamo adeguatamente, e molti non ne sono nemmeno a conoscenza. Lo stesso vale per gli oltre due milioni di prigionieri di guerra sovietici che perirono durante i primi anni di guerra.

La catastrofe continua a mietere vittime in tutti i territori sovietici occupati. A Odessa, il 17 ottobre 1941, nel secondo giorno di occupazione da parte delle truppe tedesche e rumene, furono uccise diverse migliaia di maschi ebrei, e più tardi, dopo il bombardamento dell'Ufficio militare rumeno, si scatenò il terrore totale: circa 5.000 persone, la maggior parte delle quali ebrei e migliaia di altre, furono ammassate in un villaggio di periferia e lì giustiziate. A novembre ci fu una deportazione di massa nel distretto di Domanevskiy, dove "circa 55.000 ebrei" furono fucilati nel dicembre e gennaio del 1942.[2703] Nei primi mesi di occupazione, entro la fine del 1941, 22.464 ebrei furono uccisi a Kherson e Nikolayev; 11.000 a Dnepropetrovsk; 8.000 a Mariupol' e quasi altrettanti a Kremenchug; circa 15.000 nel Drobytsky Yar di Kharkov; e più di 20.000 a Simferopol' e nella Crimea occidentale.[2704]

Alla fine del 1941, l'Alto Comando tedesco si rese conto che il "blitz" era fallito e che si prospettava una lunga guerra. Le esigenze dell'economia di guerra richiedevano una diversa organizzazione del fronte interno. In alcuni luoghi, l'amministrazione tedesca rallentò lo sterminio degli ebrei per sfruttarne la manodopera e le competenze. "Di conseguenza, i ghetti sopravvissero in grandi città come Riga, Vilnius, Kaunas, Baranovichi, Minsk e in altre più piccole, dove molti ebrei lavoravano per le esigenze dell'economia di guerra tedesca".[2705]

Tuttavia, la richiesta di manodopera che prolungò l'esistenza di questi grandi ghetti non impedì la ripresa delle uccisioni di massa in altri luoghi nella primavera del 1942: nella Byelorussia occidentale, nell'Ucraina

---

[2702] КЭЭ, т. 1, с. 275.
[2703] КЭЭ, т. 6, с. 125-126.
[2704] Уничтожение евреев СССР в годы немецкой оккупации, с. 16.
[2705] Там же, с. 17.

occidentale, nella Russia meridionale e in Crimea, 30.000 ebrei furono deportati dalla regione di Grodno a Treblinka e Auschwitz; gli ebrei di Polesia, Pinsk, Brest-Litovsk e Smolensk furono sradicati. Durante l'offensiva estiva del 1942, i tedeschi uccisero gli ebrei locali subito dopo l'arrivo sul sito : gli ebrei di Kislovodsk, Pyatigorsk ed Essentuki furono uccisi nei fossati anticarro vicino a Mineralni'ye Vody; così morirono gli sfollati di Essentuki da Leningrado e Kishinev. Anche gli ebrei di Kerch e Stavropol furono sterminati. A Rostov-sul-Don, riconquistata dai tedeschi alla fine di luglio del 1942, tutta la popolazione ebraica rimasta fu sradicata entro l'11 agosto.

Nel 1943, dopo le battaglie di Stalingrado e Kursk, l'esito della guerra divenne chiaro. Durante la ritirata, i tedeschi decisero di sterminare tutti gli ebrei rimasti. Il 21 giugno 1943 Himmler ordinò la liquidazione dei ghetti rimasti. Nel giugno 1943 furono liquidati i ghetti di Lvov, Ternopol e Drohobych. Dopo la liberazione della Galizia orientale nel 1944, "solo 10.000-12.000 ebrei erano ancora vivi, il che costituiva circa il 2% di tutti gli ebrei rimasti sotto occupazione". Gli ebrei normodotati dei ghetti di Minsk, Lida e Vilnius furono trasferiti nei campi di concentramento in Polonia, Estonia e Lettonia, mentre gli altri furono fucilati. In seguito, durante la ritirata dall'estate del 1944 dai Paesi Baltici, alcuni degli ebrei in quei campi furono fucilati, mentre altri furono trasferiti in campi in Germania (Stutthof e altri).[2706]

Destinati allo sterminio, gli ebrei lottarono per la sopravvivenza: in molti ghetti sorsero gruppi clandestini per organizzare le fughe. Tuttavia, dopo una fuga riuscita, molto dipendeva dai residenti locali: che non tradissero gli ebrei, che fornissero loro documenti non ebraici, riparo e cibo. Nelle aree occupate, i tedeschi condannarono a morte coloro che aiutavano gli ebrei.[2707] "Ma ovunque, in tutti i territori occupati, c'erano persone che aiutavano gli ebrei. ... Ma erano pochi. Hanno rischiato la loro vita e quella delle loro famiglie. ... C'erano centinaia, forse migliaia di queste persone. Ma la maggior parte delle popolazioni locali si limitava a guardare da lontano".[2708] In Bielorussia e nei territori occupati della RSFSR, dove le popolazioni locali non erano ostili agli ebrei rimasti e dove non si verificarono mai pogrom, la popolazione locale fornì comunque meno assistenza agli ebrei rispetto all'Europa o persino "alla Polonia, il Paese... dell'antisemitismo diffuso, tradizionale e popolare".[2709] (Una sintesi di molte testimonianze simili si trova nei libri di S. Schwartz e I. Arad). Essi attribuiscono plausibilmente questo fenomeno non solo alla paura di essere

---

[2706] Там же, с. 26-27.
[2707] КЕЭ, т. 8, с. 222.
[2708] Уничтожение евреев СССР в годы немецкой оккупации, с. 24.
[2709] *С. Шварц*. Евреи в Советском Союзе..., с. 108.

giustiziati, ma anche all'abitudine di obbedire alle autorità (sviluppatasi negli anni del dominio sovietico) e di non immischiarsi negli affari degli altri.

Sì, siamo stati così oppressi, così tanti milioni sono stati strappati via da noi nei decenni precedenti, che ogni tentativo di resistenza al potere del governo era condannato, quindi ora anche gli ebrei non potrebbero ottenere il sostegno della popolazione.

Ma anche la ben organizzata clandestinità sovietica e la guerriglia diretta da Mosca fecero ben poco per salvare gli ebrei condannati. I rapporti con la guerriglia sovietica erano un problema particolarmente grave per gli ebrei dei territori occupati. Andare su nei boschi, cioè unirsi a un'unità partigiana, era per gli uomini ebrei una sorte migliore che aspettare di essere sterminati dai tedeschi. Tuttavia, l'ostilità verso gli ebrei era diffusa e spesso acuta tra i partigiani, e "c'erano alcuni distaccamenti russi che non accettavano gli ebrei per principio. Sostenevano che gli ebrei non possono e non vogliono combattere", scrive un ex partigiano ebreo, Moshe Kaganovich. Una recluta guerrigliera non ebrea veniva rifornita di armi, ma un ebreo era tenuto a fornire le proprie, e a volte venivano scambiate.

"Tra i partigiani c'è un'inimicizia pervasiva nei confronti degli ebrei. ... in alcuni distaccamenti l'antisemitismo era così forte che gli ebrei si sentivano costretti a fuggire da queste unità".[2710]

Per esempio, nel 1942 circa duecento ragazzi e ragazze ebrei fuggirono nei boschi dal ghetto dello shtetl di Mir, nell'oblast' di Grodno, e "lì incontrarono l'antisemitismo dei guerriglieri sovietici, che portò alla morte di molti di quelli che fuggirono; solo alcuni di loro riuscirono a unirsi alle squadre di guerriglieri".[2711] Oppure un altro caso: Una squadra di guerriglieri sotto il comando di Ganzenko operava nei pressi di Minsk. Fu rifornita "principalmente con fuggitivi dal ghetto di Minsk", ma il "crescente numero di ebrei nell'unità scatenò scontri antisemiti" - e quindi la parte ebraica del distaccamento si staccò.[2712] Tali azioni da parte dei guerriglieri erano apparentemente spontanee, non dirette dal centro.

Secondo Moshe Kaganovich, dalla fine del 1943 "l'influenza del personale più disciplinato arrivato dall'Unione Sovietica" era aumentata "e la situazione generale per [gli ebrei] era in qualche modo migliorata".[2713] Tuttavia, egli si lamenta del fatto che quando un territorio veniva liberato dall'avanzata delle truppe regolari sovietiche e i partigiani venivano inviati

---

[2710] Там же*, с. 121-124.
[2711] КЕЭ, т. 5, с. 366.
[2712] РЕЭ, т. 1, с. 499.
[2713] *С. Шварц*. Евреи в Советском Союзе...*, с. 127.

al fronte (il che è vero, e tutti venivano inviati indiscriminatamente), erano soprattutto gli ebrei a essere inviati[2714] - e questo è incredibile.

Tuttavia, Kaganovich scrive che gli ebrei furono talvolta assistiti direttamente dai partigiani. Ci furono persino "attacchi partigiani a piccole città per salvare gli ebrei" dai ghetti e dai campi di concentramento, e che "il movimento partigiano russo aiutò gli ebrei in fuga ad attraversare le linee del fronte. ... [E in questo modo] portarono di nascosto oltre la linea del fronte molte migliaia di ebrei che si nascondevano nelle foreste della Bielorussia occidentale per sfuggire alla carneficina". Una forza partigiana nella regione di Chernigov accolse "più di cinquecento bambini provenienti da campi di famiglie ebraiche nei boschi, li protese e si prese cura di loro... Dopo che l'Armata Rossa liberò Sarny (a Volyn), diverse squadre ruppero il fronte e inviarono bambini ebrei a Mosca". (S. Schwartz ritiene che "questi resoconti siano molto esagerati. [Ma si basano su fatti reali e meritano attenzione" ([2715]).

I campi familiari ebraici nacquero tra le masse ebraiche che fuggivano nei boschi e "c'erano molte migliaia di questi fuggitivi". Squadre armate puramente ebraiche furono formate appositamente per la protezione di questi campi. (Le armi venivano acquistate da terzi da soldati o poliziotti tedeschi). Ma come sfamarli tutti? L'unico modo era quello di prendere con la forza cibo, scarpe e vestiti, sia maschili che femminili, dai contadini dei villaggi circostanti. "Il contadino era posto tra il martello e l'incudine. Se non eseguiva la produzione minima assegnatagli, i tedeschi bruciavano la sua casa e lo uccidevano come partigiano". D'altra parte, i guerriglieri gli sottraevano con la forza tutto ciò di cui avevano bisogno"[2716] - e questo naturalmente suscitava rancore tra i contadini: vengono derubati dai tedeschi e derubati dai guerriglieri - e ora in più anche gli ebrei li derubano? E gli ebrei tolgono persino i vestiti alle loro donne?

Nella primavera del 1943, il partigiano Baruch Levin si recò in uno di questi campi familiari, nella speranza di ottenere medicinali per i suoi compagni malati. Ricorda: Tuvia Belsky "mi sembrava un eroe leggendario. ... Venendo dal popolo, riuscì a organizzare un'unità di 1.200 persone nei boschi. ... Nei giorni peggiori, quando un ebreo non poteva nemmeno sfamarsi, si prendeva cura dei malati, degli anziani e dei bambini nati nei boschi". Levin parlò a Tuvia dei partigiani ebrei: "Noi, i pochi sopravvissuti, non diamo più valore alla vita. Ora l'unico significato della nostra vita è la vendetta. È il nostro dovere: combattere i tedeschi, spazzarli via tutti fino all'ultimo". Parlai a lungo; ... mi offrii di insegnare alla gente

---

[2714] Там же*, с. 129.
[2715] С. Шварц. Евреи в Советском Союзе...*, с. 125-126.
[2716] Там же*, с. 121, 128.

di Belsky come lavorare con gli esplosivi e tutte le altre cose che io stesso avevo imparato. Ma le mie parole, ovviamente, non riuscirono a far cambiare mentalità a Tuvia... "Baruch, vorrei che tu capissi una cosa. Proprio perché siamo rimasti in pochi, per me è così importante che gli ebrei sopravvivano. E questo è il mio scopo; è la cosa più importante per me"".[2717]

E lo stesso Moshe Kaganovich, già nel 1956, in un libro pubblicato a Buenos Aires, "in tempo di pace, anni dopo la devastante sconfitta del nazismo" - mostra, secondo S. Schwartz, "un atteggiamento veramente sanguinario nei confronti dei tedeschi, un atteggiamento che sembra influenzato dalla peste hitleriana.... egli glorifica la messa a morte di prigionieri tedeschi da parte di partigiani ebrei secondo gli orribili esempi nazisti o ricorda con entusiasmo il discorso di un comandante di un'unità di guerriglia [ebraica] pronunciato davanti agli abitanti di un villaggio lituano che erano stati radunati e costretti a inginocchiarsi dai partigiani in piazza dopo un raid punitivo contro quel villaggio la cui popolazione aveva attivamente assistito i tedeschi nello sterminio degli ebrei (diverse decine di abitanti del villaggio furono giustiziati durante quel raid)".[2718] S. Schwartz scrive di questo fatto con una condanna contenuta ma chiara.

Sì, sono successe molte cose. Gli omicidi predatori richiedono vendetta, ma ogni atto di vendetta, tragicamente, pianta i semi di una nuova punizione in futuro.

Le diverse fonti ebraiche stimano in modo diverso le perdite totali degli ebrei sovietici durante la Seconda guerra mondiale (entro i confini del dopoguerra). "Quanti ebrei sovietici sono sopravvissuti alla guerra?", si chiede S. Schwartz e propone questo calcolo: 1.810.000-1.910.000 (esclusi gli ex rifugiati della Polonia occidentale e della Romania, ora rimpatriati). "I calcoli implicano che il numero di ebrei alla fine della guerra era nettamente inferiore a due milioni e molto più basso del numero quasi universalmente accettato di tre milioni".[2719] Quindi, il numero *totale* di perdite secondo Schwarz fu di 2.800.000-2.900.000.

Nel 1990 I. Arad ha fornito la sua stima: "Durante la liberazione dei territori occupati dai tedeschi... l'esercito sovietico non incontrò quasi nessun ebreo. Dei 2.750.000-2.900.000 ebrei rimasti sotto il dominio nazista [nel 1941] nei territori sovietici occupati, quasi tutti morirono". A questa cifra Arad suggerisce di aggiungere "circa 120.000 ebrei - soldati dell'esercito sovietico morti sul fronte, e circa 80.000 fucilati nei campi di prigionia", e "decine di migliaia di ebrei [che morirono] durante l'assedio di Leningrado,

---

[2717] Уничтожение евреев СССР в годы немецкой оккупации, с. 386-387.
[2718] *С. Шварц. Евреи в Советском Союзе...**, с. 132.
[2719] Там же, с. 171-173.

Odessa e altre città, e nelle retrovie profonde... a causa delle dure condizioni di vita durante l'evacuazione".[2720]

Il demografo M. Kupovetskiy ha pubblicato diversi studi negli anni'90, in cui ha utilizzato materiali d'archivio di nuova disponibilità, ha apportato alcune correzioni ai dati più vecchi e ha impiegato una tecnica migliorata per l'analisi etnodemografica.

Il risultato è che le perdite generali della popolazione ebraica all'interno dei confini dell'URSS postbellica nel periodo 1941-1945 ammontano a 2.733.000 (1.112.000 ebrei orientali e 1.621.000 occidentali), ovvero il 55% di 4.965.000 - il numero totale di ebrei in URSS nel giugno 1941. Questa cifra, oltre alle vittime dello sterminio nazista, comprende le perdite tra i militari e i guerriglieri, tra i civili vicino alla linea del fronte, durante l'evacuazione e la deportazione, nonché le vittime dei campi di Stalin durante la guerra. (Tuttavia, l'autore fa notare che la valutazione quantitativa di ciascuna di queste categorie all'interno della cifra complessiva delle vittime deve ancora essere fatta.[2721]) A quanto pare, la *Short Jewish Encyclopedia* concorda con questa valutazione, poiché fornisce lo stesso numero.[2722]

La cifra attualmente accettata per le perdite totali della popolazione sovietica durante la Grande Guerra Patriottica è di 27.000.000 (se si utilizza il "metodo del bilancio demografico", è di 26.600.000[2723]) e potrebbe essere ancora sottostimata.

Non dobbiamo dimenticare ciò che quella guerra fu per i russi. La guerra ha salvato da Hitler non solo il loro Paese, non solo l'ebraismo sovietico, ma anche l'intero sistema sociale del mondo occidentale. Questa guerra ha richiesto un tale sacrificio da parte del popolo russo che la sua forza e la sua salute non si sono mai riprese del tutto. Quella guerra ha messo a dura prova il popolo russo. È stata un'altra catastrofe che si è aggiunta a quelle di , la guerra civile e la de-kulakizzazione, e dalla quale il popolo russo si è quasi prosciugato.

La spietata e implacabile Catastrofe, che stava gradualmente divorando l'ebraismo sovietico in una moltitudine di eventi sterminatori in tutte le terre occupate, era parte di una Catastrofe più grande, progettata per sradicare l'intero ebraismo europeo.

[2720] *И. Арад*. Холокауст, с. 91.
[2721] *М. Куповецкий*. Людские потери еврейского населения... // Вестник Еврейского Ун-та., 1995, № 2(9), с. 134-155.
[2722] КЕЭ, т. 8, с. 299.
[2723] *Е.М. Андреев, Л.Е. Царский, Т.Л. Харькова*. Население Советского Союза, 1922-1991. М., 1993, с. 78.

Poiché esaminiamo solo gli eventi in Russia, la Catastrofe nel suo complesso non viene trattata in questo libro. Tuttavia, le innumerevoli miserie che hanno colpito entrambi i nostri popoli, quello ebraico e quello russo, nel 20 secolo, e il peso insopportabile delle lezioni della storia e dell'ansia per il futuro, rendono impossibile non condividere, anche se solo brevemente, alcune riflessioni su di essa, mie e di altri, e impossibile non esaminare il modo in cui le alte menti ebraiche guardano alla Catastrofe dalla prospettiva storica e il modo in cui cercano di comprenderla e comprenderla.

È per questo motivo che la "Catastrofe" viene sempre scritta con la lettera maiuscola. Fu un evento epico per un popolo così antico e storico. Non poteva non suscitare i sentimenti più forti e una grande varietà di riflessioni e conclusioni tra gli ebrei.

In molti ebrei, da tempo assimilati e allontanati dal proprio popolo, la catastrofe ha riacceso un senso più distinto e intenso della propria ebraicità.

Eppure "per molti la catastrofe è diventata la prova che Dio è morto. Se fosse esistito, certamente non avrebbe mai permesso Auschwitz".[2724] C'è poi una riflessione opposta: "Recentemente, un ex detenuto di Auschwitz ha detto: "Nei campi ci hanno dato una nuova Torah, anche se non siamo ancora riusciti a leggerla".[2725]

Un autore israeliano afferma con convinzione: "La catastrofe è avvenuta perché non abbiamo seguito l'Alleanza e non siamo tornati nella nostra terra. Dovevamo tornare nella nostra terra per ricostruire il Tempio".[2726]

Tuttavia, tale comprensione è raggiunta solo da pochissimi, anche se permea l'intero Antico Testamento.

Alcuni hanno sviluppato e covano ancora un sentimento amaro: "Una volta l'umanità si è allontanata da noi. All'epoca della catastrofe non facevamo parte dell'Occidente. L'Occidente ci ha respinto, ci ha scacciato".[2727] "Siamo sconvolti dalla quasi assoluta indifferenza del mondo e persino dell'ebraismo extraeuropeo nei confronti della condizione degli ebrei nei Paesi fascisti, così come dalla Catastrofe in Europa.

... Quale grande colpa grava sulle democrazie del mondo in generale e soprattutto sugli ebrei dei paesi democratici! ... Il pogrom di Kishinev è stato un crimine insignificante se paragonato alle atrocità tedesche, al piano di sterminio di milioni di vite ebraiche metodicamente attuato da ; eppure il pogrom di Kishinev ha scatenato una protesta più grande... Persino il

---

[2724] КЭЕ, т. 4, с. 175.
[2725] *М. Каганская*. Миф против реальности // "22", 1988, № 58, с. 144.
[2726] *Н. Гутина*. Ориентация на Храм // Там же, с. 191.
[2727] *М. Каганская*. Миф против реальности // Там же, с. 141-142.

processo Beilis a Kiev ha attirato maggiore attenzione a livello mondiale".[2728]

Ma questo è ingiusto. Dopo che il mondo si è reso conto dell'essenza e della portata della distruzione, gli ebrei hanno ricevuto un sostegno costante ed energico e una compassione appassionata da molte nazioni.

Alcuni israeliani contemporanei lo riconoscono e mettono addirittura in guardia i loro connazionali da tali eccessi: "Gradualmente, la memoria della Catastrofe ha cessato di essere solo un ricordo. È diventata l'ideologia dello Stato ebraico. ... La memoria della Catastrofe si è trasformata in una devozione religiosa, in un culto di Stato.

... Lo Stato di Israele ha assunto il ruolo di apostolo del culto della Catastrofe, il ruolo di un sacerdote che raccoglie le decime di routine dalle altre nazioni. E guai a chi si rifiuta di pagare quella decima!". E per concludere: "La peggiore eredità del nazismo per gli ebrei è il ruolo di supervittima degli ebrei".[2729]

Ecco un estratto simile di un altro autore: il culto della Catastrofe ha riempito "un vuoto nell'anima degli ebrei secolari", "da reazione a un evento del passato, il trauma della Catastrofe si è evoluto in un nuovo simbolo nazionale, sostituendo tutti gli altri simboli". E "questa 'mentalità della Catastrofe' cresce ogni anno che passa"; "se non ci riprendiamo dal trauma di Auschwitz, non diventeremo mai una nazione normale".[2730]

Tra gli ebrei, il lavoro talvolta doloroso di riesame della catastrofe non cessa mai. Ecco l'opinione di uno storico israeliano, ex detenuto di un campo sovietico: Non appartengo a quegli ebrei che sono inclini a incolpare i malvagi "goyim" per le nostre disgrazie nazionali e a considerare noi stessi come... poveri agnelli o giocattoli nelle mani di altri. Comunque non nel 20 secolo!

Al contrario, sono pienamente d'accordo con Hannah Arendt sul fatto che gli ebrei del nostro secolo hanno partecipato alla pari ai giochi storici delle nazioni e che la mostruosa catastrofe che li ha colpiti è stata il risultato non solo di complotti malvagi dei nemici dell'umanità, ma anche di enormi e fatali errori di calcolo da parte dello stesso popolo ebraico, dei suoi leader e dei suoi attivisti".[2731]

In effetti, Hannah Arendt "cercava le cause della catastrofe [anche] nell'ebraismo stesso. ... La sua tesi principale è che l'antisemitismo

---

[2728] *А. Менес.* Катастрофа и возрождение // ЕМ-2, с. 111.
[2729] *Бен-Барух.* Тень // "22", 1988, № 58, с. 197-198, 200.
[2730] *Ури Авнери.* Последняя месть Адольфа Гитлера // "22", 1993, № 85, с. 132, 134, 139.
[2731] *М. Хейфец.* Что надо выяснить во времени // "22", 1989, № 64, с. 218-219.

moderno fu una delle conseguenze dei particolari atteggiamenti degli ebrei nei confronti dello Stato e della società in Europa"; gli ebrei "si rivelarono incapaci di valutare i cambiamenti di potere in uno Stato nazionale e le crescenti contraddizioni sociali".[2732]

Alla fine degli anni'70, leggiamo nel libro di Dan Levin: "Su questo tema, sono d'accordo con il prof. Branover che ritiene che la Catastrofe sia stata in gran parte una punizione per i nostri peccati, compreso quello di aver guidato il movimento comunista. C'è qualcosa in questo".[2733]

Eppure non si osserva alcun movimento *di* questo tipo tra gli ebrei del mondo. A molti ebrei contemporanei tali conclusioni appaiono insultanti e blasfeme.

Al contrario: "Il fatto stesso della catastrofe è servito come giustificazione morale per lo sciovinismo ebraico. Le lezioni della Seconda guerra mondiale sono state apprese esattamente al contrario. ... L'ideologia del nazionalismo ebraico è cresciuta e si è rafforzata su questo terreno. Questo è terribilmente triste. Il senso di colpa e di compassione verso la nazione-vittima è diventato un'indulgenza, che assolve il peccato imperdonabile per tutti gli altri. Da qui deriva la liceità morale degli appelli pubblici a non mescolare il proprio sangue antico con quello alieno".[2734]

Alla fine degli anni'80, una pubblicista ebrea tedesca scrisse: "Oggi il capitale morale di Auschwitz è già esaurito".[2735] Un anno dopo affermava: "Il solido capitale morale acquisito dagli ebrei a causa di Auschwitz sembra essersi esaurito"; gli ebrei "non possono più procedere sulla vecchia strada sollevando pretese al mondo. Oggi il mondo ha già il diritto di dialogare con gli ebrei come con tutti gli altri"; "la lotta per i diritti degli ebrei non è più progressista della lotta per i diritti di tutte le altre nazioni. È giunto il momento di rompere lo specchio e guardarsi intorno: non siamo soli in questo mondo".[2736]

Sarebbe stato altrettanto bello se le menti russe si fossero elevate a un'autocritica altrettanto dignitosa e benevola, soprattutto nel formulare giudizi sulla storia russa del XX secolo - la brutalità del periodo rivoluzionario, la vile indifferenza dei tempi sovietici e l'abominevole saccheggio dell'era post-sovietica. E farlo nonostante l'insopportabile peso

---

[2732] *Sonja Margolina*. Das Ende der Lügen: Rußland und die Juden im 20. Jahrhundert. Berlino: Siedler Verlag, 1992, pp. 137-138.
[2733] Дан Левин. На краю соблазна: [Интервью] // "22", 1978, № 1, с. 55.
[2734] Д. Хмельницкий. Под звонкий голос крови, или самосознанием наперевес // "22", 1992, № 80, с. 175.
[2735] С. Марголина. Германия и евреи: вторая попытка // Страна и мир, 1991, № 3, с. 142.
[2736] Sonja Margolina. *Das Ende der Lügen...*, pp. 150-151.

della consapevolezza che siamo stati noi russi a rovinare la nostra storia - attraverso i nostri inutili governanti, ma anche attraverso la nostra stessa inutilità - e nonostante l'angoscia che ciò possa essere irredimibile - percepire l'esperienza russa come una possibile punizione da parte del Potere Supremo.

Capitolo 22
Dalla fine della guerra alla morte di Stalin

All'inizio degli anni Venti gli autori di una raccolta di articoli intitolata La *Russia e gli ebrei* prevedevano che "tutte queste prospettive luminose" (per gli ebrei in URSS) apparivano tali solo "se si suppone che i bolscevichi vogliano proteggerci". Ma lo faranno? Possiamo supporre che le persone che nella loro lotta per il potere hanno tradito tutto, dalla Madrepatria al comunismo, ci resteranno fedeli anche quando smetteranno di trarne vantaggio?".[2737]

Tuttavia, in un periodo così favorevole per loro come gli anni Venti e Trenta, la grande maggioranza degli ebrei sovietici scelse di ignorare questo sobrio avvertimento o semplicemente non lo ascoltò.

Eppure gli ebrei, con il loro contributo alla Rivoluzione russa, avrebbero dovuto aspettarsi che un giorno l'inevitabile contraccolpo della rivoluzione avrebbe colpito anche loro, almeno durante il suo riflusso.

Il dopoguerra divenne "gli anni delle profonde delusioni"[2738] e delle avversità per gli ebrei sovietici. Durante gli ultimi otto anni di Stalin, l'ebraismo sovietico fu messo alla prova dalle persecuzioni dei "cosmopoliti", dalla perdita di posizioni nella scienza, nelle arti e nella stampa, dalla repressione del Comitato antifascista ebraico (EAK) con l'esecuzione della sua leadership e, infine, dal "complotto dei medici".

Per la natura stessa di un regime totalitario, solo Stalin poteva avviare la campagna volta a indebolire la presenza e l'influenza degli ebrei nel sistema sovietico. Solo lui poteva fare la prima mossa.

Tuttavia, a causa della rigidità della propaganda sovietica e dell'astuzia di Stalin, non fu possibile emettere un solo suono né fare un solo passo alla luce del sole. Abbiamo già visto che la propaganda sovietica non lanciò

[2737] И.М. Бикерман. Россия и русское еврейство // Россия и евреи: Сб. 1 / Отечественное объединение русских евреев за границей. Париж: YMCA-Press, 1978, с. 80 [1-е изд. - Берлин: Основа, 1924].

[2738] С. Шварц. Евреи в Советском Союзе с начала Второй мировой войны (1939-1965). Нью-Йорк: Изд. Американского Еврейского Рабочего Комитета, 1966, с. 198.

alcun allarme sull'annientamento degli ebrei in Germania durante la guerra; anzi, insabbiò queste cose, temendo ovviamente di apparire filo-ebraica agli occhi dei propri cittadini.

La disposizione delle autorità sovietiche nei confronti degli ebrei poteva evolversi per anni senza mai emergere realmente a livello di propaganda ufficiale. I primi cambiamenti e rimescolamenti nella burocrazia iniziarono in modo poco appariscente al momento del crescente avvicinamento tra Stalin e Hitler nel 1939. A quel punto Litvinov, un ministro degli Esteri ebreo, fu sostituito da Molotov (di etnia russa) e fu avviata una "pulizia" del Ministero degli Esteri (NKID). Contemporaneamente, agli ebrei fu impedito di entrare nelle scuole diplomatiche e nelle accademie militari. Tuttavia, ci vollero ancora molti anni prima che la scomparsa degli ebrei dal NKID e il forte declino della loro influenza nel Ministero degli Affari Esteri diventassero evidenti.

A causa dell'intrinseca segretezza di tutte le mosse interne al partito sovietico, alla fine del 1942 solo pochissimi erano a conoscenza della presenza di sottili correnti antiebraiche nell'apparato dell'Agitprop, che mirava ad allontanare gli ebrei dai principali centri artistici come il Teatro Bolshoi, il Conservatorio di Mosca, e la Filarmonica di Mosca, dove, secondo la nota che Alexandrov, capo dell'Agitprop, presentò al Comitato centrale nell'estate del 1942, "tutto era quasi completamente nelle mani di non russi" e "i russi erano diventati una minoranza etnica" (corredata da una tabella dettagliata per fornire i dettagli).[2739] In seguito, ci furono tentativi di "avviare una regolamentazione nazionale dei quadri... dall'alto verso il basso, il che significava essenzialmente allontanare gli ebrei dalle posizioni dirigenziali".[2740] In linea di massima, Stalin ha regolato questo processo sostenendo o bloccando tali sforzi a seconda delle circostanze.

La tensione del periodo bellico nell'atteggiamento verso gli ebrei si manifestò anche durante la ri-evacuazione postbellica. In Siberia e in Asia centrale, i rifugiati ebrei in tempo di guerra non furono accolti dalla popolazione locale, per cui dopo la guerra si stabilirono per lo più nelle capitali delle repubbliche dell'Asia centrale, ad eccezione di coloro che si trasferirono di nuovo, non nei loro vecchi shtetls e paesi, ma nelle città più grandi.[2741]

Il flusso più consistente di profughi si è riversato in Ucraina, dove è stato accolto con ostilità dalla popolazione locale, soprattutto a causa del ritorno dei funzionari sovietici e dei proprietari di immobili residenziali di pregio.

[2739] Г.В. Костырченко. Тайная политика Сталина: Власть и антисемитизм. М.: Международные отношения, 2001, с. 259-260.
[2740] Там же, с. 310.
[2741] С. Шварц. Евреи в Советском Союзе..., с. 181-182, 195.

Questa reazione nei territori precedentemente occupati fu alimentata anche dalla propaganda incendiaria di Hitler durante l'occupazione nazista. Kruscev, capo dell'Ucraina dal 1943 (quando era Primo Segretario del Partito Comunista e allo stesso tempo Presidente del Consiglio dei Commissari del Popolo dell'Ucraina), non solo non disse nulla su questo argomento nei suoi discorsi pubblici, trattando la sorte degli ebrei durante l'occupazione con il silenzio, ma mantenne anche l'istruzione segreta in tutta l'Ucraina di non assumere ebrei in posizioni di autorità.

Secondo il racconto di una vecchia comunista ebrea, Ruzha-Godes, che sopravvisse all'intera occupazione nazista sotto l'apparenza di una polacca di nome Khelminskaya e che in seguito si vide negare l'impiego dai tanto attesi comunisti a causa della sua ebraicità, Kruscev affermò chiaramente e con la sua particolare franchezza: "In passato gli ebrei hanno commesso molti peccati contro il popolo ucraino. La gente li odia per questo. Non abbiamo bisogno di ebrei nella nostra Ucraina. Sarebbe meglio se non tornassero qui. È meglio che vadano nel Birobidzhan. Questa è l'Ucraina. E non vogliamo che gli ucraini deducano che il ritorno dell'autorità sovietica significhi il ritorno degli ebrei".[2742]

"All'inizio di settembre del 1945 un maggiore ebreo dell'NKVD fu brutalmente picchiato a Kiev da due membri dell'esercito. Egli uccise entrambi con un colpo di pistola. Questo incidente causò un massacro su larga scala di ebrei con cinque vittime".[2743] Esistono fonti documentate di altri casi simili.[2744]

Il Sotsialistichesky Vestnik scrisse che il "sentimento nazionale ebraico (esacerbato durante la guerra) ha reagito in modo eccessivo alle numerose manifestazioni di antisemitismo e all'ancor più comune indifferenza nei confronti dell'antisemitismo".[2745]

Questo motivo è così tipico - quasi quanto l'antisemitismo stesso: l'indifferenza verso l'antisemitismo era suscettibile di provocare indignazione. Sì, preoccupati dalle proprie miserie, i popoli e le nazioni spesso perdono la compassione per i problemi degli altri. E gli ebrei non fanno eccezione. Un autore moderno ha giustamente osservato che: "Spero che io, come ebreo che ha trovato le sue radici e il suo posto in Israele, non verrò accusato di apostasia se faccio notare che negli anni dei nostri terribili

---

[2742] Хрущёв и еврейский вопрос // Социалистический вестник*, Нью-Йорк, 1961, № 1, с. 19.

[2743] Краткая Еврейская Энциклопедия (далее - КЕЭ). Иерусалим: Общество по исследованию еврейских общин, 1996. Т. 8, с. 236.

[2744] Социалистический вестник, 1961, № 1, с. 19-20; Книга о русском еврействе, 1917-1967 (далее - КРЕ-2). Нью-Йорк: Союз Русских Евреев, 1968, с. 146.

[2745] Хрущёв и миф о Биробиджане // Социалистический вестник, 1958, № 7-8, с. 145.

disastri, gli intellettuali ebrei non hanno alzato la voce in difesa delle nazioni deportate della Crimea e del Caucaso".[2746]

Dopo la liberazione della Crimea da parte dell'Armata Rossa nel 1943, "nei circoli dell'élite ebraica di Mosca si cominciò a parlare di una rinascita del progetto Crimea degli anni Venti", cioè di reinsediare gli ebrei in Crimea. Il governo sovietico non scoraggiò queste aspirazioni, sperando che "gli ebrei americani sarebbero stati più generosi nelle loro donazioni per l'Armata Rossa". È molto probabile che Mikhoels e Feffer [capi del Comitato ebraico antifascista, EAK], sulla base di un accordo verbale con Molotov, abbiano negoziato con i sionisti americani il sostegno finanziario al progetto di trasferimento degli ebrei in Crimea durante il loro tour trionfale negli Stati Uniti nell'estate del 1943. L'idea di una Repubblica ebraica di Crimea fu sostenuta anche da Lozovskij, l'allora potente viceministro degli Affari esteri.[2747]

L'EAK aveva un altro progetto per una Repubblica ebraica: stabilirla al posto dell'ex Repubblica socialista sovietica autonoma tedesca del Volga (dove, come abbiamo visto nei capitoli precedenti, erano stati creati insediamenti ebraici in seguito all'esilio dei tedeschi). Ester Markish, vedova del membro dell'EAK Perets Markish, conferma che egli presentò una lettera "riguardante il trasferimento dell'ex Repubblica tedesca agli ebrei".[2748]

Nel Politburo, "Molotov, Kaganovich e Voroshilov erano i più favorevoli all'EAK".[2749] E, "secondo alcune voci, alcuni membri del Politburo... erano propensi a sostenere questa idea [della Crimea]".[2750] Il 15 febbraio 1944, Stalin ricevette un memorandum su questo piano, firmato da Mikhoels, Feffer e Epshtein. (Secondo P. Sudoplatov, sebbene la decisione di espellere i Tatari dalla Crimea fosse stata presa da Stalin in precedenza, l'ordine di eseguirla giunse a Beria il 14 febbraio [2751], quindi il memorandum era abbastanza tempestivo).

Era il punto più alto delle speranze ebraiche. G. V. Kostirenko, uno studioso di questo periodo, scrive: i leader dell'EAK "si tuffarono nell'euforia. Immaginavano (soprattutto dopo il viaggio di Mikhoels e Feffer in Occidente) che, con le dovute pressioni, avrebbero potuto

---

[2746] М. Блинкова. Знание и мнение // Стрелец, Jersey City, 1988, № 12, с. 12.
[2747] Г.В. Костырченко. Тайная политика Сталина, с. 428-429.
[2748] Э. Маркиш. Как их убивали // "22": Общественно-политический и литературный журнал еврейской интеллигенции из ССР в Израиле. Тель-Авив, 1982, № 25, с. 203.
[2749] Г.В. Костырченко. Тайная политика Сталина, с. 430.
[2750] КЕЭ, т. 4, с. 602.
[2751] Павел Судоплатов. Спецоперации: Лубянка и Кремль: 1930-1950 годы. М.: ОЛМА-Пресс, 1997, с. 466-467.

influenzare e indirizzare la politica del loro governo nell'interesse degli ebrei sovietici, proprio come fa l'élite ebraica americana".[2752]

Ma Stalin non approvò il progetto della Crimea: non gli piaceva per l'importanza strategica della Crimea. I leader sovietici si aspettavano una guerra con l'America e probabilmente pensavano che in tal caso l'intera popolazione ebraica della Crimea avrebbe simpatizzato con il nemico. (Si racconta che all'inizio degli anni Cinquanta alcuni ebrei furono arrestati e fu detto loro dagli investigatori dell'MGB [Ministero della Sicurezza di Stato, un predecessore del KGB]: "Non avete intenzione di opporvi all'America, vero? Quindi siete nostri nemici"). Kruscev condivideva questi dubbi e 10 anni dopo dichiarò a una delegazione del partito comunista canadese che esprimeva particolare interesse per la questione ebraica in URSS: La Crimea "non dovrebbe essere un centro di colonizzazione ebraica, perché in caso di guerra diventerebbe la testa di ponte del nemico".[2753] In effetti, le petizioni sull'insediamento ebraico in Crimea furono presto utilizzate come prova del "tradimento di Stato" da parte dei membri dell'EAK.

Alla fine della Seconda guerra mondiale le autorità ripresero l'idea di reinsediare gli ebrei nel Birobidzhan, in particolare gli ebrei ucraini. Dal 1946 al 1947 vi furono inviati diversi gruppi organizzati e un certo numero di famiglie indipendenti, per un totale di 5-6 mila persone.[2754] Tuttavia, molti tornarono disillusi. Il movimento di trasferimento si esaurì nel 1948. In seguito, con la svolta generale della politica staliniana, iniziarono gli arresti dei pochi attivisti ebrei di Birobidjan. (Erano accusati di inculcare artificialmente la cultura ebraica nella popolazione non ebraica e, naturalmente, di spionaggio e di aver pianificato la secessione del Birobidzhan per allearsi con il Giappone). Questa fu la fine de facto della storia della colonizzazione ebraica in Birobidzhan. Alla fine degli anni Venti era previsto il reinsediamento di 60.000 ebrei entro la fine del primo periodo quinquennale di pianificazione . Nel 1959 c'erano solo 14.000 ebrei nel Birobidzhan, meno del 9% della popolazione della regione.[2755] Tuttavia, in Ucraina la situazione era notevolmente cambiata a favore degli ebrei.

Il governo era impegnato nella feroce lotta con i combattenti separatisti di Bandera e non si occupava più dei sentimenti nazionali degli ucraini. Alla fine del 1946, il Partito Comunista "iniziò una campagna segreta contro l'antisemitismo, condizionando gradualmente la popolazione alla presenza

---

[2752] Г.В. Костырченко. Тайная политика Сталина, с. 435.
[2753] Крымское дело // Социалистический вестник, 1957, № 5, с. 98.
[2754] С.М. Шварц. Биробиджан // КРЕ-2, с. 189.
[2755] Там же, с. 192, 195-196.

di ebrei tra le autorità in diversi ambiti dell'economia nazionale". Allo stesso tempo, all'inizio del 1947, Kaganovich sostituì Krusciov come leader ufficiale del Partito Comunista Ucraino. Anche gli ebrei furono promossi nel partito, "di cui un esempio particolare fu la nomina di un ebreo... a segretario... dell'Obkom di Zhitomir".[2756]

Tuttavia, l'atteggiamento di molti ebrei nei confronti di questo governo e delle sue nuove politiche era giustamente cauto. Subito dopo la fine della guerra, quando gli ex cittadini polacchi cominciarono a tornare in Polonia, molti ebrei non polacchi "colsero frettolosamente questa opportunità" e vi si trasferirono.[2757] (Quello che accadde in seguito in Polonia è un'altra storia: nel governo fantoccio polacco del dopoguerra, nelle élite manageriali e nel KGB polacco si verificò una grande sovrarappresentazione di ebrei, che avrebbe portato ancora una volta a conseguenze miserabili per gli ebrei di Polonia. Dopo la guerra, altri Paesi dell'Europa orientale hanno assistito a conflitti simili: "Gli ebrei avevano svolto un ruolo enorme nella vita economica di tutti questi Paesi" e, sebbene avessero perso i loro beni sotto Hitler, dopo la guerra, quando "furono introdotte le leggi sulla restituzione... (esse) colpirono un numero molto elevato di nuovi proprietari". Al loro ritorno gli ebrei chiesero il ripristino delle loro proprietà e delle imprese che non erano state nazionalizzate dai comunisti e questo creò una nuova ondata di ostilità nei loro confronti.)[2758]

Nel frattempo, proprio in quegli anni si verificava il più grande evento della storia ebraica mondiale: la nascita dello Stato di Israele. Nel 1946-47, quando i sionisti erano in conflitto con la Gran Bretagna, Stalin, forse per calcolo anti-britannico o opportunisticamente nella speranza di ottenere un punto d'appoggio in quel Paese, prese le parti dei primi. Per tutto il 1947 Stalin, tramite Gromyko all'ONU, sostenne attivamente l'idea della creazione di uno Stato ebraico indipendente in Palestina e fornì ai sionisti un'importante fornitura di armi di fabbricazione cecoslovacca. Nel maggio 1948, solo due giorni dopo la dichiarazione di indipendenza di Israele, l'URSS riconobbe ufficialmente il Paese e condannò le azioni ostili degli arabi.

Tuttavia, Stalin calcolò male fino a che punto questo sostegno avrebbe rinvigorito lo spirito nazionale degli ebrei sovietici. Alcuni di loro implorarono l'EAK di organizzare una raccolta di fondi per l'esercito

---

[2756] С. Шварц. Евреи в Советском Союзе..., с. 185-186.
[2757] Там же, с. 130.
[2758] Там же, с. 217-218.

israeliano, altri desideravano arruolarsi come volontari su , mentre altri ancora volevano formare una speciale divisione militare ebraica.[2759]

In questo clima di crescente entusiasmo, Golda Meir arrivò a Mosca nel settembre del 1948 come prima ambasciatrice di Israele e fu accolta con una gioia senza precedenti nelle sinagoghe di Mosca e dalla popolazione ebraica in generale. Immediatamente, poiché lo spirito nazionale degli ebrei sovietici si alzò e crebbe enormemente a causa della catastrofe, molti di loro cominciarono a chiedere il trasferimento in Israele. A quanto pare, Stalin se lo aspettava. Eppure si scoprì che molti dei suoi cittadini desideravano fuggire in massa verso lo Stato filo-occidentale di Israele. Lì, l'influenza e il prestigio degli Stati Uniti crescevano, mentre l'URSS perdeva allo stesso tempo il sostegno dei Paesi arabi. (Tuttavia, "il raffreddamento delle relazioni [con Israele] fu reciproco. Israele si rivolse sempre più spesso all'ebraismo americano, che divenne il suo principale sostegno".)[2760]

Probabilmente perché spaventato da una tale scissione nel sentimento nazionale ebraico, Stalin cambiò drasticamente la politica nei confronti degli ebrei a partire dalla fine del 1948 e per il resto dei suoi anni. Iniziò ad agire nel suo tipico stile: con calma ma con determinazione, colpì al cuore, ma con movimenti minimi visibili solo in superficie.

Tuttavia, mentre le piccole increspature visibili non avevano molta importanza, i leader ebrei avevano molte ragioni per essere preoccupati, poiché sentivano la paura che aleggiava nell'aria. L'allora direttore del giornale polacco-ebraico Folkshtimme, Girsh Smolyar, ricordò il "panico che colse gli ebrei comunisti sovietici dopo la guerra".

Emmanuel Kazakevitch e altri scrittori ebrei erano angosciati. Smolyar aveva visto sul tavolo di Ehrenburg "una montagna di lettere - letteralmente un urlo di dolore per gli attuali atteggiamenti antiebraici in tutto il Paese".[2761]

Tuttavia Ehrenburg conosceva molto bene il suo lavoro e lo portò a termine. (Come si seppe molto più tardi, fu proprio allora che venne distrutta la copia pre-pubblicazione del Libro Nero compilato da I. Ehrenburg e B. Grossman, che descriveva le uccisioni di massa e le sofferenze degli ebrei sovietici durante la guerra sovietico-tedesca). Inoltre, il 21 settembre 1948, come contraltare all'arrivo trionfale di Golda Meir, la Pravda pubblicò un ampio articolo commissionato da Ehrenburg

---

[2759] Г.В. Костырченко. Тайная политика Сталина, с. 403-404.
[2760] С. Цирюльников. СССР, евреи и Израиль // Время и мы (далее - ВМ): Международный журнал литературы и общественных проблем. Нью-Йорк, 1987, № 96, с. 156.
[2761] С. Цирюльников. СССР, евреи и Израиль // ВМ, Нью-Йорк, 1987, № 96, с. 150.

in cui si affermava che gli ebrei non sono affatto una nazione e che sono destinati ad assimilarsi.[2762] Questo articolo creò sconcerto non solo tra gli ebrei sovietici, ma anche in America. Con l'inizio della Guerra Fredda, "la discriminazione degli ebrei in Unione Sovietica" divenne una delle principali carte vincenti antisovietiche dell'Occidente. (Così come l'inclinazione dell'Occidente verso i vari movimenti separatisti etnici in URSS, una simpatia che in precedenza non aveva mai ottenuto sostegno tra gli ebrei sovietici).

Tuttavia, l'EAK, che era stato creato per affrontare le questioni legate alla guerra, continuò a guadagnare influenza. A quel punto contava circa 70 membri, aveva un proprio apparato amministrativo, un giornale e una casa editrice. Funzionava come una sorta di agente spirituale e fisico di tutti gli ebrei sovietici di fronte al CK (Comitato Centrale) del VKPb (Partito Comunista Bolscevico di tutta la Russia), così come di fronte all'Occidente. "I dirigenti dell'EAK potevano fare e avere molto: uno stipendio decente, l'opportunità di pubblicare e raccogliere royalties all'estero, di ricevere e ridistribuire doni dall'estero e, infine, di viaggiare all'estero". L'EAK divenne il centro di cristallizzazione di un'élite e di un'alta classe, inizialmente, e poi di un movimento nazionale ebraico in ampia crescita",[2763] un simbolo nascente dell'autonomia nazionale ebraica. Per Stalin, l'EAK divenne un problema da affrontare.

Cominciò con la figura più importante, il capo dell'Ufficio informazioni sovietico (Sovinformburo), Lozovskij, che, secondo Feffer (che era vicepresidente dell'EAK dal luglio 1945), era "il leader spirituale dell'EAK... conosceva tutte le sue attività e ne era il capo per tutti gli scopi pratici".

Nell'estate del 1946, una speciale commissione di controllo dell'Agitprop della CK [del VKPb] ispezionò il Sovinformburo e scoprì che "l'apparato è inquinato... [c'è] una concentrazione intollerabile di ebrei". Lozovskij fu espulso dalla carica di viceministro degli Esteri (proprio come Litvinov e Maisky) e nell'estate del 1947 perse anche il posto di capo del Sovinformburo.[2764]

In seguito, il destino dell'EAK fu segnato. Nel settembre del 1946, la commissione di revisione contabile del Comitato Centrale concluse che l'EAK, invece di "condurre una rigorosa guerra ideologica offensiva contro la propaganda occidentale e soprattutto sionista... sostiene la posizione dei sionisti borghesi e del Bund e in realtà... combatte per l'idea reazionaria di una nazione ebraica unita". Nel 1947, il Comitato Centrale dichiarò che "il

---

[2762] И. Эренбург. По поводу одного письма // Правда, 1948, 21 сентября, с. 3.
[2763] Г.В. Костырченко. Тайная политика Сталина, с. 353, 398.
[2764] Там же*, с. 361, 363-364.

lavoro tra la popolazione ebraica dell'Unione Sovietica non è una responsabilità" dell'EAK. "Il compito dell'EAK era quello di concentrarsi sulla "lotta decisiva contro l'aggressione dei reazionari internazionali e dei loro agenti sionisti".[2765]

Tuttavia, questi eventi coincisero con la posizione pro-Israele dell'URSS e l'EAK non fu sciolto. D'altra parte, il presidente dell'EAK Mikhoels, che era "il leader informale dell'ebraismo sovietico, dovette togliersi le illusioni sulla possibilità di influenzare la politica nazionale del Cremlino influenzando i parenti del dittatore". In questo caso, i sospetti ricaddero soprattutto su Grigory Morozov, genero di Stalin. Tuttavia, l'aiuto più attivo all'EAK fu fornito dalla moglie di Molotov, P.S. Zhemchyzhina, che fu arrestata all'inizio del 1949, e dalla moglie di Voroshilov, "Ekaterina Davidovna (Golda Gorbman), una bolscevica fanatica, che era stata espulsa dalla sinagoga in gioventù".

Abakumov ha riferito che Mikhoels era sospettato di "raccogliere informazioni private sul leader".[2766] In generale, secondo l'MGB, egli "dimostrò un interesse eccessivo per la vita privata del capo del governo sovietico", mentre i leader dell'EAK "raccolsero materiale sulla vita personale di J. Stalin e della sua famiglia su ordine dell'intelligence statunitense".[2767] Tuttavia, Stalin non poteva rischiare un processo aperto contro il tremendamente influente Mikhoels, così Mikhoels fu assassinato nel gennaio 1948 con la scusa di un incidente. Gli ebrei sovietici furono scioccati e terrorizzati dalla scomparsa del loro leader spirituale.

L'EAK fu poi gradualmente smantellato. Alla fine del 1948 i suoi locali furono chiusi, tutti i documenti furono portati alla Lubyanka e il suo giornale e la sua casa editrice furono chiusi. Feffer e Zuskin, le figure chiave dell'EAK, furono arrestati segretamente poco dopo e questi arresti furono negati per molto tempo. Nel gennaio 1949 fu arrestato Lozovsky, seguito a febbraio da altri importanti membri dell'EAK. Nel corso del 1949 furono interrogati intensamente, ma nel 1950 le indagini si bloccarono.

(Tutto ciò coincise [secondo la concezione staliniana dell'equilibrio] con l'annientamento delle tendenze nazionaliste russe nella leadership del governo di Leningrado - il cosiddetto "gruppo antipartito di Kuznetsov-Rodionov-Popkov", ma questi sviluppi, la loro repressione e il significato di questi eventi sono stati ampiamente trascurati dagli storici, anche se "circa duemila funzionari del partito furono arrestati e successivamente giustiziati"[2768] nel 1950 in relazione all'"Affare di Leningrado").

[2765] Там же, с. 366, 369.
[2766] Г.В. Костырченко. Тайная политика Сталина, с. 376, 379, 404.
[2767] КЕЭ, т. 8, с. 243.
[2768] Там же, с. 248.

Nel gennaio 1948, Stalin ordinò di eliminare gli ebrei dalla cultura sovietica. Nel suo solito modo sottile e subdolo, l'"ordine" giunse attraverso un editoriale di rilievo sulla *Pravda*, che apparentemente trattava di una questione insignificante, "a proposito di un gruppo di critici teatrali contrari al Partito".[2769] (Un articolo più deciso su *Kultura i Zhizn* seguì il giorno successivo[2770]). Il punto chiave era la "decodifica" dei cognomi russi delle celebrità ebraiche. In URSS, "molti ebrei camuffano le loro origini ebraiche con tali artifizi", cosicché "è impossibile capire i loro veri nomi", spiega il direttore di una moderna rivista ebraica.[2771]

Questo articolo della *Pravda* ha avuto una lunga ma oscura preistoria. Nei rapporti del Comitato Centrale del 1946 si notava già "che su ventotto critici teatrali molto pubblicizzati, solo sei sono russi. Era implicito che la maggior parte degli altri fossero ebrei". Sentendo odore di guai, ma ancora "supponendo di essere investiti della massima fiducia del Partito, alcuni critici teatrali, sicuri della vittoria, affrontarono apertamente Fadeev" nel novembre 1946.[2772] Fadeev era l'onnipotente capo dell'Unione degli Scrittori Sovietici e il preferito di Stalin. E così subirono una sconfitta. Poi il caso si arenò per molto tempo e riemerse solo nel 1949.

La campagna proseguì attraverso i giornali e le riunioni di partito. G. Aronson, studiando la vita ebraica "nell'era di Stalin", scrive: "L'obiettivo di questa campagna era di allontanare gli intellettuali ebrei da tutte le nicchie della vita sovietica.

Gli informatori rivelavano gongolanti i loro soprannomi. Si scoprì che E. Kholodov è in realtà Meyerovich, Jakovlev è Kholtsman, Melnikov è Millman, Jasny è Finkelstein, Vickorov è Zlochevsky, Svetov è Sheidman e così via. *Literaturnaya Gazeta ha* lavorato diligentemente su queste rivelazioni".[2773]

È innegabile che Stalin abbia toccato il punto più grave, quello che più ha infastidito l'opinione pubblica. Tuttavia, Stalin non fu così semplice da dire semplicemente "gli ebrei".

Dal primo attacco ai "gruppi di critici teatrali" è scaturita una campagna ampia e sostenuta contro i "cosmopoliti" (con la loro inerziale ottusità sovietica hanno abusato di questo termine innocente, rovinandolo). Senza eccezione, tutti i "cosmopoliti" sotto attacco erano ebrei. Venivano scoperti ovunque. Poiché erano tutti fedeli cittadini sovietici mai sospettati di

---

[2769] Правда, 1949, 28 января, с. 3.
[2770] На чуждых позициях: (О происках антипатриотической группы театральных критиков) // Культура и жизнь, 1949, 30 января, с. 2-3.
[2771] В. Перельман. ...Виноваты сами евреи // ВМ, Тель-Авив, 1977, № 23, с. 216.
[2772] Г.В. Костырченко. Тайная политика Сталина, с. 321, 323.
[2773] Г. Аронсон. Еврейский вопрос в эпоху Сталина // КРЕ-2, с. 150.

qualcosa di antisovietico, sopravvissero alle grandi purghe di Yezhov e Yagoda.

Alcuni erano persone molto esperte e influenti, talvolta eminenti nei loro campi di competenza". [2774] L'esposizione dei "cosmopoliti" si è poi trasformata in una ridicola, persino idiota glorificazione della "supremazia" russa in tutti i settori della scienza, della tecnologia e della cultura.

Eppure i "cosmopoliti" di solito non venivano arrestati, ma venivano umiliati pubblicamente, licenziati dalle case editrici, dalle organizzazioni ideologiche e culturali, dalla TASS, dal Glavlit, dalle scuole di letteratura, dai teatri, dalle orchestre; alcuni venivano espulsi dal partito e la pubblicazione delle loro opere veniva spesso scoraggiata.

E la campagna pubblica si espandeva, estendendosi a nuovi campi e compromettendo nuovi nomi. La pulizia antiebraica dei "cosmopoliti" fu condotta negli istituti di ricerca dell'Accademia delle Scienze: L'Istituto di Filosofia (con la sua lunga storia di lotte intestine tra diverse cricche), gli Istituti di Economia, di Giurisprudenza, nell'Accademia delle Scienze Sociali presso il CK del VKPb, nella Scuola di Giurisprudenza (per poi estendersi all'ufficio del Pubblico Ministero).

Così, nel Dipartimento di Storia della MGU (Università Statale di Mosca), persino un fedele comunista e falsificatore di lunga data, I. I. Minz, membro dell'Accademia, che godeva della fiducia personale di Stalin ed era stato insignito di premi staliniani e presiedeva contemporaneamente dipartimenti storici in diverse università, è stato etichettato come "il capo dei cosmopoliti della scienza storica". In seguito, numerosi posti scientifici alla MGU furono "liberati" dai suoi ex studenti e da altri professori ebrei.[2775]

Le epurazioni degli ebrei dai settori tecnici e dalle scienze naturali stavano gradualmente prendendo piede. "La fine del 1945 e tutto il 1946 furono relativamente tranquilli per gli ebrei di questo particolare gruppo sociale". L. Mininberg ha studiato il contributo degli ebrei alla scienza e all'industria sovietica durante la guerra: "Nel 1946, il primo colpo serio dalla fine della guerra fu inferto all'amministrazione e fu creato un grande 'caso'. Le sue vittime principali erano principalmente russi... non c'erano ebrei tra loro", anche se "i rapporti investigativi contenevano testimonianze contro Israel Solomonovitch Levin, direttore dello stabilimento aeronautico di Saratov. Egli era accusato di aver impedito a due reggimenti dell'aviazione di decollare durante la battaglia di Stalingrado a causa di difetti di

---

[2774] Г. Аронсон. Еврейский вопрос в эпоху Сталина // КРЕ-2, с. 150.
[2775] А. Некрич. Поход против "космополитов" в МГУ // Континент: Литературный, обществ.-политический и религиозный журнал. Париж, 1981, № 28, с. 301-320.

fabbricazione degli aerei prodotti dallo stabilimento. L'accusa era reale, non inventata dagli investigatori. Tuttavia, Levin non fu né licenziato né arrestato". Nel 1946, "B.L. Vannikov, L.M. Kaganovich, S.Z. Ginzburg, L.Z. Mekhlis mantennero tutti i loro incarichi ministeriali nel governo appena formato... Quasi tutti gli ex viceministri ebrei mantennero anche le loro posizioni come assistenti dei ministri". Le prime vittime tra l'élite tecnica ebraica apparvero solo nel 1947.[2776]

Nel 1950, l'accademico A. F. Ioffe "fu costretto a ritirarsi dalla carica di direttore dell'Istituto di ingegneria fisica, che aveva organizzato e diretto fin dalla sua nascita nel 1918". Nel 1951 erano stati licenziati 34 direttori e 31 ingegneri principali di impianti aeronautici. "Questa lista conteneva soprattutto ebrei". Se nel 1942 c'erano quasi quaranta direttori e ingegneri principali ebrei nel Ministero delle Costruzioni di Macchine Generali (Ministero dell'Artiglieria da Mortaio), nel 1953 ne rimanevano solo tre. Nell'esercito sovietico, "le autorità sovietiche perseguitarono non solo i generali ebrei, ma anche gli ufficiali di grado inferiore che lavoravano allo sviluppo della tecnologia militare e degli armamenti furono rimossi".[2777]

Così, le "campagne di epurazione" si estesero alle industrie della difesa, della costruzione di aerei e dell'automobile (anche se non riguardarono il settore nucleare), rimuovendo principalmente gli ebrei dalle posizioni amministrative, dirigenziali e di ingegneria principale; in seguito l'epurazione si estese a varie burocrazie.

Eppure il vero denominatore etnico non è mai stato menzionato nelle carte ufficiali. Al contrario, i funzionari licenziati sono stati accusati di crimini economici o di avere parenti all'estero in un momento in cui si prevedeva un conflitto con gli Stati Uniti, oppure sono state addotte altre scuse. Le campagne di epurazione si sono estese alle città centrali e alle province. I metodi di queste campagne erano notoriamente sovietici, nello spirito degli anni '30: la vittima veniva sommersa in un'atmosfera di terrore feroce e di conseguenza spesso cercava di sviare la minaccia su di sé accusando altri.

Ripetendo l'ondata del 1937, anche se in forma più blanda, l'esibizione del potere sovietico ricordava agli ebrei che non erano mai stati veramente integrati e che potevano essere messi da parte in qualsiasi momento. "Non abbiamo persone indispensabili!"

(Tuttavia, "Lavrentiy Beria era tollerante nei confronti degli ebrei. Almeno, nelle nomine alle cariche di governo".)[2778]

[2776] Л.Л. Мининберг. Советские евреи в науке и промышленности СССР в период Второй мировой войны (1941-1945). М., 1995, с. 413, 414, 415.
[2777] Там же, с. 416, 417, 427, 430.
[2778] Л.Л. Мининберг. Советские евреи в науке и промышленности... с. 442.

"L'espulsione degli ebrei da occupazioni prestigiose e cruciali per l'élite al potere nei settori della produzione, dell'amministrazione, delle attività culturali e ideologiche, così come la limitazione o il divieto totale di accesso degli ebrei a determinati istituti di istruzione superiore, ebbero un enorme impulso nel periodo 1948-1953. ... Le posizioni di qualsiasi importanza nel KGB, nell'apparato di partito e nelle forze armate furono chiuse agli ebrei, e vennero istituite quote per l'ammissione a determinate istituzioni educative e culturali e scientifiche".[2779]

Attraverso il suo "quinto punto" [cioè la domanda sulla nazionalità] gli ebrei sovietici sono stati oppressi con lo stesso metodo utilizzato nel Questionario Proletario, i cui altri punti sono stati così determinanti per schiacciare la nobiltà russa, il clero, gli intellettuali e tutto il resto dell'"ex popolo" dagli anni Venti.

"Sebbene i livelli più alti dell'élite politica ebraica soffrissero di perturbazioni amministrative, sorprendentemente non era così grave come sembrava" - conclude G. V. Kostyrchenko. "Il colpo principale cadde sullo strato medio e più numeroso dell'élite ebraica: i funzionari... e anche i giornalisti, i professori e altri membri dell'intellighenzia creativa. ... Furono questi, per così dire, ebrei nominali - gli individui con una quasi totale mancanza di legami etnici - a subire il peso maggiore della pulizia delle burocrazie dopo la guerra".[2780]

Tuttavia, parlando di quadri scientifici, le statistiche sono queste: "alla fine degli anni'20 c'era il 13,6% di ebrei tra i ricercatori scientifici del Paese, nel 1937 il 17,5%",[2781] e nel 1950 la loro percentuale era leggermente diminuita al 15,4% (25.125 ebrei su 162.508 ricercatori sovietici).[2782] S. Margolina, guardando alla fine degli anni'80, conclude che, nonostante l'ampiezza della campagna, dopo la guerra "il numero di ebrei altamente istruiti che occupavano posizioni elevate rimase sempre sproporzionatamente alto". Ma, a differenza dei precedenti "tempi di felicità", era certamente diminuito".[2783] A.M. Kheifetz ricorda "un articolo di memorie di un membro dell'Accademia, Budker, uno dei padri della bomba atomica sovietica" in cui descriveva come stavano costruendo la prima bomba atomica sovietica - essendo esausti per la mancanza di sonno e svenendo per lo stress e il superlavoro - e proprio quei giorni di

---

[2779] КЭЕ, т. 6, с. 855.
[2780] Г.В. Костырченко. Тайная политика Сталина, с. 515, 518.
[2781] КЭЕ, т. 8, с. 190.
[2782] И. Домальский. Технология ненависти* // ВМ, Тель-Авив, 1978, № 25, с. 120.
[2783] Sonja Margolina. Das Ende der LAgen: Rulland und die Juden im 20. Jahrhundert. Berlino: Siedler Verlag, 1992, S. 86.

persecuzione dei "cosmopoliti" furono "i più ispirati e i più felici" della sua vita.[2784]

Nel 1949 "tra i vincitori del Premio Stalin non meno del 13% erano ebrei, come negli anni precedenti". Nel 1952 erano solo il 6%.[2785] I dati sul numero di studenti ebrei di in URSS non sono stati pubblicati per quasi un quarto di secolo, dagli anni precedenti la guerra fino al 1963. Li esamineremo nel prossimo capitolo.

L'autentica cultura ebraica, che stava lentamente rinascendo dopo la guerra, fu ridotta e soppressa nel 1948-1951. I teatri ebraici non furono più sovvenzionati e i pochi rimasti furono chiusi, insieme alle case editrici di libri, ai giornali e alle librerie.[2786] Nel 1949 furono interrotte anche le trasmissioni radiofoniche internazionali in yiddish.[2787]

Nell'esercito, "nel 1953 quasi tutti i generali ebrei" e "circa 300 colonnelli e tenenti colonnelli furono costretti a dimettersi dalle loro posizioni".[2788]

Mentre i leader ebrei incarcerati rimasero in carcere alla Lubyanka per oltre tre anni, Stalin procedette lentamente e con grande cautela allo smantellamento dell'EAK.

Era ben consapevole del tipo di tempesta internazionale che si sarebbe scatenata con l'uso della forza (fortunatamente, però, acquistò la prima bomba H nel 1949). (D'altra parte, apprezzava pienamente il significato dei legami indissolubili tra l'ebraismo mondiale e l'America, sua nemica fin dal rifiuto del Piano Marshall.

Le indagini sulle attività dell'EAK furono riaperte nel gennaio 1952. Gli imputati furono accusati di legami con le "organizzazioni nazionaliste ebraiche in America", di aver fornito "informazioni sull'economia dell'URSS" a tali organizzazioni... e anche di "piani per ripopolare la Crimea e creare una Repubblica ebraica".[2789] Tredici imputati sono stati riconosciuti colpevoli e condannati a morte: S. A. Lozovsky, I. S. Ysefovich, B. A. Shimeliovich, V. L. Zuskin, i principali scrittori ebrei D.R. Bergelson, P. D. Marshik, L. M. Kvitko, I. S. Feffer, D. N. Gofshtein,

---

[2784] Михаил Хейфец. Место и время (еврейские заметки). Париж: Третья волна, 1978, с. 68-69.
[2785] С.М. Шварц. Антисемитизм в Советском Союзе. Нью-Йорк: Изд-во им. Чехова, 1952, 225-226. 229.
[2786] С. Шварц. Евреи в Советском Союзе..., с. 161-163; Л. Шапиро. Евреи в Советской России после Сталина // КРЕ-2, с. 373.
[2787] КЕЭ, т. 8, с. 245.
[2788] КЕЭ, т. 1, с. 687.
[2789] КЕЭ, т. 8, с. 251.

e anche L. Y. Talmi, I. S. Vatenberg, C. S. Vatenberg - Ostrovsky, e E. I. Teumin.[2790] Furono giustiziati segretamente in agosto.

(Ehrenburg, anch'egli membro dell'EAK, non fu nemmeno arrestato (pensò che si trattasse di pura fortuna). (Allo stesso modo, anche l'astuto David Zaslavsky sopravvisse.

Anche dopo l'esecuzione degli scrittori ebrei, Ehrenburg continuò a rassicurare l'Occidente che quegli scrittori erano ancora vivi e scrivevano.[2791] L'annientamento del Comitato antifascista ebraico andò di pari passo con altri casi segreti "figli": 110 persone furono arrestate, 10 furono giustiziate e 5 morirono durante le indagini.[2792]

Nell'autunno del 1952 Stalin uscì allo scoperto e cominciarono gli arresti di ebrei, come quelli di professori di medicina ebrei e di membri dei circoli letterari a Kiev nell'ottobre 1952. Queste informazioni si diffusero immediatamente tra gli ebrei sovietici e in tutto il mondo. Il 17 ottobre, *Voice of America* trasmise delle "repressioni di massa" tra gli ebrei sovietici.[2793] Gli ebrei sovietici "sono stati congelati dalla paura mortale".[2794]

Poco dopo, a novembre, a Praga, si svolse un processo-farsa contro Slansky, il primo segretario ebreo del Partito Comunista Cecoslovacco, e diversi altri alti dirigenti dello Stato e del partito, in un contesto tipicamente stalinista e populista. Il processo fu apertamente antiebraico, nominando ebrei "leader mondiali" come Ben Gurion e Morgenthau e mettendoli in combutta con i leader americani Truman e Acheson. Il risultato fu l'impiccagione di undici persone, tra cui otto ebrei. Riassumendo la versione ufficiale, K. Gotwald ha detto: "Questa indagine e questo processo... hanno rivelato un nuovo canale attraverso il quale il tradimento e lo spionaggio hanno permeato il Partito Comunista. Si tratta del sionismo".[2795]

Allo stesso tempo, dall'estate del 1951, lo sviluppo del "Complotto dei medici" stava prendendo piede. Il caso prevedeva l'accusa di medici di spicco, medici della leadership sovietica, per il trattamento criminale dei leader di Stato. Per i servizi segreti un'accusa del genere non era una novità, poiché accuse simili erano state rivolte al professor D. D. Pletnev e ai medici L. G. Levin e I. N. Kazakov già durante il "processo Bukharin" del 1937. All'epoca, l'ingenua opinione pubblica sovietica rimase

---

[2790] Г.В. Костырченко. Тайная политика Сталина, с. 473.
[2791] Г. Аронсон. Еврейский вопрос в эпоху Сталина //КРЕ-2, с. 155-156.
[2792] Г.В. Костырченко. Тайная политика Сталина, с. 507.
[2793] Г. Аронсон. Еврейский вопрос в эпоху Сталина // КРЕ-2, с. 152.
[2794] В. Богуславский. У истоков // "22", 1986, № 47, с. 102.
[2795] Г.В. Костырченко. Тайная политика Сталина*, с. 504.

sbigottita di fronte a questi complotti assolutamente malvagi. Nessuno si fece scrupolo di ripetere lo stesso vecchio scenario.

Ora sappiamo molto di più sul "complotto dei medici". Inizialmente non si trattò di un'azione esclusivamente antiebraica; l'elenco dell'accusa conteneva anche i nomi di diversi medici russi di spicco. In sostanza, la vicenda fu alimentata dallo stato d'animo generalmente psicotico di Stalin, con la sua paura dei complotti e la sua diffidenza nei confronti dei medici, soprattutto quando la sua salute si deteriorava. Nel settembre 1952 i medici più importanti furono arrestati in gruppi. Le indagini si svolsero con crudeli pestaggi dei sospetti e accuse selvagge; lentamente si trasformò in una versione di "complotto spionistico-terroristico collegato a organizzazioni di intelligence straniere", "assoldati americani", "sabotatori in camice bianco", "nazionalismo borghese" - il tutto indicando che si trattava di un obiettivo primario per gli ebrei. (Robert Conquest in *The Great Terror* segue questa particolare e tragica linea di coinvolgimento di medici di alto livello. Nel 1935, il falso certificato di morte di Kuibyshev fu firmato dai medici G. Kaminsky, I. Khodorovsky e L. Levin. Nel 1937 firmarono un certificato di morte altrettanto falso per Ordzhonikidze. Erano a conoscenza di così tanti segreti mortali: potevano aspettarsi altro che la loro stessa morte? Conquest scrive che il dottor Levin aveva collaborato con la Cheka fin dal 1920. "Lavorando con Dzerzhinsky, Menzhinsky e Yagoda... [aveva] fiducia nel capo di tale organizzazione. ... È di fatto corretto considerare Levin... un membro della cerchia di Yagoda nell'NKVD". Inoltre, leggiamo qualcosa di sentenzioso:

"Tra i medici di spicco che [nel 1937] si erano mossi contro [il professore di medicina] Pletnev e che avevano firmato risoluzioni ferocemente accusatorie contro di lui, troviamo i nomi di M. Vovsi, B. Kogan e V. Zelenin, che a loro volta... furono sottoposti a tortura dall'MGB nel 1952-53 in relazione al "caso dei medici-sabotatori", "così come altri due medici, N. Shereshevky e V. Vinogradov che fornirono un certificato di morte prestabilito di Menzhinsky".)[2796]

Il 3 gennaio 1953 *Pravda* e *Izvestiya* pubblicarono un annuncio della TASS sull'arresto di un "gruppo di medici-sabotatori". L'accusa suonava come una grave minaccia per l'ebraismo sovietico e, allo stesso tempo, secondo una degradante usanza sovietica, importanti ebrei sovietici furono costretti a firmare una lettera alla *Pravda* con la più severa condanna delle astuzie dei "nazionalisti borghesi" ebrei e della loro approvazione del governo di Stalin. Diverse decine di persone firmarono la lettera. (Tra questi, Mikhail Romm, D. Oistrakh, S. Marshak, L. Landau, B. Grossman, E. Gilels, I.

[2796] Роберт Конквест. Большой террор / Пер. с англ. Firenze: Edizioni Aurora, 1974, с. 168, 353, 738-739, 754, 756-757.

Dunayevsky e altri). Inizialmente Ehrenburg non lo firmò - trovò il coraggio di scrivere una lettera a Stalin: "per chiederle un consiglio". La sua intraprendenza era davvero insuperabile. Per Ehrenburg era chiaro che "la nazione ebraica non esiste", che l'assimilazione è l'unica via e che il nazionalismo ebraico "porta inevitabilmente al tradimento". Tuttavia, la lettera che gli era stata offerta da firmare poteva essere interpretata in modo inappropriato dai "nemici del nostro Paese". Concludeva che "io stesso non posso risolvere queste questioni", ma se "i principali compagni mi faranno sapere... [che la mia firma] è desiderata... [e] utile per proteggere la nostra patria e per la pace nel mondo, la firmerò immediatamente".)[2797]

La bozza di questa dichiarazione di fedeltà fu preparata con cura nell'amministrazione del Comitato Centrale e alla fine il suo stile divenne più morbido e rispettoso. Tuttavia, questa lettera non è mai apparsa sulla stampa. Forse a causa dell'indignazione internazionale, il "complotto dei medici" sembra aver cominciato a rallentare negli ultimi giorni di Stalin.[2798]

Dopo l'annuncio pubblico, il "Complotto dei medici" creò un'enorme ondata di repressione contro i medici ebrei in tutto il Paese. In molte città e paesi, gli uffici della Sicurezza di Stato iniziarono a creare casi criminali contro i medici ebrei. Essi avevano paura persino di andare a lavorare e i loro pazienti avevano paura di essere curati da loro".[2799]

Dopo la campagna "cosmopolita", il minaccioso ringhio della "rabbia popolare" in reazione al "Complotto dei medici" terrorizzò completamente molti ebrei sovietici, e nacque la voce (poi radicatasi nella mente popolare) che Stalin stesse pianificando un'espulsione di massa degli ebrei verso le zone remote della Siberia e del Nord - una paura rafforzata dagli esempi di deportazione postbellica di interi popoli. Nel suo ultimo lavoro G. Kostyrchenko, storico e scrupoloso ricercatore delle politiche "ebraiche" di Stalin , confuta in modo molto approfondito questo "mito della deportazione", dimostrando che non è mai stato confermato, né allora né in seguito, da alcun fatto, e che anche in linea di principio una tale deportazione non sarebbe stata possibile.[2800]

Ma è incredibile quanto fossero disorientati quei circoli di ebrei sovietici, immancabilmente fedeli all'ideologia sovietico-comunista. Molti anni dopo, S. K. mi disse: "Non c'è una sola azione della mia vita di cui mi

---

[2797] "Против попыток воскресить еврейский национализм". Обращение И.Г. Эренбурга к И.В. Сталину // Источник: Документы русской истории. М., 1997, № 1, с. 141-146.
[2798] Г.В. Костырченко. Тайная политика Сталина, с. 682, 693.
[2799] КЕЭ, т. 8, с. 254, 255.
[2800] Г.В. Костырченко. Тайная политика Сталина, с. 671-685.

vergogno quanto la mia convinzione della genuinità del "complotto dei medici" del 1953! - che essi, forse involontariamente, fossero coinvolti in una cospirazione straniera...".

In un articolo degli anni Sessanta si legge che "nonostante il marcato antisemitismo del governo staliniano... molti [ebrei] pregavano che Stalin rimanesse in vita, poiché sapevano per esperienza che ogni periodo di debolezza del potere significa un massacro di ebrei. Eravamo ben consapevoli dello stato d'animo piuttosto chiassoso delle 'nazioni fraterne' nei nostri confronti".[2801]

Il 9 febbraio una bomba esplode all'ambasciata sovietica di Tel Aviv. L'11 febbraio 1953 l'URSS interruppe le relazioni diplomatiche con Israele. A causa di questi eventi si intensificò il conflitto relativo al "Complotto dei medici".

E poi Stalin sbagliò, e non per la prima volta, giusto? Non capiva come l'infittirsi della trama potesse minacciarlo personalmente, anche all'interno del suo inaccessibile Olimpo politico. L'esplosione della rabbia internazionale coincise con la rapida azione delle forze interne, che avrebbero potuto far fuori Stalin. Sarebbe potuto accadere attraverso Beria (ad esempio, secondo la versione di Avtorhanov.).[2802]

Dopo un comunicato pubblico sul "complotto dei medici", Stalin visse solo 51 giorni. "Il rilascio e l'assoluzione dei medici senza processo furono percepiti dalla vecchia generazione di ebrei sovietici come una ripetizione del miracolo di Purim": Stalin era morto il giorno di Purim, quando Ester salvò gli ebrei di Persia da Haman.[2803]

Il 3 aprile tutti i superstiti accusati del "Complotto dei medici" sono stati rilasciati. L'annuncio è stato dato pubblicamente il giorno successivo. E ancora una volta furono gli ebrei a far avanzare la storia congelata.

[2801] Н. Шапиро. Слово рядового советского еврея // Русский антисемитизм и евреи. Сб. Лондон, 1968, с, 50.
[2802] А. Авторханов. Загадка смерти Сталина: (Заговор Берия). Франкфурт-на-Майне: Посев, 1976, с. 231-239.
[2803] Д. Штурман. Ни мне мёда твоего, ни укуса твоего // "22", 1985, № 42, с. 140-141.

Capitolo 23

Prima della Guerra dei Sei Giorni

Il giorno successivo alla morte di Stalin, il 6 marzo, l'MGB (Ministero della Sicurezza di Stato) "cessò di esistere", anche se solo formalmente, poiché Beria lo aveva incorporato nel proprio Ministero degli Affari Interni (MVD). Questa mossa gli permise di "rivelare gli abusi" dell'MGB, compresi quelli del ministro dell'MGB Ignatiev (che sostituì segretamente Abakumov), ancora non resi pubblici. Sembra che dopo il 1952 Beria avesse perso la fiducia di Stalin e fosse stato gradualmente allontanato da Ignatiev-Ryumin durante il complotto dei medici. Così, per forza di cose, Beria divenne una calamita per la nuova opposizione anti-Stalin. E ora, il 4 aprile, appena un mese dopo la morte di Stalin, godeva di un potere sufficiente per liquidare il "complotto dei medici" e accusare Ryumin della sua fabbricazione. Tre mesi dopo furono ripristinate le relazioni diplomatiche con Israele.

Tutto ciò rinvigorì la speranza degli ebrei sovietici, poiché l'ascesa di Beria poteva essere molto promettente per loro. Tuttavia, Beria fu presto estromesso.

Tuttavia, a causa della solita inerzia sovietica, "con la morte di Stalin... molti ebrei precedentemente licenziati furono reintegrati nelle loro precedenti posizioni"; "durante il periodo chiamato "disgelo", molti vecchi sionisti... furono rilasciati dai campi"; "durante il periodo post-staliniano, i primi gruppi sionisti iniziarono ad emergere - inizialmente a livello locale".[2804]

Ma ancora una volta le cose cominciarono a girare in modo sfavorevole per gli ebrei. Nel marzo 1954, l'Unione Sovietica pose il veto al tentativo del Consiglio di Sicurezza delle Nazioni Unite di aprire il Canale di Suez alle navi israeliane. Alla fine del 1955, Kruscev dichiarò una svolta pro-araba e anti-israeliana della politica estera sovietica. Nel febbraio 1956, nella sua famosa relazione al 20° Congresso del Partito, Kruscev, pur parlando abbondantemente dei massacri del 1937-1938, non sottolineò il fatto che

---

[2804] Краткая Еврейская Энциклопедия (далее - КЕЭ). Иерусалим: Общество по исследованию еврейских общин, 1996. Т. 8, с. 256.

tra le vittime ci fossero molti ebrei; non fece i nomi dei leader ebrei giustiziati nel 1952; e quando parlò del "complotto dei medici", non sottolineò che era specificamente diretto contro gli ebrei. "È facile immaginare i sentimenti amari che suscitò tra gli ebrei", che "travolsero i circoli comunisti ebraici all'estero e persino la leadership di quei partiti comunisti in cui gli ebrei costituivano una percentuale significativa di membri (come nei partiti comunisti canadesi e statunitensi)". [2805] Nell'aprile del 1956 a Varsavia, sotto il regime comunista di (anche se con una forte influenza ebraica), il giornale ebraico *Volksstimme* pubblicò un articolo sensazionale, elencando i nomi delle celebrità culturali e sociali ebraiche che perirono dal 1937 al 1938 e dal 1948 al 1952. Allo stesso tempo, però, l'articolo condannava anche i "nemici capitalisti", il "periodo di Beria" e salutava il ritorno della "politica nazionale leninista". "L'articolo del *Volksstimme* aveva scatenato una tempesta".[2806]

Le organizzazioni comuniste internazionali e i circoli sociali ebraici cominciarono a chiedere a gran voce una spiegazione ai leader sovietici. "Per tutto il 1956, i visitatori stranieri dell'Unione Sovietica chiesero apertamente informazioni sulla situazione ebraica e, in particolare, perché il governo sovietico non avesse ancora abbandonato l'oscura eredità dello stalinismo sulla questione ebraica?".[2807] È diventato un tema ricorrente per i corrispondenti stranieri e le delegazioni in visita dei "partiti comunisti fraterni". (In realtà, questo potrebbe essere il motivo della forte denuncia sulla stampa sovietica del "tradimento" del comunismo da parte di Howard Fast, scrittore americano ed ex campione entusiasta del comunismo. Nel frattempo, "centinaia di ebrei sovietici di diverse città partecipavano, in una forma o nell'altra, alle riunioni di gruppi e coterie sioniste risorgenti"; "vecchi sionisti con legami con parenti o amici in Israele erano attivi in questi gruppi".[2808]

Nel maggio 1956, una delegazione del Partito Socialista Francese giunse a Mosca. "Particolare attenzione fu rivolta alla situazione degli ebrei in Unione Sovietica".[2809] Kruscev si trovò in una situazione difficile: ora non poteva permettersi di ignorare le domande, ma sapeva, soprattutto dopo aver sperimentato l'Ucraina del dopoguerra, che gli ebrei non sarebbero probabilmente tornati alla loro [alta] posizione sociale come negli anni

---

[2805] *С. Шварц.* Евреи в Советском Союзе с начала Второй мировой войны (1939-1965). Нью-Йорк: Изд. Американского Еврейского Рабочего Комитета, 1966, с. 247.

[2806] Там же, с. 247-248.

[2807] Хрущёв и еврейский вопрос // Социалистический вестник, Нью-Йорк, 1961, № 1, с. 20.

[2808] КЕЭ, т. 8, с. 257.

[2809] Хрущёв и еврейский вопрос // Социалистический вестник, 1961, № 1, с. 20.

Venti e Trenta. Rispose: "All'inizio della rivoluzione, avevamo molti ebrei negli organi esecutivi del partito e del governo .....

In seguito, abbiamo sviluppato nuovi quadri .... Se oggi gli ebrei volessero occupare posizioni di comando nelle nostre repubbliche, ciò provocherebbe ovviamente il malcontento della popolazione locale .... Se un ebreo, nominato a un'alta carica, si circonda di colleghi ebrei, ciò provoca naturalmente invidia e ostilità verso tutti gli ebrei". (La pubblicazione francese *Socialist Herald* definisce "strana" e "falsa" l'affermazione di Krusciov sul "circondarsi di colleghi ebrei"). Nella stessa discussione, quando si parlò di cultura e scuole ebraiche, Kruscev spiegò che "se venissero istituite scuole ebraiche, probabilmente non ci sarebbero molti potenziali studenti. Gli ebrei sono sparsi in tutto il Paese .... Se gli ebrei fossero obbligati a frequentare una scuola ebraica, ciò provocherebbe certamente indignazione. Verrebbe intesa come una sorta di ghetto".[2810]

Tre mesi dopo, nell'agosto del 1956, una delegazione del Partito Comunista Canadese visitò l'URSS e dichiarò apertamente di avere "una missione speciale per ottenere chiarezza sulla questione ebraica". Così, negli anni del dopoguerra, la questione ebraica stava diventando una preoccupazione centrale dei comunisti occidentali.

"Kruscev respinse tutte le accuse di antisemitismo come una calunnia contro di lui e il partito". Nominò un certo numero di ebrei sovietici a posti importanti, "menzionò persino la sua nuora ebrea", ma poi "improvvisamente... passò alla questione delle "caratteristiche buone e cattive di ogni nazione" e sottolineò "diverse caratteristiche negative degli ebrei", tra cui menzionò "la loro inaffidabilità politica". Tuttavia, non ha menzionato nessuna delle loro caratteristiche positive, né ha parlato di altre nazioni.[2811]

Nella stessa conversazione, Kruscev espresse il suo accordo con la decisione di Stalin di non istituire una Repubblica ebraica di Crimea, affermando che tale colonizzazione [ebraica] della Crimea avrebbe rappresentato un rischio militare strategico per l'Unione Sovietica. Questa dichiarazione fu particolarmente offensiva per la comunità ebraica. La delegazione canadese ha insistito per la pubblicazione di una dichiarazione specifica del Comitato Centrale del Partito Comunista dell'Unione Sovietica sulle sofferenze degli ebrei, "ma è stata accolta con un fermo rifiuto" in quanto "altre nazioni e repubbliche, che hanno anch'esse sofferto

---

[2810] Слова Н.С. Хрущёва приведены в отчёте переводчика французской делегаци Пьера Лошака: Realites, Parigi, maggio 1957, pagg. 64-67, 101-104. - Мы цитируем их в обратном переводе "Социалистического вестника" (1961, № 1, с. 21).
[2811] *J.B. Salsberg,* Colloqui con i leader sovietici sulla questione ebraica // Jewish Life, febbraio 1957. - Цит. вереводе "Соц. вестника" (1961, № 1, с. 20).

dei crimini di Beria contro la loro cultura e la loro intellighenzia, avrebbero chiesto con stupore perché questa dichiarazione riguarda solo gli ebrei?". (S. Schwartz commenta con disprezzo: "La meschinità di questa argomentazione è impressionante".)[2812]

Ma non è finita lì. "Segretamente, influenti comunisti ebrei stranieri cercarono" di ottenere "spiegazioni sul destino dell'élite culturale ebraica" e, nell'ottobre dello stesso anno, ventisei "leader e scrittori ebrei progressisti" occidentali si appellarono pubblicamente al Primo Ministro Bulganin e al "Presidente" Voroshilov, chiedendo loro di rilasciare "una dichiarazione pubblica sulle ingiustizie commesse [contro gli ebrei] e sulle misure che il governo aveva progettato per ripristinare le istituzioni culturali ebraiche".[2813]

Tuttavia, sia durante l'"interregno" del 1953-1957 che nel periodo di Kruscev, le politiche sovietiche nei confronti degli ebrei sono state incoerenti, caute, circospette e ambivalenti, inviando così segnali in tutte le direzioni.

In particolare, l'estate del 1956, che in generale era piena di aspettative sociali di ogni tipo, era diventata anche l'apogeo delle speranze ebraiche. Un certo Surkov, capo dell'Unione degli Scrittori, in una conversazione con un editore comunista di New York menzionò i piani per la creazione di una nuova casa editrice ebraica, di un teatro, di un giornale e di una rivista letteraria trimestrale; c'era anche l'intenzione di organizzare una conferenza a livello nazionale di scrittori ebrei e celebrità culturali. L'articolo segnalava inoltre che era già stata istituita una commissione per il rilancio della letteratura ebraica in yiddish. Nel 1956, "molti scrittori ebrei e giornalisti di si riunirono nuovamente a Mosca".[2814] Gli attivisti ebrei ricordarono in seguito che "l'ottimismo ispirato a tutti noi dagli eventi del 1956 non svanì rapidamente".[2815]

Eppure il governo sovietico continuò con le sue politiche senza senso e senza scopo, scoraggiando qualsiasi sviluppo di una cultura ebraica indipendente. È probabile che lo stesso Kruscev fosse fortemente contrario.

E poi arrivarono nuovi sviluppi: la crisi di Suez, in cui Israele, Gran Bretagna e Francia si allearono per attaccare l'Egitto ("Israele si sta dirigendo verso il suicidio", avvertì formidabilmente la stampa sovietica), e la rivolta ungherese, con la sua vena antiebraica, quasi completamente

---

[2812] С. Шварц. Евреи в Советском Союзе...*, с. 250.
[2813] Там же*, с. 249-251.
[2814] Там же, с. 241, 272.
[2815] Ю. Штерн. Ситуация неустойчива и потому опасна: [Интервью] // "22": Общественно-политический и литературный журнал еврейской интеллигенции из ССР в Израиле. Тель-Авив, 1984, № 38, с. 132.

nascosta dalla storia,[2816] (derivante, forse, dalla sovrarappresentazione di ebrei nel KGB ungherese). (Potrebbe essere questa una delle ragioni, anche se minore, della totale assenza di sostegno occidentale alla ribellione? Naturalmente, in quel periodo l'Occidente era preoccupato dalla crisi di Suez. Ma non era forse un segnale ai sovietici che suggeriva che sarebbe stato meglio tenere nascosto il tema ebraico?)

Poi, un anno dopo, Kruscev ebbe finalmente la meglio sui suoi nemici di alto rango all'interno del partito e, tra gli altri, Kaganovitch fu cacciato.

Può essere davvero un problema così grande? Quest'ultimo non è stato l'unico ad essere estromesso e, anche in quel caso, non era la figura principale tra i detronizzati; e non è stato sicuramente cacciato a causa della sua ebraicità. Eppure "dal punto di vista ebraico, la sua partenza simboleggiava la fine di un'epoca". Alcuni si guardarono intorno e fecero il conto: "gli ebrei scomparvero non solo dalle sezioni dirigenti del partito, ma anche dai principali circoli governativi".[2817]

Era il momento di fermarsi e riflettere a fondo: cosa pensavano davvero gli ebrei di *queste* nuove autorità?

David Burg, emigrato dall'URSS nel 1956, si è imbattuto in una formula su come gli ebrei dovrebbero trattare il dominio sovietico. (Si rivelò piuttosto utile per le autorità): "Ad alcuni il pericolo dell'antisemitismo 'dal basso' sembra più grande del pericolo dell'antisemitismo 'dall'alto'"; "sebbene il governo ci opprima, ci permette comunque di esistere. Se, tuttavia, arriva un cambiamento rivoluzionario, durante l'inevitabile anarchia del periodo di transizione saremo semplicemente sterminati. Perciò, teniamoci stretto il governo, non importa quanto sia cattivo".[2818]

Negli anni '30 ci siamo ripetutamente trovati di fronte a preoccupazioni simili: gli ebrei dovevano sostenere il potere bolscevico in URSS perché senza di esso il loro destino sarebbe stato ancora peggiore. E ora, anche se il potere sovietico si era ulteriormente deteriorato, gli ebrei non avevano altra scelta che mantenerlo come prima.

Il mondo occidentale e in particolare gli Stati Uniti hanno sempre ascoltato tali raccomandazioni, anche durante gli anni più tesi della Guerra Fredda. Inoltre, l'Israele socialista era ancora pieno di simpatizzanti comunisti e

---

[2816] *Andrew Handler*. Dove la familiarità con gli ebrei genera disprezzo // Stella rossa, stella blu: The Lives and Times of Jewish Students in Communist Hungary (1948-1956). New York: Columbia University Press, 1997, pagg. 36-37.
[2817] Л. *Шапиро*. Евреи в Советской России после Сталина // Книга о русском еврействе, 1917-1967 (дале - КРЕ-2). Нью-Йорк: Союз Русских Евреев, 1968, с. 360-361.
[2818] *David Burg*. Die Judenfrage in Der Sowjetunion // Der Anti-kommunist, München, Juli-August 1957, № 12, S.35.

poteva perdonare molto all'Unione Sovietica per il suo ruolo nella sconfitta di Hitler. Ma come interpretare l'antisemitismo sovietico? Sotto questo aspetto, la raccomandazione di D. Burg rispondeva all'acuta "domanda sociale": spostare l'accento dall'antisemitismo del governo sovietico all'"antisemitismo del popolo russo", quella maledizione sempre presente.

Così ora alcuni ebrei hanno persino ricordato con affetto la YevSek [la "Sezione ebraica" del Comitato centrale, smantellata nel 1930 quando Dimanshtein e gli altri suoi dirigenti furono fucilati], da tempo sciolta. Anche se negli anni Venti sembrava eccessivamente filocomunista, lo YevSek era "in una certa misura un guardiano degli interessi nazionali ebraici... un organo che produceva anche del lavoro positivo".[2819]

Nel frattempo, la politica di Kruscev rimase ambigua; è ragionevole supporre che, sebbene Kruscev stesso non amasse gli ebrei, non volesse combattere contro di loro, rendendosi conto della controproducenza politica internazionale di un tale sforzo. Nel 1957-1958, spettacoli musicali e circoli letterari pubblici ebraici furono autorizzati e apparvero in molte città del Paese. (Ad esempio, "nel 1961, le serate letterarie ebraiche e le esibizioni di canti ebraici furono frequentate da circa 300.000 persone"[2820]). Allo stesso tempo, però, la circolazione del *Volksstimme* di Varsavia fu interrotta in Unione Sovietica, tagliando così fuori gli ebrei sovietici da una fonte esterna di informazioni ebraiche.[2821] Nel 1954, dopo una lunga pausa, le *Avventure di Mottel* di Sholom Aleichem furono nuovamente pubblicate in russo, seguite da diverse edizioni di altri suoi libri e dalle loro traduzioni in altre lingue; nel 1959 fu realizzata anche una grande edizione delle sue opere raccolte.

Nel 1961 fu fondata a Mosca la rivista yiddish *Sovetish Heymland* (anche se seguiva rigorosamente la linea politica ufficiale). Vennero riprese le pubblicazioni di libri di autori ebrei, giustiziati ai tempi di Stalin, in yiddish e in russo, e si potevano persino ascoltare melodie ebraiche nelle trasmissioni della radio dell'Unione Sovietica.[2822] Nel 1966, "circa un centinaio di autori ebrei scrivevano in yiddish in Unione Sovietica" e "quasi tutti gli autori citati lavoravano contemporaneamente come giornalisti e traduttori di lingua russa" e "molti di loro lavoravano come insegnanti nelle scuole russe".[2823] Tuttavia, il teatro ebraico non riaprì fino al 1966. Nel 1966, S. Schwartz definì la situazione degli ebrei di [in URSS]

[2819] С. Шварц. Евреи в Советском Союзе...*, с. 238.
[2820] Там же, с. 283-287; КЕЭ, т. 8, с. 258.
[2821] С. Шварц. Евреи в Советском Союзе..., с. 281.
[2822] Э. Финкелъштейн. Евреи в СССР: Путь в Двадцать первый век // Страна и мир: Обществ.-политический, экономический и культурно-философский журнал. Мюнхен, 1989, № 1, с. 65-66.
[2823] Л. Шапиро. Евреи в Советской России после Сталина // КРЕ-2, с. 379-380.

come "orfanezza culturale".[2824] Un altro autore osserva amaramente: "La generale mancanza di entusiasmo e di interesse... da parte della popolazione ebraica in generale... verso queste iniziative culturali... non può essere spiegata solo dalle politiche ufficiali ....". "Con rare eccezioni, in quegli anni gli attori ebrei si esibivano in sale semivuote. I libri di scrittori ebrei non si vendevano bene".[2825]

Politiche altrettanto ambivalenti, ma più ostili, furono attuate dalle autorità sovietiche nel periodo di Kruscev contro la religione ebraica. Si trattava di una parte del generale assalto antireligioso di Kruscev; è ben noto quanto sia stato devastante per la Chiesa ortodossa russa. Dagli anni'30, in URSS non funzionava più una sola scuola teologica. Nel 1957 fu aperta a Mosca una yeshiva, una scuola per la formazione dei rabbini. Ospitava solo 35 studenti, che venivano costantemente espulsi con vari pretesti, come il ritiro della registrazione della residenza a Mosca. La stampa di libri di preghiera e la produzione di accessori religiosi furono ostacolate. Fino al 1956, prima della Pasqua ebraica la matzah veniva cotta da panifici statali e poi venduta nei negozi. A partire dal 1957, tuttavia, la cottura della matzah fu ostacolata e dal 1961 fu vietata quasi ovunque. Un giorno le autorità non interferivano con la ricezione di pacchi con matzah provenienti dall'estero, un altro giorno bloccavano i pacchi alla dogana e chiedevano persino ai destinatari di esprimere sulla stampa il loro sdegno contro i mittenti.[2826] In molti luoghi le sinagoghe furono chiuse. "Nel 1966, in tutta l'Unione Sovietica funzionavano solo 62 sinagoghe".[2827] Eppure le autorità non osarono chiudere le sinagoghe a Mosca, Leningrado, Kiev e nelle capitali delle repubbliche. Negli anni'60, nei giorni festivi si svolgevano ampie funzioni di culto con grandi folle, da 10.000 a 15.000, nelle strade intorno alle sinagoghe.[2828] C. Schwartz nota che negli anni Sessanta la vita religiosa ebraica era in grave declino, ma ci ricorda con grande leggerezza che si trattava del risultato del lungo processo di secolarizzazione iniziato nell'ebraismo russo alla fine del XIX secolo. (Processo che, aggiunge, è riuscito anche nella Polonia estremamente non comunista tra la prima e la seconda guerra mondiale.[2829]) L'ebraismo in Unione Sovietica mancava di un centro di controllo unito; eppure, quando le autorità sovietiche volevano strappare ai principali rabbini uno spettacolo politico a fini di politica estera, che si trattasse del benessere dell'ebraismo in URSS o dell'indignazione contro la guerra nucleare, il governo era perfettamente in

---

[2824] С. Шварц. Евреи в Советском Союзе..., с. 280, 288.
[2825] Э. Финкельштейн. Евреи в СССР: Путь в Двадцать первый век // Страна и мир, 1989, № 1, с. 66.
[2826] С. Шварц. Евреи в Советском Союзе..., с. 304-308.
[2827] КЕЭ, т. 8, с. 259.
[2828] Л. Шапиро. Евреи в Советской России после Сталина // КРЕ-2, с. 358.
[2829] С. Шварц. Евреи в Советском Союзе..., с. 290.

grado di metterlo in scena. [2830] "Le autorità sovietiche avevano ripetutamente utilizzato i leader religiosi ebrei per scopi di politica estera". Ad esempio, "nel novembre 1956 un gruppo di rabbini di ha emesso una protesta contro" le azioni di Israele durante la guerra di Suez. [2831]

Un altro fattore che aggravò lo status dell'ebraismo in URSS dopo la guerra di Suez fu la crescente attualità della cosiddetta "lotta al sionismo". Il sionismo, essendo, in senso stretto, una forma di socialismo, avrebbe dovuto naturalmente essere visto come un vero e proprio fratello del partito di Marx e Lenin. Tuttavia, dopo la metà degli anni Cinquanta, la decisione di assicurarsi l'amicizia degli arabi spinse i leader sovietici a perseguitare il sionismo. Tuttavia, per le masse sovietiche il sionismo era un fenomeno lontano, sconosciuto e astratto. Pertanto, per dare corpo a questa lotta, per darle un'incarnazione distinta, il governo sovietico presentò il sionismo come una caricatura composta dalle caratteristiche ed eterne immagini ebraiche. I libri e gli opuscoli presumibilmente rivolti contro il sionismo contenevano anche espliciti messaggi antigiudaici e antiebraici. Se nell'Unione Sovietica degli anni 1920-1930 l'ebraismo non era perseguitato così brutalmente come il cristianesimo ortodosso russo, nel 1957 un commentatore socialista straniero notò come quell'anno significasse "un'intensificazione decisiva della lotta contro l'ebraismo", il "punto di svolta nella lotta contro la religione ebraica", e che "il carattere della lotta tradisce che essa è diretta non solo contro l'ebraismo, ma contro gli ebrei in generale". [2832] C'è stato un episodio eclatante: nel 1963, a Kiev, l'Accademia delle Scienze ucraina pubblicò 12.000 copie di un opuscolo *"Giudaismo disadorno"* in ucraino, ma pieno di caricature antiebraiche così evidenti da provocare un'indignazione internazionale su vasta scala, a cui si unirono anche gli "amici" comunisti (sostenuti finanziariamente da Mosca), come i leader dei partiti comunisti americano e britannico, i giornali *L'Humanite, L'Unita,* nonché un giornale comunista filo-cinese di Bruxelles, e molti altri. La Commissione per i Diritti Umani delle Nazioni Unite ha chiesto spiegazioni al suo rappresentante ucraino. L'Associazione Culturale Ebraica Mondiale ha chiesto di perseguire l'autore e il vignettista. La parte sovietica ha resistito per un po', insistendo sul fatto che, a parte i disegni, "il libro merita una valutazione generalmente positiva". [2833] Alla fine, persino la *Pravda* dovette ammettere che si trattava effettivamente di "un opuscolo mal preparato", con "affermazioni errate... e illustrazioni che possono offendere i sentimenti dei religiosi o essere

---

[2830] Там же, с. 294-296.
[2831] КЕЭ, т. 8, с. 258.
[2832] Антисемитский памфлет в Советском Союзе // Социалистический вестник, 1965, № 4, с. 67.
[2833] Антисемитский памфлет в Советском Союзе // Социалистический вестник*, 1965, № 4, с. 68-73.

interpretate come antisemite", un fenomeno che, "come è universalmente noto, non esiste e non può esistere nel nostro Paese".[2834] Allo stesso tempo, però, *Izvestia ha* dichiarato che, sebbene l'opuscolo presenti alcuni inconvenienti, "la sua idea principale... è senza dubbio giusta".[2835]

Ci sono stati persino diversi arresti di ebrei religiosi di Mosca e Leningrado - accusati di "spionaggio [conversazioni durante incontri personali nelle sinagoghe] per uno Stato capitalistico [Israele]" con sinagoghe presumibilmente usate come "fronti per varie attività criminali"[2836] - per spaventare più efficacemente gli altri.

Sebbene non ci fossero più ebrei nelle posizioni più importanti, molti occupavano ancora posti di secondo piano influenti e importanti (anche se c'erano delle eccezioni: ad esempio, Veniamin Dymshits dirigeva senza problemi il Gosplan (il Comitato di Pianificazione Statale) dal 1962, essendo allo stesso tempo vicepresidente del Consiglio dei Ministri dell'URSS e membro del Comitato Centrale dal 1961 al 1986[2837]). Perché, un tempo gli ebrei si univano "all'NKVD e all'MVD... in numero tale che ancora oggi, dopo tutte le purghe dello spirito ebraico, sono rimasti miracolosamente alcuni individui, come il famoso capitano Joffe in un campo in Mordovia".[2838]

Secondo il censimento dell'URSS del 1959, 2.268.000 ebrei vivevano in Unione Sovietica. (Tuttavia, c'erano delle avvertenze riguardo a questa cifra: "Tutti sanno... che gli ebrei in Unione Sovietica sono più numerosi di quanto non risulti dal censimento", poiché il giorno del censimento un ebreo dichiara la propria nazionalità non in base al passaporto, ma in base alla nazionalità che desidera.[2839]). Di questi, 2.162.000 ebrei vivevano nelle città, cioè il 95,3% della popolazione totale - molto più dell'82% del 1926 o dell'87% del 1939.[2840]

E se guardiamo al censimento del 1970, "l'aumento del numero di ebrei a Mosca e Leningrado è apparentemente causato non da una crescita naturale, ma dalla migrazione da altre città (nonostante tutte le restrizioni residenziali)". In questi 11 anni, "almeno diverse migliaia di ebrei si

---

[2834] В Идеологической комиссии при ЦК КПСС // Правда, 1964, 4 апреля, с. 4.
[2835] Об одной непонятной шумихе // Известия, 1964, 4 апреля, с. 4.
[2836] *С. Шварц*. Евреи в Советском Союзе..., с. 303.
[2837] Российская Еврейская Энциклопедия. 2-е изд., испр. и доп. М., 1994. Т. 1, с. 448.
[2838] *Р. Рутман*. Кольцо обид // Новый журнал, Нью-Йорк. 1974. № 117, с. 185.
[2839] *И. Домальский*. Технология ненависти // Время и мы (далее - ВМ): Международный журнал литературы и общественных проблем. Тель-Авив. 1978, № 26, с. 113-114.
[2840] КЕЭ, т. 8, с. 298, 300.

trasferirono a Kiev. La concentrazione di ebrei nelle grandi città era in aumento da molti decenni".[2841]

Queste cifre sono molto eloquenti per chi conosce le differenze di tenore di vita tra le popolazioni urbane e quelle rurali dell'Unione Sovietica. G. Rosenblum, redattore dell'importante quotidiano israeliano *Yedioth Ahronoth*, ricorda un racconto quasi aneddotico dell'ambasciatore israeliano a Mosca, il dottor Harel, sul suo viaggio in URSS a metà degli anni Sessanta. In un grande kolkhoz vicino a Kishinev gli fu detto che "gli ebrei che lavorano qui vogliono incontrarlo". [L'israeliano] era molto contento che ci fossero ebrei nel kolkhoz" (amore per l'agricoltura - un buon segno per Israele). Racconta: "Tre ebrei vennero a incontrarmi... uno era un cassiere, un altro - redattore del giornale murale del kolkhoz e il terzo era una specie di manager economico. Non sono riuscito a trovare nessun altro. Quindi, quello che gli ebrei facevano [cioè prima], lo fanno ancora". G. Rosenblum lo conferma: "In effetti, gli ebrei sovietici in massa non hanno accettato il lavoro fisico".[2842] L. Shapiro conclude: "La conversione degli ebrei all'agricoltura è fallita nonostante tutti gli sforzi... delle organizzazioni ebraiche pubbliche e... l'assistenza dello Stato".[2843]

A Mosca, Leningrado e Kiev - le città che godono dei più alti standard di vita e culturali del Paese - gli ebrei, secondo il censimento del 1959, costituivano rispettivamente il 3,9%, il 5,8% e il 13,9% della popolazione, una percentuale piuttosto elevata se si considera che rappresentavano solo l'1,1% dell'intera popolazione dell'URSS.[2844]

Fu quindi questa altissima concentrazione di ebrei nelle aree urbane - il 95% di tutti gli ebrei sovietici viveva nelle città - a rendere "il sistema di divieti e restrizioni" particolarmente doloroso per loro. (Come abbiamo detto nel capitolo precedente, questo sistema era stato delineato già all'inizio degli anni '40). E "sebbene le regole restrittive non siano mai state riconosciute ufficialmente e i funzionari abbiano negato con fermezza la loro esistenza, queste regole e restrizioni hanno di fatto escluso gli ebrei da molte sfere d'azione, professioni e posizioni".[2845]

Alcuni ricordano una voce inquietante che circolava allora tra gli ebrei: presumibilmente, Kruscev avrebbe detto in uno dei suoi discorsi non

---

[2841] *И. Ляст.* Алия из СССР - демографические прогнозы // "22", 1981, № 21, с. 112-113.
[2842] *Г. Розенблюм, В. Перельман.* Крушение Чуда: причины и следствия*: [Беседа] // ВМ, Тель-Авив, 1977, № 24, с. 120.
[2843] *Л. Шапиро.* Евреи в Советской России после Сталина // КРЕ-2, с. 346.
[2844] КЕЭ, т. 8, с. 300.
[2845] *Э. Финкельштейн.* Евреи в СССР... // Страна и мир, 1989, № 1, с. 65.

pubblicati che "saranno accettati negli istituti di istruzione superiore tanti ebrei quanti ne lavorano nelle miniere di carbone".[2846]

Forse l'ha detto in modo molto semplice, come suo solito, perché questo "bilanciamento" non è mai stato effettuato. Tuttavia, all'inizio degli anni'60, mentre il numero assoluto di studenti ebrei aumentava, la loro quota relativa diminuiva sostanzialmente rispetto al periodo prebellico: se nel 1936 la quota di ebrei tra gli studenti era 7,5 volte superiore a quella della popolazione totale,[2847] negli anni'60 era solo 2,7 volte superiore. Questi nuovi dati sulla distribuzione degli studenti dell'istruzione superiore e secondaria per nazionalità sono stati pubblicati per la prima volta (nel dopoguerra) nel 1963 nel rapporto statistico annuale *L'economia nazionale dell'URSS*,[2848] e una tabella simile è stata prodotta annualmente fino al 1972. In termini di numero assoluto di studenti negli istituti di istruzione superiore e nelle scuole tecniche nell'anno accademico 1962-1963, gli ebrei erano al quarto posto dopo le tre nazioni slave (russi, ucraini, bielorussi), con 79.300 studenti ebrei negli istituti di istruzione superiore su un totale di 2.943.700 studenti (2,69%). Nell'anno accademico successivo, 1963-1964, il numero di studenti ebrei salì a 82.600, mentre il numero totale di studenti nell'URSS raggiunse i 3.260.700 (2,53%). Questa quota rimase pressoché costante fino all'anno accademico 1969-1970: 101.000 studenti ebrei su un totale di 4.549.900.

Poi la quota di studenti ebrei ha cominciato a diminuire e nel 1972-1973 era dell'1,91%: 88.500 studenti ebrei su un totale di 4.630.246.[2849] (Questo calo coincise con l'inizio dell'immigrazione ebraica in Israele).

Anche il numero relativo di scienziati ebrei è diminuito negli anni'60, passando dal 9,5% del 1960 al 6,1% del 1973.[2850] In quegli stessi anni, "c'erano decine di migliaia di nomi ebrei nell'arte e nella letteratura sovietica",[2851] tra cui l'8,5% di scrittori e giornalisti, il 7,7% di attori e artisti, più del 10% di giudici e avvocati e circa il 15% di medici.[2852] Tradizionalmente, gli ebrei in medicina sono sempre stati numerosi, ma si pensi alla maledetta "psichiatria sovietica", che in quegli anni iniziò a

---

[2846] *Н. Шапиро.* Слово рядового советского еврея // Русский антисемитизм и евреи: Сборник. Лондон, 1968, с. 55.
[2847] КЕЭ, т. 8, с. 190.
[2848] Народное хозяйство СССР в 1963 году: Статистический ежегодник. М.: Статистика, 1965, с. 579.
[2849] Народное хозяйство СССР в 1969 году. М., 1970, с. 690; Народное хозяйство СССР в 1972 году. М., 1972, с. 651.
[2850] *И. Домальский.* Технология ненависти // ВМ, Тель-Авив, 1978, №25, с. 120.
[2851] *Э. Финкелъштейн.* Евреи в СССР... // Страна и мир, 1989, № 1, с. 66.
[2852] *А. Нов, Жд. Ньют.* Еврейское население СССР: демографическое развитие и профессиональная занятость // Евреи в Советской России (1917-1967). Израиль: Библиотека "Алия", 1975, с. 180.

rinchiudere persone sane in istituti psichiatrici. E chi erano questi psichiatri? Elencando le "occupazioni ebraiche", M.I. Heifets scrive: "La psichiatria è un monopolio ebraico, mi disse un amico, uno psichiatra ebreo, poco prima del [mio] arresto; 'abbiamo cominciato a prendere russi solo di recente e anche allora come risultato di un ordine'" [nota del traduttore: l'ammissione alla formazione medica di specializzazione era regolata a livello locale e centrale; qui l'autore indica che l'ammissione di medici etnicamente russi alla formazione psichiatrica avanzata era imposta dai livelli superiori]. Fornisce esempi: il capo psichiatra di Leningrado, il professor Averbukh, fornisce la sua esperienza al KGB nella "Grande Casa"; a Mosca c'era il famoso Luntz; nell'ospedale di Kaluga c'erano Lifshitz e la "sua banda di ebrei". Quando Heifetz fu arrestato e sua moglie iniziò a cercare un avvocato con una "clearance", cioè con un permesso del KGB per lavorare su casi politici, "non trovò un solo russo" tra questi, poiché tutti gli avvocati di questo tipo erano ebrei[2853]).

Nel 1956, Furtseva, allora primo segretario del Gorkom di Mosca (il comitato di partito della città), si lamentò del fatto che in alcuni uffici gli ebrei costituivano più della metà del personale.[2854] (Devo notare per equilibrio che *in quegli* anni la presenza di ebrei nell'apparato sovietico non era dannosa. L'apparato giuridico sovietico era nella sua essenza ostinatamente e duramente anti-umano, schierato contro qualsiasi uomo in difficoltà, sia esso un richiedente o un semplice visitatore. Così accadeva spesso che i funzionari russi negli uffici sovietici, pietrificati dal loro potere, cercassero qualsiasi scusa per respingere trionfalmente un visitatore; al contrario, si poteva trovare molta più comprensione in un funzionario ebreo e risolvere una questione in modo più umano). L. Shapiro fornisce esempi di lamentele per il fatto che nelle repubbliche nazionali, gli ebrei furono cacciati e allontanati dall'apparato burocratico dall'intellighenzia autoctona[2855] - eppure nelle repubbliche etniche era un sistema di preferenze comune e ufficialmente imposto [per affermare i quadri locali], e anche i russi furono allontanati.

Questo mi ricorda un esempio della vita americana contemporanea. Nel 1965, la Divisione di New York dell'American Jewish Committee aveva condotto per quattro mesi un'intervista non ufficiale a più di mille alti funzionari delle banche di New York. Sulla base dei risultati, l'American Jewish Committee protestò perché meno del 3% degli intervistati erano ebrei, pur costituendo un quarto della popolazione di New York. Allora il presidente dell'Associazione delle Banche di New York rispose che le

---

[2853] Михаил Хейфец. Место и время (еврейские заметки)*. Париж: Третья волна, 1978, с. 63-65, 67, 70.
[2854] Л. Шапиро. Евреи в Советской России после Сталина // КРЕ-2, с. 363.
[2855] Там же.

banche, secondo la legge, non assumono sulla base di "razza, credo, colore o origine nazionale" e non tengono registri di tali categorie (sarebbe il nostro maledetto "quinto articolo" [il requisito del passaporto interno sovietico - "nazionalità"]!(È interessante notare che lo stesso Comitato Ebraico Americano aveva condotto due anni prima uno studio simile sulla composizione etnica dei dirigenti dei cinquanta maggiori servizi pubblici statunitensi e nel 1964 aveva studiato in modo analogo le imprese industriali della regione di Filadelfia).[2856]

Ma torniamo agli ebrei sovietici. Molti emigrati ebrei pubblicizzarono a gran voce la loro precedente attività nell'editoria periodica e nell'industria cinematografica in URSS. In particolare, da un autore ebreo apprendiamo che "è stato grazie al suo [di Syrokomskiy] sostegno che tutte le posizioni di vertice della *Literaturnaya Gazeta* sono state occupate da ebrei".[2857]

Eppure, vent'anni dopo, leggiamo una valutazione diversa dell'epoca: "Il nuovo antisemitismo si rafforzò... e nella seconda metà degli anni Sessanta era già un sistema sviluppato di screditamento, umiliazione e isolamento dell'intero popolo".[2858]

Come possiamo quindi conciliare questi pareri contrastanti? Come raggiungere una valutazione serena ed equilibrata?

Poi dalle alte sfere abitate dai baroni dell'economia arrivarono segnali allarmanti, segnali che resero nervosi gli ebrei. "In una certa misura, l'attività ebraica in Unione Sovietica si concentrava nei settori specifici dell'economia secondo uno schema caratteristico, ben noto ai sociologi ebrei".[2859]

A quel punto, alla fine degli anni Cinquanta, Nikita [Kruscev] si rese improvvisamente conto che i settori chiave dell'economia sovietica erano afflitti da furti e frodi dilaganti.

"Nel 1961 fu avviata una campagna esplicitamente antisemita contro il furto di proprietà socialiste".[2860] A partire dal 1961 furono approvati diversi decreti punitivi del Soviet Supremo dell'URSS. Il primo riguardava le "speculazioni in valuta estera" di , un altro le tangenti e un altro ancora introdusse in seguito la pena capitale per i reati summenzionati, applicando al contempo, senza alcuna legge, la pena di morte retroattivamente, per i reati commessi prima dell'emanazione di tali decreti (come, ad esempio,

---

[2856] *New York Times*, 1965, 21 ottobre, p. 47.
[2857] В. Перельман. О либералах в советских верхах // ВМ, Нью-Йорк, 1985, № 87, с. 147.
[2858] Э. Финкельштейн. Евреи в СССР... // Страна и мир, 1989, № 1, с. 66.
[2859] Л. Шапиро. Евреи в Советской России после Сталина // КРЕ-2, с. 362.
[2860] КЕЭ, т. 8, с. 261.

nel caso di J. Rokotov e B. Faybishenko). Le esecuzioni sono iniziate già nel primo anno. Durante i primi nove processi, undici persone furono condannate a morte - tra queste c'erano "forse, sei ebrei". [2861] *L'Enciclopedia Ebraica* afferma più specificamente: "Nel 1961-1964, trentanove ebrei furono giustiziati per crimini economici nella RSFSR e settantanove - in Ucraina", e quarantatré ebrei in altre repubbliche.[2862] In questi processi, "la grande maggioranza degli imputati erano ebrei". (La pubblicità era tale che i verbali dei tribunali indicavano i nomi e i patronimici degli imputati, che era il normale ordine delle arringhe, ma da ciò risultava "assolutamente chiaro che si trattava di ebrei".)[2863]

Poi, in un grande processo a Frunze nel 1962, diciannove dei quarantasei imputati erano apparentemente ebrei. "Non c'è motivo di pensare che questa nuova politica sia stata concepita come un sistema di misure antiebraiche. Eppure, subito dopo l'applicazione, le nuove leggi acquisirono un netto sapore antiebraico" - l'autore della citazione si riferisce ovviamente alla pubblicazione dei nomi completi degli imputati, compresi quelli ebrei; a parte questo, né i tribunali, né il governo, né i media fecero generalizzazioni o accuse dirette contro gli ebrei. E anche quando la *Sovetskaya Kyrgizia* ha scritto che "occupavano posti diversi, ma erano strettamente legati l'uno all'altro", non ha mai chiarito l'impellente domanda "come erano legati?". Il giornale ha trattato la questione con il silenzio, spingendo così il lettore a pensare che il nucleo dell'organizzazione criminale fosse composto dagli individui "strettamente legati". Ma "strettamente legati da" cosa? Dalla loro ebraicità. Così il giornale ha "enfatizzato gli ebrei in questo caso".[2864] ... Eppure le persone possono essere "strettamente legate" da qualsiasi transazione illegale, avidità, truffa o frode. E, sorprendentemente, nessuno ha sostenuto che questi individui potessero essere innocenti (anche se avrebbero potuto esserlo). Eppure fare *il loro nome* equivaleva a fare l'adescamento degli ebrei.

Poi, nel gennaio 1962, fu la volta del caso di Vilnius degli speculatori in valuta estera. *Tutti gli* otto imputati erano ebrei (durante il processo, i membri non ebrei dell'establishment politico coinvolti nel caso sfuggirono al pubblico ludibrio - un solito trucco sovietico). Questa volta, l'accusa ha espresso un esplicito sentimento antiebraico: "Gli accordi sono stati

---

[2861] С. Шварц. Евреи в Советском Союзе..., с. 326-327, 329.
[2862] КЕЭ, т. 8, с. 261.
[2863] Н. Шапиро. Слово рядового советского еврея // Русский антисемитизм и евреи, с. 55.
[2864] С. Шварц. Евреи в Советском Союзе..., с. 330-333.

conclusi in una sinagoga e le discussioni sono state risolte con l'aiuto del vino".[2865]

S. Schwartz è assolutamente convinto che questo accanimento legale ed economico non fosse altro che un antisemitismo dilagante, eppure ignora completamente "la tendenza degli ebrei a concentrare la loro attività nelle sfere specifiche dell'economia". Allo stesso modo, tutti i media occidentali interpretarono questo fatto come una campagna brutale contro gli ebrei, l'*umiliazione e l'isolamento di un intero popolo*; Bertrand Russell inviò una lettera di protesta a Kruscev e ottenne una risposta personale dal leader sovietico.[2866] In seguito, però, le autorità sovietiche sembravano averci ripensato quando si occupavano degli ebrei.

In Occidente, l'antisemitismo ufficiale sovietico cominciò a essere definito "la questione più urgente" dell'URSS (ignorando qualsiasi altra questione più acuta) e "l'argomento più proibito". (Anche se c'erano numerose altre questioni proscritte, come la collettivizzazione forzata o la resa di tre milioni di soldati dell'Armata Rossa solo nel 1941, o la micidiale "sperimentazione" nucleare sulle nostre stesse truppe sovietiche sul poligono di Totskoye nel 1954). Naturalmente, dopo la morte di Stalin, il Partito Comunista evitò di fare dichiarazioni esplicitamente antiebraiche.

Forse, hanno praticato "riunioni su invito" e "briefing" incendiari - che sarebbero stati molto in stile sovietico. Solomon Schwartz conclude giustamente che: "La politica sovietica antiebraica non ha alcun fondamento solido o razionale", lo strangolamento della vita culturale ebraica "appare sconcertante".

Come si spiega una politica così bizzarra?".[2867]

Tuttavia, quando tutti gli esseri viventi del Paese venivano soffocati, ci si poteva davvero aspettare che persone così vigorose e agili sfuggissero a una sorte simile? A ciò si aggiunse il peso dei programmi di politica estera sovietica degli anni'60: l'URSS stava progettando una campagna anti-Israele. Così, si inventarono il termine comodo, ambiguo e indefinito di "antisionismo", che divenne "una spada di Damocle che pendeva sull'intera popolazione ebraica del Paese".[2868]

La campagna contro il "sionismo" sulla stampa divenne una sorta di scudo impenetrabile, poiché la sua evidente natura antisemita divenne indimostrabile. Inoltre, suonava minaccioso e pericoloso: "Il sionismo è lo

---

[2865] Там же, с. 333-334.
[2866] Обмен письмами между Б. Расселом и Н.С. Хрущёвым // Правда, 1963, 1 марта, с. 1.
[2867] *С. Шварц*. Евреи в Советском Союзе..., с. 421-422.
[2868] *Э. Финкельштейн*. Евреи в СССР... // Страна и мир. 1989, № 1, с. 65.

strumento dell'imperialismo americano". Così gli "ebrei dovevano dimostrare la loro lealtà in un modo o nell'altro, per convincere in qualche modo le persone intorno a loro che non avevano alcun legame con il loro ebraismo, soprattutto con il sionismo".[2869]

I sentimenti degli ebrei comuni in Unione Sovietica divennero i sentimenti degli oppressi, come espresso vividamente da uno di loro: "Nel corso degli anni di persecuzioni e vilipendi, gli ebrei hanno sviluppato un certo complesso psicologico di sospetto verso qualsiasi contatto proveniente da non ebrei. In ogni cosa sono pronti a vedere allusioni implicite o esplicite alla loro nazionalità ..... Gli ebrei non possono mai dichiarare pubblicamente la loro ebraicità, ed è formalmente accettato che questa venga taciuta, come se fosse un vizio o un crimine passato".[2870]

Un incidente avvenuto a Malakhovka nell'ottobre 1959 contribuì in modo sostanziale a creare questa atmosfera. La notte del 4 ottobre, a Malakhovka, un insediamento "a mezz'ora da Mosca... con 30.000 abitanti, di cui circa il 10% ebrei..., il tetto della sinagoga prese fuoco insieme... alla casa del custode del cimitero ebraico ... [e] la moglie del custode morì nell'incendio". La stessa notte furono sparsi e affissi volantini in tutta Malakhovka: Via gli ebrei dal commercio! ... Li abbiamo salvati dai tedeschi... eppure sono diventati così arroganti che il popolo russo non capisce più... chi vive sulla terra di chi".[2871]

La crescente depressione spinse alcuni ebrei a uno stato d'animo estremo come quello descritto da D. Shturman: alcuni "filistei ebrei svilupparono un odio verso Israele, ritenendolo il generatore dell'antisemitismo nella politica sovietica". Ricordo le parole di un insegnante ebreo di successo: 'Una buona bomba sganciata su Israele renderebbe la nostra vita molto più facile'".[2872]

Ma quella fu davvero una brutta eccezione. In generale, la dilagante campagna antisionista ha innescato un "consolidamento del senso di ebraicità nelle persone e la crescita della simpatia verso Israele come avamposto della nazione ebraica".[2873]

C'è anche un'altra spiegazione della situazione sociale di quegli anni: sì, sotto Kruscev, "i timori per la loro vita erano diventati un ricordo del passato per gli ebrei sovietici", ma "erano state gettate le basi di un nuovo

---

[2869] Э. Финкельштейн. Евреи в СССР... // Страна и мир, 1989, № 1, с. 66-67.
[2870] Н. Шапиро. Слово рядового советского еврея // Русский антисемитизм и евреи, с. 48, 55.
[2871] Социалистический вестник, 1959, № 12, с. 240-241.
[2872] Д. Штурман. Советский антисемитизм - причины и прогнозы: [Семинар] // "22", 1978, № 3, с. 180.
[2873] С. Шварц. Евреи в Советском Союзе..., с. 395.

antisemitismo", poiché la giovane generazione dell'establishment politico lottava per i privilegi di casta, "cercando di occupare le posizioni di rilievo nelle arti, nelle scienze, nel commercio, nella finanza, ecc. La nuova aristocrazia sovietica incontrò gli ebrei, la cui quota in questi campi era tradizionalmente elevata". La "struttura sociale della popolazione ebraica, concentrata soprattutto nei principali centri del Paese, ricordava all'élite al potere la propria struttura di classe".[2874]

Senza dubbio, tale incontro ebbe luogo; si trattò di un epico "cambio di equipaggio" nell'establishment sovietico, passando dall'élite ebraica a quella russa. Questo ha portato chiaramente all'antagonismo e ricordo le conversazioni tra gli ebrei durante l'era di Kruscev: erano piene non solo di ridicolo, ma anche di brutti insulti nei confronti degli ex contadini, i "muzhiks", che si erano infiltrati nell'establishment.

Tuttavia, tutte le varie influenze sociali, combinate con la grande prudenza delle autorità sovietiche, portarono a una drastica riduzione della "prevalenza e dell'acutezza dell'antisemitismo sovietico moderno" entro il 1965, che divenne di gran lunga inferiore a quello osservato "durante la guerra e nei primi anni del dopoguerra", e sembra che "si stia verificando una marcata attenuazione, forse persino un completo spegnimento della 'percentuale di citazione'".[2875] Nel complesso, negli anni '60 la visione del mondo ebraico era piuttosto positiva. Questo è ciò che sentiamo costantemente da diversi autori.

(In contrasto con quanto abbiamo appena letto, ovvero che "il nuovo antisemitismo si è rafforzato negli anni '60"). La stessa opinione fu espressa anche vent'anni dopo: "L'era di Kruscev fu uno dei periodi più pacifici della storia sovietica per gli ebrei".[2876]

"Nel 1956-1957, in URSS sorsero molte nuove società sioniste, che riunivano giovani ebrei che in precedenza non mostravano molto interesse per i problemi nazionali ebraici o per il sionismo. Un importante impulso per il risveglio della coscienza nazionale tra gli ebrei sovietici e per lo sviluppo di un senso di solidarietà con lo Stato di Israele fu la crisi di Suez [1956]". In seguito, "il Festival Internazionale della Gioventù [Mosca, 1957] divenne un catalizzatore per la rinascita del movimento sionista in URSS tra una certa porzione di ebrei sovietici... Tra il Festival e la Guerra dei Sei Giorni [1967], l'attività sionista in Unione Sovietica si espanse gradualmente. I contatti degli ebrei sovietici con l'ambasciata israeliana

---

[2874] Э. *Финкелъштейн*. Евреи в СССР... // Страна и мир, 1989, № 1, с. 64-65.
[2875] С. *Шварц*. Евреи в Советском Союзе..., с. 372, 409.
[2876] *Михаил Хейфец*. Новая "аристократия"? // Грани: Журнал литературы, искусства, науки и общ.-политической мысли. Франкфурт-на-Майне, 1987, № 146, с. 189.

divennero più frequenti e meno pericolosi". Inoltre, "l'importanza del Samizdat ebraico aumentò drammaticamente".[2877]

Durante il cosiddetto periodo del "disgelo" di Kruscev (dalla fine degli anni Cinquanta all'inizio degli anni Sessanta), gli ebrei sovietici furono spiritualmente rienergizzati; si scrollarono di dosso le paure e le angosce dell'epoca precedente del "complotto dei medici" e della persecuzione dei "cosmopoliti". Nella società metropolitana "è diventato persino di moda" essere un ebreo; il motivo ebraico è entrato nel Samizdat e nelle serate poetiche allora così popolari tra i giovani. Rimma Kazakova osò persino dichiarare la sua identità ebraica dal palcoscenico. Yevtushenko colse subito l'aria e la espresse nel 1961 nel suo *Babi Yar*[2878], proclamandosi ebreo nello spirito. La sua poesia (e il coraggio della *Literaturnaya Gazeta*) fu uno squillo di tromba letterario per tutto l'ebraismo sovietico e mondiale. Yevtushenko recitò il suo poema durante un gran numero di serate poetiche, sempre accompagnato da uno scroscio di applausi. Dopo qualche tempo, Shostakovich, che spesso si cimentava in temi ebraici, inserì il poema di Yevtushenko nella sua 13a Sinfonia. Tuttavia, la sua esecuzione pubblica fu limitata dalle autorità. *Babi Yar* si diffuse tra gli ebrei sovietici e stranieri come una ventata d'aria rinvigorente e curativa, un vero e proprio "atto rivoluzionario...".

nello sviluppo della coscienza sociale dell'Unione Sovietica"; "divenne l'evento più significativo dopo la destituzione del complotto dei medici".[2879]

Nel 1964-65 i temi ebraici tornarono nella letteratura popolare; si pensi, ad esempio, a *Estate a Sosnyaki* di Anatoliy Rybakov o al diario di Masha Rolnik[2880] ("scritto apparentemente sotto una forte influenza del *Diario di Anna Frank*"[2881]).

"Dopo l'estromissione di Kruscev da tutte le sue cariche, la politica ufficiale nei confronti degli ebrei si ammorbidì un po'. La lotta contro l'ebraismo si attenuò e quasi tutte le restrizioni sulla cottura della matzah furono abolite .... Gradualmente, anche la campagna di contro i crimini economici si affievolì ....". Tuttavia "la stampa sovietica scatenò una campagna di propaganda contro le attività sioniste degli ebrei sovietici e i loro legami con l'ambasciata israeliana".[2882]

[2877] КЕЭ, т. 8, с. 262-263.
[2878] *R. Rutman //* Soviet Jewish Affairs, Londra, 1974, Vol. 4, № 2, p. 11.
[2879] *С. Шварц.* Евреи в Советском Союзе..., с. 371.
[2880] Соответственно: Новый мир, 1964, № 12; Мария *Рольникайте.* Я должна рассказать // Звезда, 1965, № 2 и № 3.
[2881] *С. Шварц.* Евреи в Советском Союзе..., с. 373.
[2882] КЕЭ, т. 8, с. 262, 264.

Tutte queste fluttuazioni politiche e i cambiamenti nelle politiche ebraiche in Unione Sovietica non passarono inosservati, ma servirono a risvegliare gli ebrei.

Nel censimento del 1959, solo il 21% degli ebrei indicava lo yiddish come prima lingua (nel 1926 era il 72%).[2883] Anche negli anni'70 si diceva che "l'ebraismo russo, che era [in passato] il più ebraico del mondo, è diventato il meno ebraico".[2884] "L'attuale stato della società sovietica è caratterizzato dalla distruzione del potenziale spirituale e intellettuale ebraico".[2885] O come dice un altro autore: agli ebrei dell'Unione Sovietica non è stato "permesso di assimilarsi", né è stato loro "permesso di essere ebrei".[2886]

Tuttavia, l'identità ebraica non è mai stata sottomessa durante l'intero periodo sovietico.

Nel 1966 il giornale ufficiale *Sovetish Heymland* sosteneva che "anche gli ebrei russofoni assimilati conservano il loro carattere unico, distinto da quello di qualsiasi altro segmento della popolazione".[2887] Per non parlare degli ebrei di Odessa, Kiev e Kharkov, che "a volte erano persino spocchiosi sul loro essere ebrei, al punto da non voler fare amicizia con un goy".[2888]

Lo scienziato Leo Tumerman (già in Israele nel 1977) ricorda il primo periodo sovietico, quando era solito "rifiutare qualsiasi nazionalismo". Eppure ora, ripensando a quegli anni: "Sono sorpreso di notare ciò che allora avevo trascurato: nonostante quella che sembrava essere la mia piena assimilazione nella vita russa, l'intera cerchia dei miei amici più stretti e intimi di allora era ebrea".[2889]

La sincerità della sua dichiarazione è certa - il quadro è chiaro. Queste cose erano molto diffuse e ho assistito a situazioni simili parecchie volte, e i russi non si preoccupavano affatto di questo comportamento.

Un altro autore ebreo osserva che in URSS "gli ebrei non religiosi di tutti i ceti sociali difendevano a spada tratta il principio della 'purezza razziale'". Aggiunge: "Niente di più naturale. Le persone per le quali l'ebraismo è solo

---

[2883] Там же, с. 295, 302.
[2884] Г. Розенблюм. Крушение Чуда...: [Беседа с В. Перельманом] // ВМ, Тель-Авив, 1977, №24, с. 120.
[2885] Л. Цигельман-Дымерская. Советский антисемитизм - причины и прогнозы: [Семинар] // "22", 1978, №3, с. 175.
[2886] Ю. Штерн. Ситуация неустойчива...: [Интервью] // "22", 1984, № 38, с. 135.
[2887] Л. Шапиро. Евреи в Советской России после Сталина // КРЕ-2, с. 379.
[2888] Ю. Штерн. Двойная ответственность: [Интервью] // "22", 1981, № 21, с. 127.
[2889] "22"*, 1978, № 1, с. 204.

una parola vuota sono molto rare, soprattutto tra gli [ebrei] non assimilati".[2890]

Anche la testimonianza di Natan Sharansky, rilasciata poco dopo la sua immigrazione in Israele, è tipica: "Gran parte del mio essere ebreo mi è stato inculcato dalla mia famiglia.

Sebbene la nostra fosse una famiglia assimilata, era comunque ebrea". Mio padre, un normale giornalista sovietico, era così affascinato dalle idee rivoluzionarie di "felicità per tutti" e non solo per gli ebrei, che divenne un cittadino sovietico assolutamente fedele". Tuttavia, nel 1967, dopo la Guerra dei Sei Giorni, e poi nel 1968, dopo la Cecoslovacchia, "mi resi improvvisamente conto di un'evidente differenza tra me e i non ebrei intorno a me... una sorta di senso della differenza fondamentale tra la mia coscienza ebraica e la coscienza nazionale dei russi".[2891]

Ed ecco un'altra testimonianza molto ponderata (1975): "Gli sforzi compiuti negli ultimi cento anni dagli intellettuali ebrei per reincarnarsi nella forma nazionale russa sono stati davvero titanici. Tuttavia, ciò non ha dato loro equilibrio mentale; al contrario, li ha portati a sentire più acutamente l'amarezza della loro esistenza binazionale". E "hanno una risposta alla tragica domanda di Aleksandr Blok: "La mia Russia, la mia vita, dovremo trascinarci insieme nella vita?". A questa domanda, alla quale di norma un russo risponde in modo inequivocabile, un membro dell'intellighenzia russo-ebraica era solito rispondere (a volte dopo aver riflettuto su se stesso): "No, non insieme. Per il momento sì, fianco a fianco, ma non insieme"... Un dovere non può sostituire la Madrepatria". E così "gli ebrei si sentivano liberi da obblighi in tutte le svolte brusche della storia russa".[2892]

Mi sembra giusto. Si può solo sperare che tutti gli ebrei russi abbiano questa chiarezza e riconoscano questo dilemma.

Eppure, di solito, il problema viene imputato in toto all'"antisemitismo": "Escludendoci da tutto ciò che è genuinamente russo, il loro antisemitismo ci ha contemporaneamente precluso tutto ciò che è ebraico". .... L'antisemitismo è terribile non per quello che *fa agli ebrei* (imponendo loro delle restrizioni), ma per quello che *fa con gli ebrei* trasformandoli in esseri umani nevrotici, depressi, stressati e difettosi".[2893]

[2890] А. Этерман. Истина с близкого расстояния // "22", 1987, № 52, с. 112.
[2891] А. Щаранский. [Интервью] // "22", 1986, № 49. с. 111-112.
[2892] Б. Орлов. Не те вы учили алфавиты // ВМ, Тель-Авив, 1975, № 1, с. 129, 132-133.
[2893] В. Богуславский. Галуту - с надеждой // "22", 1985, № 40, с. 133, 134.

Tuttavia, quegli ebrei che si erano pienamente risvegliati alla loro identità erano guariti in modo molto rapido, completo e affidabile da questa condizione morbosa.

L'identità ebraica nell'Unione Sovietica si è rafforzata man mano che attraversava le prove storiche predestinate all'ebraismo dal 20 secolo. In primo luogo, la catastrofe ebraica durante la Seconda guerra mondiale. (Grazie agli sforzi di smorzamento e oscuramento ufficiali sovietici, l'ebraismo sovietico ne comprese la piena portata solo più tardi).

Un'ulteriore spinta fu data dalla campagna contro i "cosmopoliti" nel 1949-1950. Poi ci fu la gravissima minaccia di un massacro da parte di Stalin, eliminata dalla sua tempestiva morte. Con il "disgelo" di Kruscev e dopo di esso, negli anni Sessanta, l'ebraismo sovietico si è rapidamente risvegliato spiritualmente, percependo già la sua identità unica.

Nella seconda metà degli anni Cinquanta, "il crescente senso di amarezza, diffuso in ampi segmenti dell'ebraismo sovietico", portò al "consolidamento del senso di solidarietà nazionale".[2894]

Ma "solo alla fine degli anni'60 un gruppo molto piccolo ma impegnato di scienziati (si noti che non erano umanitari; la figura più colorita tra loro era Alexander Voronel) ha iniziato a ricostruire la coscienza nazionale ebraica in Russia".[2895]

E poi, contro la nascente coscienza nazionale degli ebrei sovietici, è scoppiata improvvisamente la Guerra dei Sei Giorni, che si è conclusa istantaneamente con quella che poteva sembrare una vittoria miracolosa. Israele è asceso nelle loro menti e gli ebrei sovietici si sono svegliati alla loro parentela spirituale e consanguinea [con Israele].

Ma le autorità sovietiche, furiose per la vergognosa sconfitta di Nasser, attaccarono immediatamente gli ebrei sovietici con una campagna martellante contro il "fascismo giudeo-sionista", insinuando che tutti gli ebrei fossero "sionisti" e sostenendo che la "cospirazione globale" del sionismo "è il *prodotto* atteso e *inevitabile dell'intera storia ebraica", religione ebraica e del conseguente carattere nazionale ebraico"* e "a causa del coerente perseguimento dell'ideologia della supremazia razziale e dell'apartheid, l'ebraismo si è rivelato una religione molto conveniente per garantire il dominio mondiale"."[2896]

[2894] *С. Шварц.* Евреи в Советском Союзе..., с. 415.
[2895] *Г. Файн.* В роли высокооплачиваемых швейцаров // ВМ, Тель-Авив. 1976, № 12. с. 133-134.
[2896] *Р. Нудельман.* Советский антисемитизм - причины и прогнозы: [Семинар] // "22", 1978, № 3, с. 144.

La campagna in TV e sulla stampa fu accompagnata da una drammatica rottura delle relazioni diplomatiche con Israele. Gli ebrei sovietici avevano molte ragioni per temere: "Sembrava che si stesse per arrivare a invocare un pogrom".[2897]

Ma sotto questa paura cresceva e si sviluppava una nuova e già inarrestabile esplosione di coscienza nazionale ebraica.

"L'amarezza, il risentimento, la rabbia e il senso di insicurezza sociale stavano maturando in vista di una rottura definitiva che avrebbe portato alla completa rottura di tutti i legami con [questo] Paese e [questa] società - all'emigrazione".[2898]

"La vittoria dell'esercito israeliano ha contribuito al risveglio della coscienza nazionale tra le molte migliaia di ebrei sovietici quasi completamente assimilati" .... È iniziato il processo di rinascita nazionale .... L'attività dei gruppi sionisti nelle città di tutto il Paese ebbe un'impennata .... Nel 1969, ci sono stati tentativi di creare un'organizzazione sionista unita [in URSS] .... Un numero crescente di ebrei ha fatto domanda per emigrare in Israele".[2899]

I numerosi rifiuti di concedere i visti di uscita portarono al tentativo fallito di dirottare un aereo il 15 giugno 1970. Il successivo "affare del dirottamento Dymshits-Kuznetsov" può essere considerato una pietra miliare storica nel destino dell'ebraismo sovietico.

[2897] Э. *Финкельштейн.* Евреи в СССР... // Страна и мир, 1989, № 1, с. 67.
[2898] Там же.
[2899] КЕЭ, т. 8. с. 267.

Capitolo 24
La rottura con il bolscevismo

All'inizio del 20 secolo, l'Europa si immaginava sulla soglia dell'illuminazione mondiale. Nessuno avrebbe potuto prevedere la forza con cui il nazionalismo sarebbe esploso in quello stesso secolo tra tutte le nazioni del mondo. Cento anni dopo, sembra che i sentimenti nazionalisti non stiano per morire presto (proprio il messaggio che i socialisti internazionali hanno cercato di inculcare nelle nostre teste per tutto il secolo), ma anzi stiano guadagnando forza.

Eppure, la natura multinazionale dell'umanità non fornisce forse varietà e ricchezza? L'erosione delle nazioni sarebbe sicuramente un impoverimento dell'umanità, l'entropia dello spirito. (E secoli di storia delle culture nazionali si trasformerebbero in buffonate irrimediabilmente morte e inutili). La logica secondo cui sarebbe più facile gestire un'umanità così uniforme fallisce per il suo meschino riduzionismo.

Tuttavia, la propaganda dell'impero sovietico ha ripetuto senza sosta, in modo importuno e trionfante, l'imminente appassimento e fusione delle nazioni, proclamando che nel nostro Paese non esiste alcuna "questione nazionale" e che certamente non esiste alcuna "questione ebraica".

Eppure, perché non dovrebbe esistere la questione ebraica - la questione dell'esistenza senza precedenti di una nazione di tremila anni, sparsa su tutta la Terra, ma spiritualmente saldata insieme a dispetto di tutte le nozioni di stato e territorialità, e allo stesso tempo in grado di influenzare l'intera storia mondiale nel modo più vivace e potente? Perché non dovrebbe esistere una "questione ebraica", visto che tutte le questioni nazionali si presentano prima o poi, anche la "questione gagauz" [un piccolo popolo turco cristiano che vive nei Balcani e nell'Europa orientale]?

Naturalmente, non potrebbero sorgere dubbi così sciocchi se la questione ebraica non fosse al centro di molti giochi politici diversi.

Lo stesso valeva anche per la Russia. Nella società russa pre-rivoluzionaria, come abbiamo visto, era l'*omissione* della questione ebraica a essere considerata "antisemita". In realtà, nella mente dell'opinione pubblica russa la questione ebraica - intesa come questione dei diritti civili o dell'uguaglianza civile - si trasformò forse nella questione centrale dell'intera vita pubblica russa di quel periodo, e certamente nel nodo centrale della coscienza di ogni individuo, il suo test acido.

Con la crescita del socialismo europeo, tutte le questioni nazionali vennero sempre più riconosciute come meri ostacoli deplorevoli a quella grande dottrina; a maggior ragione la questione ebraica (attribuita da Marx direttamente al capitalismo) era considerata un ostacolo gonfiato. Mommsen scrisse che nei circoli dell'"ebraismo socialista russo-occidentale", come lui stesso disse, anche il minimo tentativo di discutere la questione ebraica era bollato come "reazionario" e "antisemita" (questo anche prima del Bund).

Questo era lo standard di ferro del socialismo ereditato dall'URSS. Dal 1918 i comunisti vietarono (sotto la minaccia della prigione o della morte) qualsiasi trattamento o considerazione separata della questione ebraica (tranne la simpatia per le loro sofferenze sotto gli zar e gli atteggiamenti positivi per il loro ruolo attivo nel comunismo). La classe intellettuale aderì volontariamente e di buon grado al nuovo canone, mentre gli altri furono obbligati a seguirlo.

Questo modo di pensare persistette anche durante la guerra sovietico-tedesca, come se, anche allora, non ci fosse una particolare questione ebraica. E fino alla scomparsa dell'URSS sotto Gorbaciov, le autorità erano solite ripetere con forza: no, non c'è una questione ebraica, no, no, no (è stata sostituita dalla "questione sionista").

Tuttavia, già alla fine della Seconda Guerra Mondiale, quando gli ebrei sovietici si resero conto della portata della distruzione degli ebrei sotto Hitler, e poi attraverso la campagna "anti-cosmopolita" di Stalin alla fine degli anni'40, l'intellighenzia sovietica si rese conto che la questione ebraica in URSS esiste! E la comprensione pre-rivoluzionaria - che è centrale per la società russa e per la coscienza di ogni individuo e che è la "vera misura dell'umanità"[2900] - è stata anche ripristinata.

In Occidente sono stati solo i leader del sionismo a parlare con sicurezza, fin dalla fine del XIX secolo, dell'unicità storica e della perenne attualità della questione ebraica (e alcuni di loro hanno mantenuto allo stesso tempo solidi legami con l'irriducibile socialismo europeo).

[2900] В. Левитина. Русский театр и евреи. Иерусалим: Библиотека - Алия, 1988. Т. 1, с. 24.

E poi la nascita dello Stato di Israele e le conseguenti tempeste intorno ad esso hanno aumentato la confusione delle ingenue menti socialiste degli europei.

Qui propongo due piccoli esempi, ma all'epoca piuttosto stimolanti e tipici. In una puntata della cosiddetta trasmissione "Il dialogo tra l'Est e l'Ovest" (un abile programma del periodo della Guerra Fredda, in cui ai dibattiti occidentali si contrapponevano funzionari o novizi dell'Europa orientale, che traducevano le sciocchezze ufficiali per le proprie sincere convinzioni), all'inizio del 1967, uno scrittore slovacco, Ladislav Mnacko, che rappresentava propriamente l'Est socialista, osservò con arguzia di non aver mai avuto in vita sua alcun conflitto con le autorità comuniste, tranne in un caso in cui gli fu sospesa la patente per un'infrazione al codice della strada. Il suo avversario francese ha detto con rabbia che almeno in un altro caso, sicuramente Mnacko avrebbe dovuto essere all'opposizione: quando la rivolta nella vicina Ungheria fu affogata nel sangue.

Ma no, la soppressione dell'insurrezione ungherese non ha violato la pace mentale di Mnacko, né lo ha costretto a dire qualcosa di brusco o impudente. Poi, pochi mesi dopo il "dialogo", scoppiò la Guerra dei Sei Giorni. A quel punto il governo cecoslovacco di Novotny, tutto di fedeli comunisti, accusò Israele di aggressione e ruppe le relazioni diplomatiche con esso. E cosa è successo dopo? Mnacko - uno slovacco sposato con un'ebrea - che prima aveva tranquillamente ignorato la soppressione dell'Ungheria, ora era così indignato e agitato che lasciò la sua patria e per protesta andò a vivere in Israele.

Il secondo esempio risale allo stesso anno. Un famoso socialista francese, Daniel Meyer, al momento della Guerra dei Sei Giorni aveva scritto su *Le Monde* che d'ora in poi si sarebbe: 1) vergognato di essere *socialista* - a causa del fatto che l'Unione Sovietica si definisce un Paese socialista (ebbene, quando l'Unione Sovietica sterminava non solo il proprio popolo ma anche gli altri *socialisti* - non si vergognava); 2) vergognato di essere francese (ovviamente a causa della posizione politica sbagliata di de Gaulle); e 3) vergognato di essere *umano* (non era troppo?), e di tutto tranne che di essere ebreo.), e si vergognava di tutto, tranne che di essere ebreo.[2901]

Siamo pronti ad accettare sia l'indignazione di Mnacko che la rabbia di Meyer, ma vorremmo sottolineare l'estrema intensità dei loro sentimenti - data la lunga storia della loro ossequiosa condiscendenza al comunismo. Sicuramente, l'intensità dei loro sentimenti è anche un aspetto della questione ebraica nel 20 secolo.

Quindi in che modo "la questione ebraica non esisteva"?

[2901] *Daniel Mayer.* J'ai honte d'être socialiste // Le Monde, 1967, 6 Juin, p. 3.

Se si ascoltassero le trasmissioni radiofoniche americane rivolte all'Unione Sovietica dal 1950 agli anni'80, si potrebbe concludere che non c'era nessun'altra questione in Unione Sovietica così importante come la questione ebraica. (Nello stesso periodo negli Stati Uniti, dove gli ebrei "possono essere descritti come... la minoranza più privilegiata" e dove "hanno acquisito uno status senza precedenti, la maggioranza degli [ebrei americani] continuava a sostenere che l'odio e la discriminazione da parte dei loro compatrioti cristiani erano un triste fatto della vita moderna";[2902] ancora perché suonerebbe incredibile se affermato ad alta voce, allora la questione ebraica non esiste, e notarla e parlarne è inutile e improprio).

Dobbiamo abituarci a parlare della questione ebraica non in sordina e con timore, ma in modo chiaro, articolato e deciso. Dovremmo farlo non traboccando di passione, ma con simpatia, consapevoli sia dell'insolita e difficile storia mondiale ebraica sia dei secoli della nostra storia russa, anch'essi pieni di significative sofferenze. Allora i pregiudizi reciproci, a volte molto intensi, scomparirebbero e regnerebbe la calma ragione.

Lavorando a questo libro, non posso fare a meno di notare che la questione ebraica è stata onnipresente nella storia del mondo e non è mai stata una questione nazionale in senso stretto come tutte le altre questioni nazionali, ma è sempre stata - forse per la natura dell'ebraismo? - intrecciata a qualcosa di molto più grande.

Quando alla fine degli anni Sessanta ho riflettuto sul destino del regime comunista e ho pensato che sì, era condannato, la mia impressione era fortemente sostenuta dalla constatazione che tanti ebrei lo avevano già abbandonato.

C'è stato un periodo in cui hanno persistentemente e all'unisono sostenuto il regime sovietico, e a quel tempo il futuro apparteneva sicuramente ad esso. Ma ora gli ebrei hanno iniziato a disertare il regime, prima gli individui pensanti e poi le masse ebraiche. Non era forse questo un segno sicuro che gli anni del regime sovietico erano ormai contati?

Sì, lo era.

Quando è successo esattamente che gli ebrei, un tempo spina dorsale così affidabile del regime, si sono trasformati quasi nel suo più grande avversario?

Possiamo dire che gli ebrei hanno sempre lottato per la libertà? No, perché troppi di loro erano i comunisti più zelanti. Ma ora hanno voltato le spalle. E senza di loro, il vecchio fanatismo bolscevico non solo aveva perso parte

---

[2902] *Michael Medved*. La questione ebraica // National Review, 1997, 28 luglio, p. 53.

del suo fervore, ma aveva anche smesso di essere fanatico, diventando piuttosto pigro alla maniera russa.

Dopo la guerra sovietico-tedesca, gli ebrei sono rimasti delusi dal potere comunista: si è scoperto che stavano peggio di prima. Abbiamo visto le fasi principali di questa scissione. Inizialmente, il sostegno dell'URSS al neonato Stato di Israele aveva ispirato gli ebrei sovietici. Poi arrivò la persecuzione dei "cosmopoliti" e l'intellighenzia prevalentemente ebraica (non ancora le masse filistee) cominciò a preoccuparsi: il comunismo mette da parte gli ebrei? Li opprime? La terribile minaccia di massacro da parte di Stalin travolse anche loro - ma fu di breve durata e miracolosamente scomparve molto presto. Durante l'"interregno" [dopo la morte di Stalin] e poi sotto Kruscev, le speranze degli ebrei furono sostituite dall'insoddisfazione e il miglioramento stabile promesso non si concretizzò.

Poi la Guerra dei Sei Giorni scoppiò con una forza davvero biblica, sconvolgendo l'ebraismo sovietico e mondiale, e la coscienza nazionale ebraica cominciò a crescere come una valanga. Dopo la Guerra dei Sei Giorni, "molte cose cambiarono... l'azione acquistò slancio. Lettere e petizioni cominciarono a inondare le organizzazioni sovietiche e internazionali. La vita nazionale si ravvivò: durante le feste divenne difficile entrare in sinagoga, nacquero società clandestine per lo studio della storia, della cultura e dell'ebraismo ebraico".[2903]

E poi c'era quella campagna nascente contro il "sionismo", già legato all'"imperialismo", e così il risentimento cresceva tra gli ebrei verso quel bolscevismo sempre più estraneo, abominevole e ottuso - *da dove veniva un tale mostro*?

In effetti, per molti ebrei istruiti l'allontanamento dal comunismo è stato doloroso, perché è sempre difficile separarsi da un ideale - dopo tutto, non si trattava forse di un "grande, e forse inevitabile, esperimento planetario iniziato in Russia nel 1917; un esperimento, basato su antiche idee attraenti e ovviamente elevate, non tutte difettose e molte delle quali conservano ancora oggi il loro effetto benefico....

Il marxismo richiede menti istruite".[2904]

Molti scrittori politici ebrei hanno fortemente favorito il termine "stalinismo", una forma comoda per giustificare il precedente regime

---

[2903] *Михаил Хейфец*. Место и время (еврейские заметки). Париж: Третья волна, 1978, с. 174.
[2904] *Ю. Колкер* // Русская мысль, 24 апреля 1987, с. 12.

sovietico. È difficile separarsi dalle vecchie cose familiari e dolci, se è davvero possibile.

Ci sono stati tentativi di aumentare l'influenza degli intellettuali sull'élite al potere. È il caso della *Lettera al XXIII Congresso* (del Partito Comunista) di G. Pomerants (1966). La lettera chiedeva al Partito Comunista di avere fiducia nell'"intellighenzia scientifica e creativa", che "non desidera l'anarchia ma lo Stato di diritto... che non vuole distruggere il sistema esistente ma renderlo più flessibile, più razionale, più umano" e proponeva di istituire un think tank consultivo, che avrebbe *generalmente* consultato la leadership esecutiva del Paese.[2905]

L'offerta è rimasta senza risposta.

E molte anime hanno sofferto a lungo per un'opportunità sprecata con un passato così "glorioso".

Ma non c'era più scelta. Così gli ebrei sovietici si sono separati dal comunismo. E ora, pur abbandonandolo, si sono rivoltati contro di esso. E questa era un'occasione perfetta: potevano riconoscere, con un pentimento espurgatorio, il loro ruolo attivo e crudele nel trionfo del comunismo in Russia.

Eppure quasi nessuno di loro lo fece (parlo delle poche eccezioni in seguito). La già citata raccolta di saggi, La *Russia e gli ebrei,* così accorata, necessaria e tempestiva quando fu pubblicata nel 1924, fu ferocemente denunciata dagli ebrei. E ancora oggi, secondo l'opinione dell'erudito studioso Shimon Markish: "al giorno d'oggi, nessuno osa difendere quei commissari dal naso adunco e dalla schiena d'oca per paura di essere bollato come filo-sovietico, cekista, Dio sa cos'altro.... Eppure lasciatemi dire senza mezzi termini: il comportamento di quei giovani ebrei che si unirono ai rossi è mille volte più comprensibile delle ragioni degli autori di quella raccolta di opere".[2906]

Tuttavia, alcuni autori ebrei cominciarono a riconoscere alcune cose del passato come erano realmente, anche se nei termini più cauti: "Era la fine del ruolo dell'intellighenzia russo-ebraica" che si era sviluppata nell'anteguerra e nei primi anni del dopoguerra e che era - in qualche misura sinceramente - portatrice dell'ideologia marxista e che professava, per quanto timidamente e implicitamente e in contrasto con la pratica effettiva, gli ideali del liberalismo, dell'internazionalismo e

---

[2905] *Г. Померанц.* Проект письма XXIII съезду // Неопубликованное. Francoforte sul Meno: Посев, 1972, с. 269-276.
[2906] *Ш. Маркиш.* Ещё раз о ненависти к самому себе // "22": Общественно-политический и литературный журнал еврейской интеллигенции из ССР в Израиле. Тель-Авив, 1980, № 16, с. 188.

dell'umanesimo".[2907] Portatore dell'ideologia marxista? - Sì, certo. Gli ideali dell'internazionalismo? - Certo. Ma del liberalismo e dell'umanesimo? - È vero, ma solo dopo la morte di Stalin, mentre si rinsaviva.

Tuttavia, dagli scritti della maggior parte dei pubblicisti ebrei dell'ultima Unione Sovietica si possono dedurre cose molto diverse. Guardando indietro proprio all'anno 1917, essi scoprono che sotto il comunismo non c'era altro che sofferenza ebraica! Tra le molte nazionalità dell'Unione Sovietica, gli ebrei sono *sempre stati* stigmatizzati come l'elemento meno "affidabile"".[2908]

Quale memoria incredibilmente corta si dovrebbe avere per affermare queste cose nel 1983? *Sempre!* E che dire degli anni'20? E degli anni'30? Affermare che *allora* erano considerati i *meno affidabili*?! È davvero possibile dimenticare tutto così completamente?

"Se... si osserva a volo d'uccello l'intera storia dell'era sovietica, quest'ultima appare come un processo graduale di distruzione degli ebrei". Nota: l'*intera* storia! Abbiamo analizzato questo aspetto nei capitoli precedenti e abbiamo visto che, anche senza tener conto della sovrarappresentazione degli ebrei nei circoli sovietici di alto livello, c'è stato un periodo di benessere per molti ebrei, con una migrazione di massa verso le città, un accesso aperto all'istruzione superiore e la fioritura della cultura ebraica. L'autore procede con una riserva: "Sebbene ci fossero... alcune "fluttuazioni", la tendenza generale continuava... Il potere sovietico, distruggendo tutte le nazionalità, generalmente trattava gli ebrei nel modo più brutale".[2909]

Un altro autore considera una catastrofe anche il primo periodo in cui Lenin e il Partito Comunista chiesero agli ebrei di aiutare nel governo dello Stato, e l'appello fu ascoltato, e le grandi masse di ebrei dagli shtetl dell'odiata Pale si trasferirono nella capitale e nelle grandi città, più vicine all'avanguardia [della Rivoluzione]"; egli afferma che la "... formazione del regime bolscevico che aveva trasformato la maggior parte degli ebrei in déclassé', li aveva impoveriti ed esiliati e aveva distrutto le loro famiglie" fu una catastrofe per la "maggioranza della popolazione ebraica"." (Beh, questo dipende dal punto di vista di ciascuno. E l'autore stesso nota più avanti: negli anni'20 e '30, i "figli dei piccoli borghesi ebrei

---

[2907] *Р. Нудельман.* Советский антисемитизм - причины и прогнозы: [Семинар] // "22", 1978, № 3, с. 147.
[2908] *Ф. Колкер.* Новый план помощи советскому еврейству // "22". 1983, № 31, с. 145.
[2909] *Ю. Штерн.* Ситуация неустойчива и потому опасна: [Интервью] // "22", 1984, № 38, с. 130.

déclassé erano in grado di laurearsi... negli istituti tecnici e nelle università metropolitane e di diventare comandanti dei grandi sviluppi"). Poi il suo ragionamento diventa vago: "all'inizio del secolo la caratteristica principale dell'attività ebraica era... il fascino... dell'idea di costruire una nuova società giusta" - eppure l'esercito della rivoluzione "consisteva di semplice plebaglia - tutti quelli che non erano niente" [una citazione da *L'Internazionale*]".

Poi, "dopo il consolidamento del regime", quella marmaglia "decise di mettere in pratica il proprio motto 'tò diventa tutto' [anche questa una citazione da *L'Internazionale*], e finì i propri capi.... E così si instaurò il regno della marmaglia, il totalitarismo illimitato". (E, in questo contesto, gli ebrei non c'entrano nulla, se non per il fatto di essere tra i leader vittime). E l'epurazione di continuò "per quattro decenni" fino alla "metà degli anni Cinquanta"; poi l'ultima "pillola amara... secondo lo scenario delle delusioni" fu prescritta ai rimanenti "ebrei 'incantati'".[2910] Ancora una volta vediamo lo stesso punto di vista: l'intera storia sovietica è stata una continua oppressione ed esclusione degli ebrei.

Eppure ora gemono all'unisono in segno di protesta: "Non abbiamo eletto noi questo regime!". O ancora: "Non è possibile coltivare una leale élite sovietica tra di loro [gli ebrei]".[2911]

Oh mio Dio, questo metodo non ha funzionato perfettamente per 30 anni e solo in seguito è venuto meno? Allora, da dove sono venuti tutti quei nomi gloriosi e famosi, che abbiamo visto così numerosi? E perché i loro occhi sono stati tenuti così chiusi da non poter vedere l'essenza del governo sovietico per trenta o quarant'anni? Come mai i loro occhi sono stati aperti solo ora? E cosa li ha aperti?

Ebbene, ciò era dovuto soprattutto al fatto che ora quel potere si era improvvisamente ribellato e aveva iniziato a spingere gli ebrei non solo fuori dai suoi circoli governativi e amministrativi, ma anche dalle istituzioni culturali e scientifiche.

"La delusione era così fresca e dolorosa che non avevamo la forza né il coraggio di parlarne nemmeno ai nostri figli. E i figli? ... Per la grande maggioranza di loro la motivazione principale era la stessa: la laurea, la carriera e così via".[2912]

Tuttavia, presto avrebbero dovuto esaminare più da vicino la loro situazione.

[2910] *В. Богуславский. В защиту Куняева* // "22", 1980. № 16, с. 169-174.
[2911] *Ю. Штерн. Ситуация неустойчива...* // "22", 1984, № 38, с. 130.
[2912] *В. Богуславский. В защиту Куняева* // "22", 1980. № 16. с. 175.

Negli anni Settanta vediamo esempi di concordanza di opinioni piuttosto sorprendenti, impensabili nell'ultimo mezzo secolo.

Ad esempio, Shulgin scrisse nel 1929: "Dobbiamo riconoscere il nostro passato. La negazione piatta ... sostenendo che gli ebrei non hanno alcuna colpa - né per la Rivoluzione russa, né per il consolidamento del bolscevismo, né per gli orrori del comunismo - è il modo peggiore possibile.... Sarebbe un grande passo avanti se questa tendenza infondata a dare la colpa di tutti i problemi della Russia agli ebrei potesse essere in qualche modo differenziata. Sarebbe già grande se si riuscisse a trovare qualche "contrasto"".[2913]

Fortunatamente, tali contrasti, e anche di più - comprensione e persino rimorso - sono stati espressi da alcuni ebrei. E, combinati con una mente onesta e una ricca esperienza di vita, erano abbastanza chiari. E questo porta speranza.

Ecco Dan Levin, un intellettuale americano emigrato in Israele: "Non è un caso che nessuno degli scrittori americani che hanno tentato di descrivere e spiegare ciò che è accaduto all'ebraismo sovietico, abbia toccato questa importante questione - la responsabilità [ebraica] per il comunismo.... In Russia, l'antisemitismo del popolo è in gran parte dovuto al fatto che i russi percepiscono gli ebrei come la causa di tutti i mali della rivoluzione. Eppure gli scrittori americani - ebrei ed ex-comunisti... non vogliono resuscitare i fantasmi del passato. Tuttavia, l'oblio è una cosa terribile".[2914]

Contemporaneamente, un altro scrittore ebreo, emigrato dall'Unione Sovietica, pubblicava: l'esperienza dell'ebraismo russo (sovietico), in contrasto con quella dell'ebraismo europeo, il cui background storico "è l'esperienza di una collisione con le forze del male *esterno*... richiede uno sguardo non dall'interno verso l'esterno, ma piuttosto di introspezione e... di autoesame interiore". "In questa realtà vedevamo solo una spiritualità ebraica - quella del commissario - e il suo nome era marxismo". Oppure scrive dei "nostri giovani sionisti che dimostrano tanto disprezzo verso la Russia, la sua maleducazione e la sua ferocia, contrapponendo tutto questo alla [dignità dell'] antica nazione ebraica". Ho visto chiaramente che coloro che oggi cantano l'osanna all'ebraismo, glorificandolo nella sua interezza (senza il minimo senso di colpa o la minima possibilità di guardarsi dentro), ieri dicevano: "Non sarei contro il regime sovietico, se non fosse antisemita", e due giorni fa si battevano il petto in estasi: "Viva la grande

---

[2913] В.В. Шульгин. "Что нам в них не нравится...": Об Антисемитизме в России. Париж, 1929, с.49-50.
[2914] Дан Левин. На краю соблазна: [Интервью] // "22", 1978, № 1, с. 55.

fratellanza delle nazioni! Gloria eterna al Padre e all'Amico, il geniale compagno Stalin!"".[2915]

Ma oggi, quando è chiaro quanti ebrei erano nella ferrea leadership bolscevica, e quanti altri hanno preso parte alla guida ideologica di un grande paese sulla strada sbagliata - non dovrebbe sorgere la domanda [tra gli ebrei moderni] su un certo senso di responsabilità per le azioni di *questi* [ebrei]? Si dovrebbe chiedere in generale: non dovrebbe esserci una sorta di responsabilità morale - non una responsabilità congiunta, ma la responsabilità *di ricordare e riconoscere*? Per esempio, i tedeschi moderni accettano la responsabilità nei confronti degli ebrei direttamente, sia moralmente che materialmente, come i colpevoli sono responsabili nei confronti delle vittime: per molti anni hanno pagato un risarcimento a Israele e un risarcimento personale alle vittime sopravvissute.

E gli ebrei? Quando Mikhail Kheifets, che ho ripetutamente citato in questo lavoro, dopo essere stato nei campi di lavoro, espresse la grandezza del suo carattere pentendosi a nome del suo popolo per il male commesso dagli ebrei nell'Unione Sovietica in nome del comunismo - fu aspramente ridicolizzato.

L'intera società istruita, *la cerchia colta*, non si era sinceramente accorta di alcuna rimostranza *russa* negli anni Venti e Trenta; non supponeva nemmeno che potesse esistere - eppure riconobbe immediatamente le rimostranze ebraiche non appena queste emersero. Prendiamo ad esempio Victor Perelman, che dopo essere emigrato pubblicò una rivista ebraica antisovietica, *Epoch and We*, e che servì il regime nel posto più sporco, nella *Literaturnaya Gazeta* di Chakovsky, fino a quando la questione ebraica non entrò nella sua vita. Poi ha optato per....

A un livello più alto, lo hanno generalizzato come "il crollo delle... illusioni sull'integrazione [dell'ebraismo] nei movimenti sociali russi, sul cambiamento in Russia".[2916]

Così, non appena gli ebrei riconobbero il loro esplicito antagonismo al regime sovietico, si trasformarono nella sua opposizione intellettuale - in accordo con il loro ruolo sociale. Naturalmente, non furono loro a rivoltarsi a Novocherkassk o a creare disordini a Krasnodar, Alexandrov, Murom o Kostroma. Tuttavia, il regista Mikhail Romm si mise d'impegno e, durante un discorso pubblico, denunciò senza ambiguità la campagna "anticosmopolita" - e questo divenne uno dei primi documenti Samizdat (e lo stesso Romm, che si liberò in modo così tempestivo dei suoi impedimenti

---

[2915] А. Суконик. О религиозном и атеистическом сознании // Вестник Русского Христианского Движения. Париж-Нью-Йорк-Москва, 1977, № 123, с. 43-46.
[2916] Р. Нудельман. Оглянись в раздумье...: [Круглый стол] // "22. 1982, № 24, с. 112.

ideologici, divenne una sorta di leader spirituale per l'ebraismo sovietico, nonostante i suoi film *Lenin in ottobre* (1937), *Lenin nel 1918* (1939), e nonostante sia stato cinque volte vincitore del Premio Stalin).

In seguito gli ebrei sono diventati sostenitori affidabili e membri intrepidi dei movimenti "democratici" e "dissidenti".

Guardando da Israele il frastuono di Mosca, un altro testimone rifletteva: "Gran parte dei democratici russi (se non la maggioranza) sono di origine ebraica.... Eppure non si identificano [come] ebrei e non si rendono conto che anche il loro pubblico è in gran parte ebreo".[2917]

Così gli ebrei erano tornati a essere i rivoluzionari russi, assumendo il compito sociale dell'intellighenzia russa, che i bolscevichi ebrei avevano contribuito con tanto zelo a sterminare nel primo decennio dopo la rivoluzione; erano diventati il vero e autentico nucleo della nuova opposizione pubblica. E così, ancora una volta, nessun movimento progressista era possibile senza gli ebrei.

Chi aveva fermato il torrente di falsi processi politici (e spesso semichiusi)? Alexander Ginzburg, e poi Pavel Litvinov e Larisa Bogoraz. Non esagererei se affermassi che il loro appello "All'opinione pubblica mondiale" del gennaio 1968, consegnato non attraverso l'inaffidabile Samizdat, ma consegnato senza timore all'Occidente davanti alle telecamere della Cheka, è stato una pietra miliare della storia ideologica sovietica. Chi erano quelle sette anime coraggiose che trascinarono i loro piedi di piombo a Lobnoye Mesto [una piattaforma di pietra nella Piazza Rossa] il 25 agosto 1968?

Non lo fecero per il maggior successo della loro protesta, ma per lavare con il loro sacrificio il nome della Russia dall'onta cecoslovacca. Quattro dei sette erano ebrei. (Ricordiamo che la percentuale di ebrei nella popolazione del Paese era allora inferiore all'1%). Dobbiamo anche ricordare Semyon Gluzman, che sacrificò la sua libertà nella lotta contro i "manicomi" [i dissidenti venivano talvolta incarcerati in cliniche psichiatriche]. Molti intellettuali ebrei di Mosca furono tra i primi ad essere puniti dal regime sovietico.

Eppure pochissimi dissidenti hanno mai rimpianto il passato dei loro padri ebrei. P. Litvinov non ha mai parlato del ruolo del nonno nella propaganda sovietica. Né abbiamo sentito dire da V. Belotserkovsky quanti innocenti sono stati massacrati da suo padre che impugnava il Mauser. La comunista Raisa Lert, divenuta dissidente in tarda età, era orgogliosa della sua appartenenza a *quel* partito anche dopo *Arcipelago Gulag*; il partito a cui "aveva aderito in buona fede e con entusiasmo" in gioventù; il partito a cui

---

[2917] *А. Воронель.* Будущее русской алии // "22", 1978, № 2, с. 186.

aveva "dedicato tutta se stessa" e da cui lei stessa aveva sofferto, ma che oggi non è più "lo stesso" partito.[2918]

Evidentemente non si rendeva conto di quanto fosse attraente per lei il terrore sovietico degli inizi. Dopo gli eventi del 1968, Sacharov si unì al movimento dissidente senza voltarsi indietro. Tra le sue nuove preoccupazioni di dissidente c'erano molti casi individuali; in particolare, i casi personali dei refuseniks ebrei [quei dissidenti, per lo più ebrei, che avevano chiesto, ma a cui era stato rifiutato, il diritto di emigrare dall'Unione Sovietica]. Eppure, quando cercò di espandere l'attività (come mi aveva innocentemente confidato, non rendendosi conto di tutto il significato lampante di ciò che diceva), Gelfand, un membro dell'Accademia delle Scienze, gli disse che "siamo stanchi di aiutare queste persone a risolvere i loro problemi", mentre un altro membro, Zeldovich, disse: "Non firmerò alcuna petizione a nome delle vittime di qualsiasi ingiustizia - voglio mantenere la capacità di proteggere coloro che soffrono per la loro nazionalità". Il che significa: proteggere solo gli ebrei.

Esisteva anche un movimento dissidente puramente ebraico, che si occupava solo dell'oppressione degli ebrei e dell'emigrazione ebraica dall'Unione Sovietica (ne parleremo più avanti).

Una trasformazione della coscienza pubblica spesso spinge individui di spicco come rappresentanti, simboli e portavoce dell'epoca. Così negli anni Sessanta Alexander Galich divenne un tipico e accurato rappresentante dei processi e degli atteggiamenti nei circoli intellettuali sovietici. ("Galich è un nome di penna, spiega N. Rubinstein. È composto da sillabe del suo vero nome - Ginsburg Alexander Arkadievich. Scegliere uno pseudonimo è una cosa seria".[2919]

In realtà, presumo che l'autore fosse consapevole che, oltre a essere "solo una combinazione di sillabe", "Galich" è anche il nome dell'antica città russa del cuore della storia slava). Galich godeva del sostegno generale dell'intellighenzia sovietica; le registrazioni su nastro delle sue esibizioni alla chitarra furono ampiamente diffuse; e sono quasi diventate il simbolo della rinascita sociale degli anni Sessanta, esprimendola con forza e veemenza. L'opinione del *circolo culturale* era unanime: "il poeta popolare più popolare", il "bardo della Russia moderna".

Galich aveva 22 anni quando scoppiò la guerra sovietico-tedesca. Racconta di essere stato esonerato dal servizio militare a causa della salute

---

[2918] *Р. Лерт.* Поздний опыт // Синтаксис: Публицистика, критика, полемика. Париж, 1980, № 6, с. 5-6.

[2919] *Н. Рубинштейн.* Выключите магнитофон - поговорим о поэте // Время и мы (далее - ВМ): Международный журнал литературы и общественных проблем. Тель-Авив, 1975, № 2, с. 164.

cagionevole; si trasferì quindi a Grozny, dove "inaspettatamente divenne facilmente il capo della sezione letteraria del Teatro Drammatico locale "; inoltre "organizzò un teatro di satira politica"; quindi evacuò attraverso Krasnovodsk a Chirchik, vicino a Tashkent; nel 1942 si trasferì da lì a Mosca con una compagnia teatrale di prima linea in fase di formazione e trascorse il resto della guerra con quella compagnia.

Ha ricordato come lavorava sui treni ospedale, componendo e recitando distici per i soldati feriti; come si bevevano liquori con un trenomaster.... "Tutti noi, ognuno a modo suo, lavoravamo per la grande causa comune: stavamo difendendo la nostra Madrepatria".[2920] Dopo la guerra divenne un noto sceneggiatore sovietico (lavorò a molti film) e un drammaturgo (dieci delle sue opere furono messe in scena da "molti teatri in Unione Sovietica e all'estero" [216] [i riferimenti tra parentesi quadre si riferiscono al numero di pagina della fonte 21]. Tutto questo negli anni Quaranta e Cinquanta, in un'epoca di generale stagnazione spirituale: non poteva certo uscire dal seminato, no? Ha persino girato un film sui cecisti ed è stato premiato per il suo lavoro.

Tuttavia, all'inizio degli anni'60, Galich cambiò bruscamente vita. Trovò il coraggio di abbandonare la sua vita agiata e di successo e di "scendere in piazza". [98] Fu allora che iniziò a esibirsi con canzoni accompagnate dalla chitarra a persone che si riunivano in appartamenti privati di Mosca. Rinunciò all'editoria aperta, anche se, naturalmente, non fu facile: "[era bello] leggere un nome sulla copertina, non solo quello di qualcun altro, ma il mio!". [216]

Sicuramente le sue canzoni anti-regime, acute, acide e moralmente impegnative, sono state utili alla società, destabilizzando ulteriormente gli atteggiamenti pubblici.

Nelle sue canzoni si rivolgeva soprattutto agli ultimi anni di Stalin e oltre; di solito non deplorava il passato radioso dell'epoca di Lenin (tranne un caso: "I carri con il carico di sangue / cigolano davanti alla porta Nikitsky" [224]). Al suo meglio, chiama la società alla pulizia morale, alla resistenza ("Valzer del negro d'oro" [26], "Scelgo la libertà" [226], "Ballata delle mani pulite" [181], "Le nostre dita cancellate dai questionari" [90], "Ogni giorno trombe silenziose glorificano la vacuità riflessiva" [92]). A volte ha cantato la dura verità sul passato ("Invano la nostra fanteria è morta nel 1943, senza alcun risultato" [21]), a volte - "Miti rossi", cantando dei poveri comunisti perseguitati ("C'è stato un tempo - quasi un terzo dei detenuti proveniva dal Comitato Centrale, / C'è stato un tempo in cui per il colore

---

[2920] Александр Галич. Песни. Стихи. Поэмы. Киноповесть. Пьеса. Статьи. Екатеринбург: У-Фактория, 1998 (далее - Галич), с. 552, 556, 561-562. Страницы в тексте в квадратных скобка; Указаны также по этому изданию.

rosso / hanno aggiunto dieci anni [alla pena]!"[69]). Una volta sfiorò la dekulakizzazione ("I diseredati venivano convocati per primi" [115]). Ma il suo colpo principale fu contro l'attuale establishment ("Ci sono recinti nel Paese; dietro i recinti vivono i leader" [13]). Lì è stato giustamente duro; tuttavia, ha semplificato eccessivamente l'accusa attaccando solo il loro stile di vita privilegiato: qui mangiano, bevono, si rallegrano [151-152]. Le canzoni erano amareggianti, ma in modo ristretto, quasi come la primitiva propaganda "proletaria rossa" del passato. Eppure, quando passava dai leader al "popolo di ", i suoi personaggi erano quasi esclusivamente tette, uomini digiuni, gentaglia e furfanti - una selezione molto limitata.

Aveva trovato un punto di vista preciso per se stesso, perfettamente in accordo con lo spirito del tempo: si impersonalizzava con tutte quelle persone che soffrivano, erano perseguitate e uccise ("I was a GI and as a GI I'll die" [248], "We, GIs, are dying in battle"). Eppure, con le sue numerose canzoni narrate dalla prima persona di un ex detenuto del campo, ha dato una forte impressione di essere lui stesso un detenuto ("E quell'altro detenuto ero io stesso" [87]; "Mi sono congelato come un ferro di cavallo in una pista da slitta / Nel ghiaccio che ho raccolto con un piccone a martello / Dopo tutto, non sono stato io a passare vent'anni / In quei campi" [24]; "come i numeri

[numero personale di detenuto tatuato sul braccio] / siamo morti, siamo morti"; "dal campo siamo stati mandati direttamente al fronte!"[69]). Molti credevano che fosse un ex detenuto del campo e "hanno cercato di sapere da Galich quando e dove era stato nei campi".[2921]

Come ha affrontato il suo passato, la sua lunga partecipazione alle stupefacenti menzogne ufficiali sovietiche? È questo che mi ha colpito di più: cantando con tanto pathos accusatorio, non ha mai espresso *una sola parola di rimorso personale, non una parola di pentimento personale, da nessuna parte!* Non si era reso conto che quando aveva cantato: "Oh Iliade del partito! Che groviglio avvolto in un regalo!" [216], cantava di se stesso? E quando cantava: "Se vendi l'unzione" [40], come se si riferisse a qualcun altro, gli è venuto in mente che lui stesso ha "venduto l'unzione" per metà della sua vita. Perché mai non avrebbe rinunciato alle sue opere teatrali e ai suoi film pro-ufficiali? No! "Non abbiamo cantato la gloria ai carnefici!". [119] Eppure, di fatto, lo facevano. Forse se ne rese conto o ci arrivò gradualmente, perché più tardi, non più in Russia, disse: "Ero uno sceneggiatore e un commediografo benestante e un tirapiedi sovietico benestante. E ho capito che non potevo più andare avanti così. Infine, devo parlare ad alta voce, dire la verità..." [639].

[2921] В. Волин. Он вышел на площадь // Галич, с. 632.

Ma poi, negli anni Sessanta, ha intrepidamente trasformato il pathos della rabbia civile, ad esempio, nella confutazione dei comandamenti evangelici ("non giudicate, perché non siate giudicati"): "No, io disprezzo l'essenza stessa / Di questa formula di esistenza!". E poi, affidandosi alle miserie cantate, prova con sicurezza la veste di pubblico ministero: "Non sono stato eletto. Ma sono il giudice!" [100] E così si fece sempre più sicuro di sé, tanto che nel lungo *Poema su Stalin* (*La leggenda di Natale*), dove di cattivo gusto immaginava Stalin come Cristo, e presentava la formula chiave della sua mentalità agnostica - i suoi versi davvero famosi, le citazioni cliché, e così dannosi: "Non temete il fuoco e l'inferno, / e temete solo colui / che dice: 'Conosco la retta via!'". [325].

Ma Cristo ci ha insegnato *la strada* giusta.... Quello che vediamo nelle parole di Galich è solo uno sconfinato anarchismo intellettuale che mette a tacere qualsiasi idea chiara, qualsiasi offerta risoluta. Beh, possiamo sempre correre come un branco sconsiderato (ma *pluralista*), e probabilmente arriveremo da qualche parte.

Tuttavia, la nota più straziante e onnipresente nelle sue liriche era il senso dell'identità e del dolore ebraico ("Il nostro treno parte per Auschwitz oggi e ogni giorno"). Altri buoni esempi sono le poesie *"By the rivers of Babylon"* e *"Kadish"*. (Oppure prendete questa: "La mia stella a sei punte, bruciala sulla mia manica e sul mio petto". Toni simili, lirici e appassionati, si ritrovano ne *Il ricordo di Odessa* ("Volevo unire Mandelstam e Chagall"). "Il vostro parente e il vostro scarto / Il vostro ultimo cantore dell'Esodo" - come si rivolgeva agli ebrei in partenza).

La memoria ebraica lo permeava così profondamente che anche nei suoi testi non ebraici aggiungeva con disinvoltura espressioni come: "Non un naso adunco"; "non un tataro, non uno yid" [115, 117]"; "non sei ancora in Israele, schivo?". [294]; e persino Arina Rodionovna [la tata di Puškin, immortalata dal poeta nelle sue opere] lo culla in yiddish [101]. Eppure non cita un solo ebreo prospero o non oppresso, un ebreo benestante che occupi una buona posizione, ad esempio in un istituto di ricerca, in un comitato editoriale o nel commercio: questi personaggi non compaiono nemmeno di sfuggita nelle sue poesie. Un ebreo è sempre umiliato, o sofferente, o imprigionato e morente in un campo. Prendiamo i suoi famosi versi: "Non dovete essere ciambellani, gli ebrei... / Né il Sinodo, né il Senato sono per voi / Appartenete alle Solovki e alle Butyrki" [queste ultime due sono prigioni politiche] [40].

Che memoria corta hanno - non solo Galich, ma tutto il suo pubblico che stava sinceramente, sentitamente accogliendo queste battute sentimentali! Che dire di quei vent'anni, quando l'ebraismo sovietico non era quasi alle Solovki, quando tanti di loro sfilavano come ciambellani e al Senato!

Lo hanno dimenticato. Lo hanno sinceramente e completamente dimenticato. In effetti, è così difficile ricordare le cose brutte di se stessi.

E poiché tra le persone di successo che mungevano il regime non c'erano presumibilmente più ebrei, ma solo russi, la satira di Galich, inconsciamente o consapevolmente, colpiva i russi, tutti quei Klim Petroviche e Paramonov; tutta la rabbia sociale invocata dalle sue canzoni li prendeva di mira, attraverso le immagini e i dettagli sottolineati della "russopyaty" [termine dispregiativo per i russi], presentandoli come informatori, guardie carcerarie, dissoluti, sciocchi o ubriaconi. A volte si trattava più di una caricatura, a volte di una pietà sprezzante (che spesso meritiamo, purtroppo): "Capelli lunghi e unti che penzolano, / L'ospite ha iniziato "Yermak" [una canzone sul capo cosacco ed eroe popolare russo] ... schiamazza come un gallo / Tanto da far imprecare un predicatore / E vuole chiacchierare / Della salvezza della Russia" [117-118]. Così dipinge i russi come sempre ubriachi, che non distinguono il cherosene dalla vodka, che non si interessano di nulla se non di bere, che sono oziosi, o semplicemente perduti, o individui sciocchi. Eppure era considerato un poeta popolare.... E non immaginava un solo eroe russo, soldato, operaio o intellettuale, nemmeno un solo detenuto decente del campo (assegnava a se stesso il ruolo di detenuto principale), perché, si sa, tutti i capi del campo "semi-guardia della prigione" [118] sono russi. E qui scrisse direttamente della Russia: "Ogni bugiardo è un Messia! / <...> E osate chiedere - / Fratelli, c'è mai stata / una Rus' in Russia?". - "È piena di sporcizia". - E poi, disperatamente: "Ma da qualche parte, forse, / Esiste!". Quella Russia invisibile, dove "sotto il cielo tenero / Tutti condividono / la parola e il pane di Dio". "Ti prego: / Tieni duro! / Sii vivo nella decadenza, / Così nel cuore, come a Kitezh, / potrei sentire le tue campane!". [280-281]

Così, con la nuova opportunità e il richiamo dell'emigrazione, Galich era combattuto tra la leggendaria Kitezh sommersa [leggendaria città russa invisibile] e la sporcizia di oggi: "È lo stesso circolo vizioso, la stessa vecchia storia, l'anello che non può essere né chiuso né aperto!". [599]. E si è congedato con le parole: "Io, poeta russo, non posso essere separato dalla Russia dal 'quinto articolo' [il requisito del passaporto interno sovietico - la "nazionalità"]!". [588]

Eppure alcuni altri ebrei in partenza hanno tratto dalle sue canzoni un seme di avversione e disprezzo per la Russia, o almeno la fiducia che sia giusto staccarsi da lei. Ascoltate una voce da Israele: "Abbiamo detto addio alla Russia. Non senza dolore, ma per sempre... La Russia ci tiene ancora tenacemente. Ma... tra un anno, dieci anni, cento anni - scapperemo da lei e troveremo la nostra casa". Ascoltando Galich, riconosciamo ancora una volta che è la strada giusta".[2922]

[2922] *Н. Рубинштейн.* Выключите магнитофон - поговорим о поэте // ВМ, Тель-Авив, 1975, № 2, с. 177.

Capitolo 25

Accusare la Russia

La rottura degli ebrei dal comunismo sovietico è stata senza dubbio un movimento di importanza storica.

Negli anni Venti e Trenta, la fusione tra l'ebraismo sovietico e il bolscevismo sembrava permanente. Poi, improvvisamente, si separano? Che gioia!

Naturalmente, come è sempre vero sia per gli individui che per le nazioni, non è ragionevole aspettarsi dagli ebrei parole di rimorso per il loro coinvolgimento passato. Ma non potevo assolutamente aspettarmi che gli ebrei, pur abbandonando il bolscevismo, anziché esprimere anche solo un segno di pentimento o almeno un po' di imbarazzo, si rivolgessero con rabbia al popolo russo: sono i *russi* che hanno rovinato la democrazia in Russia (cioè nel febbraio 1917), sono i *russi che* sono colpevoli di aver sostenuto questo regime dal 1918 in poi.

Certo, sostengono, siamo noi (il popolo russo) i colpevoli! In realtà, era prima del 1918 - le scene sporche della *radiosa* Rivoluzione di febbraio facevano pensare. Eppure gli anticomunisti neofiti erano intransigenti: d'ora in poi tutti dovranno accettare di aver sempre combattuto contro questo regime, e nessuno dovrà ricordare che un tempo era il loro preferito e non dovrà menzionare quanto bene avevano servito questa tirannia. Perché sono stati i "nativi" a crearla, alimentarla e curarla:

"I leader del Colpo di Stato d'Ottobre... erano i seguaci piuttosto che i leader. [Si limitarono a dare voce ai desideri sopiti delle masse e a lavorare per attuarli. Non hanno rotto con la base". "Il colpo di Stato di ottobre è stato un disastro per la Russia. Il Paese poteva evolversi diversamente.... Poi [nella tempestosa anarchia della Rivoluzione di febbraio] la Russia ha visto i segni del diritto, della libertà e del rispetto della dignità umana da parte dello Stato, ma tutti sono stati spazzati via dall'ira del popolo".[2923]

[2923] B. Shragin. *Protivostoyanie dukha* [Stallo dello Spirito (di seguito - B. Shragin)]. Londra: Overseas Publications, 1977, p. 160, 188-189.

Ecco un più recente e folgorante trattamento della partecipazione ebraica al bolscevismo: Il bolscevismo di Lenin e del Partito Operaio Socialdemocratico Russo dei bolscevichi era solo una forma intellettuale e civile del bolscevismo "plebeo". Se il primo dovesse fallire, prevarrebbe il secondo, molto più terribile". Pertanto, "partecipando ampiamente alla Rivoluzione bolscevica, fornendole quadri di intellettuali e organizzatori, gli ebrei salvarono la Russia dal totale dominio della mafia. Hanno proposto la più umana delle forme possibili di bolscevismo".[2924] Ahimè, "così come il popolo ribelle si era servito del Partito di Lenin per rovesciare la democrazia degli intellettuali [quando mai è esistita?], il popolo pacificato si è servito della burocrazia di Stalin per sbarazzarsi... di tutto ciò che ancora ospitava il libero spirito intellettuale".[2925] Certo, certo: "la colpa dell'intellighenzia per i successivi eventi funesti della storia russa è molto esagerata". E in primo luogo, "l'intellighenzia è responsabile verso se stessa",[2926] e in nessun modo verso il popolo. Al contrario, "sarebbe bello se il popolo si rendesse conto della propria colpa prima dell'intellighenzia".[2927]

Infatti, "il governo totalitario... nella sua essenza e origine è quello del popolo".[2928] "Questo è un Paese totalitario... perché tale è stata la scelta del popolo russo".[2929]

Tutto questo perché "lo spirito selvaggio dei Tartari ha catturato l'anima della Russia ortodossa",[2930] cioè la "struttura sociale e spirituale asiatica, ereditata dai Russi dai Mongoli... è stagnante e incapace di sviluppo e

---

[2924] Nik. Shulgin. *Novoe russkoe samosoznanie* [La nuova mente russa]. // Vek 20 i mir [Il XX secolo e il mondo]. Mosca, 1990, (3), p. 27.

[2925] M. Meyerson-Aksenov. *Rozhdeniye novoi intelligentsii* [La nascita della nuova intellighenzia]. // Samosoznanie: Sb. statei. [Autocoscienza: raccolta di articoli]. New York: Chronicles, 1976, p. 102.

[2926] B. Shragin, p. 246, 249.

[2927] O. Altaev. *Dvoinoe soznanie intelligentsii i psevdo-kultura* [Mente duale dell'intellighenzia e della pseudocultura]. // Vestnik Russkogo Studencheskogo Khristianskogo Dvizheniya [Giornale del Movimento Cristiano Studentesco Russo]. Parigi - New York, 1970, (97), p. 11.

[2928] M. Meyerson-Aksenov. *Rozhdeniye novoi intelligentsii* [La nascita della nuova intellighenzia]. // Samosoznanie: Sb. statei. [Autocoscienza: raccolta di articoli]. New York: Chronicles, 1976, p. 102.

[2929] Beni Peled. *My ne smozhem zhdat escho dve tysyachi let!* [Non possiamo aspettare altri duemila anni!]. [Intervista] // *"22"*: Obshchestvenno-politicheskiy i literaturniy zhurnal evreyskoy intelligentsii iz SSSR v Izraile [Giornale *sociale, politico e letterario dell'intellighenzia ebraica dell'URSS in Israele*]. Tel-Aviv, 1981, (17), p. 114.

[2930] N. Prat. *Emigrantskie kompleksy v istoricheskom aspekte* [Fissazioni dell'emigrante nella prospettiva storica]. // *Vremya i my*: Mezhdunarodny zhurnal literatury i obshchestvennykh problem [*Epoca e Noi* (di seguito - *EW*) : *International Journal of Literature and Social Problems*]. New York, 1980, (56), p. 191.

progresso".²⁹³¹ (Ebbene, Lev Gumilev ha anche sviluppato una teoria secondo la quale, al posto del giogo tataro, c'era un'alleanza amichevole tra russi e tatari. Tuttavia, il folklore russo, con i suoi numerosi proverbi che si riferiscono ai tartari come a nemici e oppressori, ha fornito una risposta inequivocabile a questa domanda. Il folklore non mente, non è flessibile come una teoria scientifica). Pertanto, "il colpo di Stato di ottobre è stato una scoperta senza precedenti dell'essenza asiatica [dei russi]".²⁹³²

Per coloro che vogliono strappare e calpestare la storia russa, Chaadayev è il teorico preferito (anche se è indubbiamente un pensatore eccezionale). Il Samizdat prima e le pubblicazioni degli emigrati poi hanno accuratamente selezionato e appassionatamente citato i suoi testi editi e inediti che si adattavano ai loro scopi. Le citazioni inadatte e il fatto che i principali oppositori di Chaadayev tra i suoi contemporanei non fossero Nicola I e Benckendorff, ma i suoi amici di - Pushkin, Vyazemsky, Karamzin e Yazikov - furono ignorati. All'inizio degli anni Settanta, l'odio contro tutto ciò che è russo stava prendendo piede.

Espressioni derisorie sulla cultura russa entrarono nel Samizdat e nello slang contemporaneo. "Porcile umano" - tanto disprezzo per la Russia come materiale avariato è stato espresso nell'articolo anonimo di Samizdat firmato da "S. Telegin" (G. Kopylov)! Per quanto riguarda gli incendi boschivi del 1972, lo stesso "Telegin" ha maledetto la Russia in un volantino Samizdat: "Allora, le foreste russe bruciano? Questo serve alla Russia per tutte le sue malefatte". "L'intero popolo si consolida nella massa reazionaria" (G. Pomerants). Prendiamo un'altra sincera confessione: "Il suono di una fisarmonica [il popolare strumento nazionale russo] mi manda in bestia; il solo contatto con queste masse mi irrita".²⁹³³ In effetti, l'amore non può essere forzato. "Ebrei, destino ebraico" è solo la ripetizione del destino dell'intellighenzia di questo Paese, il destino della sua cultura; l'orfanotrofio ebraico simboleggia la solitudine dovuta al crollo della fede tradizionale nel "popolo"".²⁹³⁴

(Che trasformazione è avvenuta tra il 19 e la metà del 20 secolo con l'eterno problema russo del "popolo"! Ormai considerano il "popolo" come una massa indigena, apaticamente soddisfatta della propria esistenza e dei propri leader.

E per l'imperscrutabile provvidenza del destino, gli ebrei furono costretti a vivere e a soffrire nelle città del loro Paese. Amare queste *masse* è

---

²⁹³¹ B. Shragin, p. 304.
²⁹³² Ibidem, p. 305.
²⁹³³ M. Deich. *Zapiski postoronnego* [Commenti di un estraneo]. // *"22"*, 1982, (26), p. 156.
²⁹³⁴ B. Khazanov. *Novaya Rossiya* [nuova Russia]. // *EW*, Tel-Aviv, 1976, (8), p. 143.

impossibile, preoccuparsi per loro è innaturale"). Lo stesso Khazanov (allora ancora in URSS) ragionava: La Russia che amo è un'idea platonica che non esiste nella realtà. La Russia che vedo in giro è ripugnante"; "è una specie unica di stalla di Augean"; "i suoi rognosi abitanti"; "ci sarà un giorno di sconvolgente resa dei conti per tutto ciò che è oggi".[2935]

In effetti, ci sarà un giorno di resa dei conti, anche se non per lo stato di avversità che si era abbattuto sulla Russia molto prima.

Negli anni Sessanta, molti esponenti dell'intellighenzia cominciarono a pensare e a parlare della situazione dell'URSS, del suo futuro e della Russia stessa. A causa della rigida censura governativa, questi argomenti e queste idee venivano menzionati solo in privato o in articoli Samizdat per lo più pseudonimi. Ma quando iniziò l'emigrazione ebraica, le critiche alla Russia si riversarono apertamente e velenosamente in tutto il mondo occidentale libero, in quanto costituivano uno degli argomenti preferiti dagli emigrati e venivano espresse a voce così alta che spesso non si sentiva altro.

Nel 1968, Arkady Belinkov fuggì all'estero. Si suppone che fosse un feroce nemico del regime sovietico e per nulla del popolo russo. Non è così? Ebbene, si consideri il suo articolo *The Land of Slaves, the Land of Masters (La terra degli schiavi, la terra dei padroni)* in *The New Bell (La nuova campana)*, una raccolta di da lui stesso curata. E *contro chi* ha indirizzato la sua ira? (Vale la pena di considerare che l'articolo è stato scritto in URSS e l'autore non ha avuto il coraggio di accusare *il regime* stesso). Belinkov non usa nemmeno una volta la parola "sovietico", preferendo invece un tema familiare: la Russia eternamente schiava, la libertà "per la nostra patria è peggio che trangugiare vetri rotti" e in Russia "a volte impiccano le persone sbagliate, a volte nel modo sbagliato, e mai abbastanza". Già negli anni Venti dell'Ottocento "era molto evidente che nel processo evolutivo la popolazione [della Russia] ... si sarebbe trasformata in una mandria di traditori, informatori e torturatori"; "era la "paura russa" - preparare abiti caldi e aspettare che bussassero alla porta" - si noti che anche qui non si trattava della "paura *sovietica*". (Eppure chi, prima della rivoluzione bolscevica, aveva mai aspettato che bussassero alla porta nel cuore della notte?). "Il tribunale in Russia non giudica, sa già tutto. Perciò, in Russia, si limita a condannare".[2936]

(Era così anche durante le riforme alessandrine? .... E che dire di giurie e magistrati? Difficilmente un giudizio responsabile ed equilibrato)!

[2935] Ibidem, pagg. 141, 142, 144.
[2936] A. Belinkov. *Strana rabov, strana gospod* [La terra degli schiavi, la terra dei padroni]. // *La Nuova Campana: The Collection of Literary and Opinion Writings*. Londra, 1972, p. 323, 339, 346, 350.

In effetti, l'odio e la bile dell'autore sono così forti che egli vilipende grandi scrittori russi come Karamzin, Zhukovsky, Tyutchev e persino Puškin, per non parlare della società russa in generale per il suo insufficiente spirito rivoluzionario: "una patetica società di schiavi, discendenti di schiavi e antenati di schiavi", "il bestiame che trema per la paura e la rabbia", "i rettomani che rabbrividiscono al pensiero delle possibili conseguenze", "l'intellighenzia russa sempre disposta a contribuire a soffocare la libertà".[2937]

Ebbene, se per Belinkov si trattava di "sentimenti antisovietici mascherati", di una strizzatina d'occhio, perché non l'ha riscritta all'estero? Se Belinkov la pensava davvero *in modo diverso,* perché stamparlo in questa forma?

No, questo è il suo *modo di* pensare e *ciò che* odiava. Era dunque *così* che gli ebrei dissidenti ripudiavano il bolscevismo?

Nello stesso periodo, alla fine degli anni'60, fu pubblicata a Londra una raccolta ebraica sull'URSS. Includeva una lettera dall'URSS: "Nelle profondità dei labirinti interiori dell'anima russa, c'è sempre un pogromista.... Vi abitano anche uno schiavo e un delinquente".[2938] Belotserkovsky ripete allegramente la battuta di qualcun altro: "I russi sono una nazione forte, tranne che per la testa".[2939] "Lasciate che tutti questi russi, ucraini... ringhino ubriachi con le loro mogli, tranguigiando vodka e facendosi ingannare felicemente dalle menzogne comuniste... senza di noi...

Erano carponi e adoravano il legno e la pietra quando noi abbiamo dato loro il Dio di Abramo, Isacco e Giacobbe".[2940]

(Notiamo che qualsiasi giudizio offensivo sull'"anima russa" *in generale* o sul "carattere russo" *in generale* non suscita la minima protesta o dubbio tra le persone civili. La questione "dell'osare giudicare le nazioni come un insieme uniforme e senza volto" non si pone. Se a qualcuno non piace tutto ciò che è russo o ne prova disprezzo, o addirittura esprime in ambienti progressisti la convinzione che "la Russia è una fogna", in Russia questo non è un peccato e non appare reazionario o arretrato. E nessuno si rivolge immediatamente a presidenti, primi ministri, senatori o membri del

---

[2937] Ibidem, pp. 325-328, 337, 347, 355.
[2938] N. Shapiro. *Slovo ryadovogo sovetskogo evreya* [La parola di un normale ebreo sovietico]. // L'antisemitismo russo e gli ebrei. Raccolta di saggi. Londra, 1968, p. 50-51.
[2939] *The New American*, New York, 1982, 23-29 marzo, (110), p. 11.
[2940] Jakob Yakir. *Ya pishu Viktoru Krasinu* [Scrivo a Viktor Krasin]. // *Nostro Paese*, Tel Aviv, 1973, 12 dicembre. Citato dal *Nuovo Giornale*, 1974, (117), p. 190. "Oh, se solo avessi mantenuto la calma! Questo sarebbe stato considerato come la tua saggezza". (Giobbe 13:5).

Congresso con un grido riverente: "Cosa ne pensate di questo incitamento all'odio etnico?". Abbiamo detto di peggio di noi stessi fin dal 19 secolo e fino alla rivoluzione. Abbiamo una ricca tradizione in questo senso).

Poi apprendiamo di "predicatori semianalfabeti della loro religione" e che "l'ortodossia russa non si è guadagnata il credito degli intellettuali" (da "Telegin"). I russi "hanno abbandonato così facilmente la fede dei loro antenati, osservando con indifferenza la distruzione dei loro templi davanti ai loro occhi".

Oh, ecco un'ipotesi: "Forse il popolo russo si è sottomesso solo temporaneamente al potere del cristianesimo?". Cioè per 950 anni! "E aspettavano solo il momento di liberarsene",[2941] cioè la rivoluzione? Quanta cattiveria deve accumularsi nel cuore di qualcuno per pronunciare una frase del genere! (Anche i pubblicisti russi sono spesso caduti in questa trappola della coscienza distorta. L'eminente giornalista dei primi anni dell'emigrazione S. Rafalsky, forse anche figlio di un sacerdote, scrisse che "la Santa Russia ortodossa ha permesso che i suoi luoghi sacri fossero facilmente schiacciati".[2942] Naturalmente, i gemiti di coloro che furono falciati dalle mitragliatrici dei cecoslovacchi durante le rivolte ecclesiastiche del 1918 non furono uditi a Parigi. Da allora non ci sono state più rivolte. Mi sarebbe piaciuto vedere il figlio di questo sacerdote cercare di salvare i luoghi sacri negli anni Venti).

A volte viene detto senza mezzi termini: "L'ortodossia russa è una religione ottentotta" (Grobman). Oppure, "idiozia profumata da Rublev, Dionigi e Berdyaev"; l'idea della "restaurazione" dell'ortodossia storica russa tradizionale "spaventa molti.... Questo è il futuro più oscuro possibile per il Paese e per il cristianesimo".[2943] O, come ha detto il romanziere F. Gorenshtein: "Gesù Cristo era il presidente onorario dell'Unione del Popolo Russo [organizzazione nazionalista russa pre-rivoluzionaria], che essi percepivano come una sorta di ataman [capo cosacco] universale".[2944]

Non fatelo troppo affilato: potreste scheggiare la lama!

Tuttavia, bisogna distinguere da questa aperta maleducazione il vellutato e morbido filosofo-saggista del Samizdat Grigory Pomerants, che lavorava in quegli anni.

[2941] Amram. *Reaktsiya ottorzheniya* [La reazione del rifiuto]. // *"22"*, 1979, (5), p. 201.
[2942] *The New Russian Word*, New York, 1975, 30 novembre, p. 3.
[2943] M. Ortov. *Pravoslavnoe gosudarstvo I tserkov* [Lo Stato ortodosso e la Chiesa]. *Il cammino: The Orthodox Almanac*. New York, 1984, maggio-giugno, (3), p. 12, 15.
[2944] F. Gorenshtein. *Shestoi konets krasnoi zvezdy* [I sei punti della Stella Rossa]. // *EW*, New York, 1982, (65), p. 125.

Presumibilmente, si elevò al di sopra di tutte le controversie - scrisse sui destini delle *nazioni in generale*, sul destino dell'intellighenzia *in generale*; suggerì che al giorno d'oggi non *esistono* più *persone*, a parte, forse, i Boscimani. L'ho letto nel Samizdat degli anni'60 che diceva: "Il popolo sta diventando un brodo sempre più vaporoso e solo noi, l'intellighenzia, rimaniamo il sale della terra". "La solidarietà dell'intellighenzia al di là delle frontiere è una cosa più reale della solidarietà dell'intellighenzia e del suo popolo".

Sembrava molto moderno e saggio. Eppure, nella Cecoslovacchia del 1968 fu proprio l'unione dell'intellighenzia con il "brodo vaporoso" del suo popolo inesistente a creare una roccaforte spirituale a lungo sconosciuta in Europa.

La presenza di due terzi di un milione di truppe sovietiche non riuscì a piegare il loro spirito; furono i loro leader comunisti a cedere alla fine. (E 12 anni dopo, la stessa cosa accadde in Polonia).

Nel suo modo tipicamente ambiguo di costruire infinite argomentazioni parallele che non confluiscono mai in un chiaro costrutto logico, Pomerants non ha mai affrontato esplicitamente la questione nazionale. Si è soffermato a lungo sulla questione della diaspora, nel modo più astratto e generale, senza specificare alcuna nazione, librandosi nel relativismo e nell'agnosticismo. Ha esaltato la diaspora: "Ovunque, non siamo esattamente stranieri. Ovunque, non siamo esattamente nativi"... "L'appello a una fede, a una tradizione e a una nazione si scontra con un'altra". Si è lamentato: "Secondo le regole stabilite per gli studenti di Varsavia, si può amare solo una nazione", ma "cosa succede se sono legato per sangue a questo Paese, ma amo anche gli altri?".[2945]

Si tratta di un sofisticato gioco di prestigio. Naturalmente, si può amare non solo uno, ma dieci o più Paesi e nazioni. Tuttavia, si può appartenere ed essere *figli* di una sola madrepatria, così come si può avere una sola madre.

Per chiarire meglio l'argomento, voglio descrivere lo scambio epistolare che ebbi con i coniugi Pomerants nel 1967. In quell'anno, il mio romanzo vietato *Il primo cerchio* circolava tra i Samizdat - e tra i primi che mi avevano inviato le loro obiezioni c'erano G. S. Pomerants e sua moglie, Z. A. Mirkin. Dicevano che li avevo feriti con la mia gestione inetta e sbagliata della questione ebraica, e che avevo danneggiato irrimediabilmente l'immagine degli ebrei nel romanzo - e quindi la mia stessa immagine. Come l'avevo danneggiata? Pensavo di essere riuscito a

---

[2945] G. Pomerants. *Chelovek niotkuda* [L'uomo del nulla]. Da G. Pomerants, *inedito*. Francoforte, Posev, 1972, p. 143, 145, 161-162.

evitare di mostrare quegli ebrei crudeli che avevano raggiunto le vette del potere durante i primi anni dell'Unione Sovietica. Ma le lettere di Pomerants sono piene di sfumature e di sfumature, e mi accusano di insensibilità nei confronti del dolore ebraico.

Ho risposto loro e loro hanno risposto a me. In queste lettere discutemmo anche del diritto di giudicare intere nazioni, anche se nel mio romanzo non avevo fatto nulla del genere.

Pomerants suggerì a me allora - e a tutti gli scrittori in generale e a chiunque offra un qualsiasi giudizio personale, psicologico o sociale - di comportarsi e di *ragionare* come se nessuna nazione fosse mai esistita al mondo - non solo di astenersi dal giudicarle nel loro insieme, ma di ignorare la nazionalità di ogni uomo.

"Ciò che è naturale e giustificabile per Ivan Denisovich (vedere Cesar Markovich come un non russo) - è una vergogna per un intellettuale, e per un cristiano (non un *battezzato*, ma un cristiano) è un grande peccato: 'Non c'è nessun ellenico e nessun ebreo per me'".

Che punto di vista elevato. Che Dio ci aiuti a raggiungerlo un giorno. In fondo, senza di esso, il senso dell'*umanità unita*, e quindi del cristianesimo, non sarebbe stato inutile?

Eppure, già una volta siamo stati convinti in modo aggressivo che non esistono nazioni e ci è stato ordinato di distruggere rapidamente la nostra, e lo abbiamo fatto follemente allora.

Inoltre, a prescindere dall'argomento, come possiamo ritrarre persone specifiche senza fare riferimento alla loro nazionalità? E se non ci sono nazioni, non ci sono forse lingue? Ma nessuno scrittore può scrivere in una lingua diversa da quella nativa. Se le nazioni si estinguessero, anche le lingue morirebbero.

Non si può mangiare da una ciotola vuota.

Ho notato che sono stati più spesso gli ebrei che gli altri a insistere sul fatto che non dobbiamo prestare attenzione alla nazionalità! Cosa c'entra la "nazionalità"? Di quali "caratteristiche nazionali", di quale "carattere nazionale" state parlando?

E su questo ero pronto a stringere la mano: "Sono d'accordo! Ignoriamolo d'ora in poi....". Ma viviamo nel nostro sfortunato secolo, in cui forse la prima caratteristica che la gente nota negli altri per qualche motivo è proprio la loro nazionalità. E, giuro, gli ebrei sono quelli che la distinguono e la controllano più gelosamente e attentamente. La *loro* nazione....

E poi, cosa dovremmo fare con il fatto - lo avete letto sopra - che gli ebrei giudicano così spesso i russi proprio in *termini generalizzati*, e quasi sempre per condannare? Lo stesso Pomerants scrive delle "caratteristiche patologiche del carattere russo", compresa la loro "instabilità interna". (E non si preoccupa di giudicare l'intera nazione. Immaginate se qualcuno parlasse di "caratteristiche patologiche del carattere ebraico"... Cosa succederebbe allora?) Le "masse russe hanno *permesso che si* verificassero tutti gli orrori dell'Oprichnina, proprio come in seguito hanno *permesso* i campi di sterminio di Stalin". [2946] (Vedete, l'élite burocratica internazionalista sovietica li avrebbe fermati - se non fosse stato per questa massa ottusa....). Ancora più acutamente: "Il nazionalismo russo finirà inevitabilmente in un pogrom aggressivo",[2947] che significa che ogni russo che ama la sua nazione ha già il potenziale per essere pogromista.

Non possiamo che ripetere le parole di quel personaggio di Cechov: "Troppo presto!". La cosa più notevole è stata la conclusione della seconda lettera di Pomerants. Nonostante in precedenza avesse chiesto con tanta insistenza che non è corretto distinguere tra le nazioni, in quella lettera ampia ed emotivamente carica (scritta con una mano molto arrabbiata e pesante), mi ha consegnato un ultimatum su come avrei potuto ancora salvare il mio disgustoso *Il primo cerchio*. Il rimedio offerto era il seguente: *trasformare Gerasimovich*

[l'eroe] *in un ebreo*! Così un ebreo avrebbe commesso il più grande atto di eroismo spirituale del romanzo! "*Non è assolutamente importante* che Gerasimovich sia stato tratto da un prototipo russo", dice il nostro autore indifferente alle nazioni (corsivo aggiunto). In realtà, mi ha dato un'alternativa: se avessi insistito nel lasciare Gerasimovich russo, avrei dovuto *aggiungere* alla mia storia un'immagine altrettanto potente di un ebreo nobile e abnegante. E se non avessi seguito nessuno dei suoi consigli, Pomerants minacciò di aprire una campagna pubblica contro di me. (A questo punto lo ignorai).

In particolare, condusse questa battaglia unilaterale, chiamandola "la nostra polemica", prima sulle riviste straniere e, quando fu possibile, su quelle sovietiche, spesso ripetendo e ristampando gli stessi articoli, ma avendo cura ogni volta di esorcizzare le macchie che i suoi critici avevano rilevato l'ultima volta. Nel corso di ciò pronunciò un'altra perla di saggezza: c'era *un* solo Male Assoluto nel mondo ed era l'hitlerismo - a questo proposito, il nostro filosofo non era un relativista, affatto. Ma per quanto riguarda il comunismo, questo ex prigioniero dei campi di concentramento e per nulla comunista, improvvisamente proclama che il comunismo - *non è un male indiscutibile* (e addirittura "un certo spirito di democrazia circondava la

---

[2946] G. Pomerants. *Sny zemli* [S*ogni* notturni della Terra]. // *"22"*, 1980, (12), p. 129.
[2947] G. Pomerants. *Chelovek niotkuda* [L'uomo del nulla]. Da G. Pomerants, *inedito*. Francoforte, Posev, 1972, p. 157.

prima Cheka"), e lo fa sempre più duramente nel corso degli anni (reagendo alla mia intransigenza verso il comunismo). [2948] D'altra parte, l'anticomunismo duro è indubbiamente un male, soprattutto se si basa sul nazionalismo russo (che, come ci ha ricordato in precedenza, *non può essere separato dai pogrom*).

È a questo punto che i principi di Pomerants, senza fronzoli e "non nazionali", hanno portato.

Alla luce di *un* pregiudizio *così* distorto, è possibile raggiungere una comprensione reciproca tra russi ed ebrei?

"Ti accorgi della pagliuzza nell'occhio di tuo fratello, ma ignori la pagliuzza nel tuo".

Negli stessi mesi in cui corrispondevo con Pomerants, qualche mano liberale nel Comitato Regionale del Partito di Leningrado copiò un memorandum segreto firmato da Shcherbakov, Smirnov e Utekhin sulla questione della presunta "attività sionista distruttiva nella città" con "sottili forme di sovversione ideologica". I miei amici ebrei mi chiesero: "Come dobbiamo affrontare la questione?". "È chiaro, come" - risposi prima ancora di leggere il giornale - "Apertura! Pubblicatelo su Samizdat! La nostra forza è la trasparenza e la pubblicità!". Ma i miei amici esitarono: "Non possiamo farlo così, perché verrebbe frainteso".

Dopo aver letto i documenti, ho capito la loro ansia. Dai resoconti, era chiaro che la serata letteraria dei giovani alla Writers' House del 30 gennaio 1968 era stata politicamente onesta e coraggiosa - il governo con la sua politica e la sua ideologia era stato ridicolizzato sia apertamente che segretamente. D'altra parte, i discorsi avevano una chiara enfasi *nazionale* (forse perché i giovani presenti erano per lo più ebrei); contenevano un esplicito risentimento e ostilità, e persino, forse, disprezzo per i russi e desiderio di spiritualità ebraica. Per questo motivo i miei amici erano diffidenti nel pubblicare il documento in Samizdat.

Improvvisamente fui colpito da quanto fossero *veri* questi sentimenti ebraici. "La Russia si riflette nel vetro della finestra di un chiosco di birra", avrebbe detto il poeta Ufland. Quanto era terribilmente vero! Sembrava che gli oratori accusassero i russi, non direttamente, ma per allusioni, di strisciare sotto i banconi delle birrerie e di essere trascinati nel fango dalle loro mogli; che bevono vodka fino a perdere i sensi, bisticciano e rubano....

Dobbiamo vederci oggettivamente, vedere le nostre fatali mancanze. Improvvisamente ho colto il punto di vista ebraico; mi sono guardato

---

[2948] G. Pomerants. *Son o spravedlivom vozmezdii* [Un sogno sulla ricompensa]. // *Syntaksis: Giornalismo, critica, polemica*. Parigi, 1980, (6), p. 21.

intorno e sono rimasto anch'io inorridito: Dio mio, dove siamo *noi, gli ebrei*? Carte, domino, TV .... Che bestiame, che animali ci circondano! Non hanno né Dio né interessi spirituali. E così tanto sentimento di dolore per l'oppressione passata sale nella tua anima.

Solo che si dimentica che i veri russi sono stati uccisi, massacrati e soppressi, mentre gli altri sono stati stupefatti, amareggiati e spinti all'estremo dai teppisti bolscevichi, non senza la zelante partecipazione dei padri dei giovani intellettuali ebrei di oggi. Gli ebrei dei giorni nostri sono irritati da quei babbei che sono diventati la leadership sovietica a partire dagli anni'40 - ma irritano anche noi. Tuttavia, i migliori tra noi sono stati uccisi, non risparmiati.

"Non guardate indietro!" - Pomerants ci ha insegnato più tardi nei suoi saggi sul Samizdat; non guardate indietro come Orfeo che ha perso Euridice in questo modo. Eppure abbiamo *già* perso più di Euridice. Fin dagli anni Venti ci è stato insegnato a gettare via il passato e a saltare a bordo della modernità. Ma il vecchio proverbio russo consiglia: vai avanti ma guarda sempre indietro.

Dobbiamo guardare indietro. Altrimenti non capiremo mai nulla. Anche se avessimo cercato di non guardare indietro, ci saremmo sempre ricordati che il "nocciolo [della questione russa] è in realtà *il complesso di inferiorità dei leader senza spirito* del *popolo*, che è persistito per tutta la sua lunga storia", e che proprio questo complesso "ha spinto il governo zarista russo verso le conquiste militari".

Il complesso di inferiorità è la malattia della mediocrità".[2949] Volete sapere perché la rivoluzione del 1917 è avvenuta in Russia? Riuscite a indovinare? Sì, "lo stesso complesso di inferiorità ha causato una rivoluzione in Russia".[2950] (Oh, immortale Freud, non c'è nulla che non abbia spiegato?).

Hanno persino affermato che "il socialismo russo era un erede diretto dell'autocrazia russa"[2951] - proprio diretto, va da sé. E, quasi all'unisono, "c'è una continuità diretta tra il governo zarista e il comunismo... c'è una somiglianza qualitativa".[2952] Cos'altro ci si poteva aspettare dalla "storia russa, fondata sul sangue e sulle provocazioni?".[2953] In una recensione

---

[2949] L. Frank. *Eshche raz o "russkom voprose"* [La "questione russa" ancora una volta]. // *Russkaya mysl* [Il pensatore russo], 1989, 19 maggio, p. 13.

[2950] Amrozh. *Sovetskii antisemitism - prichiny i prognozy* [Antisemitismo sovietico: cause e prospettive]. Seminario. // *"22"*, 1978, (3), p. 153.

[2951] V. Gusman. *Perestroika: mify i realnost* [Perestroika: miti e realtà]. // *"22"*, 1990, (70), p. 139, 142.

[2952] B. Shragin, p. 99.

[2953] M. Amusin. *Peterburgskie strasti* [Passioni di San Pietroburgo]. // *"22"*, 1995, (96), p. 191.

dell'interessante libro di Agursky, *Ideologia del nazional-bolscevismo*, troviamo che "in realtà, le idee tradizionali e fondamentali della coscienza nazionale russa cominciarono a penetrare nella pratica e nell'ideologia del partito al potere molto presto"; "l'ideologia del partito si trasformò già a metà degli anni Venti". Davvero?

Già a metà degli anni'20? Come mai ci era sfuggito all'epoca? Non era la stessa metà degli anni Venti quando le parole "russo", "sono russo" erano considerate controrivoluzionarie? Me lo ricordo bene. Ma, vedete, anche allora, nel bel mezzo della persecuzione contro tutto ciò che era russo e ortodosso, l'ideologia del partito "cominciò in pratica a essere persistentemente guidata dall'idea nazionale"; "conservando esteriormente il suo travestimento internazionalista, le autorità sovietiche si impegnarono effettivamente nel consolidamento dello Stato russo".[2954] Certo! "Contrariamente alle sue dichiarazioni internazionaliste, la rivoluzione in Russia è rimasta un affare nazionale".[2955] Questa "Russia, stravolta dalla rivoluzione, ha continuato a costruire lo Stato del popolo".[2956]

Stato *popolare*? Come osano dire questo, sapendo del Terrore Rosso, dei *milioni* di contadini uccisi durante la collettivizzazione e dell'insaziabile Gulag?

No, la Russia è irrevocabilmente condannata per tutta la sua storia e in tutte le sue forme. La Russia è sempre sospettata, l'"idea russa" senza antisemitismo "sembra non essere più un'idea e nemmeno quella russa". In effetti, "l'ostilità verso la cultura è un fenomeno specificamente russo"; "quante volte abbiamo sentito dire che sono presumibilmente gli unici in tutto il mondo che hanno conservato la purezza e la castità, rispettando Dio nel bel mezzo della loro natura selvaggia";[2957] "la più grande sincerità d'animo ha presumibilmente trovato rifugio in questa terra paralizzata. Questa sincerità d'animo ci viene presentata come una sorta di tesoro nazionale, un prodotto unico come il caviale".[2958]

Sì, prendete in giro noi russi; è per il nostro bene. Purtroppo queste parole hanno un fondo di verità. Ma, pur esprimendole, non cadete nell'odio. Essendo da tempo consapevoli del terrificante declino della nostra nazione sotto i comunisti, è stato proprio durante gli anni Settanta che abbiamo scritto con cautela di una speranza di rinascita della nostra morale e della

---

[2954] I. Serman. Recensione. // *"22"*, 1982, (26), p. 210-212.

[2955] B. Shragin, p. 158.

[2956] M. Meyerson-Aksenov. *Rozhdeniye novoi intelligentsii* [La nascita della nuova intellighenzia]. // Samosoznanie: Sb. statei. [Autocoscienza: raccolta di articoli] New York: Chronicles, 1976, p. 102.

[2957] B. Khazanov. *Pisma bez stempelya* [Le lettere senza timbro postale]. // *EW*, New York, 1982, (69), p. 156, 158, 163.

[2958] B. Khazanov. *Novaya Rossiya* [*Nuova Russia*]. // *EW*, Tel Aviv, 1976, (8), p. 142.

nostra cultura. Ma stranamente gli autori ebrei contemporanei attaccarono l'idea del revival russo con una furia implacabile, come se (o perché?) temessero che la cultura sovietica sarebbe stata sostituita da quella russa. "Temo che la nuova 'alba' di questo paese condannato sarebbe ancora più ripugnante del suo attuale declino [1970-1980]".[2959]

Guardando indietro ai "democratici" anni'90, possiamo concordare che si trattava di una dichiarazione profetica. Ma è stata detta con compassione o con cattiveria?

Ed ecco ancora di più: "Attenzione, quando qualcuno vi dice di amare la vostra patria: tale amore è carico di odio.... Diffidate delle storie che vi dicono che in Russia i russi stanno peggio, che i russi hanno sofferto di più e che la popolazione russa sta diminuendo" - certo, come tutti sappiamo, questa è una bugia!

"Fate attenzione quando qualcuno vi parla di quel grande statista... che è stato assassinato" (cioè Stolypin) - anche questo è un inganno? No, non è un inganno: "Non perché i fatti non siano corretti" - tuttavia, non accettate nemmeno questi fatti veri: "Fate attenzione, siate consapevoli!".[2960]

C'è qualcosa di straordinario in questo flusso di accuse appassionate. Chi avrebbe immaginato, negli infuocati anni Venti, che dopo il crollo e la caduta di quel "bel" regime (cioè comunista) in Russia, quegli ebrei, che avevano sofferto molto per il comunismo, che apparentemente lo maledicevano e lo fuggivano, avrebbero maledetto e preso a calci non il comunismo, ma la Russia stessa - facendola esplodere da Israele e dall'Europa, e dall'altra parte dell'oceano! Ci sono così tante voci, così sicure, pronte a giudicare i molti crimini e le mancanze della Russia, la sua inesauribile colpa nei confronti degli ebrei - e credono così sinceramente che questa colpa sia inesauribile - quasi tutti ci credono! Nel frattempo, il loro stesso popolo viene timidamente scagionato da ogni responsabilità per la sua partecipazione alle sparatorie della Cheka, per l'affondamento delle chiatte e del loro carico umano condannato nel Mar Bianco e nel Mar Caspio, per il suo ruolo nella collettivizzazione, nella carestia ucraina e in tutti gli abomini dell'amministrazione sovietica, per il suo zelo talentuoso nel lavaggio del cervello ai "nativi". Questo non è pentimento.

[2959] M. Vaiskopf. *Sobstvenny Platon* [Il nostro Platon]. // *"22"*, 1981, (22), p. 168.
[2960] B. Khazanov. *Po kom zvonit zatonuvshy kolokol* [Per chi suona la campana del sole]. // Strana i mir: Obshchestvenno-politichesky, economicsky i kulturno-filosofsky zhurnal [Paese e mondo: Rivista sociale, politica, economica e culturale-filosofica (d'ora in poi - *Paese e Mondo*). Monaco, 1986, (12), p. 93-94.

Noi, fratelli o estranei, dobbiamo condividere questa responsabilità. Sarebbe stato più pulito e sano scambiarsi il pentimento per *tutto ciò che è stato commesso*. Non smetterò di chiedere ai russi di farlo.

E invito gli ebrei a fare lo stesso. A non pentirsi di Trotsky, Kamenev e Zinoviev; sono noti e comunque possono essere messi da parte, "non erano veri ebrei!". Invito invece gli ebrei a guardare onestamente nelle profondità oppressive del primo sistema sovietico, a tutti quei personaggi "invisibili" come Isai Davidovich Berg, che creò il famigerato "vagone a gas"[2961] che in seguito portò tante sofferenze agli stessi ebrei, e li invito a guardare onestamente a quei molti burocrati molto più oscuri che avevano spinto le carte nell'apparato sovietico, e che non erano mai apparsi alla luce.

Tuttavia, gli ebrei non sarebbero ebrei se si comportassero tutti allo stesso modo. Così si sono sentite altre voci. Non appena è iniziato il grande esodo degli ebrei dall'URSS, ci sono stati ebrei che - per fortuna di tutti e a loro onore - pur rimanendo fedeli all'ebraismo, sono andati oltre i propri sentimenti e hanno guardato la storia da quel punto di vista. Era una gioia ascoltarli, e li ascoltiamo ancora. Che speranza per il futuro! La loro comprensione e il loro sostegno sono particolarmente preziosi di fronte al violento assottigliamento e alla drastica riduzione dei ranghi dell'intellighenzia russa.

Viene in mente un'opinione malinconica, espressa alla fine del 19 secolo: "Ogni Paese merita gli ebrei che ha".[2962]

Dipende da dove si guarda. Se non fosse per le voci provenienti dalla terza ondata di emigrazione e da Israele, si dispererebbe del dialogo e della possibilità di comprensione reciproca tra russi ed ebrei.

Roman Rutman, un lavoratore della cibernetica, ha pubblicato il suo primo articolo nel Samizdat degli emigrati nel 1973. Si trattava di una storia brillante e calorosa di come decise di emigrare e di come andò a finire - e già allora mostrava un evidente calore nei confronti della Russia. Il titolo era esplicativo: "Un inchino a chi se n'è andato e la mia fratellanza a chi resta".[2963] Tra i suoi primi pensieri al risveglio c'era: "Siamo ebrei o russi?"; e tra i suoi pensieri alla partenza c'era: "La Russia, crocifissa per l'umanità".

[2961] E. Zhirnov. *"Protsedura kazni nosila omerzitelny kharakter"* [L'esecuzione è stata abominevole]. // *Komsomolskaya Pravda*, 1990, 28 ottobre, p. 2.

[2962] M. Morgulis. *Evreisky vopros v ego osnovaniyakh i chastnostyakh* [Le basi e i dettagli della questione ebraica]. // Voskhod, San Pietroburgo, gennaio 1881, libro 1, p. 18.

[2963] R. Rutman. *Ukhodyashchemu - poklon, ostayushchemusya - bratstvo* [Un inchino a chi se n'è andato e la mia fratellanza a chi resta]. // *New Journal*, New York, 1973, (112), p. 284-297.

L'anno successivo, nel 1974, in un articolo intitolato *L'anello delle rimostranze*, propose di rivedere "alcune idee consolidate sulla 'questione ebraica'" e di "riconoscere il rischio di enfatizzare eccessivamente queste idee". Erano tre: (1) "L'insolito destino del popolo ebraico lo ha reso un simbolo della sofferenza umana"; (2) "Un ebreo in Russia è sempre stato vittima di una persecuzione unilaterale"; e (3) "La società russa è in debito con il popolo ebraico". Ha citato una frase tratta da *Arcipelago Gulag*: "Durante questa guerra abbiamo scoperto che la cosa peggiore sulla terra è essere russi" e ha riconosciuto che la frase non è artificiale o vuota, che si basa sulle perdite di guerra, sul terrore rivoluzionario precedente, sulla fame, sulla "distruzione sfrenata sia della testa della nazione - la sua élite cognitiva - sia dei suoi piedi, i contadini". Sebbene la letteratura russa moderna e i movimenti democratici predichino la colpevolezza della società russa di fronte agli ebrei, l'autore stesso preferisce vedere il "cerchio delle lamentele" invece del "sentimentalismo saccente di sui problemi e i talenti del popolo ebraico". Per spezzare questo "cerchio di rimostranze" è necessario agire da entrambi i lati".[2964]

Eccola qui: una voce riflessiva, amichevole e calma. E in questi anni abbiamo sentito spesso la voce ferma di Michael Kheifetz, un recente prigioniero del GULag. "Campione del mio popolo, non posso che simpatizzare con i nazionalisti di altri popoli".[2965] Ha avuto il coraggio di chiedere il pentimento degli ebrei: "L'esperienza del popolo tedesco, che non ha voltato le spalle al suo passato orribile e criminale, e che non ha mai cercato di addossare la colpa del nazismo ad altri colpevoli, a estranei, ecc. ma, invece, si è costantemente purificato nel fuoco del pentimento nazionale, creando così uno Stato tedesco che per la prima volta è stato ammirato e rispettato da tutta l'umanità; questa esperienza dovrebbe, a mio parere, diventare un esempio per i popoli che hanno partecipato ai crimini del bolscevismo, compresi gli ebrei". "Noi, ebrei, dobbiamo analizzare onestamente il ruolo che abbiamo svolto negli affari di altre nazioni, il ruolo così straordinariamente predetto da Z. Jabotinsky".[2966]

M. Kheifetz ha dato prova di un animo veramente nobile quando ha parlato della "vera colpa degli ebrei assimilati di fronte alle popolazioni autoctone dei Paesi in cui vivono, colpa che non può e non deve permettere loro di

---

[2964] R. Rutman. *Koltso obid* [Circolo delle lamentele]. // *New Journal*, New York, 1974, (117), p. 178-189; e in inglese: Soviet Jewish Affairs, Londra, 1974, vol. 4, n. 2, p. 3-11.

[2965] M. Kheifetz. *Russkii patriot Vladimir Osipov* [Patriota russo Vladimir Osipov]. // *Kontinent: Literaturny, obshchestvenno-politichesky i religiozny zhurnal* [Continente: Rivista letteraria, sociale, politica e religiosa (d'ora in poi - *Continente*). Parigi, 1981, (27), p. 209.

[2966] M. Kheifetz. *Nashi obshchie uroki* [Le lezioni che abbiamo condiviso]. // *"22"*, 1980, (14), p. 162-163.

vivere comodamente nella diaspora". Sull'ebraismo sovietico degli anni'20 e '30 ha detto: "Chi se non noi, i loro discendenti amaramente pentiti, ha il diritto di condannarli per questo errore storico [la partecipazione zelante alla costruzione del comunismo] e per il regolamento di conti storici con la Russia per il Pale of Settlement e i pogrom?".[2967]

(Kheifetz ha anche menzionato che B. Penson e M. Korenblit, che avevano scontato i campi di lavoro insieme a lui, condividevano le sue opinioni).

Quasi contemporaneamente alle parole di Kheifetz, ormai già emigrato, Feliks Svetov lanciò un vivido appello al pentimento ebraico dall'interno dell'Unione Sovietica in un romanzo Samizdat *Aprimi le porte*.[2968] (Non è un caso che F. Svetov, grazie alla sua perspicacia e intelligenza ebraica, sia stato uno dei primi a riconoscere l'inizio della rinascita religiosa russa). Più tardi, durante un appassionato discorso sulla disputa tra Astafiev ed Edelman, Yuri Shtein descrive "i tratti specifici della nostra personalità ashkenazita, formati sulla base della nostra convinzione di appartenere al popolo eletto e di una mentalità insulare, da piccola città. Da qui la convinzione dell'infallibilità della nostra nazione e la nostra pretesa di avere il monopolio della sofferenza.... È tempo di vederci come una nazione normale, degna ma non priva di difetti, come tutti gli altri popoli del mondo. Soprattutto ora che abbiamo un nostro Stato indipendente e abbiamo già dimostrato al mondo che gli ebrei sanno combattere e arare meglio di alcuni gruppi etnici più popolosi".[2969]

Durante la campagna della sinistra liberale contro V. Astafiev, V. Belov e V. Rasputin, la storica della letteratura Maria Shneyerson, che dopo l'emigrazione ha continuato ad amare la Russia e ad apprezzare i problemi russi, ha offerto a questi scrittori il suo entusiastico sostegno.[2970]

Negli anni'70 fu pubblicato in Occidente un libro serio, competente e premonitore sulla distruzione dell'ambiente in URSS sotto il comunismo. Scritto da un autore sovietico, fu naturalmente pubblicato con uno pseudonimo, B. Komarov. Dopo qualche tempo, l'autore è emigrato e abbiamo saputo il suo nome: Zeev Wolfson. Abbiamo scoperto ancora di

---

[2967] M. Kheifetz. *Evreiskie zametki* [Le note ebraiche]. Parigi. *Tretya volna* [La terza onda], 1978, p. 42, 45.
[2968] Feliks Svetov. *Aprimi le porte*. Parigi: Éditeurs Réunis, 1978.
[2969] Yu. Shtein. Lettera all'editore. // *Paese e Mondo*, 1987, (2), p. 112.
[2970] M. Shneyerson. *Razreshennaya pravda* [Verità ammissibile]. // *Continente*, 1981, (28); si veda anche: M. Shneyerson. *Khudozhestvenny mir pisatelya i pisatel v miru* [Il mondo artistico di un autore e l'autore nel mondo]. // *Continente*, 1990, (62).

più: che era tra i compilatori dell'album delle chiese distrutte e profanate della Russia centrale.[2971]

Nella Russia sconfitta rimasero pochi intellettuali attivi, ma le forze ebraiche amiche e solidali li sostennero. Con questa carenza di persone e sotto la più dura persecuzione da parte delle autorità, fu istituita la nostra Fondazione pubblica russa per aiutare le vittime delle persecuzioni; *a questo* fondo donai tutti i miei diritti d'autore per *Arcipelago Gulag*; e, a partire dal suo primo manager talentuoso e dedicato, Alexander Ginzburg, ci furono molti ebrei e mezzi ebrei tra i volontari del Fondo. (Questo ha dato a certi nazionalisti russi estremisti intellettualmente ciechi una ragione sufficiente *per bollare la* nostra Fondazione come "ebraica"). Allo stesso modo, M. Bernshtam, poi Y. Felshtinsky e D. Shturman erano coinvolti nello studio della storia russa moderna.

Nella lotta contro le menzogne comuniste, M. Agursky, D. Shturman, A. Nekrich, M. Geller e A. Serebrennikov si sono distinti per il loro giornalismo brillante, fresco e corretto.

Possiamo anche ricordare l'eroismo del professore americano Julius Epstein e il suo servizio alla Russia. In un'America egocentrica, sempre moralista e mai pentita delle proprie malefatte, egli svelò da solo il mistero dell'*Operazione Keelhaul, ovvero* come, dopo la fine della guerra e dal *proprio continente*, gli americani consegnarono agli agenti stalinisti, e quindi a morte certa, centinaia e migliaia di cosacchi russi, che avevano ingenuamente creduto di essere stati salvati dal momento in cui avevano raggiunto la "terra dei liberi".[2972]

Tutti questi esempi dovrebbero incoraggiare la comprensione sincera e reciproca tra russi ed ebrei, se solo non la escludessimo con l'intolleranza e la rabbia.

Ahimè, anche il più blando ricordo, il pentimento e il discorso sulla giustizia suscitano dure proteste da parte degli autoproclamati guardiani del nazionalismo estremo, sia russo che ebraico. "Non appena Solzhenitsyn aveva chiesto un pentimento nazionale" - intendendo tra i russi, e l'autore non se ne preoccupava - "eccoci qui! Il nostro stesso popolo è proprio lì in prima linea". Non ha fatto alcun nome in particolare, ma probabilmente si riferiva a M. Kheifetz. "Vedete, si scopre che la colpa è più nostra, che abbiamo aiutato... a installare... no, non aiutato, ma semplicemente

---

[2971] B. Komarov. *Unichtozhenie prirody* [Distruzione della natura]. Francoforte: Posev, 1978; *Razrushennye i oskvernennye khramy: Moskva i Srednyaya Rossia* [Chiese distrutte e profanate: Mosca e la Russia centrale]. Postfazione: *Predely vandalizma* [I limiti del vandalismo]. Francoforte: Posev, 1980.
[2972] *Julius Epstein*. Operazione Keelhaul: La storia del rimpatrio forzato dal 1944 a oggi. *Old Greenwich, Connecticut*: Devin-Adair, 1973.

instaurato noi stessi il regime sovietico... eravamo presenti in modo sproporzionato in vari organi".[2973]

Coloro che hanno iniziato a parlare con voce di rimorso sono stati attaccati furiosamente in un istante. "Preferiscono estrarre dalle loro budella di patrioti una boccata di saliva" - che stile e nobiltà di espressione! - "e sputare a fondo su tutti gli 'antenati', maledire Trotsky e Bagritsky, Kogan e Dunaevsky"; "M. Kheifetz ci invita a 'purgarci nel fuoco del pentimento nazionale'".[2974]

E che bacchettate ha ricevuto F. Svetov per l'eroe autobiografico del suo romanzo: "Un libro sulla conversione al cristianesimo... contribuirà non a una ricerca astratta di pentimento, ma a un antisemitismo molto specifico.... Questo libro è antisemita". Sì, e cosa c'è da pentirsi? -Esclama con rabbia l'instancabile David Markish. L'eroe di Svetov vede un "tradimento" nel fatto che "abbandoniamo il Paese, lasciandoci alle spalle una condizione deplorevole che è interamente opera nostra: siamo noi, a quanto pare, ad aver inscenato una rivoluzione sanguinosa, ad aver sparato al padre-tsar, ad aver infangato e violentato la Chiesa ortodossa e, inoltre, ad aver fondato l'arcipelago GULag", non è vero? In primo luogo, questi "compagni" Trotsky, Sverdlov, Berman e Frenkel non sono affatto legati agli ebrei. In secondo luogo, la stessa domanda sulla colpa *collettiva* di qualcuno è sbagliata.[2975] (Per quanto riguarda l'incolpazione dei russi, vedete, è tutta un'altra cosa: è sempre stato accettabile incolparli in massa, fin dai tempi dell'anziano Filoteo).

Il fratello di David, Sh. Markish, spiega che "per quanto riguarda l'ultima ondata di immigrati dalla Russia... sia in Israele che negli Stati Uniti, essi non mostrano una vera russofobia... ma un odio per se stessi che cresce fino a diventare antisemitismo diretto è evidente in loro solo troppo spesso".[2976]

Vedete, se gli ebrei si pentono - è antisemitismo. (Questa è un'altra nuova manifestazione di questo pregiudizio).

I russi dovrebbero rendersi conto della loro colpa nazionale, "l'idea del pentimento nazionale non può essere attuata senza una chiara comprensione della colpa nazionale.... La colpa è enorme e non c'è modo di scaricarla sugli altri. Questa colpa non riguarda solo le cose del passato, ma anche le nefandezze che la Russia commette ora e che probabilmente

---

[2973] V. Zeev. *Demonstratsiya objektivnosti* [Fingere di essere imparziali]. // New American, 1982, 1-7 giugno, (120), p. 37.
[2974] V. Boguslavskij. *V zashchitu Kunyaeva* [In difesa di Kunyaev]. // "22", 1980, (16), p. 166-167, 170.
[2975] D. Markish. *Vykrest* [Convertito al cristianesimo]. // "22", 1981, (18), p. 210.
[2976] Sh. Markish. *O evreiskoi nenavisti k Rossii* [Sull'odio degli ebrei verso la Russia]. // "22", 1984, (38), p. 218.

continuerà a commettere in futuro", come scrisse Shragin nei primi anni Settanta.[2977]

Ebbene, anche noi chiamiamo instancabilmente i russi a pentirsi; senza penitenza, non avremo un futuro. Dopo tutto, solo coloro che sono stati direttamente colpiti dal comunismo ne hanno riconosciuto i mali. Coloro che non ne sono stati colpiti hanno cercato di non accorgersi delle atrocità e in seguito di dimenticarle e perdonarle, al punto che ora non capiscono nemmeno di cosa pentirsi. (Ancor più coloro che hanno commesso i crimini).

Ogni giorno bruciamo di vergogna per le nostre persone instabili. E anche noi lo amiamo. E non immaginiamo la nostra vita senza di essa. Eppure, per qualche motivo, non abbiamo perso la fiducia in essa. Tuttavia, è assolutamente certo che lei non abbia avuto alcun ruolo nella nostra grande colpa, nella nostra storia fallimentare?

Qui Shimon Markish fa riferimento all'articolo di Jabotinsky del 1920. "Jabotinsky osservò più volte (in diverse occasioni) che la Russia è un Paese straniero per noi, il nostro interesse per lei dovrebbe essere distaccato, freddo, anche se comprensivo; la sua ansia, il suo dolore e la sua gioia non sono nostri, e anche i nostri sentimenti sono estranei a lei".

Markish ha aggiunto: "Questo è anche il mio atteggiamento nei confronti delle preoccupazioni russe". E ci invita a "chiamare le cose con il loro nome". Tuttavia, su questo punto delicato anche i russi occidentali liberi non sono terribilmente coraggiosi.... Preferisco trattare con i nemici".[2978]

Ma questa frase dovrebbe essere divisa in due: è vero che "chiamare le cose con il loro nome" e parlare *con franchezza* significa essere *nemici*? C'è un proverbio russo che dice: "Non amare chi è d'accordo, ama chi litiga".

Invito tutti, compresi gli ebrei, ad abbandonare questa paura della franchezza, a smettere di percepire l'onestà come ostilità. Dobbiamo abbandonarla storicamente! Abbandonarla per sempre!

In questo libro, "chiamo le cose con il loro nome". E in nessun momento mi sembra che nel farlo sia ostile agli ebrei. Ho scritto in modo più simpatico di quanto molti ebrei scrivano dei russi.

Lo scopo di questo libro, che si riflette anche nel titolo, è questo: dobbiamo *capirci*, dobbiamo riconoscere *il punto di vista e i sentimenti dell'altro*.

[2977] B. Shragin, p. 159.
[2978] Sh. Markish. *Eshche raz o nenavisti k samomu sebe* [Ancora una volta sull'odio di sé]. *"22"*, 1980, (16), p. 178-179, 180.

Con questo libro, voglio dare una stretta di mano di comprensione - per tutto il nostro futuro.

Ma dobbiamo farlo reciprocamente!

Questo intreccio di destini ebraici e russi dal 18 secolo, che si è manifestato in modo così esplosivo nel 20 secolo, ha un profondo significato storico, che non dobbiamo perdere in futuro. Qui, forse, si trova l'Intento Divino che dobbiamo sforzarci di svelare - per discernere il suo mistero e fare ciò che deve essere fatto.

E sembra ovvio che conoscere la verità sul nostro passato comune sia *un imperativo morale sia* per gli ebrei che per i russi.

Capitolo 26

L'inizio dell'Esodo

L'Età dell'Esodo, come gli stessi ebrei l'avrebbero presto chiamata, iniziò piuttosto silenziosamente: il suo inizio può essere rintracciato in un articolo del dicembre 1966 su *Izvestiya*, in cui le autorità sovietiche approvavano magnanimamente il "ricongiungimento familiare", e sotto questa "bandiera agli ebrei veniva concesso il diritto di lasciare l'URSS"[2979]. E poi, mezzo anno dopo, scoppiò la storica Guerra dei Sei Giorni. "Come ogni epopea, anche questo Esodo iniziò con un miracolo. E come dovrebbe essere in un'epopea, tre miracoli furono rivelati agli ebrei di Russia - alla generazione dell'Esodo": il miracolo della fondazione di Israele, "il miracolo del Purim 1953" (cioè la morte di Stalin) e "il miracolo della gioiosa, brillante, inebriante vittoria del 1967".[2980]

La Guerra dei Sei Giorni diede una spinta forte e irreversibile alla coscienza etnica degli ebrei sovietici e diede un colpo al desiderio di assimilazione di molti. Creò tra gli ebrei una forte motivazione per l'autoeducazione nazionale e lo studio dell'ebraico (all'interno di un quadro di centri improvvisati) e diede origine ad atteggiamenti favorevoli all'emigrazione.

Come si percepiva la maggioranza degli ebrei sovietici alla fine degli anni'60, alla vigilia dell'Esodo? No, coloro che scrivono retrospettivamente di una costante sensazione di oppressione e stress non distorcono i loro ricordi: "Sentendo la parola "ebreo", rabbrividiscono, come se si aspettassero un colpo.... Essi stessi usano questa parola sacramentale il più raramente possibile, e quando devono pronunciarla, la pronunciano il più rapidamente possibile e con voce soffocata, come se fossero presi dalla gola.... Tra queste persone ci sono quelle che sono

---

[2979] F. Kolker. *Novyi plan pomoshchi sovetskomu evreistvu* [Un nuovo piano per l'assistenza all'ebraismo sovietico]. // "22": Obshchestvenno-politicheskiy i literaturniy zhurnal evreyskoy intelligenzii iz SSSR v Izraile [Giornale *sociale, politico e letterario dell'intelligenzia ebraica dell'URSS in Israele* (d'ora in poi - "22")]. Tel-Aviv, 1983, (31), p. 145.

[2980] V. Boguslavsky. *Otsy i deti russkoi alii* [Padri e figli dell'aliyah russa]. // "22", 1978, (2), p. 176.

attanagliate dall'eterna paura incurabile radicata nella loro mentalità".[2981] Oppure prendiamo un'autrice ebrea che ha scritto di aver trascorso tutta la sua vita professionale preoccupandosi che il suo lavoro venisse rifiutato solo a causa della sua nazionalità [etnia nella terminologia americana].[2982] Nonostante il tenore di vita apparentemente più elevato rispetto alla popolazione generale, molti ebrei continuavano a nutrire questo senso di oppressione.

In effetti, gli ebrei colti si lamentavano più dell'oppressione culturale che di quella economica. "Gli ebrei sovietici cercano... di mantenere la loro presenza nella cultura russa. Lottano per mantenere la cultura russa nel loro intimo".[2983] Dora Shturman ricorda che: "Quando gli ebrei russi, i cui interessi sono incatenati alla Russia, vengono improvvisamente privati - anche se solo sulla carta o a parole - del loro diritto di impegnarsi nella vita russa, di partecipare alla storia russa, come se fossero degli intrusi o degli estranei, si sentono offesi e sconcertati. Con la comparsa del Tamizdat [neologismo russo per indicare la letteratura dissidente autopubblicata (Samizdat), pubblicata al di fuori dell'URSS (dalla parola russa "tam", che significa "là" o "fuori")] e del Samizdat, la xenofobia provata da alcuni autori russi nei confronti degli ebrei che si identificavano sinceramente come russi si è manifestata per la prima volta dopo molti anni, non solo a livello di strada e di burocrazia statale, ma è apparsa anche a livello di élite intellettuale, persino tra i dissidenti. Naturalmente, questo sorprese gli ebrei che si identificavano con i russi".[2984] Galich: "Molte persone cresciute negli anni'20, '30 e '40 si consideravano russe fin dai primi anni di vita, anzi dalla nascita, e in effetti... condividevano tutti i loro valori e pensieri con la cultura russa".[2985]

Un altro autore ha tracciato il ritratto dell'"ebreo russo medio moderno", che "avrebbe servito questo Paese con buona fede e fedeltà. Egli... aveva attentamente esaminato e identificato i propri difetti. Ne era diventato consapevole.... E ora cerca di liberarsene... ha smesso di far fiorire le armi. Si è sbarazzato delle sue peculiarità nazionali di linguaggio che erano state

---

[2981] I. Domalsky. *Tekhnologiya nenavisti* [La tecnologia dell'odio]. // Vremya i my: Mezhdunarodny zhurnal literatury i obshchestvennykh problem [*Epoca e Noi: International Journal of Literature and Social Problems* (d'ora in poi - *EW*)]. Tel Aviv, 1978, (25), p. 106-107.

[2982] Ya. Voronel. *U kazhdogo svoi dom* [Tutti hanno una casa]. // *"22"*, 1978, (2), p. 150-151.

[2983] I. Domalsky. *Tekhnologiya nenavisti* [La tecnologia dell'odio]. // *EW*. Tel Aviv, 1978, (25), p. 129.

[2984] D. Shturman. *Razmyshleniya nad rukopisyu* [Rimuginare sul manoscritto]. // *"22"*, 1980, 812), p. 133.

[2985] *Aleksandr Galich. Pesni. Stikhi. Poemy. Kinopovest. Piesa. Statii [Canzoni. Versi. Poesie. Film-saggio. Pezzo. Saggi]*. Ekaterinburg, U-Faktoriya, 1998, p.586.

trasferite in Russia.... A un certo punto aspirerebbe a diventare uguale ai russi, a essere indistinguibile da loro". E così: "Potreste non sentire la parola 'ebreo' per anni e anni. Forse, molti hanno persino dimenticato che sei un ebreo. Eppure non potrete mai dimenticarlo. È questo silenzio che vi ricorda sempre chi siete. Crea una tale tensione esplosiva dentro di te, che quando senti la parola 'ebreo', suona come un colpo del destino". È un resoconto molto eloquente. Lo stesso autore descrive il costo di questa trasformazione in russo. "Si era lasciato alle spalle troppo" e si era impoverito spiritualmente. "Ora, quando ha bisogno di quelle parole capienti, ricche e flessibili, non riesce a trovarle....Quando cerca ma non trova la parola giusta, qualcosa muore dentro di lui", ha perso "l' intonazione melodica del discorso ebraico" con tutta la sua "allegria, giocosità, allegria, tenacia e ironia".[2986]

Naturalmente, questi squisiti sentimenti non preoccupavano ogni ebreo sovietico; era la sorte della più piccola minoranza tra loro, lo strato culturale superiore, coloro che cercavano genuinamente e persistentemente di *identificarsi* con i russi. È di loro che parlava G. Pomeranz (pur facendo una generalizzazione per tutta l'intellighenzia): "Ovunque, non siamo del tutto fuori posto. Ovunque, non siamo al nostro posto"; "siamo diventati come gli ebrei non israeliani, il popolo dell'aria, che ha perso tutte le sue radici nella sua esistenza mondana".[2987]

Molto ben detto.

A. Voronel sviluppa lo stesso tema: "Vedo chiaramente tutta la vergogna della loro [degli ebrei] esistenza in Russia oggi".[2988]

Se non c'è fusione, ci sarà sempre alienazione.

Nathan Sharansky ha spesso ricordato che da un certo punto in poi ha iniziato a sentirsi diverso dagli altri in Russia.

Durante il processo per il dirottamento Dymshits-Kuznetsov, nel dicembre 1970, L. Hnoh dichiarò apertamente ciò che apparentemente nutriva da tempo: "È diventato insopportabile per me vivere in un Paese che non considero mio".

Che integrità di mente e coraggio di parola!

[2986] Rani Aren. *V russkom galute* [Nel Galuth russo]. // *"22"*, 1981, (19), p. 133-135, 137.
[2987] G. Pomerantz. *Chelovek niotkuda* [Un uomo da nessuna parte]. Da G. Pomerantz, inedito. Francoforte: Posev, 1972, p. 161, 166.
[2988] A. Voronel. *Trepet iudeiskikh zabot* [I brividi delle preoccupazioni ebraiche]. Seconda edizione, Ramat-Gahn: Mosca-Gerusalemme, 1981, p. 122.

È stato quindi *questo* sentimento a crescere tra gli ebrei sovietici, e ora sempre più tra le ampie masse ebraiche.

Più tardi, nel 1982, un altro giornalista ebreo si espresse in questo modo: "Sono uno straniero. Sono uno straniero nel mio Paese, che amo astrattamente ma che temo nella realtà".[2989]

All'inizio degli anni Settanta, in una conversazione con L.K. Chukovskaya, mi disse (ho preso nota all'epoca): "Questo esodo è stato imposto all'ebraismo. Mi fanno pena coloro che i russi hanno fatto sentire ebrei. Gli ebrei sovietici hanno già perso il senso dell'ebraismo e considero pretestuoso questo risveglio artificiale del loro senso nazionale".

Ciò era ben lontano dalla verità. Nonostante avesse socializzato con molti ebrei di entrambe le capitali, la Chukovskaya si sbagliava. Questo risveglio nazionale ebraico non era artificiale o forzato; era una pietra miliare assolutamente naturale e persino necessaria della storia ebraica. Era l'improvvisa consapevolezza che "si può dire 'ebreo' con orgoglio!".[2990]

Un altro pubblicista ebreo ha riflettuto sull'esperienza della sua generazione di giovani in URSS: "E allora noi - i 'nipoti' e gli eredi di quel crudele esperimento, che hanno rotto il guscio e sono nati qui in Israele - cosa dobbiamo dire dei nostri padri e dei nostri nonni? Dovremmo biasimarli perché non ci hanno cresciuti alla maniera ebraica? Eppure il nostro stesso senso di ebraicità è stato in gran parte il risultato dei loro (e nostri) fallimenti, delle catastrofi e della disperazione.

Apprezziamo dunque questo passato.... Spetta a noi lanciare pietre sui crani frantumati dei romantici di ieri?".[2991]

Questo legame intergenerazionale sinceramente e onestamente espresso con i padri e i nonni, che erano così entusiasti nei primi anni sovietici, completa notevolmente l'intero quadro. (Si può leggere tra le righe il rifiuto dell'autore dei benefici e dei vantaggi della "nuova classe" che ha sostituito quei "romantici").

Un articolo di Samizdat ha opportunamente sottolineato che: "L'opinione che l'attuale aumento della coscienza etnica ebraica tra gli ebrei sovietici assimilati sia solo una reazione al riemergere dell'antisemitismo sembra

---

[2989] M. Deich. *Zapiski postoronnego* [Note di un estraneo] // *"22"*, 1982, (26), p. 156.
[2990] R. Rutman. *Ukhodyashchemu - poklon, ostayushchemusya - bratstvo* [Addio a chi parte, fratellanza a chi resta]. // *Il Nuovo Giornale*, 1973, (112), p. 286.
[2991] V. Boguslavskij. *V zashchitu Kunyaeva* [In difesa di Kunyaev]. // *"22"*, 1980, (16), p. 176.

profondamente sbagliata. È più probabile che si tratti di una coincidenza".[2992]

Diversi contemporanei hanno descritto lo sviluppo della loro autoidentificazione ebraica in modo diverso. Alcuni scrissero che "quasi tutti concordavano sul fatto che negli anni'60 non stava accadendo nulla" nel senso di una rinascita nazionale, anche se "dopo la guerra del 1967 le cose cominciarono a cambiare". Tuttavia, fu l'incidente del dirottamento aereo a portare alla svolta.[2993] Altri suggeriscono che "gruppi ebraici si stavano già formando a metà degli anni Sessanta a Leningrado, Mosca e Riga" e che alla fine del decennio fu fondato un "centro clandestino" ebraico a Leningrado. Ma di che tipo di cospirazione si tratta? "Furono creati centri di fortuna per lo studio dell'ebraico e della storia ebraica... e non proprio per lo studio dell'ebraico, ma piuttosto per la socializzazione delle persone che desideravano studiarlo. La lingua vera e propria di solito veniva imparata non oltre le due o trecento parole....

Di norma, tutti i partecipanti erano funzionari statali e, come tutto il loro ambiente, lontani dalla religione ebraica e dalle tradizioni nazionali". "Gli ebrei degli anni'60 avevano solo una vaga concezione del sionismo". Eppure, "ci sentivamo sufficientemente ebrei e non vedevamo la necessità di alcun tipo di "rimedio educativo ebraico" aggiuntivo". In risposta alla raffica di propaganda anti-israeliana, "la simpatia interiore verso l'ebraismo e verso Israele" crebbe.

"Anche se ci avessero detto che Israele aveva abbandonato l'ebraismo, per noi non avrebbe fatto alcuna differenza". E poi il movimento "cominciò a trasformarsi da fenomeno clandestino a fenomeno di massa, aperto... da salotto". Eppure, "allora nessuno credeva alla possibilità di emigrare, almeno ai nostri tempi, eppure tutti consideravano abbastanza reale la possibilità di finire in un campo".[2994] (L'intervistatore commenta: "Ahimè, è troppo breve il passo dalla cospirazione alla 'diavoleria'. L'ho visto nel movimento ebraico degli anni'70, dopo i processi di Leningrado").[2995]

Così, il ritorno alla cultura ebraica è iniziato e proseguito senza contare l'emigrazione e inizialmente non ha influenzato la vita quotidiana dei partecipanti.

[2992] N. Ilsky. *Istoriya i samosoznanie* [Storia e coscienza]. // *Gli ebrei in URSS*, 1977, (15): citazione da *"22"*, 1978, (1), p. 202.
[2993] A. Eterman. *Tretye pokolenie* [La terza generazione]. Intervista. // *"22"*, 1986, (47), p. 124.
[2994] V. Boguslavskij. *U istokov* [Alle origini]. Intervista. // *"22"*, 1986, (47), p. 102, 105-108.
[2995] Ibidem, p. 109.

"Non sono sicuro che l'Aliyah [ritorno in Israele] sia iniziata grazie ai sionisti", poiché i primi gruppi sionisti erano troppo deboli per farlo. "In una certa misura, è stato il governo sovietico a innescare il processo sollevando un enorme rumore intorno alla Guerra dei Sei Giorni. La stampa sovietica dipinse l'immagine di un ebreo invincibile e bellicoso, e questa immagine compensò con successo il complesso di inferiorità degli ebrei sovietici".[2996]

Ma "nascondete il vostro 'terrore giudaico' agli occhi dei vostri colleghi, alle orecchie dei vostri vicini!". All'inizio c'era un profondo timore: "questi foglietti di carta, che riportavano i vostri dati di contatto, erano come se steste firmando una sentenza per voi stessi, per i vostri figli, per i vostri parenti". Ma presto "abbiamo smesso di sussurrare, abbiamo cominciato a parlare ad alta voce", a "preparare e celebrare" le festività ebraiche e a "studiare la storia e l'ebraico". E già dalla fine del 1969 "gli ebrei a decine e centinaia cominciarono a firmare lettere aperte al 'pubblico all'estero'. Chiedevano di essere 'liberati' in Israele".[2997] L'ebraismo sovietico, "separato dall'ebraismo mondiale, intrappolato nel crogiolo del dispotico impero stalinista... sembrava irrimediabilmente perduto per l'ebraismo - eppure all'improvviso il movimento sionista rinasceva e l'antico appello di Mosè risuonava di nuovo: "Lascia andare il mio popolo!"".[2998]

"Nel 1970 il mondo intero cominciò a parlare degli ebrei russi". Si sono "alzati, sono diventati determinati....C'è solo una barriera che li separa dal loro sogno: la barriera del divieto governativo. Sfondarla, violarla, attraversarla in volo era il loro unico desiderio.... Fuggire dalla Babilonia del Nord!" era il desiderio dei dirottatori arrestati, il gruppo guidato da E. Kuznetsov e M. Dymshits.[2999] Nel dicembre 1970, durante il processo a Leningrado, "non tacevano, non si sottraevano, dichiaravano apertamente di voler rubare un aereo per portarlo oltre il confine con Israele. Ricordate, rischiavano la condanna a morte!

Le loro 'confessioni' erano in sostanza dichiarazioni del sionismo".[3000] Pochi mesi dopo, nel maggio 1971, ci fu un processo alle "organizzazioni sioniste di Leningrado", presto seguito da processi simili a Riga e Kishinev.

[2996] V. Boguslavskij. *Oglyanis v razdumye* [Guarda dietro e pensa]. Discussione collettiva. // *"22"*, 1982, (24), p. 113.
[2997] V. Boguslavsky. *Otsy i deti russkoi alii* [Padri e figli dell'aliyah russa]. // *"22"*, 1978, (2), p. 176-177.
[2998] I. Oren. *Ispoved* [Confessione] // *"22"*, 1979, (7), p. 140.
[2999] V. Boguslavsky. *Otsy i deti russkoi alii* [Padri e figli dell'aliyah russa]. // *"22"*, 1978, (2), p. 177-178.
[3000] V. Boguslavskij. *U istokov* [Alle origini]. Intervista. // *"22"*, 1986, (47), p. 121.

Questi processi, in particolare i due processi di Leningrado, divennero il nuovo potente stimolo per lo sviluppo della coscienza etnica ebraica. Un nuovo giornale Samizdat, *Gli ebrei in URSS*, iniziò a circolare poco dopo, nell'ottobre 1972. La rivista riportava in modo vivace la lotta per la legalizzazione dell'emigrazione in Israele e copriva la lotta per il diritto di sviluppare liberamente la cultura ebraica in URSS.

Ma anche a questo punto solo una minoranza di ebrei era coinvolta nel nascente movimento di emigrazione. "Sembra che la vita fosse più facile per gli ebrei sovietici quando sapevano di non avere scelta, di poter solo perseverare e adattarsi, che ora, quando possono scegliere dove vivere e cosa fare....

La prima ondata che fuggì dalla Russia alla fine degli anni'60 era motivata solo dall'obiettivo di trascorrere il resto della propria vita nell'unico Paese privo di antisemitismo, Israele".[3001] (Come ha notato l'autore, questo non include coloro che sono emigrati per arricchimento personale).

E "una parte dell'ebraismo sovietico ripudierebbe volentieri la propria identità nazionale, se gli fosse permesso di farlo".[3002] - E così avevano paura. Questa sezione comprendeva gli ebrei che maledicevano "quell'Israele", sostenendo che *è a causa di Israele* che agli ebrei rispettosi della legge viene spesso impedito di fare carriera: "a causa di chi se ne va, anche noi soffriremo".

Il governo sovietico non poteva che essere allarmato da questo inaspettato (per loro come per il mondo intero) risveglio della coscienza etnica tra gli ebrei sovietici. Intensificò gli sforzi di propaganda contro Israele e il sionismo, per spaventare i nuovi coscienti. Nel marzo 1970 si è fatto ricorso a quel trucco sovietico ben collaudato che consiste nell'ottenere la denuncia dalla bocca del "popolo stesso", in questo caso dal popolo di "nazionalità ebraica". Le autorità organizzarono quindi una conferenza stampa pubblica di denuncia, alla quale parteciparono doverosamente non solo gli "ebrei ufficiali" più ipocriti, come Vergelis, Dragunsky, Chakovsky, Bezymensky, Dolmatovsky, il regista Donsky, i propagandisti Mitin e Mintz, ma anche persone di spicco che potevano facilmente rifiutarsi di partecipare allo spettacolo e di firmare la "Dichiarazione" senza subire ripercussioni significative. Tra questi ultimi vi erano: Byalik: i membri dell'Accademia, Frumkin e Kassirsky; i musicisti di fama internazionale, Fliyer e Zak; gli attori, Plisetskaya, Bystritskaya e Pluchek. Ma l'hanno firmata. La "Dichiarazione" "disprezza l'aggressione portata

---

[3001] G. Fain. *V roli vysokooplachivaemykh shveitsarov* [Nel ruolo dei portieri altamente pagati]. // *EW*, Tel Aviv, 1976, (12), p. 135.

[3002] I. Domalsky. *Tekhnologiya nenavisti* [La tecnologia dell'odio]. // *EW*. Tel Aviv, 1978, (25), p. 106.

avanti dai circoli dirigenti israeliani... che resuscita la barbarie degli hitleriani"; "il sionismo è sempre stato un'espressione delle opinioni scioviniste della borghesia ebraica e del suo delirio ebraico"; e i firmatari intendono "aprire gli occhi alle vittime credulone della propaganda sionista": "sotto la guida del partito leninista, gli ebrei lavoratori hanno ottenuto la piena libertà dall'odiato zarismo". Incredibile, vedete chi era il vero oppressore? Quello già morto da mezzo secolo!

Ma ormai i tempi erano cambiati. Gli "ebrei ufficiali" furono pubblicamente rimproverati da I. Zilberberg, un giovane ingegnere che aveva deciso di tagliare irrimediabilmente i ponti con questo Paese e di partire. Fece circolare nel Samizdat una lettera aperta in risposta alla "Dichiarazione", definendo i suoi firmatari "anime lacchè", e ripudiò la sua precedente fede nel comunismo: "avevamo ingenuamente riposto le nostre speranze nei 'nostri' ebrei - i Kaganovich, gli Erenburg, ecc.". (Quindi, dopo tutto, una volta avevano davvero riposto le loro speranze lì?) Allo stesso tempo ha criticato i russi: dopo gli anni Cinquanta, ha forse

"I russi si pentirono e furono contriti... e, dopo aver versato qualche misera lacrima sul passato... giurarono amore e impegno ai loro fratelli ritrovati?". Nella sua mente non c'era dubbio che il senso di colpa russo nei confronti degli ebrei fosse del tutto unilaterale.

Tali eventi continuarono. Un anno dopo divenne famosa un'altra lettera aperta di Samizdat, quella del regista Mikhail Kalik, fino ad allora di successo, che era stato espulso dall'Unione dei cineasti sovietici perché aveva dichiarato la sua intenzione di partire per Israele. Kalik ha inaspettatamente indirizzato una lettera sulla sua fedeltà alla cultura ebraica "all'intellighenzia russa". Sembrava che avesse trascorso la sua vita in URSS non tra i vincitori, ma che avesse sofferto per anni tra gli oppressi, lottando per la libertà. E ora, andandosene, dava lezioni a questa pigra intellighenzia russa dall'alto della morale del suo vittimismo.

"Quindi resterete... con il vostro silenzio, con il vostro "entusiasmo obbediente"? Chi si prenderà cura della salute morale della nazione, del Paese, della società?".

Sei mesi dopo ci fu un'altra lettera aperta, questa volta dello scrittore sovietico Grigory Svirsky. A spingerlo era stato il fatto che non era stato pubblicato per diversi anni e che persino il suo nome era stato rimosso dall'*Enciclopedia della Letteratura* come punizione per aver parlato contro l'antisemitismo alla Casa Letteraria Centrale nel 1968. Questa punizione è stata definita da lui stesso "omicidio", con comprensibile accanimento, anche se si è dimenticato di guardare indietro e di vedere quanti altri hanno sofferto in questo senso. "Non so come vivere d'ora in poi", scrisse all'Unione degli Scrittori. (Questo era un sentimento comune a tutti i 6.000

membri del sindacato: tutti credevano che il governo fosse tenuto a sfamarli per il loro lavoro letterario). Queste erano "le ragioni che hanno fatto sì che io, uomo di cultura russa, per di più scrittore russo ed esperto di letteratura russa, mi sentissi ebreo e prendessi la decisione irrevocabile di partire con la mia famiglia per Israele"; "desidero diventare uno scrittore israeliano". (Ma non riuscì a trasformare la sua professione da una nazione all'altra.

Svirsky, come molti altri emigranti, non si era reso conto di quanto sarebbe stato difficile adattarsi a Israele, e scelse di partire anche da lì).

I sentimenti e le rivendicazioni ostili antirussi che troviamo in tante voci della coscienza ebraica risvegliata ci sorprendono e ci sconcertano, facendoci sanguinare il cuore. Eppure, in questi sentimenti di "matura ferocia" non sentiamo alcuna scusa da parte dei nostri fratelli ebrei almeno per gli eventi degli anni Venti. Non c'è un'ombra di apprezzamento per il fatto che anche i russi sono un popolo offeso. Tuttavia, nel capitolo precedente abbiamo sentito altre voci tra i "feroci". Ripensando a quei tempi, quando erano già in Israele, a volte facevano un resoconto più sobrio: "Abbiamo trascorso troppo tempo a saldare i debiti con la Russia negli *ebrei dell'URSS*" a scapito anche di dedicare "troppo poco a Israele e alla nostra vita lì... e a pensare troppo poco al futuro".[3003]

Per la gente comune, mondana e disarmata, la prospettiva di rompere il guscio d'acciaio che aveva avvolto l'URSS sembrava un compito impossibile e senza speranza. Ma poi si disperò - e si dovette provare - e qualcosa cedette! La lotta per il diritto di emigrare in Israele fu sempre caratterizzata da determinazione e inventiva: denunce al Soviet Supremo, manifestazioni e scioperi della fame da parte dei "refuseniks" (come si definivano gli ebrei a cui era stata rifiutata l'uscita in Israele); seminari di professori ebrei licenziati con il pretesto di voler "mantenere le loro qualifiche professionali"; l'organizzazione a Mosca di un simposio internazionale di scienziati (alla fine del 1976); infine, il rifiuto di sottoporsi al servizio nazionale.

Naturalmente, questa lotta poteva avere successo solo con un forte sostegno da parte delle comunità ebraiche all'estero. "Per noi l'esistenza di una solidarietà ebraica nel mondo fu una scoperta sorprendente e l'unico barlume di speranza in quel periodo buio", ricorda uno dei primi refuseniks.[3004] C'era anche una notevole assistenza materiale: "tra i refuseniks di Mosca era nata una particolare forma di indipendenza, fondata su un potente sostegno economico da parte degli ebrei

---

[3003] R. Nudelman. *Oglyanis v razdumye* [Guarda dietro e pensa]. Discussione collettiva. // *"22"*, 1982, (24), p. 141.
[3004] N. Rubinshtein. Kto chitatel? [Chi è il lettore?] // *EW*, Tel Aviv, 1976, (7), p. 131.

all'estero".[3005] E così essi riponevano ancora più speranze nell'assistenza dell'Occidente, aspettandosi ora un aiuto pubblico e persino politico altrettanto potente.

Questo sostegno ebbe la sua prima prova nel 1972. Qualcuno ai piani alti del governo sovietico ragionò così: abbiamo l'intellighenzia ebraica, istruita gratuitamente nel sistema sovietico e poi dotata di opportunità per proseguire la propria carriera accademica, e ora se ne va all'estero per lavorare con tutti questi benefici sovvenzionati dallo Stato sovietico.

Non sarebbe giusto istituire una tassa su questo? Perché il Paese dovrebbe prepararsi a ricevere gratuitamente specialisti istruiti, che occupano i posti che avrebbero potuto avere i cittadini fedeli, solo per farli utilizzare le loro competenze in altri Paesi? Così si iniziò a preparare una legge per istituire questa tassa. Il piano non era un segreto e divenne rapidamente noto e ampiamente discusso nei circoli ebraici. Divenne legge il 3 agosto 1972 con l'Ordine del Presidium del Soviet Supremo dell'URSS "Sulla compensazione da parte dei cittadini dell'URSS, che partono per vivere permanentemente all'estero, delle spese governative per la loro istruzione". L'importo previsto era compreso tra 3.600 e 9.800 rubli, a seconda del grado dell'università (3.600 era all'epoca lo stipendio annuale di un ricercatore ordinario senza dottorato).

Si scatenò una tempesta di indignazione internazionale. Durante i 55 anni della sua esistenza, nessuna delle mostruose liste di crimini dell'URSS aveva provocato una protesta internazionale così unita come questa tassa sugli emigranti istruiti. Gli accademici americani, in numero di 5.000, firmarono una protesta (autunno 1972); e due terzi dei senatori americani collaborarono per bloccare un previsto accordo commerciale favorevole con l'URSS. I parlamentari europei si comportarono in modo simile. Da parte loro, 500 ebrei sovietici inviarono una lettera aperta al Segretario Generale dell'ONU Kurt Waldheim (nessuno ancora sospettava che anche lui sarebbe stato presto dannato) descrivendo: "la servitù della gleba per coloro che hanno un'istruzione superiore". (Nel cercare di trovare una frase, non si resero conto di come sarebbe suonata in un Paese in cui vigeva una vera e propria servitù della gleba). Il governo sovietico cedette e consegnò l'ordine al macero.

Per quanto riguarda l'accordo sul commercio? Nell'aprile 1973, il leader sindacale George Meany sostenne che l'accordo non era nell'interesse degli Stati Uniti né avrebbe alleviato le tensioni internazionali, ma i senatori erano preoccupati solo per gli ebrei sovietici e ignorarono queste argomentazioni. Approvarono l'accordo, ma aggiungendo l'"emendamento Jackson", che stabiliva che sarebbe stato accettato solo

---

[3005] E. Manevich. Lettera al direttore. // *EW*, New York, 1985, (85), p. 230-231.

quando agli ebrei fosse stato permesso di lasciare *liberamente* l'URSS. Così il mondo intero sentì il messaggio proveniente dalla capitale americana: aiuteremo il governo sovietico se rilascerà dal suo Paese non tutti, ma specificamente e solo gli ebrei.

Nessuno ha dichiarato a gran voce: signori, per 55 anni è stato solo un sogno fuggire dall'odiato regime sovietico, non per centinaia di migliaia ma per milioni di nostri concittadini; ma nessuno ha mai avuto il diritto di andarsene. Eppure i leader politici e sociali dell'Occidente non hanno mai mostrato sorpresa, non hanno mai protestato, non si sono mai mossi per punire il governo sovietico con restrizioni commerciali. (Ci fu un tentativo fallito nel 1931 di organizzare una campagna contro il dumping sovietico del legname, una pratica resa possibile solo dall'uso di manodopera galeotta a basso costo, ma anche questa campagna era apparentemente motivata dalla concorrenza commerciale). 15 milioni di contadini furono distrutti nella "dekulakizzazione", 6 milioni di contadini morirono di fame nel 1932, per non parlare delle esecuzioni di massa e dei milioni di morti nei campi di concentramento; e allo stesso tempo andava bene firmare educatamente accordi con i leader sovietici, prestare loro denaro, stringere le loro "mani oneste", cercare il loro sostegno e vantarsi di tutto questo davanti ai vostri parlamenti. Ma quando il bersaglio furono specificamente gli ebrei, una scintilla di simpatia attraversò l'Occidente e divenne chiaro *che* tipo di regime fosse questo. (Nel 1972 annotai su un foglio di carta: "Avete capito [cosa sta succedendo], grazie a Dio. Ma per quanto tempo durerà questa consapevolezza? Basta che si risolvano i problemi che gli ebrei avevano con l'emigrazione e diventerete di nuovo sordi, ciechi e incomprensibili alla totalità di ciò che sta accadendo, ai problemi della Russia e del comunismo").

"Non potete immaginare l'entusiasmo con cui [l'emendamento Jackson] è stato accolto dagli ebrei in Russia.... 'Finalmente è stata scoperta una leva abbastanza forte da spostare i poteri in URSS'".[3006] Ma improvvisamente, nel 1975, l'emendamento Jackson divenne irrilevante, poiché il governo sovietico rifiutò inaspettatamente l'offerta di un accordo commerciale con gli Stati Uniti. (O piuttosto calcolò che avrebbe potuto ottenere maggiori vantaggi da altri Paesi concorrenti).

Il rifiuto sovietico fece impressione agli attivisti ebrei in URSS e all'estero, ma non per molto. Sia in America che in Europa il sostegno all'emigrazione degli ebrei dall'URSS si fece più forte. La "Conferenza nazionale in difesa degli ebrei sovietici". "L'Unione di solidarietà con

---

[3006] V. Perelman. Krushenie chuda: prichiny i sledstviya. Beseda s G. Rosenblyumom [Il crollo del miracolo: Cause e conseguenze. Conversazione con G. Rosenblum]. // *EW*, Tel Aviv, 1977, (24), p. 128.

l'ebraismo sovietico". "Il Comitato studentesco di lotta per l'ebraismo sovietico". Nella "Giornata di solidarietà nazionale con gli ebrei sovietici" più di 100.000 manifestarono a Manhattan, compresi i senatori Jackson e Humphrey (entrambi erano in corsa per la candidatura democratica alla presidenza). Le più grandi furono le "domeniche della solidarietà", manifestazioni e raduni annuali a New York a cui parteciparono fino a 250.000 persone (dal 1974 al 1987)".[3007] A Oxford si è svolta una riunione di tre giorni di 18 premi Nobel a sostegno del Corresponding Member of Academy Levich. Altri 650 accademici di tutto il mondo diedero il loro sostegno e a Levich fu permesso di emigrare. Nel gennaio 1978, più di cento accademici americani inviarono un telegramma a Breznev chiedendo di permettere al professor Meiman di andare all'estero. Un'altra campagna mondiale si concluse con un altro successo: il matematico Chudnovsky ottenne il permesso di partire per un intervento medico non disponibile in URSS. Non si trattava solo di persone famose: spesso un nome fino ad allora sconosciuto veniva strombazzato in tutto il mondo per poi tornare nell'oscurità. Ad esempio, lo abbiamo sentito in modo particolarmente forte nel maggio 1978, quando la stampa mondiale ci ha raccontato una storia straziante: Jessica Katz, una bambina moscovita di sette anni, aveva una malattia incurabile e i suoi genitori non potevano andare negli Stati Uniti! Seguì un intervento personale del senatore Edward Kennedy, e presto! successo! La stampa esultò. I principali notiziari di tutti i canali televisivi trasmisero l'incontro all'aeroporto, le lacrime di felicità, la bambina tenuta in braccio. La Voice of America russa dedicò un'intera trasmissione al salvataggio di Jessica Katz (senza notare che le famiglie russe con bambini malati si trovavano ancora di fronte allo stesso muro impenetrabile). Un esame medico dimostrò in seguito che Jessica non era affatto malata e che i suoi astuti genitori avevano ingannato il mondo intero per assicurarsi la sua partenza. (Un fatto riconosciuto a denti stretti alla radio e poi insabbiato. A chi altro sarebbe stata perdonata una simile menzogna?) Allo stesso modo, lo sciopero della fame di V. Borisov (dicembre 1976), che aveva già trascorso nove anni in un "manicomio", fu riportato dalla Voice of America non diversamente dai 15 giorni di prigionia di Ilya Levin, e semmai a quest'ultimo fu data maggiore attenzione. Bastava che alcuni refuseniks firmassero una dichiarazione sulla loro impossibilità di lasciare l'URSS e la notizia veniva immediatamente riportata da Freedom, Voice of America, BBC e dalle altre più importanti fonti di informazione di massa, tanto che oggi è difficile credere a quanto fossero strombazzati.

[3007] *Kratkaya Evreiskaya Entsiklopediya* [*Enciclopedia ebraica breve* (d'ora in poi SJE)]. Gerusalemme, 1996. v. 8, p. 380.

Naturalmente va notato che tutto lo sfarzo che circondava l'apparizione di un movimento ebraico sovietico serviva a risvegliare tra gli ebrei di tutto il mondo, compresi quelli americani, un'entusiasmante concezione di sé come nazione.

"L'ossessione profetica dei primi sionisti" in URSS "ha indotto una simpatia esultante tra gli ebrei occidentali". "Gli ebrei occidentali videro i propri ideali in azione. Cominciarono a credere negli ebrei russi... questo significava per loro credere nelle loro migliori qualità .... Tutto ciò che gli ebrei occidentali volevano vedere intorno a sé e... non vedevano".[3008] Altri hanno detto, con un'ironia penetrante: "Il prodotto offerto (uno *spirito ebraico* insurrezionale) ha trovato un acquirente deliziato (gli ebrei americani). Né l'America, né gli ebrei americani sono minimamente interessati agli ebrei dell'URSS in sé. Il prodotto acquistato è stato proprio lo spirito di rivolta ebraico. Gli ebrei d'America (e con loro gli ebrei di Londra, Amsterdam, Parigi, ecc.), il cui senso di ebraicità era stato eccitato dal trionfo della Guerra dei Sei Giorni... videro la possibilità di partecipare.... Era una "lotta" comoda... che per di più non comportava grandi sforzi".[3009]

Tuttavia, non si può negare che queste ispirazioni, sia qui che là, si siano fuse e abbiano lavorato insieme per destabilizzare le pareti del guscio d'acciaio della vecchia Unione Sovietica.

L'opinione generale è che l'emigrazione ebraica di massa dall'URSS sia iniziata nel 1971, quando 13.000 persone sono partite (il 98% verso Israele). Nel 1972 sono state 32.000, nel 1973 35.000 (la percentuale di persone andate in Israele variava dall'85% al 100%).[3010] Tuttavia, la maggior parte di queste persone non proveniva dalle aree etnicamente russe, ma dalla Georgia e dal Baltico. (Un delegato ebreo a un congresso internazionale dichiarò che "la Georgia è un Paese senza antisemitismo"; molti ebrei georgiani in seguito rimasero delusi dal loro trasferimento in Israele e vollero tornare indietro). Non ci furono movimenti di massa dalla parte centrale dell'URSS. Più tardi, quando la partenza fu resa più difficile, alcuni espressero un grave rammarico (R. Nudelman): il "coraggio tardivo dei futuri refuseniks avrebbe potuto, forse, non essere necessario se avessero approfittato della breccia fatta quando ne avevano la possibilità".

[3008] A. Voronel. *Vmesto poslesloviya* [Invece della postfazione]. // *"22"*, 1983, (31), p. 140.

[3009] V. Boguslavsky. *Oni nichego ne ponyali* [Non hanno ancora capito]. // *"22"*, 1984, (38), p. 156.

[3010] F. Kolker. *Novy plan pomoshchi sovetskomu evreistvu* [Un nuovo piano di assistenza all'ebraismo sovietico]. // *"22"*, 1983, (31), p. 144.

Qualcuno non è d'accordo: "Ma le persone hanno bisogno di tempo per maturare! ... Vedete quanto tempo ci è voluto prima di capire che non dobbiamo restare, che è semplicemente un crimine contro i vostri stessi figli".[3011]

"Oh, oh, [uscite] e fuggite dal paese del nord, dice l'Eterno". (Zacc 2:6)

Tuttavia, l'entusiasmo per l'emigrazione ebraica si radicò anche nelle città russe e ucraine. Nel marzo 1973 erano state registrate 700.000 richieste di emigrazione. Tuttavia, nell'autunno del 1973 scoppiò la guerra dello Yom Kippur e il desiderio di molti di emigrare diminuì improvvisamente. "L'immagine di Israele è cambiata drasticamente dopo la guerra dello Yom Kippur. Invece di un Paese ricco, sicuro e coraggioso, con fiducia nel domani e una leadership unita, Israele apparve inaspettatamente davanti al mondo come confuso, flaccido, lacerato da contraddizioni interne. Il tenore di vita della popolazione è diminuito drasticamente".[3012]

Di conseguenza, solo 20.000 ebrei lasciarono l'URSS nel 1974. Nel 1975-76, "fino al 50% degli ebrei sovietici che emigravano", una volta arrivati al punto di sosta di Vienna, "andavano... oltre Israele. In questo periodo nacque il termine "direttisti"", cioè coloro che andavano *direttamente* negli Stati Uniti.[3013] Dopo il 1977, il loro numero "variava dal 70 al 98%".[3014]

"Francamente, questo è comprensibile. Lo Stato ebraico era stato concepito come un rifugio nazionale per gli ebrei di tutto il mondo, il rifugio che, tanto per cominciare, garantisce loro un'esistenza sicura. Ma questo non si è verificato. Il Paese è stato per molti anni sulla linea del fuoco".[3015]

Inoltre "divenne presto chiaro che Israele non aveva bisogno di ebrei sovietici intellettuali... ma di un'intellighenzia nazionale ebraica". A questo punto "gli ebrei pensanti... si resero conto con orrore che, nel modo in cui si erano definiti per tutta la vita, non avevano posto in Israele", perché, come si scoprì, per Israele bisognava essere immersi nella cultura nazionale ebraica - e così solo allora "gli arrivati si resero conto del loro tragico errore: non aveva avuto senso lasciare la Russia".[3016] (anche se ciò era

---

[3011] Yu. Shtern. *Situatsia neustoichiva i potomu opasna* [La situazione è instabile e quindi pericolosa]. Intervista. // *"22"*, 1984, (38), p. 132, 133.

[3012] E. Manevich. *Novaya emigratsiya: slukhi i realnost* [*Nuova* emigrazione: le voci e la realtà]. // *EW*, New York, 1985, (87), p. 107-108.

[3013] F. Kolker. *Novy plan pomoshchi sovetskomu evreistvu* [Un nuovo piano di assistenza all'ebraismo sovietico]. // *"22"*, 1983, (31), p. 144.

[3014] V. Perelman. *Oglyanis v somnenii* [Guarda indietro nel dubbio]. // *EW*, New York, 1982, (66), p. 152.

[3015] S. Tsirulnikov. *Izrail - god 1986* [Israele, l'anno 1986]. // *EW*, New York, 1986, (88), p. 135.

[3016] G. Fain. *V roli vysokooplachivaemykh shveitsarov* [Nel ruolo dei portieri altamente retribuiti]. // *EW*, Tel Aviv, 1976, (12), p. 135-136.

dovuto alla perdita di posizione sociale) - e le lettere di ritorno mettevano in guardia coloro che non erano ancora partiti. "Il tono e il contenuto di queste lettere era quasi universalmente negativo. Israele veniva presentato come un Paese in cui il governo interviene e cerca di agire in modo paterno in tutti gli aspetti della vita di un cittadino".[3017] "Un pregiudizio contro l'emigrazione in Israele cominciò a formarsi tra molti già a metà degli anni'70".[3018] "La ferma opinione di Israele che l'intellighenzia di Mosca e Leningrado cominciò ad acquisire era quella di una società chiusa, spiritualmente impoverita, sepolta nei propri ristretti problemi nazionali e che lasciava che le richieste ideologiche di oggi avessero il controllo sulla cultura.... Nel migliore dei casi... è un'arretratezza culturale, nel peggiore... un altro governo totalitario, privo solo di un apparato coercitivo". [3019] "Molti ebrei sovietici ebbero l'impressione, non senza ragione, che lasciando l'URSS per Israele stessero scambiando un regime autoritario con un altro".[3020]

Quando nel 1972-73 più di 30.000 ebrei sovietici partivano per Israele all'anno, Golda Meir li incontrava personalmente all'aeroporto e piangeva, e la stampa israeliana chiamava i loro arrivi di massa "il miracolo del 20 secolo". Allora "tutti partivano per Israele. Chi prendeva la strada per Roma", cioè non per Israele, "veniva additato. Ma poi il numero di arrivi cominciò a diminuire di anno in anno. Diminuì da decine di migliaia a migliaia, da migliaia a centinaia, da centinaia a pochi individui solitari. A Vienna, non erano più quelli che prendevano la strada per Roma [la tappa successiva sulla strada verso la destinazione finale desiderata, di solito gli Stati Uniti] ad essere additati, ma erano quei 'solitari', quei 'pagliacci', quei 'matti', che ancora partivano per Israele".[3021] "Allora Israele era la 'norma' e bisognava spiegare perché si andava 'oltre', ma ora era il contrario: erano coloro che progettavano di partire per Israele che spesso dovevano spiegare la loro decisione".[3022]

"Solo la prima ondata era idealista"; "a partire dal 1974, per così dire, il secondo livello di ebrei ha iniziato a lasciare l'URSS, e per loro Israele

---

[3017] E. Manevich. *Novaya emigratsiya: slukhi i realnost* [Nuova emigrazione: le voci e la realtà]. // *EW*, New York, 1985, (87), p. 111.

[3018] E. Finkelshtein. *Most, kotory rukhnul...* [Il ponte che era crollato]. // *"22"*, 1984, (38), p. 148.

[3019] E. Sotnikova. Lettera all'editore. // *EW*, Tel Aviv, 1978, (25), p. 214.

[3020] M. Nudler. *Oglyanis v razdumye* [Guarda dietro e pensa]. Discussione collettiva. // *"22"*, 1982, (24), p. 138.

[3021] V. Perelman. Lettera all'editore. // *EW*, Tel Aviv, 1977, (23), p. 217.

[3022] Yu. Shtern. *Dvoinaya otvetstvennost* [Doppia responsabilità]. Intervista // *"22"*, 1981, (21), p. 126.

poteva essere attraente, ma soprattutto a distanza". [3023] Un'altra considerazione:

"Forse il fenomeno della neshira [*neshira* - dispersione sulla via di Israele; *noshrim* - i dispersi] è in qualche modo collegato al fatto che l'emigrazione iniziale proveniva dall'entroterra [dell'URSS], dove le tradizioni [ebraiche] erano forti, mentre ora proviene più dal centro, dove gli ebrei si sono sostanzialmente staccati dalle loro tradizioni".[3024]

In ogni caso, "più si aprivano le porte di Israele, meno ebreo era l'afflusso", la maggioranza degli attivisti conosceva a malapena l'alfabeto ebraico.[3025] "Non per ritrovare la propria ebraicità, ma per liberarsene... era ormai il motivo principale dell'emigrazione".[3026] In Israele scherzavano sul fatto che "il mondo non è stato riempito dallo sferragliare dei piedi degli ebrei che correvano per stabilirsi nella propria casa.... Le ondate successive tennero rapidamente conto dell'errore dell'avanguardia e si lanciarono invece con entusiasmo in massa dove le mani di altri avevano già costruito la loro vita. In massa, si noti bene, perché qui finalmente c'era la tanto evocata 'unità ebraica'".[3027] Ma naturalmente queste persone "hanno lasciato l'URSS in cerca di 'libertà intellettuale', e quindi devono vivere in Germania o in Inghilterra" o più semplicemente negli Stati Uniti.[3028] Una scusa popolare è che la diaspora è necessaria perché "qualcuno deve dare soldi a Israele, privo di risorse, e fare rumore quando è vittima di prepotenze! Ma d'altra parte, la diaspora perpetua l'antisemitismo".[3029]

A. Voronel ha fatto un'osservazione più ampia: ""La situazione degli ebrei russi e il problema della loro liberazione sono un riflesso della crisi di tutti gli ebrei". I problemi degli ebrei sovietici ci aiutano a vedere il disordine nelle nostre file"; "il cinismo degli ebrei sovietici" nell'utilizzare le telefonate di parenti inventati in Israele invece di "accettare il loro destino, la Via dell'Onore, non è altro che un riflesso del cinismo e del marciume che affligge l'intero mondo ebraico (e non ebraico)"; "le questioni di

---

[3023] E. Manevich. *Novaya emigratsiya: slukhi i realnost* [*Nuova* emigrazione: le voci e la realtà]. // *EW*, New York, 1985, (87), p. 109-110.

[3024] G. Freiman. *Dialog ob alie i emigratsii* [Di*alogo* (con Voronel) su Aliyah ed Emigrazione]. // *"22"*, 1983, (31), p. 119.

[3025] A. Eterman. *Tretye pokolenie* [La terza generazione] Intervista // *"22"*, 1986, (47), p. 126.

[3026] B. Orlov. *Puti-dorogi "rimskikh piligrimov"* [Le vie e le strade dei "pellegrini romani"] // *EW*, Tel Aviv, 1977, (14), p. 126.

[3027] A. Voronel. *Oglyanis v razdumye* [Guarda dietro e pensa]. Discussione collettiva. // *"22"*, 1982, (24), p. 117-118.

[3028] E. Levin. *Oglyanis v razdumye* [Guarda dietro e pensa]. Discussione collettiva. // *"22"*, 1982, (24), p. 127.

[3029] A. Dobrovich. Lettera all'editore. // *"22"*, 1989, (67), p. 218.

coscienza passano sempre più in secondo piano sotto l'influenza degli affari, della concorrenza e delle possibilità illimitate del mondo libero".[3030]

Quindi è tutto molto semplice: si trattava solo di una fuga di massa dalla dura vita sovietica alla facile vita occidentale, abbastanza comprensibile a livello umano. Ma allora cosa c'entra il "rimpatrio"? E qual è la "superiorità spirituale" di chi ha osato partire rispetto a chi è rimasto nel "Paese degli schiavi"? In quei giorni di lotta per l'emigrazione gli ebrei sovietici chiedevano a gran voce: "Lasciate andare il mio popolo!". Ma si trattava di una citazione incompleta. La Bibbia diceva: "Lasciate andare il mio popolo, perché mi faccia un banchetto nel deserto". (Es. 5:1) Eppure, in qualche modo, troppi di coloro che furono rilasciati non andarono nel deserto, ma nell'abbondanza dell'America.

Possiamo tuttavia affermare che nei primi anni dell'improvvisa e fortunata emigrazione in Israele furono le convinzioni e le ambizioni dei sionisti a fungere da stimolo principale per la partenza degli ebrei? La testimonianza di vari scrittori ebrei suggerirebbe di no.

"La situazione sovietica della fine degli anni Sessanta era quella dell'Aliyah, non di un movimento sionista. C'erano molte persone psicologicamente pronte a fuggire dall'URSS. Quello che si può definire un movimento sionista era del tutto secondario per questo gruppo di persone".[3031] Coloro che si unirono a centri improvvisati dedicati allo studio vero e proprio della storia e della cultura ebraica "erano per lo più caratterizzati da una totale mancanza di carrierismo, così comune nell'intellighenzia ebraica sovietica. Per questo motivo dedicavano la totalità del loro tempo libero agli affari ebraici".[3032] Per loro "l'era degli insegnanti di ebraico" era iniziata già alla fine degli anni'70, e all'inizio degli anni'80 questi "insegnanti di Torah erano gli unici che ancora influenzavano le menti".[3033]

Le motivazioni di molti altri emigrati sono spiegate come segue: "Il governo sovietico ha posto ostacoli al raggiungimento delle cose più importanti - l'avanzamento professionale", e quindi "l'ebraismo è in

---

[3030] A. Voronel. *Vmesto poslesloviya* [Invece della postfazione]. // "22", 1983, (31), p. 139-141.
[3031] V. Boguslavskij. *Oglyanis v razdumye* [Guarda dietro e pensa]. Discussione collettiva. // "22", 1982, (24), p. 139.
[3032] V. Boguslavskij. *U istokov* [Alle origini]. Intervista. // "22", 1986, (47), p. 105.
[3033] A. Eterman. *Tretye pokolenie* [La terza generazione]. Intervista // "22", 1986, (47), p. 136-140.

pericolo di degradazione".[3034] "Sono stati spinti all'ebraismo e poi al sionismo...

dalla loro nemesi burocratica senza volto".[3035] "Molti... non avevano mai incontrato l'antisemitismo o la persecuzione politica. Ciò che li opprimeva era il vicolo cieco in cui era finita la loro vita di ebrei sovietici, portatori di una contraddizione da cui non potevano liberarsi né con l'"assimilazione" né con l'"ebraismo""[3036] "C'era un senso crescente di incompatibilità e di dolore"; "decine e decine di idioti... ti trascinano nell'insignificanza... ti spingono verso il fondo".[3037] Così nacque il desiderio di fuggire dall'Unione Sovietica.

"Questa luminosa speranza, quando un uomo sotto il completo controllo del governo sovietico poteva in tre mesi diventare libero... era davvero esaltante".[3038]

Naturalmente, intorno all'atto della partenza si sviluppò un complesso ambiente emotivo. Uno scrittore dice: la maggior parte degli ebrei sovietici "sta usando la stessa porta 'sionista'... lascia tristemente quella Russia familiare e tollerante" (un lapsus, ma più vicino alla verità, poiché l'autore intendeva dire "tollerata dagli" ebrei).[3039] Oppure ha detto così: "La stragrande maggioranza decise di emigrare con la testa, mentre l'interno", cioè la preoccupazione di far parte di un Paese e delle sue tradizioni, "era contrario".[3040] Nessuno può giudicare fino a che punto questa fosse una "maggioranza". Ma come abbiamo visto l'umore variava dalla buona poesia di Liya Vladimorova: Ma per te mio amato, per te orgoglioso, lascio in eredità i ricordi e la partenza alla battuta allora popolare: "L'ultima persona che se ne va può spegnere le luci?".

Il crescente desiderio di emigrare degli ebrei sovietici coincise con l'inizio del movimento "dissidente" in URSS. Questi sviluppi non erano del tutto indipendenti: Per alcuni di loro [intellettuali ebrei] la "coscienza etnica ebraica in URSS" era un nuovo vettore di sviluppo intellettuale... una

---

[3034] A. Voronel. *Dialog ob alie i emigratsii* [Dialogo (con G. Freiman) su Aliyah ed Emigrazione]. // *"22"*, 1983, (31), p. 119.

[3035] Lev Kopelev. *O pravde i terpimosti* [Sulla verità e la tolleranza]. New York: Khronika Press, 1982, c. 61.

[3036] Editoriale. (R. Nudelman) // *"22"*, 1979, (7), p. 97.

[3037] E. Angenits. Spusk v bezdnu [Scendere nell'abisso]. // *"22"*, 1980, (15), p. 166, 167.

[3038] A. Eterman. *Tretye pokolenie* [La terza generazione] Intervista // *"22"*, 1986, (47), p. 125.

[3039] V. Boguslavskij. *V zashchitu Kunyaeva* [In difesa di Kunyaev]. // *"22"*, 1980, (16), p. 175.

[3040] V. Lyubarsky. *Chto delat, a ne kto vinovat* [La questione non è chi è colpevole, ma cosa fare]. // *EW*, New York, 1990, (109), p. 129.

nuova forma di eterodossia",[3041] e consideravano la loro impaziente fuga dal Paese come una causa politica disperatamente importante. In sostanza, si riproponeva il dilemma che i sionisti si trovavano ad affrontare all'inizio del 20 secolo: se il vostro obiettivo è lasciare la Russia, dovete allo stesso tempo mantenere una lotta politica al suo interno? Allora, la maggior parte aveva risposto "sì" alla lotta; ora, la maggior parte risponde "no". Ma un atteggiamento sempre più temerario nei confronti dell'emigrazione non poteva non alimentare un atteggiamento altrettanto temerario nei confronti della politica, e a volte i temerari erano gli stessi. Così, ad esempio, nel 1976 alcuni attivisti del movimento ebraico - V. Rubin, A. Sharansky, V. Slepak - presero insieme la decisione indipendente di sostenere il "Gruppo di Helsinki" dei dissidenti, "ma questo fu considerato negli ambienti ebraici come un rischio ingiustificabile e irragionevole", in quanto avrebbe portato "all'immediata e totale escalation della repressione governativa dell'attivismo ebraico" e avrebbe inoltre trasformato il movimento ebraico "nella proprietà dei dissidenti".[3042]

Dall'altra parte, molti dissidenti approfittarono della sincronia dei due movimenti e usarono l'emigrazione come mezzo per fuggire dal campo di battaglia politico per la propria sicurezza. Trovarono giustificazioni teoriche per questo: "Ogni uomo onesto in URSS è un eterno debitore di Israele, ed ecco perché.... La breccia dell'emigrazione è stata fatta nella cortina di ferro grazie a Israele... protegge le retrovie di quelle poche persone disposte a opporsi alla tirannia del Partito Comunista dell'Unione Sovietica [CPSU] e a lottare per i diritti umani in URSS. L'assenza di questa 'uscita di sicurezza' sarebbe letale per l'attuale movimento democratico".[3043]

Bisogna ammettere che si tratta di una giustificazione molto cinica e che dice poco del bene del movimento dissidente nel suo complesso. Un critico ostile ha poi osservato che: "questi 'oppositori' [del CPSU] fanno un gioco strano: si impegnano nel movimento democratico, già sicuri di una 'uscita di emergenza' per loro stessi. Ma in questo modo dimostrano il carattere temporaneo e irrilevante della loro attività. I potenziali emigranti hanno il diritto di parlare di cambiare la Russia, o soprattutto a nome della Russia?".[3044]

Un autore dissidente di fantascienza (e più tardi, dopo l'emigrazione, un prete ortodosso russo) ha suggerito questa formulazione, secondo cui l'emigrazione ebraica crea "una rivoluzione nella mente dell'uomo

---

[3041] B. Khazanov. *Novaya Rossiya* [La nuova Russia]. // *EW*, Tel Aviv, 1976, (8), p. 143.
[3042] V. Lazaris. *Ironicheskaya pesenka* [Canzone ironica]. // *"22"*, 1978, (2), p. 207.
[3043] I. Melchuk. Lettera all'editore // *EW*, Tel Aviv, 1977, (23), p. 213-214.
[3044] V. Lazaris. *Ironicheskaya pesenka* [Canzone ironica]. // *"22"*, 1978, (2), p. 200.

sovietico"; "gli ebrei, lottando per il diritto di andarsene, si trasformano in combattenti per la libertà" in generale.... "Il movimento ebraico serve come una ghiandola sociale che inizia a secernere gli ormoni della consapevolezza dei diritti"; è diventato "una sorta di fermento che perpetua la dissidenza". La Russia sta diventando "deserta", "quell'"estero", prima così mitico, sta diventando popolato dal nostro stesso popolo", "l'esodo ebraico... sta gradualmente conducendo la Mosca sovietica totalitaria verso le pianure della libertà".[3045]

Questo punto di vista è stato prontamente accettato e negli anni a venire è stato sbandierato a gran voce: "il diritto di emigrare è il diritto umano primario". Si ripeteva spesso e all'unisono che si trattava di una "fuga forzata" e che "parlare della posizione privilegiata che gli ebrei occupano nei confronti dell'emigrazione è una calunnia".[3046]

Sì, prendere una scialuppa di salvataggio da una nave che affonda è davvero un atto di necessità. Ma *possedere una scialuppa di salvataggio* è un grande privilegio, e dopo le estenuanti prove di mezzo secolo in URSS gli ebrei ne possedevano una, mentre gli altri no. I più perspicaci hanno espresso un sentimento più coscienzioso: "Va bene lottare per il rimpatrio degli ebrei, è comprensibile, e va bene lottare per il diritto di emigrare per tutti - anche questo è comprensibile; ma non si può lottare per il diritto di emigrare ma, per qualche motivo, *solo per gli ebrei*".[3047] Contrariamente agli autocompiaciuti teorici dell'emigrazione e alla loro convinzione che essa avvicinasse tutti i sovietici all'emigrazione all'estero e quindi li liberasse in parte, in realtà coloro che non potevano emigrare si sentivano ancora più disperati, ancora più ingannati e schiavizzati. C'erano emigranti che lo capivano: "La cosa più crudele di questa situazione è che sono gli ebrei a partire. È diventata bizzarramente una questione di qualcosa di simile a un certificato di autenticità".[3048]

Precisamente. Ma hanno scelto di non accorgersene. Cosa potevano pensare i residenti rimasti nella "Mosca totalitaria"? Le risposte sono state le più varie, dalla lamentela ("Voi, ebrei, potete andarvene e noi no...") alla disperazione degli intellettuali. L.K Chukovksaya lo ha espresso in una conversazione con me: "Decine di persone di valore se ne vanno, e di conseguenza i legami umani vitali per il Paese vengono strappati. I nodi

---

[3045] M. Aksenov-Meerson. *Evreiskii iskhod v rossiiskoi perspective* [L'esodo ebraico dal punto di vista russo]. // *EW*, Tel Aviv, 1979, (41).
[3046] G. Sukharevskaya. Lettera all'editore. // Seven Days, New York, 1984, (51).
[3047] I. Shlomovich. *Oglyanis v razdumye* [Guarda dietro e pensa]. Discussione collettiva. // *"22"*, 1982, (24), p. 138.
[3048] B. Khazanov. *Novaya Rossiya* [La Nuova Russia] // *EW*, Tel Aviv, 1976, (8), p. 143.

che tengono insieme il tessuto culturale si stanno sciogliendo". Per ripetere la lezione: "La Russia sta diventando deserta".

Possiamo leggere le riflessioni di un autore ebreo emigrato su questa partenza: "Gli ebrei russi sono stati degli apripista nel loro esperimento di fusione con il popolo e la cultura russa, sono stati coinvolti nel destino e nella storia della Russia e, respinti come da un corpo altrettanto carico, se ne sono andati".

(Che paragone accurato e penetrante!) "Ciò che più stupisce di questa Partenza è come, nel momento di massima assimilazione, essa sia stata volontaria.... Il carattere patetico dell'Aliyah russa degli anni'70... era che non eravamo esiliati dal Paese per ordine del re o per decisione del partito e del parlamento, e non stavamo fuggendo per salvarci dalle frustate di un pogrom popolare infuriato... questo fatto non è immediatamente evidente per i partecipanti a questo evento storico".[3049]

Senza dubbio, l'emigrazione ebraica dall'URSS ha inaugurato un grande cambiamento storico. L'inizio dell'esodo ha posto fine a un'epoca durata due secoli di coesistenza forzata tra ebrei e russi. Da quel momento ogni ebreo sovietico fu libero di scegliere se vivere in Russia o fuori. Nella seconda metà degli anni'80 ognuno era completamente libero di partire per Israele senza lottare.

Gli eventi che hanno avuto luogo nel corso di due secoli di vita ebraica in Russia - il Pale of Settlement, la fuga dai suoi confini opprimenti, la fioritura, l'ascesa ai circoli dirigenti della Russia, poi le nuove costrizioni e infine l'esodo - non sono flussi casuali alla periferia della storia.

L'Ebraismo aveva completato la sua diffusione dalle origini sul Mar Mediterraneo fino all'Europa orientale e ora stava tornando al suo punto di origine. Possiamo vedere sia in questa diffusione che nel suo rovesciamento un disegno sovrumano.

Forse quelli che verranno dopo di noi avranno l'opportunità di vederlo più chiaramente e di risolvere il suo mistero.

[3049] B. Orlov. *Ne te vy uchili alfavity* [Hai studiato alfabeti sbagliati]. // *EW*, Tel Aviv, 1975, (1), p. 127-128.

Capitolo 27

Informazioni sull'assimilazione

Quando e come è iniziata questa straordinaria condizione ebraica di "ospiti ovunque"? La saggezza convenzionale suggerisce di far risalire la secolare diaspora ebraica alla distruzione di Gerusalemme da parte di Tito nel 70 d.C.; e che, dopo essere stati cacciati dalla loro terra natale, gli ebrei abbiano iniziato a vagare per il mondo. Tuttavia, non è vero perché "la grande maggioranza degli ebrei era già dispersa a quel tempo; quasi un ottavo della nazione viveva in Palestina".[3050] La diaspora ebraica era iniziata molto prima: "Gli ebrei erano principalmente una nazione dispersa al tempo della cattività babilonese [VI secolo a.C.] e, forse, anche prima; la Palestina era solo un centro religioso e, in una certa misura, culturale".[3051]

La dispersione degli ebrei era già stata predetta nel Pentateuco. "Vi disperderò tra le nazioni" (Levitico 26:33). "Yahweh vi disperderà tra i popoli e voi rimarrete pochi tra le nazioni" (Deuteronomio 4:27).

"Solo una piccola parte degli ebrei era tornata dalla cattività [babilonese]; molti erano rimasti a Babilonia perché non volevano abbandonare le loro proprietà". Grandi insediamenti furono stabiliti al di fuori della Palestina; "un gran numero di ebrei si concentrò... nei principali centri commerciali e industriali del mondo antico". (Ad esempio, ad Alessandria d'Egitto, sotto la dinastia tolemaica, gli ebrei rappresentavano i due quinti della popolazione). "Erano soprattutto commercianti e artigiani".[3052] Il filosofo ebreo-ellenistico Filone Giudeo (morto a metà del 1 secolo, 20 anni prima della distruzione del Tempio) afferma che: "[Gli ebrei] considerano la Città Santa come la loro metropoli, perché lì si trova il Santo Tempio di Dio Onnipotente, e chiamano "patria" i Paesi in cui vivono, e dove hanno

---

[3050] *I.M. Bikerman*. K samopoznaniyu evreya: Chem my byli, chem my stali, chem my dolzhny byt [Alla conoscenza di sé di un ebreo: Cosa eravamo, cosa siamo diventati, cosa dobbiamo essere]. Parigi, 1939, p. 17.
[3051] *S.Ya. Lurye*. Antisemitizm v drevnem mire [Antisemitismo nel mondo antico]. Tel-Aviv: Sova, 1976, p. 160 [1a ed. - Pietrogrado: Byloye, 1922].
[3052] Ibid.*, p. 64, 122, 159.

vissuto i loro padri, nonni, bisnonni e antichi antenati, e dove sono nati e cresciuti".[3053]

Mikhail Gershenzon ha riflettuto sul destino della nazione ebraica dopo la cattività babilonese: "Gli ebrei misero radici in terre straniere e, contrariamente alle aspettative di , non aspirarono a tornare nella loro vecchia patria". "Ricordate: il Regno di Giuda c'era ancora, ma la maggior parte degli ebrei era già dispersa in tutto il Medio Oriente; il Secondo Tempio si ergeva ancora in tutto il suo splendore, ma la lingua della Bibbia non si sentiva più nelle strade e nelle case di Gerusalemme; tutti parlavano siriano o greco". Già allora gli ebrei erano portati a pensare: "Non dobbiamo tenerci stretta la nostra indipendenza nazionale, dobbiamo imparare a vivere senza di essa, sotto il dominio straniero; non dobbiamo affezionarci a una terra o a una sola lingua".[3054]

Gli autori ebrei moderni sono d'accordo: "Gli ebrei nel mondo antico erano sparsi e stabilirono grandi centri nella diaspora già prima del crollo della nazione ebraica".[3055] "La nazione a cui fu data la Legge non voleva tornare in patria. C'è un significato molto profondo e ancora non compreso in questo. È molto più facile parlare di valori ebraici e di conservazione dell'ebraismo che spiegare le vere ragioni di una Galut così lunga".[3056] (Anche a metà del XX secolo la lingua ebraica non aveva ancora una parola per "diaspora", in quanto per i vivi nella dispersione volontaria c'era solo "Galut", riferita all'esilio forzato).

Dalle testimonianze storiche vediamo che la dispersione degli ebrei non fu solo un destino sfortunato, ma anche una *ricerca volontaria*. In effetti, si trattava di un disastro deplorato, ma poteva anche essere un metodo per rendere la vita più facile? Questa è una domanda importante per cercare di capire la diaspora.

Gli ebrei non hanno ancora un'opinione generalmente accettata sulla diaspora, se sia stata una benedizione o una rovina per loro.

Il sionismo, fin dal momento della sua nascita, ha risposto a questa domanda con fermezza (e in piena linea con la sua essenza): "La nostra

---

[3053] *S.Ya. Lurye*. Antisemitizm v drevnem mire* [Antisemitismo nel mondo antico], pag. 160.
[3054] *M. Gershenzon*. Sudby evreyskogo naroda [I destini della nazione ebraica] // "22": Obshchestvenno-politicheskiy i literaturniy zhurnal evreyskoy intelligentsii iz SSSR v Izraile [Giornale *sociale, politico e letterario dell'intellighenzia ebraica dell'URSS in Israele*]. Tel-Aviv, 1981, (19), p. 109-110.
[3055] *S. Tsiryulnikov*. Filosofiya evreyskoy anomalii [Filosofia dell'anomalia ebraica] // Vremya i my (daleye - VM): Mezhdunarodny zhurnal literatury i obshchestvennykh problem [*Epoca e Noi* (di seguito - *EW*): *International Journal of Literature and Social Problems*]. New York, 1984, (77), p. 148.
[3056] *A.-B. Yoshua*. Golos pisatelya [*Voce dello scrittore*] // "22", 1982, (27), p. 158.

dispersione è la nostra più grande maledizione; non ci porta nessun bene, e nessun vantaggio e nessuna pace agli altri come pure.... Siamo ospiti ovunque... e siamo ancora indesiderati, tutti vogliono liberarsi di noi".[3057] "Essere un senzatetto, sentirsi ospite ovunque: questa è la vera maledizione dell'esilio, la sua vera amarezza!".[3058] "Alcuni dicono che avere diverse "case" aumenta le possibilità di sopravvivenza per gli ebrei. A mio avviso, una nazione che soggiorna in molte case altrui e non si cura della propria non può aspettarsi sicurezza. La disponibilità di molte case corrompe".[3059]

Tuttavia, l'opinione opposta è ancora più diffusa e sembra essere più credibile. "Forse la nazione ebraica è sopravvissuta e ha perseverato non nonostante l'esilio, ma grazie ad esso; la diaspora ebraica non è un episodio, ma l'ingrediente organico della storia ebraica".[3060]

"La nazione ebraica si è conservata in tutta la sua unicità nonostante l'esilio e la dispersione o grazie ad essi? La tragedia di Gerusalemme nel 70 d.C. distrusse lo Stato, ma fu necessario salvare il popolo"; "l'istinto straordinariamente intensificato di autoconservazione nazionale" spinse gli ebrei verso la salvezza attraverso la diaspora".[3061] "Gli ebrei non sono mai stati in grado di comprendere appieno la loro situazione e le cause che l'hanno determinata. Vedevano l'esilio come la punizione per i loro peccati, eppure più volte si è rivelato essere la dispensazione con cui il Signore ha distinto la sua nazione. Attraverso la diaspora, l'ebreo ha realizzato il marchio dell'eletto che aveva previsto sul suo ciglio.... Lo stato di dispersione della nazione non è innaturale per lui.... Già nei periodi di esistenza più confortevole nel proprio Stato, l'Ebraismo stazionava guarnigioni sul suo percorso e lanciava avanguardie in tutte le direzioni, come se percepisse la sua futura dispersione e si preparasse a ritirarsi nelle posizioni che aveva preparato in anticipo". "Così, la diaspora è una forma speciale di esistenza ebraica nello spazio e nel tempo di questo mondo".[3062] E guardate come sono terribilmente mobili gli ebrei in diaspora. "Il popolo

---

[3057] *Max Brod*. Lyubov na rasstoyanii [Amore a distanza] // TW, Tel-Aviv, 1976, (11), p. 197-198.

[3058] *Amos Oz*. O vremeni i o sebe [Sul tempo e su di me] // Kontinent: Literaturny, obshchestvenno-politicheskiy i religiozny zhurnal [*Continente: Rivista letteraria, sociale, politica e religiosa*]. Mosca, 1991, (66), p. 260.

[3059] *A.-B. Yoshua*. Golos pisatelya [*Voce dello scrittore*] // "22", 1982, (27), p. 159.

[3060] *S. Tsiryulnikov*. Filosofiya evreyskoy anomalii [Filosofia dell'anomalia ebraica] // EW, New York, 1984, (77), p. 149-150.

[3061] *P. Samorodnitskiy*. Stranny narodets [Strana piccola nazione] // "22", 1980, (15), pagg. 153, 154.

[3062] *E. Fishteyn*. Iz galuta s lyubovyu [Dal Galut con amore] // "22", 1985, (40), p. 112-114.

ebraico non mette mai radici in un solo luogo, anche dopo diverse generazioni".[3063]

Ma dopo essere stati così ampiamente dispersi ed essere diventati una piccola minoranza tra le altre nazioni, gli ebrei dovettero sviluppare una posizione chiara nei confronti di quelle nazioni: come comportarsi tra di loro e come relazionarsi con loro, cercare un legame e una fusione definitiva con quelle nazioni, oppure rifiutarle e separarsi da loro? Le Sacre Scritture contengono parecchi patti di isolamento. Gli ebrei evitavano persino i loro vicini più prossimi, i samaritani e gli israeliti, in modo così inconciliabile che non era permesso nemmeno prendere un pezzo di pane da loro. I matrimoni misti erano severamente vietati. "Non daremo le nostre figlie ai popoli del paese e non prenderemo le loro figlie per i nostri figli". (Neemia 10:30) Esdra aveva ordinato di sciogliere anche i matrimoni esistenti, anche quelli con figli.

Così, vivendo in diaspora per migliaia di anni, gli ebrei non si mescolarono con le altre nazioni, proprio come il burro non si mescola con l'acqua, ma viene a galla e galleggia. Durante tutti questi lunghi secoli, essi si sono percepiti come qualcosa di distinto e fino al 18 secolo "gli ebrei come nazione non hanno mai mostrato alcuna inclinazione all'assimilazione". L'*Enciclopedia Ebraica* pre-rivoluzionaria, pur citando l'affermazione di Marx secondo cui "gli ebrei non si sono assimilati perché rappresentavano la classe economica più elevata, cioè la classe dei capitalisti in mezzo alle nazioni agricole e piccolo borghesi", obietta che l'economia era secondaria: "gli ebrei della diaspora hanno consapevolmente stabilito una propria economia che li ha protetti dall'assimilazione. Lo hanno fatto perché erano consapevoli della loro superiorità culturale", che, da parte sua, è stata creata dal "significato spirituale dell'ebraismo nella sua forma più completa. Quest'ultimo li proteggeva dall'imitazione".[3064]

Ma "a partire dalla metà del 18 secolo gli ebrei iniziarono a credere nell'assimilazione, e questo diventa... il fermento della decomposizione della nazione ebraica nell'Europa occidentale del 19 secolo". L'assimilazione inizia quando "la cultura circostante raggiunge l'altezza della cultura ebraica, o quando l'ebraismo cessa di creare nuovi valori". La volontà nazionale degli ebrei europei si era indebolita alla fine del 18 secolo; aveva perso terreno a causa di un'attesa estremamente lunga. Altre nazioni iniziarono a creare culture brillanti che eclissarono la cultura

---

[3063] M. Shamir. Sto let voyny [Cento anni di guerra] // "22", 1982, (27), p. 167.
[3064] Evreyskaya Entsiklopediya (daleye - EE) [*Enciclopedia ebraica* (d'ora in poi - TJE)]: 16 volumi. Sankt-Petersburg: Obshchestvo dlya Nauchnykh Evreyskikh Izdaniy i Izd-vo Brokgauz-Efron [San Pietroburgo: Società per le pubblicazioni scientifiche ebraiche ed editore Brokgauz-Efron], 1906-1913. V. 3, p. 312.

ebraica". ³⁰⁶⁵ E proprio allora Napoleone lanciò l'emancipazione paneuropea; in un Paese dopo l'altro, le strade verso l'uguaglianza sociale si aprivano davanti agli ebrei, e ciò facilitava l'assimilazione. (Qui c'è un'importante avvertenza: "Non c'è assimilazione unilaterale" e "gli ebrei assimilatori integrarono le culture ospitanti con tratti nazionali ebraici".

Heine e Börne, Ricardo e Marx, Beaconsfield-Disraeli e Lassalle, Meyerbeer e Mendelssohn - "durante la loro assimilazione nelle culture ospitanti, vi aggiunsero elementi ebraici".)³⁰⁶⁶

In alcuni casi, l'assimilazione porta a una più brillante realizzazione personale creativa. Ma, nel complesso, "l'assimilazione è stata il prezzo pagato dagli ebrei per avere accesso alla cultura europea". Gli ebrei istruiti si sono convinti che "gli ebrei non sono una nazione, ma solo un gruppo religioso".³⁰⁶⁷ "La nazione ebraica, dopo essere entrata a far parte del regno delle nazioni europee, cominciò a perdere la sua unicità nazionale... solo l'ebreo del ghetto conservava tratti nazionali pronunciati... mentre l'ebreo intelligente cercava con tutte le sue forze di non sembrare un tipico ebreo". Si diffuse così "la teoria secondo cui non esiste una nazione ebraica, ma solo 'i polacchi, i francesi e i tedeschi della legge mosaica'".³⁰⁶⁸

Marx e poi Lenin vedevano la soluzione della questione ebraica nella *piena* assimilazione degli ebrei nei Paesi di residenza.

In contrasto con la goffaggine di questi ideologi, le idee di M.O. Gershenzon sono molto più interessanti. Le propose in tarda età, nel 1920, e sono tanto più interessanti in quanto l'alto pensatore Gershenzon era un ebreo russo completamente assimilato. Tuttavia, la questione ebraica era viva e vegeta nella sua mente. La esplorò nel suo articolo *I destini della nazione ebraica*.

A differenza dell'*Enciclopedia ebraica* contemporanea, Gershenzon ritiene che l'assimilazione ebraica sia un fenomeno antico, da sempre. Una voce lo "tentava costantemente [l'ebreo] di fondersi con l'ambiente - da qui deriva questa ineliminabile e antica aspirazione ebraica

---

³⁰⁶⁵ Ibidem, p. 313.
³⁰⁶⁶ Ibidem.
³⁰⁶⁷ *M. Krol*. Natsionalizm i assimilyatsiya v evreyskoy istorii [Nazionalismo e assimilazione nella storia ebraica] // Evreyskiy mir: Ezhegodnik na 1939 g. (d'ora in poi - EM-1) [Il mondo ebraico: Annuario del 1939 (d'ora in poi - JW-1)]. Parigi: Obyedineniye russko-evreyskoy intelligentsii [Associazione dell'intellighenzia russo-ebraica], p. 187.
³⁰⁶⁸ *I.L. Klauzner*. Literatura na ivrite v Rossii [Letteratura in ebraico in Russia] // Kniga o russkom evreystve: Ot 1860-kh godov do Revolyutsii 1917 g. [Libro sull'ebraismo russo: dagli anni'60 del XIX secolo alla Rivoluzione del 1917]. New York: Soyuz Russkikh Evreyev [Unione degli ebrei russi], 1960, p. 506.

all'assimilazione". Un'altra voce ancora "esigeva sopra ogni cosa di preservare la propria unicità nazionale".

L'intera storia della dispersione è la lotta senza fine di due volontà all'interno dell'ebraismo: la volontà umana contro quella sovrumana, l'individuo contro la collettività.... Le esigenze della volontà nazionale nei confronti dell'individuo erano così spietate e quasi al di là del potere umano, che senza avere una grande speranza comune a tutto l'ebraismo, l'ebreo cedeva di tanto in tanto alla disperazione, ed era tentato di staccarsi dai suoi fratelli e di abbandonare quella strana e dolorosa causa comune". Contrariamente all'opinione secondo cui non è difficile spiegare perché l'assimilazione sia iniziata proprio alla fine del 18 secolo, Gershenzon è piuttosto sorpreso: "Non è strano che l'assimilazione abbia avuto un'accelerazione così inaspettata proprio negli ultimi cento anni e che continui a intensificarsi ogni ora che passa? La tentazione di disgregarsi non dovrebbe essere molto diminuita al giorno d'oggi, quando gli ebrei hanno ottenuto uguali diritti ovunque?". No, risponde: "Non è la forza esterna a dividere gli ebrei; l'ebraismo si disintegra dall'interno.

Il pilastro principale dell'ebraismo, l'unità religiosa della nazione ebraica, è decaduto e marcio". E l'assimilazione, dove porta? "A prima vista, sembra che... [gli ebrei] siano impregnati, fino al midollo delle loro ossa, dello spirito cosmopolita o, almeno, dello spirito della cultura locale; condividono credenze e fissazioni delle persone che li circondano". Ma non è esattamente così: "Amano le stesse cose, ma non nello stesso modo.... Desiderano infatti abbracciare gli dèi alieni... Si sforzano di accettare il modo di vivere della cultura moderna.... Fingono di amare già tutto ciò che amano veramente, e riescono persino a convincersene". Ahimè! Si può amare solo la propria fede, "quella che nasce nel profondo dell'anima".[3069]

Gli autori ebrei esprimono genuinamente il tormento spirituale vissuto dall'ebreo che si assimila. "Se hai deciso di fingere di non essere ebreo o di cambiare religione, sei condannato a una lotta interiore senza fine con la tua identità ebraica.... Vivete in una terribile tensione.... In un certo senso, questo è immorale, una sorta di auto-violazione spirituale".[3070] (Questo conflitto interiore è stato descritto in modo sorprendente da Cechov nel suo saggio *Tumbleweed*). "Questa matrigna cattiva - l'assimilazione...

costrinse l'individuo ad adattarsi a tutto: al senso della vita e alle relazioni umane, alle richieste e ai bisogni, al modo di vivere e alle abitudini. Ha paralizzato la psicologia della nazione in generale e... quella

---

[3069] M. Gershenzon. Sudby evreyskogo naroda [I destini della nazione ebraica] // *"22"*, 1981, (19), p. 111-115.
[3070] N. Podgorets. Evreyi v sovremennom mire [Gli ebrei nel mondo moderno]: [Intervista] // *EM*, New York, 1985, (86), p. 117.

dell'intellighenzia nazionale in particolare". Ha costretto le persone "a rinunciare alla propria identità e, in ultima analisi, ha portato all'autodistruzione".[3071] "È una ricerca di identità dolorosa e umiliante".[3072]

Ma anche "l'assimilazione più completa è effimera: non diventa mai naturale", non libera "dalla necessità di stare sempre in guardia".[3073]

Oltre alla mancanza di fiducia da parte delle popolazioni autoctone circostanti, gli ebrei assimilatori sono oggetto di critiche da parte dei loro connazionali; sono accusati di "consumismo e conformismo", di "desiderio di abbandonare il loro popolo, di disfarsi della loro identità ebraica" e di "defezione nazionale".[3074]

Tuttavia, nel corso del XIX secolo tutto indicava che l'assimilazione era possibile e necessaria, che era predeterminata e persino inevitabile. Tuttavia, l'emergere del *sionismo* ha gettato una luce completamente nuova su questo problema. Prima del sionismo, "ogni ebreo soffriva di un doloroso dualismo",[3075] la dissonanza tra la tradizione religiosa e il mondo esterno circostante.

All'inizio del 20 secolo Jabotinsky scrisse: "Quando l'ebreo adotta una cultura straniera... non bisogna fidarsi della profondità e della forza di tale conversione. L'ebreo assimilato non può resistere a un solo assalto, abbandona la cultura 'adottata' senza opporre alcuna resistenza, non appena vede che il potere di quella cultura è finito... non può essere il pilastro di una tale cultura". Egli ha fornito un esempio lampante dell'Austria-Ungheria germanizzata, quando, con la crescita delle culture ceca, ungherese e polacca, gli ebrei germanizzati si conformarono attivamente a nuovi modi di vita. "Si tratta di alcune dure realtà del rapporto naturale tra un uomo e la *sua* cultura, la cultura creata dai suoi antenati".[3076] Questa osservazione è vera, naturalmente, anche se "dure realtà" suona un po' arido.

[3071] V. *Levitina*. Stoilo li szhigat' svoy khram.... [Dovremmo davvero bruciare il nostro tempio....] // *"22"*, 1984, (34), p. 194.

[3072] *Boguslavskiy*. Zametki na polyakh [Note marginali] // *"22"*, 1984, (35), p. 125.

[3073] O. *Rapoport*. Simptomy odnoy bolezni [Sintomi di una malattia] // *"22"*, 1978, (1), p. 122.

[3074] L. *Tsigel'man-Dymerskaya*. Sovetskiy antisemitizm - prichiny i prognozy [Antisemitismo sovietico - Cause e previsioni]: [Seminario] // *"22"*, 1978, (3), p. 173-174.

[3075] G. *Shaked*. Trudno li sokhranit' izrail'skuyu kul'turu v konfrontatsii s drugimi kul'turami [È difficile conservare la cultura ebraica nel confronto con altre culture]. // *"22"*, 1982, (23), p. 135.

[3076] Vl. *Jabotinsky*. Na lozhnom puti [Sulla falsa strada] // Vl. Jabotinsky. Felyetony [Feuilletons]. Sankt-Peterburg: Tipografiya "Gerold" [San Pietroburgo: Stabilimento tipografico Gerold], 1913, p. 251, 260-263.

(Jabotinsky non solo si oppose ferocemente all'assimilazione, ma avvertì anche con insistenza gli ebrei di evitare la politica, la letteratura e l'arte russa, avvertendo che dopo un po' i russi avrebbero inevitabilmente rifiutato tale servizio.)[3077]

Molti esempi individuali e collettivi, sia in Europa che in Russia, nel passato e al giorno d'oggi, illustrano la fragilità dell'assimilazione ebraica.

Consideriamo Benjamin Disraeli, figlio di un padre non religioso; fu battezzato nell'adolescenza e non si limitò a mostrare lo stile di vita inglese, ma divenne nientemeno che il simbolo dell'Impero britannico. Allora, cosa sognava nel tempo libero, mentre cavalcava il suo hobby di scrittore di romanzi? Scriveva di meriti eccezionali e del messianismo degli ebrei, esprimeva il suo amore ardente per la Palestina e sognava di ripristinare la patria israeliana![3078]

E che dire di Gershenzon? Era un importante storico della cultura russa e un esperto di Puškin. Fu persino criticato per il suo "slavofilismo". Ma, nonostante ciò, alla fine della sua vita scrisse: "Abituato alla cultura europea fin dalla più tenera età, ne ho profondamente assorbito lo spirito... e amo veramente molte cose in essa.... Ma nel profondo della mia mente vivo in modo diverso. Da molti anni una voce segreta dall'interno mi chiama con insistenza e incessantemente: Questo non è tuo! Questo non è tuo! Una strana volontà dentro di me si allontana dolorosamente dalla cultura [russa], da tutto ciò che accade e si parla intorno a me.... Vivo come uno straniero che si è adattato a un paese straniero; gli indigeni mi amano, e anch'io li amo; lavoro con zelo per il loro bene... eppure sento di essere uno straniero, e segretamente desidero i campi della mia patria".[3079]

Dopo questa confessione di Gershenzon, è opportuno formulare la tesi chiave di questo capitolo. Esistono diversi tipi di assimilazione: l'assimilazione civile e domestica, quando l'individuo assimilato è completamente immerso nella vita circostante e accetta gli interessi della nazione nativa (in questo senso, la stragrande maggioranza degli ebrei russi, europei e americani si considererebbe forse assimilata); l'assimilazione culturale e, all'estremo, l'assimilazione spirituale, che avviene anch'essa, sebbene raramente. Quest'ultima è più complessa e non deriva dai primi due tipi di assimilazione.

(Secondo il parere di un critico, *La corrispondenza tra due angoli* di Vyacheslav Ivanov e M.O. Gershenzon, quel "piccolo libro di enorme

---

[3077] *Vl. Jabotinsky.* Chetyre statyi o "chirikovskom intsidente" [Quattro articoli sull'"incidente di Chirikov"] (1909) // Ibidem, p. 76.
[3078] *TJE*, V. 4, pag. 560, 566-568.
[3079] *Vyacheslav Ivanov, M.O. Gershenzon.* Perepiska iz dvukh uglov [La corrispondenza tra i due angoli]. Petrograd: Alkonost, 1921, p. 60, 61.

importanza", serve come "prova dell'inadeguatezza dell'assimilazione ebraica, anche nel caso di un'assimilazione culturale apparentemente completa".)[3080]

Oppure prendiamo un altro individuo, [M. Krol], rivoluzionario in gioventù ed emigrato "convertito" dopo la rivoluzione, che si meraviglia del fatto che gli ebrei russi, anche nei loro nuovi Paesi di emigrazione, dimostrarono "un'enorme quantità di energia nazionale" e vi costruirono una "cultura ebraica originale". Anche a Londra gli ebrei avevano le loro scuole yiddish, le loro organizzazioni sociali e la loro solida economia; non si sono fusi con lo stile di vita inglese, ma si sono solo adattati alle sue esigenze e hanno rafforzato l'originale ebraismo inglese.

(Questi ultimi avevano persino un proprio Consiglio britannico degli ebrei e si autodefinivano "comunità ebraica della Gran Bretagna" - si noti che tutto ciò avveniva in Inghilterra, dove l'assimilazione degli ebrei era considerata pressoché completa). Fu testimone della stessa cosa in Francia e rimase particolarmente colpito da un'analoga "impresa" negli Stati Uniti.[3081]

E c'è anche quell'immancabile e affidabile sostegno reciproco ebraico, quella capacità davvero eccezionale che preserva il popolo ebraico. Ma questo indebolisce ulteriormente la stabilità dell'assimilazione.

Non fu solo l'ascesa del sionismo a spingere gli ebrei a rifiutare l'assimilazione. Il corso stesso del XX secolo non ha favorito l'assimilazione.

Alla vigilia della Seconda guerra mondiale, nel 1939, un vero sionista, Max Brod, scrisse: "Era possibile sostenere la teoria dell'assimilazione ai tempi della statualità molto meno avanzata del 19 secolo", ma "questa teoria ha perso ogni significato nell'epoca in cui i popoli si consolidano sempre di più"; "noi ebrei saremo inevitabilmente schiacciati da bellicosi popoli nazionalisti, a meno che non prendiamo in mano il nostro destino e ci ritiriamo in tempo".[3082]

Martin Buber aveva un'opinione molto severa al riguardo nel 1941: "Finora la nostra esistenza era servita solo a scuotere i troni degli idoli, ma non a erigere il trono di Dio. È proprio per questo che la nostra esistenza tra le altre nazioni è così misteriosa. Pretendiamo di insegnare agli altri

---

[3080] O. Rapoport. Simptomy odnoy bolezni [I sintomi di una malattia] // "22", 1978, (1), p. 123.
[3081] M. Krol. Natsionalizm i assimilyatsiya v evreyskoy istorii [Nazionalismo e assimilazione nella storia ebraica] // JW-1, p. 191-193.
[3082] Max Brod. Lyubov' na rasstoyanii [Amore a distanza] // EW, Tel-Aviv, 1976, (11), p. 198-199.

l'assoluto, ma in realtà diciamo solo "no" alle altre nazioni o, forse, non siamo altro che l'incarnazione di questa negazione. Ecco perché siamo diventati l'incubo delle nazioni".[3083]

Poi, due solchi profondi, la Catastrofe e la nascita di Israele subito dopo, hanno attraversato il corso della storia ebraica, gettando una luce nuova e molto luminosa sul problema dell'assimilazione.

Arthur Koestler ha formulato ed espresso chiaramente il suo pensiero sul significato dello Stato di Israele per l'ebraismo mondiale nel suo libro *Promessa e compimento: Palestine 1917-1949* e in un articolo, *Judah at the Crossroads*.

Fervente sionista in gioventù, Koestler lasciò Vienna per un kibbutz palestinese nel 1926; lavorò per alcuni anni a Gerusalemme come editorialista in ebraico per il giornale di Jabotinsky; fece anche il giornalista per diversi giornali tedeschi. E poi scrisse: "Se escludessimo dalla religione ebraica il desiderio mistico della Terra Promessa, allora la base e l'essenza stessa di questa religione scomparirebbero". E ancora: "Dopo la restaurazione dello Stato ebraico, la maggior parte delle preghiere, dei riti e dei simboli ebraici hanno perso il loro significato ..... Il Dio di Israele ha rispettato il trattato; aveva restituito la terra di Canaan alla discendenza di Abramo.... Se, tuttavia, [l'ebreo religioso] disobbedisce all'ordine di tornare alla terra dei suoi antenati e quindi viola il trattato, di conseguenza... si anatemizza e perde la sua ebraicità". D'altra parte, per gli ebrei non molto religiosi può essere difficile capire perché dovrebbero fare sacrifici per preservare "valori ebraici" non inclusi nella dottrina religiosa. "La religione [ebraica] perde di senso se si continua a pregare per il ritorno a Sion anche dopo aver deciso di non andarci". Una scelta dolorosa, certo, ma "la scelta che deve essere fatta immediatamente, per il bene della prossima generazione.... Voglio trasferirmi in Israele? Se non lo voglio, che diritto ho di continuare a chiamarmi ebreo e quindi di segnare i miei figli con lo stigma dell'isolamento? Il mondo intero accoglierebbe con sincerità l'assimilazione degli ebrei" e dopo circa tre generazioni "la questione ebraica svanirebbe".[3084]

Il giornale londinese *Jewish Chronicle* obiettò a Koestler: forse "è molto meglio, molto più ragionevole e corretto per un ebreo della diaspora vivere come prima, aiutando allo stesso tempo a costruire lo Stato di Israele?". Ma

---

[3083] *Martin Buber*. Natsionalnye bogi i Bog Izrailya [Gli dei nazionali e il Dio di Israele] // *EW*, Tel-Aviv, 1976, (4), p. 117.
[3084] *Artur Koestler*. Iuda na pereputye [Giuda al bivio] // *EW*, Tel-Aviv, 1978, (33), p. 104-107, 110.

Koestler è irremovibile: "Vogliono avere la botte piena e la moglie ubriaca. Questa è la strada per il disastro".[3085]

Eppure tutti i precedenti tentativi di assimilazione si sono conclusi con un fallimento; perché allora questa volta dovrebbe essere diverso? - sosteneva il giornale. Koestler rispose: "Perché tutti i precedenti tentativi di assimilazione si basavano sul presupposto errato che gli ebrei potessero essere figli adeguati della nazione ospitante, preservando allo stesso tempo la loro religione e rimanendo "il popolo eletto"". Ma "l'*assimilazione etnica è impossibile se l'ebraismo viene preservato; e viceversa l'ebraismo crolla in caso di assimilazione etnica*. La religione ebraica perpetua l'isolamento nazionale - non c'è nulla che si possa fare al riguardo". Pertanto, "prima della restaurazione di Israele, la rinuncia alla propria identità ebraica equivaleva al rifiuto di sostenere i perseguitati e poteva essere considerata una vile resa". Ma "ora non si tratta di una resa, ma di una libera scelta".[3086]

Koestler ha quindi offerto una scelta difficile agli ebrei della diaspora: "diventare israeliani o smettere di essere ebrei. Lui stesso prese la seconda strada".[3087] (Inutile dire che gli ebrei della diaspora hanno accolto le conclusioni di Koestler soprattutto con critiche rabbiose).

Tuttavia, coloro che avevano scelto la prima opzione, i cittadini dello Stato di Israele, hanno ottenuto un nuovo sostegno e, di conseguenza, una nuova visione di questo eterno problema. Per esempio, un autore israeliano moderno scrive in modo acuto: "L'ebreo di Galut è una creatura immorale. Utilizza tutti i vantaggi del Paese che lo ospita, ma allo stesso tempo non si identifica pienamente con esso. Queste persone chiedono lo status che nessun'altra nazione al mondo ha - di poter avere due patrie: quella dove vivono attualmente e un'altra dove "vive il loro cuore". E poi si chiedono ancora perché sono odiati!".[3088]

E si chiedono spesso: "Perché, perché gli ebrei sono così antipatici (è vero, gli ebrei sono antipatici, questo è un fatto; altrimenti, perché lottare per la liberazione?)? E da che cosa? A quanto pare, non dal nostro ebraismo....". "Sappiamo bene che dobbiamo liberarci, è assolutamente necessario, anche se... non sappiamo ancora dire esattamente da cosa".[3089]

[3085] Ibidem, p. 112.
[3086] Ibidem, pagg. 117-126.
[3087] V. *Boguslavskiy*. Galutu - s nadezhdoy [Al Galuth con speranza] // *"22"*, 1985, (40), p. 135.
[3088] A.-B. *Yoshua*. Golos pisatelya [Voce dello scrittore] // *"22"*, 1982, (27), p. 159.
[3089] Yu. *Viner*. Khochetsya osvoboditsya [Voglio diventare libero] // *"22"*, 1983, (32), p. 204-205.

Una domanda naturale - cosa fare per essere amati - viene posta raramente. Gli autori ebrei di solito vedono il mondo intero come ostile nei loro confronti e quindi si abbandonano al dolore: "Il mondo è ora diviso in coloro che simpatizzano con il popolo ebraico e coloro che cercano di distruggere il popolo ebraico".[3090] A volte, c'è un'orgogliosa disperazione: "È umiliante affidarsi alle autorità per essere protetti da una nazione che non ti piace; è umiliante ringraziare in modo ingraziante i migliori e i più validi di questa nazione, che mettono una buona parola per te".[3091]

Un altro israeliano non è d'accordo: "In realtà, questo mondo non è diviso solo in base all'atteggiamento verso gli ebrei, come a volte pensiamo a causa della nostra eccessiva sensibilità". A. Voronel è d'accordo: "Gli ebrei prestano troppa attenzione agli antisemiti e troppo poca a se stessi".[3092]

Israele, lo Stato ebraico, deve diventare il centro che assicura il futuro dell'ebraismo mondiale. Già negli anni'20 Albert Einstein scrisse a Pëtr Rutenberg, ex social-rivoluzionario e forse il principale autore delle rivendicazioni rivoluzionarie del 9 gennaio 1905 (accompagnò il padre ortodosso Gapon durante la processione operaia di quella data, ma fu poi uno dei suoi carnefici; ancora più tardi, Rutenberg lasciò la Russia per ricostruire la Palestina): "Prima di tutto, le vostre vite [dei coloni palestinesi] devono essere protette, perché vi sacrificate per amore dello Spirito e in nome dell'intera nazione ebraica. Dobbiamo dimostrare che siamo una nazione con la volontà di vivere e che siamo abbastanza forti per la grande realizzazione che consoliderebbe il nostro popolo e proteggerebbe le nostre generazioni future. Per noi e per i nostri posteri, lo Stato deve diventare prezioso come lo fu il Tempio per i nostri antenati".[3093]

Gli autori ebrei sostengono questa convinzione in molti modi: "Il problema ebraico, a quanto pare, non ha una soluzione affidabile senza lo Stato ebraico".[3094]

[3090] *M. Goldshteyn.* Mysli vslukh [Pensieri ad alta voce] // Russkaya mysl [Pensatore russo], 1968, 29 febbraio, p. 5.
[3091] *M. Kaganskaya.* Nashe gostepriimstvo... [La nostra ospitalità...] // *"22"*, 1990, (70), p. 111.
[3092] *A. Voronel'.* Oglyanis' v razdumye... [Guardare indietro nella riflessione]: [Tavola rotonda] // *"22"*, 1982, (24), p. 131.
[3093] *A. Chernyak.* Neizvestnoye pismo Einshteyna [La lettera sconosciuta di Einstein] // *"22"*, 1994, (92), p. 212.
[3094] *A. Katsenelenboygen.* Antisemitizm i evreyskoye gosudarstvo [Antisemitismo e Stato ebraico] // *"22"*, 1989, (64), p. 180.

"Israele è il centro che garantisce il futuro degli ebrei di tutto il mondo".[3095] Israele è l'unico posto giusto per gli ebrei, quello in cui la loro "attività storica non si traduce in un fiasco storico".[3096]

E solo un boato proveniente da quel piccolo Paese assediato all'infinito tradisce "il fantasma della Catastrofe, permanentemente impresso nell'inconscio collettivo degli israeliani".[3097]

Qual è lo stato dell'assimilazione, della diaspora e di Israele oggi? Negli anni'90, l'assimilazione era molto avanzata. Ad esempio, "per l'80-90% degli ebrei americani, le tendenze moderne della vita ebraica promettono un'assimilazione graduale". Questo vale non solo per gli Stati Uniti: "La vita ebraica scompare gradualmente dalla maggior parte delle comunità della diaspora". La maggior parte degli ebrei di oggi "non ha ricordi dolorosi della catastrofe". Si identificano con Israele molto meno dei loro genitori". Senza dubbio, "il ruolo della Diaspora si sta riducendo in maniera disastrosa, e ciò comporta un'inevitabile perdita delle sue caratteristiche essenziali". "I nostri nipoti rimarranno ebrei...? La Diaspora sopravviverà alla fine di questo millennio e, se sì, per quanto tempo? Il rabbino Adin Steinsaltz, uno dei più grandi maestri del nostro tempo... avverte che gli ebrei della Diaspora non sono più un gruppo 'la cui sopravvivenza è garantita dall'essere in pericolo'". E per questo, paradossalmente, "sono già sulla via dell'estinzione, partecipando alla 'Catastrofe dell'autodistruzione'". Inoltre, "l'antisemitismo nei Paesi occidentali non può più essere considerato come l'elemento che rafforza l'identità ebraica. La discriminazione antisemita in politica, negli affari, nelle università, nei club privati, ecc. è stata eliminata a tutti gli effetti".[3098] Nell'Europa di oggi "ci sono molti ebrei che non si identificano come ebrei e che reagiscono in modo idiosincratico a qualsiasi tentativo di collegarli a questa comunità artificiale". "L'ebreo assimilato non vuole sentirsi ebreo, ma getta via i tratti della sua razza (secondo Sartre)".[3099] Lo stesso autore offre una valutazione bruciante: "Gli ebrei europei rifiutano la loro ebraicità; pensano che sia l'antisemitismo a costringerli a essere ebrei. Ma questa è una contraddizione: Un ebreo si identifica come ebreo solo quando è in

---

[3095] *I. Libler*. Izrail - diaspora: Krizis identifikatsii [Israele - la diaspora: la crisi dell'identificazione] // *"22"*, 1995, (95), p. 168.
[3096] *N. Gutina*. Dvusmyslennaya svyaz [Un legame ambiguo] // *"22"*, 1981, (19), pag. 124.
[3097] *M. Kaganskaya*. Mif protiv realnosti [Mito contro realtà] // *"22"*, 1988, (58), p. 141.
[3098] *I. Libler*. Izrail - diaspora... [Israele - la diaspora...] // *"22"*, 1995, (95), p. 149-150, 154, 157.
[3099] *Sonja Margolina*. Das Ende der Lügen: Rußland und die Juden im 20. Jahrhundert. Berlino: Siedler Verlag, 1992, S. 95, 99.

pericolo. Allora fugge come ebreo. Ma quando diventa lui stesso la fonte del pericolo, non è un ebreo".[3100]

Così, "i contorni del crollo della Diaspora prendono forma proprio quando gli ebrei occidentali godono di una libertà e di una ricchezza senza precedenti nella storia ebraica e quando sono, o sembrano essere, più forti che mai". E "se le tendenze attuali non cambiano, la maggior parte della Diaspora semplicemente scomparirà. Dobbiamo ammettere una reale possibilità di umiliante, anche se volontaria, graduale degradazione della diaspora.... Arthur Koestler, il sostenitore dell'assimilazione, che negli anni '50 aveva predetto la morte della diaspora, potrebbe rivelarsi giusto dopo tutto".[3101]

Nel frattempo, "gli ebrei del mondo, a volte anche con loro stessa sorpresa, si sentono coinvolti personalmente nel destino di Israele". "Se, Dio non voglia, Israele verrà distrutto, anche gli ebrei degli altri Paesi scompariranno. Non so spiegare perché, ma gli ebrei non sopravviveranno alla seconda catastrofe di questo secolo".[3102] Un altro autore attribuisce la "mitologia ebraica della catastrofe imminente" proprio alla vita nella diaspora, ed è per questo che "gli ebrei americani (e sovietici) esprimono spesso tali opinioni". Si preparano alla catastrofe: se Israele dovesse cadere, saranno loro a portare avanti la nazione ebraica.[3103] Così, "quasi tutte le ipotesi che tentano di spiegare lo scopo della diaspora ebraica... riconoscono che essa rende l'ebraismo quasi indistruttibile; garantisce all'ebraismo la vita eterna entro i limiti dell'esistenza dell'umanità".[3104]

Incontriamo anche una difesa piuttosto bellicosa del principio della diaspora. Il professore americano Leonard Fayne ha detto: "Ci opponiamo alla richiesta storica di fare l'*aliyah*. Non ci sentiamo in esilio". Nel giugno 1994 "il presidente del Congresso ebraico mondiale, Shoshana S. Cardin, annunciò aggressivamente agli israeliani: 'Non diventeremo il foraggio per l'*aliyah* verso Israele, e dubitiamo che abbiate idea della ricchezza e dell'armonia della vita ebraica americana'".[3105] Altri affermano che: "Siamo interessanti per i popoli del mondo non per le peculiarità del nostro Stato, ma per la nostra diaspora che è ampiamente riconosciuta come una

---

[3100] S. *Margolina*. Germaniya i evrei: vtoraya popytka [Germania ed ebrei: il secondo tentativo] // Strana i mir [*Il Paese e il Mondo*], 1991, (3), p. 143.
[3101] I. *Libler*. Izrail - diaspora... [Israele - la diaspora...] // *"22"*, 1995, (95), p. 150, 155.
[3102] N. *Podgorets*. Evreyi v sovremennom mire [Gli ebrei nel mondo moderno]: [Intervista] // *EW*, New York, 1985, (86), p. 113, 120.
[3103] Z. *Bar-Sella*. Islamskiy fundamentalizm i evreyskoye gosudarstvo [Fondamentalismo islamico e Stato ebraico] // *"22"*, 1988, (58), p. 182-184.
[3104] E. *Fishteyn*. Iz galuta s lyubovyu [Dalla Galuth con amore] // *"22"*, 1985, (40), p. 112.
[3105] I. *Libler*. Izrail - diaspora... [Israele - la diaspora...] // *"22"*, 1995, (95), p. 152.

delle più grandi meraviglie della storia mondiale".[3106] Altri sono piuttosto ironici: "Una canaglia se n'è uscita con... l'elegante scusa che la "elettività" degli ebrei non sarebbe altro che l'essere eternamente dispersi".[3107] "Il miracolo della restaurazione di Israele post factum ha dato un nuovo significato alla diaspora; contemporaneamente, ha concluso brillantemente la storia che altrimenti avrebbe potuto trascinarsi. In breve, aveva coronato il miracolo della diaspora. L'ha coronato, ma non l'ha abolito".[3108] Eppure "è anche ironico, perché gli obiettivi per i quali abbiamo lottato così duramente e che ci hanno riempito di tanto orgoglio e sentimento di differenza, sono già stati raggiunti".[3109]

La comprensione del destino della diaspora e qualsiasi previsione di successo sul suo futuro dipende in larga misura dalla questione dei *matrimoni misti*. Il matrimonio misto è il meccanismo più potente e irreversibile di assimilazione. (Non è un caso che tali unioni siano assolutamente vietate nell'Antico Testamento: "Hanno trattato senza fede con il Signore, perché hanno partorito figli stranieri". (Osea 5:7)) Quando Arnold J. Toynbee propose il matrimonio misto come mezzo per combattere l'antisemitismo, centinaia di rabbini si opposero: "Il matrimonio misto di massa significa la fine dell'ebraismo".[3110]

Nei Paesi occidentali si osserva una drammatica crescita dei matrimoni misti: I dati che documentano le statistiche di "dissoluzione" sono agghiaccianti. Negli anni'60 i 'matrimoni misti' rappresentavano circa il 6% dei matrimoni ebraici negli Stati Uniti, la sede della più grande comunità ebraica del mondo.

Oggi [negli anni'90], solo una generazione dopo, questo numero ha raggiunto il 60% - un aumento di dieci volte. La quota di "matrimoni misti" in Europa e in America Latina è all'incirca la stessa.... Inoltre, a parte gli ebrei ortodossi, quasi tutte le famiglie ebraiche nei Paesi occidentali hanno un tasso di natalità estremamente basso". Inoltre, "solo una piccola minoranza di bambini provenienti da 'famiglie miste' è disposta ad adottare uno stile di vita distintamente ebraico".[3111]

[3106] *E. Fishteyn.* Glyadim nazad my bez boyazni... [Guardiamo indietro senza paura] // *"22"*, 1984, n. 39, p. 135.

[3107] *A. Voronel.* Oglyanis' v razdumye... [Guarda indietro nella riflessione]: [Tavola rotonda] // *"22"*, 1982, (24), p. 118.

[3108] *E. Fishteyn.* Iz galuta s lyubovyu [Dal Galuth con amore] // *"22"*, 1985, (40), p. 114.

[3109] *I. Libler.* Izrail - diaspora... [Israele - la diaspora...] // *"22"*, 1995, (95), p. 156.

[3110] *Ed Norden.* Pereschityvaya evreyev* [Raccontare gli ebrei] // *"22"*, 1991, (79), p. 126.

[3111] *I. Libler.* Izrail - diaspora... [Israele - la diaspora...] // *"22"*, 1995, (95), p. 151, 152.

E che dire della Russia? *La Shorter Jewish Encyclopedia* fornisce le seguenti statistiche: nel 1988 [ancora sotto il regime sovietico], nella RSFSR (Repubblica Socialista Federata Sovietica Russa), il 73% degli uomini ebrei sposati e il 63% delle donne ebree sposate avevano coniugi non ebrei (nel 1978 questi numeri erano più bassi: 13% per gli uomini e 20% per le donne). "In realtà, gli ebrei in questi matrimoni tendono a perdere molto più rapidamente la loro autocoscienza ebraica; si identificano più spesso con altre nazionalità durante il censimento".[3112]

Così, quasi ovunque, in misura maggiore o minore, abbiamo "l'erosione della vita ebraica", "la diluizione dei confini razziali, religiosi ed etnici che, fino a poco tempo fa, fungevano da barriere per l'assimilazione e l'intermarriage".

Oggi, "quando l'antisemitismo comune è diminuito così bruscamente, ... gli ebrei hanno perso molti grandi principi che in passato erano forti pilastri dell'autoidentificazione".[3113]

Gli ebrei della diaspora sono spesso attaccati dagli israeliani. Trenta e quarant'anni dopo la creazione dello Stato di Israele, gli israeliani chiedono agli ebrei della diaspora in modo beffardo e a volte rabbioso: "E gli ebrei moderni? Molto probabilmente rimarranno sempre nella loro vera patria storica, nel Galuth".[3114] "Gli ebrei algerini avevano preferito la Francia a Israele, e poi la maggior parte degli ebrei iraniani, che hanno lasciato il governo di Khomeini, hanno dato ampio spazio a Israele". "Mettendo i paletti, cercano Paesi con standard di vita più elevati e un livello di civiltà più alto. L'amore per Sion non è di per sé sufficiente".[3115] "L'immagine eterna di una classica 'catastrofe imminente' non attira più gli ebrei in Israele".[3116] "Gli ebrei sono una nazione corrotta dalla loro esistenza apolide e astorica".[3117] "Gli ebrei non hanno superato la prova. Non vogliono ancora tornare nella loro patria. Preferiscono rimanere a Galut e lamentarsi dell'antisemitismo ogni volta che vengono criticati.... E nessuno può dire una parola cattiva su Israele, perché criticare Israele è "antisemitismo"! Se sono così preoccupati per Israele, perché non si trasferiscono qui a vivere? Ma no, è proprio questo che cercano di

---

[3112] Kratkaya Evreyskaya Entsiklopediya [*Enciclopedia ebraica breve*]: Gerusalemme: Obshchestvo po issledovaniyu evreyskikh obshchin [Società per lo studio delle comunità ebraiche], 1996, V. 8, p. 303, Tabella 15.
[3113] *I. Libler*. Izrail - diaspora... [Israele - la diaspora...] // *"22"*, 1995, (95), p. 156.
[3114] *N. Gutina*. Dvusmyslennaya svyaz [Un legame ambiguo] // *"22"*, 1981, (19), p. 125.
[3115] *S. Tsiryulnikov*. Filosofiya evreyskoy anomalii [Filosofia dell'anomalia ebraica] // *EW*, New York, 1984, (77), p. 148.
[3116] *I. Libler*. Izrail - diaspora... [Israele - la diaspora...] // *"22"*, 1995, (95), p. 165.
[3117] *Z. Bar-Sella*. Islamskiy fundamentalizm i evreyskoye gosudarstvo [Fondamentalismo islamico e Stato ebraico] // *"22"*, 1988, (58), p. 184.

evitare!".³¹¹⁸ "La maggior parte degli ebrei del mondo ha già deciso che non vuole essere indipendente.... Guardate gli ebrei russi. Alcuni di loro volevano l'indipendenza, mentre altri preferivano continuare la vita di un acaro sul cane russo. E quando il cane russo è diventato un po' malato e arrabbiato, si sono rivolti al cane americano. Dopo tutto, gli ebrei hanno vissuto così per duemila anni".³¹¹⁹

E ora, l'ebreo della diaspora "è spesso nervoso quando si confronta con un israeliano; preferirebbe sentirsi in colpa piuttosto che... condividere il suo destino con Israele. Questo senso di inferiorità viene compensato mantenendo intensamente la sua identità ebraica... attraverso una deliberata enfatizzazione del simbolismo ebraico minore". Allo stesso tempo, "l'ebreo della diaspora si assume da solo il rischio specifico di affrontare l'antisemitismo circostante". Tuttavia, "indipendentemente dal comportamento di Israele, la diaspora non ha scelta: starà tranquillamente dietro agli israeliani come una moglie non amata ma fedele".³¹²⁰

È stato previsto che "entro il 2021, la Diaspora si ridurrà probabilmente di un altro milione di anime". "I meccanismi interni della storia ebraica... indicano che, molto probabilmente, le dimensioni dell'ebraismo mondiale diminuiranno ulteriormente con la graduale concentrazione di una maggioranza ebraica in Sion e non nella Diaspora".³¹²¹

Ma non potrebbe essere il contrario? Forse, dopo tutto, l'ebreo russo Josef Bikerman aveva ragione quando affermava con sicurezza che la diaspora è indistruttibile? "Accetto Galut, dove abbiamo vissuto per duemila anni, dove abbiamo sviluppato una forte coesione, e dove dovremo vivere d'ora in poi, per vivere e provare noi stessi".³¹²² È possibile che le due voci che, secondo Gershenzon, risuonano sempre nelle orecchie degli ebrei - una che invita a mescolarsi con l'ambiente circostante e un'altra che chiede di preservare l'unicità nazionale ebraica - risuonino per sempre?

Un autorevole storico ha notato (dopo la Seconda Guerra Mondiale) "un paradosso nella vita dell'ebraismo moderno: la crescente immersione degli

---

³¹¹⁸ *A.-B. Yoshua*. Golos pisatelya [Voce dello scrittore] // *"22"*, 1982, (27), p. 158.

³¹¹⁹ *Beni Peled*. Soglasheniye ne s tem partnyorom [Accordo con il partner sbagliato] // *"22"*, 1983, (30), pag. 125.

³¹²⁰ *E. Fishteyn*. Iz galuta s lyubovyu [Dalla Galuth con amore] // *"22"*, 1985, (40), p. 115, 116.

³¹²¹ *Ed Norden*. Pereschityvaya evreyev [Raccontare gli ebrei] // *"22"*, 1991, (79), p. 120, 130-131.

³¹²² *I.M. Bikerman*. K samopoznaniyu evreya [Alla conoscenza di sé di un ebreo]. Ibidem, p. 62.

ebrei nella vita di altre nazioni non diminuisce la loro identità nazionale e talvolta la intensifica".[3123]

Di seguito sono riportate alcune testimonianze di ebrei russi durante il periodo sovietico ("internazionalista").

"Ho sempre avuto un'acuta percezione della mia ebraicità.... Dall'età di 17 anni, quando ho lasciato la culla del liceo, mi sono mescolato in ambienti in cui la questione ebraica era centrale". "Mio padre aveva uno spirito ebraico molto forte; nonostante ciò, non ha mai osservato le tradizioni, le Mitzvoth, non conosceva la lingua, eppure... tutto ciò che lui, ebreo, sapeva, era in qualche modo subordinato alla sua identità ebraica".[3124]

Uno scrittore di Odessa, Arkady Lvov, ricorda: "Quando ero un bambino di 10 anni, cercavo gli ebrei tra gli scienziati, gli scrittori, i politici e prima di tutto, come Giovane Pioniere [un gruppo giovanile comunista nell'ex Unione Sovietica], li cercavo tra i membri del governo". Lazar Kaganovich era al terzo posto, davanti a Voroshilov e Kalinin, "ed ero orgoglioso del ministro di Stalin Kaganovich... Ero orgoglioso di Sverdlov, ero orgoglioso di Uritsky... Ed ero orgoglioso di Trotsky - sì, sì, di Trotsky!". Pensava che Ostermann (il consigliere di Pietro il Grande) fosse un ebreo e quando scoprì che Ostermann era in realtà tedesco, ebbe "un sentimento di delusione, un sentimento di perdita", ma "era apertamente orgoglioso che Shafirov fosse un ebreo".[3125]

Eppure c'erano molti ebrei in Russia che non avevano paura di "fondersi con il grosso del corpo assimilante",[3126] che sposavano devotamente la cultura russa:

"In passato, solo pochi ebrei hanno vissuto questa esperienza: Antokolsky, Levitan, Rubinstein e pochi altri. In seguito sono diventati molti di più. Oh, hanno scandagliato la Russia così profondamente con la loro antica e raffinata intuizione del cuore e della mente! Hanno percepito il suo luccichio, il suo enigmatico gioco di luce e oscurità, le sue lotte e le sue sofferenze. La Russia ha attirato i loro cuori con la sua drammatica lotta tra il bene e il male, con i suoi temporali e le sue debolezze, con le sue forze e il suo fascino. Ma alcuni decenni fa, non una manciata, ma migliaia di ebrei

---

[3123] Sh. Ettinger. Noveyshiy period [Periodo moderno] // Istoriya evreyskogo naroda [Storia della nazione ebraica] / Sh. Ettinger (a cura di). Gerusalemme: Gesharim; Mosca: Mosty kultury [Ponti di cultura], 2001, p. 587.

[3124] A. Eterman. Tretye pokoleniye [La terza generazione] [Intervista] // "22", 1986, (47), p. 123-124.

[3125] A. Lvov. Vedi za soboy otsa svoyego [Guida il cammino verso tuo padre] // EW, New York, 1980, (52), p. 183-184.

[3126] Vl. Jabotinsky. Na lozhnom puti [Sulla strada sbagliata] // Vl. Jabotinsky. Felyetony [Feuilletons]. Ibidem, p. 251.

entrarono nella cultura russa.... E molti di loro hanno cominciato a identificarsi sinceramente come russi nell'anima, nei pensieri, nei gusti e nelle abitudini.... Eppure c'è ancora qualcosa nell'anima ebraica... un suono, una dissonanza, una piccola crepa - qualcosa di molto piccolo, ma attraverso il quale, alla fine, trapelano dall'esterno diffidenza, scherno e ostilità, mentre dall'interno qualche antica memoria lavora.

Allora, chi sono? Chi sono io? Sono russo? No, no. Sono un ebreo russo". [3127] In effetti, l'assimilazione ha apparentemente dei limiti insormontabili. Questo spiega la differenza tra la piena assimilazione spirituale e l'assimilazione culturale e, a maggior ragione, tra la prima e la diffusa assimilazione civica e sociale. Gli ebrei - fatalmente per l'ebraismo - conservano la loro identità nonostante tutti i segni esteriori di un'assimilazione riuscita, conservano "il carattere ebraico interiore" (Solomon Lurie).

Il desiderio di fondersi completamente con il resto dell'umanità, nonostante tutte le rigide barriere della Legge, sembra naturale e vivo. Ma è possibile? Anche nel 20 secolo alcuni ebrei ritenevano che "l'unificazione dell'umanità è l'ideale del messianismo giudaico".[3128] Ma è davvero così? È mai esistito un tale ideale?

Molto più spesso, sentiamo obiezioni vigorose: "Nessuno mi convincerà o mi obbligherà a rinunciare al mio punto di vista ebraico o a sacrificare i miei interessi ebraici in nome di qualche idea universale, sia essa l'"internazionalismo proletario" (quello in cui credevamo noi idioti negli anni Venti) o la "Grande Russia", o il "trionfo del cristianesimo", o il "beneficio di tutta l'umanità", e così via".[3129]

Gli intellettuali ebrei non sionisti e non religiosi quasi assimilati dimostrano spesso un atteggiamento totalmente diverso. Per esempio, una donna molto istruita con ampi interessi politici, T.M.L., mi disse a Mosca nel 1967 che "sarebbe orribile vivere in un ambiente interamente ebraico. Il tratto più prezioso della nostra nazione è il cosmopolitismo. Sarebbe orribile se tutti gli ebrei si riunissero in un unico Stato militarista. È del tutto incomprensibile per gli ebrei assimilati". Ho obiettato timidamente: "Ma non può essere un problema per gli ebrei assimilati, perché non sono più ebrei". Lei rispose: "No, abbiamo ancora dei geni [ebraici] in noi".

Tuttavia, non si tratta della fatalità dell'origine, del sangue o dei geni, ma di quale dolore - quello ebraico o quello della nazione ospitante - sia più

[3127] *Rani Aren*. V russkom galute [Nel Galuth russo] // *"22"*, 1981, (19), p. 135-136.
[3128] *G.B. Sliozberg*. Dela minuvshikh dney: Zapiski russkogo evreya [Le cose dei giorni passati: le memorie di un ebreo russo]: 3 volumi. Parigi, 1933-1934, V. 1, p. 4.
[3129] *Sh. Markish*. Eshchyo raz o nenavisti k samomu sebe [Ancora una volta sull'odio verso se stessi] // *"22"*, 1980, (16), p. 189.

vicino al proprio cuore. "Ahimè, la nazionalità non è solo conoscenza della lingua, o introduzione alla cultura, o ancora attaccamento alla natura e allo stile di vita del Paese. C'è un'altra dimensione in essa: quella della comunanza di destino storico, determinata per ogni individuo dal suo coinvolgimento nella storia e nel destino del proprio popolo. Mentre per altri questo coinvolgimento è predeterminato dalla nascita, per l'ebreo è in gran parte una questione di scelta personale, una scelta difficile".[3130]

Finora l'assimilazione non è stata molto convincente. Tutti coloro che hanno proposto varie vie per l'assimilazione *universale* hanno fallito. Il difficile problema dell'assimilazione persiste. E anche se su scala globale il processo di assimilazione è molto avanzato, non è affatto scontato per la diaspora.

"Persino la vita sovietica non poteva produrre un ebreo completamente assimilato, quello che sarebbe stato assimilato al livello psicologico più profondo".[3131] E, come conclude un autore ebreo, "ovunque si guardi, si troveranno residui ebraici insolubili nel liquido assimilato".[3132]

Tuttavia, si verificano casi individuali di assimilazione profonda con storie di vita brillanti.

E noi in Russia gli diamo il benvenuto con tutto il cuore.

"Un ebreo russo... Un ebreo, un russo-etc. Tanto sangue e tante lacrime sono stati versati intorno a questo confine, tanto indicibile tormento senza fine si è accumulato. Eppure, allo stesso tempo, abbiamo assistito anche a molte gioie di crescita spirituale e culturale.... Ci sono stati e ci sono ancora numerosi ebrei che hanno deciso di portare questa pesante croce: essere un ebreo russo e, allo stesso tempo, un russo.

Due affetti, due passioni, due lotte.... Non è troppo per un solo cuore? Sì, è troppo. Ma è proprio qui la tragedia fatale di questa doppia identità. La doppia identità non è una vera identità. L'equilibrio qui non è un'entità innata, ma piuttosto acquisita".[3133] Questa riflessione sulla Russia pre-rivoluzionaria fu scritta nel 1927 durante l'emigrazione parigina.

[3130] *L. Tsigelman-Dymerskaya*. Sovetskiy antisemitizm - prichiny i prognozy [Antisemitismo sovietico - Cause e previsioni]: [Seminario] // *"22"*, 1978, (3), p. 175.

[3131] *Yu. Shtern*. Dvoynaya otvetstvennost [Doppia responsabilità] // *"22"*, 1981, (21), p. 127.

[3132] *O. Rapoport*. Simptomy odnoy bolezni [Sintomi di una malattia] // *"22"*, 1978, (1), p. 123.

[3133] *San Ivanovich*. Semyon Yushkevich i evreyi [Semyon Yushkevich e gli ebrei] / Publikatsiya Ed. Kapitaykina [Pubblicazione di Ed. Kapitaykin] // Evrei v kul'ture Russkogo Zarubezhya [Gli ebrei nella cultura in lingua russa]. Gerusalemme, 1992, V. 1, p. 29.

Circa cinquant'anni dopo, un altro ebreo, vissuto nella Russia sovietica e poi emigrato in Israele, si guardò indietro e scrisse: "Noi, gli ebrei cresciuti in Russia, siamo una strana croce - gli ebrei russi.... Altri dicono che siamo ebrei per nazionalità e russi per cultura. Ma è possibile cambiare la propria cultura e nazionalità come un abito...? Quando un'enorme pressa spinge un metallo dentro un altro, non è possibile separarli, nemmeno tagliandoli. Per decenni siamo stati pressati insieme sotto un'enorme pressione. La mia identità nazionale si esprime nella mia cultura. La mia cultura si è fusa con la mia nazionalità. Vi prego di separare l'una dall'altra. Sono anche curioso di sapere quali cellule della mia anima sono di colore russo e quali di colore ebraico. Ma non c'era solo pressione, non c'era solo una fusione forzata. C'era anche un'inaspettata affinità tra queste origini incrociate, in alcuni strati spirituali profondi. Era come se si completassero a vicenda in una nuova completezza: come lo spazio completa il tempo, l'ampiezza spirituale completa la profondità spirituale, e l'accettazione completa la negazione; e c'era una reciproca gelosia per la "prescelta". Perciò non ho due anime che litigano tra loro, si indeboliscono a vicenda e mi dividono in due. Ho un'anima sola... e non è bifronte, non è divisa in due e non è mista. È una sola".[3134]

E la risposta dalla Russia: "Credo che il contatto delle anime ebraiche e slave in Russia non sia stato una coincidenza; c'era uno scopo in esso".[3135]

[3134] [R. *Nudelman*] Kolonka redaktora [Colonna editoriale] // *"22"*, 1979, (7), p. 95-96.
[3135] *L-skiy*. Pisma iz Rossii [Lettere dalla Russia] // *"22"*, 1981, (21), p. 150.

Postfazione dell'autore

Nel 1990, mentre terminavo *Aprile 1917* e riordinavo l'enorme quantità di materiale non incluso ne *La ruota rossa*, decisi di presentare parte di quel materiale sotto forma di un saggio storico sugli ebrei nella rivoluzione russa.

Tuttavia, è apparso quasi subito chiaro che per comprendere quegli eventi il saggio doveva fare un passo indietro nel tempo. Così si è tornati indietro fino alla prima incorporazione degli ebrei nell'Impero russo, nel 1772. D'altra parte, la rivoluzione del 1917 ha dato un forte impulso all'ebraismo russo, quindi il saggio si è esteso naturalmente al periodo post-rivoluzionario. Così è nato il titolo *Duecento anni insieme*.

Tuttavia, mi ci è voluto del tempo per capire l'importanza di quel netto confine storico tracciato dall'emigrazione di massa degli ebrei dall'Unione Sovietica, iniziata negli anni '70 (esattamente 200 anni dopo la comparsa degli ebrei in Russia) e divenuta illimitata nel 1987. Questo confine era stato abolito, cosicché per la prima volta lo status di non volontarietà degli ebrei russi non era più un dato di fatto: non dovrebbero più vivere qui; Israele li aspetta; tutti i Paesi del mondo sono aperti per loro. Questo confine netto ha modificato la mia intenzione di mantenere la narrazione fino alla metà degli anni Novanta, perché il messaggio del libro era già stato interpretato: l'unicità dell'intreccio russo-ebraico è scomparsa nel momento del nuovo Esodo.

Ora è iniziato un periodo totalmente nuovo nella storia dell'ebraismo russo, ormai libero, e delle sue relazioni con la nuova Russia. Questo periodo è iniziato con cambiamenti rapidi ed essenziali, ma è ancora troppo presto per prevederne gli esiti a lungo termine e giudicare se il suo carattere peculiare *russo-ebraico* persisterà o sarà soppiantato dalle leggi universali della diaspora ebraica. Seguire l'evoluzione di questo nuovo sviluppo va oltre le possibilità di questo autore.

Altri titoli

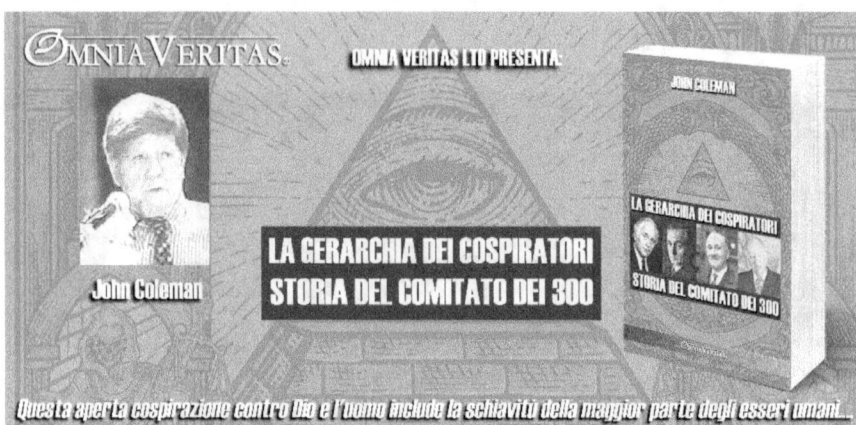

www.ingramcontent.com/pod-product-compliance
Lightning Source LLC
Chambersburg PA
CBHW050323230426
43663CB00010B/1720